U0133943

谜样的
人生

AGATHA
CHRISTIE
-
A
MYSTERIOUS
LIFE

LAURA
THOMPSON

[英] 劳拉·汤普森 ——— 著

沈悠 ——— 译

阿加莎·克里斯蒂传

中信出版集团 | 北京

图书在版编目（CIP）数据

谜样的人生：阿加莎·克里斯蒂传 /（英）劳拉·
汤普森著；沈悠译 . -- 北京：中信出版社，2023.9
书名原文：Agatha Christie：A Mysterious Life
ISBN 978-7-5217-5723-1

I. ①谜… II. ①劳… ②沈… III. ①阿加莎·克里
斯蒂－传记 IV. ① K835.61

中国国家版本馆 CIP 数据核字（2023）第 110286 号

谜样的人生：阿加莎·克里斯蒂传
著者： [英]劳拉·汤普森
译者： 沈悠
出版发行：中信出版集团股份有限公司
（北京市朝阳区东三环北路 27 号嘉铭中心 邮编 100020）
承印者： 北京诚信伟业印刷有限公司

开本：787mm×1092mm 1/16 印张：31 字数：456 千字
版次：2023 年 9 月第 1 版 印次：2023 年 9 月第 1 次印刷
京权图字：01-2023-2796 书号：ISBN 978-7-5217-5723-1
定价：79.80 元

目录

有一件事人们永远不会忘记，
那就是"未解之谜"，
没有什么能像谜一样永恒。

——约翰·福尔斯，《乌木塔》

序言

自 2007 年这部传记首次出版以来，其中心人物身上发生了一些非同寻常的变化：她变得更酷了。

此类事情在出版前几个月，当我在一档英国广播公司的电台节目中谈论阿加莎·克里斯蒂时，似乎是全然不可能的。当时的主持人同几位犯罪小说作家，颇有些幸灾乐祸地告诉我（看似是为了我好）：她是化石，是反动分子，是兜售被扭曲成复杂假象的木偶剧的商人。我为什么要致力于赞美这个势利的老太太呢？

当我终于在讥嘲和偷笑中觅得机会开口时，我问道：如果克里斯蒂真的那样糟糕透顶，为什么她仍然如此受欢迎？一连串傲慢的回答随之而来——"哦，她老派、亲切，擅长谜题"——其中最出色的答案是："哦不，我非常喜欢阿加莎·克里斯蒂，我只是不认为她的水平有多高罢了！"

此类伏击式的提问固然令人生厌，但更多地让我感到无聊。对此，我早已经听得耳朵起茧了。这些 20 世纪末的观点伴随了我的成长历程，由战后的换岗仪式和那些自我感觉良好、对成功嗤之以鼻的知识分子塑造。自 1976 年去世以来，阿加莎·克里斯蒂已然成了一个名号，一个形象，一块像纳尔逊纪念柱一样的英国巨石。而她是一位创造者的事实——在某一刻，她那奇特的大脑构思出了《东方快车谋杀案》的情节，这个故事和《嘿，朱迪》的曲调一样为世人所熟知——倒几乎变得次要了。

换言之，这位广受欢迎的超级畅销作家被视作理所当然的存在，甚至可以说是被低估了。我想，我从最开始就有此类怀疑：十岁时，我被母亲床边那些由汤姆·亚当斯设计的作品封面所吸引，开始阅读《高尔夫球场命案》。这是个不寻常的开始，因为这绝非她最好的作品之一，但我的反应却近似坠入爱河：许多地方不可思议，一切都如梦似幻般神奇。有人告诉我，这些作品只是在结尾时才能得知谁是谋杀犯的侦探故事罢了，阅读单纯是为了知道结局，但我从未如此看待。我总能感觉到文字下面有一股寓言般的暗流在涌动。很快我就对某些段落烂熟于心，譬如《无人生还》中有某种咒语般力量的留声机录音。我无所顾忌地重读这些作品，毫不在乎自己已然知道是"谁干的"。我把它们偷偷带进大学，像从前人们对待色情杂志那样，将其藏在《贝奥武甫》的书页里悄悄阅读。我可能并不是当时唯一做过这种事的人。但在 20 世纪末，在阿加莎·克里斯蒂声誉的低谷，我必须在暗中进行这一切，或者一笑置之，尽管我始终坚信只有某种天才才能施展这一属于日常的魔力。

直到最近，我对待她的严肃态度才算得上寻常。我乐于认为，自己在本书中所展现的方法也许在克里斯蒂复兴中发挥了微不足道的作用。它使我能够写出一部完整的传记。尽管阿加莎的女儿罗莎琳德行事极为低调，但人们都知道她十分反感时评的攻击性态度，例如第四频道的纪录片指责克里斯蒂谋杀了侦探小说这一类别。当我到访现在由罗莎琳德和她的丈夫安东尼居住的格林韦宅邸时，我和她坐在书房里，墙上挂着她母亲作品的不同版本，克里斯蒂的作品和以玛丽·韦斯特马科特为笔名的作品被放在一起，我们认真地谈论了它们。那场富有趣味的对谈是我的荣幸，也是一段珍贵的插曲。

有些人说罗莎琳德难以相处，但自我进入格林韦大厅，看到她坐着座椅电梯向我飞驰而来的那一刻起，我认为她待人很好。她确实有些莽撞和生硬（她在午餐时责备我没有提醒她自己对鱼过敏："你应该知道我们在星期五会吃鱼的！"），她的热情、幽默和机敏的智慧远甚于此。身为一个名气盖过天的人物的女儿是什么感受？她用她那隐晦的方式提供了一些线索。她的生活显然自出生那一刻起便注定了，而她务实地接受了一切，不论好坏。她不是那种会哀叹没有"自己的生活"的女人，因为很明显，她过的正是自己的生活。尽管如此，与阿加莎·克里斯蒂的亲缘关系还是决定了她的生活轨迹，其中影响最大的是 1926 年发生的事件，当时她的母亲"消失"了 11 天，作为对自己第一次婚姻破裂的反应。那是一场被可怕地、破坏性地公之于众的私人创伤，其给阿加莎带来的无尽痛苦一直绵延到她去世。从七岁起，罗莎琳德也始终生活在其余波之下。她对母亲的保护意识延伸到了父亲阿奇·克里斯蒂身上，她与他的关系一直非常密切。阿奇爱上了另一个女人并要求离婚，这件事带给阿加莎极大的震惊，她从未完全释怀。但罗莎琳德拒绝责备父亲，她也不是那种人。她邀请我去看所谓的"传真室"，里面凌乱地存放着许多家庭文件。其中一封信里——我回来时已经不在原处——她写到了阿奇，语气满怀喜爱与保护之情。这封信紧接着批评了她的继父马克斯·马洛温，后者闯入她的生活，使其雪上加霜，而且她认为他得到了本不应有的好评。

传真室里还存放着罗莎琳德炮轰电视制作人的信件，质疑荧幕上对作品的改动，比如对粗制滥造的《古墓之谜》的评论："那本里没有黑斯廷斯！"她致力于做自己认为母亲所希望的事，这意味着保护原作的完整性。因此只有上帝才知道，罗莎琳德会对自己2004年年尾去世后出现的部分作品做出何等评价。的确，阿加莎·克里斯蒂又会怎么想呢？

改编的基调开始发生变化是在2003年，即我初次见到罗莎琳德的那一年。我记得我们讨论了一篇我的文章，关于某部空洞的现代版《闪光的氰化物》。我们就《五只小猪》也达成了共识，都认为其中一个人物被错误地处决了，这与作品的逻辑和精神相悖。然而，已故剧作家凯文·埃利奥特的改编版标志着一个重要时刻，当时独立电视台的《大侦探波洛》放弃了矫揉造作，不再只将人物视作装饰艺术中的小雕像。这一点有时被执行得很好，如2008年的杰作《清洁女工之死》，有时却未能达到预期效果。新的《马普尔小姐探案》剧集亦如是。它们都始于2004年埃利奥特的《藏书室女尸之谜》，其中罪魁祸首之一的情况被更改（尽管原作的破案方法未经改动），以暗示某种同性恋倾向。这是一次颠覆性的变革，在保持克里斯蒂原意的同时，将她一把推进了21世纪。尽管其他重启项目不过是哗众取宠罢了，例如被亵渎的《逆我者亡》，其间莫名加进一处乱伦情节。

于是，一位全新的、潇洒的阿加莎·克里斯蒂出现了：看起来和以前一样完美无瑕，但唇上的大红口红又与传统有出入。这里还包含一个奇特的悖论。这些涌现出的改编作品起初是基于深深的敬意，人们意识到有许多长期被忽略的、隐藏在光鲜外表下的丰富内容，并试图将其挖掘出来。然而，在这样做的过程中，他们常常忍不住要为那些匠心独具的素描上色，填补那些被认为是上流社会老太太的理解空白。毕竟，她对现实生活能有多少了解呢？

那么，这里提供了一种答案。它取自《加勒比海之谜》，这是一部极为复杂巧妙的作品，充满了酒店里会发生的那类阴谋（我尤其喜欢其中一位富有客人和大块头女按摩师之间隐晦的调笑）。作品的开头是马普尔小姐的一段话，她将自己有限的经验与侄子雷蒙德·韦斯特的进行了比较，后者是一位成功的小说家，为自己的开阔心胸和深远见识而自鸣得意。

"像雷蒙德这样的人是如此无知。在乡村教区工作期间，简·马普尔对农村生活的事实有了相当全面的了解。她没有谈论它们的冲动，更不要说把它们诉诸纸笔了——但她都知道。大量的性，自然和非自然的。强奸、乱伦、各种各样的变态。（的确，其中一些即便是读了牛津大学又会写书的聪明年轻人也未曾听说。）"

这种对人类弱点的冷静接受是多么有效，多么讨人喜欢，又多么潇洒啊！但是，克里斯蒂的现代诠释者们倾向于选择雷蒙德·韦斯特的立场，强行扯进"自然和非自然的"性爱，还有老式侦探小说的终局都是绞刑架的准色情提醒。正如我在本书中所写的："现代世界认为必须在阿加莎·克里斯蒂的作品中强加绞刑和凑对——死亡的现实和被禁止的激情，这些她在书中不曾提及的东西。"如果说 2007 年时是这样，那么今天的程度则 10 倍于此。英国广播公司 2015 年首次播出的改编作品满是偏差，仿佛将瘾君子和施虐狂引入一个以结构化克制而闻名的作者的世界中是一件令人兴奋的事情。本着同样"不屑一顾"的精神，剧情被拉扯、扭曲和滥用：《控方证人》的结局和题名被改变了，《奉命谋杀》的破案手法变得面目全非。但是，对英国广播公司而言最重要的事业——身份政治——糊满了每一部作品，克里斯蒂反意识形态的思维模式仿佛被误认为是一张诱人的空白画布。事实上，这种思维模式是一种主动选择，并且是经过深思熟虑的。《牙医谋杀案》中有一场关于保守主义和激进主义的相对优点的简短辩论，而胜出的是前者。冷战时期的作品，如《地狱之旅》和《他们来到巴格达》，各自以欺骗性的方式对当时根深蒂固的立场进行了激烈反驳，并反复为之。不出所料，2018

年的《ABC谋杀案》谈及当代政治，作品中的波洛成了一个象征性的欧洲人，被一个与世隔绝的岛国所拒斥。这有趣吗？是的，在理论上。在实践中，这就像他被困在四下皆是小打小闹和方形小饼的玩具城里一样，沉闷至极。克里斯蒂从未面临过现在强加在她身上的那种现实——事实上她的所作所为经常不甚真实——但她落笔之处不曾有任何虚词。这便是引领那些最好的改编作品的原则。

然而，新的处理方式是兼而有之。无论是在电视戏剧家提出的反对英国脱欧的观点中，还是在戏剧导演尝试表现主义的舞台上，阿加莎·克里斯蒂都可以被随意摆弄戏耍。但与此同时，她又是事业的核心所在，不仅因为她的名字本身就意味着票房。她是一张安全网。那些利用她的人知道，她总会给他们兜底，防止他们摔得遍体鳞伤。他们在内心深处也为此尊敬她。那些去伦敦郡会堂看最新上演的《控方证人》或新版《东方快车谋杀案》的时髦观众也持有相似的认知。在潮流的诱惑之下，有些更简单的东西正在召唤，即对好故事的渴盼。

今天的文化倾向于将一切政治化，且缺乏智慧，因此阿加莎·克里斯蒂或许时常不为人所"理解"，但她明显处在核心，她在20世纪50年代所占据的席位已然恢复。当时，《控方证人》在全城一票难求，广告语"圣诞节的克里斯蒂"让出版业获利甚多。诚然，时髦的东西终究会不再时髦，现在萦绕在这位参加牧师寓所茶会的白发妇女头上的酷炫光环最终也会黯淡。她可能会回到"仅仅"在全球范围内广受欢迎的状态，为普罗大众所喜爱，为文本分析专家和法国知识分子所钟情，继续做独立电视台第三频道和戏剧巡演公司的中流砥柱。尽管如此，我认为人们已经认识到了她的价值，巨石的重量已经得到评估：在我的有生之年，她绝不会退回到被当成笑话处之的那些岁月中去了。

尽管阿加莎·克里斯蒂会对近期那些对其作品过分自由的创作深表震惊，但她也会为此感到高兴。同样，尽管她不会喜欢本传记中谈及的事实，但她肯定会很高兴这本书出自一位欣赏她的人之手。这同样适用于索菲·汉娜对波洛的"续写"。相比我在广播恐怖秀中遇见的那两位，像汉娜和瓦尔·麦克德米德这样的犯罪小说家都是公开的崇拜者。我想，即便疑虑重重，克里斯蒂也会认识到 21 世纪正以特别的方式向她致敬，即便手段时而讽刺，时而侵入，时而痴迷，时而自私，时而天真怪异。它们都在向她笔下动机的永恒感、故事的奇妙性，以及她低调的天赋与工作伦理致敬，向她覆盖自己所属世纪的方式致敬，向她的不灭致敬。

正是如此。她出版的第一部小说《斯泰尔斯庄园奇案》构思于战时的医务室，当时她还是阿奇·克里斯蒂的娇妻，在这部作品出版百年后，她仍然为人所铭记。她会为此感到惊讶吗？会，但不会有人们想象的那么惊讶。作家们常常梦想着某种特殊的来世。而在一切身份之上，她首先是一位作家，这便是现在公认的、她身为创造者的内在价值：这也是本书真正的主题。

劳拉·汤普森

第一章

托基 [1] 的别墅

"在五岁到十二岁之间，我过着极为幸福的生活。"

（摘自阿加莎·克里斯蒂写于 1973 年的信件）

"我还想起来另一件事——罗伯特说，鲁珀特·圣卢的洗礼仪式上没有坏仙女。之后我问他是什么意思，他答道：'如果一个坏仙女都没有的话，你哪有故事呢？'"

（摘自《玫瑰与紫杉》，阿加莎·克里斯蒂以玛丽·韦斯特马科特为笔名创作的小说）

沿着位于托基的巴顿路向上爬，一路陡峭难行，到了顶上也看不见什么。这里曾矗立着阿加莎·克里斯蒂出生时的故居，如今唯有想象力才能让它焕发新生。

终其一生，阿加莎都深深地眷恋着自己的童年时光。阿什菲尔德是她童年梦想的大舞台，她余生都做着与这所宅邸相关的梦。在被卖掉二十年后，阿什菲尔德于 20 世纪 60 年代被拆毁——这也许象征着最终的成长？——彼时的阿加莎像个孩子一样号啕大哭。

沿着这条路行进，很难在途中寻觅到过去的蛛丝马迹，因为留下来的少之又少。巴顿路不在镇上，却未能避开现代英国的影响：通往阿什菲尔德的小山上现在分布着华而不实的校楼，一个批发和进口仓库，一所学校

---

[1] 托基是阿加莎的故乡，一座位于英格兰西南部德文郡的沿海城镇。——编者注（如无特殊说明，书中脚注均为编者注）

和一片政府公租房。大致在阿加莎家的旧址上，立着几座平房，平房旁的一条小路通往一处以岩壁为界的秘密三角区。也许这里曾是她花园的边界？有可能。这里某个树桩周围的阴凉角落可能曾是"狗狗墓地"，家中的宠物，包括阿加莎的第一条狗——约克夏㹴犬托尼——都被埋在小小的墓碑下。

因此，在托基这一小片隐匿的土地上，在对阿加莎来说就像自己名字一样熟悉的海鸥鸣叫里，在形状未经改变的巴顿路上，想象力不懈地运作着，仿佛能看到她在那里欢快地迎着风来回走动的样子。孩提时，她和奶妈手牵着手；再后来，她穿上束身衣，拖着下摆尽是灰尘的裙子。想想，穿着束身衣爬那座山！正是在这里，她的第一任丈夫阿奇·克里斯蒂骑着摩托车突突地赶来，寻找那位苗条的酷女孩——他在埃克塞特附近的舞会上对她一见钟情。阿奇和阿加莎的母亲坐下来一起喝茶，等着阿加莎从路对面回家。当时她在鲁克兰兹打羽毛球，那是少数几座像她家一样有着宽阔庭院的宅子之一。当时，那里就是她的世界，在那里度过的十几年有着专属于爱德华时代 [1] 的宁静。一个接一个的夏天伴随着漫长的雾气来了又去。斜坡的草坪上，点缀着几张茶几、蜿蜒排列的槌球铁环门，还有软塌塌的阔边草帽。空气中弥漫着玫瑰的馨香，幸福是一件易事。阿加莎·克里斯蒂从未忘却过那些年月，它们一直存留在她心底深处。

从巴顿路的顶端俯瞰托基，能看到起伏的七座山丘和弯弯绕绕的海湾，远处是波光粼粼的海面。这显显藏藏的景致为阿加莎所熟悉和深爱，以至于她在 20 世纪 20 年代与阿奇环游世界时，给母亲回信说南非"和所有绝美的地方一样，就像托基！"。

那个地方已然不复存在。阿加莎少时的托基是有形且完整的。它是一片优雅而独特的土地，有月牙形和联排形的房屋，有隐匿于山林的宏伟的浅色别墅，有自己的规矩、结构和遥远的野性。这是个养人的地方，温和而滋润身体，是那种人们会带着介绍信来访的小镇。到了夏天，当地报纸每周都会刊登前来度假的游客名单，据说这些名单读来就像《哥达年鉴》[2]。此

---

[1] 指英国国王爱德华七世在位的时代（1901—1910）。
[2] 《哥达年鉴》记录了欧洲王室与贵族的族谱。

地的住家都和阿加莎一家同属一个阶层：上层中产阶级，或向往着上层的中产阶级。这种同质性十分珍贵。她周遭的一切都体现出一种保护和静止。正因为身处其中，她的想象力可以自由自在地翱翔。

这样的想象力可以让她想象出 21 世纪的托基吗？二战后的那些年，阿加莎总能敏锐地捕捉到社会变革。在某些方面，她和她笔下的老妇人侦探马普尔小姐一样，对待生活的态度都很现实，后者总是预想着最坏的结果，且判断通常是正确的。但阿加莎同时也是一位对上帝和人性怀有深刻信仰的女性。那么，她是否能够预见到，英国国内的剧变会如何扰乱她故乡那平静的节律？

托基敞亮的弗利特大道上散布着许多花哨的门面：1851 年落成的市政厅，现在是一家特易购分店；有着浅金色石墙的老银行，现在是班克斯咖啡吧；优雅的海滨展馆建成于 1912 年，现在被围封着等待“开发”；“勇士拳击场”外面的棕榈树逐渐枯萎；平静的奶油色别墅上挂着“空房”的牌子；度假者赤膊走在高等联合大街上，阿加莎的父亲曾在那里为阿什菲尔德添置过瓷器……如果她能看到现代性给人们带来的影响——对感官刺激和满足的急切追求，还有那紧攥在手中，像呼吸机一样不可或缺的智能手机——她恐怕会怀疑马普尔小姐的信条，即“新世界和旧世界是一样的”，而且“人类一直是以前的样子”[1]。在她七十多岁时写的最后一批作品之一——《天涯过客》中，她已经开始表达对未来的怀疑：

> 现在这是个什么世界……随时随地，万事万物都用于唤起情感。纪律？克制？这些东西都不再有任何意义。除了**感觉**，任何事都不重要。
>
> 那会造就……什么样的世界？

这些造就了今天的英国：躁动、不安、烦闷。在某种程度上，阿加莎已经预见了这一切，尽管她并不完全相信它会成为现实：《天涯过客》以对“希望”“信仰”和“慈善”的肯定作结。因此，她会为自己在 21 世纪所看到的某些东西而深感震惊和悲痛。她会哀悼这个小镇，在这里，她曾经梦想过、爱过、和小狗托尼一起奔跑着上山；失身于阿奇·克里斯蒂；成为一名作家。最重要的是，她会对这种新的英式郁郁寡欢感到悲哀，因为生活于她而言是一份神圣的礼物。

在托基，阿加莎的影响随处可见——商店、博物馆、前往她成年后的居所格林韦的游船——但她却像大海的边缘一样难以触碰。她曾是什么，又是什么造就了她，这些几乎都已消散。只有在不朽的景致里，在泡沫拂过的古老岩石和甜蜜湛蓝的弧形海湾中，人们才能知道她看到过什么。只有在某些忽隐忽现的瞬间，人们才能瞥见一个身着白裙的女孩，脚步轻快地走过阳光下曚昽的街道，脑海中满是神秘的想法。没有比这更难解的谜团了：在这样一个致力于摧毁她所相信和代表的许多事物的英国，阿加莎·克里斯蒂仍受到了莫大的欢迎。这个悖论一定会激发她的兴趣。

然后她会考虑晚餐吃什么，再想想她的花园，退回她脑海中的世界里去。

她童年的大部分时光都生活在那里：在自己的想象中，在阿什菲尔德内。这两者是密不可分的。家中的每一个角落、每一片阴影对她来说都神奇不已。她以孩童的率真方式爱着它。这率真中掺杂着成人的深沉，似乎她能凭直觉感知到爱里的悲伤。她深晓世事无常，也正是这种无常让幸福如此深刻。她有一种哀伤的本能。作为一个孩子，她对事物的纵观感使得她与众不同。即便沉浸在暖洋洋的静谧中，她也能感知到这些看似永恒的夏天终将结束，并把身处其中的每一刻都变成当下的记忆。

成年阿加莎·克里斯蒂写道："没有任何快乐能与梦中的快乐相匹敌……"[2] 她肯定是想起了自己做的梦，梦境中的阿什菲尔德是何等神圣：

> 花园尽头如梦似幻的田野……她自己家中的秘密房间。有时穿过储藏室就能到达；有时，它们以最意想不到的方式直通爸爸的书房。但它们始终都在那里，尽管你早已将它们抛诸脑后。每一次的似曾相识都会让你感到喜悦和激动。然而，它们实际上每次都相差甚远。但在找到它们的时候，总有一种好奇而隐秘的快乐……

这段话出自 1934 年出版的《未完成的肖像》，是她以玛丽·韦斯特马科特为笔名创作的六部小说之一。这部小说与她自身经历的相似度直追她去世后出版的自传。许多童年故事在两本书中都有着墨，但《未完成的肖像》似乎更接近那个时代的真实。向往与怀念浸润了这部作品的字里行间，充斥着她对于八年前被夺走的过去的爱恋。书页上，那些伤口仍在隐隐渗血。

阿加莎从未失去透过孩子的眼睛来感受世界的能力（"……很多很多年后，当你是个孩子时，就像你永远都会是的那样……"她的第二任丈夫马克斯·马洛温在一封 1930 年的信中如是写道）。[3] 她既保留了记忆，也保留了对于这些记忆的直接感受。对她来说，没有什么比这更鲜活了。第一部以玛丽·韦斯特马科特为笔名出版的作品《撒旦的情歌》（发表于 1930 年）的主人公是个男孩，名叫弗农·戴尔，但他早期生活的大部分内容都和阿加莎自己的如出一辙。

> 来了个新的保姆，一个瘦小的白人女孩，眼睛突出。她的名字是伊莎贝尔，但被唤作苏珊，因为"更适合"。这让弗农十分不解。他向奶妈寻求解答……
> "有些人在给孩子洗礼时，装模作样地想要模仿（ape）上等人。"
> "猿猴"（ape）这个词分散了弗农的注意力。猿猴是猴子。人们是在动物园给自己的孩子洗礼的吗？

和阿加莎一样，弗农也会做白日梦，比如这个曾在阿什菲尔德无限大的花园中生根发芽、茁壮成长的梦：

> 人们看不见格林先生，就像人们看不到上帝一样，但对弗农来说，他再真实不过了……格林先生最好的地方就在于他会玩，而且特别喜欢玩。无论弗农想到什么游戏，都正好是格林先生喜欢玩的游戏。他还有其他优点。比方说，他有一百个孩子。还有另外三个……他们顶着弗农所知道的三个最动听的名字：狮子狗、松鼠和树。
> 弗农也许是个孤独的小男孩，但他对此一无所知。因为你看，他有格林先生、狮子狗、松鼠和树一同玩耍。

阿加莎从不认为自己是孤独的，这样的想法不会浮现在她的脑海中。她珍视孤独，以及从中获得的空间，以便她去体会不同的人生。她也珍视隐私，当无意中听到奶妈与女佣讨论她最早想象出的游戏之一（"噢，她装作小猫和其他小猫一起玩"）时，她感到"难过透了"。她是给自己家施了一个精妙的咒语。神秘感让魔法得以留存。在阿加莎孩提时的照片里能看到一张充满秘密的小脸：一个倔强的小仙女，坐在她魔法花园中的柳条椅上。

"我要了解其中每一棵树，并给每一棵树赋予特殊的意义……"[4]

她终生都在透过这双孩子的眼睛来看阿什菲尔德。在侦探小说《空幻之屋》中，她描绘了一栋名为安斯威克的房子，这座宅邸对书中的人物而言代表着消逝的幸福，它的花园里种满了阿什菲尔德的树。

有棵玉兰几乎遮住了一扇窗。下午时分，它让金绿色的光充盈了整个房间。透过另一扇窗可以看到草坪，一棵高大的巨杉像哨兵一样挺立着。右边则是一棵粗壮的紫叶山毛榉。

啊，安斯威克——安斯威克……

阿什菲尔德是什么样的？一座不宏伟但舒适的大别墅，有精致的草坪通向一片小树林。一个家庭的居所。从一些令人感伤的、边缘泛红的照片中可以看出，它曾是一堆和谐元素的叠加。别墅一部分是双层，一部分三层，有好几个烟囱，一直向下延伸到花园的宽大窗户，一个笼罩在爬山虎阴影中的门廊。还有一个种满了棕榈树的温室，在那个衣着厚重的年代是个闷热的暖房。而在另一个温室（"我不知道为什么，但它叫 K. K."）中，放着一匹名叫玛蒂尔德的木马，还有一辆上了色的名为真爱的马车。阿加莎在自己的最后一部作品《命运之门》中写到了它们。在这部作品中，侦探小说的惯例逐渐隐匿，而她像个幽灵一样自由自在地回到了过去。与她所有晚期作品一样，这本书是对着口述录音机录入的。[5] 在一条短暂的录音中，她嘶哑的声线里满是回忆。玛蒂尔德被描述得"看起来孤独而凄凉"，鬃毛脱落，一只耳朵坏了。但当书中的一个人物跳到她背上时，她仍然以同样的方式来回奔跑，一如既往。"它还挺能跑的，是吧？""是的，它还挺能跑。"

在写作《命运之门》的几年前，阿加莎收到了一封来自托基旧友的信。"我们的花园，你家的和我家的，都是充满魔力的地方……巴顿路已然面目全非，阿什菲尔德旧址上已经建起了新房，这太让人难过了。"[6]然而，尽管阿什菲尔德魅力超群，也无法与阿加莎后来在德文郡的家相比。格林韦是白色的、有着乔治王朝风韵的完美建筑，像一颗镶嵌在达特河上的浅色宝石，与她视作梦中情屋的阿什菲尔德一样充满魔法。而且，尽管幼年阿加莎深爱自己的家，但她始终在试图突破它的极限。她在自传中写道："我曾有个比世上任何事都更加迫切的愿望，就是想某天成为'阿加莎夫人'。"这句话里藏着一个无关势利的愿望，即占据那个始终盘桓在她想象力边缘的神奇地方。在晚期小说之一《长夜》中，她如此描述对完美住宅的印象："你是那么想要它，以至于都不太清楚它到底是什么样。那是对我来说最重要的东西。有趣的是，一座房子就能具备这样的意义。"

《撒旦的情歌》中的小男孩并不住在阿什菲尔德，他是一座名为普桑修道院的大宅的继承人，这座宅邸有着难以形容的古典之美。在以玛丽·韦斯特马科特为笔名创作的另一部作品《玫瑰与紫杉》中，女主人公伊莎贝拉与她的家圣卢城堡几近一体，"老派、严厉，且朴素"。阿加莎渴望行走于那样一个世界，并将其称作是属于自己的。从某种角度来说，她在格林韦能够这样做，但从伊莎贝拉的角度而言，并非如此。阿加莎是个再典型不过的中产阶级，但同时又比常人思考更深刻。她不会因为沉溺现实而失去自我，因为那能够幻想出圣卢城堡的头脑不会让她这么做。

毫无疑问，如果她出生在一个不一样的家庭，她的精神世界远不会得到如此自由的发展。也许根本就不会出现这样一个世界。但是，来自托基的米勒一家并不像他们的外在那样传统。家人间的互动让阿加莎既受到保护，又独立生长，这对于她发展自己的独特个性是极为理想的。

出生于1890年9月15日的阿加莎·玛丽·克拉丽莎是三个孩子中最小的一个，当时她的姐姐玛格丽特（小名玛奇）十一岁，哥哥路易斯·蒙坦（小名蒙蒂）十岁。父亲弗雷德里克太过绅士，从不干涉自家孩子们的精神世界。母亲克拉丽莎的好奇心则更旺盛，不过她有一种本能的智慧，知道该将这种兴趣表现出几分。克拉丽莎常被称作克拉拉，她就像《撒旦的情歌》中照顾弗农的护工。"他能够与之说起狮子狗、松鼠和树，还有格林先生和他的一百个孩子。护工弗朗西丝从不说'多么有趣的游戏啊'，她只会询问这一百个孩子是女孩还是男孩……"

事实上，克拉拉是个独特的存在。无论是通过故意不作为还是主动参与，她对阿加莎施加了几乎绝对的影响。她个子不高，长相出众，有一双像聪明的鸟儿一样近乎黑色的眼睛。她是阿什菲尔德宇宙的中心，让想象力成为可能并尽力保护它。她亦可能是阿加莎一生的挚爱。

《未完成的肖像》写于克拉拉去世八年后，作为一首抒发绝望和失去的圣歌，它是这种爱的见证。在书中，阿加莎毫无保留地写道："哦，妈妈，妈妈……"她想念当时在国外度假的母亲。四十多岁的阿加莎与八岁的西莉亚（阿加莎在作品中虚构的自我）有着同样的痛苦，她仍然追念着克拉拉。

"每个晚上，在苏珊给西莉亚洗过澡后，妈妈就会走进儿童房给西莉亚把被子'最后掖好'。西莉亚称之为'妈妈掖的被子'，她会努力一动不动地躺着，以确保'妈妈掖的被子'第二天早上还在。"

克拉拉对女儿有着非常透彻的理解，至少在阿加莎眼中的确如此，前者会对她投以"奇异的、闪闪发光的、探究的目光"。这一点也在自传中有所体现。自传提及了 1896 年阿加莎和父亲一起去法国考察时发生的一个插曲，有位导游为了取悦她，在她的草帽上别了一只活蝴蝶。

> 西莉亚十分难受。她能感觉到蝴蝶的翅膀在她的帽子上扑扇。它是活的，活的。被穿在别针上！她感到既恶心又痛苦。大滴的泪水逐渐在她的眼眶中汇聚，并顺着脸颊滚落。
>
> 她的父亲总算注意到了。
>
> "怎么了，宝贝？"
>
> 西莉亚摇了摇头。她的抽噎愈加频繁……她怎么能把发生了什么说出口呢？这会极大地伤害导游的感情。他本意是好的。他专门为她

捉了这只蝴蝶。他为自己把蝴蝶别在她帽子上的主意深感自豪。她怎么说得出口，说自己不喜欢它呢？而现在再也、再也没有人会理解她的想法了！拂过的风让蝴蝶的翅膀扑扇得更厉害了……

妈妈会理解的。但她不能告诉妈妈。他们都在看着她——等着她说话。她胸中洋溢着某种可怕的痛苦。她沉默地、痛苦地凝视着母亲。"帮帮我，"她的目光说道，"噢，请一定要帮帮我。"

米丽娅姆［指克拉拉］同样凝视着她。

"我相信她不喜欢帽子上的那只蝴蝶，"她说，"是谁把它别在那里的？"

克拉拉的精神世界同样充满了蓬勃的生机。但与阿加莎不同，她的这一特点源于不安全感，而非被保护的感觉。

她出生于 1854 年。她的父亲名叫弗雷德里克·伯默尔，是一位富有魅力的陆军上尉，在三十六岁那年爱上了一个尚不满十七岁的美丽女孩——玛丽·安·韦斯特。在结婚十二年，育有四个孩子后，当时驻扎在泽西岛的伯默尔上尉因为摔下马背而丧生，玛丽·安成了穷困潦倒的年轻寡妇。几乎在同一时间，玛丽·安的姐姐玛格丽特与纳撒尼尔·弗雷里·米勒——一位比她年长得多的美国鳏夫——缔结了一段不那么浪漫但经济上更为合算的婚姻。玛丽·安陷入困境后，玛格丽特当即提出自己可以接管妹妹四个孩子中的一个。唯一的女孩，时年九岁的克拉拉被交到了她手上。

阿加莎对于韦斯特姐妹的故事十分着迷：19 世纪初，她们成了孤儿，被亲戚凯尔西一家收留，并在后者位于萨塞克斯的农场长大。孩提时期，她听说了许多关于自家祖上的故事。她特别喜欢听别人讲有关"普里姆斯泰德农场的凯尔西一家"和富有的克劳德表兄弟的故事。韦斯特家嫉妒他们，"因为他们家抽屉上总是有真正的花边"。[7] 对她而言，玛丽·安与弗雷德里克上尉的故事尤其鲜活。也许因为这个故事对她来说已然成了浪漫与忠诚的化身，她在 1944 年给第二任丈夫马克斯·马洛温的一封信中写了一个自己的版本：

[我的外婆]十六岁就结婚了["他们说你这么嫁给我太年轻了,波莉。""如果他们不让我嫁给你,我明天就和你私奔。"],嫁给了一位比她大二十岁的英俊的陆军军官……

她长相极为出众——行人们会停下脚步盯着她看——她几乎分文未得,不得不做手工刺绣和缝纫来养活并教育孩子们。她丈夫的军官同僚中至少有三位想娶她,其中两位家境宽裕。就经济而言,这本是很理想的。但她拒绝了所有人,也从未有过情人,直到七十岁还坚定地宣布,她希望自己死后,遗体能够被运到泽西岛,与丈夫葬在一起……[8]

实际上,她的三个儿子,哈里、欧内斯特和弗雷德里克最终得偿所愿,将玛丽·安葬在英国,便于他们去上坟。没有人知道她女儿对这个问题的看法。批评自己的父母是一种属于现代的自由,而在某些方面,具有那个时代典型特质的克拉拉不会想到回避曾经把她送走的母亲。她是个沉默寡言的小女孩,和阿加莎一样独来独往,却因此感到寂寞,总是抱着她最喜欢的书《金河王》在病恹恹的姨父家中徘徊。被送养一事让她承受了很大的痛苦,然而她对待玛丽·安的态度从来都无可指摘。二十多岁时,她写了一首题为《致母亲》的诗,诗中洋溢着无懈可击的感情:"爱是天使……守护着通往天堂的道路。"不过,这随便写给什么人都行。写给玛格丽特姨妈的诗则更为个人化一些,她毕恭毕敬地赞美姨妈是"有价值之人,为众人所爱戴……"。

阿加莎在自传中写道,玛丽·安的行为几乎无可指摘,她把克拉拉送走可能是因为她认为女孩谋生需要帮助,而男孩可以自己闯荡。然而,克拉拉总是认为母亲只是不那么爱她而已。她太敏感了,承受不住这样的拒斥。

我认为她所感受到的怨怼,在没人要她这件事上所受到的深深伤害,扭曲了她对生活的态度。这使得她不信任自己,并怀疑他人的喜爱。她的姨妈是个和蔼可亲的女人,幽默而慷慨,但对孩子的感受缺乏感知。我母亲拥有一切所谓的优势,如舒适的家庭和良好的教育,但她所失去的无可替代,即与亲兄弟们在**自己家中**无忧无虑地生活。

这是阿加莎作品中反复出现的主题之一：儿童在自己家中的成长需要，以及他们被送走（或者像《奉命谋杀》中那样，以 100 英镑的价格被卖掉："那种羞辱——那种痛苦——他永远不会忘记。"）时所遭受的伤害。这一主题是《破镜谋杀案》和《捕鼠器》的核心所在，在其他地方也有所触及，而且她对待这个主题的态度自始至终地严肃。阿加莎天生就对克拉拉的情绪感同身受。事实上，她是如此爱自己的母亲，以至于多年后她为《清洁女工之死》中的一位女性角色写下这段话时，她可能经历了比克拉拉本人更强烈的痛苦：

> "前几天有个女人在报纸上写信……一封愚蠢至极的信。她问什么是最好的做法——让孩子被一个能给他提供一切好处的人收养……或者当你给不了他任何好处时，是否该留下他。我认为这很愚蠢——真的很愚蠢。如果你能让孩子吃饱——这就是全部所需。
>
> "……我应当知道的……我的母亲抛下了我，我拥有他们口中的一切好处。当你知道自己并不被需要，你的母亲可以让你离开时，这想来永远都很痛——永远——永远……我不会和我的孩子分开的——世上所有的好处都不能让我这么做！"

当然，这些都是阿加莎的言论，克拉拉绝不会以这种方式表达。但毫无疑问，克拉拉的童年经历对她造成了影响，这在她与女儿们的关系上体现得尤为明显。

这也对她的婚姻产生了影响。玛格丽特和丈夫没有生育，但纳撒尼尔在第一次婚姻中育有一个名叫弗雷德里克的儿子。他比克拉拉大八岁，是个地道的纽约人，尽管他有瑞士的教育背景、法国人的世故和英国人的礼节，还是门槛极高的联合俱乐部成员。他是个直接从《纯真年代》中走出来的美国人，向往神圣的欧洲主义。但他仍然是美国人，内心有些自由的东西，譬如开放的想法、下流的言语，以及拒绝认真对待自己的态度，而这些都不属于维多利亚时代的世界。阿加莎为自己的美国血统感到骄傲，在一次前往纽约的访问中，年事已高的她坚持认为应该去拜访自己米勒家的亲戚们位于布鲁克林的坟墓，尽管她与他们素未谋面。事实证明，她的精神也比托基所允许的更为开放：新鲜空气不仅存在于她的肺里，也日夜奔涌在她的血液中。

米勒家的财富是在美国创造的，但在曼彻斯特也有相关利益。所以纳撒尼尔和玛格丽特婚后定居柴郡，好儿子弗雷德里克会前去拜访他们。他身上世界主义的气息，让郁郁寡欢的小克拉拉目眩神迷。

她会在1878年嫁给他这件事则是个童话，一个可以与玛丽·安·伯默尔的故事相媲美的浪漫故事，只不过在弗雷德里克放弃许多轻率的风流韵事（其中之一是与温斯顿·丘吉尔的母亲），转而向全心全意待他的亲爱表妹求婚一事上，能够嗅到一丝微弱的家族支持的气息。而多年前，他对她一句"漂亮的眼睛"的不经意赞美早已点燃了她的灵魂。是不是有些《万尼亚舅舅》中索尼娅的影子？"如果一个女孩相貌平平，每个人都会说，你的头发真好看，你的眼睛真好看……"克拉拉不是个美女。事实上，她拒绝了弗雷德里克的第一次求婚，因为她觉得自己"又矮又胖"。但她性格非凡，比她丈夫的性格强大许多，而这一点终将拨正他们婚姻中的天平。

尽管如此，在订婚期间，她给"F. A. M."（弗雷德里克·阿尔瓦·米勒）写了许多诗，诗中展现出自己满怀热情与不安的感激之情。

　　　　天堂的上帝听我说，听我低声祈祷。
　　　　让我与他相配，尽管如此卑微，却能分享他所有爱与生命。

诗中还经常浮现某种古怪的恐惧感："让他远离一切邪恶，还有诱惑的奸诈力量。"显然，她对于丈夫轻浮的过去有着清醒认知，并对其重演的可能性保持警惕："他飞快地爱上脸蛋和花朵，用那百无聊赖、漫不经心的样子。"她的诗写在一本"相册"（购自贝斯沃特的怀特利商店）中，字迹认真，反复提及对于背叛的担忧：

　　　　哦上帝！这是否只是个幻想。
　　　　我少女时代的梦想。
　　　　他是否还是以前完美的英雄，

让我甘愿洗手做羹汤的那位？

事实上，没有理由认为弗雷德里克不是个忠诚的丈夫。他偶尔会对这些诗做一些小改动，故而非常清楚它们严肃的主旨。但早在孩提时期就失去了确定性这一点，让克拉拉做好了期待最坏结果的准备。在这个层面上她与阿加莎完全不同，后者早年的幸福生活导致她毫无准备。"有些人是明智的——他们从不期望得到幸福。我期望过……"她后来在《空幻之屋》中写道。

童年幸福的源头很大程度上在于阿加莎能够感知到父母的婚姻是宁静而稳定的。然而《未完成的肖像》一如既往地让当时仅仅是直觉的东西浮出了水面。"在意太多并不总是明智的。它永远是你肋间的一根刺……"米丽娅姆对女儿说。之后还讲道：

> "千万不要让你的丈夫单独待太久，西莉亚。记住，男人是会忘记的……"
>
> "除了你，父亲决不会看任何人的。"她的母亲若有所思地说。
>
> "不，也许他不会。但我一直留意着。有个侍应女佣，一个高个子的漂亮姑娘，那种我之前经常听你父亲赞赏的类型。她当时在给他递锤子和一些钉子。这过程中，她把自己的手覆在他手上。我看到她了。你父亲几乎没注意到，他只是看起来有些惊讶……但我立刻把那个姑娘撵走了。"

与此同时，弗雷德里克拥有一切他那个阶层的不可撼动的自信，在阶层上他略高于克拉拉（《清洁女工之死》中的女孩也因为被收养而得以嫁给一位绅士）。他的样貌并非油画中人：从照片中能够看出他是个留着胡子的胖男人，看起来比实际年龄大好几岁，有一双后来为阿加莎所继承的深邃而迷蒙的眼睛。但所有认识他的人似乎都喜欢他。阿加莎在自传中提及阿什菲尔德的快活气氛时写道，这"主要是因为我的父亲"。

他终生无所事事。年轻时，他是社会名流；中年时，他是逍遥绅士。"他从他父亲那里继承了一笔极为可观的财富，因此从未做过生意。"一封联合俱乐部寄给美国大使的介绍信中如是写道，当时阿加莎十八岁，即将走入社会，"委婉地说，我可以为他做最高级别的担保，而且他的女儿阿加莎·米勒小姐似乎在各方面都有资格被介绍。"

尽管阿加莎十分崇拜思维敏捷又聪慧的母亲，但她同时也无法抗拒地景仰着弗雷德里克的从容魅力。她想要融入的是他的阶层，尽管她自身的背景实际上更为有趣，且让她拥有了更复杂的人生观。同样地，她也没有遗传父亲无所事事的天赋。但她在 1964 年的一次采访中表示："我看不出工作在道义上有什么**正确**之处。我父亲是一位有内涵的绅士，一生中从未做过哪怕最轻微的劳动，然而他是个最讨人喜欢的人。"[9] 她说的是真心话，但她也想成为能够说这话的人——那个阶层的人。

弗雷德里克不只是懒，他还有点傻，尽管绝非智力上存在缺陷。他清楚地了解周围人的价值。他还写过几个小故事（无疑是为了向家人示好），从其中能看出一些他女儿天赋的来源，这些故事证明了他的写作水平远高于克拉拉。后者的睡前故事充满创造力——阿加莎对于克拉拉没法继续前一天的故事，而只是简单地编造一个新故事的做法感到既沮丧又着迷——但克拉拉吃力的写作逐渐更深地淹没在维多利亚时代的规约中（"所以，我已经死了！那么这一定是我的精神，它有意识……"）。[10]

弗雷德里克写过一个题为《亨利的婚约》的故事，改编自他向克拉拉求爱的经历。风流成性的花花公子亨利为"虔诚而高尚的"玛丽安所崇拜。和克拉拉一样，玛丽安也毫无幽默感可言。"亨利很爱她，但因为自己向来懒散，在提出这个重大问题时没有表现出不体面的急切。毕竟，真的没什么可着急的。"

弗雷德里克一直等到三十二岁才放弃了寻欢作乐的生活，向克拉拉求婚。亨利始终没有娶玛丽安，而是告诉她自己爱上了另一个女孩，对方的"小手让亨利赞叹不已。玛丽安的手很有型，却有些大了"。听到这个消息，玛丽安高尚地与他断了往来。"她表现得极为出色，他会一直将她视作自己遇到过的最动人的女性之一。她的用词让他很高兴……"相较于亨利的冷酷，弗雷德里克是善良的，但这个故事与克拉拉的诗作贯穿着同一股暗流。

在表面的活泼之下，克拉拉的内心始终感到不安。和霍尔曼·亨特笔下的修女一样，她身上燃烧着一种充满激情的虔诚。弗雷德里克对待生活总是一笑而过。他的另一个故事《詹金斯举行晚宴》，背景设定在纽约那种他早已熟门熟路的俱乐部："祝酒词——'女士们，上帝保佑她们！'已经干了第 27 次。"这个故事体现了弗雷德里克自身的魅力，也显示出一定程度的自知之明。

> 吉米把他的年收入花得一干二净，甚至还出于对未来的不屑一顾，多花了一些。他的俱乐部伙伴们都很喜欢他……诚然，他"最好的姑娘"之一曾遗憾地说过他的脑力配不上他的财力。当一些好心的朋友向吉米重述这句话（肯定是原样复述）时，这位年轻人极其好脾气地表示那位女士说得很对，并立即出去给她寄了一束昂贵的月季切花……虽然吉米并非什么英雄人物，但确实是个友善可爱的家伙。

和吉米一样，弗雷德里克也会滥用他继承的家产。较之肆意挥霍，他这样做更多是出于懒散。如果他和克拉拉一起回到了美国，就像他在婚后曾打算做的那样，他也许就会注意到自己在纽约的投资和财产管理方面的不善。但事情并未顺着这条轨道发展。相反，在瑞士度过了长长的蜜月之后，新婚的米勒夫妇来到了时尚的度假胜地托基，1879 年 1 月玛奇在那里出生。1880 年 6 月，蒙蒂在一次纽约之行时呱呱坠地，克拉拉随后回到了英国，弗雷德里克则留下"处理"生意事务。当他回到托基与她会合（他曾打算待一年左右）时，他发现她用姨父纳撒尼尔留给她的 2 000 英镑买下了阿什菲尔德。这一财产处理方式比弗雷德里克所做过的任何决定都更好。这也是个大胆而独立的举动，一下子就把克拉拉从弱势者提升到了平等伴侣的位置。

弗雷德里克曾在纽约各种拈花惹草，在仅仅三十多岁时，他就舒适地开始了中年生活。在这一点上，托基给予了他很大的推动作用。维多利亚时代的托基比阿加莎幼时更精致优雅：当时还没有海滩混合浴，没有可供散步的公主花园，也没有可以听音乐会的海滨展馆。它是一个满是举止得体的富人和阔绰的体弱多病者的小镇（拿破仑三世在下榻帝国饭店时恢复了健康；伊丽莎白·巴雷特·布朗宁在位于维多利亚街的浴场泡过澡）。对一些人来说，这种上流感太过强烈。"托基是这样的一个地方，我简直想在镇上跳舞，除了戴眼镜什么都不穿，把这地方搅乱……"鲁德亚德·吉卜林如是写道，他并不以玩世不恭而闻名，"别墅、修剪过的树篱，以及佩戴着呼吸器乘坐臃肿四轮马车的胖老太太们……"

但这里的一切都非常适合弗雷德里克。这里有他的家和孩子，他以一种直接的、非维多利亚式的方式疼爱着他们。"上帝保佑你，我的小宝贝，"他在 1896 年从纽约寄给阿加莎的信里写道，"我知道你是个可爱的好女孩……"除此之外，他的生活就是顿顿大餐，步行去皇家托贝游艇俱乐部，还有购物：厚厚的一沓账单显示出他是多么轻易地就花掉了他认为是无限的收入。在我们已经知道钱正逐渐耗尽的情况下，这些字迹精美的账单看上去难免有些令人作呕。我们能够想象出弗雷德里克每天早上衣着光鲜，胡子刮得一干二净，笑逐颜开地上街前往俱乐部，一路上难以抵制多诺霍酒吧或维多利亚街上的美术品陈列室的诱惑。在伦敦时，他也以类似的放纵态度消费。有许多账单来自西一区珠宝店，其中一张高达 810 英镑。他还买了高级家具（在联合大街买了五把奇彭代尔设计的椅子）和一些品质不那么好的画作：一幅幅油画把阿什菲尔德的墙壁挤得满满当当，尽管房间本身是通透且优雅的。当地一位艺术家 N. J. H. 贝尔德受托为弗雷德里克、三个孩子、蒙蒂的狗和阿加莎的护工作画；这些画现在还挂在格林韦宅邸。它们没有什么出众之处（"你们所有人看起来都像几个星期没洗过澡！"克拉拉如是评论道，当然画家没有画她的肖像），尽管被称为"奶妈"那幅有一种柔和的佛兰德式暖意。"我认为这是一幅非常迷人的画，"1967 年，阿加莎在给一位正整理贝尔德画作的女士的回信中写道，"我父亲一直对（贝尔德的）作品评价很高。"[11]

就这样，弗雷德里克缓慢而悠闲地走过了一生，凭借他的萨克森－科堡相貌和雷打不动的温和友善成了托基的尊贵人物。他和克拉拉经常在家招待朋友们享用丰盛的晚餐。他参与了一些慈善性质的业余戏剧表演——据当地报纸报道，他在《斑鼷狗》中饰演的费利克斯·菲默受到了"最热烈的欢迎"。他还担任板球俱乐部的官方记分员，俱乐部的场地在阿什菲尔德另一头的巴顿路上。1943 年，阿加莎收到一封信，信的开头如下：

我十岁时，我父母住在托基板球俱乐部场地附近，对我来说，地球上没有，也不可能会有任何地方像它一样。我对它充满了崇敬……

米勒先生在我的记忆中是多么清晰啊！他长得那么像爱德华国王——至少我是这么认为的……他以前溜达着去场地的方式老套得可爱，让人印象深刻。这一切现在清晰地浮现在我眼前，我躺在记分牌附近微微隆起的地面上，记分牌顶上飘扬着精美的红白黑三色旗……[12]

阿加莎也会记得这些。她经常陪弗雷德里克一起去看板球："我对于父亲允许我帮助他记分感到非常自豪，也非常认真地对待这项工作。"她还和他一起学习自己喜欢的数学（"我认为数字有某种神圣感……"《魔手》中的一位年轻女子说道），这些课程是她最接近正规教育的时候。克拉拉把玛奇送到布赖顿上学，上的是后来的罗丁女子学校（蒙蒂上的是哈罗公学），在那之后她便认为阿加莎**不该**去上学，也不该在八岁前学会识字。但也只是想想罢了：阿加莎四岁时便无师自通。"恐怕阿加莎小姐能**读书**，夫人。"奶妈语带抱歉地向克拉拉解释道。

没有人知道克拉拉为什么会得出这样一个理论。她的决定可能看起来有些武断，尽管它们大多被证明是正确的，比如买下阿什菲尔德，或是几十年后警告阿加莎不要嫁给她的第一任丈夫阿奇。她了解人性，这让她变得明智。但也有人说她是个"通灵者"（小时候她曾梦见普里姆斯泰德农场被烧毁，不久后它的确遭到焚毁），这有时会让她有些愚钝。多么荒唐的突发奇想才会让人试图阻止一个聪明的孩子阅读，尤其是在阿什菲尔德这样塞满了书的房子里。在弗雷德里克的账单中，有几张是开给"弗利特街书商安德鲁·艾尔代尔"的，他从后者那里买了许多书，其中包括售价 4 英镑的 47 卷《康希尔杂志》（现在还在格林韦的图书馆里），售价 5 英镑的乔治·艾略特全集，还有每本 12 先令的"法国经典作品"。难以想象阿加莎能够一直被关在那个世界之外。她是如此坚定，以至于她逐字弄懂了 L. T. 米德夫人写的一本名为《爱的天使》的儿童读物（克拉拉认为这本书是"庸俗的"），她经常听人读这本书，能把声音和书页对上号。从那时起，她什么都读：莫尔斯沃思夫人、伊迪丝·内斯比特[13]、弗朗西丝·霍奇森·伯内特、

《旧约》的故事、《历史上的大事件》、她心爱的狄更斯，以及后来的巴尔扎克和左拉。在克拉拉看来，这些都是世俗的教育（尽管幼年阿加莎太过天真，没能在文学中看到现实，对她来说，书自成它们的现实）。有人说阿加莎从未完全掌握拼写和语法，因为她识词的方式很不正规，但这未免夸大其词。从往来信件中确实能看出她偶尔会拼错，如"现像""防碍""自打狂"，但她的侦探小说体现出她相当坚持正确用法："'是我（It's me）。'马普尔小姐说，难得一次用错了语法。"[14]

不送阿加莎去全日制学校是个挺正常的决定，奇怪的是她没有家庭教师。或许克拉拉清楚地知道阿加莎作为女儿的心意，她宁愿把这份心意据为己有；或许她试图阻止阿加莎阅读是某种控制手段；又或许她只是想尝试一下与大女儿不同的教育方式。送玛奇去上学这件事不同寻常，虽然有人说她有能力读剑桥大学，弗雷德里克绅士地表示了反对。（"她满脸写着格顿学院呢"，在以玛丽·韦斯特马科特为笔名创作的《爱的重量》中，这是作为一句侮辱性的话出现的。）相比之下，阿加莎只接受了音乐方面的外部教育，然后从十三岁起，每周在托基一家由某位姓盖耶的小姐经营的淑女机构学习两天。父亲和玛奇教她写作，母亲会快速地给她讲一些历史上的有趣事件。除此之外，她全靠自己。

这可能成就了她。阿加莎是像南希·米特福德那样自学成才的人，毕生都在学习和阅读，她们的思想以最适合*自己*的方式自由发展。成年后，阿加莎公开表示过对于"学术"头脑的尊重：她的第二任丈夫马克斯·马洛温是一位牛津出身的考古学家，对古典文学颇有研究，她为此十分仰慕他和他的朋友们。尽管如此，她对自己不那么正统的思想路径有着天生的自信，这在她的短篇小说集《赫尔克里·波洛[1]的丰功伟绩》中表现得尤为明显，这部小说集以她所谓的"通俗"形式改写了12个神话。她用了个小**妙招**，让它们成为她笔下的赫尔克里·波洛要解决的故事：例如，尼米亚猛狮是一只被绑架的哈巴狗。同时，波洛用一种不敬、犀利又确实相当精彩的方

---

[1] 赫尔克里·波洛（Hercule Poirot）与古希腊神话中的英雄赫拉克勒斯（Hercules）的名字相近，后者曾接受国王的十二项任务，其中一项便是杀死尼米亚猛狮。

式对希腊神话进行了反转。

> 就拿这位赫拉克勒斯来说吧——这位英雄！英雄，是吗！他除了是个智力低下，有犯罪倾向和大块肌肉的生物以外，还是什么呢！……整个古典模式都让他震惊不已。这些神和女神——他们似乎和现在的罪犯一样，有许多不同的别名。事实上，他们看起来绝对是罪犯那一类的。酗酒、淫逸、乱伦、强奸、抢劫、杀人和诈骗——足以让**负责刑事案件的法官**永远忙不完。没有体面的家庭生活。没有秩序，没有方法。

这些意见并不一定是阿加莎本人的意见，但她会很乐意思考这些。她完全可以用自己特有的礼貌做一名反传统者。由于从未被"教导"过，她对于学习的"正确"方法毫不担忧。

因此她的大脑总在天马行空，而且这个聪明的大脑还开始了创造性的吸收过程：那么多个世界，阿什菲尔德、托基、家人、用人和社会礼仪……还有那些更遥远的奥秘，就像浩瀚大海那隐秘的蓝。

孩提时期，井然的秩序和高度的确定性将她保护得很好。她生活在W. H. 奥登所描述的那种侦探小说的完美结局处："美学与伦理融为一体的优雅状态。"[15] 善意无处不在，父母爱她，上帝也爱她。她对待上帝极其认真，甚至担心礼拜日时父亲在花园里玩槌球是否会影响他的灵魂得救。她的家运作得高效而得体，以至于它本身拥有了一种道德感。阿加莎也总是承认，用人们的存在使这种优雅的状态更易于达成。

如果没有奶妈、厨师简和数位女佣[16]，阿什菲尔德就不可能拥有这样有序的悠闲氛围。尤其是简，她是个不折不扣的伟大厨师。她经常为八人以上的聚会做饭，除了微红的脸色之外，没有任何慌乱的表现；阿加莎会在她身边蹦蹦跳跳，希望能吃到一把葡萄干或一个刚出炉的冒着热气的酥脆岩皮饼："我之后再也没有吃过像简做的那样的岩皮饼了。"食物是日常生活的精神支柱。一家人的周日午餐包括"一块巨大的周日烤肉，通常配樱桃馅饼和奶油，还有一大块奶酪，甜点最后会用最好的周日甜点盘呈上"。十人晚宴"首先选择浓汤或是清汤，然后是煮大菱鲆或鳎目鱼排，之后依次是果汁冰糕、羊脊肉，还有一道出人意料的蛋黄酱龙虾。甜食是蜜饯布丁和俄式奶油布丁，最后上甜点。所有这些都由简一手包办"。[17]阿加莎总是吃得很多，但三十多岁前一直都保持得很苗条。

用人们是阿什菲尔德的"建筑师"。他们亲手造就了阿加莎的日常生活。她在自传中也提到，他们是"最丰富多彩的部分……如果我是现在的孩子，我最会怀念的事情之一就是没有用人（原文如此）"。现代人无法理解她对待用人毫无愧疚和疑虑的态度。阿加莎确实说到他们"清楚自己的位置"，但清楚自己的位置并不意味着顺从，而是自豪，一种作为专业人士的自豪。

好的用人是真正有地位的人。"我一直在想，为什么人们认为'从事服务'是令人羞耻的，而去商店却是气派且独立的行为。人在店里受的气远比……任何一个合格的用人受的都多。"米奇，《空幻之屋》中一个不得不靠卖衣服为生的角色如是说。阿加莎认为自己能成为出色的侍应女佣（就像《罗杰疑案》中出身优越的厄休拉·伯恩一样）。在和丈夫阿奇环游世界时，因为手头紧张，她一度考虑这样做。

然而，糟糕的用人则得不到尊重。当女佣无法胜任工作时，就会被描述成扁桃体肥大、不会发"h"音的糟粕。这种**居高临下**的态度是阿加莎的声誉在 20 世纪末受到影响的原因之一。"好的用人就是极好的动物。"《无人生还》中一个角色随口说道，语带赞赏与轻蔑，这话往往让习惯了自由开放的我们心跳得像紧张的老太太一样。

但事情并不是那么简单。例如，《黑麦奇案》中"受惊的兔子"格拉迪丝表面上是阿加莎笔下最为懒惰势利的人物之一，但实际上是故事的核心，对情节发展至关重要，并得到了设身处地的同情。"生活是残酷的，"马普尔小姐说，"人们不太清楚该如何对待格拉迪丝这样的人。他们喜欢去看电影，做诸如此类的事，但总在想那些不可能发生的事。或许那也是一种幸福，但他们会感到失望……"

这一观察明智而切实。然而由于阿加莎自己创造的刻板印象，我们旋即将其和格拉迪丝一同纡尊降贵。正如她常做的那样，阿加莎利用了熟悉的刻板印象来颠覆我们的期望。这也是她最聪明的把戏之一。它其实远不只是一个把戏：她通过这样突然的手段展示了自己的洞察，以及对人性的理解。

在《黑麦奇案》中，马普尔小姐知道（不是猜测）格拉迪丝的死亡时间。因为如果她还活着，"她肯定会把第二个（茶）盘拿进客厅"。此处她间接对用人的重要性表达了敬意——向他们在阿加莎的生活中，还有她笔下的侦探小说里所创造的井然秩序致敬。

她终生痴迷于家庭秩序。在1957年出版的《命案目睹记》中，她创造了一个名为露西·爱斯伯罗的角色。露西毕业于牛津大学，在成为一名出色的用人后，她获得了可观的财富。"露西利用闲暇时间，擦洗了她一直想擦的厨房桌子……然后把银器清洗得闪闪发光。她做了午餐，收走并清洁碗碟……她将茶具放到托盘上备好，配上三明治和抹黄油的面包，并给它们盖上湿餐巾以防止干燥。"这段冗长的陈述是一首赞美诗，赞美了这些精练而光辉的仪式，它也描述了一个幻境，我们所熟悉的元素在其中变得分外崇高。

战后，用人的缺失改变了阿加莎的世界，也改变了她的作品。她的创作一直为那种不容侵犯的日常秩序所支持，所以从战后的作品中能够强烈地感受到这种秩序的缺席。在1952年的小说《清洁女工之死》中，寻找用人作为贯穿始终的主题，具有某种潜意识中的象征意义——某种旧秩序已然改变。受害者之所以令人扼腕，主要因为她是一位可靠的清洁女工（"我亲爱的先生……她来了"）。一年后，在《葬礼之后》中，一个角色以阿加莎的口吻哀叹当时"没有用人……只有几个进来的女人"。现代人对此的反应可想而知（事实上现在仍有很多用人，却很少有人像阿加莎那样坦率地表达对用人的态度）。不过，她的观点还是较为复杂的，至少在她想表达复杂性的时候。例如，《空幻之屋》中有一个名为戴维·安格卡特尔的年轻人，他对自己的特权家庭充满了左派厌恶；在一个极为简短的场景中，他对着米奇大谈政治，说她如果是个工人，会更好地理解阶级斗争。

> "我就是个工人。这就是为什么我那么想过得舒服一些。箱式床、羽绒枕……清早的茶点轻手轻脚地放到床边；瓷制浴缸里翻涌的热水

和芬芳的浴盐；那种真能让你陷进去的安乐椅……"

正滔滔不绝地列举的米奇停顿了一下。

"工人们，"戴维说，"应该拥有这一切。"

……"我完全同意你的观点。"米奇由衷地答道。

但童年阿加莎为秩序所保护，为秩序而快乐。她喜欢厨房里有序的忙碌，喜欢自己棉布裙上的浆粉，就像她喜欢幻想骑着白色小马，去往阿什菲尔德花园尽头那条闪闪发光的河流一样。后来，她喜欢平凡却有魔力的露西·爱斯伯罗，后者像挥舞着魔杖一样挥舞着她的刷子，把一栋房子变成纯洁美丽的天堂。尽管阿加莎有着汹涌澎湃的想象力，但她始终对日常的力量感到着迷。

她听着日常的女性对话长大，这同样让她感到快乐。她像听音乐一样辨认出某些短语，领会它们的含义，并享受它们在脑海中的舞动。"我还没吃完呢，弗洛伦丝。""请原谅，罗太太。"她在厨房里听到这样的对话，当时一个用人在简用完餐之前就从茶几边起身了。她毕生都记得这些琐碎的交流。她喜欢听玛格丽特·米勒和玛丽·安·伯默尔（她总是称她们为自己的"婆婆们"，尽管玛格丽特实际上是她的姨外婆）之间的淑女式口角。"胡说，玛格丽特，我这辈子都没听过这种胡言乱语！""是吗，玛丽，我来告诉你……"她尤其喜欢玛格丽特顺口的论断中隐含的微妙意义。"多么好的一位女士。L 上校是她丈夫的老朋友，后者请他照顾她。当然，这没有什么问题。所有人都知道**这没问题**。"[18]她把这些话满满当当地存进脑海，就像玛格丽特用"枣子、果脯、无花果、法国黑李、樱桃、白芷、成包的葡萄干、数磅[1]黄油，还有一袋袋糖、茶叶和面粉"填满伊灵家中的橱柜，用柔滑的天鹅绒和丝绸制品填满卧室里的箱子一样。

当她的父母一同外出旅行（克拉拉认为和弗雷德里克同行是她的责任）时，阿加莎会去"姨婆婆"玛格丽特家的大房子玩，后者作为一位富裕且有地位的寡妇从柴郡搬来了这里。"B 婆婆"玛丽·安则住在贝斯沃特。这

—————————

[1] 1 磅约合 0.45 千克。

两位姐妹间有着深厚的羁绊。晚年时她们是亲密无间的伙伴，二人都身板敦实，好面子，常穿密不透风的黑色丝绸裙装，但她们在地位上的差异显而易见。玛格丽特更自信，玛丽·安是她的陪衬。玛格丽特会让妹妹去维多利亚的陆军和海军商店跑腿，然后以"回报"为名在经济上为她提供帮助。在伊灵，玛丽·安总带着各种纽扣、丝带和长短不一的布料。在对它们进行严格的评头论足后，玛格丽特会从自己鼓鼓的、内衬闪烁着金光的钱包中掏出钱来支付。正如阿加莎在自传中所写的那样，老姐妹们把陆军和海军商店视作"宇宙的枢纽"。阿加莎偶尔也会陪她们去那里，在晚年时写的《伯特伦旅馆》一书中，她让马普尔小姐回忆起那个场景：

> 马普尔小姐将思绪拉回到海伦姨妈身上：在杂货部寻找自己的专用售货员，舒服地安顿在椅子上，头戴软帽，身披她称为"黑府绸"的斗篷。然后大家会慢悠悠地度过长长的一个小时，其间海伦姨妈会想出所有能够买到并储存起来的杂货，以供将来使用……在度过了愉悦的上午时光后，海伦姨妈会以她那个时代的俏皮方式说："那么，小姑娘觉得用些午餐如何？"……之后，她们买了半磅咖啡奶油，坐四轮马车去看午后场演出。

这些被阿加莎视为表演的场景满足了她心底的某种渴求。它们体现了一种坚定的女性确信：一个有序的家庭在真人身上的投射。她曾想象过奶妈的版本（"在奶妈之后，还有上帝"[19]），尽管奶妈只是把阿加莎当作孩子来对待，因此缺乏世故的维度。同时，克拉拉又太富有变化和创造力，不像玛格丽特·米勒那样，有一种毋庸置疑的奇妙女性本能。"一定要把人往坏处想""绅士们需要的是关注和一日三餐""永远不要和单身男性坐同一个车厢""俭以防匮""绅士们中意外形""每位女性手头都应该有 10 张 5 镑纸币，以备不时之需""绅士们可以很讨喜，但不要相信他们中的任何一位"——这些是玛格丽特在伊灵常说的话。她笔直而坚定地坐在一屋子厚重的红木家具中，低声向克拉拉提出建议（"不应该让丈夫独自待太久"）；应付一个使用人怀孕的年轻人（"嗯，你会尽力为哈丽雅特做正确的事吗？"）；在茶席上与她的男性朋友们聊天（"我希望你妻子不会反对！我可不想惹麻烦！"）。她有力而理智的声音左右着秘闻，把它们变得朦胧而亲密，这对阿加莎来说几乎无法抗拒。

这些铿锵有力的话语属于另一个世界，那里没有小马，也没有闪闪发光的河流。尽管如此，它们也有独属于自己的美。她从不重复自己听到的任何东西，无论多么有趣。在这一点上，她与"家里其他人"很不一样，"他们都是外向的健谈者"[20]。与之相反，她听取并吸收着那些她甚至从未理解的事物，让它们在她的脑海中形成某种特定模式。

未来某一天，曾在陆军和海军商店与她的海伦姨妈坐在一起的马普尔小姐会成为那位姨妈的翻版：精于盘算，富有同情心，面对现实毫不畏缩。这并不是阿加莎：她会畏缩。和大多现实中的作家一样，她作品中的自己比生活中的更坚强。但她始终有一种想要再现童年时代那些女性的冲动，以及使她信赖和安心的全知全能。马普尔小姐就是最贴切的例子，尽管她的脆弱和慌乱都来源于艺术创作。更接近玛格丽特·米勒那直截了当的风格的是《斯塔福特疑案》中的佩斯豪斯小姐（"我讨厌流口水的女人"）和《沉默的证人》中的皮博迪小姐（"如果我是个年轻女孩，我不会看上这种年轻人的。嗯，特雷莎应该有数的，她有过足够的经历，我敢肯定"），还有以玛丽·韦斯特马科特为笔名创作的小说《母亲的女儿》中的劳拉·惠兹特堡女爵，与其说她是一个人物，不如说是个绝妙的传声筒。她之所以会在书中出现，是因为阿加莎对她的喜爱。"我很传统，"她抽着雪茄说，"我希望一个男人能够认清自己，并信仰上帝。""没有人能真正毁掉别人的生活。不要夸大其词，也不要沉湎于此"，"生活中的半数烦恼来自欺骗自己，假装自己是个更好、更优秀的人"，"爱你的人越少，你需要承受的痛苦就越少"。没有人会像劳拉夫人那样说话，但她的形象具有艺术上的真实性，因为对阿加莎而言她就是真实的。她是女性自信的真正精神体现，用阿加莎一直渴望听到的声音，传达出她的创造者的想法。

阿加莎在一个母系家庭中长大。居于强势位置的都是女性：克拉拉、玛格丽特、聪明的姐姐玛奇、奶妈、厨师简。她的父亲和哥哥压根没有发言权。弗雷德里克对此丝毫不在意，而蒙蒂无疑是在意的。

阿加莎从来都不是女权主义者。她非常清楚女性的价值，但认为女权主义是对她们的贬低。放在今天，她会因为持这样的观点而深陷各种麻烦。1962年，她罕见地接受了一份意大利杂志的采访，态度不怎么客气。她被问到这样一个问题：为什么现在的女性在公共生活中发挥了更积极的作用？她的回答完全出乎意料。"可能是由于女性的愚蠢，她们正在放弃经历多个世纪的文明以来获得的特权。远古女性像永动机一样劳作，我们似乎决心回到那种状态——自愿地或附和地，从而放弃休闲和创造性思维的乐趣，以及对家庭状况的改善。"对于科学发展是否需要女性参与的问题，她的回答是："我应该说，没有女性，它也可以发展得很好。"

阿加莎相信女性特性有自己的力量，这种力量完全独立于男性，"当然，我们是有特权的性别"。然而，和她对大多数主题的思考一样，她的信念是流动的、复杂的，并诚实地表现出不确定性。在以古埃及为背景的侦探小说《死亡终局》中，她描述道：

> 厨房里丰富多样的声音，老埃萨高亢尖锐的声线，萨蒂皮刺耳的音调，以及凯特那几乎微不可闻的、低沉悠长的中音。女人们的声音交织在一起，闲聊、大笑、抱怨、责骂、感叹……被这种持续而喧闹的女性气质所包围的雷妮森突然间感到窒息。女人，嘈杂的、大声喧哗的女人！一屋子女人——永远不会安静，永远不会太平，总是在说话、感叹、讲事情，而不是做事情！
>
> 而凯伊……凯伊沉默而警觉地驾着船，全部心思都放在他要捕的鱼上……

在这部作品中，女性的生活被视作是某种强大的东西。"男人到底是什么？他们是孕育孩子的必要条件，仅此而已。但种族的力量在女性身上……"凯特如是说，但这样的说法也有局限性和限制性。还有另一种更难寻觅的幸福，即当一个女人长大成熟后，内心仍能藏有孩子般的单纯。

雷妮森几乎每天都要上坟，她已经养成了习惯……她会坐在石室入口的阴凉处，双手握着一条腿的膝盖，目光越过绿色的耕作带，凝望呈现出浅浅的亮蓝色的尼罗河。越过尼罗河，远方是柔和的淡黄褐色、奶油色和粉红色，朦胧地融入彼此。

当阿加莎和第二任丈夫前往东方旅行时，她也会眺望超凡脱俗的景致，找寻这种要求极高、几乎令人不安的平静。在某种程度上，这是一种回归，回到她多年前在阿什菲尔德的花园里发现的其他世界。"你很幸运，雷妮森，"她的祖母埃萨说，"你已经找到了每个人心中的幸福。对大多数女人而言，幸福意味着来来去去，忙于小事……它本就是由许多小事串成的，就像一条线上的珠子。"

对于克拉拉，这个与阿加莎最亲近的女人来说，幸福是难以捉摸的东西。她爱她的家，尽管她太过坐立不安，无法从中得到绝对的满足。她努力输出自己并不出色的艺术天赋（她连刺绣都做得不太好）。她的唯灵论既深刻又多变，似乎她能感觉到其重要性，但又不清楚该如何处理。她徘徊在不同的宗教间，认真考虑过归信罗马天主教，又在唯一神教、基督教科学派和琐罗亚斯德教间游移不定。她确实在家庭中找到了幸福。虽然她深沉的仰慕并不总能得到弗雷德里克平静而宠溺的微笑。蒙蒂很"难缠"，但玛奇和阿加莎都是出色的姑娘，她们的创造力让克拉拉自身的创造力得以找到出口。不过，克拉拉与小女儿的感情最深。正如阿加莎之后在《未完成的肖像》中写到的，她从母亲那里继承了一些东西："一种危险的感情强度。"在之后某段时间，阿加莎和克拉拉会成为彼此爱意的唯一接收者。

* * *

"给阿加莎的收据"——克拉拉用圆润而扎实的笔迹在一本练习本的第一页上写道。

奶油酱炖鸡：选一只上好的小肥母鸡……蒙特克里斯托鸡蛋三明治……亨利四世炖蘑菇……婆婆的葡萄干布丁……沙拉酱：两个煮熟

的鸡蛋黄打成光滑的糊状，放一茶匙芥末、盐，还有几颗红辣椒。然后放一茶匙醋。在此基础上放两汤匙最好的油，在搅匀后放两汤匙奶油……

周五晚：鳎鱼、烤鸽子、炸土豆配沙拉、樱桃馅饼、奶油……

对阿加莎来说，这些精心抄写的食谱中蕴藏着何等的梦想，对完美生活的何等憧憬，就像她童年那样有条不紊、周到妥帖！一百年过去了，写有这些菜谱的练习册被收在格林韦宅邸的楼上。就在阿加莎以前的卧室里，一个高大美观的抽屉柜中。一个压印着"克拉丽莎·米勒"名字的绿色皮箱里装着食谱书，还有许多其他东西：一个金色材质的男式钱包，上面绣着"克拉丽莎致弗雷德里克"，里面有一张一美元的钞票；一个绣有交织的首字母 F 和 C 的女式钱包，还有一句话"让我成为你心的封印，因为爱强烈如死亡"；一个信封里装着弗雷德里克用过的皮尔斯香皂，还散发着淡淡的香味；克拉拉的诗集；她在瑞士度蜜月时留念的几片雪绒花，夹在写给"F. A. M."的信纸中，被压得几乎粉碎；她的结婚证书；一个装有信件的绿色文件夹；一份 1894 年哈罗公学演讲日的节目单；一张阿加莎小时候的照片，她正坐在一棵小棕榈树下的柳条凳上；一张弗雷德里克小时候的照片，看起来和阿加莎十分相像；一张克拉拉自己的照片，穿着绣花礼袍坐在阿什菲尔德的餐桌边。一封克拉拉从伊灵寄给阿加莎的信："我亲爱的小宝贝，我相信你一定很冷，阿什菲尔德有这么多雪……亲爱的小姑娘，妈妈渴望再次亲吻和疼爱她的小甜豆。姨婆婆向你问好……告诉简，请她买只山鹑来给你做些罐头肉，用茶点或者早餐时吃。"一封玛奇从伦敦写给阿加莎的信："我亲爱的小鸡崽，你过得怎么样？希望你表现得非常之好，不要把我忘了。"还有一封弗雷德里克从伊灵写给阿加莎的信，落款日期是 1894 年 6 月 15 日：

我非常渴望再次见到你和你亲爱的母亲。阿什菲尔德看起来非常迷人，你会觉得自己的房间漂亮又舒适，里面有新的家具和墙纸。当我说起你的时候，斯科特 [21] 看起来十分难受，似乎在对我说："我亲爱的小女主人永远不会回来了吗！我是多么想念与她和奶妈一起散步的时光啊。"我听说你婆婆要给你画肖像。我觉得这个主意非常之好，我希望你能用小手搂住婆婆的脖子，替我拥抱她并给她一个吻。你一定要永远待她好，待她温柔，想到你确实是这么做的，我很高兴……

如此多的东西被保留下来，如此多的情绪被叠进纸里，能感觉到把记忆保存在信封、小盒子和压花箱子里的愿望是多么强烈。箱子里的每一件东西都保留着彼时本能的气息。

格林韦的橱柜和抽屉里还有些其他东西。像雪堆般柔软的洗礼袍。一些出生证明：克拉拉生于贝尔法斯特，阿加莎生于阿什菲尔德，阿加莎的女儿罗莎琳德生于阿什菲尔德。克拉拉和弗雷德里克的婚宴菜单镶在相框里："婚宴：宫殿花园平台，1878 年 4 月 11 日。"一张日期是 1940 年 6 月 17 日的账单："出售位于托基巴顿路的阿什菲尔德——2 400 英镑。家具和家居用品——21 英镑，19 先令，6 便士。"

一盒又一盒的照片：阿什菲尔德；普里姆斯泰德农场——玛格丽特和玛丽·安儿时的家；克拉拉和阿加莎的小狗托尼；玛格丽特·米勒威风凛凛地坐在一辆三轮马车上；蒙蒂身着马车夫制服，坐在玩具车"真爱"里，前面是一只套着缰绳的山羊；少女玛奇穿着长裙，笑容聪明而自信；大约七岁的阿加莎和朋友，可爱地躲在花园里的酒椰叶椅子后面偷看。此外还有：一把装在细长盒子里的白色扇子，是弗雷德里克送给玛格丽特的礼物；一本属于玛奇的剪贴簿，她在里面贴了一些自己的舞蹈卡片，还有裁下来的装满鲜花的马车——"1878 年于瑞士。母亲婚礼之旅留念"。克拉拉的《师主篇》，耿稗思所著，阿加莎在其扉页上写道："谁能将我们与基督的爱分开？"

在另一个皮箱中还有一本"自白录"，其中每个家庭成员都写下了他们对一系列问题的回答：最喜欢的美德，最喜欢的颜色，男性偶像与女性偶像，当下的心境，等等。这本册子令人浮想联翩。它薄薄的书页上满满当当的斜体字，似乎让人眼前浮现米勒一家在阿什菲尔德客厅里的场景：透过延伸到花园的高大窗户，能看到他们坐在自家与世隔绝的天地里，火上利索地烤着冷杉球果，一家人一边啜饮着樱桃白兰地，一边思考自己的答案。家中的女性们诚挚而高洁，对待自白游戏极其认真，从不开玩笑或进行讽刺。

1871 年，玛格丽特·米勒写道，她最喜欢的美德是"自我否定"，她的主要特点是"固执"。对于"如果你不是你自己，你会成为什么样的人？"这一问题，她的回答是："一个更好的人。"玛丽·安·伯默尔拒绝被这个问题所利用："我不羡慕任何人。"她认为自己的主要特点是"缺乏谨慎"，她当时的心境是"忧虑的"。她对痛苦的理解是"负债累累"。她小心翼翼地写道，自己的男性偶像是"纳撒尼尔·弗雷里·米勒"，那位为克拉拉的成长提供经济支持的姐夫。

与此同时，时年十七岁的克拉拉将自己当时的心境描述为"渴望有一条长裙"，尽管她不会有机会穿上它。因为玛格丽特虽很富有，但并不计划让养女进行社交。也许是意图影射姨妈和母亲，克拉拉写下的自己的主要特点是"非常喜欢孩子"。她对幸福的理解是"永远做正确的事"。她最能够容忍的错误是"矜持"：她撒的谎沉甸甸地落在书页上。

这些女人是多么圣洁的生物啊！她们的品味又是多么维多利亚：她们喜欢门德尔松、兰西尔[1]、阿尔伯特王子和"南丁格尔小姐"，不喜欢"欺骗和装腔作势"。一如既往地，弗雷德里克对这个游戏的态度并不认真。1872 年，他写道——也许写的时候向表妹克拉拉眨了眨眼——自己的主要特点是"无所事事"，他最讨厌的是"早上起床"。至于当时的心境？"非常舒适，谢谢。"

阿加莎七岁时第一次玩自白游戏。她的某些答案是自发的：她最讨厌的是"到了睡觉的时间却很清醒"；如果不是她自己，她会是"一个仙女"。但当她写到自己对幸福的理解是"做个好孩子"，她的男女偶像分别是"父亲"和"母亲"，她最喜欢的画家是家庭肖像画家"贝尔德"时，她那有着大双眼皮的眼睛一定在寻求认可。

当然，她是认真的。然而这就是为公众所知的阿加莎，她始终保留着一部分真实的自我：一个试图取悦和获得周围人慈爱认可的小姑娘。一个"严肃的小姑娘"，正如她在《未完成的肖像》中写的那样，"对上帝、良善和圣洁进行过许多思考……唉！真是孤芳自赏"。

---

[1] 埃德温·亨利·兰西尔（Edwin Henry Landseer，1802—1873），英国画家和雕刻家。

阿加莎这样说自己有些苛刻，但也许她明白自己幼稚的宗教热忱并不完全真实：对她梦想中那个从衣装到灵魂都是洁净的世界而言，这种热忱不可或缺。她喜欢把自己看作一个好女孩，一个维多利亚小说中的人物——系着腰带，穿有圈环的衬裙，床边放着一本《圣经》。她愿意相信责任。这就是她所处的时代，她所成长的环境。但这同样是她的本性。

她的想象力总是漫游在美德之境中，道德、安全和幸福紧密结合在一起。如果阿加莎是个好孩子，她就会很安全；如果她安全，她就会幸福。事实的确如此，但也有些令人心碎，因为这不可能持久，生活中那些甜蜜的秩序把她保护得太好了。她像克拉拉的雪绒花一样被小心翼翼地包裹着。尽管她当时只有七岁，但她内心知道这一点。她的幸福很完整，但她在自白中写道，她对痛苦的理解是"我爱的人离开我"。这意味着她曾为父母前往纽约度假而感到痛苦（"家，有妈妈的家……哦，妈妈……妈妈……"）。她还经常做噩梦。

在"枪手"这个噩梦中，阿加莎熟悉和喜爱的地方——比如阿什菲尔德的茶桌——被一个长着杀人犯的眼睛、没有手的幽灵入侵了。起初，"枪手"是一个人，他身着法式制服，头发涂了粉，扎着辫子。然后梦境变了。她在《未完成的肖像》中如是写道：

> 这会是个快乐的梦——一次野餐或聚会。突然，就在你玩得很开心的时候，一种诡异的感觉悄然包围了你。某个地方有什么不对劲……那是什么？啊，当然，"枪手"在那里。但他不是他自己。"枪手"就是客人之一……
>
> 最可怕的是，他可能是任何一个人……可能是妈妈、爸爸或奶妈……一个你刚刚才说过话的人。你抬头看了看妈妈的脸——那当然是妈妈——然后你看到了那双淡灰蓝色的眼睛。从妈妈裙子的衣袖里伸出来的是——哦，可怕！——恐怖的残肢。那不是妈妈，是"枪手"……

阿加莎十一岁时，父亲在他位于伊灵的继母家去世。"医院里的一位护士走了出来，叫住正在上楼的婆婆。'一切都结束了……'她说。"

在皮箱内的绿色文件夹里，克拉拉保存着丈夫去世那年收发的信件。"亲爱的爸爸，听闻你还在生病我很难过，我们非常想念你，"阿加莎在1901年年初写信给父亲，"我度过了一个愉快的下午，因为简让我在厨房做蛋糕。我做了几个加无核小葡萄干的，还有几个加姜的。今天的茶点我吃了德文郡奶油！"

五月，克拉拉和身体不适的阿加莎一起去了伊灵。那时，弗雷德里克已病得相当重，但他像一位真正的绅士一样，反去关注他人。"从你今早的来信中得知，阿加莎做得并不如你希望的那样好，我非常痛心……玛奇明天要招待十个姑娘来打乒乓球，她为此感到很自豪……我的状态还不错。"[22]

与此同时，1901年整年间，他一直在记录"心脏病"的发作次数。他在六月至九月间记录了30次："轻微发作。晚安"是常见条目之一。克拉拉可能在丈夫去世后才看到这份清单，因为他不想让她担心。十月，他从自己所在的俱乐部（温德姆，位于圣詹姆斯广场）写信告知她自己在伦敦拜访专科医生的情形："今早我见了桑瑟姆，他跟我说的和上次大抵相似。他坚持认为我的问题与心脏神经有关，而非其他……过去的两天里，我感觉好了许多……请上帝保佑，我已经受够医生了。"这在某种意义上成了现实：一个月后，弗雷德里克去世了。他终年五十五岁，辞世时住在离伦敦较近的伊灵，他本打算在那里找一份工作。

长期以来被忽视的财务问题对他的早逝不无影响。他的心脏和财富同步衰弱，而他却没有任何办法解决这个问题。在给克拉拉的信中，他写道："我回来后没有收到过来自美国的信——我试着把这看作好事。"[23]

那时，除了忍受这些事实已别无他法：打理纽约房产的成本远超其租金收入，一位托管人住进了精神病院，另一位托管人则因潜在的挪用公款嫌疑开枪自尽。

早在1896年，当弗雷德里克首次意识到危机的本质时，他采取过各种行动。他出让了阿什菲尔德和家中的用人，与妻女一起搬到法国住了一年。这是拮据贵族们熟悉的节流方式之一。那时候一些东西要比现在便宜：在欧洲大陆住酒店的费用低于在英国打理一所大宅，而社交生活可以通过介绍信来维持。在起初的六个月里，米勒一家住在波城，清澈的山间空气让那里以有益健康闻名。之后他们去了同样位于比利牛斯山脉的考特雷，然后是巴黎，最后到了布列塔尼。阿加莎对于这段旅程非常兴奋，甚至没有想念阿什菲尔德。她在母亲的陪伴下一直都很快乐。不过，她在法国并未沉湎于精神世界：从抵达的那一刻起，她就感到失望，因为这里的世界和其他地方并无不同。渴望看到山峰的她被"一种永远不会忘记的幻灭感"击中；"那远远越过我的头顶，一直向上、向上，高耸入云的山峰在哪里——它是超出了我的目之所及和理解范围吗？"[24]

她心满意足地活在现实中，七年来第一次像其他正常的、活泼的小女孩一样行事。她很容易就交到了朋友，并"发现了……恶作剧的乐趣"，戏弄酒店里的其他客人，比如拿着孔雀羽毛躲在楼梯下，在别人经过时用它挠他们的腿。她学会了游泳，这后来成为她毕生的爱好。她看着姐姐玛奇逐渐走向性成熟，还迷上一个阴郁的电梯服务生，并渴望有一天能撑起"有领子和领带的条纹上衣"。她逐渐喜欢上了年轻的玛丽·西耶，她是克拉拉从裁缝店中带走的小工，后来成为阿加莎的旅伴和法语会话者——如同克拉拉大多数直觉判断一样，这一决定也十分成功。

阿加莎对于全家搬到法国的原因没有自觉的认知。但一如既往地，在《未完成的肖像》中能看出她所理解的比她当时意识到的要多。书中有一个场景，她的父母在波城一家酒店见到了来自英国的朋友格兰特一家：

> 西莉亚无意中听到格兰特先生对她母亲说："见到老朋友约翰［弗雷德里克］吓了我一跳，但他告诉我，自从来到这里，他的身体越来越好了。"
>
> 事后，西莉亚对母亲说："妈妈，爸爸生病了吗？"
>
> 她的母亲回答时面色有些怪异："没有。没有，当然没有。他现在完全好了，只是英国的潮湿多雨导致的。"
>
> 得知父亲没有生病，西莉亚很高兴。她认为他不可能有病——他从不睡觉，从不打喷嚏，也从不呕吐。他有时会咳嗽，但那是因为他烟抽得太凶了。西莉亚知道这一点，因为父亲亲口告诉她的。

法国对弗雷德里克有帮助。然而对他来说，富足的岁月已成为过眼云烟。他在自白录中写道，他所理解的痛苦是"对过错的自觉"，可见他可能为此饱受折磨——自己留给心爱的家人的钱是如此之少，财富的流失正是因为他绅士般的疏忽，克拉拉将被迫卖掉他稀里糊涂买来的奇彭代尔和谢拉顿家具，甚至阿什菲尔德本身都可能被出售。不过因为克拉拉天生不会责备，他多少也会为此而感到安慰。她认为能与弗雷德里克结婚已是无价幸福。在自白录中，他也描述了对幸福的看法，那就是"被完美地爱着"：许多人求之不得的愿景，弗雷德里克已经实现了，他也清楚这一点。临终前不久，他在给克拉拉的信中写道："没有任何男人能有你这样的妻子。"

一百多年过去了，这封信还在她的皮箱里，与弗雷德里克葬礼的服务单和他安眠的伊灵公墓的落叶放在一起。"我看不见你，亲爱的心，但我能看到 / 仿佛我的双眼在你的脸上获得了慰藉"：这是克拉拉——情意绵绵的小克拉拉——写在装有她丈夫用过的最后一块皮尔斯香皂的信封上的话。

从那时起，直到二十五年后克拉拉去世，阿加莎将成为她母亲生活的核心。"你必须为你的孩子们而活，记住，亲爱的……"在伊灵照顾弗雷德里克的护工说，后来克拉拉也是她照顾的。"是的，我必须为我的孩子们而活。你不需要告诉我这些，我知道的。"但她真正为之而活的是阿加莎。玛奇很快就要结婚，蒙蒂参军随团出国，而且阿加莎对克拉拉来说也一直是特别的存在：她不善表达的深情，她敬慕的眼神，她一直渴求的那份对爱的平静自信。和克拉拉一样，她理解失去的恐惧，尽管在弗雷德里克去世前她从未经历过这种恐惧。因此，克拉拉与阿加莎建立起了她与自己母亲从未有过的联结。克拉拉被规约着的激烈情感都为阿加莎所接收，二人间的亲近关系变得如电流般强大。它成了阿加莎内心的光芒，在之后的日子里，时而会耀眼到让她看不清前路。

"我的外婆是个危险的女人，"多年后，阿加莎的女儿罗莎琳德如是说，"坚强而危险。我母亲从未想过她是错的。"[25]

父亲的去世并没有终结阿加莎的田园牧歌。在《未完成的肖像》中，身在国外的父母分别给她寄了一封信，当时她和外婆一起住在伊灵。"两封可爱的、可爱的信。"她写道。但令她感到痛苦的是母亲那封："家，她想回家。家，有妈妈在的家……"

虽然阿加莎深爱着父亲，但只要能和克拉拉在一起，没有父亲的陪伴她也能感到快乐。在他去世之前，她只知道控制和礼节。突然间，她的生活一度变得不稳定。"我走出了作为孩子的世界……进入了现实世界的边缘。"她得以窥见一些原始而可怕的东西。像维多利亚时代的好女孩一样，她到母亲的床边告诉她，"父亲"现在在天堂很快乐。克拉拉不希望他离开天堂，是吧？"不是的，我希望他离开那儿。只要能够让他回来，我愿意做任何事——任何事，什么事都可以。我希望他回到**这里**，就现在，回到这个世界上和**我**一起。"克拉拉是如此悲痛欲绝，以至于她也病倒了。她的心脏衰弱了，睡觉时枕边放着提神的**碳酸铵溶液**。在之后一年左右的时间里，阿加莎晚上会站在她的卧室门外，留神听她的呼吸，有时会为一声呼吸等上几个小时。对家长怀有如此强烈的爱并非易事，因为人们终将离开，这一点阿加莎已经明白了。

玛格丽特·米勒以她善良但缺乏想象力的方式，试图与克拉拉分享她自己对于继子去世感到的悲痛。《未完成的肖像》里提到她在早餐时朗读吊唁信：

> "克拉克先生是一位真正的好人，"她开口道，一边读一边抽泣，"米丽娅姆，你真的应该听听这个。这会对你有帮助。他的文笔多么优美啊，在描述逝者总是与我们同在的时候。"
>
> 突然间，米丽娅姆似乎从静默中被唤醒，大叫起来："不，不要！"

克拉拉最不想做的事莫过于此。弗雷德里克是她的，而且是独属于她的（"我会很乐意为你而死……"她在 1877 年写给他的信中说道。玛格丽特怎么能理解她呢？）。他的缺位让这个家失去了平衡：在这个由复杂的女性们组成的家庭中，那个得体而轻松的存在消失了。克拉拉一生都不得不对玛格丽特心存感激。"我相信你和亲爱的婆婆在一起非常非常开心，"1897 年，她写信给在伊灵的阿加莎，"亲爱的小阿加莎，你和亲爱的婆婆一起，家里是多么快乐啊。你一定要对她好，要很爱她。"但克拉拉并不爱玛格丽特，玛格丽特也从未真正爱过克拉拉。而随着弗雷德里克的离去，这个母系家庭一时被愤然扯开，露出了底色。克拉拉的怨怼再也遮掩不住：对把她送走的母亲，还有提出要接手她的姨妈都是如此。

"西莉亚想知道婆婆是不是真的喜欢妈妈，妈妈又是不是真的喜欢婆婆。她不太清楚是什么让她产生了这种想法。"这是死亡的真实后果，一种未必与悲痛有关的、混乱的情绪波动。这是成年人的情绪，前后矛盾且不合逻辑。

难怪阿加莎会退回自己的脑海中避难，并为自己创造出一个新的世界：一所"女孩们"的"学校"。

> 首先是埃塞雷德·史密斯，她身材高大，皮肤黝黑，非常非常聪明……然后是安妮·布朗，埃塞尔的好朋友……伊莎贝拉·沙利文，她有红色的头发，棕色的眼睛，长得很漂亮。她富有而骄傲，不讨人喜欢。她总觉得自己会在槌球比赛中击败埃塞尔，但西莉亚确保了她做不到，尽管她有时因为故意让伊莎贝拉错过球，而觉得自己有些卑鄙……[26]

在这七个女孩中，有一个拒绝为阿加莎背负现实：休·德·韦尔特，有着金色的头发和浅蓝色的眼睛，性格"奇怪地没有色彩"。当其他女孩喋喋不休，相互交流，有着明确的过去和未来时，埃尔茜·格林出身贫穷；休的妹妹薇拉·德·韦尔特日后将成为举世闻名的大美人——而休仍然沉默地观察着。

到了晚年，阿加莎仍然偶尔会想起这些"女孩"："即使是现在，有的时候，当我把某条裙子放进柜子时，我会对自己说：'对，这会很适合埃尔茜，绿色一直是她的颜色'……这样做能让我笑出声来，但'女孩们'仍然在那里，尽管她们不像我，一点都没有变老。"[27]

第二章

年轻的米勒小姐

"女丑角在绿地上跳舞，欢快地，如此欢快地！"

（摘自《来自意大利的假面舞会》，阿加莎·克里斯蒂写于约 1907 年）

"明年或后年会在哪里呢？**全然不知**是多么美妙的事情啊。"

（摘自阿加莎·克里斯蒂 1973 年的笔记）

丈夫去世后，克拉拉面临着必须卖掉阿什菲尔德的事实。她的孩子们则不像她那么现实，尤其是阿加莎。他们没有看到弗雷德里克在纽约的遗嘱执行人奥古斯特·蒙坦写来的信[1]，信中解释说遗产几乎分文不剩。克拉拉只能从 H. B. 查夫林（纳撒尼尔·米勒曾担任合伙人的公司）那里得到些微薄收入。打理像阿什菲尔德这样的大房子将成为没完没了的负担。阿加莎在自传中写道："强留着它并不明智，我现在懂了。"尽管如此，她当时还是反复恳求母亲，而克拉拉也屈从于女儿的愿望：

"噢，妈妈，我们永远不要卖掉它……"

"那好吧，亲爱的。毕竟这是座充满幸福的房子。"

一个女人失去丈夫后可能会发现，本应帮她度过丧夫之痛的孩子们却反其道而行之。他们剥夺了她对自我的正当期望。没有人比阿加莎更在乎克拉拉，但孩童天性中的自私让她决心顺从自己的心意，逼得母亲退让。对阿加莎而言，留在阿什菲尔德意味着什么都没有改变，但对克拉拉来说，一切都变了。这座房子里充满了回忆，却缺失了许多其他东西。如果她遵循了自己一时的想法，搬去另一个地方生活（她想在埃克塞特拥有一间舒适小屋），那么她和女儿的关系可能会有所不同。

但也许她并不希望如此。她同样热烈地爱着阿什菲尔德——毕竟是她自己的房子——留在那里也是忠于弗雷德里克的表现。他买的油画仍成堆地挂在墙上。周围仍然萦绕着他的烟味，尽管只存在于想象中。克拉拉变得像自己的母亲玛丽·安一样，在伯默尔上尉死后从未想去看一眼别的男人。但克拉拉和玛丽·安又是不同的，因为她很快便会把女儿视作自己生活的中心。

当然，阿什菲尔德发生了本质的变化。它变得愈加空旷、破败。雇员减少到"两个价格低廉的年轻女佣"。尽管厨师简拒绝离开，"我已经在这里待了很久了……"她说。当她最终离开，去给她的兄弟管理家务时，两行眼泪无声地从她的脸颊滑落。她完全无法习惯克拉拉陷入的贫困，以及相应的地位下滑。从前，她最大的乐趣是用低沉的德文郡口音打电话订货——"六只龙虾，母龙虾"——并为老饕弗雷德里克制作菜肴，弗雷德里克会走进厨房，私下向她优雅地表示感谢。而现在，简正承受着巨大的痛苦，她需要把成山的岩皮饼倒进垃圾桶，并烹饪两人份的奶酪通心粉。现实不断提醒着她，但她拒绝接受现实，其中有些更为宏大的缘由。她就像阿加莎侦探小说《斯泰尔斯庄园奇案》中的用人多卡丝，向波洛哀叹着旧日的辉煌时光：

> "战前我们有五个［园丁］，那时它是按照绅士家的标准来打理的。我希望您能看到它当时的样子，先生。那看着真好啊。但现在只有老曼宁和年轻的威廉，还有一个穿着马裤这种衣服的新式女园丁。啊，现在是什么糟糕透顶的日子了！"
>
> "好日子会再来的，多卡丝。至少，我们希望如此……"

对克拉拉来说，好日子现在存在于她的绿色皮箱里，那里放满了回忆：年轻的弗雷德里克微笑着来拜访米勒家；他梦幻般的求婚；两人挽着手臂走在纽约街头；他写给她的最后一封信。在楼上书房里的火炉旁，或当她们用花园里采的"高大的白色花束"装点房子时，克拉拉向阿加莎讲述了她所有的人生故事。

就这样，母女二人在阿什菲尔德重新找到了平衡。

在巴顿路的尽头，阿加莎穿过枝繁叶茂的小巷下山走到托雷诺圣堂，那座她受洗的灰色维多利亚式教堂，并在那里为父亲祈祷。她是个虔诚的女孩，用她自己的话说就是"坚定而严格的正统派"。在去教堂的路上，她会途经范西塔特路。许多年后，她在侦探小说《鸽群中的猫》中用这条路的名字命名了一个角色——埃莉诺·范西塔特。从德文郡的童年记忆中，她还提取了其他地点来命名人物，如埃尔莎·狄提斯汉姆、勒斯科姆上校、约翰·克里斯托、珍妮·英斯托尔和米尔德里德·斯垂特。

她从很小的时候就开始写作。她现存最早的一首诗被小心翼翼地写在一本练习册上，落款日期是 1901 年 4 月：

> 曾经有朵小报春花，
> 她也是朵漂亮的花。
> 但是她却大哭大闹，
> 只为一件蓝色衣袍。

这本册子里还有一首关于她的猫的诗，名为《克里斯托弗·哥伦布颂》，写于她父亲刚去世时：

> 曾经有只可爱小猫，
> 名叫克里斯［简称］。
> 它有一寸长的炸毛，
> 尾巴如梦幻般美好。

她还在伊灵一份报纸上发表了一首诗，诗中第一节写道：

> 当有轨电车第一次运行，
> 沐浴着它们猩红的光辉……

这是阿加莎·克里斯蒂的作品初次见诸印刷品，她之后的诗作得以刊载在《诗歌评论》。但说到写作，阿加莎的姐姐玛奇在早期取得的成功更为引人注目，她也表现出了更高的天赋。在1902年结婚之前，她曾在《名利场》上发表过几篇题为《虚荣童话》的小说。"毫无疑问，我们家的天才成员是玛奇。"阿加莎在自传中写道。两个女孩在写作方面都受到了鼓励，她们可以选择用任何方式来表达个性。从未有人认为这样做会破坏她们的女性气质。从这个层面来看，克拉拉开明得异乎寻常，这种开明并非只是就她所处的时代而言。即便在今天，玛奇那强势到几近无礼的机敏也可能会被视作一种"威胁"，从而劝退潜在的丈夫人选。

为人父母往往意识不到却经常发生的一件怪事，便是用与对待自己相反的方式来对待孩子。克拉拉曾被忽视过，她敏感的个性也在养育过程中被置之不顾。而现在，她是女儿们生活中如探照灯般的耀眼存在。她尽全力与她们方方面面共情，相信她们没有做不到的事。对于普通女孩来说，她可能会是个糟糕的母亲。但实际上，她拥有两束明亮的火花——玛奇那束可谓光辉灿烂——并把它们点燃到极致。阿加莎十三岁左右时写下的诗作稚拙而动人，克拉拉的密切影响和高洁文风在其中显而易见：

> 汝今天是否在树林里走过？
> 汝是否踏过那金色的地毯？
> 汝是否听到风拂动脚边的树叶？
> 汝是否感到今晚的薄雾正升起？
> 汝是否为世界的混乱流泪？
> 汝是否悉数那过去的日子？……

玛奇生性更自由，总是很清楚自己想要什么，这一点阿加莎尚需学习，玛奇既像母亲，也像弗雷德里克。她像是半个美国人，诙谐而机敏，对传统淡然处之。与阿加莎不同，她不认为有必要表现得像个"好"女孩，也没有人因此对她产生看法。她是《伯特伦旅馆》中的贝丝·塞奇威克，急躁、冒险、引人注目；而阿加莎是贝丝的女儿艾尔维拉，安静、顺从、极其复杂。

被送到巴黎"出师"后，脱缰野马般的玛奇不再拘泥于家中的阳台，而是去往了气派的茶室。和父亲一样，她也参加业余戏剧表演，并且热爱变装，有一次还打扮成希腊牧师去见访客：这可能是阿加莎作品中一个常见构思的来源，即做演员的人等同于伪装大师（"对一名演员来说，化装成佩德罗·莫拉莱斯并扮演他是小儿科……"）。[2] 晚年的玛奇还曾穿着全套板球服装参加家庭晚宴。和母亲一样，她的性格中也有一些不安分的元素，但她充沛的或者说是过度的自信让这些都转化成了年轻时的玩笑与创造力。

玛奇富有魅力，十分性感，像狐狸一样敏捷。她算不得漂亮，但这并不重要——她有个性。阿加莎为玛奇感到眼花缭乱，在玛奇炫耀自己的新裙子，标榜自己的情郎们，用最随意的话语博得满场笑声时，阿加莎是绝好的观众。玛奇会语带关爱地说："阿加莎太慢啦！"她很喜欢自己谨言慎行的小妹妹。1903 年，阿加莎第二次写自白录，提名"母亲和玛奇"为她的女性偶像。

然而随着年龄增长，她开始感到嫉妒了。"如果她在我之前'涉足电影'，我会非常恼火！"[3] 阿加莎在 1922 年给母亲的信中写道。那时她已经成了一位作家，乌龟显然已经超过了兔子。但玛奇在毫无警觉和努力的情况下写出了一部剧本，并在有一搭没一搭地寻找伦敦西区[1]的制作人。

那时玛奇也比阿加莎富有得多。她嫁给了詹姆斯·沃茨，他是众多追求者之一，但因对她表现得兴趣索然而赢得了她的注意。和与她同名的姨外婆一样，玛奇的婚姻也是有利可图的那种。詹姆斯是曼彻斯特附近的阿布尼庄园的继承人，那是一座巨大的维多利亚式豪宅，曾接待过阿尔伯特王子，阿加莎也有几部作品设定在此。《葬礼之后》中，思想新潮的年轻厨师称这所房子是"彻头彻尾的老陵墓"，还抱怨"厨房、洗碗间和贮藏室的面积太大，说是'走一天都走不完'"。在《借镜杀人》中，阿布尼——或者说"石门山庄"——直接被嘲讽为"一种哥特式的丑陋巨物……最好的维多利亚式厕所，仅此而已"。事实上，这所宅子的宏丽阿加莎再清楚不过了。

小时候的阿加莎喜欢拜访阿布尼庄园，当时那里还是詹姆斯·沃茨的父

---

[1] 伦敦西区是与纽约百老汇齐名的世界两大戏剧中心之一，是英国戏剧界的代名词。

母家。"你好吗，我们的梦中情娃？"詹姆斯爵士会对她说。阿布尼的规模符合她的渴望：它是一个自成一体的世界，有自己的生命，有"大量的房间、通道、意想不到的台阶、后楼梯、前楼梯、凹室、壁龛"，似乎无穷无尽。[4] 阿布尼从地板到天花板都罩着锦缎窗帘和挂毯，虽然阿加莎中意阳光和通风，但她无法抗拒地被这种冥界特质所吸引。它的房间是幽暗的，满溢着富余和厚重感：客厅里绿色的缎质墙面，漆成朱红色和青蓝色的木制品，还有仿佛微型战舰的橡木家具。它深奥、幽暗，充满神秘，它的实体似乎并不真实。在《借镜杀人》中，石门山庄被喻为舞台布景，尽管"幻象在看客眼中，而非在布景本身"。

玛奇结婚后，阿加莎和克拉拉会与沃茨一家共度圣诞。多年后，阿加莎会回想起鼓到爆炸的袜子、堆满椅子的礼物、灯光摇曳的餐厅和超乎想象的美食——牡蛎汤、烤火鸡、煮火鸡、牛里脊、葡萄干布丁、肉馅饼、松糕、葡萄、橙子、李子、果脯。这是过去世界的重现。阿加莎毕生都在努力再现阿布尼的圣诞景象：那种丰饶，那种英伦气息，那些狄更斯式的光辉与深度。

詹姆斯·沃茨接手他祖父开创的出口业务后，玛奇成了阿布尼的女主人。在阿加莎第二任丈夫马克斯的口中，詹姆斯具备象牙塔里的学术界人士所拥有的一切势利心，"对金钱表现出不寻常的尊重，认为它是一个人优点的象征"[5]（马克斯不喜欢沃茨一家，因为他们曾警告阿加莎在嫁给他之前要三思）。然而，当阿加莎 1901 年第一次见到詹姆斯时，他还是个害羞的年轻大学生，和马克斯同样上的牛津大学，并没有拜金倾向。"我一下就喜欢上了他，"她在自传中写道，"他对我很好，总是认真待我，从不开无聊的玩笑，交流中也不把我当作小姑娘。"二十五年后，他为她最著名的侦探小说《罗杰疑案》提供了创意（虽然蒙巴顿勋爵声称这个创意来自他，但这更应该属于詹姆斯）。詹姆斯的寡言少语让阿加莎能够与之共情。事实上，可以想见他们二人如果结婚会非常成功，相比之下他反倒不太像性格外向的玛奇的丈夫。晚年时，她明显让他感到吃不消，而他对她而言也显然不够格。"我想，阿布尼那帮人并不快乐。"1930 年，阿加莎如是写道。[6]

在自传中，阿加莎曾好奇姐姐"如果没有结婚，是否会继续写作"，所以对阿加莎来说，后者成家无疑是一种宽慰。确实，婚姻似乎意味着她的精神在某种程度上死去了。如果活在今天，玛奇会顺从本心选择独居，这也可能是最适合她的方式。如果父亲还健在，她可能永远不会嫁给詹姆斯，因为弗雷德里克不喜欢他（或许是由于经商的污点）。玛奇和阿加莎每年能从米勒家的财产中获得100英镑，这在20世纪初并非微不足道，然而简·奥斯汀的世界尚未远去，一个相对贫穷的女孩难以放弃这种"机遇"。对克拉拉这样一个对金钱持务实态度的人而言，想到玛奇能够生活在阿布尼的庇护下，一定会让她感到释然。她了解体面的贫穷，也了解它带来的依赖性，但她女儿这样的女孩会对其深恶痛绝。克拉拉不曾考虑玛奇能够靠自身的聪明才智谋生。也许玛奇也做不到，她身上有种浅尝辄止的态度，完全遗传她父亲。但正如阿加莎自己所暗示的那样，玛奇本有可能成为另一个阿加莎。

弗雷德里克去世仅仅九个月，她就嫁给了詹姆斯："母亲这么说，我也是这样想的，那就是随着时间的推移，她们的形影不离会让她们更亲近，与玛奇分开就会变得更加困难。"[7]

在弗雷德里克离世和这段婚姻之间，克拉拉与玛奇的关系因为即将告别而短暂地强化了。她们一起去法国南部待了三周，把阿加莎一个人留在阿什菲尔德。对此她并不介意，她喜欢直接跟简点自己的餐（"她就是这所房子的实际上的女主人！"）。[8]阿加莎也隐约地明白，对于一位新寡妇来说，比起一个对天堂一知半解的虔诚小女孩，一位成熟女性更适合做伴。如果玛奇没有那么早结婚，阿加莎与克拉拉的关系可能会相当不同。事实是，自1902年起，她就是大女儿了。

阿加莎把玛奇写进了她的故事《丽人之屋》[9]中，这个故事大约创作于1908年，是她后续作品中较早发表的一篇。阿利格拉·克尔迷住了男主人公约翰。"她极为高效。他认为她的效率与其说自然，不如说是精心安排的。但在这一切的背后，还有其他东西。忽隐忽现的火苗，断断续续，反复无常，如同从前引诱男人们进入沼泽的鬼火。"她不费吹灰之力便胜过了爱着约翰的年轻闺密梅茜。"你真可恨，阿利格拉。"梅茜对她说。

"但让人兴奋啊，亲爱的。"

在《未完成的肖像》中，有一个对应蒙蒂的人物，但没有对应玛奇的——西莉亚的姐姐"乔伊"很早便夭折了。阿加莎不想作品里掺入玛奇主导一切的性格,这会干扰她自己与母亲的关系,毕竟玛奇在那么多方面压她一头:打情骂俏、开玩笑、讲故事、绘画、表演、写作。玛奇的剧本《索赔者》被伦敦西区某位经营者选中,于1924年在沙夫茨伯里大道的皇后剧院上演时,阿加莎不得不为她感到高兴。但她们之间关系的天平,那在过去四年里由于阿加莎在文学方面的成功而得以平衡的天平,再度开始倾斜。没有好胜心的作家已经十分罕有,而没有好胜心的姐妹就更稀奇了。阿加莎能感觉到,玛奇的脚尖仅仅是轻轻踩了不到一秒的油门,就瞬间蹿到了她前面,还把她甩下好几英里[1]。

她曾认为玛奇是可控的——腰身粗壮,有一个已经成年的儿子(名叫杰克,生于1903年),成日被关在那座阴森的宅邸里——与此同时,她那慢得惊人的妹妹广为外界所赞誉。她应该早点想到的。十八岁的玛奇在玩自白游戏时曾写道,自己对幸福的理解是"获得成功"。这个想法她还没有完全放弃。

在《索赔者》的排练过程中,她是以何等轻松愉悦的心情反复强调着这一点。这个剧本改编自维多利亚时代的马丁·盖尔[2]——查尔斯·蒂奇伯恩爵士的真实故事:19世纪70年代,他要求获得准男爵爵位,并为确立身份上了法庭。玛奇很喜欢这个故事的趣味性,尽管她处理其复杂性的方式比阿加莎更为轻松,也更为粗糙。"经验尚浅的戏剧家容易将情节写得过于盛大……"《泰晤士报》一篇评论如是写道,但对这部作品总体上予以赞许。对于业余作者而言,这是一桩了不起的成就。从某种意义上说,这也是克拉拉的又一次胜利,因为玛奇能够写出一部西区戏剧的**信念**是她灌输的,而这一经历让玛奇每一刻都乐在其中。在自白游戏中,她还说过"伦敦"是她最

---

[1] 1英里约合1.6千米。

[2] 马丁·盖尔是一位生活在16世纪的法国南部的农民。青年时期的他抛下妻子,偷偷离家前往西班牙参军,并在战争中失去了一条腿。在他离开的日子里,一个假冒他的人来到了他的村子,取得了周围人的信任,并与他的妻子共同生活在一起。后来,假冒者索要马丁家的财产,引来了马丁其他家人的猜疑和反对,此事最终闹上法庭。在判决过程中,真正的马丁·盖尔意外出现,扭转了原先有利于假冒者的局面。最终,假冒者被判处绞刑,马丁的妻子被送入了女修道院。

想生活的地方。四十五岁时，她终于到达了那里，住在梅菲尔区的花园俱乐部，每天早上带着满满的自信储备前往剧院，并用它忽悠制作人巴兹尔·迪安。虽然他早已习惯面对不顾一切的演员和神经质的剧作家，但"沃茨太太"轻松机敏的气质还是把他迷得半死。至少她是这么跟家人说的。

她给在阿布尼的丈夫和儿子写信："我的两个宝贝，排练进展得极为顺利，巴兹尔·迪安说它可能会更早上演……我认为第三幕结尾有点"软"，也一直是这么觉得的。我想给费伊·康普顿加个演讲——问了 BD［巴兹尔·迪安名字的首字母］，他说：'完全照你的意思来。只要你想，你就可以完成得非常好。总之，你做什么我都赞成。'很让人惊讶吧？所以——我又开始打字了！

"……我又去了布朗斯［酒店］。我说我要的不是 16 号房间，而是 11 号。房间都已经住满人，但当我提及这部戏时，她一下变得相当疯狂，说：'当然，您一定会有房间的，无论我们把谁赶出去！'这给人一种十足的权力感。我希望自己别飘得太厉害……"

阿加莎当时住在距伦敦不远的森宁代尔，所以玛奇去她那里共度了几个周末："昨天周日，我去了森宁代尔，但我实在太累了，一直昏昏欲睡！"那时她自己也挺累人的，尤其是对阿加莎而言。据玛奇说，阿加莎"疯狂地想去看排练"——可能是想确认《索赔者》并非什么杰作，以让自己安心。从玛奇信中的语气能明显看出她有多让妹妹感到烦躁，当时后者已经是《斯泰尔斯庄园奇案》等一系列作品的知名作者。"写并敲了一整晚。BD 五分钟后就回来了，抓住我的胳膊说：'我的天哪！你真能写——太了不起了。'差不多就是这样。他现在认为我是某种天才……**他们没我不行。**"

这就是玛奇特别的、煽动情绪的个人风格：它能让人恼火到心烦意乱，也能使人着迷。在一封谈到女演员洛蒂·韦恩的信中可以看出，她是家中唯一一位具有她父亲那种与生俱来的好开玩笑性格的女性。因为浑然天成的酒吧女郎气质，洛蒂·韦恩被选中出演《索赔者》。但由于扮演的是一位贵族，她不得不费尽心力来抑制这种气质。"今天下午我有一项可怕的工作——我得告诉洛蒂·韦恩（受命于 BD），她需要演得粗俗些。她说：'当然，身为公爵夫人，我有这样那样的事不能做。'她对于成为公爵夫人**极其**得意。玛奇是这样描述这次会面的：

亲爱的韦恩小姐，见到你我真是太**荣幸**了！我很担心每个只为见**你**而来的人都会感到失望。他们并不是想看**我**笔下的公爵夫人，而是想看**你**。他们想要他们的"洛蒂"……

我：我的台词不要紧。你必须把自己融入角色。放飞自我。全面地去感受。

V 小姐：但我是个公爵夫人，你知道不？

……我从未觉得保持严肃是如此困难。

阿加莎是写不出这样的内容的；她不可能成为写出这段话的女人。她可能告诉过自己，在书页上如此直接地表达个性并非真正作家的标志。而且她知道，至少她是这么相信的，在玛奇回荡着的笑声下隐藏着什么。"我始终怀疑，"她以玛丽·韦斯特马科特为笔名创作的晚期作品——《玫瑰与紫杉》中的一个人物说，"幽默感是我们这些文明人自学的某种花招，作为防止幻灭的保险。我们努力将事情视作有趣，仅仅因为我们怀疑它们并不令人满意。"这样深刻的思考来自阿加莎最为严肃的作品。尽管玛奇可能过得并不满意，她不安分、不知足，婚姻在她的生活中画下了巨大的句号，但她总能让阿加莎感到"奇怪地没有色彩"，就像她想象中的自己，休·德·韦尔特一样。

"我的姨妈比我母亲更有趣，"阿加莎的女儿罗莎琳德说[10]，"她非常好玩儿。有点被曼彻斯特那个地方埋没了。"

在《索赔者》短暂的上演期结束后，玛奇回到了那所巨大的、地窖般的房子里。她又写了几个剧本，但都未再上演。相反，阿加莎迁进了西区，并在那里取得了非凡的统治地位。她也许本打算写剧本，但看着洛蒂·韦恩说着她姐姐的台词，而她自己却微笑着，努力表现出快乐的模样，这一经历刺激她必须加速前进。这种特殊的竞争关系必须以对她有利的方式解决，尽管玛奇和《索赔者》都有的一种属于自我的、甜美而轻快的本质，她始终不曾有过。

＊＊＊

例如，剧本以一种真正轻松的方式，描绘了一个名叫查尔斯·克莱格霍恩的人物。"不关心钱，从没关心过。"他边说边把零钱扔到舞台上。从玛奇的角度出发，这并不是纯粹的艺术创作。这个形象对应的是她哥哥蒙蒂，呈现的方式机智、隐晦而忠实。

蒙蒂从不关心小额零钱，也确实不太关心其他事情，至少他表面上是这么伪装的。他不可救药：一个被自己的姐妹们压倒的布兰韦尔·勃朗特。"我是说，这让你觉得自己是个糟糕的浑蛋！"《怪屋》中的小儿子尤斯塔斯·利奥尼迪斯如是说，他同样生活在一个充满强大女性的家庭中。这也是蒙蒂的台词——他本身是那种老哈罗公学性格——但是和尤斯塔斯一样，那种能力不足感深入骨髓。尤斯塔斯患有小儿麻痹症，这被用于解释他"受伤的男性自尊"和可能存在的凶残心理："我越想，越觉得尤斯塔斯可能符合……他不正常。"蒙蒂没有外在疾病，但内心深处却有一种奇怪的精神上的麻痹。

在不缺乏来自家人的爱的前提下，一个正常男性可以茁壮成长，或至少维持生存。作为唯一的男孩，弗雷德里克对他百般疼爱。"我想，蒙蒂确实是他最喜欢的孩子。"阿加莎在自传中写道。但与玛奇相近的年龄让他开局不利。此后，他一直"一瘸一拐"地走着，凭借某种漫不经心的自信和爆棚的运气在人生路上摸索。在哈罗公学，他养了小白鼠（"胡须先生和胡须太太"），也不参加考试。毕业后，家人希望他能进入银行业，但这超出了他的能力范围，他被派到了达特河上的造船厂。事实证明，这也失败了。1899年第二次英布战争爆发后，他自愿参军，在东萨里军团获得军职后前往英属印度。军旅生活比其他任何事情都更适合他。但当他在1910年左右辞去军职时，人们清楚地看到他是个极不合群的人。后来，和他的许多同类人一样，蒙蒂通过吸毒来缓解生活的漫无目的感。

父亲去世后，刚刚成年的他以迅雷不及掩耳之势花光了米勒家仅剩的一点财产。他债台高筑，先是搬到了肯尼亚，后来又搬到乌干达，并给玛奇寄信，乞求她为他在维多利亚湖上经营货船的计划提供帮助。"巴滕加号"是用沃茨家的钱建造的——"我姐夫气坏了"，阿加莎后来写道——但在它完工（内饰用的是豪华的黑檀和象牙）时，第一次世界大战爆发。蒙蒂亏本卖掉了这艘船，加入了国王非洲步枪团。他险些被送上军事法庭，当时他违背命令，在一个他坚持认为最适合战斗的地方停下了骡子车队。就在他与指挥官争论时，一支德国军队来到这里，并被他们成功击败。这场战斗后来被称为"米勒之战"。某种意义上，这又是运气。

之后蒙蒂手臂受了伤，伤口感染，他带着非洲仆从谢巴尼回到了阿什菲尔德。人们以为他回家是为了死在家里。事实上，他的归来"几乎害死了我母亲"，阿加莎在自传中如是写道。一旦心血来潮，蒙蒂会在凌晨4点吃晚饭，还会用左轮手枪射击窗外的人。尽管巴顿路并非可以容纳此类行为的地方，也许这条路都比这个懒得思考的野人更了解他自己，想象一下马普尔小姐对这个问题的看法。"某个愚蠢的老处女走在车道上，臀部一摇一晃。忍不住……"他古怪的行为里有一种自我意识，让人觉得既无聊又可怕，且难以忍受。阿加莎和玛奇疯狂地担心她们的母亲，她一直盼着儿子归来，现在又盼着他离开。20世纪20年代初，姐妹俩花费800英镑在达特穆尔的思罗利买了一间小屋，供蒙蒂和他六十五岁的管家泰勒夫人居住，后者是十三个孩子的母亲，有一头漂染的金发。几年后，泰勒夫人在和蒙蒂搬去法国南部的途中去世。阿加莎和玛奇再次在那里为其安排了住处。玛奇不顾丈夫的冷漠反对前往马赛，试图为弟弟提供些帮助——他恳求地说自己身体非常虚弱，独自躺在医院里。照顾他的护士夏洛特成了最后一个爱上他的人。玛奇到达马赛后，发现他住在护士的公寓里。他一直和夏洛特在一起，直到1929年在一家海滨小餐馆喝酒时突然中风去世。

他的死对于他的姐妹们而言可能是一种解脱。尽管如此，阿加莎一直对蒙蒂怀有某种愧疚。他生活的混乱始终困扰着她，尽管他可能没有她想象的那么不快乐。她偶尔会寄钱，以确保他在马赛的坟墓能够得到维护，并急于让人在停战日送去鲜花。"您可以放心，它会得到很好的照顾……"蒙蒂在东萨里军团的一位战友在1936年的来信中写道。

蒙蒂自己会在意吗？他在爱中长大，但父母对他的接纳，姐妹们对他的责任感，最终什么都没有改变。所有的一切都无法填补空白。也许这就是为什么，他在 1897 年填写自白录时，说自己最喜欢的美德是"正直"，这是他最缺乏的品质，尽管他**确实**有其他品质。他完全遗传了父亲自如的举止，而且他并非没有自知之明，尽管少了些幽默，也几乎毫无后者的道德感。当被问及如果不是自己，想成为什么样的人时，他的回答是"一个更好的人"。

在他笔下，自己的主要特点是"嬉戏调情，削东西，固执，说俚语，发脾气"。他对痛苦的理解是"工作和借钱"。他的男性偶像是"芬尼亚勇士"，女性偶像是玛格丽特·米勒（"婆婆"）和克拉拉。他当下的精神状态被描述为"噢，天哪?!"。真是可悲的答案，与他姐姐玛奇干脆利落的回答截然不同。那张他穿着全套马车夫服装坐在"真爱"马车上、前面是一只套缰绳的羊的照片，正是玛奇能想出的那种笑话，但她讲这个笑话时眼中会闪耀着自信。蒙蒂看起来只是傻傻的。在另一张照片中，他穿着制服坐在阿什菲尔德的一张竹椅上，腿架在两侧两个年轻人的腿上，眼里充满了对生活迷茫的热情。最后一张照片是他在达特穆尔的小屋外：他扶着手杖，身穿晨袍，戴着领巾和一顶破帽子，嘴里叼着烟。他看起来放荡堕落，像晚年病恹恹的卢肯勋爵，但某种灰暗的魅力依然存活了下来。

阿加莎对这种魅力有着敏锐的意识，而且因为有过被其迷住的经历，她逐渐理解了它的本质。孩提时期，当蒙蒂刻薄地嘲笑她为"瘦巴巴的鸡崽"时，她发现他有一种不可救药的魅力（他是米勒家外表最出众的成员）。成年后的生活告诉她，一个男人可以在软弱的同时让人无法抗拒。在她最后一部以玛丽·韦斯特马科特为笔名创作的小说《爱的重量》中，一个年轻女孩正是爱上了这样一个男人。

> 她仍然觉得嫁给亨利是件令人高兴的事，但她发现这也有不利之处。亨利到现在已经做过四份不同的工作。他有一大圈富有的朋友，对他来说，找到工作看起来并不困难，但让他保住工作几乎是不可能的。不是他先厌倦工作并踹了它，就是工作踹了他。此外，亨利花钱如流水，而且在获得贷款方面似乎从未遇到过任何困难。他解决事情的方式是通过借钱……

还是小男孩时，蒙蒂会收到一周的零用钱，然后立刻全部花光。"在这周的晚些时候，他会突然把我姐姐推进店里，迅速点三便士最喜欢的糖，然后看着我姐姐，看她敢不敢不付钱。极为在意公众形象的玛奇总是会付。自然，她会对此很生气……蒙蒂只会平静地对她笑笑，然后分给她一颗糖。"[11]

二十年后，当蒙蒂从詹姆斯·沃茨那里拿钱造船时，他还用这笔钱在杰明街一家酒店里气派地安顿下来，买了丝绸睡衣，还在房里添置了一盆盆栽。为安抚玛奇，他花了许多她丈夫给的钱，来给她买礼物，还有在伯克利酒店用午餐。这和他小时候玩过的把戏如出一辙。阿加莎后来写道："一个有着孩子心态的成年男子……人必须收起幼稚的东西——"这是何等悲哀。"是的……一个男人如果还是个孩子，那是世界上最可怕的事情。"[12]

阿加莎从蒙蒂那里学到了许多。她忧郁的大眼睛看到了父亲笑容背后的焦虑、母亲令人困惑的沮丧，还有玛奇充满关切的轻蔑。即使蒙蒂不在家——他的问题据说已经"解决"——阿加莎也能意识到，那个软弱阴暗的存在始终在家中暗潮汹涌。在能力范围内，她尽可能地理解他。他为她提供了对人性的看法，帮助她成为她笔下的侦探小说中那位充满智慧的现实主义者。

"在战争时期，这样的人是英雄。但在和平时期——好吧，在和平时期，这样的人通常会进监狱。他们喜欢刺激，不会正经做人，对社会不屑一顾。最后他们对人的生命也熟视无睹。"这段出自《顺水推舟》的话并不能确切地描述蒙蒂：他不是个罪犯，也有爱人的能力。但他属于她作品中经常描写的那种角色，有时还会是凶手：这种人可能有很好的品质，如果不是因为内心某种神秘怪癖，他本可以在生活中有所成就。"如果基因排列稍有不同，"阿加莎在自传中谈及蒙蒂时如是写道，"他可能成为一个伟大的人。"《悬崖上的谋杀》中的罗杰·巴辛顿-弗伦奇，一个有着不加掩饰的公学风度的"坏蛋"，也许最接近他。这部作品写作时，蒙蒂还在世，这个人物被赋予了某种无可奈何的喜爱之情。之后还有《顺水推舟》中的大卫·亨特，《无人生还》中的菲利普·隆巴德，《长夜》中的迈克·罗杰斯，《沉默的证人》中的查尔斯·阿伦德尔，《复仇女神》中的迈克尔·拉斐尔，《控方证人》中的伦纳德·沃尔——这些人物身上都有蒙蒂的影子，而阿加莎是个无法否认他们身上的性魅力的女性（《顺水推舟》明确写道，正直的男人就是无趣的男人）。因为蒙蒂，她也在一定程度上熟悉了吸毒的影响。阿加莎详细描述了《悬崖上的谋杀》中尼科尔森医生缩小的瞳孔，《古墓之谜》中麦卡多先生手臂上的针眼；这两个人物都是瘾君子，描述他们状况的笔触充满同情，未置评判。

在《奉命谋杀》这部人物地位几乎压倒了情节的小说中，阿加莎对"内心的怪癖"进行了深入考量。身上同样有蒙蒂部分影子的杰奎·阿盖尔是蕾切尔和利奥·阿盖尔夫妇收养的五个孩子之一，每个孩子都得到了极为规范的抚养，被指望长成举止得体的阿盖尔小辈，并完美融合成一个家庭。然而，孩子们仍然迥然不同，并无相似之处，各自忠于自己的血统和出身。杰奎得到了那么多爱与关注，但他长大后仍然诱骗成性且毫无良知；无论他的养父母如何拒绝接受现实，他都已经无药可救了。

> ……杰奎，这个本性难移的人。用古老的加尔文主义信条来说，杰奎是个"注定要毁灭的容器"吗？他已经得到了人生中所有的机会，不是吗？麦克马斯特医生的观点是，无论如何，他是那些生来就会走错路的人之一。没有任何环境可以帮助他或拯救他。那是真的吗？利奥·阿盖尔在谈到他时语带纵容与怜悯。他是怎么说的来着？"大自然里的不合群者之一……"

这就是阿加莎对蒙蒂的看法。她相信人的本性（她常引用易卜生《培尔·金特》中的一句话："额前有上帝印记的我在哪里？"），也相信她哥哥就像杰奎·阿盖尔一样，本质上是无法挽救的。她不赞同现代的观点，即教养能够锻造本性。当然，她知道环境会产生影响：她自己就是一组特殊变量的产物，这些变量将她的性格推向了某个方向，而非另一个。"性格，我亲爱的，并非一成不变。它可能增强，也可能恶化。"赫尔克里·波洛在《顺水推舟》中如是说。但到了小说后期，他表示："生活的悲剧在于人不会改变。"这是波洛的口头禅之一。在《底牌》中，他拒绝接受虚假的谋杀供词，说："我是对的。我一定是对的。我愿意相信你杀了夏塔纳先生——但你不可能以你所说的方式杀死他。没有人能做不属于自己本性的事情！"

波洛说出了他创造者的想法。阿加莎绝对认同这一观点，即每个人都有恒定不变的本性，而这个本性通常连他们自己都不清楚。"一个人到底是什么样的，只有在面临考验时才会显现出来——在你站住或是跌倒的那一瞬间。"[13]

蒙蒂跌倒了，而且会一直跌倒。只有那衣衫褴褛的魅力勉强支撑着他。在《借镜杀人》中，阿加莎谈到了战后人们对于慈善事业的信心，人们相信其具有能够改变人生的力量。部分因为蒙蒂，她认为这种信心并无支撑，甚至是天真的。这个故事的背景设定在一所青年罪犯学校，管理者是一个名叫刘易斯·塞罗科尔德的男子（"又一个有理想的人！"）。他试图通过精神治疗和教育来改造那些与社会脱节者。刘易斯被描述为"被那只想帮每个人改善生活的虫子给咬了。而实际上，你知道，除了自己没人能够做到"。

正如蒙蒂自己在1924年所写的那样，"某些人天生就是快乐的，而其他人则天生不快乐"。在达特穆尔的小屋居住时，他写满了一页又一页笔记本。如果他的家人都能写作，他为什么不能？他为什么不也进行创作，和他的姐妹们一样？"对我而言，我终于得到了足够的理解，以让我完成计划。等着吧，你会看到的。这一切将会是如此容易，你甚至会好奇为什么要阅读、学习、学习、阅读……"

他给好几首诗、剧本和故事开了头，通常每篇都不超过几行字。在一个题为"黑象牙"的故事开头，蒙蒂在非洲受伤卧床。他的仆从给了他"两片棕色小药片。我问这是什么——'鸦片……对你有好处'"。事实上，他写的很多东西读来都像是吸毒之后下笔的产物。

> 光荣的梦想
> 可能发生在任何人身上，
> 但最好是发生在我身上……
> 哦，来吧，哦，来吧。
> 哦，来吧，来玩吧，我说我做了个梦；
> 我说，我说，我说我做了个梦。
> 今天或明天，不再会有哀怨。

然而，在这些恍若幻觉的呓语中，存在某种对意义和结构的绝望渴求。他在达特穆尔写道：

> 我已经很久没有对自己的生活安排感到如此彻底的不满了。在我看来，我们中的许多人只是跟随领导，而从不听从自己的心意，那些贫困的人帮不了自己，但这世界上有太多个体，我们中有多少个体。少得让人吃惊……

最后是瘾君子的悲哀断言——当早晨到来时，一切都会变得不同。

> 明天我将开始，寻找自由、真正的幸福和真正的自私。**明天。**

大约与蒙蒂的猝然离世差不多时间，阿加莎出版了短篇小说集《神秘的奎因先生》。其中一篇《海上来的男人》里有一段关于"一条不体面的狗"的描述。这条狗一生都在西班牙南部的街道上游荡。

> ［它］站在路中间，打着呵欠，在阳光下伸展自己的身体。在尽可能伸展到最舒服的程度之后，它……环顾四周，寻觅着生活可能提供给它的任何美好事物。
> 然后，在毫无警告的情况下，一辆破旧不堪的汽车从拐角处猛冲过来，直挺挺地撞上了它，然后不管不顾地开走了。
> 那条狗站了起来……眼中模糊地闪过一丝无言的责备，然后倒了下去。

阿加莎走过了一条多么漫长的路——她自己也曾在途中被"直挺挺地"撞上。这条路始自那个住在阿什菲尔德的得体小姑娘写的一首诗。诗题为《我心爱的城市》，回忆她与父母的法国之旅：

> 哦，我心中的国度，

我一心只想着你。

哦，波城，我心爱的城市，

我的心飞奔向你……

当阿加莎写下这首诗的时候，她仍然活在自己的田园牧歌里。尽管父亲去世了，但生活几乎丝毫没有惊动她。她的躯体修长而苗条，她的长发在阳光下如透明的河流，就像托基湾的大海。她在自己创造的梦幻世界里自由徜徉。1966 年，一位孩提时期的朋友写信给她：

> 我记得你美丽的浅色长发。我感到非常好笑，你居然记得舞蹈课的事！现在我也想起来了，墙上有一面大镜子，我六岁生日那天，我对着它看自己的影子……我也记得你——穿着可爱的丝绸百褶裙，同样无可救药地渴望着耀眼的存在。飘逸的金发让你看起来像海中仙女忒提斯。[14]

在弗雷德里克去世后的几年里，阿加莎的生活中有了更多的社交，这并未影响她比以往任何时候都更亲近母亲的事实。她去上舞蹈课，穿着百褶裙的她是那里的"特权阶层之一"。此外，她每周去盖耶小姐的学校上两天课。她还交了很多朋友。在玛奇的婚礼上，她第一次见到了詹姆斯·沃茨的妹妹娜恩，二人的亲密友谊一直维持到成年后（而且蒙蒂还曾短暂地迷恋过她）。离得更近的是赫胥黎五姐妹——"那些赫胥黎家的姑娘"——她们在托基的斯特兰德大街上大摇大摆地走着，笑得前仰后合，"她们的最大罪状是**没戴手套**"。还有卢西姐妹，住在美丽的赫斯基斯新月街[15]，"她们慵懒含混的声音非常吸引我"。女孩们穿着束身衣在七座山间上上下下。她们一只手捂着帽檐，清新的海风绕着她们起舞。她们无忧无虑。尤其是卢西姐妹，她们对这世上的任何事都不担心。"这有什么关系呢，阿姬[1]？"她们想吃什么就吃什么——丰盛的茶点、德文郡奶油、海边小摊上买的牛轧糖——然后通

---

[1]　阿加莎的昵称。

过散步、打网球、在码头上滑旱冰、在女士专属的小海湾里游泳来保持身材。她们去看托基帆船赛，去逛有打椰子游戏和烟花表演的海边集市，去参加有开心果冰激凌、玫瑰香葡萄和温暖饱满的油桃的花园聚会。阳光善意地照耀着这些健康而年轻的小动物，"像田间的小母马一样撅着蹄子"。[16] "我们能意识到所有等待我们的幸福……我们的生活里充满了信心和喜悦。"[17] 这种令人陶醉的氛围受到秩序的保护，这种秩序像移动的更衣车那样坚固——它把穿着黑色羊驼呢泳衣的阿加莎送往海边，在那里她会游向远方，自由自在。

"我记得大家称呼你为米勒小姐，"1970 年，一位孩提时认识阿加莎的男士给她来信，"我还记得'科普索恩'的比登小姐，有一天我听到她对你说'来喝茶吧'。我当时非常兴奋，我想，能够这样邀请任何人来喝茶，而不需要事先征求母亲的同意，是件多么美妙的事情啊！"

阿加莎热爱这一切——她有享乐的天赋，"她所做的任何事情，她都乐在其中"[18]——她的母亲也鼓励这一切。"我希望你能玩得开心，有漂亮的衣服，以一种年轻、自然的方式享受生活。"米丽娅姆（现实中指克拉拉）在《未完成的肖像》中如是说。克拉拉为阿加莎那从孩童严肃的小蝶蛹中轻松进出的吸引力而感到高兴。尽管如此，在西莉亚拒绝某次求婚后，阿加莎为她书中的母亲，也就是米丽娅姆写下了这样的想法："尽管她有些失望，对西莉亚的未来感到忧心，但私下里她的心绪在欢快地歌唱：'她还不会离开我。她还不会离开我……'"

丈夫去世后，克拉拉几乎没有独立的生活。作为寡妇，她发现自己被边缘化了，尽管这实际上更多与缺钱有关。来往都得靠步行，或者需要自己给帽子上色而非买新的，这样的变化对阿加莎来说并没有什么区别，反正她大多数朋友都是这样生活的。她打交道的托基女孩没有一个家中"有钱"，只是过得"舒适"，为自己引以为傲的非平民身份而自鸣得意（阿加莎在自传中描述卢西姐妹大肆嘲笑当地舞蹈老师"普通的腿"）。[19] 但对于克拉拉这样的女性而言，金钱等同于地位。她并不像自己的母亲那样纠缠不休，但也不具备玛格丽特·米勒那样强大的社会保障。当然，贫穷是相对的。克拉拉住在一间有用人的大宅里，不时能得到女婿的帮助。她实际上并不缺什么。

尽管如此，她还是试图卖掉米勒家位于纽约格林伍德公墓的墓穴。她每年只需要为此支付 30 美元左右的费用，但她说全家人"不可能会去美国，而且经济状况极差"。她始终担心着钱，缺钱也改变了她的生活。她无法提供殷勤的款待——晚宴所需的材料会侵蚀她的收入——也相应地不会被款待。她的身体已经衰弱到无法爬上托基那些不饶人的山丘，而且她也付不起出租车车费。她的思绪像以往一样不安分地躁动着，但她的世界是静止的，阿加莎是这个世界的中心。在《未完成的肖像》中，母亲的人格力量诱使女儿服从，温柔且迷醉。

> 母女俩在夜晚度过了许多快乐的时光。她们早早地在七点吃晚饭，之后上楼去书房，西莉亚会做一些花哨的手工，而她的母亲会给她读书。大声朗读总是让米丽娅姆昏昏欲睡。她的声音会变得奇怪而含糊，头向前倒……

克拉拉给阿加莎读司各特和狄更斯的作品，略过她觉得无聊的部分（"所有这些描述，"她如此评价《玛密恩》，"实在太多了"）。她突然带她去看了一场亨利·欧文爵士在埃克塞特最后的演出，演的是《贝克特》。尽管她身体变差了，但对阿加莎来说，她一直没有改变：冲动，迷人，像尖刀一样劈开生命的中心。"西莉亚想起了她的母亲……她热切的小脸，她的小手和小脚，她小巧玲珑的耳朵，她窄窄的高鼻梁。她的母亲——哦，全世界再没有像她母亲这样的人。"

阿加莎十五岁那年冬天，克拉拉出让了阿什菲尔德，带女儿去了巴黎。她们住在伊娜酒店，克拉拉试图找一所**寄宿学校**，好让阿加莎继续她那断断续续的教育。阿加莎在自传中写道："对我母亲来说，尝试一所学校就像是尝试一家新的餐馆。"她先是被送到了玛奇之前待过的"T 小姐处"，然后是位于欧特伊的"霍格小姐的学校"，后来是凯旋门附近的"德赖登小姐处"。这些就是阿加莎这样的女孩会去的地方。她们如果没能成家，可能就会经营这种学校。

阿加莎在巴黎待了近两年，最后在那里过得非常开心，尽管克拉拉第一次回英国时，她极其痛苦：既为克拉拉，也为她自己，但这二者实际上是同一件事。有时仿佛她才是母亲，而克拉拉是她渴望保护的孩子。"如果她穿上母亲为她做的上衣，"她在《未完成的肖像》中写道，"一想到母亲缝制它的样子，她的眼眶就会湿润。"在这样的爱里，她也能痛苦地感知到母亲的脆弱，她不屈不挠的生命力中的悲怆。阿加莎的想象力是如此敏感，以至于她能够化身克拉拉，至少她是这么相信的：独自一人坐在阿什菲尔德，读着《尼古拉斯·尼克尔贝》睡着，眼镜从鼻梁上滑落，书房里的火光逐渐消逝在她的身侧。

尽管如此，阿加莎身上那与生俱来的快乐，在年轻时总会重焕生机。巴黎的黄昏和蜂蜜般的色调开始让她目眩神迷。她拥有了自己的第一批成人衣装，其中有一件浅灰色**双绉**面料的"半晚礼服"，由于她的胸部不够丰满，不得不用荷叶边来填充。她在法兰西喜剧院看了莎拉·伯恩哈特和雷雅纳的表演。她祖父的美国朋友们带她去看歌剧，朋友的女儿在《浮士德》中唱玛格丽特的部分。她参加了绘画班、听写班（"你，你法语说得这么好，已经犯了二十五个错误了！"）、舞蹈班和仪态班（"假设现在你要在一位年长的已婚女士身边坐下，你会怎么坐？"）。她在伦佩尔迈尔店里吃蛋糕，"那些极好的蛋糕，上面有奶油和**棕色**的糖霜条纹，甜腻得无与伦比"。她喜欢上了一位前台文员，"又高又瘦，有点像绦虫"，她的思绪围绕着他产生了许多疯狂的浪漫幻想。后来，她遇到一个名叫吕迪的美法混血年轻人，并和他去冰宫溜冰。"从那一刻起，我走出了英雄崇拜的领域……我没有爱上吕迪——如果能多见他几次，也许我会爱上他，但我确实突然感觉不同了。"[20]

* * *

所有的一切都让人快乐，这是任何正常、健康、有吸引力的年轻女孩都渴望过的生活。但也缺了些什么。在自传的某一篇章的结尾，阿加莎几乎实事求是地写道："在我离开巴黎前，一个梦想已然消逝。"她指的是自己的音乐梦想。实际上，她在法国时，"真正充满她生命的是音乐"。甚至在年轻的米勒小姐试着衣服、经历少女的暗恋、欢快地胡闹时，她那诗意的灵魂也无时无刻不在体内翱翔。

"越来越清晰，越来越高——一浪高于一浪……"这是她在自己最早期的故事之一《翅膀的呼唤》[21]中对音乐的描述，体现出惊人的雄心。她试图表达的并非音乐带给她的感受，也不是它听起来如何，而是它到底**是什么**。"这首曲子很奇怪——严格来说，它根本不是曲子，而是单一的短语，与《里恩齐》里的小提琴发出的缓慢回音不同，一次又一次重复，从一个调到另一个调，从一个和声到另一个和声，但始终在上升，达到一种更浩大、更无垠的自由……"

对阿加莎来说，音乐是超自然的精华。它的音符和声响让不可言喻的东西变得真实、完整、可把握。它是无拘无束的诗歌。有一阵子，她相信自己可以占据它的世界。她就像梦想跳《天鹅湖》的年轻女孩，想要成为那飘舞着薄纱的海蓝色国度的一部分。对这些女孩来说，此后再没有什么让她们如此强烈地渴望了。六十三岁那年，阿加莎最后一次玩自白游戏——在格林韦粉红色的客厅里，角落里有架漂亮的施坦威钢琴。在回答"如果不是你自己，你会成为什么样的人？"的问题时，她写道："歌剧演唱家。"写作，于她而言，正是为音乐方面失败的补偿。

她曾在巴黎跟随一位名叫查尔斯·弗斯特的老师刻苦练习钢琴，每天练习长达七小时。但在一次非正式的音乐会上，当时她的短居即将结束，紧张的情绪排山倒海而来，导致她呈现了一场灾难性的表演。"要想成为一名艺术家，就必须拥有将世界拒之门外的能力——如果你能感觉到世界在聆听你的表演，那么你必须把它当作一种激励。"在《未完成的肖像》中，她这样回忆起弗斯特对她的评价。"但西莉亚小姐，她能在一个——或两个——听众面前演奏得很好，如果关着门自己弹的话，她就会表现得最好。"

她师从著名的布韦先生，学会了最为钟爱的歌唱。她拥有清亮而悦耳的女高音，而且神奇的是，她在公众场合献唱总是十分成功。在她歌唱时，外面的世界的确成了一种激励。自从她与赫胥黎姐妹在托基的教区房间里成功扮演《皇家近卫军》中的费尔法克斯上校（"我生命的高光时刻之一"）后，这种激励便发生了。

在跟着布韦学习六个月后，布韦允许她表演咏叹调：《波希米亚人》中"冰凉的小手"和《托斯卡》中的"为艺术而活"。回到英国后，她继续学习，并在聚会和当地音乐会上呈现了备受好评的表演。后来，在 1909 年与玛奇一起去考文特花园看了《指环》之后，她的歌唱梦想——成为伊索尔德的梦想——正式起飞。她无法想象还有什么能比穿透音乐之心，唱出翅膀的呼唤更崇高（"**我看到它们了——翅膀！……它们的颜色！翅膀的颜色……**"）。内心深处，阿加莎渴望能走出自己的躯壳，离开想象中的世界，冲破所有的孑然孤寂，自由自在地歌唱。

瓦格纳会是她一生的挚爱——他的音乐在她晚期的小说《天涯过客》中占据了核心地位。但在 1909 年，一位在大都会歌剧院有熟人的美国世交同意听她唱歌，并非常友好地告知她，她的声音只够格担任音乐会歌手。熟练、讨喜，但中气不足。"所以我撇开了一厢情愿的想法，"她在自传中写道，"我向母亲指出，她现在可以把音乐课的费用省下来了。我可以随心所欲地唱歌，但继续学习唱歌不再有意义。我从未真正相信过自己的梦想 [22] 能够实现——但是，**有过梦想并且享受过程是件好事**，只要你不至于太放不下。"

多么清醒而理智的阿加莎：1903 年，她在自白录中写下自己对痛苦的看法是"希望得到无法实现的东西"，她确实如此相信着。但是，以下这句出自她以玛丽·韦斯特马科特为笔名创作的小说《撒旦的情歌》的话表达了她更真实的感受。说话的人物是简·哈丁，她动人的女高音对于歌剧而言中气不足，但她还是坚持唱歌剧。在这个过程中，她的声音受到了不可逆的损害。

"我假装我不介意——但我介意……我介意的。我爱歌唱。我爱它，爱它，爱它……索尔维格那首美妙的圣灵降临节歌曲。我再也不会唱起它了。"

简最想做的事情失败了，但她把这一情况处理得非常之好。"这自始至终都是一场赌博，你知道的，自始至终——我的声音从来都不够有力。我是在用它冒险。在此之前，我都是赢的——现在我输了。好了，就这样吧！还是要做个好赌徒，手不能抖……"这样的勇气，或者说个性，阿加莎并不具备，尽管她对简的钦慕胜过了几乎一切。然而，简的身上也悄然融入了一部分阿加莎。她扮演《培尔·金特》中的索尔维格，"她的声线稳定地上扬，不断上扬，越来越高，直到还剩最后一个音符——极高，且纯净得不可思议……"，然后她的声音就"消失了，我的孩子。永远地消失了"。

简极其慷慨，毫无私心，因此作为女人和艺术家都不成功。她为一个名叫弗农·戴尔的男人放弃了自己的声音。弗农小时候和"狮子狗""松鼠"和"树"一同玩耍，长大后成了一名音乐家。他想让简来唱他的第一部歌剧，而她因对他的爱而同意了。然而，弗农却爱上了内尔·维里克，一个漂泊不定的金发美人，有仙女般的容貌和资产阶级的灵魂。内尔除了征服男人之外毫无天赋，但即便她有，她也决不会拿它冒险。内尔是阿加莎较小的自我，她更大的自我是弗农：在经历了一段时间的精神崩溃后，他将生命奉献给了艺术。

小时候，弗农曾害怕家里的钢琴，认为它是"野兽"，有可怕的白色獠牙。但那是因为他在抗拒它的召唤。长大成人的他听到了"今夜你的灵魂将被索取"这句话，于是知道自己必须将生命献给音乐：

> 我再也不能逃避了……音乐是世界上最美妙的东西……
>
> 有太多东西需要了解，需要学习。我不想演奏什么，从来没有。但我想了解世上每一种乐器。它能做什么，有什么局限性，又有什么可能性。还有音符也是如此。有些音符他们不用，有些他们应该用。我知道有的……

十七八岁时，阿加莎开始更持续地写作，尽管写作并不像音乐那样充实她的思绪。它不具备音乐那种能够将世界延伸到第四维的能力，而这正是弗农·戴尔的目标，也是《撒旦的情歌》能如此鞭策阿加莎的缘由。对她来说，音乐与无限，音乐与神秘，音乐与艺术都是一体的：音乐什么都不会落下。她这样描写弗农·戴尔：

> 他称其为幻象，因为较之声音，它似乎更接近前者。[23]视觉和听觉是一体的——声音的曲线和螺旋，上扬，下潜，还原。
>
> ……他抓起手边的纸，用某种狂乱的方式潦草记下简略的象形文字。他还有许多年的工作要做，但他知道，他再不会重温这初次感知到的、鲜活而清晰的幻象。
>
> 它必须是这样，还有这样：一整块金属的重量，铜管乐器，世界

上所有的铜管乐器。

　　而那些新加入的玻璃声音……回荡着，清脆地。

　　他很幸福。

　　所以，在她写作生涯的早期，《翅膀的呼唤》写的是声音可幻化为其他物质的力量。阿加莎的早期长篇《丽人之屋》设定在梦想的疆界里，描绘她孩提时期想象出来的地方，以及音乐将她带向了何方。"他在屋门口。没有打破那精妙的宁静。他把钥匙插进锁里，转动了一下。"

　　"他等待了一刻，充分感受那完美的、不可言喻的、让人心满意足的完整快乐……"

　　克拉拉鼓励阿加莎创作故事，"就像玛奇那样"。于是从十八岁开始，阿加莎便用玛奇的打字机敲出这些故事，然后用各种笔名署名：麦克·米勒、纳撒尼尔·米勒、悉尼·韦斯特。然而，与玛奇不同的是，她没能出版任何作品。这必然让她心烦意乱。她知道自己和玛奇写得一样好。她在自传中坚称自己在这一时期缺乏雄心壮志，她的大部分精力的确都被舞会和家庭聚会所占据了。但阿加莎内心的创造力，还有竞争心，并未止步不前。她的生活平凡得让她愉快。她的想象力汹涌而不可阻拦。

> 我路过
> 那些想过的地方，
> 我笑着起舞，
> 一跃而起，高高在上……
> 从没有人看见丑角，
> 无忧无虑的丑角，
> 路过。[24]

　　这一时期的照片讲述了少女阿加莎的生活，那段成为女人前无与伦比的繁盛期：在托基举行的帆船赛；在附近的卡金顿宫举行的戏剧演员聚会（阿加莎装扮成吉卜赛姑娘"安修女"）；南德文猎狐犬赛；在唐克斯特的索普拱形大厅为马驹竞赛举办的家庭聚会；还有一场在彼得斯菲尔德的利特格林宅邸 25 的聚会，是为古德伍德赛马会举办的。这些说明被仔细地标注在照片旁边，照片里的阿加莎笑得开朗自信。她是个非常有吸引力的女孩。她并非明艳动人，但广受欢迎，至少在社交方面，她已经脱离了玛奇的阴影。尽管她有鹰钩鼻和深邃的灰色眼睛，她的脸很像父亲，但她周身散发着一种细腻而坚定的女性气质。男人们喜欢她，而她也可以泰然处之。

"她理所当然地认为自己好看——她**确实**好看——高挑、苗条、优雅，有着极浅的亚麻色头发，白皙而娇嫩的斯堪的纳维亚式肤色。" 26

克拉拉无疑告诉过她，穿着拖地长裙的她，配合头上惊人的发量——浅色的头发长到她甚至可以坐在上面——有多么漂亮。而阿加莎也认为自己是美丽的。和其他所有东西一样，美丽也是一种光环，而她有数年时间拥有这种光环。"我曾是个迷人的姑娘。"她是西莉亚，打扮成《浮士德》中的玛格丽特去参加化装舞会；她是内尔·维里克，顶着"公主那瀑布般的金发"沐浴在月光下；她是穿着高领上衣的女丑角，是梳着卷发的伊索尔德。尽管爱德华时代的着装繁复厚重，但她对自己的印象总是飘逸、自由而空灵的。之后的生活中，她将被这些关于自己曾经样貌的记忆反复困扰。

> 那闪烁着金色的绿光，那空气中的柔软——伴随它们的是加快的脉搏、雀跃的血液，还有突然的不耐烦。
>
> 一个女孩穿过树林向他走来——一个有着闪亮的浅色头发，肌肤散发着玫瑰色红晕的女孩。
>
> 他想，"多么美丽啊——多么妙不可言的美丽啊"。 27

于是她就这样舞过了少女时代，将目光投向幸福的未来。她的身上会发生什么样的事情呢？毋庸置疑。她会遇到一个男人——"她的命运"——和他一起过上幸福快乐的生活，下厨或订购那些她母亲抄写在练习本上的"收据"。生下他的孩子，让孩子穿上她自己的洗礼罩袍，创造一个像阿什菲尔德这样的世界。

男丑角对月歌唱，

出于爱我……

岁月流淌，

我心如常，

永不反抗，

伴他火旁。

　　这是阿加莎主动考虑过的唯一未来。也正是朝着这个目标，她总在晚餐后跳舞、打扮，并歌唱（偶尔将一只大泰迪熊作为对象，"我唯一能为自己找的借口，就是所有的女孩都做这种事"）。[28] 她在等待着实现自己的女性命运——仍然为许多女性所憧憬的命运。

　　"我并没有坐在那里写作，"很久以后她说，"我四处见年轻男子，在垫子上绣许许多多铁线莲……那时候我们做了很多独具创造性的事。也许这就是为什么我们不觉得自己需要工作。十六七岁时，只有经济困难才会迫使你走入社会。我想那时我们玩得更开心。现在，女孩们不得不操心高中课程考试……打情骂俏对我们来说意义远大。你会一场又一场地逢场作戏，你会参加所有的舞会，而你的邀舞卡上会记着你和一个年轻人跳了三支舞，和另一个只跳了两支，这让你感到身处世界之巅。你是个年轻女性，长得还不错，他们不得不取悦你。"[29]

科伦拜恩坐在我的火旁！

她是我的！她是我的！

科伦拜恩！

　　"人们费尽心思安排各种事情。当你去参加某个家庭聚会时，总会有三四位年轻男士和漂亮的年轻女孩，这样大家都能玩得很开心……即便你不被允许与一个年轻人跳超过三支舞，但在那段时间里能把握住他也相当有趣。"与同一个男人跳三支以上的舞被认为"太快"（"但搞定了一个！"）。[30]这个世界的纯真是绝对的，男人们也更喜欢那样，他们珍视那些可能会娶的女孩的贞洁。[31] 男人们风流韵事的对象是已婚妇女或伦敦的"小伙伴"。对阿加莎来说，与未来丈夫以外的其他人发生关系的想法和染上瘟疫一样遥不可及。

在她眼中，自己和朋友们固有的脆弱性得到了必要的保护。"过去有防护措施，"她在1969年出版的小说《万圣节前夜的谋杀》中写道，"人们照顾她们（女孩）。她们的母亲照顾她们……"但阿加莎并非懵懂无知。她是听着外婆们的窃窃私语长大的。后来她的书中会充满性，尽管她并未特别提醒读者注意。现在，她开始观察这世上发生的所有不光彩的事。她认识的一个女孩前去和一个校友同住，但因为太过天真，在不清楚发生了什么的情况下被这个朋友的**老流氓**父亲搞大了肚子。一个男性朋友被惊得目瞪口呆，因为一个显然是属于适合结婚的那类年轻女孩，在他们去参加舞会前邀请他去旅馆共度一小时。"我经常这样做。"她说。

阿加莎可能不会像那位男性朋友一样震惊：她认识到贞洁的价值来自性的伴随价值。后来，她还认识到纯洁未必与贞洁相关联，传统的道德亦可能自身带有不纯洁性。在《撒旦的情歌》中，简·哈丁和弗农上床，而内尔嫁给了他。毫无疑问，简的灵魂是更纯净的。

但简是**风流社会**的一分子。而阿加莎年轻时所处的上流社会不允许这种越轨行为发生。这个阶层的罪恶发生在每早用人掸净的窗帘之后，发生在像束身衣一样僵硬的习俗里。在那里，笑容固定在脸上，茶水则通过乔治王朝式的滤网泻入杯中。1909年左右，在阿加莎写下她的早期作品《荒漠上的雪》时，她已经开始意识到这一切。这部小说的主题是爱情生活的安排：性生活。它离那些梦境中生长出的故事和诗歌十万八千里远。这个故事源于观察，而非幻想；从中也能看出，她是如何初次把握住作为作家的现实的。

贫穷使得克拉拉让女儿在开罗——而非伦敦——度过她的第一个社交季。这听起来有些反直觉，但同样地，一百年前廉价的东西和现在并不一样。正是在埃及，那个后来在《尼罗河上的惨案》中作为故事背景而出名的埃及，阿加莎为《荒漠上的雪》取好了材。这个时不时还是会显得缺乏社交风度的漂亮女孩——"你最好还是试着教她聊天。"一位英俊的上尉和阿加莎在舞池中相顾无言地转了一圈之后对克拉拉说——其实在注意着周遭发生的一切。任何把戏，或**环舞曲**中微妙的性和社交细节，她都不曾错过。她以一种缓慢而无情的方式，发展着自己对人类行为和动机的把握，观察着他们对某个可预测主题的不同处理方式，并乐在其中。

在罗德岛度假时，看着酒店里人来人往，阿加莎笔下的侦探赫尔克里·波洛得出了她自己多年前得出的结论。

> "大自然重复自身的频率高于人们的想象。大海，"他若有所思地补充道，"变化无穷。"
>
> 莎拉侧过头来，问道："你是认为人类倾向于复制某些特定模式？定型的模式？"
>
> "正是如此。"[32]

阿加莎非常享受在格兹拉宫酒店度过的三个月。她的相册里塞进了许多逗留期间的照片，像往常一样，每张都仔细地标注了说明："马球""开罗赛马会""沙漠中的野餐""阿普尔顿夫人、康诺特公爵、费尔丁勋爵"。她所处环境的异域情调，之后会让她的想象力熊熊燃烧，但当时她似乎毫不在意。在她看来，开罗就是有金字塔的托基，是沙漠中的肯辛顿。正如《荒漠上的雪》中的人物之一查敏斯特女士所说的那样："埃及（社交意义上的埃及，并非满是木乃伊、陵墓和金字塔的游客的埃及，而是**我们的埃及**）……"

在冬季，每周都有五场舞会，阿加莎常身着一条由黎凡特女裁缝制作的淡粉色雪花缎裙，结识了大约三十位男士。"开罗本身对我来说毫无意义——十八岁到二十一岁间的女孩们很少会思考年轻男性以外的事，而这样做也是非常正确和恰当的！"[33]接地气的阿加莎又来了。考虑到她自称当时是多么专注于享乐，她注意到的细节之多令人瞩目。她从小到大都习惯倾听女性间的谈话，习惯于挑出并储存那些有趣的短语。和马普尔小姐一样，"她非常熟稔语调"，"一生中听人说了那么多话"。[34]的确，鉴于她的音乐家身份，阿加莎有一对调音完美的耳朵。《荒漠上的雪》的开头几行便能显示出，她对在埃及听到的东西是怎样信手拈来：

"罗莎蒙德，"查敏斯特夫人说，"是个惊艳的姑娘！"然后，可能是担心自己没发挥好，她灵机一动补充道："人们既不能忽视她，也没法看透她！"

这就说得非常好了。查敏斯特夫人觉得自己从来没表现得这么好过。这句话简洁、机智，是那种精练的、在警句风格之上有一定真实性支持的说法……

当然，查敏斯特夫人想，在开罗以外的任何地方，她都不会坐在康妮·安塞尔身旁。但在埃及，从社会意义上讲，交际圈明显太有限了。

《荒漠上的雪》是一部风尚喜剧，其世故超出了作者自身的经验。并且，尽管其结构混乱得不可救药——坚决要将两个想法缝合成一个——但就人物描写而言，其完成度极高。这与人们对阿加莎·克里斯蒂第一部小说的期望几乎完全相反。有力的人物描写和混乱的情节设计——谁能想到它出自这位其作品后来被描述为"有画面的代数"的女性之手？然而，这第一部作品中体现出的是她与生俱来的天赋，而非后天习得的风格。理解他人是她的能力。一旦意识到这一点，她便获得了自由。她的起点是罗莎蒙德·沃恩，这个足以客串斯科特·菲茨杰拉德的短篇小说的角色：一位上了年纪的未婚美人，带着一丝二手的特质，让人困惑、排斥而又着迷。"无论如何，她都会尽情享乐。"

阿加莎曾观察过这个女孩的原型——"在我眼里几乎算不上女孩，因为她肯定接近三十了"[35]——在开罗的舞会上用餐，每晚都坐在相同的两位男士中间，同时拿捏着二人。"她总得什么时候下决心在他们俩中间选一个。"阿加莎无意中听见这样一句话。这像是玛格丽特·米勒可能会说的话，并激得她立即着手行动：勾勒罗莎蒙德，构思她的小说，还有那些她将终生使用的想法。

罗莎蒙德玩弄两个男人的方式在侦探小说中反复出现。这是阿加莎逐渐开始搭建的模式之一。可以看出，罗莎蒙德身上有一些诸如《阳光下的罪恶》中的艾莲娜·马歇尔，或《罗德岛三角》中的瓦伦丁·钱特里的影子。这些女性的存在建立在男性的欣赏之上，因此世人都视她们为危险人物。阿加莎的直觉告诉她，她们其实很脆弱：她们更多是猎物，而非掠夺者。罗莎蒙德在小说中结局悲惨，成了即将被杀的"红颜祸水"。这个角色中蕴含着支撑阿加莎侦探小说的信念的起源，即受害者的性格决定了他或她的命运。这一点让她始终保持着兴趣：谋杀行为中所包含的，人类本性中最精华的内核。

她后来对被拒绝出版的《荒漠上的雪》嗤之以鼻。"我把女主角写成了聋子。"她总这样评论这部作品，似乎这会在某种程度上让她的事业作废。对克拉拉而言，阿加莎创作小说既激动人心，又理所应当（毕竟她的女儿们有什么是不能做的呢？）。在她的鼓励下，阿加莎把手稿寄给了托基的一位邻居——作家伊登·菲尔波茨。他的回应充满了富有洞察的善意——"你写对话的感觉很好"——并将自己的作品代理商休斯·梅西介绍给了阿加莎。这家公司后来极其幸运地得以代理她的作品。但阿加莎前往伦敦去见梅西本人时，后者告诉她，还是最好把《荒漠上的雪》抛在脑后。

更好的建议其实应该是告诉她重写这部作品，因为它极富品质。几乎每个人物都被安排了一句话和某种洞察，这使得他们栩栩如生：阿加莎看人和听他们说话的水平几乎一样高，并且最重要的是，她的第六感很强。举例来说，刻薄的小海厄森斯渴望得到开罗所有男人的关注；她"很聪明，非常聪明，聪明到从未有男人怀疑过这个事实"。她的目标之一托尼告诉她，自己的未婚妻要来埃及，她"深思熟虑。'她会干涉我吗？'这也许是她谨慎考量中最大的负担。在思考了一会儿这个棘手的问题后，她带着最温柔甜蜜的微笑转向法夸尔。'夕阳不是很美吗？'她喃喃说道……"。还有托尼的未婚妻、半聋的女主角梅兰西，数月来第一次和他重逢：

> 这一切都与她的计划大相径庭，但美好得多。哦，是的，美好得多！她把后一个事实铭记在心，这更自然，更简单，而且更令人愉快。
>
> "这简直无与伦比！"托尼叹道，热情地凝视着未婚妻，嘴里塞满了小鲱鱼。
>
> "你今天早上没来，我很失望，很孤独。"梅兰西低声说。
>
> "可怜的小姑娘！"托尼答道，语带感动和明显的赞许。

"梅兰西做得非常好，也很正确。"他是这样想的……

随后梅兰西爱上了另一个男人，阿加莎的作品开始试探性地走向她在后来以玛丽·韦斯特马科特为笔名创作的小说中探索的领域，即无法解决的人类之谜。

那个刚刚离开她的男人那鲜活生动的魅力取代了其他所有的一切……梅兰西环顾四周。玫瑰园的美丽一如既往，但她看待它的眼光已经变了。一个温暖的、活生生的现实世界取代了梦境……

梅兰西的心中对周围这个颤抖的、能感知的世界迸发出了暖融融的个人需要。她听到了远处传来的一些声音。它们带着人类对情谊的呼唤走向她。她的幸福充实而完整。

这还不是阿加莎自己的经历：她并没有在开罗坠入爱河，而且在之后的三年内也不会。但她知道那是什么感觉，所以还是将它付诸纸笔。

她举起一朵悬着的玫瑰，将其贴在脸颊边。这么做不是因为它的美，而是因为它活着。

第三章

丈夫

"你以为自己欣赏道德品质,但当你坠入爱河时,你又退回到眼中只有
肉体的原始人状态。"

(摘自阿加莎·克里斯蒂《褐衣男子》)

"她抬起眼,爱上他,那爱便是她的劫数。"

(摘自阿尔弗雷德·丁尼生勋爵《国王的叙事诗》)

埃克塞特附近的厄格布鲁克宅邸是德文郡的大宅之一,坐落在辉煌的庭
院中。白天,其石面呈玫瑰粉色,到了夜晚则变得空灵而朦胧。1912 年 10
月 12 日,阿加莎·米勒便是在这里第一次见到了阿奇·克里斯蒂——当时
他大步走来,请求把自己的名字加进她邀舞卡的三支舞里。在跳了两支之
后,他又要求再跳三支。阿加莎的邀舞卡早已写满,但当阿奇让她去掉其
他舞伴时,她让步了。对她而言,这样忽视礼节的行为并不寻常。

阿奇时年二十三岁,比阿加莎大差不多整整一岁。她在自传中写道,他
"举止果决,带着某种总能为所欲为的气场"。他身材颀长瘦削,态度热切激
烈。他具备那种神秘的浪漫气质,足以让许多女人败下阵来。不过,他也同
样坠入了爱河。他既没有足够成家的财富,短期内也看不到什么发展前景,
但他从一开始就决心要拥有阿加莎。

二人初见时,他是皇家野战炮兵部队的一名少尉,雄心勃勃地期待着晋
升。至于怎样晋升,他已经想好了:成为一名飞行员。他思维清晰,追求
实际,这些特质对于阿加莎来说是如此陌生,以至于让她感受到了浪漫的吸
引。他不认为飞机是神奇的存在,而是自己能够参与的、不可阻挡的未来趋

势。为此，他花费 75 英镑前往索尔兹伯里平原上飞行课，在遇到阿加莎的三个月前，他已成为英国历史上第 245 位取得资质的飞行员。所有这些，他都写在一个记录自己生活大事的笔记本上。阿奇喜欢以这种方式组织记忆。"7 月 16 日：从埃克塞特休假到学校约一个月后，驾驶布里斯托尔双翼飞机获得皇家航空俱乐部证书。申请加入皇家飞行队，回到埃克塞特。"

厄格布鲁克的主人，查德利的克利福德勋爵和夫人邀请了埃克塞特驻军中的几位军官参加舞会，阿奇是其中之一。阿加莎则是接到了克利福德夫妇朋友的邀请。她原本打算在那里与另一位名叫阿瑟·格里菲斯的军人会面，两人曾在索普拱形大厅短暂地打情骂俏过。他未能出席，但在信中建议她留意自己的朋友克里斯蒂，说他舞跳得很好，也许可以逗她开心。

"10 月 12 日。去查德利的克利福德勋爵家参加舞会。"阿奇在笔记本中写道。在粉色的石拱门和月色笼罩的阳台上度过那晚后不久，他便骑着摩托车突突地冲上了巴顿路。他一边坐下来和克拉拉喝茶，一边等待着。在马路对面的鲁克兰兹，阿加莎正和同样为她神魂颠倒的房主儿子打羽毛球。人生中最后的无忧无虑的时刻，她在练习舞步（"我想，我们是在跳探戈"）。之后母亲打电话叫她回家——她很不情愿。"是你的年轻人之一。"克拉拉如是说，她没有听清他的名字。无论阿加莎如何朝思暮想着能再次见到阿奇·克里斯蒂（但在当时怎么见呢？），她一刻也没有想到等待她的会是他。他为找到她付出了如此艰辛的努力。当她走进客厅时，他站了起来，尴尬地讲述自己"刚好在附近"的故事。他留下来用了晚餐。

此后，二人接连见了几次面。他们深感被当时的繁文缛节所阻挠，而这种感觉日益强烈。阿奇邀请阿加莎到埃克塞特听音乐会，然后喝下午茶。克拉拉告诉他，阿加莎不能单独和男人在酒店喝茶，所以他邀请克拉拉一同前来。她让步了，同意让他在埃克塞特火车站单独招待她的女儿喝茶。阿加莎邀请阿奇参加 1913 年年初的新年舞会，后者在舞会上"一言不发"。两天后的 1 月 4 日，阿奇的日志记录了他"前往托基的阿什菲尔德，在展馆听音乐会"。那晚的音乐是阿加莎心爱的瓦格纳。当时展馆刚刚落成，靠近海边，是一座白绿相间的新建筑。她和阿奇坐在展馆的穹顶天窗下，衣袖相拂，欣赏音乐。之后，他们回到家中，爬上楼梯去往二楼书房——"去弹钢琴"，阿加莎在自传中如此表述。然后阿奇突然转过身来，咬牙切齿地对她说："你得嫁给我，你**一定得嫁给我**。"尽管她表现得十分困惑，但她对此并不惊讶。他告诉她，自己早已下定了决心，打从厄格布鲁克舞会那晚就开始了。他两天后便要动身前往索尔兹伯里平原接受皇家飞行队训练，在此之前，他需要先确认阿加莎的心意。她没有当场表态，但第二天她对克拉拉说："对不起，妈妈，我必须告诉你。阿奇·克里斯蒂向我求婚了，而我也想嫁给他，非常想。"婚礼快两年后才举行，其间由于克拉拉的反对、缺钱、战争爆发等种种原因而被反复推迟和取消。现在回头看，这些磕绊仿佛和其他无数迹象一样，都在预示着这桩婚事根本不该发生。然而双方对它的渴望愈演愈烈。每一次的被迫中断，都使之后的重逢更加甜蜜，相依之情随之增长，对永恒之爱的信念也越发坚定。

阿奇求婚时，阿加莎已经和另一个男人订了婚。阿奇对这一阻碍不以为然，像女佣打苍蝇一般将其赶走。打从十几岁起，阿加莎已经被求了好几次婚。她甜美、宁静、自信的女性气质使得她对男人极具吸引力，无论是作为女人还是妻子。"你非常可爱（无论你的头发有多乱），拥有我所能想象的最完美的天性。"阿奇在1914年给阿加莎的信中写道，这也是许多人眼中的她。后来，她告诉自己的第二任丈夫，她对待男人没有天赋："我永远不会对男性抱有适当的……那种超然的态度。"她在1930年如是写道。但作为一个年轻姑娘，在生活发生如此剧变之前，她的态度完全是一种自然的女性本能。像《撒旦的情歌》中的内尔·维里克一样，她天生带有一种既天真又了然的快乐。阿加莎非常喜欢男人——较之女人，总体上更喜欢他们——她也以一种他们喜欢的方式表现出了这一点。

她收到的头两次求婚都来自在开罗遇到的男人。其中一位是通过她母亲提出的："我想你知道希伯德船长想娶你吧？"克拉拉在归途的航程中告诉阿加莎。她替女儿拒绝了他，这一越界行为连阿加莎都表示反对："我真的觉得，妈妈，你也许可以让我自己面对求婚。"克拉拉同意了，即便她仍然希望能在某种程度上控制事情的走向。

在阿奇之前，有三次求婚颇有意义。第一次来自一位她在1911年左右遇到的男人，当时她和罗尔斯顿－帕特里克斯一家住在沃里克郡。他们是

"极好的猎手"，而且拥有一辆汽车，这在当时非同寻常。（阿加莎在19世纪末第一次知道汽车，当时她正和父母同游巴黎。"蒙蒂会喜欢它们的。"克拉拉说。）当一位名为博尔顿·弗莱彻、大约三十五岁的上校军官被介绍给她时，她正侧坐在马鞍上。那天晚上，她身着白裙，头戴珍珠帽，打扮成丁尼生笔下"阿斯托拉特的百合少女"伊莱恩[1]出现在华服聚会上；这身行头完美衬托她"**遥不可及的公主**"的一面，也无疑唤醒了弗莱彻心中侠义的骑士，后者果断开始行动。他像后来的阿奇一样努力地追求阿加莎，尽管他更有钱，也更有经验。他送来各种奢侈的礼物和精彩的情书。"从技术层面看，他对女人十分了解。"在以玛丽·韦斯特马科特为笔名的小说《母亲的女儿》中，阿加莎对这一类男人判断道。

弗莱彻称阿加莎为完美的伊莱恩，这也是她最中意的自己的样子：像丁尼生笔下那样，"居高临下地坐在房中"，梦想着兰斯洛特。她受宠若惊，又乐在其中，并好奇这是否就是爱情？事实上，她差点就要沦陷了。第三次见面时，弗莱彻向她求婚（这一点与现代的两性风俗遥相呼应），她"感到被情感的风暴所笼罩"。这其实只与他娴熟的技巧相关，而非这个男人本身。"当你说对我没有感觉时，"他轻声道，"你在说谎。"[1] 阿加莎周身充斥着一种自己都无法理解的兴奋，与此同时又感到困惑和心动。克拉拉也是如此。她一部分的自我希望女儿找一位年长的丈夫，阅历丰富，懂得如何对待女人。最重要的是，要富有。"我一直在祈祷，希望有个好男人出现，给你一个美好的家，让你幸福……家里钱太少了。"在《未完成的肖像》中，母亲如是说。但她理解阿加莎困惑的抵抗，她另一部分的自我也因此松了一口气。她让弗莱彻等六个月。半年后，他发来电报，要求对他的求婚做出明确答复。阿加莎还是写下了"不"，然后像个疲惫的小女孩一样睡着了。

她从未后悔过拒绝博尔顿·弗莱彻，尽管她后来设想过，那种婚姻说不定能成功。在侦探小说《三幕悲剧》中，她让年轻的"蛋蛋"利顿·戈尔爱上一位年长得多的男人："姑娘们总是被有着有趣过往的中年男人所吸引。"

---

[1] 伊莱恩的形象最早出自亚瑟王的传说，来自阿斯托拉特城堡的伊莱恩爱上了兰斯洛特骑士，但后者未能回应这份感情，伊莱恩最后死于心碎。相关故事在后世得到丁尼生等作家的再创作。

这种关系对一方而言是纯粹的英雄崇拜，对另一方而言是青春崇拜，但这并不意味着它比表面上平等或毫无幻想的婚姻更难维持。"玛丽夫人，你不会想让自己家姑娘嫁给一个比她年龄大一倍的男人的。"某人对"蛋蛋"的母亲如此说，可她的回答令他吃惊："这样可能更安全……这个年龄段的男人该犯的傻都已经犯过，该做的错事也都做过。它们不会再来了……"

至于阿加莎接下来与之产生联系的威尔弗雷德·皮里，既算不得愚蠢，也没有特别的过失。他只是极度无趣。"年轻，对待生活非常庄重。"和她在《未完成的肖像》中基于他的形象虚构的"吉姆"一样，威尔弗雷德"意志力极强。他有相关的书，并借给了西莉亚。他非常喜欢把书借给别人。他还对神学、复本位制、经济学和基督教科学感兴趣。他之所以喜欢西莉亚，是因为她听得很认真。她把所有的书都读了一遍，并做出了睿智的评论"。

女孩时期的阿加莎曾致力于取悦他人，从她在自白录中的答案便可窥见一斑：她的愿望是"被婴儿环绕"，她不喜欢"装腔作势和粗俗"。而现在，在同意嫁给威尔弗雷德时，她仍然在做同样的事。她终生都相信责任（"她有个问题亟待解决，就是自己未来的所作所为。而且，也许有些怪异的是，这个问题呈现出来……就成了一个有关责任的问题"[2]），那根植于她的教养和她所处的时代。但阿加莎复杂的天性意味着，取悦他人更多是为了逃离到内在的自我中去。如果她做了大家希望她做、期待她做的事，那么在表象之下，她会隐藏些什么呢？

她并未认真地把威尔弗雷德当作男人来对待。与他接吻再枯燥不过，而她的姨外婆——那位令人印象深刻的玛格丽特——则鄙视他不喝酒、不抽烟、处处通神的处事方式。（"他非常有礼貌，极守规矩，在她看来也极为无聊……她的脑海中闪过一个念头：'我们年轻时见过更好的。'"[3]）但他能给她带来的未来既安稳又有某种奇特的自由。他的家人，皮里一家，是米勒夫妇的老朋友。他的母亲和阿加莎多年来一直互相喜爱。此外，威尔弗雷德是皇家海军的一名少尉，这意味着他不在家时，阿加莎可以住在阿什菲尔德。事实上，她几乎不需要离开家。她与克拉拉的关系几乎不会发生什么变化。正如阿加莎以玛丽·韦斯特马科特为笔名的小说中所写的那样："女儿一生都会是女儿。"这正是克拉拉想要的，让阿加莎步入成年人的世界，却依旧做她的孩子。阿加莎也希望如此，母女的想法几乎完全一致。

因此，克拉拉迫不及待地想缔结这桩婚事，阿加莎也迫不及待地想让她幸福，但终于有一天，她知道自己做不到。真正的原因埋藏在她对爱情诗意的想象和对"陌生骑士"的暗自渴望中。他会侵入她的生活，带她超越自我。表面上的原因则是威尔弗雷德在电话中问阿加莎，他被邀请参加寻宝队前往南美，她会不会介意他去。他非常想去，尤其是因为他在朴次茅斯定期拜访的两个灵媒都说他应该去。"他们说，他一定会发现一个自印加文明以来从未被人所知的城市，然后凯旋。"

人们可能以为阿加莎会认真对待这种事情。她早期的故事中充满了鬼魂、现象和预感。《丽人之屋》描绘了一座奇妙的房子，里面"盘桓着一个'不洁之物'的影子"；在《翅膀的呼唤》中，音乐使身体"摆脱了桎梏"。但超自然现象只是一种手段，她以此来表达自己对于不可言喻之物的感知，它本身从不值得相信。她的母亲**确实**相信（克拉拉与极度相信灵媒的柯南·道尔是同时代人），这意味着阿加莎曾试着相信。她也读过埃德加·爱伦·坡和梅·辛克莱⁴的作品，在某种程度上受到了他们的影响。然而，阿加莎毕竟是玛格丽特·米勒的外甥孙女，也有世俗的一面，认为这完全是胡说八道。与克拉拉不同的是，她并非神秘主义者。超自然现象与困扰她的梦境和秘密完全是两码事。她能看到它的力量，并将其运用于写作中。不过这种力量越来越多地被用于解构她自己。还是小女孩的时候，她曾写过一个自称是"关于降神会的恐怖故事"。后来，她把这个故事写成了侦探小说《斯塔福特疑案》，作者表面上相信显灵板和桌灵转，但实际上意在制造神秘烟幕。这场降神会是为最基本和最实际的目的设计的，即作为某一参加者不在场的证明，同时也为误导所有认真对待此事的读者。

能写出这部作品——或从怀疑论者视角出发的《灰马酒店》、《沉默的证人》和短篇《动机与机会》⁵——的阿加莎，会认为威尔弗雷德·皮里蠢得不可救药。《未完成的肖像》中描述了他前往南美洲的那一天：

> *8月的清晨是多么美丽……*
>
> *西莉亚觉得自己从未感到如此快乐。之前熟悉的"疼痛"紧紧攫*

住了她。天气太好了，太好了，好到让人感到疼痛……

　　噢，这美丽的，美丽的世界！……

　　"你看起来非常快乐，西莉亚。"

　　"我是很快乐。今天天气多么好啊。"

　　她的母亲轻声说："不仅如此……是因为吉姆离开了，不是吗？"

　　这种情感不局限于一种幸福的解脱，即不必再假装对神智学感兴趣。它属于一位比大多数姑娘更强烈地热爱自由的女孩。她意识到有一种超越已知界限的生活，婚姻在其中并非最大的幸福。她最热烈的快乐不在于满足、完成或了解，而是来自在其边缘徘徊的感觉。阿奇站在阿什菲尔德的客厅里迎接她的那一刻；阿奇拿着她的邀舞卡，漫不经心地指出三个名字（"去掉这个……这个……"）的回忆；再想到阿奇骑着摩托车，爬上她每天都会走过的山头，仔细地寻找阿什菲尔德：这些是如此甜蜜，是任何现实都无法比拟的。

　　"我还没有真正想和谁结婚。"

　　"亲爱的，你说得太对了！婚后总是不太一样，对吧？"[6]

　　然而，与此同时，阿加莎的确想结婚，所以她接受了雷吉·卢西的求婚。他是炮兵部队的一名少校，他的妹妹们长期以来与阿加莎一直走得很近，但不算亲密（"我们觉得雷吉看上你有一段时间了，阿姬"）。他们一直随性度日。就算错过了火车，那又有什么关系？另一班还会来的。那么担心就毫无意义。就算某人对高尔夫一窍不通，像阿加莎一样，尽管雷吉在托基球场上想方设法提高她的球技，那又怎样？她挥舞球杆也可以玩得很开心。阿加莎被这种自己不具备的态度迷住了，她觉得和雷吉在一起很舒服，这种舒适并非完全没有两性吸引。他们会和彼此交谈，沉默，再开始交谈："这是我最喜欢的谈话方式。"她也喜欢他的求婚。"阿加莎，你的战利品不少吧？你可以在任何时候把我的和它们放在一起。"这是个她很熟悉的俚语，她的母亲觉得这就是那个对的人。"我想这将是一场幸福的婚姻，"她说道，"他要是早点告诉你就好了，这样你们就可以立刻结婚了。"

一如既往地，克拉拉一语中的。雷吉是在十天的假期中向阿加莎求的婚，他知道自己在之后一段时间内不会再回到德文郡。实际情况是，这段时间长达两年。他坚持让她在这段时间里把自己算作没有婚约。和博尔顿·弗莱彻那种近乎恐怖的坚持不同，这种态度同样让她感到舒适，但也让她不免有些恼火（男人不应该更独断、更善妒吗？）和担忧。仿佛她知道会有其他人出现；她会选择那个未知的男人而不是雷吉，而这会是个错误。

赫尔克里·波洛轻声道：

> "……你就不能接受**事实**吗？她爱罗德里克·韦尔曼。那又怎样？和你在一起，**她会幸福的**。"[7]

在《未完成的肖像》中，阿加莎常常想起雷吉，在书中他叫作"彼得"。她思考了他没有立即娶她的愚蠢行为所带来的后果，即便她曾恳求过他那样做。女人时常会回忆起她们年轻时遇到的男人，想知道她们是否放跑了最大的幸福。但阿加莎的确有理由怀疑：雷吉为什么退缩了？因为他的本性——身为卢西家的一分子，他有**放任自流**的特质，并且出于宽厚谦恭，他认为自己无权阻止阿加莎接受他人的邀请。因此，当西莉亚告诉他，自己即将嫁给阿奇·克里斯蒂在书中的替身"德莫特"时，"彼得"回信道（"这太像彼得会做的事了。太像了，以至于西莉亚为此大哭一场"）：

> "不要责怪自己，西莉亚。这完全是我的错……事实是你觉得他比我更有勇气。当你说想嫁给我的时候，我应该立刻娶你的……他是个比我更好的男人——你的德莫特……"

阿加莎并不认为阿奇是比雷吉更好的男人。《未完成的肖像》出版前不久，在她早期写给第二任丈夫的信中，她反复感谢他的"善良"。雷吉有许多这方面的品质，而阿奇却没有。克拉拉说他"不体贴""冷酷无情"。他也没有钱，这在"彼得"的信中激起了一丝苦涩："而现在你爱上了一个比我还穷的人。"

阿奇每年收入 80 英镑，而且没有希望继承家庭财产。与此同时，阿加莎的 100 英镑年金得交给克拉拉。弗雷德里克的父亲曾是纽约 H. B. 查夫林公司的合伙人，公司最终于 1913 年倒闭，这让克拉拉失去了本就微薄的收入（玛格丽特·米勒早些时候已经将自己的钱转移了出去）。查夫林先生每年亲自从个人财产中拿出 300 英镑给克拉拉，加上阿加莎和玛奇的帮助，因此她得以留在阿什菲尔德。事到如今，克拉拉决心留住自己的家——她把它看作是抵御变化的护身符。

她也可能有更狡黠的考虑，即意识到自己这样会将女儿置于何种境地。阿加莎当然愿意为了支撑阿什菲尔德放弃自己的年金。然而，没有这笔收入，她似乎不可能嫁给阿奇。这正是克拉拉所希望的。"我告诉阿奇，我不可能嫁给他，我们应该忘记对方，"阿加莎在自传中写道，"阿奇拒绝接受这些说法。无论用什么途径，他都会赚到钱。我们会结婚的，他甚至可能会帮助赡养我的母亲。他让我充满信心和希望。我们再次订婚了。"

其他时候，会是阿奇说不可能结婚，而阿加莎则是劝说他的那个。与此同时，克拉拉始终反对这一想法。她说，钱不够，就这样吧。事实上，她的疑虑远甚于此。但这是她最好的论据，也是阿奇最难驳斥的。尽管二人保持着某种警觉的友好关系，克拉拉仍然顽固不化。

撇开更为复杂的情感不谈，看到阿加莎为这个身无分文的飞行员拒绝一众符合条件的男人，她一定备感沮丧。婚姻是传统的路径，但阿奇绝不是传统的选择。尽管玛奇行事"大胆"，但她接受詹姆斯·沃茨的做法是更安全的。并且，与富有的博尔顿·弗莱彻、淡漠的威尔弗雷德·皮里或和善的雷吉·卢西在一起，阿加莎面临的风险要小得多。在皇家飞行队虽然有晋升的前景，但不稳定的程度近乎可笑。还有一个更微妙的问题。皮里家和卢西家都是世交；弗莱彻是朋友的朋友；克里斯蒂一家并不为米勒家所"认识"，如果不是因为阿奇是军人，他也不太可能进入阿加莎的圈子。事实上，她的社会阶层略高一些。同样嫁入了比自己高的圈层的克拉拉很可能思考过自己已故的丈夫——文雅的弗雷德里克——和阿奇来自爱尔兰的母亲埃伦（人称"佩格"）如果会面，会产生什么样的结果。

佩格嫁得不错，丈夫是印度参事会（阿奇出生在穆里[1]）的一名法官。但在丈夫从马背上摔下来去世后，她定居英国，而在那里生活并不轻松。世纪之交时，米勒夫妇与用人们住在阿什菲尔德，佩格带着阿奇的弟弟坎贝尔寄宿在布里斯托尔的一所房子里。[8]阿奇当时在戈德尔明的预科学校读书。若不是佩格足够幸运或者说足够有魅力，找到了第二任丈夫的话，她的生活可能会岌岌可危。威廉·赫姆斯利为人和善稳重，最有用的是他是克利夫顿学院的老师，阿奇后来成了那所学校的校长。但这与纽约第五大道上的联合俱乐部的那个世界相距甚远，后者对于弗雷德里克而言如同家一般。

当然，阿奇的做派完全绅士。不过，佩格那混合了强烈情感、厌恶和嫉妒的行为举止毫无疑问让阿加莎心烦意乱。颇具讽刺意味的是，是坎贝尔·克里斯蒂警告阿加莎，自己的母亲很"危险"：这与罗莎琳德后来对她外婆克拉拉做出的判断相同。的确，这两位女性之间有相似之处。和克拉拉一样，佩格也是占有欲很强的母亲，而且同样（尽管并非一直如此）反对这桩婚事。她们的不同之处在于克拉拉能够隐藏自己的想法。在阿加莎眼里，这便是贵妇和非贵妇间的根本不同，她从不避讳这种区别。佩格什么也藏不住。对阿加莎而言，这是一种全新的体验。她曾看到过母亲在弗雷德里克去世后的短暂失态，但基于原则问题，她尽快拾起了端庄稳重的礼仪。阿加莎终生都重视保持外在形象的能力。正如马普尔小姐所说，"我记得亲爱的母亲[9]跟我说，一位淑女应当总是能够在公共场合控制自己，无论她在私下里如何让步"。[10]

阿奇毫不关注自己的母亲和她的怪异举止。阿加莎在自传中写道："他秉性如此，对于她对我的看法，或是我对她的看法并不特别感兴趣。他以某种快乐的态度过着自己的日子，至于其他人对他或他的所有物的看法，他没有丝毫兴趣。他的心思总是完全放在**自己**想要的东西上。"

在1913年，这样"东西"就是阿加莎。这位英俊的男人是如此想拥有她，以至于他要求立刻结婚，无须等待，无须讨好任何人，除了他们自己。

---

[1] 位于巴基斯坦东北部。

对阿加莎而言，这便是"命运"：她作为女性的命运。在成长过程中，她被鼓励以任何方式去表达自己，她只期望走入婚姻。这是她接受的家庭熏陶，她无意质疑。想到自家可爱活泼的玛奇会成为格顿学院一本正经的女学究，作为父亲的弗雷德里克一度吓得惊慌失措，他的妻子也不反对他的想法：她自己早年不得不时刻小心翼翼度日的经历，使得她在某些方面极为传统。她希望自己的女儿们能够获得幸福，而对她来说，这就意味着婚姻。阿加莎也这么想；或者说，她以为自己也这样想。在《阳光下的罪恶》中，波洛与成功的服装设计师罗莎蒙德·达恩利讨论了这个问题。

> "嫁人和生孩子，这是女人的共性。一百个女人中只有一个——不止，一千个女人中只有一个，能像你这样为自己赢得名声和地位。"
>
> 罗莎蒙德对他笑了笑。
>
> "尽管如此，我也仍然只是个可怜的老姑娘！"

在这本书的结尾，罗莎蒙德为了爱情满心喜悦地放弃了自己的事业。现在的读者们可能会想：她怎么能这样呢？然而，尽管阿加莎自己取得了非凡的成就，却总是主张打拼事业是男人的事——她的典型评论之一就是，"男人的脑子比女人好使得多，你不觉得吗？"[11]，以及女人的真正价值始终应该发挥在个人领域。"这让我感到，我的人生并非全然失败——作为妻子，我成功了。"她在1943年给自己第二任丈夫马克斯的信中写道。

因此，作为一个女孩，她从未对生活中的种种限制感到不满：习俗、束身衣、必须轻声说话或对着泰迪熊唱歌。她和几乎同时期的多萝西·L.塞耶斯不同；在阿加莎进入婚姻市场时，后者正在萨默维尔一边喝可可，一边进行着智慧的闲谈——阿加莎没有她那种"破除禁锢"的愿望。她已经觉得够自由了。她有无限的想象力。她的创作之火在心满意足的火盆中熊熊燃烧。在阿加莎身上找不到一点萧伯纳笔下"新女性"大步朝着两性平等的未来迈进的影子。尽管她钟爱梅·辛克莱的小说，她对其中的女性主义关切并不赞同。《青春誓言》，一部大肆抨击当时男性主导的习俗的作品，作者是和塞耶斯一同就读于牛津大学的薇拉·布里顿。那样的姑娘心中的愤灰沮丧，对阿加莎来说是遥不可及的。

事实是，她喜欢男人的世界。她看透了这个世界，尽管并非在政治意义上；后来她则会因为自身的成功和独立而超越这个世界。但她喜欢作为女性的身份，喜欢其中的乐趣，而且从未觉得受到了性别限制。说到底，她毕竟是在一个母系家庭中长大的。也许"更聪明的"的姑娘们未必知道，但她知道女性力量可以通过许多不同的方式表现出来：在自己经营良好的婚姻家庭中顶天立地的玛格丽特·米勒，至少和公共领域的女性具备同等能力。她还知道，女性不需要为了强大而表现得坚强。《帷幕》中身材矮小、体弱多病的富兰克林太太因为诡计多端，遭到了严肃认真的年轻科学家朱迪斯的鄙视。"她是个非常愚蠢的女人。"朱迪斯说，但波洛明智地答道："她利用自己头脑智慧的那些方法，孩子啊，你一无所知。"阿加莎从不轻视女性气质，无论它以多么愚蠢的形式展现，尽管她有时会对其表示同情。她毕生都珍视自己所拥有过，后来又失去的那些：美貌、吸引力、天生的生理诱惑。"像这样的女人有什么好的？"《弄假成真》中有角色如此质疑美丽动人、头脑空空的斯塔布斯夫人。波洛再次为她辩护："植物既需要根，也需要花……"

阿加莎始终捍卫休闲的权利（"没有它，你在哪儿？"），并认为明智的女性知道家中何时有余裕，他们用权威的手势掌控家庭，用顺从的微笑管理丈夫。但这是她身上一个深刻的矛盾：她如此重视无所事事，却又笔耕不辍到近乎强迫的地步。此外，更矛盾的是，她对劳动妇女怀有深厚感情。这里说的不是那些挥舞着女权主义大旗的强硬女性，例如《死亡约会》中的政治家韦斯特霍姆夫人，她宣称"如果任何事想要成功，记住我的话，做事的必将是女性"。并非如此：阿加莎钦佩的是像厨师简这样的用人，不费吹灰之力就能做出五道主菜的晚餐；像《空幻之屋》中的米奇这样的可怜女孩，在破败的服装店里挣扎度日；像《赫尔克里·波洛的丰功伟绩》中的有偿同伴卡纳比小姐这样的贫困妇女（"我根本不是个聪明的女人，我没有受过训练，还越来越老——我对未来感到极为恐惧……"）；还有那些职业女性。其中她尤为敬重教师。正如多萝西·L.塞耶斯在读牛津时写作的小说《俗丽之夜》中明确指出的那样，教师们往往过着独身生活，这对阿加莎而言十分陌生。但她总把这一点描绘得绝对值得尊重。"威廉姆斯小姐的生活对她来说很有趣，"她在《五只小猪》中这样描绘家庭教师，"她拥有维多利亚时代的严格教养所带来的巨大的精神和道德上的优势……她在上帝召唤她前去的岗位上履行了自己的职责，这种自信为她披上了一层坚不可摧的铠甲，使她免为嫉妒、不满和遗憾所伤害。"

后来，她在《鸽群中的猫》中描绘"阅历丰富、泰然自若"的女校长布尔斯特罗德小姐，这位女校长的另一个版本出现在《第三个女郎》和《万圣节前夜的谋杀》中，最后一次出场则是作为劫数难逃的坦普尔小姐出现在《复仇女神》中。"一个美丽的女人，一个有个性的女人。是的，太可惜了，马普尔小姐想。如果这个世界失去了伊丽莎白·坦普尔，那真是太可惜了。"

阿加莎并未接受过这类女老师的教育，但她认识一位这样的朋友。和认定"凡事不可强求"的卢西一家相比，艾琳·莫里斯十分不同。她是个不做作且不怨天怨地的老姑娘，和五位未婚姨妈住在一间俯瞰大海的大房子里；她比阿加莎大几岁，但到了1909年左右，年龄差距已不再重要，二人的关系日益亲密。在格林韦宅邸的许多文件中，有一张折叠起来的纸，是阿加莎所保留的艾琳的诗《达恩利致女王》。这首诗艺术价值不高，但充满克制的智慧。艾琳让阿加莎把自己的作品寄给《诗歌评论》，后者便把那些奇奇怪怪的作品（包括她的即兴喜剧诗）以一次1基尼的价格都卖了。

"艾琳相貌平平，但头脑非凡。"[12]虽然现实生活中她的弟弟才是老师，但艾琳必然对阿加莎笔下那些杰出的、精力充沛的老师形象有所贡献。也许最像她的是《鸽群中的猫》里的里奇小姐（名字也是艾琳）：不好看却有魅力，不为公认观念所累。"她是我遇到的第一个可以与之讨论**想法**的人。"阿加莎这样描述自己的朋友。阿加莎本人的思维方式并非如此，它更加流动且分散。尽管她往往持有坚定的观点，但身为作家的力量使她能对其提出质疑。她也不信任概念、理论或意识形态，总是认为人性不易融入其中。然而，她喜欢和艾琳谈论这些事情。这种友谊在她的生活中独一无二。在她的世界里，人们极少表达他们的真实想法，这一环境不可避免地对她产生了影响。这有助于塑造她名媛外表下的作家内核。它更直接地体现在阿加莎早期作品《荒漠上的雪》中的这句话里：完全按照男性价值观来衡量自身价值的罗莎蒙德·沃恩，突然开始用一种全新的、完全诚实的女性声音说话。

> "这似乎是公认的观点，即每个女人都会努力活成男人想象中的样子——她会感谢他对她的理想化。这完全不是真的！哪怕有什么想法，也是对那些看不到你真正自我的人怀有的蔑视！……"

> "噢！人因为那些不存在的、想象中的品质而被爱慕，会感到恶心、疲惫和厌倦！我不是天使和医院护士的结合体。我如何能尊重那些认为我有此类品质的人的想法？我确实有一些优点，为什么他们不能欣赏这些呢？"

当十九岁的阿加莎穿着粉色裙子舞蹈，尽责且礼貌地逢场作戏时，这些想法一直潜伏在她内心深处。在某个地方，她能感到对于这种解放的渴望。但仍青春年少的她是如此快乐，以至于完全没有在意。她没有现代意义上的"做自己"的冲动。"你很可爱，很有趣，对每个人都很贴心，"阿奇在信中写道，而这正是她想听到的，"你很可爱，各方面都很完美。"如果他这样想是因为阿加莎表现得像是不可能实现的理想，那她也无所谓：她知道他不会给有着艾琳·莫里斯那样的长相或谈吐的女孩写这样的话。阿加莎拥有出众的吸引力，身为女性很成功，她为此感到高兴——无论艾琳卓越的思想有多么大的诱惑力。

讽刺的是，在她俩之中，是阿加莎开创了事业，尽管她缺乏正规教育，对两性平等的概念漠不关心，对现状自鸣得意。但也正是阿加莎对自己**应该**如何思考一无所知，最终才成就了她令人惊异的非凡天才。

当然，她吸收，她观察，她倾听。她很容易受到母亲、玛奇和艾琳强大个性的感染。她早期的写作带有所阅读作品的印记：坡、辛克莱、D. H. 劳伦斯。[13]"我在尝试一些东西，像其他人一样。"[14]然而，在某种程度上，她又能抵御外界影响。一生中，除了最偶然的几次例外，她会忽略一切有关她写作的建议。她以一种罕见的确凿态度遵循着自己的直觉。

阿加莎自己可能也不明白她在做什么。或者说，为什么在享乐生活的同时，她又通过创作故事、诗歌和长篇小说来追求孤独；为什么在深爱着一个她渴望与之结婚的年轻人时,她又在贯彻出版作品的野心。她不认为其中有任何矛盾。现代女性被工作和生活,个人成功和社会成就,个性和生理间的割裂所折磨。阿加莎并没有想到还能这样思考。她的身上有某种缓解自身复杂性的简单性。

但是,一封写给伊登·菲尔波茨的信暗示了潜在的冲突,他对《荒漠上的雪》表现得十分积极热忱。当时阿加莎又给他看了一个新故事,题为《非常任性》,引自《国王的叙事诗》中伊莱恩的部分。这个故事已不可考,但菲尔波茨对它印象深刻,以至于他用这一精彩的答复来赞扬它:

> 你的工作进展得极为顺利,如果生活给你提供了艺术的空间,如果你能面对这场艰难斗争并赢得你应得的位置,你有足够的天赋。我从不预言,但我可以判断,如果你现在能像这样写作,你可能会走得很远。然而,生活打倒过许多人的艺术,你未来的环境可能会延伸出另一条道路,来取代艺术的艰辛之旅。已故的克雷吉太太[15]是我认识的唯一一位因热爱而坚持工作的女性,但后来,她这样做也是受环境所迫。[16]

菲尔波茨的这封信体现了非凡的预见性,尽管这并非他的本意。当阿加莎的世界在 1926 年完全改变时,她那生活和艺术共存的幸福状态确实将告一段落。在那之后,二者会分离。想象不再贯穿她的全部生活,而仅仅存在于作品中。她自己也会告别舞台。就像她第一部以玛丽·韦斯特马科特为笔名的小说《撒旦的情歌》中的弗农·戴尔,或者婚姻四分五裂的珀尔·克雷吉一样,阿加莎即将踏上"艺术的艰辛之旅"。她将成为一名作家,同时成为一名自力更生的职业女性,过上一种完全超越了她平静、封闭的成长环境的生活。

那个渴望嫁给阿奇·克里斯蒂的女孩对此一无所知,她丝毫没有预见。"我对婚姻生活的想法普通而安逸。"近六十年后,阿加莎在一次采访中如是说。在自传里,她用简单的语言描述了自己对阿奇的憧憬。一个和其他女孩一样的年轻姑娘，在寻找伴侣的过程中找到了"真命天子"：一个司空见惯的喜人故事。

但《未完成的肖像》中柔和曲折的文字显示，阿奇触动了她更深层次的神经。从各种意义上说，他都是阿加莎成真的梦想："你如此想要这样东西，以至于你都不清楚它是什么。"[17] 她深深地爱上了他，因为她感觉到，和他在一起，生活就如同一曲音乐或一首诗。她将活成伊索尔德、伊莱恩（"……他吻了她的脸／她一下子像水一般滑落在地"[18]）。

她的理智部分想要的是日常的婚姻生活、家务和"收据"簿；但在她艺术家的那部分思绪中，这些都被阿奇本人的存在神圣化了。秩序井然的早餐桌，折好的头版有个人专栏的《泰晤士报》，抛光的银质茶壶，库珀的牛津果酱——它们和坐在其后的男人之间形成了何等对比。亚麻床铺的整洁角落，和其间发生的神秘事件之间又形成了何等对比。他的样貌，他略带脆弱的气质，还有他欲望的纯度，和博尔顿·弗莱彻那种老练的急迫感迥然不同：这一切在阿加莎脑海中游走，本质上她的思维根本没有成长。尽管她对阿奇有着女人的渴望，但她内心的某些东西仍然有孩子般的稚气。"然后她爬上了自己的塔楼……就这样生活在幻想之中。"[19]

克拉拉看到了这一切，这也是她不希望这桩婚事缔结的真正原因。她当然不喜欢被取代，但她的不安不仅仅是小气的抱怨。她了解女儿的天性，也知道阿加莎在阿奇身上看到了什么。"那个年轻人，我不喜欢他。"《未完成的肖像》如此描写她的想法。这并不完全正确，但他的确让她忧心。她自己可能也感受到了他的魅力。她显然意识到其他女人也同样会为他所吸引（"他对女人很有吸引力，西莉亚，记住……"），而阿加莎没有。无论克拉拉多么希望阿加莎拥有幸福的婚姻，这种程度的依恋都让她畏惧。雷吉·卢西是一回事，阿奇则完全是另一回事，后者让她感到恐惧：既为阿加莎，也为她自己。

在他骑着摩托车出现在阿什菲尔德时，她便意识到了这种情况。"她没有告诉自己，这一切可能都会毫无结果。恰恰相反，她相信自己在他们面前看到了未来投下的阴影。"[20] 她意识到阿奇和她本人一样性格要强，而且他还有性别优势。尽管如此，她对这桩婚姻自始至终的反对，意味着她必然相信自己最终能获得胜利。对阿加莎而言，违背克拉拉的劝告是极不寻常、前所未有的：这最能够说明她沦陷之深。对母亲的愧疚时不时浮现，例如有一次，她因为克拉拉视力下降而与阿奇分手。不过，阿奇很容易就把她说服了。克拉拉只能眼睁睁地看着，希望拖延的时间能把激情磨灭。

没有人像克拉拉那样了解阿加莎，她认为女儿深不可测的情感不该被挖掘，而应该只在精神层面得到满足。她这样想对吗？"嫁给你想嫁的人永远不会错，即便你日后后悔。"[21]阿加莎后来写道。但这种话说起来容易，承受起来难。她还在给第二任丈夫的信中这样写道："单纯的爱情是件相当愚蠢的事情——为大自然所认可，却能给个人带来许多不愉快。"[22]她还是一如既往地诚实。在婚姻结束多年后，阿加莎内心的艺术家还在继续思考其间的奥秘。

当然，如果她允许克拉拉战胜阿奇，她就可以免去许多痛苦。不过，她也会错过一些价值不可估量的东西。在她最后一部以玛丽·韦斯特马科特为笔名的小说《爱的重量》中，她描述了保护欲极强的姐姐劳拉如何竭力劝阻雪莉嫁给一个会伤害她的男人。然而，如果没有这份爱，雪莉就活不下去，尽管它给她带来了种种痛苦。"我认为他彻头彻尾地自私，而且——而且冷酷无情。"劳拉对她聪明的老朋友鲍多克先生说。"即便你说得不对，我也不感到奇怪。"他答道。

"那然后呢？"

"是的，但她喜欢那个家伙，劳拉。她非常**喜欢**他。事实上，她给他迷昏了头。年轻的亨利可能不是你喜欢的类型，严格来说，他也不是我喜欢的类型，但毫无疑问，他是雪莉喜欢的类型……"

后来，雪莉指责劳拉善妒。"你不想让我爱上除你之外的任何人，"她说，"你永远不会想让我嫁给任何人。"在回应劳拉对亨利冷酷无情的指责时，她表示："这是他身上吸引我的特质之一。"那时候的阿加莎绝对不会这样说，或是这样想。正如她以玛丽·韦斯特马科特的笔名创作的小说一样，她总是慢慢揭开其间隐藏的认知。"别为亨利操心，"雪莉对劳拉说，

"他爱我。"这无疑是阿加莎1913年时的信念，而且这也是对的。尽管40年后她意识到，爱情并没有那么简单。"爱？"劳拉想，"爱是什么？"爱并非永恒不变的实体，就像阿加莎曾以为的那样，而是为两个独立的人所拥有。无论多么"爱"彼此，他们能够容纳的情感都是不同的。

与此同时，克拉拉始终心怀希望，认为这"不是爱，而是爱在青春时的初次闪现"，正如兰斯洛特对伊莱恩所说。同样，她是否有可能是对的？伊莱恩因爱而死，但她的行为是荒谬的——她不了解兰斯洛特，她不可能真的爱他。日常也许可以突破这个悲剧，告诉她这是"幻觉——除了幻觉，什么都不是"。阿加莎后来以玛丽·韦斯特马科特为笔名写道："男人和女人之间相互吸引会产生幻觉。这是大自然的诱惑，大自然最终也是最狡猾的骗局……"[23]

但伊莱恩的想象力是如此丰富，以至于这对她而言**就是**爱。而来自丁尼生诗中世界的压力使得逃避永无可能，青春的激情必须将自己推向终局。因此，在1913年，分开与重逢使得阿加莎和阿奇之间的爱情变得愈加珍贵和必要。次年，空气中弥漫着可怕而又近乎迷人的死亡气息，它让爱缠住了阿加莎的灵魂，缠得如此之紧，以至于她永远无法彻底摆脱。

"我真的很爱你，"阿奇在信中跟阿加莎说，"没有任何其他人能替代你对我而言的意义。永远不要抛弃我，亲爱的，要一直爱我。"[24] 他的信件被保存在格林韦宅邸抽屉柜中的一个皮箱里：箱子上标有阿加莎名字的缩写，里面放着阿奇记录生活事件的笔记本、他的皇家飞行队徽章，以及一张从威尔特郡尼德拉冯第三中队寄出的卡片，他在上面写了"致米勒小姐，纪念1912年圣诞节"。还有一张阿奇穿制服的照片，阿加莎在照片背面写道："你必不致有灾祸；也不致有瘟疫……"

当战争爆发时，正如阿加莎在《未完成的肖像》中所说："战争，对大多数女人而言，是一个人的命运。"她不曾注意到，自己所熟悉的那个世界的帷幕缓缓落下：在草坪上玩槌球的午后，茶桌和阔边草帽投下的阴影，空气中的玫瑰香气。她只知道她爱的男人要前往法国，而且可能再也回不来了。对阿加莎而言，1914年闷热潮湿的夏天结束于8月3日，那天她和克拉拉乘火车前往索尔兹伯里，向阿奇告别——他九天后便动身去了法国。

> 穿着卡其军装的德莫特，一个完全不同的德莫特，十分紧张而轻率，眼神中满是不安。没有人了解这场新的战争，那种可能没有人会回来的战争……全新的、毁灭性的发动机。空中——没有人知道空中的情况……
>
> 西莉亚和德莫特像两个孩子一样紧紧抱在一起……[25]

阿加莎离开阿什菲尔德卧室的窗边，沿着巴顿路的陡峭山坡，向着托基波光粼粼的海湾走去。她穿着高跟鞋绊倒在去参加游园会、府邸聚会、赛马会的路上。她在脑海中的花园和森林里来回徘徊。除此之外，皆是虚无；她也感受不到任何需要。争取妇女选举权的运动、工党的诞生、劳合·乔治和他的人民预算案、几乎架空了上议院的《国会法》，帝国们像巨大棋盘上笨拙的棋子一样行进——这些她都未曾在意。"某位大公遇害，见诸报端的'战争恐慌'——这些事情几乎从未进入她的思绪。"[26] 19 世纪末，全家从法国归来时，她在父亲的眼中看到了不安，第一次感受到社会正在变化，它的主人将不再是那些有闲的、安逸的和脱离社会的人。但她从来都不是搞政治的人。她理解世界的方式更加直观本能。正如她在自传中所写的那样，时代思潮是"文明的国度不会打仗"。直到突然间，他们开打了，在那之前，阿加莎的生活一直像襁褓中的婴儿一样被温柔包裹着。突然之间，她像块石头一样直直坠入了这个严酷的新世界。

一如既往地，她当时未能言说的恐惧在以玛丽·韦斯特马科特为笔名的小说中展露无遗。"上帝啊，让他回到我身边吧……"[27] 与此同时，自传中又展现出阿加莎能够正视事实的一面。它描述了在索尔兹伯里与阿奇的悲惨离别——"我记得那晚上床之后一直哭一直哭，哭到我以为永远停不下来了"——但紧接着又描述了自己活力满满地赶着去加入托基的志愿救护支队。这些描述给人的印象是，一个年轻姑娘大步流星地接受了剧变的生活环境，没有怨言，也没有质疑。晚年精力仍然充沛的阿加莎接受帝国战争博物馆采访的录音也佐证了这一印象："我想，噢，我想成为一名志愿救护支队队员。

于是我就开始了……当时我和那个成为我第一任丈夫的年轻人订了婚，他刚刚被皇家空军（RAF，实际上是皇家飞行队，后者缩写为 RFC）录用……所以我当时觉得，你懂的，完全被卷入其中，也想发挥一些作用。"

五十多年的距离给予了阿加莎对战争的回忆一定程度的客观性。尽管如此，她还是以一种极为务实的方式描述了自己作为护士的工作；很难想象这个姑娘是如何离开了全方位受到保护的生活，不声不响地从裙子试穿和羽毛球聚会切换到弥漫着死亡气息的医院病房的。当然，她也没有任何其他想法。该做的事就得做。只有玛丽·韦斯特马科特想起了出声抗议。

例如，阿加莎在帝国战争博物馆的采访录音中描述了自己如何在第一次参加手术时"开始浑身颤抖。安德森修女把我带到外面，说：'现在听我说。你知道，真正让你感到眩晕的是你正走进一个全是乙醚的环境里——你会不由自主地感到眩晕。但生活中的一切最后都会习惯的。眼睛换个地方看——看别人的脚趾。最后就会没什么事了……'"。截肢也是如此："我参加过一两场……如果做了截肢手术，周围散落着某些东西——腿或胳膊——年纪最小的几个姑娘不得不把这些东西拿下来，放进炉子。"其中一个十一岁左右的女孩感到极为痛苦（尽管"最后她好了"）。于是阿加莎帮助她"清理了下面的地板，并亲自把它塞进了炉子。医院里有那么多奇怪的事要做"。

阿加莎是如此复杂，因此，尽管她高度敏感，但她能够采取必要的态度来面对护理工作——高效、亲切、超然——甚至享受自己所做的事情。战争结束后，她说自己会很想成为一名护士，而且如果没有结婚的话，她可能确实会这样做——"我本来会非常擅长的"[28]。薇拉·布里顿的《青春誓言》中书写的那些愤懑，她也丝毫没有经受；书中将志愿救护工作描绘成内在的、毫无意义的恐惧：浪费自己的生命去照顾那些生命被浪费的年轻人。相反，阿加莎认为护理工作是"非常令人满意的"。她微笑着履行自己的职责。她在度过的每一天里找寻快乐：在帮自己看护的年轻人给他们的女朋友（"他们每人通常有三个"）写的情书里，以及在前往小镇另一头的医院X光室的路上。"他们跟我说：'当你带这些小家伙出去的时候，请看好他们。你知道他们在找什么，对吧？'我说：'咦，他们在找什么？他们中的一个总在看鞋。''那不是在隔壁，而是在去往山羊与指南针酒吧的路上吧？'我说：'对哦，我想那里**确实有**一家酒馆！'他们很快就摸清了所有酒吧的位置……"[29]

即便她被那些废墟、那些肢体残缺的英俊男孩，还有那些污垢、鲜血和痰液所折磨，她也没有说出口。她一定受到了惊吓，尤其因为她被卷入了与男性身体的亲密接触中。而在那个年代，作为一个年轻的处女，她对男人的了解往往源于米开朗琪罗《大卫》的复制品。突然间，她要处理床浴和便盆（"有个东西很特别，你知道，他们在**那玩意儿上用力**"），而且，由于有未婚夫，她被认为已经足够老成，能够处理更让人痛苦的任务。"他们说：'你来处理更好，因为你已经结婚了。'我说：'不，我还没有结婚。'但他们说：'这样更好，真的。'"事实是，1914 年夏末的阿加莎比任何人都更单纯。她轻而易举地应对了这一突然向现实的转变；在某种神秘的层面上，她未曾被它触动。她在早期未完成的一部小说中的某个片段里如是写道：

> 斯特拉温顺地站在修女身边。她刚刚擦洗过双手，捧着一堆消毒过的敷料……斯特拉想知道，如果那里有个人属于你，会是什么样？大多数女孩都有吧，她猜想。她自己是个例外。战争爆发时，她在巴黎学习音乐……斯特拉是个孤独的生物。她的思想在很大程度上是自给自足的。她读了许多书，思考很深刻。她十分严肃——年轻人那种可悲又认真的严肃。

即便见证和经历了那么多，阿加莎仍然栖息在她脑海中丰沛的梦境里。在《未完成的肖像》中，她没有做志愿救护工作，而是待在家中照顾祖母（几乎失去了视力的玛格丽特·米勒来到了阿什菲尔德居住），并回忆着自己想象中的童年朋友："如何让自己不去想德莫特——在那里的德莫特？"

"出于绝望，她把'姑娘们'都嫁了出去！伊莎贝拉嫁给了一个富有的犹太人，埃尔茜嫁给了一个探险家。埃拉成了一名学校教师……"

当然，真正的阿加莎飞快地成长了很多。每天都要走着去设在老市政厅的医院，每天都会听闻某个曾经舞伴的死亡，每天都在想这是不是阿奇生命的最后一天。在走回阿什菲尔德漫长而孤独的路上，不是思绪沉重，就是被"喝得相当醉"的士兵困扰。"我祖母不喜欢这样——'完全不成体统,'她说,'你应该找人下来接,让他陪护你。'我说:'呃,他们抽不出人来做这样的事……'"[30]

那是个绝望的时代,然而阿加莎并不觉得毫无希望。最终这一切都会结束,她的世界也会恢复。不是她周遭的那个世界——她知道那会改变——而是**她的**世界。只要她依旧年轻漂亮,只要阿奇还在继续写情书,只要阿什菲尔德繁荣、安全,仍然是克拉拉的家,那么对阿加莎而言,就仍然可以游戏人生。就像《撒旦的情歌》中成为志愿救护队队员的内尔·维里克一样,她仍然会是"内尔——有着金色头发和甜蜜笑容的内尔"。

> 内尔在战争爆发后不久就嫁给了弗农·戴尔。
> 许多女孩都在这样做——抛弃一切,嫁给她们所爱的男人,无论他多么贫穷。战争结束后,总会发生些什么。这就是大家的态度。这背后隐藏着某种可怕的秘密恐惧,一种你从未拿出来仔细审视的恐惧。你最接近它的时候也只是轻蔑地说:
> "无论发生什么,我们都会有某些收获……"

就这样,阿加莎在1914年圣诞节前夕嫁给了阿奇。这是个大日子。他当时第一次休假。阿加莎告诉克拉拉,她认为现在是时候结婚了。克拉拉无疑认识到战争已经夺走了她的控制权。她说,如果她是阿加莎,也会有同感。这一次提出反对的是阿奇。他态度轻浮,阿加莎没有意识到这是他处理恐惧的方式。他向她灌输了当时皇家飞行队关于婚姻的观点:"你阻止了一架飞机,然后自己死翘翘了,留下一个年轻的寡妇,也许还有一个即将出生的孩子——这是自私且错误的。"阿加莎不喜欢这个想法。她也不喜欢阿奇送给她的圣诞礼物:不是戒指,甚至不是珠宝,而是一个豪华又没有个性的梳妆盒。她拒绝接受,甚至有些歇斯底里。然后,在12月23日的晚上,一切又发生了变化。阿奇步履坚定地走进她在位于布里斯托尔的佩格·赫姆斯利家的卧室,他们在那里过圣诞节,并说他们必须第二天就结婚。"我已经改变主意了。"阿奇这种突如其来的果断让阿加莎有些害怕,这让他如此轻易地就可以推翻自己之前同样确信的不同观点。"但是——但是你之前那么确定。"

"那有什么关系呢？我已经改变主意了。"

第二天充满了紧张不安，他们在混乱中向着命运加速前进。这桩婚事似乎是不可能成的。佩格在听到这一想法后惊恐号哭，没人能够在没有提前通知的情况下主持仪式，而所有这些都让阿加莎和阿奇更加坚定地要结成婚。最后，他们在阿奇当地教区的教堂里举行了婚礼，花了八英镑获得结婚证。阿加莎穿的是便服。音乐由一位碰巧在练习的风琴手演奏。见证人是一位朋友，他当时刚好路过教堂——这一定是个善意的巧合。"这让我们俩都笑了。"阿加莎如是描述这场奇怪的婚礼。婚礼结束后，她才告诉克拉拉。后者接受了这个消息，当然这也是必须要做的。鉴于佩格的反应，大家同意阿加莎和阿奇在度过一晚的蜜月后，在阿什菲尔德过圣诞。当他们乘火车前往托基时，天色已晚。阿加莎一手拿着她的新梳妆盒，另一只手握着阿奇的手，从车站走了几码[1]路到大饭店。大饭店坐落在比海滨高得多的地方，俯瞰着平静而黑暗的海湾。

圣诞节是与克拉拉和玛奇一起度过的幸福时光（玛奇曾因阿加莎的"重磅炸弹"而对她大发雷霆——"你太冷漠无情了！"——但后来释然了）。在节礼日[2]，阿加莎和阿奇一同前往伦敦，在那里和他告别，这一别又是六个月。之后她回到医院，被许多病人取笑。"我听到一小撮士兵在说，嗯，我觉得米勒小姐嫁得非常好。她嫁的是英国皇家飞行队的军官。"31

阿奇回到了法国。他在笔记本上记录了自己在整个战争期间的行动，开头是："8月2日，动员的第一天。3日和4日在索尔兹伯里进餐。"然后是："12月21日，第一次休假。24日去布里斯托尔，后去托基。26日回到伦敦。30日去第一联队总部。"这是阿奇冷静克制的一面，他就像《底牌》中的德斯帕德少校一样，边出牌边果断划掉自己的桥牌得分——"喜欢一眼就知道自

---

[1]　1码约为0.9米。

[2]　圣诞节的第二天。

己每时每刻所在"。但还存在另一个阿奇,脆弱而孩子气,他触动阿加莎的灵魂并不是因为激发了她的母性,而是以一种更有诗意的方式。战争后期,他在给她的信中写道:

> 又回来了。火车旅行还算顺利。我躺在我的角落里发呆……我大约5点到达这里,在郡里的村舍喝了杯茶,现在正面对着战争。我觉得自己像小猫一样虚弱,但晚饭后就会直接上床睡觉。
>
> 我相信你不知道,亲爱的,我是多么喜欢你给我打气的方式,尤其是昨天。如果没有你,我大概早就崩溃了。
>
> 请经常来信。我真想今晚就能在这里找到你的信。[32]

在《撒旦的情歌》中,内尔把弗农的战时信件塞在心口:"擦不掉的铅笔印在她的皮肤上留下了痕迹。"同样以这种方式,阿奇的话语也刻在了阿加莎心上。"被爱是如此美妙,太美妙了。"阿奇确实爱她,"我太爱你了,现在比以往更甚,以至于不能冒任何风险,因为死亡对我来说只意味着与你分离"。他爱她那不可动摇的宁静气质,她甜美的声音,她浅色的长发和清新纤瘦的身段。他感到她理解那个不是克利夫顿校长的阿奇,那个作为军官飞行员的阿奇。她知道他肠胃不好,神经虚弱,也知道他的需求和他的恐惧。她会永远帮助他。战前寄出的信件中能看出阿奇内在的脆弱。"我最亲爱的天使,"1914年3月,他在位于尼德拉冯的皇家空军基地写道,"你的信和紫罗兰是最给人安慰的,尽管我内心仍然不快乐——尽管在你干了上一瓶汤力水后,我又喝完了一瓶。你充满胆识和勇气……"后来他问阿加莎:"我最想要的是你的一封信,说你很好,并不担心我飞来飞去。"这当然是为了让阿奇自己安心,让他觉得**自己**没有什么可担心的。他怎么可能不担心呢?从他驾驶的科迪式双翼飞机的照片中能看出,它就像波洛后来用扑克牌建造的房子一样不结实。阿奇并不像他的一些飞行员同伴那样,在冲上天空时笑对死亡。他极为严肃地对待自己的所作所为,这也许使他更加勇敢。

> 为了你,胜过了为了我自己,我不冒任何风险,并且完全相信自己

不会受到伤害。那个遇难的可怜家伙操作任何机器都不安全。他讨厌驾驶科迪，但在被要求时又不喜欢拒绝。这显示出他缺乏道德上的勇气。我为他的家人感到非常难过——以至于如果你真的非常不满，我将放弃飞行队，但我知道我是绝对安全的——我总是佩戴着圣克里斯托弗像章。

根据阿加莎的自传所述，战前她并不十分担心阿奇的工作。"飞行是很危险，但打猎也很危险，我已经习惯了人们在猎场上摔断脖子。"这可能是真的，但这句话表明了她对于物理风险持某种自得的态度：她认为承担这种风险是具有贵族气质的行为。就像她为父亲游手好闲的生活感到骄傲一样，她也乐于把阿奇想作一名冒险家。这样很高贵，就该是这样。她在《未完成的肖像》中写道："她最欣赏的就是德莫特那种敢于冒险的性格。他对生活毫无畏惧。"在她的侦探小说中，她经常抨击资产阶级的"安全第一"教条（"在我看来，那些一生都在费尽心思避免被公共汽车碾过的人，都最好被碾一下，然后刚好就不碍事了。他们什么用都没有"）。³³她把这种哲学应用于最优秀的那些女性及男人。她自己曾在1911年的一次展览中坐过飞机，她在自传中明确表示，当时的飞机"天天都在坠毁"。她在作品中，尤其是早期的那些，塑造了许多生机勃勃的女孩。她们拒绝表现出恐惧，而这是良好教养的标志。"她停顿了一下，然后勇敢地轻轻摇了摇头，就像她的祖先在十字军东征时那样，她穿了过去……"³⁴

然而，尽管如此，从阿奇的来信中能看出阿加莎**确实**担心他的飞行。同样，她怎么会不担心呢？"目前没有机器给我飞（不要为此说'好哇'或类似的话，因为我现在要比以前更小心了）。"他在尼德拉冯给她写信说。他进一步表达了自己的担忧："务必照顾好自己。我知道你不喜欢人这样说，但你对我来说是如此珍贵，我不忍心想到你生病或不开心，或缺少任何你本可以拥有的东西。"事实上，阿奇讨厌痛苦的现实，正如他在二人建立关系初期所告诉她的："它对我而言糟蹋了一切。"为此，克拉拉曾担心他不够体贴，又无情冷漠。

"但他对她并不无情，"西莉亚在《未完成的肖像》中这样评价自己，想着自己的母亲错得多么离谱，"他很年轻，缺乏自信，深陷爱河，而西莉亚是他的初恋。"初恋？当时的阿加莎肯定没这么想。毕竟初恋暗示着有后来者。然而，阿加莎可能直觉感受到了阿奇缺乏经验的危险性，即他也同样处在充满幻觉的世界里。一如既往地，在以玛丽·韦斯特马科特为笔名的小说中，阿加莎揭露了那些自己知道却没有看到的东西。

从阿奇笔记本中的记录来看，婚礼后的第一次休假是在"1915 年 7 月的伦敦"，那自然是一次令人失望的经历。太少的时间里充斥着太多的压力，使人根本无法放松。阿加莎在《撒旦的情歌》中描述了一个相同的场景："这就像某种古怪而错乱的梦。"

> 他们在某些方面对彼此而言就像陌生人。当她谈起法国时，他漫不经心。没关系，一切都很好。一个人拿它开玩笑，拒绝认真对待……当他问她最近在做什么时，她只能告诉他医院的消息，而他不喜欢。他再次恳求她放弃这份工作。"这是一份肮脏的工作，护理病人。我讨厌想到你在做这件事……"

这并不全然是阿奇的观点。他干涉阿加莎的事情还没有到这个份儿上。但他可能宁愿把她想成从未受过战争影响，还是那个在年初给他寄来《1915 年的 AA 字母表》的、坦诚率真的姑娘。

> A 代表天使，既是性质（？），也是姓名，
> 也代表阿奇博尔德，前者的配偶。
> B 代表他的沐浴！！！最重要的事情之一……
> Z，代表那美妙一对的热情。
> 阿奇博尔德·克里斯蒂夫妇，在此鞠躬告退！

她是如此缺乏对尴尬的感知，1916 年的阿奇与之匹敌；他给阿加莎寄来了"全知全能者"（他的自称）对她性格的分析：

性格和蔼可亲。

喜欢动物，除了蠕虫和金龟子，喜欢人类，除了丈夫（原则上）。

平时懒惰，但能够开发并保持巨大能量。

四肢和视力都好，上山时都是风不好。

富有智慧和艺术品位。

不因循守旧，爱寻根究底。

脸好看，尤其是头发；身材好，皮肤极佳。

甜言蜜语哄骗一流。

野性十足，但一旦被俘，将成为充满爱意和深情的妻子。

在第一次休假时，阿奇被借调到皇家野战炮兵部队，在那里他晋升至上尉。说来可笑，真正让他免于死亡的是他的鼻窦。这个部位让他在空中经受了难以忍受的痛苦，以至于他无法继续担任飞行员。后来他转到了行政部门，他在这方面很有能力。1917 年的一封信描述了他是怎样的：

> 时刻对着电话，昨晚直到夜里 11 点，我的脾气因此变得不那么好了。我判了一个人二十八天《每日镜报》所谓的"十字架刑罚"，即被绑在树上，并承受其他惩罚和疲劳，因为他拒绝工作，不请假就缺席，还没病装病。
>
> 今天我唯一关心的人是你。我真的很爱你……永远不要抛弃我，亲爱的，永远爱我。

阿奇不再飞行时，阿加莎不那么担心他了。然而正如一位军事历史学家所述："1914 年至 1918 年的战争是一场炮兵战争。炮兵是战斗的赢家，炮兵是造成最大生命损失、最可怕的伤口和最深的恐惧的原因。"而阿奇是个坚定的军人，这些在他的记录中可见一斑。他在笔记本上记录了自己获得"晋升及其他"，其中有四次在电讯中被提及（由约翰·弗伦奇将军在 1914 年 10 月提名），获得杰出服役勋章和三等圣斯坦尼斯劳斯勋章（"太美了，我真想自己戴上它。"阿加莎写道），并在战争结束时成为一名上校。

换言之，他成功熬过去了。但当他在 1918 年 9 月回到家中时（因为被派往空军部而稍早了一些），他还活着，身体健康，和之前看上去完全一样。对阿加莎而言，这是个纯粹的奇迹（"噢，丈夫休假回家时收获的欢呼／来自深情妻子的欢呼"）。她不需要，也不想去考虑这件事。只有在第二次世界大战之后，这一次她的参与程度远不如前，她才开始思考第一次世界大战对于像阿奇这样的人来说意味着什么。《顺水推舟》《命案目睹记》，还有以玛丽·韦斯特马科特为笔名的小说《玫瑰与紫杉》都深入思考了士兵的战后生活问题。饱受折磨的大卫·亨特、迷失的男孩布赖恩·伊斯特利；魅力十足的实用主义者约翰·加布里埃尔——他们都是阿加莎在 1945 年后创作的角色，身上都有阿奇的影子——他们都知道与死亡一同入睡再一同醒来的感受，如同与妻子一样亲密。然后他们会回到家中，回到那个期望他们归来的世界里，并以感恩戴德的姿态，回到那个过去的自己。彼时，阿加莎已经明白了这些人带来的可怕遗产。在 1918 年，她几乎一无所知。

在《斯泰尔斯庄园奇案》中，她笔下的人物黑斯廷斯上尉因伤退役回家，但事实上，这本书中鲜有战争的痕迹。阿加莎写作这个故事是在 1916 年，其间穿插着阿奇的休假和她的医院工作。她能完成这部作品本身就是个伟大而光荣的不解之谜。但它就这么完成了：几乎是从地里冒出来的，近乎完整的篇章。

在某种程度上，这一点可以解释。阿加莎终生都在写作。她已经完成了《荒漠上的雪》，这部作品暗示了她侦探小说的主题（尽管其结构糟糕，暗示着某种不好的兆头）。她喜欢加斯东·勒鲁的《黄色房间之谜》、坡的《莫格街凶杀案》、勒布朗的亚森·罗宾系列故事，当然还有柯南·道尔：这一流派在 20 世纪初十分流行，所以也许不难想象，一个聪明的姑娘可能会想自己试试。另一个额外的因素是玛奇，她始终是一根刺，戳着阿加莎富有竞争心的那部分自我。根据自传所述，姐妹俩讨论了出版不久的《黄色房间之谜》，阿加莎说她想写个侦探故事；对此，玛奇回答说她也想过这样做，但不相信阿加莎能成功。"我想试试。"

"好吧，我打赌你做不到。"

勒鲁的小说出版于 1908 年。因此，如果确实是它在阿加莎心里播下了种子，那么这种子等了 8 年才开花。但很可能这才是起点——做一些玛奇做不到的事，那将是多么美妙啊。

此外还有托基药房的工作，它将阿加莎的想象力推向了一个新的、更为确定的位置。1916 年，在一场严重的流感之后，她回到医院时发现新开了一家药房，负责人之一是她的朋友艾琳·莫里斯。在那里工作看起来很明智：年薪 16 英镑，工作时长比在病房里短，而且阿加莎的家务责任也很重（她的姨外婆相当难缠，而当时家里只有两个年老的女佣）。事实上，她更喜欢护理工作而非配药。在化学理论方面，阿加莎被艾琳条理清晰、博学多闻的头脑甩开了一大截。1917 年，她在伦敦药剂师协会的实用药学考试中只得到了"一般"的评价——她拿了满分 100 分中的 50 分。

但是，尽管阿加莎发现配药的原理难以捉摸，实践也很单调，但它在其他方面让她很感兴趣。吸引她的是人。她一眼就看出医生大多是根据自己的想法而非病人的个人需求来开药（在她的作品中，医生的形象常常不那么正面：她见过太多医生了，他们唬不住她）。[36] 有个傲慢的托基小药剂师在阿加莎面前犯了一个严重的错误——点错了小数点的位置，这让她既惊诧又好奇。她知道他不会承认错误，所以"这个年轻的学生能做什么呢？我只是区区初学者，而他是镇上最有名的药剂师。我不能对他说：'P 先生，**你犯了个错误**。'药剂师 P 先生是那种**不会犯错**的人……"。最后，阿加莎假装绊倒，打翻了被 P 先生弄得毒性极强的那盘栓剂，然后使劲用鞋子把它们碾碎。"没关系的，小姑娘。"药剂师说，"温柔地"拍了拍她的肩膀，这是他一个令人恶心的习惯（"我不得不忍受，因为有人指示我这么做。"阿加莎在自传中写道，这一说法和现代"#MeToo"运动形成了有趣的呼应）。这个男人（在衣袋里随身装着一块箭毒，这让他感到强健有力）四十多年后再度化身成为药剂师奥斯本先生，出现在她的小说《灰马酒店》中。

她还理解了毒药的魅力：瓶身的闪亮整洁，计算的优雅精确，包含并控制着潜在的混乱。《斯泰尔斯庄园奇案》源自对谋杀方法的设想。它只可能基于阿加莎的配药工作，因为它完全取决于对毒药的了解。如果没有这方面的知识，就不可能找到"斯泰尔斯庄园奇案"的答案：读者可能会猜对罪魁祸首，但如果不了解士的宁和溴化物的特性，就无法证明这种猜测。因此，从某种意义上说，阿加莎的第一部侦探小说是她唯一一次"作弊"。但由于它各方面都如此典型，如此自然而然地打上了她极致天才的烙印——如此接近圆满——人们似乎并没有在意这一点。

从一开始，她就认识到了自己之后惯用的艺术手法的潜力：把疑点牢牢地绑定在一个人身上，再一一解除，宣告其无罪。然后再一次转动情节之轮，揭示出他 / 她确实是罪魁祸首。她对这一手法的运用具有极强的逻辑性和自由性，之后再无其他作家效仿：凶手不在犯罪现场（如《斯泰尔斯庄园奇案》），或似乎是预期的受害者，或是故事的叙述者，或在某种程度上丧失行为能力。她还通过把凶手设定为孩子或警察来排除嫌疑，[37] 阿加莎的秘诀在于"稀松平常"这一巧妙的元素，让这种手法披上了现实的外衣。她有制造悬念的天赋，这一点不可否认。这种类型的作品对于她构建故事的能力产生了神奇的影响。尽管这必定需要大量努力才能实现，但她仍兴致勃勃，就像小时候和父亲一起与复杂的数学方程式斗智斗勇一样。

但是，对阿加莎来说，情节意味着人物的提炼。它并非存在于一种与世隔绝的状态里。在《斯泰尔斯庄园奇案》中，仅仅因为丈夫的阴险外表而怀疑他，或因为坚不可摧的不在场证明而排除他的嫌疑，都是远远不够的。她破案方法的根源在于人物：那些与富有而年老的妻子结婚的男人背后的真相。让她感兴趣的自始至终都是人。"人性。我想，这也许是我对这个案子感兴趣的真正原因。"波洛后来如是说。[38]

可以想见，在阿加莎告诉克拉拉自己在做什么时，后者并不感到惊讶。侦探故事有什么不行的？她的女儿们有什么不能做的？是克拉拉让阿加莎去达特穆尔高地度假两周，不受干扰地完成这本书。当时她每天写一上午，然后下午在荒野上幸福地漫步，喃喃自语地对话，钻到一个又一个角色中去。这成了她终生的习惯。"我姐姐从前偶尔会对我说：'你走在大街上自言自语的样子看着像个白痴。'"阿加莎在 1974 年的一次采访中回忆道。[39] "但当你刚开始构思一部作品的时候，最好的办法就是去某个地方散个长长的步。《斯泰尔斯庄园奇案》是我边走边说写完的……你得想好人物，能感觉到他们对你来说是真实的，在那之前你什么都做不了。不一定对别人真实，但一定对你自己真实。你可以和他们一起在花园里散步。"

《斯泰尔斯庄园奇案》中有一位主要人物，此后也在阿加莎·克里斯蒂的生活中处于核心地位。他在某种程度上像她的另一个丈夫，也是个不易对付的角色，尽管方式完全不同：他就是赫尔克里·波洛，一个神秘的比利时人，疯狂热爱秩序，好笑而虚荣，以聪明绝顶的头脑和墨黑的小胡子为人所知。这个形象缺乏真实感又令人难以信服，却从出现在书页上的第一刻起就栩栩如生，以一种无法定义的文学特质与读者建立起了**联结**。这就是阿加莎的作家本能在发挥作用：纯粹，固执己见，藐视一切分析。她自己也不是很确定，是如何创造出这一非凡的存在的。在自传中，她有些无助地试图阐明构建波洛的思维过程。"我想起了我国的比利时难民……我想，为什么不让我的侦探成为比利时人呢？……总之，我决定写一个比利时侦探……赫尔克里——赫尔克里·波洛。听着不错——搞定，感谢上帝。"

她的想法很可能**确实**是沿着这些方向进行的，但这并不能解释最终的成果：为什么其他想法在途中被毙，而正确的想法则得以进驻。这毕竟是创造力的奥秘所在。波洛和他的朋友黑斯廷斯上尉之间的关系远没有这么有创意，显然就是福尔摩斯和华生的关系，属于完全无害的借用。但是，只有在绝对的独一无二性上，波洛与福尔摩斯是相似的。这两个人物都像极好的线描画：永远是自己，永远有辨识度。[40] 可以考据他们的出处，但这并没有什么意义。

毫无疑问，是潮流使得阿加莎把波洛塑造成外国人，就像坡笔下的杜宾或勒鲁笔下的鲁尔塔比伊。有人说他是直接仿照玛丽·贝洛克·朗兹[41] 笔下的赫尔克里·坡波创作的。这个名字再次暗示了借用的存在，但这两个人物并不相似。更为相似的是自负的欧仁·瓦尔蒙，他出现在 20 世纪初的故事中：20 世纪 60 年代时，一位潜在的传记作者礼貌却不讨喜地向阿加莎提出，波洛可能部分受到罗伯特·巴尔作品的启发。对此，她答道："我从未想到过瓦尔蒙……"有人试图将波洛与现实生活中特定的、在战时来到托基的比利时人联系起来，其中一个曾是警察，另一个无疑有小胡子。也有人发现，波洛在外形上与油头粉面的撒旦相似；热爱美食的阿加莎给他起的名字与法语中的"韭葱"（poireau）一词如此相像；除此之外，人们还找到了许多其他意义，这便是波洛取得的巨大成功所引发的良性疯狂。奇妙的事实是，他是以一种连他的创造者都不完全理解的方式创造出来的：他是阿加莎所听过、读过、记得、编造的东西的完美杂烩。在阿加莎生活的不同空间里，在托基药房的药瓶中，在通往阿什菲尔德的上坡路上，在德文郡的荒野上，糅合和幻想出来的。

尽管波洛这一人物不断发展，在阿加莎觉得必要时得到深化，但他从未真正改变过，始终忠于自身的性格信条。在《斯泰尔斯庄园奇案》中，他在位于埃塞克斯郡（阿加莎对这个郡几乎一无所知）的斯泰尔斯庄园里敏捷地走来走去。他当即表现出了一贯的特点，尽管这时他还需要可怜的黑斯廷斯来体现这一点：

> "我们在这个房间里发现了，"他边说边忙着记录，"六个兴趣点。是我来列举它们，还是你来？"
> "哦，你来。"我匆匆答道……

以及：

> "这当然很有趣，"我赞成道，"不过，这仍然不重要，不需要考虑。"
> 波洛发出一声呻吟。
> "我一直跟你说什么来着？一切都必须考虑到。如果事实不符合理论，那就放弃理论。"

书中波洛用颤抖的双手"机械地"扶正一对烛台的时刻——其中放着被匆忙藏起的重要证据之一，这也解释了它们为什么是歪的——是克里斯蒂最为极致且凝练的精髓。这并非简单的线索：发现它绝对是源于波洛对于对称性的痴迷。阿加莎在第一次尝试时就明白，或者说直觉感到，基于性格的线索具有双倍的价值。还有谁能潇洒地仅仅用一个动作，就做到了这一点？她还赋予了波洛极富魅力的无性别感，使他能以一种近乎女性化的方式展现智慧，尽管很少有女性会像他那样冷淡。例如在下文中，面对费劲地得出错误结论的黑斯廷斯，他回应道：

> "我碰巧知道一个事实，就是他不仅丝毫没有爱上她，而且非常不喜欢她。"
>
> "谁告诉你的，我的朋友？"
>
> "辛西娅她自己。"
>
> **"可怜的小姑娘！她担心吗？"**
>
> "她说她一点也不介意。"
>
> "那她肯定是非常介意的，"波洛说，"她们就是这样——**女人！**"

　　这本书的原始结尾写在阿加莎的一本写作本上，所有这些笔记本都保存在格林韦宅邸。她用的是铅笔，兴奋的笔迹显示她一直令人钦佩地保持着天真：也许这是她最后一次回到生涩的《荒漠上的雪》。她描写了一个法庭场景，其中波洛以铺陈轰动性证据的形式破解了整个谋杀。"法官先生，那天阴凉处的温度是华氏 86 度 [1]。""读一读吧，法官先生，因为这是一封来自凶手的信……"所有后来出现在《斯泰尔斯庄园奇案》修订版中的文字都以波洛和法官之间的对话形式出现：设计得完美无缺，却毫无可行性。"我想，在《斯泰尔斯庄园奇案》中，我凭空描写了一个根本不可能发生的法庭场景。"很久之后，她如是说。[42]

　　这只是个小瑕疵。这部作品在任何其他方面都惊人地成熟，尤其是其对无聊婚姻漫不经心的处理。阿加莎认为没有必要进行道德说教或是评论，她描绘了一对夫妇——约翰和玛丽·卡文迪什。因前者与村里一个漂亮吉卜赛姑娘的暧昧，以及后者与包斯坦医生的沉郁的调情，二人间的爱情正摇摇欲坠（"我受够了那个家伙老在这里晃荡。反正他是个波兰犹太人。"约翰说。玛丽答道："有一点犹太血统并不是坏事。它能给……"——她看了看他——"……普通英国男人的呆板愚蠢增色"）。黑斯廷斯自己也有点爱上了卡文迪

---

[1]　约 30℃。

什太太，他因此厌恶包斯坦，并想尽一切办法和这位已婚妇女共处。这在书中也被展现为正常的行为。二十年来，阿加莎听过的玛格丽特·米勒那些世故的窃窃私语发挥了作用。但阿加莎和她前后的许多作家一样，在艺术创作中比在生活中更精明。而且，通过脑海中的眼睛，她看得要清楚得多。

根据自传所述，她把《斯泰尔斯庄园奇案》给阿奇看了，后者非常喜欢，并鼓励她寄给出版商。她写道，自从 1915 年 7 月第一次不尽如人意的休假以来，夫妇二人已经两年没有见面了。当时他那么焦虑不安，而她又那么紧张僵硬。这一次，一切都很幸福。他们去新森林地区待了一个星期。"我们一同穿过树林，形成了一种我们之前从未了解过的伴侣关系。"阿奇说他想沿着通往"无人区"的小路走，于是他们就这样做了。这条路把他们带到了一个满是苹果的果园，他们一边吃着苹果，一边在树丛中徘徊。

> 她的四周和下方都是树，树的叶子正从金色变成棕色。在秋日强烈的阳光下，这个令人难以置信的金色世界是如此灿烂美丽。
> 亨莉埃塔想："我喜欢秋天。它比春天要丰富得多。"
> 突然间，那种极致的幸福感向她袭来——对整个世界的可爱感知——一种身处这个世界的极致快乐。
> 她想："我再也不会像现在这样幸福了——永远不会了。"
> 她在那里待了一分钟，凝视着那个金色的世界。它似乎在流淌着、融化着，因自身的美而朦胧模糊起来。[43]

事实上，阿加莎记错了。阿奇在笔记本中明确写道，在新森林地区休假是在 1915 年 10 月，当时她甚至还没有开始动笔写《斯泰尔斯庄园奇案》，而且在战争期间二人也没有分开两年之久。不过，这是她对于那个特别的一周的记忆。"我认为，生活中最奇怪的事情之一，是人们记住的事情。我想，是人选择性地在记忆。人在某些方面必须进行选择。"[44]

第四章

孩子

"爱任何人,"我说,"就是一直给那个人带来几乎无法承受的负担。"

（摘自《玫瑰与紫杉》,作者玛丽·韦斯特马科特）

"爱情是想象领域中的一种现实。"

（引自塔列朗,写在阿加莎·克里斯蒂保存的一张纸条上）

1918 年秋天,阿奇从战场上归来,在空军部任职,阿加莎真正的婚姻生活开始了。自二人相识以来,她的丈夫一直是幻想中的存在。他们异地生活了六年,所以她对婚姻的想法是"极端有限的"——正如她在《未完成的肖像》中所写。"当人们彼此相爱时,他们是幸福的。她当然知道有很多不幸福的婚姻,是因为人们不爱对方。"

这本书描述了停战前那短暂而神圣的几个月。"西莉亚和德莫特在一起是如此幸福。"他们的生活里有一种新鲜的、年轻的狂喜。他们仿佛在花园里玩耍的两个孩子,探索着二人的新世界,包括租来的公寓和合法的激情。"对他们而言,婚姻生活像一场游戏——他们玩得热火朝天。"晚饭后,这对夫妇会"在睡前坐在火炉面前,德莫特端着一杯阿华田饮料,西莉亚捧着一杯保卫尔牛肉汁",而这是最幸福的时光。正如西莉亚对自己说的那样,她曾经有些害怕丈夫内心陌生的那一面,现在她发现他是完美伴侣。他不善于表现,但她知道他爱她。有时他会紧紧地把她搂在怀里,然后磕磕绊绊地说:"西莉亚——你太美了——太美了。答应我你会永远美丽。"

"如果我不美丽,你也还是会一样爱我的。"她答道。

婚姻生活始于伦敦。阿奇回到英国后,阿加莎就立即动身去找房子。

二十八岁时，她终于离开了阿什菲尔德，搬到了位于圣约翰伍德的诺斯威克排屋的一间公寓，床上"满是巨大的铁疙瘩"，租金是每周2.5基尼。虽然克里斯蒂夫妇的钱不多，但他们从未想过要在没有"员工"的情况下生活：二人由阿奇的勤务兵巴特利特和管理员伍兹夫人照顾，后者负责"认真做饭"并提供建议。她是让阿加莎无法抗拒的那种干练而自信的女人。"你又被鱼贩子骗了，亲爱的。"当从未买过食材的阿加莎带着她的淑女篮子回来时，伍兹夫人看到里面的劣质杂货时会忧伤地说。

不过，她学得很快。学习很有意思，不论是在商店里寻找新鲜的鱼和多汁的橙子，还是参加速记和簿记课程（这些课程可能在某些方面发挥了作用），做妻子也很有乐趣。在某种程度上，贫穷也是有趣的。在阿加莎眼中，自己和阿奇有点像她将在第二部小说《暗藏杀机》中描绘的那对夫妇，他们在故事结尾订婚。汤米是一名退伍军人，塔彭丝则是前志愿救护支队队员。尽管他没有工作，而她从外表就能看出"勇敢地试着变聪明"，不得不以面包作为晚餐来满足她"异乎寻常的好胃口"，这都没有影响他们充满希望的精神状态。

然而，在1918年，她没有要写第二本书的想法，因为第一本《斯泰尔斯庄园奇案》很快就被拒稿了。数家出版商都拒绝了它，包括霍德和斯托顿出版社、梅休因出版社[1]，至于他们后来是怎么想的，我们只能靠想象。总会有人透过作品的不成熟，看到其背后的东西，发现这个年轻女子不同寻常的能力，她能让情节变得如此通俗可读。但阿加莎那具有欺骗性的简单总是使得她的价值被低估。在自传中，她写道，她"没有想过要成功"，并以她一贯的方式，一笔带过了作品的不受重视。她确实从未表达过对更高成就的期许，除了作为业余爱好者写写自己喜欢的东西：一首诗、一首小曲、一个侦探故事。尽管如此，她并没有放弃《斯泰尔斯庄园奇案》，并最终把它寄到了博德利·海德出版社的约翰·莱恩手上。

但首先，她是阿奇的妻子。她从小接受的教育就是，绅士们需要大量照顾。战争接近尾声时，食物并不丰富：在自传中，阿加莎回忆阿奇带了一大块配给的牛肉回家，并对她的贪吃表现出惊讶。但她努力去复制写在"收据"书上的那些美味（"把橙子和柠檬放在**与此同时**已经出锅的热培根片上"……）。她去上烹饪课，学会了为她的丈夫做饭。不幸的是，顾长瘦削的阿奇从位于白厅的政府部门回到家后，吃不了阿加莎做的饭菜：在胃痛把他折磨得在床上扭动时，蛋奶酥正在塌陷，然后他又会突然要求服用黄金糖浆或糖蜜。阿加莎一直都很坚强，也为阿奇的脆弱一面所吸引，但她对于这种脆弱的表现形式深感困惑不解。他回到家时明明看起来和以前一模一样。战后的现实是她没有准备好面对的。

而且，离开了托基，她有些迷茫。她认识的所有人几乎都住在德文郡，而她在伦敦的一个朋友——娜恩·沃茨，玛奇的小姑子，在1912年结婚，但她的丈夫雨果·波洛克已经离开了家——比她富有太多，以至于似乎不可能与她交往，尽管最终她还是前往娜恩在切尔西的家拜访。这并不是说阿加莎特别渴望朋友，她不是那种喜欢和其他主妇坐在一起聊天的女人：尽管她乐于在家政领域寻找乐趣，她"蔑视'家庭妇女'"。正如她在《未完成的肖像》中所写，"沉浸在她们的孩子、她们的用人、她们的家务中"。她想要的是阿奇的陪伴。但他整天都在工作，日子又必须找事填满。阿加莎一向喜欢缓慢延伸的自由时间，喜欢在静默和空间中拓宽想象。但她习惯的是在阿什菲尔德的舞台上思考和做梦，周围山海环绕，而不是在伦敦西北八区（NW8）因战争而萧条的街道上。[2]

这个伦敦与她小时候前往贝斯沃特和伊灵拜访外婆们时所认识的那个伦敦截然不同。就像"简·马普尔，那个粉白相间的热切女孩"一样，她曾坐着四轮马车在街上穿梭，看着陆军和海军商店里展出的瓷器。现在，她眼前的保护罩消失了。仅仅是走在大街上，她就会感到十分生疏。还有那种缺乏人情味、没有个性特征的感觉，以及密集的人群和刺耳的声音。托基的生活一直是温暖而有条理的。阿加莎认识每个人，或者认识那些认识他们的人。她曾经是"阿加莎小姐""米勒小姐"，以及与这些相匹配的一切。"克里斯蒂太太"是另外一个人，甚至连她自己都不熟悉，是一对夫妻中的一个，但也是独自一人在外的已婚妇女。这些自由让她感到不安。阿加莎后来是如此描述宣布停战的那一天的：

> 她离开速记班，走到街上，茫然不已。在那里，我目击了我所见

过最奇特的景象之一——事实上，我仍然记得它，我想随之而来的感觉近乎是恐惧。到处都是女人们在街上跳舞……让人觉得如果周围有德国人的话，这些女人就会冲向他们，把他们撕成碎片。我想她们中的一些人应该确实喝醉了，但所有人看起来都像是喝醉了。[3]

缺乏控制总是让阿加莎感到恐惧。她讨厌这一点胜过所有其他事情，因为她尚未经历绝对且不可逾越的过当控制所伴随而来的致命寒意。战争期间，她曾见到过逾矩行为。当时她在医院的轮班结束后，不得不在夜里独自走过那些喝醉的士兵身边。但那时她是回到在阿什菲尔德的家，一旦穿过花园大门，她的庇护所就到了。

因此，在刚开始与阿奇一起生活时，她极其想家。尽管她沉醉爱河，并把婚姻视作一次伟大的冒险（汤米在《暗藏杀机》中将其称为"有趣得要命的游戏"），但她渴望回到"亲爱的家"中。她梦想着自己躺在花园里，"那棵山毛榉树，还有小草，生长着——生长着——贴着她的脸颊"[4]；她悠闲自得并为此感到骄傲，脑海中充满了各种想法、可能和幻想世界。"我确实有些孤单"是她在自传中对自己当时感受的描述。一如既往地，她在《未完成的肖像》中才得以漫游记忆的梦境，触摸更深层次的真理。

停战后，她和阿奇回到了阿什菲尔德。"回家的感觉真好，家看起来比记忆中还要可爱得多。它是如此干净——一尘不染的午餐布，还有闪亮的银器和擦亮的杯子。我们曾经把太多事视作理所当然了！"[5]她就像一个放假回家的女学生：兴奋地聊着自己在伦敦的生活，坐在母亲的床上给她讲伍兹夫人和配给牛肉的故事，把她的孤独转化得渺小而遥远。也许她从未这么幸福过。丈夫让她感受到某种令人不安的激情，和他一同在这个庇护所里，她是如此快乐。

与此同时，她也在写诗。这些诗之后会在 1924 年收录进题为《梦幻之路》的诗集并出版，同时出版的还有早期作品，如《来自意大利的假面舞会》，还有她青年时期基于即兴喜剧诗中人物创作的组诗。她后期的诗作中，有一首题为《进程》：

爱的到来如同春天的降临，

忧虑……

恐惧……

褐色的枝丫开出了花；

严寒呼一口气，

草原吹来阵风，

花朵便会落下……

但紧挨大地的

小小的，普普通通的花，

在无人注意的角落继续绽放……

在阿什菲尔德逗留期间，阿加莎发现自己怀孕了。忙碌的 1919 年从寻找新家开始，新家得足够大，能住下一个婴儿、一个保姆和一个用人。阿奇辞去了军职。他仍然怀有晋升的雄心，但他认为——与他之前的观点背道而驰，但同样果断——自己在皇家飞行队没有前途，应该到市里工作。最重要的是，他渴望挣钱。毫无疑问，他想要证明克拉拉是错误的。他与岳母的关系非常好（"米丽娅姆告诉自己，她之前的敌意和疑虑过分了。"阿加莎在《未完成的肖像》中这样描述书中的母亲），但阿奇作为有血有肉的人，无法不为那些不可调和的反对感到不满。

当他决定要做某件事时，往往会如愿。虽然他很明智地没有在确定工作前辞职，但他很快就找到了差事，在一位他描述为"又胖又黄"的男人——这一形象和后期在阿加莎数部作品中出现的金融家鲁宾逊先生十分相似——手下干活，年薪为 500 英镑。这笔收入加上他的 80 英镑，以及阿加莎自己的 100 英镑[5]，给他们提供了足够的资金。当时可选的住处很少，但最终他们在荷兰公园附近的艾迪生大厦 96 号找到了一套四居室公寓，每年租金是 90 英镑。这套房子采光充足，通风极好，阿加莎非常喜欢。她完全沉浸在为新家庭装饰新房的兴奋中。这类家政工作后来成了她的一大爱好。她在这方面非常擅长。即使在当时，她对于自己想要的东西也有明确想法——起居室里要用浅色墙纸，天花板是黑色的，布满山楂花。"我想，这会让我感到身在乡间"[7]——于是她兴高采烈地提着浆糊和画笔开始工作。西肯辛顿的出租公寓很难与阿什菲尔德相比，更不可能和有着豪华挂毯和绿色缎制墙面的阿布尼庄园相提并论（但那时阿奇比詹姆斯·沃茨有魅力得多，阿加莎的婚姻与玛奇的相比，更像是爱情的结合）。"我们是一对非常普通的夫妇。"阿加莎语带自豪地写道。这便是现实的伦敦生活，有公交和有轨电车，与相似的人们一同匆忙奔走，偶尔在哈默史密斯的舞厅消遣一晚。钱都花在看似很自然的地方：打出租车或者拥有一件以上的晚礼服是不可想象的，同样显得怪异的是没有同住的用人或他们所带来的宝贵休闲。当时的生活就是那样，一切都很好。"我们很幸福。生活对我们而言似乎都安排得不错。"[8]

夏天！

和爱情……

寂静，

而在寂静的中心，

悸动……

不过，阿奇并不想要这个孩子。阿加莎在自传中写道，他想要个女儿而不是儿子，所以他们只讨论了女孩的名字。她轻描淡写地说，当时有过"很严重的争论"。在《未完成的肖像》中，关于怀孕的话题则更古怪。"我讨厌想到会有个野蛮的小男孩……我会打他的。""我不想要孩子。你会一直想着它而不是我。女人就是这样。她们会在家庭主妇的路上越走越远，始终摆弄着孩子。她们会完全忘记自己的丈夫。"还有："我忍不了。是我对你做的这些。我本可以避免的。你甚至可能会死。"

全程九个月里，阿加莎在都在剧烈地呕吐。"呕吐意味怀的是女孩，"伍兹夫人说，"男孩的话，你会头晕跌倒。"也许相信这一点也是某种秘密的解脱，毕竟阿加莎希望阿奇能够感到幸福。尽管他不喜欢别人生病，但在整个孕期，他都待她非常好。有一次，她发现自己的枕头上有一只龙虾，非常美味而昂贵，他希望能给她开开胃。她狼吞虎咽地吃完了这只龙虾（龙虾一直是她最喜欢的食物之一），而且吃得如此开心，几乎不介意之后又要立刻把它全吐出去。

在自传中，她写道，怀孕让她感到"十分兴奋"——这是传统的态度，尽管她承认自己一度非常害怕。让她感到放心一些的是，孩子将会在阿什菲尔德出生。一位明理的托基医生（不是她在志愿救护支队时的同事，"我觉得自己有些太了解他们了"）告诉她什么都不用担心。当时分娩死亡的风险比现在更大，但阿加莎是个健康的姑娘，一切都会顺其自然。

不过在《未完成的肖像》中，西莉亚连神经都病倒了。她在静止的状态下进入孕期，躺在椅子上，听着德莫特痛陈对自己未出生孩子的仇恨，它们像巨浪一样劈头盖脸地冲向她。

> "我刚才在想医生跟我说过的话，'我们不能同时救母亲和孩子'。我说：'把孩子砍成碎片。'"
>
> "德莫特，你真是太残忍了。"

西莉亚深深地被她认为是德莫特对自己的担忧所触动。她没有看到他自己的、私人的恐惧。他想要的是稳定而非改变；他想要西莉亚关心他，而不是孩子。他需要她来抚平并驱逐那些不可言说的记忆。因此，他对孩子充满怨气，可能也对允许它在体内成长的西莉亚感到不满。

然而，西莉亚知道"在她的心里，没有孩子能够取代德莫特"。这个时候，她渴望见到母亲，渴望回到她仍然认为是家的地方，但她决心与丈夫留在伦敦。她觉得自己可能会死，而"她不会错过与德莫特在一起的任何一分钟……尽管她受尽折磨，她仍然爱着德莫特——比以往任何时候都爱。"与此同时，德莫特等待着她恢复青春时的空灵之美，再次成为他一见钟情的那个姑娘。

> "看看格拉迪丝·库珀。她已经有两个孩子了，还是和以前一样可爱。想到这一点，我就感到非常欣慰。"
>
> "德莫特，我希望你不要如此强调美丽。这——这让我感到害怕。"
>
> "但为什么呢？你还会美丽很久，美丽很多很多很多年……"

最终，搬去阿什菲尔德的时候到了。孩子的预产期是 8 月 5 日。仍然上吐下泻的阿加莎和阿奇一同前往托基。在家里，她发现克拉拉和被雇来做助产士的护工"像两个忙于耶稣诞生仪式的女性：快乐、忙碌、重要，拿着床单跑来跑去，安排着所有事情"。阿加莎自己也迷失其中，等待着进入成为人母的世界。她感觉自己不仅没有准备好，而且一切都那么不真实。孩子出生的那天晚上 ⁹，她与阿奇手牵手走进自己心爱的花园，仿佛她会在那里与他共度余生。《未完成的肖像》中对这一情节的回忆诡谲而阴郁，仿佛她是在等待自己的死亡，而非期待新生。

> 护工从屋里叫道。
> "你最好现在就进来，亲爱的。"
> "我就来。"

第二天早上，当女儿被放到她怀里时，她写道自己"现在绝对是在扮演年轻母亲的角色。但她完全不觉得自己像个妻子，或是母亲。她觉得自己像一个小姑娘，刚从刺激又累人的聚会回到家中"。

这就是《未完成的肖像》的核心人物：成年后仍然是个孩子。她不参与生活，除了在脑海中。她像自己创造出的"女孩们"那样生活着。这并不意味着生活触碰不到她。正因为她与现实的距离如此遥远，她的脆弱才如此尖锐。

很久以后，在以玛丽·韦斯特马科特为笔名的小说《玫瑰与紫杉》中，阿加莎思考了那些真正生活着的人和那些——如西莉亚——看着自己生活的人之间的区别。

> 我依稀记得，小时候我小心翼翼、晃晃悠悠地走下一大段台阶。我能听到自己声音的微弱回声，自豪地说："现在休在下楼……"后来，孩子学会了说"我"。但内心深处的某个地方，那个"我"并没有渗透进去。他仍然不是"**我**"，而是个旁观者。他在一系列图像中看着自己。

我看到休在安慰珍妮弗，休是珍妮弗的全部，休要让珍妮弗幸福……

然后，休——《玫瑰与紫杉》的叙述者——想到了自己认识的其他人，他们同样把自己看作是人生戏剧中的角色：爱上那些他们只怀有虚幻感情的人，对那些他们并不真正关心的人好，视生命为游戏。

最后，他想起了自己的小姨子特雷莎，她虽然年轻，但聪明勇敢，愿意面对现实。"现在特雷莎嫁给了罗伯特，现在特雷莎——"

不，那是行不通的。我告诉自己，特雷莎是成年人——她已经学会了说"我"。

阿加莎不会说"我"。她知道自己不会，这也是为什么这个想法让她如此着迷。在生下孩子的1919年，她找到了一套公寓，装扮了它；她面试了保姆，找到了一个名叫杰茜·斯旺内尔的能干女人。她为自己和阿奇创造了一个成年人的世界。而她看着这一切，依然是透过盖住了她整个童年的那层薄纱。现在阿加莎在为她的丈夫做饭。现在阿加莎在对她的女儿罗莎琳德微笑。现在阿加莎在寄出卡片："阿奇博尔德·克里斯蒂夫人感谢您的问候与祝福。"现在阿加莎正爬上四层楼梯到她的老家。

只有当她躺在阿什菲尔德的床上，孩子由护工照料，母亲在她身边时——她才是"我"。她握着克拉拉的手入睡。

"别走，妈咪。"

"不会的，亲爱的。我会坐在这里陪你。"

也许没有作家会说"我"。也许他们若这样做，就不再是作家了。但1919年的阿加莎已经丝毫不再抱有写作的想法。正如她后来所说，她已经"基本放弃了这辈子能出版书的希望"。[10] 这时博德利·海德出版社的来信从天而降，请她去办公室讨论《斯泰尔斯庄园奇案》。这封信刚好在她女儿出生后寄到了。

手稿寄出十八个月后，这位外形淑女的、年轻漂亮的母亲，看起来几乎是世界上最不可能知道士的宁和溴化物性质的人，坐到了现实生活中的出版商约翰·莱恩对面；他"看着我，像一位老式的、留着灰色小胡子，蓝眼睛里闪着光的船长"。[11] 他正说着她的手稿"可能——我只是说可能——

有机会"。当然，法庭场景必须删除，还需要进行一些其他的重写。然后可能有机会出版。

约翰·莱恩选择阿加莎是十分机智的，他在后者身上看到了天赋，也发现她有求必应。通过让她充满感激——并强调修改的必要性——他使得她与博德利·海德出版社签订了再出五本书的合同，版税率仅略高于《斯泰尔斯庄园奇案》，即英国销售超过两千册时，版税率为10%。她几乎没有注意到这个条款，因为她丝毫未曾期望要再写五本书。后来她写道"这是我事业的开端"，但她当时真的不这么认为。她那时的生活是和阿奇还有罗莎琳德在一起。她是一位妻子，也是一位母亲，有一个家要经营。她将成为一个业余爱好者，在她想的时候出于兴趣写作。那天晚上，克里斯蒂夫妇去了舞厅庆祝她的好运。第二天，他们又带着罗莎琳德回到了公园。

阿加莎并不特别喜欢推着婴儿车走过肯辛顿长长的路。那很累人，而且"当你到达的时候，你不能坐下来休息，让头脑放空"。[12] 但她为罗莎琳德感到骄傲，她是个漂亮的黑发孩子，长相非常像阿奇。她的名字来自《皆大欢喜》（阿加莎后来以同一剧中的西莉亚为自己命名），而且是父母双方的共同选择。尽管在出生前阿加莎希望以她父亲的美国母亲玛莎的名字给女儿命名，阿奇则表示自己爱读《国王的叙事诗》，喜欢其中的伊妮德和伊莱恩。但罗莎琳德并非阿斯托拉特的百合女佣。她很务实，几乎没有想象力。就像她取自莎士比亚作品的名字一样，她的性格有一种近乎男性化的直接。事实上，她更像是她父亲养育的女儿。对婴儿时期的罗莎琳德不感兴趣的阿奇（"一旦她学会说话和走路，我敢说我会喜欢她的"，德莫特在《未完成的肖像》中说）发现自己日渐被这个聪明自持、天生喜欢接触现实的小家伙所吸引。

从一开始，罗莎琳德就会说"我"。她总是接受生活的方方面面。她不需要也不想去幻想其他世界。这让阿加莎感兴趣，但同时也让她困惑。在《未完成的肖像》中，她期待着有一天把"朱迪"[13] 带回家见母亲："朱迪会在花园里玩，编造公主与龙的游戏，西莉亚会给她读儿童房书柜里所有的老童话故事……"然而，当她把朱迪带回家时，花园里并没有任何编造的游戏。

朱迪一点也不擅长假扮。当西莉亚告诉朱迪她自己是如何假装草坪是一片海，她的铁环是一头河马时，朱迪只是瞪着眼睛说："但这是草。铁环是用来滚的。你不能骑它。"

很明显，她认为西莉亚一定是个相当愚蠢的小女孩，这让西莉亚感到有些幻灭。

但是，尽管她很欣赏聪明活泼的朱迪，但西莉亚自己的母亲却不这么认为："她不是你，我的宝贝……"

这就是克拉拉对阿加莎的看法：她们之间的关系是绝对的理解和无条件的接受。克拉拉爱她女儿内心那个"傻姑娘"。她之前不希望她嫁给阿奇，部分原因是她感觉到他会冷酷对待阿加莎的"傻气"。与此同时，她又希望阿加莎能够幸福，这也意味着接受她与阿奇的婚姻。

现在，随着罗莎琳德的出生，克拉拉试图给阿加莎提建议，教她如何把握自己的丈夫。她警告她不要让阿奇独处，要把他放在第一位，要让他觉得自己是她生命中最重要的人。"记住，男人是会忘记的……"她说的是玛格丽特·米勒的言论。她知道这并非愤世嫉俗，而是清醒有益的认知。阿加莎也知道这一点，但她觉得没有必要把它们应用到自己的生活中。这并不是说克拉拉期望他们的婚姻出现问题。她只是在为阿加莎的幸福而努力，因为她明白女儿那"危险的感情深度"需要同等回馈。阿加莎还不够成熟，也不够现实，她不可能忍受仅仅是形式上的家庭结合，就像玛奇现在的那种婚姻一样。

在《未完成的肖像》中，母亲说得更明白：她告诉西莉亚要把德莫特放在朱迪之前。她告诉女儿，甚至在她自己的婚姻中，她在对孩子的爱和对丈夫的爱之间也有过挣扎。"你如此在乎德莫特，而孩子却会把你从男人身边带走。孩子们本应该是让夫妻更靠近的，但事实并非如此……不，事实并非如此。"说这些话的是克拉拉的角色，但表达的却是阿加莎自己的观点。讽刺之处就在这里：害怕二人孩子出生的是阿奇，而应该感到担心的反倒是阿加莎。

阿加莎的生活中已经有了两段激烈的情感联结，一段与她的丈夫，一段与她的母亲。尽管她可能永远不会承认，但她没有剩下多少情感空间可供利用了。就像她的小说《五只小猪》中的卡罗琳·克雷尔一样，她有一位魅力非凡的丈夫和一个小女儿，女儿排在第二位。正如家庭教师威廉姆斯小姐所说的那样，"克雷尔夫人真的完全专注于她的丈夫。可以说，她只依存于他，只为他而存在"。克雷尔夫妇的孩子得到了亲切关爱，但威廉姆斯小姐说，这样一桩婚姻中的孩子对其父母来说"几乎不可能是真实的"。这可以用于解释为什么阿奇无法接受阿加莎怀孕的事实，以及阿加莎自始至终的被动。这些自传没有完全承认的东西，在《未完成的肖像》中却暴露无遗。后来，阿奇的态度发生了变化。罗莎琳德成了他的同伴，皱着眉头擦拭他的高尔夫球杆，和他同样拥有不形于色的幽默感。他告诉阿加莎，罗莎琳德是"完美的"。

但阿加莎不需要一个完美的孩子：对克拉拉而言，她自己就是完美的。她是如此热爱作为女儿的身份（"女儿一生都会是女儿"），以至于她无法找到作为母亲的满足感。做女儿才是她的自然状态。对于童年时被送走的经历，克拉拉的回应是成为阿加莎和玛奇生活中控制欲极强的存在；同样地，阿加莎对她所感受到的母爱的回应则是疏离罗莎琳德。她能再次建立起她与克拉拉的那种关系吗？她会想这样做吗？罗莎琳德的独立精神，她对于被拥抱的不情愿，她对想象游戏的蔑视，对阿加莎而言近乎是一种解脱。它们消除了她尝试复制自己和克拉拉间联系的义务，反正无论如何都是不可能的。相反，阿加莎得以在稍远处疼爱地看着罗莎琳德，告诉自己她们只是不相像而已。随着罗莎琳德的自我控制能力增强，阿加莎的客观性也同样在增长。如果罗莎琳德是个儿子，她可能会表现得有所不同，尽管阿奇显然并不想要儿子。

她在自传中写道："孩子是你的，但又是一个神秘的陌生人……它就像一株陌生的植物，你把它带回家，种下，迫不及待地想看看它将长成什么样。"这和当代思潮并不一致，当时人们倾向认为孩子的发展在父母的控制范围内。即便是克拉拉·米勒，也会为这种想法感到犹豫。她非常清楚让孩子占有自己想象空间的重要性。

阿加莎的感受更为强烈。"许多孩子，大多数孩子，我应该说，因为父母的过度关注而感到痛苦,"《五只小猪》中的威廉姆斯小姐如是说,"爱太多,对孩子的照管太多……我相信,对孩子来说,最好的事情是父母双方都能有一种我称之为'健康的忽视'。"

这正是阿加莎本人的观点。她身上没有任何多愁善感的母亲的影子,尽管通过与克拉拉的情感交融,她会为自己感伤。她就是这样复杂:她可以深爱自己的童年,但对孩子这个群体,特别是她自己的女儿,却冷眼旁观。十三岁时,她在自白录中写道,希望自己"被婴儿和猫咪包围"。她在成年后公开表达的想法是,母亲应该像猫一样对待自己的孩子,对生下它感到满足,做一些养育工作,然后回到自己的生活中去。"一旦你的孩子长大了,走上社会了,继续关爱他们真的很自然吗?动物是不会这样做的。"[14]还有《魔手》中的这段话,书中有一个角色为她自己的母亲所厌恶:"只有母亲不能说不想要自己的孩子,直接转身离开。或者把它们吃了。猫会吃掉它们不喜欢的小猫。我认为这相当明智。这样不浪费,也不混乱。但是人类母亲必须保留自己的孩子……"

这个反复出现的观点以一种叛逆的口吻被表达出来,为阿加莎的作品注入了轻快(却丝毫不温馨)的活力。"很多母亲都不喜欢自己的孩子。"她在《魔手》中写道。在《怪屋》中,她又说:"一个母亲一次又一次地对自己的某一个孩子感到厌恶。"她始终拒绝走正统路线,比如《万圣节前夜的谋杀》中某角色所表达的:"我喜欢所有的孩子。大多数人都是如此。"赫尔克里·波洛答道:"啊,我不同意你这个观点。我认为有些孩子是**极**不讨喜的。"

那个声称喜欢"所有孩子"的人,实际上把一个十二岁女孩的头塞进装满水的桶里杀害了。在阿加莎·克里斯蒂笔下,孩子被杀的事实不容回避,甚至有时凶手是自己的母亲。"格林夫人,你知道的,她埋了五个孩子——他们每个人都有保险。所以,自然而然地,人们就开始怀疑。"[15]这句表述并不带有过度的冲击性,如同现实中孩子本身也会杀人一样。阿加莎创造了两个儿童杀手,一个涉嫌谋杀,还有一个在《悬崖山庄奇案》中,高兴地告诉黑斯廷斯上尉:"我看到一只猪被杀了。我挺喜欢的。"

换言之,她坚决反对将孩子视作与成人不同的存在:他们的性格在很小的时候就形成了,并不会真正改变,无论让人讨厌还是怜爱,其概率是相同的。"我们都和三岁、六岁、十岁或二十岁时的自己是一样的人。"她在自传中这样说。如果某个孩子和《万圣节前夜的谋杀》中描写得极为精湛的米兰达·巴特勒一样可爱，那么她和波洛都会直言不讳。如果并不那么可爱的话，就绝不会那样说。在阿加莎看着其他孩子的时候，让她看不清小时候的自己的迷雾瞬间消失无踪。她对母性的看法仍然完全独立于她对克拉拉的感情。在阿加莎·克里斯蒂的作品中，模范母亲的形象就像在莎士比亚的戏剧中一样稀少。"朱莉娅是个相当普通的孩子，"《鸽群中的猫》中某位女校学生的母亲说，"我也觉得她头脑尚可，但我敢说母亲们通常会这样看待她们的孩子，不是吗？"

"母亲和母亲"，布尔斯特罗德小姐面无表情地说，"是不一样的！"

事实上，朱莉娅·厄普约翰的母亲是阿加莎所认可的少数几个人之一。"妈妈坐巴士去安纳托利亚了"，朱莉娅告诉布尔斯特罗德小姐——"孩子说这话的时候，就好像在说她妈妈坐着73路公交车去马歇尔和斯内尔格罗夫百货商店一样"——当时厄普约翰夫人在前往东方旅游的途中失踪了。这正像是阿加莎本人之后会做的事（"你什么时候回家"，十岁的罗莎琳德在寄宿学校不情不愿地来信道）。于是，厄普约翰夫人的形象呈现出一种令人耳目一新的理智，与那些在孩子生活中存在感过强的母亲形成鲜明对比。"我认为，当你的孩子们长大后，你应该远离他们，不留痕迹，溜之大吉，**迫使他们忘记你**。"《怪屋》中一个角色如是说。她的观点被描绘得较为极端，但并非全然不可接受，因为阿加莎清楚地表明，《怪屋》中的家庭已被其强大的相互依存性所破坏了。

她在《桑苏西来客》中写道："母性——永不放松！"语气中透露着不安，和她对停战日街头庆祝的描述不乏相似之处。母性同样暗示着丧失控制，丧失理性。她自己的婆婆已经证明了这一点。事实上，母亲们让她颇为不爽（除了克拉拉）。对于以生物学替代人格特质的做法，阿加莎持有一种近乎蔑视的态度。《沉默的证人》中的贝拉·塔尼奥斯被贬为"绝对乏味的女人。有点像只蠼螋。她是个忠实的母亲，我相信蠼螋也是如此"。《空幻之屋》中的格尔达·克里斯托也同样忠实、同样沉闷。她们就像《褐衣男子》中所描述的女人们一样，"持续几小时谈论她们自己和她们的孩子……她们很愚笨——甚至对待自己的天职也很愚笨"。

在以玛丽·韦斯特马科特为笔名的小说中，《幸福假面》中的琼·斯丘达莫尔是一位"完美"的母亲：她参与三个孩子生活中的方方面面，每一个孩子都迫不及待地想要逃离她善意的魔掌。"她一直想让自己的孩子们拥有最好的东西——但什么才是最好的？"此外还有《母亲的女儿》中的安·普伦蒂斯，她拒绝了第二次婚姻的机会，因为她的女儿莎拉不喜欢那个男人。安为莎拉做出了牺牲，但发现自己充满了无法抑制的怨怼：

> "你为什么恨我，妈妈？"……
>
> "我已经为你放弃了自己的生活——放弃了我所在意的一切。你是我的女儿，我的亲生骨肉。我选择了你。"
>
> ……"而从那时起，你就一直在恨我。"

那些为孩子牺牲自己生活的女性不理解，正如极为睿智（且无儿无女）的劳拉·惠兹特堡女爵在《母亲的女儿》中所说，牺牲不仅仅只是一种姿态。它是"你必须在**事后**忍受的东西——从早到晚，永无止歇"。这只能导致不幸。因此，疏离是更好的选择。"母亲们是魔鬼！她们为什么一定要为自己的孩子担心？她们为什么觉得自己了解孩子的全部？她们并不了解。她们**并不**！"[16] 也许最贴切的例子是《奉命谋杀》中的蕾切尔·阿盖尔。她为自己的不孕所困扰，因此收养了五个孩子以试图满足自己的渴望。"阿盖尔太太被她强烈的母性控制欲蒙蔽了双眼。"她的管家柯尔斯顿·林德斯特伦如是想。她没有将被收养的孩子看作天真无邪的天使，也不是她自我中心的延伸，而是：

> 作为个体——作为他们自己——包括他们所有的缺点和美德……
>
> 阿盖尔太太这样的女人对她而言是难以理解的。疯狂地在意着许多不是她自己的孩子，对待她的丈夫就像他不在那里一样！……像某种活生生的"**妈妈最清楚**"的化身。而她甚至不是一个真正的母亲！如果她生过哪怕一个孩子，可能都会更虚心一些。

这最后一句话表达了阿加莎对母性的现实以及对那些认识到这一现实的女性的肃然敬意。她的古埃及小说《死亡终局》中的雷妮森如此描述自己的女儿："她不是我，她也不是凯——她就是她自己。她是泰蒂。如果我们之间有爱，我们将成为终生的朋友——但如果没有爱，她会长大，我们会成为陌生人。她是泰蒂，我是雷妮森。"

阿加莎不喜欢的是母亲们在这个问题上泛滥的感情主义，假装履行某种生物学功能，从而造就了这么多个圣母马利亚。更糟糕的是那些像蕾切尔·阿盖尔一样的母亲，认为自己可以从外面购得一模一样的感觉。"我知道有许多母亲像讨厌毒药一样讨厌自己的女儿。"莎拉在《母亲的女儿》中说，她对邪教般的母性崇拜的反抗也同样是阿加莎的观点。

阿加莎以玛丽·韦斯特马科特为笔名的小说总是能说出一些她无法用其他途径表达的东西。作品中这种对母亲和女儿间的真相——她眼里的真相——的审视是严苛的。大多数女性会对这种程度的诚实避而远之。阿加莎没有这样做的事实证明，她作家的身份先于一切。写作让她处于自己生活的中心，而身为女儿的她也占据了克拉拉生活的中心。

她太了解自己了。她不是自己母亲那样的母亲，对客观性的坚持只是一种自我辩白：不让对孩子的爱蒙蔽自己的双眼是正确的，不为他们放弃自己的生活也是正确的。她在作品中一直这样说服自己。这些观点当然也让她觉得克拉拉对她和玛奇的爱是执迷不悟，甚至错误的，但这一矛盾并不让她感到困扰。她和克拉拉的关系完美无缺。她和罗莎琳德的关系是爱、遗憾、挫折感和嫉妒心的混合物——讽刺的是，以为自己会感到嫉妒的一方本来是阿奇——这方方面面的含混，任何母性直觉都无法解决。阿加莎内心的情感始终无法完全指向自己的女儿。1930年，她从阿什菲尔德寄了一封信给第二任丈夫马克斯，信中写满了有关罗莎琳德和她的硬毛猎犬彼得的消息："彼得是我的孩子，你懂的！"

阿加莎的第二部作品《暗藏杀机》是在阿奇的建议下为钱写作的。他不是那种反对妻子写书的人，尽管这在1920年的确非常罕见。他不干涉阿加莎的私人想法和行为。阿加莎甚至在《未完成的肖像》中写道，她希望他能多干涉一些。

"德莫特，你会不会非常介意我总是爱空想，想要某些东西，想象可能发生的事情，以及如果它们发生了的话我该怎么做吗？"

"我当然不介意，如果这能让你开心的话。"

德莫特总是平等待人。他自己很独立，也尊重他人的独立……问题在于西莉亚想分享她的所有。

这并非完全符合阿加莎的情况，她自己也有对独处的渴求。但她是如此喜欢和阿奇的伴侣关系，不想失去它。即便这个曾在1913年写下"我感到如此孤独。这次我比以往任何时候都更想念你，没有你在身边，我感到如此迷茫"的男人，正日渐变得独立。

但在《未完成的肖像》中，二人的孩子出生后，德莫特在床上老派而有些缺乏自信地对西莉亚说："我——我仍然非常爱你，西莉亚。"

"恋人——是的，他们仍然是恋人。"西莉亚想。

在1919年底，阿奇前往白金汉宫参加任职仪式当天拍摄的一张照片中，克里斯蒂夫妇一同走在伦敦的大街上。阿加莎身着深色西装，阿奇穿着一件长大衣。二人都修长高挑，魅力十足。和那些亲密夫妻一样，他们看起来有些相像，尽管走路时相距略远。

火焰！

森林里的火焰！

我心中的火焰！

我的恋人，

像我们这般的爱情从未存在过。

狂喜……

快乐……

激情……

痛苦……[17]

因此，如果阿奇变得更加克制，更不感性，也只是婚姻过程中不可避免的一环。正如《未完成的肖像》中"婆婆"对阿加莎的提醒，不要期望过高："'男人们'不是这样的。"

玛格丽特·米勒在罗莎琳德出生后不久去世，享年 92 岁。在那之后很久，阿加莎仍然记得她的口头禅，记得她信心满满的智慧。1916 年，玛丽·安·伯默尔去世。这两位女性的过世可能没有让克拉拉感到滔天的悲痛，但缺少了玛格丽特的存在，阿什菲尔德显得非常空旷。阿奇跟阿加莎说的话也许是有道理的，她的母亲最好把房子卖掉，把她多继承的几百英镑花在家庭账单以外的地方。和以往一样，阿加莎对这个想法深感震惊。而在《未完成的肖像》中，母亲同样决心守住自己的家："某一天你可能自己会需要它——当我不在的时候。我希望它还在这里，能够成为你的避难所。"西莉亚觉得避难所这个词很有趣，但她很喜欢有一天能和德莫特一起住在家里的想法。

这样的话，阿奇说，那她为什么不再写本书，赚点钱呢？当《斯泰尔斯庄园奇案》在《时代周报》上连载时，她挣了 25 英镑；虽然算不得丰厚，但她这次肯定会赚得更多，之后还会上涨。阿加莎受宠若惊，备受鼓舞，并为有这么一位为她的才华感到自豪的丈夫而高兴。约翰·莱恩想要的是新的侦探故事而非悬疑喜剧，因此不太喜欢《暗藏杀机》，但其连载权卖了 50 英镑，销量也超过《斯泰尔斯庄园奇案》，从而证明了阿奇是正确的。"'现在，'西莉亚想，'我正在假装成为一名作家。我想这几乎比假装做妻子和母亲更奇怪。'"

《暗藏杀机》具有阿加莎笔下一切作品所特有的品质：可读性。像小斗牛犬一样神采奕奕的男女主人公汤米和塔彭丝可能会让部分读者意欲举起隐喻的猎枪，但阿加莎对二人的喜爱显而易见。她尤其喜欢她笔下的前志愿救护队成员塔彭丝，她在勇气和智谋方面与汤米不相上下，尽管她的创作者可能并未将女权主义视角纳入考量。塔彭丝是一个性格阳光的小实用主义者——和有些时候的阿加莎颇为相似——对美食和金钱都有着孩子般的贪念。事实上，钱是这部作品的真正主题。阿加莎始终惦记着金钱的匮乏。"钱，钱，钱！"塔彭丝说，"我每个早上、中午、晚上都在想钱！我敢说自己听起来有些市侩，但它一直在那儿！"阿加莎从未像塔彭丝那样身无分文过，但她却能深刻理解女主人公的贫穷——赏心悦目的便宜衣服，茶馆的饭菜——并在后者用意外之财在皮卡迪利酒店消费一顿饕餮盛宴后，与她同享这份狂喜。

然而，塔彭丝和阿加莎一样，最终还是选择了爱情。为了嫁给汤米，她拒绝了一位百万富翁。"这将是多么有趣啊。"她在接受他的求婚时说。他是她的灵魂伴侣，并且一直如是，直到最后一部作品成书。在阿加莎去世前出版的《命运之门》中，晚年精神矍铄的汤米和塔彭丝仍然相爱着，他们搬到了一间摆满阿什菲尔德家具的房子里，温室里还有米勒家的摇摆木马玛蒂尔德。

罗莎琳德出生后的几年里，阿加莎用大量时间进行写作。尽管她有杰茜·斯旺内尔和女佣罗丝，但她仍然要打理这个家；然而——这也是她天赋的一部分——她总是能立即从日常生活中切换到书中的世界里。她从不为此大惊小怪。阿加莎身上没有任何演技派演员的影子。她能够在洗手池边思考，在厨房桌上写作。唯一让她分心的是母亲身份。在自传中，她谈及在创作《褐衣男子》时，罗莎琳德当时的保姆"布谷"在门外叽叽喳喳地说："我们不能打扰妈妈，是吧，小宝贝？"她还描述了在海滩上挣扎着构思《蓝色列车之谜》时，罗莎琳德需要她的持续关注（"我可以留在这里，对吧？我可以就站在这里，我不会打扰的"）。

尽管如此，而且几乎与自己的本意背道而驰，阿加莎的产出效率越来越高。20世纪20年代初，她写完了《暗藏杀机》，然后是《高尔夫球场命案》，之后还有一系列短篇小说。"现在我才逐渐开始意识到，也许我可以成为一名职业作家。我当时还不确定。我仍然认为写书是继绣沙发靠垫之后再正常不过的事情。"[18] 事实上，她的业余主义在写作风格中表现得淋漓尽致，写作本身是专业的，但还不够"阿加莎·克里斯蒂"。她认为没有义务为公众提供他们所期望的东西，因为她仍然觉得是在为自己写作。因此，她继续"和所有人一样，去尝试做一些事情"。

《高尔夫球场命案》与前作《暗藏杀机》之迥异，就如同后者与《斯泰尔斯庄园奇案》间的天差地别。它也许是阿加莎所有侦探小说中最没有特色的一部，其法式风格非常明显：不仅在环境设定上，语气也满是加斯东·勒鲁的味道，甚至还有拉辛的风味（"保罗！老公！"）。阿加莎后来说，她是以一种"夸张且花哨"的方式写作的。她还过于紧密地将这部作品与法国一桩现实的谋杀案联系在一起，这给故事带来了一种非艺术的复杂性。在一条略显疯狂的副线中，黑斯廷斯对一位茶褐色头发的杂技演员进行了热烈的性追求。不过这也可以被原谅，因为这意味着可以把他打发到阿根廷去享受婚姻幸福。如果情节需要的话，黑斯廷斯会回来的，但阿加莎肯定已经意识到，波洛绝不需要任何人。

是波洛给《高尔夫球场命案》赋予了生命，这要归功于阿加莎用精湛的技巧给了他鲜活的生命。她把他大脑的运作转化成了某种戏剧。她用他公理般的理论，实际上是智慧的迸发，作为破案的手段。例如，波洛推断出**犯罪手法**，因为它是对之前一桩谋杀案的重复演绎：因此，他巧妙地将自己的信条"人性不会改变"运用于混乱的表象，从而揭示了真相。"来自英国的杀人犯通过把妻子们淹死在浴缸里 [19]，连续处理掉了她们，这是例证之一。但凡他改变过自己的手法，可能到今天还能溜之大吉。但他顺从了人类本性的普遍要求，坚持认为曾经成功过的事情会再次成功，他为自己的缺乏创意付出了代价。"

波洛的奇特之处逐渐开始受到关注，《每日见闻》杂志的编辑要求阿加莎以他为中心创作十二个系列短篇小说。"我终于走上了成功之路。"事实上，她终于做成了多年前玛奇所做的事：将她诙谐有趣的"虚荣童话"出售给《名利场》。现在轮到阿加莎（"太慢啦！"）被出版商和杂志社紧追不放，成功未必是她的出发点，但在成功之后，她意识到她想要它。正如伊登·菲尔波茨在 1909 年所说，"出版一点东西是非常鼓舞人心的"。早期的波洛 [20] 远远不如她后来的短篇小说中的那样好，但阿加莎能够按部就班地构建十二段情节是极为震撼的成就，也是对她天赋发展的完美锻炼。

最初的故事中有一些是从国外寄给出版方的。整个 1922 年，阿加莎和阿奇一同做了一件了不起的事情：他们参加了当时所谓的"帝国之旅"，前往南非、新西兰、澳大利亚和加拿大旅行。这个机会源于阿奇得了担任旅行财务顾问的职位。旅行目的则是为了宣传计划于 1924 年举办的大英帝国展览会²¹。克里斯蒂夫妇一直想去旅行，但由于缺乏资金（当时没有廉价航班），他们自结婚以来只短暂地去过两次欧洲度假。现在他们紧紧抓住了这个机会。

当然，这是冒着风险的（"一种消遣！"）。回来后，阿奇几乎必然会失去市里的工作，他这次旅行获得的1 000英镑报酬只够勉强支付阿加莎的费用和两人一个月的假期。事实上，如果他俩再年轻十岁，这样一次光荣而不负责任的冒险可能会更合适（在那个年代，三十出头并不是青春的尾巴），但阿奇愿意这样做——他的工作并没有像他所希望的那样获得足够多的晋升空间——而阿加莎一想到能摆脱束缚，把家庭生活抛在身后，与丈夫手拉手漫游未知的大陆，就心潮澎湃不已。而不去会非常痛苦，她就像《褐衣男子》中的女主人公安妮·贝丁费尔德一样，后者非常鄙视那些"愚蠢"的女性，尽管她们很富有，但只想待在家里谈论"为孩子们买到好牛奶的困难"——"有这样宽广而美丽的世界供她们徜徉，她们却故意待在肮脏沉闷的伦敦，谈论牛奶工和用人！"

她把罗莎琳德交给母亲和姐姐照顾。克拉拉鼓励女儿陪伴丈夫（"记住，男人会忘记的……"），尽管玛奇试图说服阿加莎，她的责任在家里：与其说这份责任的对象是罗莎琳德，不如说是即将从非洲回来的蒙蒂。"你应该和你的哥哥在一起。"她这样说显然是出于恼怒。不喜欢冲突的阿加莎对此深感不悦，但最后，就像很多时候一样，她还是按照自己的意愿行事。1922年1月20日，克里斯蒂夫妇乘坐"基尔多南城堡"号离开了英国，快一年后才回来。

帝国之旅为阿加莎在回国后写作的下一本书《褐衣男子》提供了大部分素材。书中洋溢着阿加莎对旅行的热爱：她对新景象、新构造、新感觉的渴望，将她的灵魂延伸到了极限。她用安妮·贝丁费尔德的口吻写道：

> 我想，只要我活着，就不会忘记自己第一次看到桌山的情景。它让我喘不过气来，内心有一种好奇的、饥渴的痛苦。有时当人遇到极为美丽的东西时，这种痛苦就会发作……我清楚地知道自己已经找到了，哪怕只是一个转瞬即逝的瞬间，那样我在离开小汉普斯利后一直

在寻找的东西……

"这就是南非，"我一直认真地对自己说，"你正看着这个世界。这就是世界。它就在你眼前。"

被称为"吉卜赛女孩"的安妮有阿加莎的影子。她是那个在《未完成的肖像》中飘动的幽灵下方跳舞的自由灵魂；是那个扶着帽子漫步在托基的七座山头、脸上拂过清新海风的姑娘，毫无畏惧地抓住每一次经历。安妮在船上的朋友苏珊说：

> "独自开始，几乎身无分文……我做不到，安妮，而我算是勇气足够多的了，我不能带着兜里的几英镑，在不知道自己在做什么、要去哪里的情况下，就这样愉快地开始。"
> "但这正是它的乐趣所在，"兴致盎然的我叫道，"它给人这样一种美妙的冒险感。"
> 她看着我，点了一两次头，然后笑了。
> "幸运的安妮！世界上可没有多少人能有你这样的感受。"

安妮在前往非洲的船上爱上了一个男人，这也部分取自阿加莎自己的故事。如果不是因为被描绘得如此真切，哈里·雷伯恩会直接成为米尔斯和布恩出版社出版的通俗爱情小说中的人物。他是阿加莎幻想中的阿奇：身形瘦高，充满男子气概，大胆到近乎凶残，在安妮面前却无助不已。"去你的法式连衣裙，"他对她说，"你觉得我想给你穿上裙子吗？我他妈更想把它扒下来……"

这段爱情是阿加莎笔下最有活力和最性感的。它充满了放弃、快乐和乐观主义，在非洲野性而诗意的世界中茁壮成长。《褐衣男子》思考了爱情的本质，这一点和后来的那些以玛丽·韦斯特马科特为笔名的小说相仿；但不同之处在于，它是从力量的角度出发的，安妮如此确信爱情会使她幸福，即便令她痛苦。她对哈里也怀着同样的确信。

"除非我疯狂地爱上了谁，否则我不会梦想着和他结婚。当然，女人最喜欢的事情莫过于为了她喜欢的人，而去做所有那些她不喜欢的事情。而且她越是有自我意志，就越会喜欢这样……女人喜欢被驾驭，但她们讨厌别人不欣赏自己的牺牲。另一方面，男人并不真正欣赏那些一直对他们好的女人。我结婚以后，会用大部分时间做魔鬼，但时不时地，在我丈夫最想不到的时候，我会展示给他看，我可以成为一个多么完美的天使！"

哈里大笑出声。

"你们将会过着怎样吵吵闹闹的生活啊。"

"恋人们总会吵架，"我向他担保说，"因为他们不理解对方。而当他们理解对方时，他们就不再相爱了。"

这便是年轻的阿加莎心目中理想的感情，在这样的关系中，平等是通过不断的两性意志斗争实现的（不符合政治正确，但不乏一丝真理）。但较之她的说法，真正有意义的是她的语气：它传达了对爱情的热情信念，即便她的话暗示了爱情的结局。

> 靠近些，我心爱的……
> 再近一些……
> 你的嘴唇……
> 森林里，树叶燃烧着，
> 挥霍着，肆无忌惮地，它们的快乐！
> 生命的放纵！ [22]

当然，克里斯蒂夫妇并不像安妮和哈里那样——在故事结尾生活在非洲，二人的儿子在他们之间快乐地爬行，他们对彼此的激情也未曾衰退。阿奇每天早上穿过整个伦敦去市里；阿加莎推着婴儿车，与店主和用人聊天，长时间地敲打着打字机。周末的时候，他们坐着火车离开伦敦。偶尔他们会在东克罗伊登打一场高尔夫。和雷吉·卢西一起在托基球场打球之后，阿加莎就再也没有打过，而且从来都打得不怎么好。但她喜欢散步，看到阿奇玩得这么开心，她也很高兴（"周末时，西莉亚的战友回到了她身边"）。一切都非常典型，非常平淡。就是正常的生活，表面下涌动着强烈的情感。在20世纪20年代初的一张照片里，阿奇坐在一张木头长椅上——可能是在阿什菲尔德门外——右手拿着烟斗。他的一侧是罗莎琳德，顶着一头浓密的黑发，面容严肃；另一侧则是小狗彼得，专注地等待着相机的咔嚓。这幅画面再传统不过了，但极为美丽，因为其主体都有一种美感。画面中也有爱，正如阿加莎在一首诗中所写的那样，爱"在一段时间里，赋予普通之物魔力……"。[23]

在一张拍摄时间邻近的照片里，阿加莎身处类似的场景，女儿在右，小狗在左。这张照片同样赏心悦目——罗莎琳德的笑容完全遗传自父亲，彼得闪闪发光的眼睛看向镜头——但此时的阿加莎似乎比阿奇老了几岁。这次她又与使团的旅行贵宾们一起登上了"基尔多南城堡"号，戴着帽子、身着皮草参与了《泰晤士报》的拍摄。谁能猜透这位亲切有礼的社会名流女士内心的秘密呢？

《未完成的肖像》中没有帝国之旅，因为环游世界的是一个不同的、笃定的阿加莎。西莉亚只是认为"如果有机会，她会放下德莫特、朱迪和（小狗）奥布里还有一切，冲向那抹蓝……"。

现实中的帝国之旅在很多方面都让人失望。平平无奇的生活仍在继续，即便是在未知的大陆上，而且人性也未必会改变。在某种程度上，阿加莎受制于阿奇的工作，这项工作并没有什么真正的意义，整个旅行亦然。它是由一个名叫贝尔彻少校的人组织的，他是1924年帝国展览会的总经理助理，带领使团前往英联邦的自治领，向政界领袖和商人宣传展览会。这类事情是如此合贝尔彻的胃口，他甚至可能把这趟旅行的使命当作了对他本人的宣传。

贝尔彻的存在支配着这次旅行的方方面面，到了令阿加莎无法想象的程度；她当时觉得难以忍受，后来回想起来却只觉滑稽。他虚张声势的样子很有当代特点。他完全可以在半官方机构如鱼得水，或在电视上说些令人费解的废话。他天生就是个政治家，尽管并非出于为公众服务的动机：他的责任感只针对自己。在第一次世界大战中，他曾做过土豆供应控制员这样一份算不上工作的工作，并且在获得帝国之旅的新岗位之前，连这件事都做得非常糟糕。他幼稚、刻薄，这种个性甚至在某种程度上让人欲罢不能："直到今天，我都无法摆脱对尤斯塔斯爵士的偷偷喜爱，"阿加莎在《褐衣男子》中如此描述虚构的贝尔彻，"我敢说这应该受到谴责，但事实就是如此。"[24]

贝尔彻也喜欢阿加莎，尽管这并不总是那么明显。他和阿奇已经是多年旧识，在克利夫顿担任教员的短暂期间曾教过后者。他对阿奇的评价极高，以至于邀请后者担任旅行财务顾问（或借用一家海外报纸对阿奇的描述，"英格兰银行行长"）。同样，这听起来就像是个很可能不存在的职位。事实上，阿奇的主要工作是处理贝尔彻的情绪问题，并化解它们可能造成的后果。为此，他的报酬远算不上高，因为贝尔彻就像暴躁易怒的两岁小孩一样难缠。此外，当阿加莎给贝尔彻包扎感染的脚时，他像晚年的亨利八世一样对她大喊大叫；他从不报销阿加莎给他买袜子和麻布的费用；大部分时候，她会尽可能安抚他（这时她的护士经历发挥了作用）。当然，他提供了巨量的写作素材。尽管阿加莎总声称自己不在侦探小说中安插真实人物，但这并不完全正确：尤斯塔斯·佩德勒爵士就是活灵活现的贝尔彻。是阿奇建议阿加莎给他加个头衔，而贝尔彻自己则认为他应该扮演凶手。

阿加莎曾想让他成为受害者（就像她后来对一个待她不好的女人那样）。他的行为是持续的噩梦，特别是对重视礼仪的人而言。"我们进了市政厅，"她在 5 月从墨尔本写给克拉拉的信中表示，"在他们去找市长的时候，我们等了几分钟。贝尔彻又气炸了。市长来了以后，友善地问贝尔彻是谁，担任什么岗位——我以为他会中风！他真的以为自己是个国王，或者诺思克利夫勋爵[1]……"[25] 后来，当他发现自己在赛马场的总督包厢里被名流环绕时，他感到"洋洋自得"，满足地带着势利的快乐轻声低语。再后来，他的情绪又开始瓦解："我安慰自己，想着我得到了近 200 英镑的免费铁路旅行，必须为此忍受一些东西！我现在尽可能少和他说话，只保持安静的礼貌！"[26]

这都很好，但近 10 个月里，并非每天都如此。行程也很累人，使团在

---

[1] 诺思克利夫勋爵，英国报业大亨，《每日邮报》的创办者。

南非度过了 2 月至 4 月，一度身陷一场革命。[27]"他们升起了红旗，宣布成立苏维埃政府。"阿加莎在给克拉拉的信中写道，仿佛只是描述去了趟音乐厅。她始终牢记，有教养的女性必须蔑视恐惧，当使团被困在比勒陀利亚时，她拒绝感到惊慌失措（尽管克拉拉在读信时很可能会如此）。当地宣布实行军事管制，炸弹落下，火车停运，但阿加莎唯一承认的担心在于她可能"因为这次罢工带来的种种麻烦而最终错过（维多利亚）瀑布"。

5 月，使团离开了非洲，前往澳大利亚和塔斯马尼亚，在新西兰度过了 7 月。8 月是假期，阿加莎和阿奇去了夏威夷（这让贝尔彻非常恼火，尽管他们是自费）。9 月和 10 月是加拿大之旅：维多利亚、卡尔加里、埃德蒙顿、里贾纳、温尼伯和多伦多，在每个城市都待了两天，最后参观了尼亚加拉瀑布。从渥太华开始，阿奇、贝尔彻及其秘书贝茨[28]继续北上，阿加莎则南下到纽约与她的教母凯茜同住。"11 月 30 日回家！"她在给克拉拉的信中写道，一副迫不及待的样子。

与其说是旅行，不如说是无止境的社交对她产生了负面影响。那有点像是在做女王，必须闲聊、盛装打扮，对那些有时无聊得要命的事情表现出兴趣。阿加莎为母亲写下了一本活动日记。根据记录，在南非的一个典型星期是这样的：陪某位希亚姆夫人消遣一晚，她的有钱丈夫是贝尔彻的朋友——"他们相当离不开我。我为他们熨衣服……打牌时为他们发牌和洗牌"；冲一天浪——这个她很喜欢，因为她喜欢与大海有关的一切；在馆长的陪同下参观博物馆，前者向她详细解释"从爪哇猿人开始的"早期人类头骨；参观水果农场——"那时我已经对看烘干水果感到相当厌倦，到处都一样，而且天气热得发烫。希亚姆夫妇对这个世界已经如此厌倦，他们甚至不愿下车"；出席议会开幕式——"所有人都穿着最好的衣服"，随后是更多的冲浪板大战——"我相信如果天气不好的话，人们可以带着它们在佩恩顿玩得非常开心"。参加大主教的花园聚会，攀登桌山，与另一对夫妇打四人高尔夫，打一晚桥牌……就这样不断重复，再重复。

阿加莎的耐性总是非常出色（她把这归功于自己少女时期的无所事事），而且她再也不会遇到比这次旅行更需要耐性的事情。"陪伴不是人每天都需要的东西，"她在自传中写道，"有时它就像盘着你生长的常春藤，是具有毁灭性的。"在这里，她无时无刻不拥有陪伴。例如，她描述说，在开普敦政府大楼的一次午餐会上，她不得不与身份不明的皇室成员交谈："度过了可怕的五分钟，在这期间，公主和我试图保持交谈。她在南非是出了名的只会说：'哦，是的……'"后来，阿奇负责与公主交谈。"把她哄得相当开心。她和阿奇一致承认自己都讨厌早起，而且总是记不住别人的名字。对此，阿奇愉快地补充道：'但这对你从事的职业来说一定相当尴尬吧。'"与此同时，阿加莎在应付王子，欣赏他"不怎么有教养的锡利哈姆犬"，并在他把乐观主义者定义为"与别人的妻子私奔的人"时礼貌地轻笑。

在后来的岁月里，阿加莎会声称自己腼腆到无法动弹，讨厌聚会以及和不认识的人交谈。的确，腼腆成了她本人神话的一部分。然而，在帝国之旅中，她丝毫没有表现出这一点。她甚至还做了一次演讲，"紧紧扣住佩克斯尼夫先生的建议，即'负责出声就好，感觉会自己来的'"。整体而言，她作为社交动物非常成功。当然，是责任让她坚持了下去。她在那里是为了代表她的国家、她的任务和她的丈夫。因此，她会尽一切可能表现得愉悦、开朗和衣冠楚楚。她必须这样，因为她随时都在被仔细观察。一份出自南非坎特伯雷某张报纸的剪报描述了为阿加莎举办的"愉快的小型即席早茶"："克里斯蒂太太是几部成功侦探小说的作者，她在鼹鼠色马罗坎平纹绉连衣裙外套了一件迷人的宽松佩斯利印花披肩，戴着鼹鼠领，还有一顶有帽绒的小鼹鼠帽……"

阿加莎对于获得这次旅行的机会也非常感激，所以她绝不会表现出礼貌和友好以外的态度。而且她是个好脾气的女人，不像希亚姆夫人那样爱抱怨。正如她十三岁时在自白录中所写的那样，她总是寻求"把一切做到最好"。事实上，在这次漫长的旅行中，她必然是令大家备感安慰的存在。即便当她对冲浪的痴迷导致了神经炎——"就像你的整条手臂都在经历牙痛"——她也非常努力地强撑门面。"我现在疼痛的次数少多了。"她在日常的晚餐、桥牌比赛和无休止的聊天间抽空给母亲写道。

旅行带来了不可估量的回报。她得以和自己心爱的男人一起看世界，正如她后来在《褐衣男子》中写的那样，这是一场奇妙的体验。"我们到了！"她2月6日从南非给克拉拉写信道，"我不知道这里有这么多山。"莱克路易斯是"我们迄今为止去过最可爱的地方";维多利亚瀑布是如此美丽,"我不忍心离开";在赞比西河上,"我们立刻看到了一条鳄鱼,这让我们非常高兴";在新西兰,"我一生中从未见过像惠灵顿港这样美丽的地方"。诸如此类的表述还有许多。她在写给克拉拉的许多页信纸上倾注了无尽热情,像个认真的女学生一样,决心要试着把一切都描述出来:

> 我在澳大利亚看到的所有风景都带着一股淡淡的肃杀之气,远处都是柔和的蓝绿色,有时近乎是灰色,而蓝桉的白色树干则给人感觉完全不同,四下都是已被环剥,或是死去的大树群——于是它们就成了幽灵树,都是白色的,挥舞着白色树枝。这一切都是如此,未经玷污。如果树林里有仙女的话,她们永远都不会被抓住……[30]

阿加莎并非天生擅长描述的作家:在给克拉拉的这封信中,她刻意付出的努力令人感动。在她的作品里,她可以仅仅使用一个短语或一个细节传达对某个地方的感知,尽管她的描述往往带着一丝半透明感,使其较为泛泛、不那么精确。"她生来就极不善于观察。"她在《未完成的肖像》中这样描述自己。尽管她的听力十分灵敏,但她看到的东西的确更多来自想象,而非准确的观察。但在这些写给帝国之旅中的信件里,她试图用文字记录下自己的记忆(尽管她拍了许多照片):当时她不期望有朝一日能回到这些地方,而她也不想忘记它们。

她对所见所闻生动形象的描述也是为了克拉拉。尽管母亲是赞成的,但她仍对自己的离开感到内疚,并试图通过让母亲了解她所做的一切来减轻这种内疚。表面上看,这种内疚指向罗莎琳德:"我的小泰迪熊。"这是她和阿奇给女儿的昵称。"我经常想起我的小宝贝,并因为她而感到越来越想家。"阿加莎给克拉拉写道,还有很多类似的内容。"我的宝宝一定**极其**可爱。我太想见到她了——阿奇也是。"阿加莎从比勒陀利亚写信给女儿,当时女儿和玛奇(罗莎琳德喊她"彭基")一同住在阿布尼。"我猜你现在非常喜欢吉姆姨父和彭基姨妈,但如果有人问你'你爱谁?'的话,你必须说'妈妈'!"这同样是写给玛奇的,罗莎琳德当时还太年幼,读不了信。

不过，阿加莎的感情天平一如既往地向母亲倾斜。她一登上"基尔多南城堡"号，就用铅笔匆匆写信给她："亲爱的妈妈，一切都很舒适，船舱很漂亮，空间很大——我很喜欢我的紫罗兰。照顾好自己，亲爱的——**我真的非常爱你**。"她还寄来了许多页打出来的"日记"和照片：袋鼠、菠萝农场、两个黑人小孩在倒立，背后一笔一画写着"小男孩的消遣"。离开这么长时间，阿加莎深感担忧。"**如果你想让我早点回家的话，我可以回来的。我任何时候都可以马上回来。**"由于她具备与克拉拉共情的能力，她能感受到后者的脆弱、孤独和对衰老的恐惧，它们带给她的痛苦胜过带给她自己的，它们牵动着阿加莎的心。她不断向克拉拉保证，自己时刻都在想她。"很多很多很多的爱，我的宝贝妈妈。"抵达南非后，阿加莎"买了不到一篮的桃子，大个的黄色桃子，我们以为有五个，但发现下面还有很多，实际上大约有十五个。我们在花园里吃这些多汁的桃子，还有纳塔尔的小菠萝，每个五美分……我真希望你能在这里。我们会一起吃得很开心！亲爱的妈妈，那该有多好啊"。[31]

5月，她从澳大利亚来信道，泰马河的"大部分几乎完全像是一条更大的达特河，两边都是树木茂盛的山丘。这让我觉得很想家"。这段描述可能是真的，但同时她也意在取悦。阿加莎还向母亲（和玛奇）保证，自己的作品反响很好："约翰·莱恩寄来的两批精彩剪报在这里等着我——非常好的剪报。"有关《暗藏杀机》，她如是写道："我真心认为汤米和塔彭丝会获得成功——所以不要担心钱的问题。"[32]在帝国之旅中寄来的信件里，有一些与阿加莎所做的小额投资相关的纸条："中国政府债券：4张，每张2英镑5先令；2张，每张1英镑2先令6便士……"钱还是比较紧张且让人担心的。"记住，我还有200英镑存在家里，如果你想要的话。"阿加莎跟克拉拉说。"非常高兴你有一张残疾椅给蒙蒂坐……我感觉不太好，在外面享乐，靠这里的肥沃土地度日。"[33]

但克拉拉很高兴阿加莎如此快乐，对她乐观的来信也很是满意。她还收到了女婿从檀香山寄来的纪念品，是阿奇制作的一本册子——《名为"阿加莎去冲浪"的伟大电影中的一些场景》，里面是附有说明的照片，主题包括阿加莎身着泳装（大腿稍有点粗，但魅力十足），扛着冲浪板，在深水里坐在板上，最后"走进一家药店买冰激凌汽水"。书的扉页上写着："阿奇博尔德·克里斯蒂编剧；阿奇博尔德·克里斯蒂制作；阿奇博尔德·克里斯蒂导演。"可以看出，阿奇为克拉拉做出了相当大的努力（"亲爱的米勒太太"），而且他和阿加莎在夏威夷度过的一个月假期非常愉快。不过在那里的不止他们俩，檀香山也并非他们的二次蜜月。他们在绝大多数时候选择和"斯文芬勋爵和圣奥宾"同进同出，二人也是乡村俱乐部的成员，并在那里打高尔夫球——但他们逃离了贝尔彻，并充分利用这份自由来游泳和冲浪。"第一天游泳导致我们都严重晒伤，真的很痛苦！阿奇的情况最糟糕……"事实上，阿奇的健康已经逐渐开始崩溃。他在檀香山得了"重感冒"，然后在渥太华因严重的支气管炎和荨麻疹而倒下了：

> ……以至于他几乎要因为痛苦和懊恼而尖叫起来。这场病是从温尼伯开始的，当时他翻越了一个大粮仓，回来时眼睛流泪，气喘不已……我很害怕他得肺炎。今天一直在下雪，昨天风刮得也很凶。我们都对执行任务感到厌烦，渴望能回到家中。[34]

早在1月旅行开始时，阿奇会在妻子晕船时照顾她，并和她一队与两个比利时人在甲板上玩套环游戏（"每个人都不停地走过来跟我们说'我听说你们打倒了那两个外国佬！太棒了'"）。但是，随着这漫长的旅行持续进行，他逐渐变得筋疲力尽。他"不是善于交际的动物"。[35]他虚弱的神经和胃渴望得到喘息的空间。

5月，使团驶向阿德莱德。阿加莎在给母亲的信中说，她"在航行的前半段晕船"，但后来她：

> ……过得相当愉快。船上有几个年轻人，我们每晚都玩一些傻傻的游戏，或者跳舞。最后三个晚上，我们和船长还有一位其他军官一同晚餐聚会，大约凌晨3点上床睡觉。我非常享受（毋庸讳言，阿奇和往常一样，每晚10点30分准时休息。但幸运的是他不反对我去找乐子，即便他不去——尽管他表达了对我品味的讶异）。然后我们整了一

个爵士乐队，还玩了气球，游戏过程中每个人都拿着一个大气球敲别人的脑袋……[36]

关于这一点，克拉拉肯定很想说：记住，阿加莎，不要让男人自己待太长时间，不要忽视丈夫，把他放在第一位。

在悉尼的某晚，阿奇去参加一个官方活动，阿加莎独自在酒店里用餐时突然遇见了吉尔福德·贝尔少校和他的妹妹尤娜。使团之前被邀请在昆士兰住到贝尔家里，但因为有其他要事，所以安排阿加莎去他们家住一个星期，然后其他人再来汇合。她当晚就出发了。"我们坐车走了五英里后，大约10点到达，房间里似乎都是个子高高、活力四射的姑娘们，一边在火上炒鸡蛋，一边你一言我一语地聊天！"

贝尔家族在昆士兰拥有大片土地，"有点像皇室家庭"，正如阿加莎在给克拉拉的信中所说。贝尔姐妹们完全把她当作自己人。她帮她们组织了一场当地的演出，并在演出中献唱，众人的赞誉和欣赏让她颇为陶醉。她们让她想起了卢西姐妹（"'我们中的一员'，卢西姐妹是这么说的——她们是我在这里遇到的第一批像这样的人！"）和她与之认真交往过的雷吉·卢西一样，阿加莎和贝尔兄弟之一的弗里克也同样如此。"我真的把心弄丢了。"她在自传中写道。在之后的日子里，弗里克的儿子吉尔福德将为阿加莎重新设计格林韦宅邸，并成为她和罗莎琳德的亲密朋友。[37]"离开的时候，我觉得自己几乎已经是这个家庭的一员了！走的时候还很难过。我们第二天离开布里斯班，29日启程前往新西兰。阿奇得了严重的感冒，身体非常虚弱……"

她和贝尔一家在一起时更舒适，更像她自己，这种感觉难以抗拒。然而，当阿加莎写到"把心弄丢了"，或是在船上玩气球游戏直到凌晨3点，或是被一个看她冲浪的年轻人用相机"拍下"，这些故事中只有简单的快乐，没有其他感情掺杂。除了阿奇，她对任何人都没有兴趣。她的调情只是安妮·贝丁费尔德与"强壮而沉默"的瑞斯上校的那类调情。安妮觉得瑞斯上校在某些方面颇具吸引力，但这并不妨碍她对哈里·雷伯恩的渴望。同样，她也没有注意到那个在新西兰遇到的女人，那女人在前往卡尼里湖的途中"立即看上了阿奇"，并坚持让他坐在她的车里。阿加莎和阿奇会在一起，直到死亡将他们分开。没什么需要多想的了。

> 那奇怪的干巴巴的声音是什么？
> 一片在我脚下噼啪作响的叶子
> 枯萎而黯淡……[38]

在她的下一部作品《烟囱别墅之谜》中，阿加莎将再次描写一对爱侣：她理想中的爱情。

> "婚姻，我说的那种婚姻，将是所有冒险中最大的那一个。"
> "我喜欢这样。"弗吉尼娅说，脸唰地通红……

《烟囱别墅之谜》也许是阿加莎笔下最快乐的作品。这是一部 1925 年出版的悬疑喜剧，偷师自《曾达的囚徒》和 P. G. 沃德豪斯的作品，却有一种特有的、像蛋奶酥一样甜甜软软的特质。男主角安东尼·凯德是另一个她梦想中的阿奇。女主人公弗吉尼娅·瑞福聪明迷人，"一侧嘴角微微上扬，像那知名的'维纳斯的标志'"。政治家乔治·罗麦克斯被巧妙地描绘成一个浮夸的庞然大物："不是说我赞成妇女从政——如今的圣斯蒂芬已经毁了，彻底毁了。但女人在她自己的领域能够创造奇迹。"烟囱别墅（一座与阿布尼非常相似的宅邸）的主人是个被大自然遗忘的存在，拥有社会地位是他的不幸，阿加莎把他身上温和而困惑的任性处理得相当好。"'煎蛋卷，'卡特汉姆勋爵说，依次掀开每个盖子，'鸡蛋和培根、腰子、辣味烤鸟、黑线鳕、冷火腿、冷野鸡。这些东西我一个都不喜欢。特雷德韦尔，让厨师给我煮一个鸡蛋，好吗？'"

和母亲一样，阿加莎对待生活非常认真；但和父亲一样，她也有幽默感，而《烟囱别墅之谜》中则洋溢着这种幽默感。"有一两分钟，没有人说话。巴特尔警长不作声，因为他是个经验丰富的人，知道如果能说服其他人发言，会有无限的好处……乔治不说话，是因为他习惯于别人知会他这样做。"在她和阿奇参加的那些没完没了的官方晚宴中，阿加莎肯定见到过许多乔治·罗麦克斯，她会藏起笑意，默默地观察他们对不可预测之事的担忧与恐惧。

《烟囱别墅之谜》是一部放在现在会被称为"势利"的作品。的确，势利不容置疑地、淡定地、毫无顾忌地贯穿全书。几乎所有人物都是上层阶级，而那些不属于上层阶级的人则被清楚地打上了烙印。"我当然对她的相貌很熟悉——这种熟悉是那种对家庭教师和同伴，还有火车上坐在对面的人的模糊的熟悉。这很糟糕，但我从来没有正眼瞧过他们。你有过吗？"在弗吉尼娅第一次见到安东尼时，当时情形诡异，而她对于请求他的帮助感到紧张。

> "不好意思，"她说，"但你是不是——我是说——"
> "读过伊顿和牛津，"年轻男子说，"你就是想问我这个，是吧？"
> "差不多吧。"弗吉尼娅承认道。

阿加莎在《烟囱别墅之谜》中太过于放松了，以至于没有像她后来所做的那样，看到阶级问题之外的东西，哪怕她这么做了，也肯定不会让现代人满意。她以玛丽·韦斯特马科特为笔名的小说《玫瑰与紫杉》的背景设定于1945年工党选举获胜，她会在作品中认真审视"旧观念"，思考其有效性（"统治阶级，执政阶级，上层阶级。都是如此可憎的短语。即便如此——说实话——其中还是有些什么的吧？"）。在写于1941年的《零点》中，她会同情一个被比他社会"地位高的人士"鄙夷的年轻人，因为他身无分文，靠外表生活。

> "你在你那用绳索拦得严严实实的小围场里过得很快乐，很优越，和其他动物隔绝。你看着我这样的人，就好像我是外面的牲口之一！"
> "我很抱歉。"玛丽说。
> "我说的是对的，不是吗？"
> "不，不完全是。我们也许愚蠢，而且没有想象力——但也没有恶意。我本人很传统，而且表面上看起来，我敢说，就是你所说的自以为是。但实际上，你知道，我内心是充满人性的……"

"你是个不错的生物，"他说，"但你不太了解那些在你的小围场外徘徊的动物。"

不可否认，阿加莎也生活在某种围场中，这来自她生来所属的特权阶级。她在帝国之旅期间写给家里的信与《烟囱别墅之谜》的语气类似。悉尼有个酒店房间"散发着难闻的商业旅行者的气味"；在前往阿德莱德的船上，有个女人"相当普通——但很搞笑——某晚在一个华服聚会上，她居然打扮成'敏捷的合唱团女成员'，我们几乎控制不住自己！"；她还抛出了一些奇怪而随意的排外言论："摆脱'澳大利亚的声音'是种解脱。"她从惠灵顿写信给克拉拉："新西兰人真的很像英国人。"在《烟囱别墅之谜》中，她如此描述富有的银行家艾萨克斯坦的穿着："极为标准的英国猎服，但在他身上却很奇怪。他顶着一张黄色的肥脸，黑色的眼睛像眼镜蛇的一样看不透。"事实上，艾萨克斯坦最后是个令人同情的人物。1930 年的小说《撒旦的情歌》中的犹太人赛巴斯钦·莱文更是如此，和所有玛丽·韦斯特马科特小说一样，这部作品采取了一种全面的视角，作者的确认真试图看到每一个角度，并对反犹主义进行了一些深入的思考。然而，《烟囱别墅之谜》中这种典型的俏皮言论——"和所有的外国佬一样，他不会游泳"——却难以被原谅，只能说每个阶层和每个时代都有自己的偏见：面对 21 世纪的英国脱欧派，早期的阿加莎·克里斯蒂可能会像描绘外国人一样，带着同样多的轻视和同样少的愤慨去描写。

正如只有高度复杂的人才能做到的那样，她在《烟囱别墅之谜》中创造了一种简单性。她创造了一个她有时渴望身处的世界，其中满是比她自己阶级稍高的人，过着轻松的日子，就像巴特尔警长描述的那样：

"你看，大多数人总是想知道邻居们会怎么想。但流浪汉和贵族不会——他们只会做脑子里想到的第一件事，懒得去想别人怎么看他们。我不只是说那些无所事事的富人……我说的是那些世世代代都被如此教育的人，他们生来认为除了自己的意见之外，其他人的意见都不算数。我经常发现上层阶级也是如此——无所畏惧又实话实说，有时还特别愚蠢。"

这不是阿加莎。她并非无所畏惧，不总是实话实说，在吃过苦头后知道不能犯傻。她也有强烈的自我意识，甚至到了完全没有贵族气质的程度。也许这种特质是她时不时渴望摆脱的：只做妻子和母亲，过着幸福女人的生活，仅此而已。

> 靠近点，我心爱的人啊。
> 我害怕……
> 你的唇……[39]

第五章

秘密敌手

"致劳埃德银行托基分行，1926年3月16日：每年向温特沃思俱乐部支付8.8英镑，A.克里斯蒂太太，斯泰尔斯，森宁代尔，伯克郡。"

（银行订单，由阿加莎·克里斯蒂签署并保存）

"罗迪对玛丽·杰拉德了解多少？什么都不知道——一无所知！……还是那个老故事——大自然老掉牙的笑话！"

（摘自阿加莎·克里斯蒂《H庄园的午餐》）

1943年，阿加莎写下了自己第三部以玛丽·韦斯特马科特为笔名的小说《幸福假面》。她写得非常快，不到一个星期就完成了，因为这个想法已经在她心中燃烧了很久。

中心人物琼·斯丘达莫尔一直生活在舒适安全的环境中。在前往巴格达探访女儿之后，她踏上了回英国的旅途。当她乘坐的火车因恶劣天气无法抵达时，她在沙漠中独自被困了三天。在荒芜中度过的这段时间让她意识到，她自认为完全幸福的婚姻是个谎言：她的丈夫，表面上如此忠诚体面，多年来却一直爱着另一个女人。独身一人在沙漠中的琼明白了这一切。她读懂了那些本该清晰的迹象。她看到了自己之前因太过迟钝、太过自满，和太过天真而没有看到的那些东西。

……托尼孩子气的声音，语带轻蔑：

"你一点也不了解父亲吗？"

她不了解。她什么都不知道！因为她相当坚决地不想知道。

＊＊＊

　　1922 年 12 月 1 日，当阿加莎和阿奇终于结束帝国之旅返回南安普敦时，生活比他们二人预想的更艰难。他们知道回来会遇到许多问题，但起程前寻求改变或"冒险"的想法让他们过于兴奋，以至于没有认真对待现实。现在他们回到了冷冰冰的伦敦，疲惫不堪，一贫如洗。罗莎琳德几乎不承认他们的存在（"我想要我的彭基阿姨"）。杰茜·斯旺内尔和克拉拉闹翻了，取而代之的是恼人的新保姆布谷（"好了，小宝贝……"）。蒙蒂反复无常的行为把克拉拉逼到了崩溃的边缘。当然，阿奇在市里的职位已经由别人取代，现在他发现自己根本找不到工作。

　　他也许希望自己从未踏上这次旅行。有什么意义呢？阿加莎总体上明白这次旅行的意义，并且保留了对生活的热忱，她现在和每天都在寻找工作的丈夫一同留在伦敦，尽管后者劝她带着罗莎琳德离开，因为他是如此抑郁。"我遇到麻烦什么用都没有。我无法忍受麻烦。"她拒绝去和克拉拉或玛奇同住，因为她记得不该让男人自己待着，即便对方主动要求。她没有想到，自己应该利用速记和簿记能力来找一份工作——她所属阶层的已婚妇女不这样——但由于克里斯蒂家不再有女佣，她在家里有许多杂务要做。"我想和你共同承担这些。"她对阿奇说，就像她笔下的女主人公会做的那样。但男主人公并没有真正担起他的责任。他烦躁、忧郁，而阿加莎的在场似乎让他的情况变得更糟。后来，在以玛丽·韦斯特马科特为笔名的小说《爱的重量》中，她描写了与这一时期相似的场景。在这个版本中，年轻而迷人的亨利疾病缠身，在妻子雪莉身上发泄自己的挫折感，而雪莉也同样坚守在他的身边。

　　"我不想离开你。"

　　"我不在乎你走还是不走。你对我有什么用？"

　　"我似乎没有任何用处。"雪莉闷闷地说。

　　战争结束四年后，现实生活迎头赶上了阿奇。出国旅行以及随之而来的健康损害，寻找工作的屈辱，知道岳母会认为他辜负了她的女儿，布谷在周围的喋喋不休，罗莎琳德犀利的眼神，妻子担忧的笑容，以及在这一切之下，关于死亡、鲜血和恐惧的记忆：他感到自己的神经就像伤口一样暴露在外。克里斯蒂家族在精神上算不得强健。佩格的情绪极端不稳定，1963年，她的小儿子坎贝尔被发现死在充满煤气的厨房里。阿奇阳刚果断的气质、男性魅力和极强的自制力隐藏了他的弱点。但这种努力使他付出了代价。他被描述为看起来"内心受缚"，[1]多年后还接受了电击治疗。[2]阿加莎知道丈夫的脆弱，但现在她最希望的是这种脆弱不要外露。她害怕阿奇不快乐，因为他应付这种情绪的能力极差，举止几乎像是个哭闹着要求事情变好的小男孩。"我不能忍受得不到自己想要的东西。"她祈祷他能尽快找到工作。最终他得到了一份工作，尽管这家公司风评不佳。正如她在自传中所述，还是一如既往地语带克制："这是一份工作，带来了一些钱，阿奇的情绪也得到了改善。"换言之，不再需要在没有电视甚至收音机转移注意力的情况下，对着桌子对面那紧绷而苍白的脸，低头看着一口未动的晚餐了（"……壁炉上的死灰／在那曾燃烧过熊熊火焰的地方"[3]）。那曾经是地狱般的生活，但现在看来恢复了正常。与此同时，她的工作在这种正常状态下茁壮成长，也进展得非常顺利。

她不再为博德利·海德出版社所缚，以大幅度改善的条款转到柯林斯出版社。她有一段时间对约翰·莱恩十分不满，因为她意识到他在与她签订五本书的协议时，利用了她的经验不足。在环球旅行期间，她一直对这件事愤愤不平，而玛奇的剧本被考虑制作的消息，纵然有些令人焦虑，也鼓动了她。"好像是存在这种有点用处的经纪人的。"她在给克拉拉的信中不耐烦地写道。回到伦敦之后，她急匆匆地去找休斯·梅西（伊登·菲尔波茨在1909年向她推荐的作品代理商），这次她受到了接替休斯的新负责人，一个名叫埃德蒙·科克的年轻男子的热烈欢迎。当时他不可能知道，阿加莎·克里斯蒂走进他位于弗利特街的大门那天，对他来说是多么幸运，但他肯定非常认真地接待了这位客户。他绅士而直率的举止，使得他成为阿加莎可以与之合作的那种人。他一直处理她的事务，直到她生命的最后一刻，最终她的成功会超出他们二人的期望，甚至某种程度上让他不知所措。

阿加莎在销售自己作品的时候很强硬。科克鼓励她这样做，并帮她写信给博德利·海德出版社，文笔简洁而冷静，最终让她摆脱了和他们签订的合同。[4] 但她生性就有强硬的基础：和她的商人祖父纳撒尼尔，还有他那总是强调金钱在女人生活中的重要性的妻子玛格丽特（"把 50 英镑换成 10 张 5 镑纸币放在安全的地方，你永远不知道什么时候可能会需要"）一样。1924 年，阿加莎收到了《晚报》因连载《褐衣男子》支付给她的 500 英镑，这个数目让她的丈夫和姐姐大为震惊，当然，她的母亲并不感到意外。大约从那时起，她意识到自己的创作具有可衡量的价值，并为自己定下了价格。与大多数作家不同的是，她并不对工作心怀感恩；事实上，她倾向于认为（这在某种程度上也是对的）人们能请到她是他们的幸运。只有在非常罕见的情况下，她才会被说服为爱而不是为钱做某些事。

这一态度在英国文学界并不十分寻常。它让人们感到惊讶，尤其是当阿加莎拒绝接受英国广播公司有权比别人少付钱时，后者深感震惊。"她整个做派都是商业化的。"1948 年的一份内部备忘录中有这样的抱怨。[5] 英国广播公司并不是适合阿加莎的机构。她从不喜欢国家控制的任何东西，当然也不喜欢低工资。她偶尔为英国广播公司电台工作，但在 1932 年，她在给制片人的信中拒绝写作一系列短篇小说："它们真的**无利可图**。我不介意时不时写点东西，但把设计系列故事的精力用在写几本书上要好得多。所以就这样吧！"她努力工作，因此也期望得到应有的回报。

她并不像父亲那样对金钱怀有贵族式的空想。无论她如何效仿弗雷德里克，她身上都存在像赫尔克里·波洛一样的，一些骄傲的**资产阶级女性**特质。她的父亲因为纯粹的、逍遥的无知而败掉了米勒家的财富。她的母亲被送给了别人，因为富有的女人比贫穷的女人能更好地照顾她。经历过这些，阿加莎深刻地认识到，金钱具有超越简单货币的价值。她在《加勒比海之谜》中创造了富可敌国的贾森·拉斐尔，并用无法模仿的熟练笔法展示了他的财富如何支配着他周围的每个人。她在《牙医谋杀案》中创造了银行家阿利斯泰尔·布伦特，他认为管理国家的经济原则应该与管理有序家庭的原则相一致。这就是阿加莎的思维方式：那些鄙视它的人只不过是沉溺于青春期幻想罢了。"是的，但你怎么能满足于事情的现状呢？"阿利斯泰尔·布伦特的侄女对他说，"所有的浪费、不平等和不公正。我们**必须**做些什么！"

布伦特用其创造者的口吻回答说："我们在这个国家过得很好，简，就各方面而言。"

简很富有，这主要归功于阿利斯泰尔·布伦特，就像《空幻之屋》中的上流人士戴维·安格卡特尔一样，后者也有类似的习惯，即大肆鄙视亲戚们缺乏政治原则。"我必须和你谈谈，戴维，以了解所有的新思想，"他的表妹露西说，"在我看来，人必须憎恨所有人，但同时又给他们提供免费医疗服务和大量的额外教育（可怜的小东西，那么多无助的小孩子每天都被赶进校舍）……"戴维的社会主义理想被米奇·哈德卡斯尔暴露无遗，后者身为工人，亲身经历着戴维高谈阔论的一切，并且对自己与他们的金钱保护层间闲散的联系怀有一种合理的——更矛盾的——怨怼。

钱是阿加莎写作的核心。在她笔下的人物心中，它可以凌驾于任何其他考量之上。正如波洛和马普尔小姐所了解的，它构成了犯罪的主要动机：在她的 55 部长篇侦探小说中，为了经济利益的谋杀在 36 部小说中占据核心地位。但喜欢钱的不仅仅是凶手：像塔彭丝或"找工作的简"[6]中的简·克利夫兰这样的好女孩，像《命案目睹记》中的露西·爱斯伯罗或《黑麦奇案》中的玛丽·多芙这样的聪明女人；像《谋杀启事》中的多拉·邦纳这样的可爱老太太——她们都对钱相当痴迷。金钱的缺少会支配生活。阿加莎可能为华丽时髦所吸引，但她对绝望的人们怀有强烈的同情心。"我经常听到有人说：'我宁愿桌上有花，也不愿在没有花的桌上吃饭。'但这些人错过了几顿饭呢？"多拉·邦纳说，"他们不知道那是什么——没有经历过的人一无所知——真正的饥饿是什么感受。面包，你知道的，配一罐肉酱，还有一层人造黄油……还有那寒酸的感觉。"

阿加莎能够深入了解文雅的穷人，或许是因为她理解他们的恐惧。她经受过米勒家的财富突然触底的影响，她的母亲仍然在忍受着这种影响。一想到钱像沙子一样从她父亲的指缝流走，她就忧虑不已。在之后的生活中，她也会遇到钱的问题，尽管这些问题让她担心得半死，但她还是努力以高傲的态度对待它们。区别在于，这些问题的出现并非她本人的错误。虽然她喜欢花钱，但她对待金钱总是绝对尊重。

正是金钱改变了她的工作观。她不再为兴趣而写作。她成了职业作家，尽管她当时尚未完全领会这一事实。1924 年初，她与柯林斯出版社签订了三本书的合同，每本预付 200 英镑，并在埃德蒙·科克的协商下提高了版税率，尽管她还必须向博德利·海德出版社交付一本《烟囱别墅之谜》，该书于 1925 年出版。约翰·莱恩曾告诉科克，如果柯林斯愿意付这一类钱的话，他们拱手相让阿加莎。博德利·海德出版社一度想留住她，并提供了另一份合同。尽管是他们给了她第一次机会，但阿加莎认为自己并没有义务。和姐姐玛奇相似，她也散发着某种微笑的庄严，前者以公爵夫人的姿态轻而易举地完成了西区戏剧《索赔者》的排练（"你非常有力，沃茨太太！"）。她们二人都是当时所谓的淑女，这给了她们坚不可摧的核心。从很早开始，阿加莎就在自己的创作领域充满信心。当然，她知道自己写得很好，但阶级带来的担保让她从根本上不受出版界人士的威胁。她对博德利·海德出版社不屑一顾，她"欺负埃德蒙·科克"[7]——尽管是以礼貌的方式——而且她在诸如简介和书封等问题上总是坚持自己的立场（1922 年，她曾因《高尔夫球场命案》的封面与出版商发生争执，封面上的受害者"显然癫痫发作，但他一辈子都没有发作过癫痫，这在我看来相当……好吧，他们对此大惊小怪"）。[8]

1924 年，她通过杰弗里·布莱斯出版公司自费出版了诗集《梦幻之路》。其销量微乎其微，而且这些作品显然是诗人写来自娱自乐的，但阿加莎喜欢它们被印刷出来的想法。她正在享受成功，这就像春天突然露面的太阳一样新奇而不可思议。在 1924 年到 1926 年间，她不仅为《每日见闻》，还为其他杂志写故事，包括《大杂志》《小说》《弗林周刊》《皇家》：这些故事后来被收录进《首相绑架案》《神秘的奎因先生》《金色的机遇》等书中出版。甚至她十几岁时在床上养病时写的《丽人之屋》也于 1926 年出版。看起来似乎她写的——或曾经写过的——每一篇文字都为人喜爱。

她用《褐衣男子》的连载收入买了一辆灰色的名爵汽车。在现在这个随时随地都能旅行的时代，人们无法理解她在车上的快乐：能够去到比她的双脚或公共汽车路线所能到达之处更远的地方，她几乎无法相信那种狂喜。许多年后，在自传中，她仍然清晰地记得这第一辆车带来的惊奇感（她把这种兴奋与在白金汉宫与女王共进晚餐相提并论）。

名爵车是她的。阿奇对此感到不满吗？显然没有，因为买车是他的主意，而且是他教她开车的。他为什么要在意呢？当然，有些丈夫会因为阿加莎的事业、独立的收入和其给她带来的关注而感到不快。但阿奇从来都不是这样的人，而且他自己的事业也正在蓬勃发展。市里一个叫克莱夫·贝利厄的朋友邀请他加入自己的公司——南方发展有限公司。这让阿奇"飞快、非常、完全地高兴起来"，阿加莎写道。他现在已经在金融界站稳了脚跟，在这方面他有确凿的天赋，这会使他最终成为富豪。克里斯蒂一家的生活进展顺利。阿加莎能收到不定期但令人满意的款项，阿奇年收入约 2 000 镑，即使是克拉拉也肯定会对此感到满意的吧？

让阿奇高兴的不仅仅是他的新工作。他爱上了高尔夫。战后，当他们在东克罗伊登过周末时，阿加莎向他介绍了高尔夫。从 20 世纪 20 年代初开始，高尔夫便成了他的一种生活方式。他每个周末都会尽一切可能去附近的球场打球，然后随着球技的提高，转而去森宁代尔球场。阿加莎在自传中写道："我正在成为那类知名人物：高尔夫寡妇。"在《未完成的肖像》中，她无法掩饰自己的失落，说："我们以前总是一起过周末的，你和我。"他耐心地安慰她道：

> "这不代表我不爱你了。我还是和以前一样爱你。但是男人喜欢和其他男人一起。而且他也需要锻炼。如果我是想和其他女人鬼混，那么你可能会有抱怨的立场。但除你之外，我从来没有想过要和其他任何女人纠缠。我讨厌女人。我只想和另一个男人打一场体面的高尔夫。我确实认为你在这方面有些无理取闹了。"
>
> 是的，也许她只是无理取闹……

就这样，阿加莎同意去森宁代尔生活。她想离开伦敦已经有好一阵子了，但阿奇只同意住在好的高尔夫球场附近。就像《褐衣男子》中的安妮·贝丁费尔德一样，阿加莎为自己的幸福做出了让步："真的没有什么比为自己喜欢的人去做所有那些自己不喜欢的事情能让一个女人感到更开心的了。"当然，乌叶遍布的萨里郡与伯克郡交界处并非她心目中的乡间。她在德文郡长大，熟悉粉金色的山丘和大海的微光，而住满了通勤者的森宁代尔在她看来狭小而俗气。但阿奇的成长经历却截然不同。他喜欢伦敦周围各郡的舒适感。他能和那里的人们相处——那些市里人，他自己也在逐渐变成的那类市里人——尽管阿加莎觉得他们很陌生，他们谨慎的社交态度是她之前从未接触的。他们与她在托基认识的那些家族如此不同，后者乐于在自家油漆剥落、家具陈旧的大别墅里晃来晃去。

克里斯蒂夫妇在一栋名为斯科茨伍德的住宅里找到了一套公寓，在阿加莎看来，这座宅子是森宁代尔的典型代表：乱成一堆的山墙、半木质结构，对都铎式建筑的模仿。它位于一条短车道的尽头，在树丛后方一条精心打理的林荫道边。到了晚上，所有不同形状的窗户里透出的灯光让它看上去有些混乱。但它的价格比艾迪生大厦高不了多少，这才是决定性的，阿加莎随之开始装饰它。带着面对家政工作时一贯的创造性喜悦，她挂上了带有不同花朵图案的窗帘：餐厅用郁金香，罗莎琳德的房间用毛茛和雏菊，主卧用蓝铃花，"真不是个好选择"。它们看起来"灰头土脸，萎靡不振"，因为房间里几乎照不到阳光。像小女孩一样，她写了一首关于"蓝铃花，野生的蓝铃花，在森林里舞蹈"的诗，让自己高兴起来。

但她很快乐，因为她让阿奇快乐了起来。她新近感到满足的丈夫又是那个她想与之在一起的人了。"自从周游世界回来后，我们经历了许多烦恼，进入这个宁静幸福的时期似乎极为美妙。"她有她的狗、她的女儿、她的写作、她的男人。她甚至还有克拉拉——后者时年七十岁，在阿什菲尔德和女儿们的家中换着居住——住在斯科茨伍德的另一套顶层公寓里。"清晨，在奥布里的陪伴下漫步在花园中，西莉亚觉得生活几乎是完美的。不再有污垢、灰尘和雾气。这就是家……"

* * *

阿加莎为柯林斯出版社写的第一本书永远改变了她的声誉。因为整个1925年她都在脑海中反复思考这个想法，她毫无疑问知道这会令她成为赢家。《罗杰疑案》是一部顶级的、究极的侦探小说。它建立在最优雅的转折上，即叙述者最后才被发现是凶手。这一转折并非只有情节上的作用：它将整个侦探小说的概念置于一个框架上，并将其塑造成令人眼花缭乱的新形状。这个想法并不是全新的，阿加莎以前就用过，当时她让尤斯塔斯·佩德勒爵士叙述了《褐衣男子》的部分内容，这也不完全是她自己的想法，因为詹姆斯·沃茨（"为什么不让一个华生来做凶手？"）和路易斯·蒙巴顿勋爵一封相当自负的来信都曾向她提出过这个建议，信中不仅谈及这个方法，还详细解释了应该如何使用它。[9]阿加莎极少接受关于情节的建议，尽管人们在她的职业生涯中提出过许多，但她意识到这个想法值得发展。而且也只有她能把它完成得如此极致。只有她拥有必要的控制力，愿意让自己离开作者的舞台，让情节清晰地闪现。

"艺术家只是我们透过其看到自然的玻璃，这块玻璃愈干净，愈绝对纯净，我们透过它看到的画面就愈臻完美……"1909 年，伊登·菲尔波茨曾这样在信中跟阿加莎说。她接受他建议的方式也许与他的初衷不尽相同，因为他当时把她视作直截了当的小说家，应该以福楼拜为榜样。但她将福楼拜的原则运用到了自己的侦探小说中。在《罗杰疑案》里，她首次展现了她与生俱来的半透明感：她控制书中每一句话，但又允许它们拥有自由呼吸的能力。阿加莎从不强加于人。她也从不在作品和读者之间插入属于自己的哪怕一个原子。她的文字只准确地传达所需的内容，这并不等于说它们在页面上的内容之外再无生命了。事实上，简单性才是它们的神秘之处。文字是她情节的通道，这些情节最终也是简单的。而她的情节则是她人物观的通道，这则是很复杂的。

事实上，在《罗杰疑案》中，人物的重要性尚未达到阿加莎在 1935 年至 1950 年期间创作高峰时的程度。到那时，她就完全清楚如何结合人物与情节，如何使情节成为人物的完美提炼了。因此，像《五只小猪》这样的小说——她最好的作品之一——是通过对人类复杂性的理解，从而将谜团化繁为简的。这一过程很美丽，作品也很出彩。《罗杰疑案》的出彩则是另一种感觉：像一颗钻石，每个切面都熠熠生辉，几何形状趋于完美。每一条线，每一个角度都指向破案方法。情节发展并非以线性形式进行（像那些有开头、中间和结尾的故事一样），而是通过建筑学上的形状构建，最终揭示出其真实的维度。它是大师级的：精妙绝伦。尽管这部作品较之完全成熟的小说，更像是某种数学上的巧思，但它确实暗示了深刻性。叙述者谢泼德医生的形象为迷雾所笼罩，因为根据定义，他就是暗淡蒙蔽的。然而，这种缄默转化成了某种空心人的感觉，他的自我控制掩盖了内疚、悲痛和那些他永远无法表达的情感。"我自己早就失去了坚韧的品质。"他说。他姐姐对他的了解比他希望的要多，她告诉波洛，他"像水一样软弱。你很软弱，詹姆斯……成长环境这么糟糕，天知道你现在可能已经惹出什么事来了"。这些都是线索，也是事实。在这部作品的结尾，谢泼德为了不让姐姐受苦，选择了自杀。他最后的话凄凉老套，但莫名地非常真实：

> "不是说我对弗拉尔斯夫人的死负有任何责任。这是她自己行为的直接后果。我对她不感到怜悯。
>
> "我也不怜悯我自己。
>
> "就让安眠药来结束这一切吧。
>
> "但我希望赫尔克里·波洛没有退休，也没有到这里来种西葫芦。"

阿加莎是如何从"和所有人一样，去尝试做一些事情"的业余爱好者，发展成为这令人眼花缭乱的作品的创作者的呢？通过循序渐进——通过智慧，通过本能，通过自信，通过勇气，通过相信她自己对写作的判断。通过拥有如此自由驰骋的想象力，让她得以享受克制它的锻炼。实际上，能在一种体裁中束缚它也是某种解脱。虽然侦探小说的结构性工作极为困难，但在自我约束中也存在着乐趣。她的大脑就像运作良好的机构一般听她指挥。像《命案目睹记》中的露西·爱斯伯罗一样，她擦亮银器，擦洗厨房的桌子，用剩土豆做西班牙煎蛋。她生活在一个所有事情都能被了解，所有动机都能被发掘，所有模糊都能被穿透的世界里。在一个秘密全部为她所掌控的世界里。

在小说《黑麦奇案》中，阿加莎描述了谋杀案受害者的家：

> 这个被做作地命名为"紫杉小舍"的地方，就是那种有钱人自己建造的豪宅，然后被称为"他们在乡下的小地方"。按照尼尔警官对乡

村的理解，它也不在乡下。这座房子是巨大而坚固的红砖结构……有过多的山墙，还有许多双层铅条玻璃窗。花园是高度人工化的：全部布置成玫瑰花坛、绿廊和水池，大量修剪过的紫杉树篱证实了房子名字的来源。

这便是她印象中的森宁代尔的房子。她和阿奇给它改名"斯泰尔斯"，于1926年初从斯科茨伍德搬到这里。紫杉小舍也位于相似的位置。"贝顿希思住着的几乎全部都是富有的市里人。这里有很好的火车服务，离伦敦只有二十英里，开车也相对容易到达。"[10] 这里还有"三个知名高尔夫球场"。新近在温特沃思新开发了一个球场的森宁代尔有两个，阿加莎买了那里的债权股份，这样她就可以在周末去那里打球。

尽管她对作者存在的控制极为严格，但还是难免给《黑麦奇案》赋予了某种黑暗的品质，从其背景设定和住在那里的聪明、粗俗、"极令人不快的人们"可见一斑：冷酷无情的商人和他性感的年轻妻子，以及她假装去打高尔夫时遇到的二流子情人。阿加莎几乎无法掩饰自己对贝顿希思的蔑视。这就是三十年前，她日益强烈的对森宁代尔的感觉。起初，在树丛中散步，感受洁净的空气扑面而来有其乐趣所在。尽管事实上森宁代尔的汽车数量是如此之多，与托基清新的微风相比，这里的空气实在算是令人窒息。阿奇曾建议他们买第二辆车——像德拉奇这样炫目的车——因为他们的经济状况还在不断改善。阿加莎则建议他们再要一个孩子，但对此阿奇回答说有的是时间（尽管阿加莎已经快三十五岁了），而且无论如何，有了"完美的"罗莎琳德，他也不需要另一个孩子。他们买了一辆德拉奇。

也许阿加莎认为另一个孩子（一个儿子？）会唤起她至今仍处于沉睡状态的母性本能。也许她认为她会有"自己的"孩子，既然罗莎琳德无疑是阿奇的。

"朱迪是如此冷漠，如此独立，她就像德莫特。"[11]

仅凭阿加莎能这样描写自己的女儿，就能看出她的疏离。她知道罗莎琳德终究会读到这本书的。她会知道她的母亲把她看作是"一整个难题"，充满了"令人沮丧的"常识，对她父亲"粗暴的"游戏怀有几乎令人厌恶的喜爱。但《未完成的肖像》是某个无法阻止自己的人不顾痛苦、羞耻和伤害写下的。而且，笔名后半遮半掩的阿加莎感到她必须写下自己所看到的那个时期的真相：那日益增长的隐蔽绝望，那缓慢潜行的脱节感。

　　他们在那里有很多邻居——其中大部分都有孩子。每个人都很友好。唯一造成困难的是德莫特拒绝外出吃饭。

　　"听我说，西莉亚，我从伦敦回来时已经很累了，你却要我穿上衣服出去，直到过了午夜才回家睡觉。我根本做不到。"

　　"当然不是每晚都这样。但我不认为一个星期里有一个晚上这样会有什么问题。"

　　"好吧，我不想这样。你去吧，如果你愿意的话。"

　　"我不能一个人去。别人不会请你去吃饭的，除非夫妻一起。而且我说你晚上从不出去听起来很奇怪——因为毕竟你还很年轻。"

　　"我相信你可以在没有我的情况下设法去的。"

　　但这并不容易。在乡下，正如西莉亚所说，人们要么成双成对地被邀请，要么完全不请……所以她拒绝了那些邀请，他们坐在家中，德莫特阅读金融方面的书籍，西莉亚有时缝纫，有时双手交握地坐在那里……

　　当然，这并非全部的事实。这是其阴暗面。阿加莎生活得很不错：她的作品广受好评，她的家人们健康而有魅力，她的未来前景一片光明。事实上，这一切近乎令人艳羡。阿加莎本人也感受到了。但西莉亚藏在这一切之下，内心满是恐惧，始终在艰难地探寻着，无法让这成年人的生活与她自己融为一体：她疯狂地爱着德莫特，却只有在母亲面前才能真正做自己（"她可以说'我是如此快乐'，而不必因为德莫特皱眉而收回这句话……"）。

　　没有人会相信西莉亚存在于那个自信、聪明、有钱有势（那时她的钱和势已经稍有些多了）的女人的身体里。她的故事和照片出现在《每日见闻》上，她的《罗杰疑案》很快就会出版，备受好评和争议（有一种观点认为这部小说是在作弊，尽管事实上它完全是公平行事）。[12]西莉亚只写了一本书，也不是侦探故事，只是纯粹作为她强大想象力的出口。她从未成为任何方面的专家。她没有以任何方式成长。"她看起来不像是个作家——这个有着斯堪的纳维亚式白皙皮肤的年轻生物"，为她出版书的男人这样认为。她始终年轻，不仅在情感上，而且在外表上。

那便是阿加莎依旧看待自己的方式。她是《暗藏杀机》中的简，"脸上有一种野玫瑰的气质"；她是《褐衣男子》中的安妮，有着"让男人疯狂"的美貌；她是《罗杰疑案》中的弗洛拉，有着"真正的斯堪的纳维亚式淡金色头发"，与年轻时的阿加莎长相完全相同。但弗洛拉·艾克罗伊德是一个只有三十多岁，却已然步入中年的女人幻想出来的产物。她绝非没有吸引力——她微笑的魅力在照片中并不显露出来——但她已经失去了特有的美丽品质。她那略带男性特征的五官需要轻盈和青春来抵消。这些都随着罗莎琳德的出生而消逝了（另一个产生怨恨的原因？）。于是她创造了一些可爱的姑娘，有着她曾有过的容貌，虽然这样做有其乐趣，但也带来了痛苦。与此同时，阿奇仍然像以前一样魅力四射。考虑到她对丈夫的重视，以及丈夫对美貌的重视，也许阿加莎应该对这种外表上的差距付出更多的努力。1924 年，她在意大利度假时给克拉拉写信道："我希望走了这么多路，我会越来越瘦！"

阿加莎在这次旅行中的语气与帝国之旅时期十分相似，洪亮、热情，但也发出了一些母亲可能听得出来的错误音符："我们到了米兰，在那里度过了星期三下午，然后去了博洛尼亚……"阿奇"发烧去睡觉了，与此同时我嘲笑他说，只是喝多了吧！"。他们很快就会回家了，阿加莎告诉克拉拉："阿奇在 10 月第一个星期在森宁代尔有一场高尔夫'秋季大会'……" [13]

高尔夫对她而言已经成了一场噩梦，尽管她自然假装没有这回事。它本身是如此微不足道，以至于她从来都不相信它在多大程度上维护了自身的重要性：就好像她的生活被猜火车或放风筝等所支配一样。但任何孩子般的乐观主义——认为阿奇的热情会自行熄灭——最终都是错误的。他的痴迷程度持续增长。她无法邀请伦敦的朋友来小住，除非有男人打高尔夫，否则阿奇对于放弃自己的空闲时间很是反感。这意味着阿加莎经常自己一个人待着，工作日也几乎见不到丈夫。当然，她有她的创作需要考虑，并且在上面花的时间日益增长。她在森宁代尔时期发表的故事之一题为《夜莺山庄》，[14] 刊登在 1924 年 11 月的《大杂志》上。这个故事讲述了一个名为艾莉克丝的女人放弃了一位忠实的求婚者，为的是嫁给一个她一无所知的男人，而她逐渐意识到，这个男人正计划杀死她。

阿加莎独身一人的周末有了某种解决方案。詹姆斯·沃茨的妹妹娜恩·波洛克已经二婚，嫁给了一个名为乔治·科恩的男人：他打高尔夫。娜恩和阿加莎自从在玛奇的婚礼上相遇后就一直对彼此抱有好感。现在，当罗莎琳德和朱迪（比前者大三岁）在花园里一同玩耍时，她们会坐在一起聊天，或者在女子球场上水平不高地打上几场。之后，她们在俱乐部会所和丈夫们碰头喝东西。阿加莎选择不饮酒，尽管官方说她是终生禁酒主义者的说法并不完全准确：在帝国之旅的途中，她曾时不时小酌一杯勃艮第酒。但是，尽管她的体重增加了——也许还伴随着阿奇的尴尬，她现在更喜欢奶油和牛奶混合的舒适饮品，这是她少女时期在阿布尼与娜恩同住时就喝过的。

这个时期，阿加莎与娜恩的关系比与她姐姐的关系更好，但在 1924 年《索赔者》排练期间，玛奇到斯科茨伍德过周末也让她非常高兴。尽管那时阿加莎显然是更成功的那个，但姐姐仍然让她既着迷又恼火。后者是如此狂热地自信，又是如此讨厌地迷人。"新闻局负责人说要采访我，"玛奇在给丈夫的信中写道，"我说我不想为人所知……我只告诉了他，我是阿加莎·克里斯蒂太太的姐姐。然后他沉醉于《斯泰尔斯庄园奇案》，还读过她所有的作品！所以，也许我们终究要成为桃丽姐妹[1]！"这种信手拈来的慷慨——阿加莎本人不具备这种能力——甚至更令人恼火，因为它在某种程度上暗示阿加莎为媒体所接受也是在玛奇的天赋范围内的。当然，她和阿奇去看了《索赔者》的演出。从某种意义上说，和玛奇一起当作家是件趣事，特别是当她发现《索赔者》并非姐姐诱使她相信的那种天才之作的时候。玛奇计划写一部关于沃伦·黑斯廷斯的剧本，尽管她的制作人巴兹尔·迪安十分积极，但这事并没有成。不过，阿加莎记住了。在《幸福假面》中，琼·斯丘达莫尔遇到老同学布兰奇，于是带着某种居高临下的语气，问后者的丈

---

[1]　20 世纪初风靡一时的双胞胎滑稽戏舞娘。

夫是否"写完了他那本关于沃伦·黑斯廷斯的书"。他写了，但从未出版。

阿奇与玛奇的关系非常友好，尽管他在20世纪20年代中期肯定已经受够了阿加莎的家人。蒙蒂仍然是个可悲的讨厌鬼。从帝国之旅回来后，阿奇为这位大舅子找了一套公寓，并提出帮他住进去。但阿奇最后却送蒙蒂到杰明街一家后者喜欢的酒店，并对阿加莎说："他的说法似乎非常合理。"后来阿加莎又帮助玛奇在达特穆尔为蒙蒂购入一间小屋：詹姆斯·沃茨总是对妻子在这个特定问题上砸钱感到十分恼火，但对阿加莎而言，钱是她自己的，阿奇也无话可说。

与此同时，克拉拉就住在同一条走廊上，无疑还鼓励她们购买达特穆尔小屋。她并不久居森宁代尔，因为她还有阿什菲尔德（和阿布尼）。为保护她的独立感，阿加莎还安排她和伦敦的一些朋友同住。但在身体虚弱的晚年，她经常待在斯科茨伍德。在那个年代，七十岁**已经**算是很老了，甚至连阿加莎也承认，她变得"难以相处"了。这并不是说阿奇曾认为她特别好相处。虽然他以为阿加莎有了孩子后自己会嫉妒，但事实上情况并非如此。他始终嫉妒着的是克拉拉。阿加莎对母亲的热爱，对阿什菲尔德的近乎痴迷，从国外写给她"宝贝妈妈"的信：这对一个成年女子而言是很奇怪的行为，就如同喝奶油混合牛奶的鸡尾酒一样。克拉拉对阿加莎的爱慕则是另一个让人恼火的点。当然，佩格·赫姆斯利对阿奇也怀有同样的想法（在搬到位于萨里郡的多金后，他也很难避开）。不同之处在于，阿奇毫不关注自己的母亲，而阿加莎始终为克拉拉着迷。现在，克拉拉正插手罗莎琳德的教育。她是个天生的老师，罗莎琳德对她的反应也很好。"她了解并理解外婆，外婆也疼爱并理解她的罗莎琳德。"克拉拉在1926年初从阿布尼来信道。这并不完全是干涉，如果在心情好的状态下，甚至可以说这一行为令人感激。但从阿奇的角度看来，有着令人不安的尖锐和犀利眼神的克拉拉在他的生活中总是存在感太过强大。《未完成的肖像》中的母亲说：

> "我之前对德莫特的印象是错误的，你嫁给他时，我不太相信他。我以为他会不诚实或不忠……我以为会有其他女人。"
>
> "噢，妈妈，德莫特从不正眼看高尔夫球以外的任何东西。"

对此，米丽娅姆笑了笑；然后说：

"他非常有吸引力——他对女人很有吸引力，西莉亚，记住这一点……"

"他实在是太不爱出门了，妈妈。"

"是的，这是一件幸事。"

的确，除了打高尔夫，阿奇并不喜欢外出活动。他想要的是传统的家庭生活。这和阿加莎的愿景一致。她的成功尽管已经超出了他们二人各自的预期，但并不特别侵扰他们的生活，而且她仍然把阿奇放在第一位，哪怕这一点并非总是显而易见。截至目前，婚姻仍然是她生活中最重要的事情。这就是为什么她搬到了森宁代尔，买了高尔夫俱乐部的债券，同意在温特沃思庄园建房子的计划，即便她打心底渴望离开这个狭隘的、大家都喝杜松子酒的群体，去一个广阔而自由的地方居住。

"让我想想。"雪莉半闭着眼睛，出神地说，"我想住在一个岛上——一个离任何地方都相当远的岛。"

"我想住在一栋有绿色百叶窗的白房子里……"[15]

阿奇知道她的渴望：他知道阿加莎身上有一种不属于森宁代尔的野性。他当初爱上的就是她这诗意的一面，尽管他并不完全理解。在这个与他在厄格布鲁克的粉色石墙间跳舞的女孩身上，他看到了幸福，也看到了安全感。那时她是多么甜蜜，多么令人舒心。多么美啊，他的伊莱恩，她身着长裙的苗条身形，她那惊人的发量，在夜间为他一个人散开（"你很可爱，各方面都很完美"）。

但从前的可爱现在却——不那么可爱了。这是事情发生后，阿加莎在《未完成的肖像》中描述的直观感受。通过丈夫的眼睛看她自己，看到那些她认为他看到了的东西，她描述了自己的积极、自己对生活的热情、自己的孩子气这些特性略显不体面之处（"德莫特讨厌你说出自己的感受。他认为那是一种不怎么得体的行为"）。1912 年的阿加莎与 1926 年的阿加莎是同一个女人，这更多来自某种自我伤害的直觉，但对阿奇而言，她看上去几乎是个完全不同的人。声音变响了，体形变大了，外貌变丑了。"是的，在美貌离开你之后，你的傻气更难掩饰了。"（突然闪回的记忆："永远不要让美丽减弱半分，好吗，西莉亚？"）

然后她写道："是的，但现在这些都过去了。他们已经在一起生活了足够长的时间，以至于像脸蛋的美丽这样的事情已然失去了意义。德莫特和她已经融入了彼此的血液里。"

"斯泰尔斯"并不是阿加莎或阿奇想要的房子，但他们已经厌倦了斯科茨伍德的公寓，觉得是时候买房了。虽然根据阿加莎的自传所述，克里斯蒂夫妇花了许多"快乐的夏日夜晚在温特沃思漫步，寻找我们认为适合自己的地方"，但在温特沃思庄园建造新家的计划却无果而终。对阿加莎来说，至关重要的超自然的特质在那些漫步中得以绽放，她幻想着一栋房子——**她的**房子——有朝一日成为现实。但最后，这个计划被认为太过昂贵（5 300英镑），并且太复杂。还是买现成的比较容易，要有一个漂亮的花园给罗莎琳德，对阿奇来说要离车站很近。在为斯泰尔斯办理抵押贷款之前，克里斯蒂夫妇四处寻找了大约一年，有足够的时间来找到他们真正中意的地方。然而，不知何故，他们入手了《黑麦奇案》中描述的房子：很大，很现代，墙面是红砖，一扇扇铅条窗户像小小的黑眼睛，被厚厚的树丛笼罩着。

无法想象阿加莎如何在这样的地方生活。与充满阳光和海风的阿什菲尔德相比，斯泰尔斯就像股票经纪人的堡垒一样恒久不变。它的内部满是"不计成本的装饰"，做了镶板、镀金和"大量的浴室"，尽管他们的计划是在有足够经济实力后把这些全改了。外观是无法改变的。斯泰尔斯很好看，但它有一种冰冷的、死气沉沉的感觉。战争期间，有个女人在它背后的灌木丛中被杀害。阿加莎讨厌这所房子，罗莎琳德喜欢它的花园，阿奇则对它漠不关心。

"我为你们安顿在此感到遗憾，"克拉拉从阿什菲尔德给阿加莎写信道，"总有那么多意想不到的担忧。"其中最主要是钱的问题：拥有两辆车和三个用人的克里斯蒂夫妇已经捉襟见肘。还有夏洛特·费希尔，她被雇来照顾罗莎琳德，并担任阿加莎的秘书兼打字员。罗莎琳德之前有一个很好的保姆——怀特小姐，人称"赛特"——和一个极为糟糕的瑞士家庭教师玛塞勒。罗莎琳德现在在位于森宁代尔的奥克菲尔德学校上学，但阿加莎觉得自己需要有人帮助照顾女儿，其实严格来说她并不需要。因此夏洛特——"卡洛"——来到了这个家庭生活。她很年轻，非常聪明，是一位爱丁堡牧师的女儿，而且——她的一个侄女后来这样描述她[16]——"是个极为出色的人"。她身上有《蓝色列车之谜》中凯瑟琳·格雷的影子，这是阿加莎在《罗杰疑案》之后开始创作的小说。凯瑟琳既有判断力，又有幽默感，尽管她不得不担任同伴谋生。就像夏洛特对待克拉拉那样，她耐心而和善地对待老太太们。夏洛特也立即得到了罗莎琳德的尊重。并且，尽管二人年龄相差十岁，但她与阿加莎相处得非常好。她是那种让阿加莎感到舒服的人。和凯瑟琳·格雷一样，她说得少，听得多。她能用自己冷静的苏格兰眼光来衡量他人，而且对自己的雇主评价极高。

斯泰尔斯是阿奇和阿加莎共同购入的。他的收入显然比她的更稳定，尽管她的收入也相当可观。实际上，阿加莎的收入如此之高，以至于她逐渐获得了某种身为独立个体的气质。克里斯蒂夫妇共有一个家和一个孩子，但在其他方面，他们的生活已经变得不太相关。阿奇有他的高尔夫还有市里的朋友，比如萨姆·詹姆斯，一个善于交际的商人，和他的妻子玛奇住在戈德尔明附近的赫特莫尔。阿加莎有娜恩陪伴，又逐渐和卡洛相熟，当然还有自己的母亲。1925 年，克里斯蒂一家前往位于比利牛斯山脉的科特雷度假，阿加莎小时候曾去过那里。换言之，这一切又都是为了妈妈，这种阴影无疑影响了阿奇享受假期的意愿。他 10 点 30 分就上床睡觉，而阿加莎醒着，在娱乐宫看音乐厅表演，心思一半放在丈夫身上。次年她又想出远门，但阿奇不愿意，于是她和姐姐一同前往科西嘉岛短途旅行。她与玛奇的关系并不完美，但二人间存在着阿加莎所渴望的、某种程度的理解。她们可以一起谈论过去，谈论蒙蒂，谈论父母。她们可以分享彼此在结婚、做母亲和管理家政前的生活中的那些趣事。她们可以缓解彼此对克拉拉的担忧，后者的健康状况已经不稳定有一段时间了。

1926 年的头几个月对阿加莎来说拥挤而又疲惫。她和家人一起搬到了斯泰尔斯，和丈夫一起买了第一套房子，等待着《罗杰疑案》在 5 月出版，而与此同时，她心里一直挂记着在阿什菲尔德的母亲。

克拉拉在二月来了一封信，这时她的手已经有些不受控制，但笔迹依旧坚定。

> 大衣非常可爱，正好合身。我没想到能活着穿上它，但我想我现在可以了!!! 最糟糕的情况已经过去，我的心也渐渐平静下来……
>
> 我今天脱掉了睡衣，换上了衣服和睡袍（你的），两扇窗户都大开着，没有生火，阳光涌了进来。多么温暖而灿烂的一天啊……我真的度过了一个美好的生日。巴特勒小姐坐摩托艇去了布里克瑟姆，玩得很开心——我请她留一阵子，她似乎很高兴。我还是太虚弱了，没法操心找园丁的事，而她把花园打理得很好……
>
> 向阿奇和罗莎琳德致以坚定的爱与问候。[17]

这封信一瞬间将阿加莎送回了孩提时代：推开窗户，闻到大海满溢的气息，从托基出发沿着海岸线前往布里克瑟姆的船只，海鸥划过天空的叫声，阿什菲尔德的花园。她有一种想回家，想逃离的渴望。

从科西嘉岛回来后，她前去与母亲同住。克拉拉得了支气管炎："她的母亲看起来那么瘦弱可怜。她在那所大房子里是如此孤独。"[18] 但阿什菲尔德仍然像海妖一般歌唱着诱惑。花坛亟待打理，房间也更破旧了。这些对阿加莎而言丝毫没有区别，她爱这所房子，也爱住在里面那位聪明的小女人，她的热情不那么恰当，却又坚不可摧。

克拉拉现在的活动范围局限在两个房间内，在那里，她和阿加莎像《未完成的肖像》中的母女一样一起聊天。米丽娅姆告诉西莉亚，她看起来似乎很开心。"我是如此希望你能快乐，亲爱的。"她还告诉她，自己对德莫特的看法是错误的。"我一直在嫉妒他。我一直不愿承认他的那些好品质。"然后她说："千万不要让你的丈夫独自待太久，西莉亚。记住，男人是会忘记的……"

于是阿加莎回到了阿奇身边，回到了森宁代尔的堡垒。玛奇前往阿什菲尔德接替她的位置，并在 3 月底将她们的母亲带回了阿布尼。克拉拉继续待在自己的房间里，但她似乎已经度过了最糟糕的阶段。"亲爱的阿加莎，最近情况一如既往，我想稍微好了一点。这里天气很棒，我希望你们都坐在花园里，彼得挖土玩，那个可爱的淘气鬼。把我的爱带给罗莎琳德……你支持杰克·霍纳吗？"[19] 她写道，杰克·霍纳是 1926 年全国越野障碍赛马冠军。

克拉拉于 4 月 5 日去世，正值这封信寄出后不久，当时阿加莎正在坐火车前去探望她的路上。阿加莎在自传中写道，母亲一直渴望摆脱自己日渐衰老的身体"牢笼"，她自己也感受到了克拉拉的解脱。她的语气悲伤、理智又达观。

《未完成的肖像》则更接近当时的真相。阿加莎写到"她那英勇的小母亲……"，她一生都觉得母亲"美好而令人满意……现在她的母亲走了……西莉亚的世界支离破碎"。

不过，即便是这样，也表达不出那种难以忍受的失落的万分之一：准确地说，没有任何语言可以表达它。这就是为什么每个句子都以省略号结尾。没有词语可以给这些句子作结。

至于阿奇，阿加莎对他怀有的是女人对男人的爱，她热烈地爱着他，偶尔也会分心。无论中年时期表面的舒适如何掩盖她的情感，它们都在那里，仍然在她心中燃烧着。

但克拉拉是她一生的挚爱。是克拉拉用自己的勇气、热忱，还有不屈不挠的活力让阿加莎得以敞开心扉。一想到母亲独自在阿什菲尔德，在火炉前捧着狄更斯的书入睡，眼镜从鼻尖滑落，这样的场景激起了阿加莎心中所有甜蜜、酸楚和温柔的情感。这些也许本该流向孩子的情感，让她自己始终像个孩子（"很多很多很多的爱，我的宝贝妈妈"）。没有克拉拉，她就像《幸福假面》中的琼·斯丘达莫尔一样，在沙漠中孤立无援。从前无论发生什么，她都可以去阿什菲尔德和母亲在一起——如果失去这样的思绪，她将如何生活？那种极致的放松，那种沉入熟悉的温柔乡的感觉，那种完美的微笑的交融。阿加莎手里握着的母亲的手。克拉拉睿智的目光看到了阿加莎真实的自我，她认为她看到的一切都很完美。

"在家的感觉真好……西莉亚喜欢这种回到她以前生活的感觉。感受到幸福的安慰扑面而来，包裹着她——这种被爱的感觉……做回自己是如此安逸……哦，亲爱的家。"

她的家是什么？是斯泰尔斯的阴暗牢笼，在那里阿加莎必须努力为罗莎琳德——冷眼相待的罗莎琳德——去扮演克拉拉对她而言的那个角色？还是阿什菲尔德，那里的记忆在空荡荡的房间里怒放？阿加莎像抓住救命稻草一样，紧紧抓住阿奇从西班牙出差归来的念想。他知道她多么爱她的母亲，即便这有时让他备感烦恼。在这栋阴暗的房子里，他会填补她内心和身遭可怕的空隙。罗莎琳德毫无用处：尽管她对于外婆去世感到很伤心，但她太年幼也太自持，没法给予母亲同情。卡洛以她特有的庄重向她表达了同情。小狗彼得也是如此，它的眼里似乎闪烁着理解，就像克拉拉曾经看向阿加莎的眼神。她紧紧地抱着它，仿佛它那温暖的、毛茸茸的身体包含了世界上所有的安慰。"我的小伙伴和痛苦时的忠诚伴侣"，[20] 她后来这样称呼它。

不过，阿加莎需要的是阿奇，她的男人。当她穿上黑衣，呆站在克拉拉的墓前时，她就像个溺水的人，紧紧攥着对他的思念。对上帝的信仰是理论上的安慰：克拉拉会觉得自己现在和造物主同在。但对于这个三十五岁，只是想要自己母亲的女人几乎毫无帮助。她希望克拉拉能让一切好起来，就像三十年前她所做的那样。当时他们前往法国一日游，阿加莎在回家的路上一直默默啜泣，而克拉拉看着女儿说："我相信她不喜欢帽子上的那只蝴蝶。"

然后阿奇回到了家中。他走进斯泰尔斯大厅的声音对阿加莎而言是那么美妙（"现在我确信自己将会醒来！再次回到爱和快乐中"）。[21] 现在她不再会是独身一人了。她将得到照拂。阿加莎忘记了丈夫的本性：他一向厌恶疾病和痛苦，因为这让他不知所措，而现在他强装欢快以掩饰尴尬。一切都好吗？不好？啊，好吧，时间会治愈一切。他建议阿加莎和他一起回西班牙，在那里他还有更多生意要做，这样可以转移她的注意力。怎么样，姑娘？

她的反应惊恐不已，仿佛他在要求她抛弃母亲一样。从某种程度上说，他的确是的。他对克拉拉在世时的妒忌之情仍旧存在。阿加莎过度悲痛，几乎令人反感。如果去世的是他，她也会沦落到这样的地步吗？

他已经提出了度假的建议，这是他能想到的最好办法。他觉得自己已经没有其他可以为妻子做的了。

"最后，西莉亚握着他的手入睡。当他看到她真的睡着后，松了一口气，收回了手。"

后来，阿加莎写道，她觉得自己在丈夫面前的表现是多么错误。"和阿奇一起的生活摆在我的面前。我们在一起很快乐，对彼此很放心，我们都从未想象过有一天会分开。"[22] 她应该和他一起去西班牙，回来后再处理阿什菲尔德——它现在是她的财产，而且需要清洁和整理。她应该认识到她所爱的这个男人的本性。

"母亲留父亲一个人待着了，"罗莎琳德说，[23] "外婆总是说，不要让男人一个人待着。"

于是阿奇去了西班牙，阿加莎和罗莎琳德一起去托基清点家里的东西。房产相关问题必须得到解决，她需要决定是否出售阿什菲尔德。最后的安排是把斯泰尔斯租出去（主要是因为需要这笔钱）。阿奇将住在他位于伦敦的俱乐部，然后，在阿加莎完成她的任务后，克里斯蒂夫妇将前往意大利度假。这是件值得期待的事。同样，这也是阿加莎紧紧攥住的念想。

阿什菲尔德的气味和过去一样，还带着一丝潮湿和腐坏的气息。屋顶有些塌陷，水从天花板上滴落下来。现在这是一座悲伤的房子，尽管每个柜子里都装满了幸福的回忆。

"从没有任何男人拥有过你这样的妻子。"弗雷德里克在去世前不久给克拉拉的信中写道。一个抽屉里放着克拉拉绣了交缠的首字母 F 和 C 的钱包，还有一句话："让我成为你心的封印，因为爱如同死亡一样强烈。"

还有克拉拉给阿加莎的信："亲爱的小姑娘，妈妈渴望再次亲吻和疼爱她的小甜豆。姨婆婆向你问好……告诉简，请她买只山鹬来给你做些罐头肉，用茶点或者早餐时吃。"以及弗雷德里克的信："我听说你婆婆要给你画肖像。我觉得这个主意非常之好，我希望你能用小手搂住婆婆的脖子，替我拥抱她并给她一个吻。你一定要永远待她好，待她温柔，想到你确实是这么做的，我很高兴……"这些东西就像枯萎的花朵，就像克拉拉一直保留着的，在瑞士度蜜月时的雪绒花：淡淡的爱的气息伴随着它们的重现而散发开来，愈加强烈。

这座房子几乎成了一个巨大的储藏室，除了克拉拉使用的两个房间外，其他房间都塞满了家具、行李箱、书籍和箱子。还有玛格丽特·米勒的东西，是她从伊灵搬来时一同运来的。在她过去的家里，当她的人生被摊开在她身侧时，玛格丽特落泪了：一条蛀坏的在"庞瑟罗夫人店"里买的天鹅绒长裙，在陆军和海军商店买的丝绸，用人衣服的印花式样，一个装满长了象鼻虫的面粉的脏衣篮，36 瓶装在细颈大瓶里的自制利口酒（其中 5 瓶被搬运工偷走了，玛格丽特为此感到荣幸），为将来的圣诞节储存的一袋袋糖和黄油——现在再也吃不上了。信件、文件、一个装满 5 英镑钞票的旧信封——玛格丽特严格遵循自己的建议。一枚挂在长袜里的钻石胸针、一个纪念纳撒尼尔·米勒的蜡制花环。这些便是阿加莎需要一样样盘点的东西。

当它们的主人去世后，这些物件的继续存在让人难以忍受。克拉拉的衣服是如此，买的时候她就积极盘算着什么时候穿它。那本自白录亦然，里面写满了十七岁少女的庄严专注。生命中积攒起来的每一样不起眼的东西。在某个已被忘却的时刻里，这些物件中的每一样都曾对克拉拉而言，是这个世界上最重要的东西。也许，正如阿奇所建议的那样，把它们一把火全部烧掉会更好。

当阿加莎从母亲的衣柜里拿出一条又一条裙子时，彼得友好地望着她。她一动，它就摇晃它那条毛茸茸的尾巴。当她搬着一箱箱帽子、衣物和书籍反复上下楼时，它就跟在她身后。因为坚持不懈地要和她在一起，它甚至可能有些碍事，但它不会因此却步。与此同时，罗莎琳德用在花园里玩耍的间隙帮助母亲搬运箱子。阿加莎认为自己应该让悲伤远离女儿，因此大部分时候都在努力克制情绪，只让小狗看到了。

阿加莎像个着了魔的女人一样，在阿什菲尔德高强度地工作着：从某种意义上说是的。上午有一个女佣给她搭把手，下午换另一个，但工作无穷无尽。玛奇 8 月前都无法离开阿布尼。卡洛本会是安抚人心的存在，但她有自己的烦恼：她被召回爱丁堡，据说她的父亲快不行了（但至少她会在他的身边）。孤独而怪异的一周又一周就这样过去。《罗杰疑案》出版了。夏天在花园里盛放。阿加莎坐在屋子里，坐在她一家人的东西中间，把自己越来越深地埋进那像泥土一样堆在她身边的过去，与此同时，屋外的世界正愈加温暖和明亮起来。"曾经如此幸福而不自知！"她在《空幻之屋》中写道，当时她笔下的人物亨莉埃塔想起了自己小时候喜欢的房子。"**但凡我能回到过去。**"

"人们无法回到过去，"亨莉埃塔说，"这是做不到的事情之一——回到过去。"很快阿奇就会到来，就在 8 月 5 日罗莎琳德的 7 岁生日之前，然后他们将一起去意大利度假（"夏天！还有爱情……"）。她又变得苗条了，像他喜欢的那样，尽管她也筋疲力尽。因为她虽然在做体力活，却吃不下东西。有时她也不太清楚自己在做**什么**。她会卖掉这所房子吗？她会把它租出去吗？她真的有一天能整理完吗？在她清理完每一个房间之前（其中一些已经上了许多年的锁），她无法做出任何与阿什菲尔德相关的决定。"尽管如此，再过六个星期左右，我就会全部整理完，"她在自传中写道，"然后我就可以重新开始生活了。"有一天她因为无法启动自己的汽车，突然无法控制地啜泣起来。"那让我很担心。"阿奇不会偶尔来阿什菲尔德过周末，这也让她感到忧心，毕竟她也没法去伦敦的俱乐部看他，因为没有人帮她照看罗莎琳德。他说自己在助力大罢工，而且那只会浪费钱，毕竟他们很快就会见面的。她意识到他不想错过高尔夫。她试图忽视这个令她感到不舒服的念头。她听到克拉拉的声音跟她说，阿奇可能会是冷酷无情的。"西莉亚想：'他不善良……他不……'"

"一股巨大的孤独感袭过她。她感到害怕……世界是多么寒冷啊——在没有母亲的情况下……"

但还有那些阿奇在阿什菲尔德的回忆，对她而言无限可爱。他骑着摩托车在巴顿路上疾驰。当她从马路对面的鲁克兰兹脚步轻快地回到家时，他从客厅里的椅子上站起身，在二楼书房转过身来对她说："你得嫁给我，你**一定得嫁给我**。"在罗莎琳德呱呱坠地前，与她手拉手走在花园里，在夏日的夜空下吻她，直到奶妈叫她回屋。

几乎刚好在那一晚过去的七年后，阿奇最终回到了阿什菲尔德。玛奇已经到了，她将在他们前往意大利度假期间照顾罗莎琳德。她的出现拂去了一些阿加莎身遭的阴霾，当阿奇进屋时，她正在包装女儿的生日礼物。一看到他，她就知道出了问题。仿佛有人寄居在他的体内，在透过他的眼睛向外看。他就是阿加莎童年噩梦中的枪手，戴着为人喜爱的假面来到阿什菲尔德，但事实逐渐明朗起来，他其实是个满腔杀意的陌生人。

"阿奇看起来很古怪——他是生病了，还是怎样？"玛奇问自己的妹妹。阿加莎想，也许就是病了呢。甚至也许是癌症。也可能是工作上出了问题，和钱有关的事情。因为他躲闪得看上去几乎像是犯了罪。

一个都不是。

阿奇告诉阿加莎，他完全没安排意大利的假期。她说这并不重要，留在英国也一样好。不，这不是重点。

"你知道那个以前做贝尔彻秘书的，皮肤黑黑的女孩吗？一年前我们有一次请她来过周末，和贝尔彻一起，我们也在伦敦见过她一两次。"

阿加莎想不起那个黑皮肤女孩的名字，尽管她知道他指的是谁。南希·尼尔。唔，独自在伦敦度过的这个夏天里，他与她经常相见。

"嗯，"阿加莎说，"有什么不行的呢？"

即便到了那时，她还是没有看明白。她感到非常欣慰，因为不是癌症，不是挪用公款，不是任何会威胁到她和阿奇的未来的事情，只是一场夏日调情罢了。也许他这么做不太善良。在她的预期里，这不是她那头脑严肃的丈夫会做的事，她一直完全信任他（"德莫特从不正眼看高尔夫球以外的任何东西"）。但当然，正如她的姨外婆所提醒的那样，任何男人都有做出这种事的能力。特别是当他一个人待着的时候。玛格丽特说得是多么正确啊！他是多么恶心，真的，在和他结婚十二年的妻子正在经历这样地狱般痛苦的时候，他竟然还在和那个女孩调情。但当然，他从来就无法忍受疾病或不幸。她会原谅他的愚蠢行为的。这次他才是犯傻的那个。

他还在说话，听起来很不耐烦，并且对自己的不耐烦感到内疚。他在说一些让人无法置信的事情。

"你还是不明白。我爱上了她，我想尽快离婚。"

然后阿加莎明白了。

按照她的要求，阿奇留在阿什菲尔德为罗莎琳德庆祝生日，以免扫孩子的兴。第二天，他回到了俱乐部，不久后他的妻子和女儿回到了斯泰尔斯。

卡洛父亲的病没有之前担心的那么严重。因为阿加莎是如此痛苦，她选择从爱丁堡回来，她忠诚的存在让日子变得稍微轻松了一些。在夜里，只有彼得能带来安慰。阿加莎无法入睡，她在这座不友好的房子的走廊里四下徘徊，哭喊着找她的母亲。

> 爱在寂静的夜里流逝，
> 我们也许留不住他，那侍奉我们意愿的存在。
> 并且，在一段时间里，赋予普通之物魔力……
> 现在，他像鸟儿一般，张开翅膀飞走，
> 而我们被留在黑暗中——仍在倾听，
> 听那微弱遥远的，他拍打翅膀的声音……

《爱的流逝》这首诗收录在《梦幻之路》诗集中。由于这部诗集出版于1924年，阿加莎也许早些时候就意识到了阿奇不再爱她的可能性，甚至在后者遇见南希之前。她可能以为自己也已经不再爱了。

当然，这首诗并非事实记录，尽管在她的侦探小说之外（偶尔也在其中），阿加莎总是写下自己的心声。

> 爱已逝去！壁炉上的死灰，
> 在那曾燃烧过熊熊火焰的地方，
> 我们这些饥肠辘辘的孩子，躲在那火中，
> 伸出我们的手，任世界流走……

实际上，阿加莎是在推想自己那些极为真实的情感：把自己的恐惧一直推进到驱魔的程度，推进到她自己都不再相信的地步。她某一部分的自我肯定在思考这些事情，无论它隐藏得多么深。尽管她很迟钝，但她体内某处已经意识到了变化。当她在给《褐衣男子》和《烟囱别墅之谜》中幸福的爱情故事注入生命时，那一对对都是她理想中的阿奇和她想成为的自己。她也在《爱的流逝》和《进程》等诗中书写自己的未来。

春天会再度来临，

扁桃木再次开花……

而我却在哭泣，

因为我再无可能与你一同踏上爱的道路……

永别了，我的爱人啊，

我们的日子已走到了尽头。

但她并不真的认为克里斯蒂夫妇的日子到头了：她在自己的艺术创作中以一种近乎奢侈的方式设想着恐惧，直到阿奇说出真相的那一刻。

阿加莎认识南希·尼尔。她挺喜欢她的。南希出生于1899年，是一位电气工程师的女儿，与父母住在赫特福德郡，在市里做秘书工作。[24] 她的好朋友玛奇·福克斯和她一起在南莫尔顿街的特赖安格尔秘书学校接受训练，后来嫁给了阿奇的朋友萨姆·詹姆斯。就这样，南希与阿奇·克里斯蒂的轨道交汇了。

1925年的某个时间点，她在赫特莫尔小屋（詹姆斯夫妇在戈德尔明附近的家）住了一个周末，发现阿奇独自在那里。他需要找一位高尔夫球伴，因为萨姆不打。南希和他一起打了球，并且打得相当不错。随着事情发展，她得以结识阿加莎，后者在一次舞会上做她的女伴，并邀请她到斯泰尔斯过周末。虽然没有绝对的证据，但南希似乎至少接受了一次邀请。根据自传，阿奇"反对我请她过来小住，他说这会影响他打高尔夫"。当然，这句话可以从两种迥异的角度进行阐释。

尽管如此，阿加莎还是确定，或者说选择确定，他直到1926年4月之前都对南希没有特别的兴趣。那时他一个人留在伦敦，他不想去阿什菲尔德看望妻子，因为他应付不了她那无法控制的悲痛，他的无聊和孤独促使他投入了南希的怀抱。正如阿加莎所说，她本人的缺席"让他受到了其他影响"。[25] 她试图相信，正如《零点》中的这段话所描述的那样："我不认为他想破坏自己的婚姻——我很肯定他不想的。但这个女孩绝对下定了决心。她不会善罢甘休，直到逼得他离开妻子——在这种情况下，男人该怎么做？这当然让他自我感觉更好了。"

一向坚定地忠于父亲的罗莎琳德也持类似观点，至少这是她所表达出来的态度。"他不是那种人。他们已经结婚很长时间了。但我母亲离开了。自然而然地，他就想找人一起玩，一起打高尔夫。"[26]

"嗯，这真是个慷慨的解读。"罗莎琳德同父异母的兄弟阿奇说。[27]

因为还有更愤世嫉俗的观点，那就是阿奇·克里斯蒂之所以不希望南希·尼尔出现在斯泰尔斯，因为他至少对她是有兴趣的，如果他的妻子在二人的婚房里接待她，会让他既尴尬又反感。

我们无从得知阿奇具体是什么时候爱上南希的，也没有任何证据表明他们有婚外情。事实上，玛奇·詹姆斯"绝对坚信"南希从来都不是阿奇的情妇，她在 20 世纪 80 年代的一封信中表示："在那个时候，我们并不像今天这样'动不动'就上床——我是南希最亲密的朋友，我可以随时发誓任何类似的事情都没有发生。"然而，另一位信源[28]，阿加莎的朋友娜恩·科恩的女儿朱迪丝·加德纳说，在阿奇 1926 年 8 月来到阿什菲尔德之前，这段恋情已经断断续续地维持了长达十八个月。但当时朱迪丝只有十岁。唯一的可能是阿奇把自己的外遇细节告诉阿加莎，而阿加莎又把这些细节转告给娜恩——这两种假设已极不可能——然后娜恩再把这些细节告诉自己的女儿。

据朱迪丝说，阿奇从 1925 年初遇到南希时就与她发生了关系。那年夏天，他中断了这段关系，和阿加莎一起去了科特雷。度假归来后，他又和南希恢复了来往，后来一直到 1926 年 8 月都过着两面人生。他对高尔夫的痴迷，实际上是为了和情妇在一起找的借口。他的周末都用于和她，并且只和她一个人度过。詹姆斯夫妇知道他和阿加莎在一起不开心，所以为他在戈德尔明提供了一处有用的避难所。阿奇拒绝和阿加莎一同去科西嘉，是因为他想和南希在一起。克拉拉去世后，他一个人在伦敦的几个月里，便趁机巩固了这种关系。

尽管完全未经证实，但这一版本的事件听起来有板有眼。娜恩·科恩很可能确实知道些**什么**。她是森宁代尔的常客，她的丈夫乔治又是阿奇的朋友：1926 年，娜恩在高尔夫球场上拍摄了一张照片，其中有乔治、阿奇，还有表情略带挑衅的南希。也许是有过闲言碎语，但这并不意味着确有风流韵事存在。人们很容易就能看出他人之间的相互吸引，嗅到空气中丑闻的气息。

而森宁代尔这样一个亲近的社群则因流言蜚语而活跃起来。

毫无疑问，克里斯蒂夫妇的婚姻在阿奇遇到南希时发生了改变，即便分裂的节点尚不明确。然而并不存在实际外遇的证据，事实看来也并非如此。如果阿奇如此深陷与另一个女人的关系，他真的会在1926年初从租住的公寓搬到斯泰尔斯吗？为之承担巨额的抵押贷款是疯狂的，这丝毫不像阿奇会做的事。即便买房的冲动来源于阿加莎，但克里斯蒂夫妇在买下斯泰尔斯之前已经拖延了一年甚至更久。也许南希让阿奇变得拖拉；也许当他和阿加莎一同漫步在温特沃思庄园时，他在想着后者，纠结着是留在婚姻中还是抽身离去。但实际上，对他而言更简单的方法始终是再等一等，在斯科茨伍德把事情考虑清楚，直到最终下定决心。

一种更有可能的说法是，阿奇从一开始就被南希所吸引，而且在某种不可知的程度上，二人在1925年亲近起来。阿奇在科特雷度假期间并不快乐，所以他很可能希望自己能回到高尔夫球场，和另一个女人一起。但到了1926年初，他几乎可以下定决心，自己应该对阿加莎和罗莎琳德负责。他准备坚持过自己现有的生活，也许在身侧再加一位情妇。

然后，在伦敦度过的这个夏天，他与南希的关系愈加密切，以至于想要娶她。在这个意义上，阿加莎的分析是正确的。他们的婚外情完全有可能开始于那个时候。同样有可能的是，南希坚持要结婚，不肯妥协，就像安妮·博林那样。但某种压力到了阿奇这边——不可否认，他是愿意承担这种压力的——使得他想离开自己的家庭。一个额外因素是克拉拉的离开。如果她还活着，能为阿加莎打抱不平，让她的丈夫感到羞愧，阿奇可能就不敢提出离婚。

阿加莎怎么会一直一无所知呢？因为在现实生活中，她的直觉并不敏锐；直觉只在她的艺术创作中发挥作用。阿奇的背叛带来的是绝对的震惊。这一点毋庸置疑。

然而，《未完成的肖像》清楚地写明了丈夫的变化，在罗莎琳德出生后就十分明显。根据书中所述，他变得沉默寡言、无动于衷，自我克制到了某种糟糕的地步，甚至比缺乏控制还令她生厌。对妻子的这种疏离可能暗示着早期一些不那么认真的情事。外加对高尔夫的日益痴迷，使得阿奇完全远离了妻子。当然，还有《梦幻之路》中的那些诗歌。事实上，没有任何证据表明阿奇的不忠（他的女儿说他"不是那种人"，几乎可以肯定此言不虚）。但是，阿加莎心底某处感觉到了爱情的逝去，那个从战场归来后看上去毫无变化的、热情年轻的丈夫，也一同逝去了。"我将永远爱你，胜过这世界上的任何东西，"他在1914年给她的信中写道，"你对我来说是如此珍贵，我不忍心想到你生病或不开心，或缺少任何你本可以拥有的东西。""有一天我们会拥有自己的小屋，那将是天堂般的幸福，我们将永不与彼此道别。"她一直保留着这些信，直到去世。这才是她曾经爱过，现在仍然爱着的阿奇，在那个用鬼鬼祟祟、躲躲闪闪的眼神看着她，即将要背叛她的男人身上，她仍然能看到的阿奇。他不仅带走了她想要拥有的生活，还带走了一切：在厄格布鲁克宅邸携手跳的舞，在托基大饭店度过的蜜月之夜，战时的恐惧与激情，他们写的那些傻里傻气的东西。

Q代表争吵，总是结束得如此"正经"。
每一次道歉都把他们牢牢地绑在一起！

她当然知道，他们已经有一段时间并不与对方"相爱"了。但以她迟钝的方式，她没能把握住这个现实。她脑海中那个阿奇的形象是如此清晰，以至于她没有看到它是多么不完整："伤痕累累、古铜色的"兰斯洛特不过只是一个男人而已。和伊莱恩一样，阿加莎也生活在幻境中。她花了六年时间将虚幻的阿奇梦想成现实，她完全真心诚意地扮演着妻子的角色。她做过他吃不了的餐食；她陪过他环游世界，却在没有他的情况下过得更开心；她试图"分担"过他的生活，却无法理解他。他的脆弱远比她意识到的更复杂，也更平庸。战争留下了可怕的痕迹。他在阿加莎孕期所感受到的恐惧表明他需要全身心的关注。他的神经本就糟糕，而在整个20世纪20年代，妻子使其进一步恶化。

然而，那个时候的婚姻通常可以在其自然寿命之外持续很久。奇怪的是，最终导致其破裂的也许是阿加莎的事业。阿奇从未对阿加莎的事业表达过不满。阿加莎对事业的重视程度不及她的婚姻。但事业给了她独立的身份，无论她是否想要。她获得了独立，这让阿奇觉得她没有他也是可以的。也许阿加莎自己有时也这样想。也许问题在于她是个作家，而他不是。

> ……他们会走下去，一直走下去——也许在多尔顿希思或类似的地方……
>
> 她不禁轻轻颤抖起来——如果人是自由的——相当自由——什么都没有，没有财物，没有房子，没有丈夫和孩子，没有什么可以牵制你，束缚你，拉扯着你的心……[29]

对自由的渴望一直存在，而森宁代尔的牢笼把它推向了新的高度。阿奇也许不再爱了，但他这样做的部分原因是他担心阿加莎会如此。他在她身上看到了渴望，超出了他所能给予的范围。他曾经向她伸出过双手，知道她会握住它们。现在，成功把她包裹得严严实实，而他再也无法触及她。他不知道她对他也有同样的感觉：他的自制力让她心寒不已，就像皮肤一样生长，直到完全盖住了她所爱的人的心。

不过还有另一个原因，背叛史上最古老的原因。

> 那闪烁着金色的绿光，那空气中的柔软——伴随它们的是加快的脉搏，雀跃的血液，还有突然的不耐烦。
>
> 一个女孩穿过树林向他走来——一个有着闪亮的浅色头发，和玫瑰色肌肤的女孩。
>
> 他想："多么美丽啊——多么不可言喻的美丽啊。"

南希·尼尔很美。她很年轻，皮肤黝黑，脸上满是甜美诱人的曲线。她看起来一点也不像阿加莎，但她拥有阿加莎曾拥有过，但现在已经失去的东西。

"这就是我对她的印象，"萨姆·詹姆斯的女儿说，"作为一个孩子，我记得南希真的是太美了。"[30]

于是，阿加莎在侦探小说《H 庄园的午餐》中描写了埃莉诺·卡莱尔如何被年轻女孩玛丽·杰拉德夺走了她所爱的男人，后者的美丽使他无力抗拒。"他们本可以在**这里**——**就现在**——在一起的，"埃莉诺想，"在温柔的、属于彼此的快乐中并肩而行，**快乐**——是的，快乐地在一起——但因为一个女孩像野玫瑰那样的美，而发生的致命意外……"

一个人在伦敦，和这个符合婚姻破坏者刻板印象的年轻女人在一起，而她又显然和阿奇两情相悦，他就像前后的许多男人一样无力抗拒。阿加莎到底为什么让自己的美貌消失？难道她没有意识到，男人想在妻子身上看到美吗？为什么她必须如此疯狂地哀悼她的母亲？难道她没有听到他说，他无法忍受疾病或痛苦，他根本无法应对吗？为什么她不能始终是他一见钟情的那个姑娘？（"这次我比以往任何时候都更想念你，没有你在身边，我感到如此迷茫。"）[31]南希似乎拥有阿加莎不再拥有的一切。她活泼而不恼人，她可以轻松地抚慰他，她打高尔夫，她不写作，她成熟，她美丽，她需要他：她就是阿奇想要的妻子和女人。

"我一定在某种程度上不足以填满阿奇的生活，"阿加莎在自传中写道，"他爱上别人的时机一定很成熟了，尽管他可能自己都不知道。或者只是因为这个女孩很特别？"

关于爱情，谁知道呢？总是存在某种幻觉，使得一个人看起来比世界上的任何人都更有魔力。问题只在于程度：是否存在足够的真实性来维系爱情，在它无法继续从"大自然的诱惑，大自然最终也最狡猾的骗局"中汲取养分的时候。[32]

当阿奇不再对阿加莎怀有激情时，爱情的烟消云散只是时间问题。"阿奇是个好小伙，"阿加莎的女婿说，"但你绝对想象不出还有人比他们两个更不般配的了。"[33]

即便如此。尽管阿加莎知道阿奇不是她想象中的那个人——他不是哈里·雷伯恩或安东尼·凯德，不是特里斯坦[1]，不是兰斯洛特——但她对他始终怀有一种拒绝消逝的激情，无论她多么希望它能散去。"我爱过的爱人

---

[1]　与兰斯洛特同为亚瑟王传说中的骑士，爱上了与其叔叔康沃尔的马克王订婚的爱尔兰公主伊索尔德。

啊，永别了……"[34]她完全无法相信阿奇写给她的信属于另一个时代，一个和她母亲一样逝去的时代。它们似乎和以前一样真实鲜活。"永远不要抛弃我，亲爱的，永远爱我……"阿奇写这句话的时候想表达什么意思？它在当时有意义，但现在没有了吗？这怎么可能？

对余生都在试图理解爱的含义的阿加莎而言，那个虚幻的阿奇并没有逝去：他在离开的那一刻就已经固定在了她的想象中。如果这段婚姻持续的时间更长，她也许自己也不再会爱了。而现在，她永远不会有这个机会了。她的一部分将永远停留在阿什菲尔德的那一刻，她坐在克拉拉的物件之中，听着阿奇的声音告诉她，自己爱着另一个女人。

"我想，他爱西莉亚，是因为她的美貌，也只因为她的美貌……"《未完成的肖像》的叙述者如是说，"她恒久地爱着他，一生一世爱着他。正如她曾经说过的那样，他融入了她的血液……"

阿加莎恳求阿奇留下，即便不是为了她，也要考虑罗莎琳德。一想到失去他是因为自己的过错，她便深感痛苦，她恳求他再给她一次机会。他知道自己应该留下来，还是屈服了。在俱乐部待了几个星期后，他回到了斯泰尔斯，阿加莎的心猛地飞跃起来：他并不是认真的。一切都会好起来。阿奇只是在寻求刺激。姨外婆不是一直跟她说，"绅士们"是什么样的吗？阿加莎只需要变得更现实，更成熟一些。

她为未来制订了计划。她会在城里买一套房子，离丈夫近一些；他们会出租斯泰尔斯；他们会完成那次被推迟的度假（也许再去比利牛斯山？）；他们将在阿布尼度过美好的圣诞节，阿奇在那里看到长袜、华丽的餐桌和罗莎琳德闪耀的小脸，就会意识到他放弃了多少——玛奇这么向她保证。是的，阿奇会挺过来的；但詹姆斯·沃茨从不认为他会这样，夏洛特·费希尔也不这么想。这个安静聪明的女孩观察着斯泰尔斯发生的桩桩件件，尽管她对自己的雇主满怀同情，她看到了阿加莎对待阿奇的方式是多么错误。她的痛苦使他感到内疚，而内疚又使他变得残忍。她把他逼得快疯了，让他满脑子只能想着年轻、鲜活、无忧无虑的南希。根据娜恩·科恩的说法，克里斯蒂夫妇当时一直在吵架，有一次阿加莎甚至向阿奇扔了一个茶壶。但很难看出娜恩如何知道这些（毕竟她不在现场，而且极为内敛的阿加莎也不太会承认这种行为，尤其是考虑到——据娜恩的女儿说——她"自己扮演着无辜的受害者"）。[35] 更令人信服的是夏洛特后来提供给罗莎琳德的证词，即阿加莎终日以泪洗面，抑郁低落，消极的程度让夏洛特感到震惊，也对阿奇的神经造成了极大的影响。

"不可能每个人都快乐，"他对阿加莎说，"我不能忍受得不到自己想要的东西，我也不能忍受不快乐。

他也许不理解的是阿加莎会如此介意。他确信她的独立会支撑住她（他的这种想法可能受到了南希和他们的朋友詹姆斯夫妇的鼓励，正是后者促成了他与前者的关系）。她有钱，有事业，有罗莎琳德，有卡洛，有玛奇。如果她愿意，她可以去旅行。她的生活中有更多的东西，远不止一位丈夫。这也是问题的一部分：在他之外，她还拥有这么多。

然而她就在这里，脸色苍白，心神不宁，仿佛失去他是致命的打击。如果她的母亲还活着就好了，也许那样她就会没事了。

阿奇同意用三个月的时间尝试和解。他和妻子一起去了比利牛斯山，虽然这次甚至不如他们上一次度假来得成功，但阿加莎认为这是他愿意留下来的标志。实际上，在法国与她单独相处，对阿奇而言只是更加凸显了二人的不合适。"慢慢地，事情变得越来越糟，"她在《未完成的肖像》中写道，"如果西莉亚进了某个房间，德莫特就会出去。"她开始害怕丈夫的仇恨。她担心他会希望她死去。这毕竟是她书中发生过的事情：男人杀死他们的妻子。"他肯定想她死，否则她就不会害怕了。"亦步亦趋地跟着她的彼得就像一只小小的、毛茸茸的狮子。阿加莎去哪儿都带着它。有一天，它被一辆汽车撞倒了，在原地一动不动。几分钟后它醒了过来，但悲痛得语无伦次的阿加莎一度无法接受它还活着的事实。

1926 年 8 月至 12 月期间，阿奇理论上住在家里，但实际上他没有固定住所。他住在斯泰尔斯，他住在俱乐部，他去赫特莫尔小屋拜访詹姆斯夫妇。玛奇·詹姆斯新近生了孩子，所以周末的聚会比平时少了一些社交活动，但如果阿奇和南希相会，就会是在那里。不过表面上看，她只是一群人中的一个而已。这对阿奇来说很重要。他想娶这个女人——现在比任何时候都想——他不希望她的名字与任何丑闻扯上关系。为此，他不打算在离婚时提及她：这是为阿加莎所鄙视的中产阶级礼节。阿加莎不妥协。她不同意与阿奇离婚，不接受她的婚姻已经结束的事实。毕竟还有罗莎琳德要考虑。他们父女之间的纽带是如此强烈。

"爸爸不怎么喜欢你，"朱迪在《未完成的肖像》中说，这正是罗莎琳德对阿加莎说的话，"但他喜欢我。"

然而他还是准备离开自己的女儿和妻子。这怎么可能？阿加莎紧紧攥住这个念头，那就是这不可能。但她正逐渐丧失对这一信念的控制，实际上是对一切的控制。自从母亲去世后，她就没有再继续写作。这让她很担心。她需要写作，需要完成《蓝色列车之谜》，尤其是若她不再有丈夫的话。尽管她不可能没有丈夫，阿奇不可能离开她。"你对我而言好得太过头了，"他在战争期间曾写信给她，"但我愿意做任何事来试图留住你的爱。"所以一切都会好起来的。如果她有克拉拉可以倾诉就好了。克拉拉会怎么说？会说她曾经警告过她有关阿奇的事？会说她已经告诉诉过她，不要让他一个人待着？不，她不会说这些话的。她会用她那睿智的眼神看着阿加莎，在她睡着的时候握住她的手。

如果妈妈在就好了。如果她在阿什菲尔德的家里，和妈妈还有彼得一起，躺在山毛榉树下的草地上，让故事梦想成真就好了。

那是 1926 年 12 月 3 日的晚上。阿加莎坐在斯泰尔斯的家中，屋里越来越暗。她在等着阿奇回家。他们本计划一起前往约克郡过周末。

（"我们很快就会再见面，但在那之前，我们要很开心，吃饭，微笑，变得超级胖。我有你的照片可以看，有你的来信可以读。我知道你对我的爱几乎和我对你的爱一样多，其他都不重要。"）[36]

罗莎琳德在床上，卡洛在伦敦。彼得平静地睡着。用人们在阴影中窃窃私语。如果他今晚不回家，而是去了戈德尔明，他就再也不会回家了。伊莱恩的话语。

> 真爱依旧甜美，即便落花有意，流水无情；
> 而结束痛苦的死亡也同样甜美：
> 我不知道哪个更甜美，不，我不知道。

第六章

采石场

"直到这一刻，我还是克里斯蒂太太。"

（摘自《每日邮报》1928 年对阿加莎·克里斯蒂的采访）

"三十六计，走为上计。"

（古老的中国谚语，由阿加莎·克里斯蒂手写并保存）

是时候讲一个新的故事了。

12 月 3 日星期五的晚上，阿加莎在那栋空旷黑暗、紫杉萦绕的房子里用晚餐。她一边吃，一边留意着阿奇的车回来的声音。她把窗帘拉开了一条缝，每隔一阵子都会看到有灯光靠近。这次也不是。她对女仆莉莉笑了笑，后者正在收拾餐盘，面色凝重地看着盘里剩下的大量餐食。没有食欲却还坐下来吃饭真是件蠢事。时钟沉重地滴答作响。脚边的彼得吁了口气，她继续等待着，周身的阴影愈加深重。

二楼的床上放着为了和阿奇去约克郡过周末用的梳妆盒，她已经开始收拾了。她无法理解男人的执拗，无法理解他们做出决定后不会动摇的能力。几乎没有女人能理解。她们总在寻找其间的破绽。他肯定会对她感到抱歉的。他肯定会记起他们是如何深爱彼此的。肯定的，肯定的。屋里越来越冷，炉膛里的火逐渐熄灭。她跟莉莉说别添柴了，她自己来。

她一直那么坐了下去。外面的路愈加安静。她的思绪像活板门一样，一会儿开启，一会儿又关上。今天总感觉会发生些什么，那一定是她早上把卡洛派去伦敦的原因。卡洛预计 11 点左右回来。现在已经快 9 点了。

彼得抬起睡眼惺忪的脑袋，此时她突然起身，找到笔和几张纸，又坐了下来，一只脚贴着小狗。这是她惯常写作的姿势。她给卡洛写了一封信，然后又给阿奇写了一封。在她伏案写作时，那些黑色的窗户似乎在盯着她看。也许阿奇就在其中一扇窗外——她一直害怕的，前门旁边那扇狭长的窗户。它像山羊的眼睛一样，有种狡猾而邪恶的神色。

她写完了信，走到门厅把它们放下。她鼓足勇气看向那扇山羊眼般的窗外。空无一物。没错，他又一次夜不归宿了。房子的中央一片寂静，外沿传来用人们微不可闻的响动，还有彼得柔和的呼吸。阴影一条条地爬满楼梯，她沿着楼梯爬上了楼。她的卧室冷飕飕的，笼罩在月光之中。她从床上拿起化妆盒，披上皮大衣，戴上帽子。她蹑手蹑脚地进了罗莎琳德的房间，看着熟睡的女儿——那酷似阿奇的小脸长在瓷娃娃身上。罗莎琳德最爱的蓝色泰迪熊在床沿摇摇欲坠，于是她把它塞好。之后，她下楼回到门厅。彼得摇着尾巴。她爱彼得，但这座房子正试图将她送进黑暗，她没法在里面待下去了。"我要去伦敦了。"她对苍白着脸来到门厅的莉莉说道。她亲了亲彼得，后者对于她出门不带它这件事表现得十分困惑。她抱住它温暖的身体，抱得如此之紧，以至于它短短地呜咽了一声。然后她迈出家门，走向自己的车。逆着夜色，她的脚步声嘎嘎作响，频率越来越高，飞快地想要逃离这恐惧。

那天早上，她和阿奇隔着早餐桌盯着彼此，双方眼中的疏离感赤裸得几近另一种奇特的亲密。他在赶火车前往伦敦之前告诉她，自己将在戈德尔明和詹姆斯夫妇共度周末。

如果她是截然不同的另一种女人就好了。如果她能大吵大闹，而非昏昏沉沉地坐在那里，不知该如何让丈夫留在自己身边就好了。你回来的时候我就不会在这儿了，她说，然后在他的眼里看到了一丝燃起的希望。

他离开后，她摘下了自己的结婚戒指。

她暂时把卡洛派出了门，告诉她一切都很好。卡洛的冷静眼神带着关切，仿佛看穿了她，但阿加莎坚持让她去。你在伦敦要玩得开心啊。

中午时分，邻居德席尔瓦太太打来电话，问她想过来喝茶和打桥牌吗？不了，阿加莎说，她要去探望住在多金的婆婆，带着小女儿一起。这样啊，真好。是的，那个星期她们在伦敦度过了愉快的一天，是吧？12月1日星期三，她和德席尔瓦夫人去西区购物。为圣诞节做打算。商店里洋溢着节日的气氛，玛格丽特·米勒会多么喜欢看到这一切啊。德贝纳姆和弗里博迪、斯旺和埃德加、哈罗德百货、塞尔福里奇百货、怀特利百货、陆军和海军商店，这些店里全都塞满了像她一样的女人，带着丈夫，穿着毛皮大衣，提着手袋。

她把自己这一周的活动安排得满满当当。普普通通的一星期。周三晚，她在位于格罗夫纳广场的弗勒姆俱乐部度过。次日，她去拜访了自己的文学代理人。她告诉他，自己的创作进展很顺利。是的，在她的母亲去世后，是有一些困难，也有很多事情要解决，的确是的，感谢包涵，但现在一切都在掌握之中。她什么都不会对科克先生说的。她微笑着，精神状态看起来不错。

周四下午晚些时候，她到达了斯泰尔斯，当时已经非常疲惫。每个夜晚，她闭上眼就会回到阿什菲尔德，然后在两三个小时之后醒来。有时她在屋里四下徘徊，找克拉拉，或者到厨房找简。尽管如此，她周四晚上还是和卡洛结伴外出，去她们每周都参加的、开设在阿斯科特的舞蹈班。森宁代尔—伦敦—森宁代尔—阿斯科特—多金—森宁代尔。聊天—微笑—吃饭—喝东西—两次无王牌叫牌—是的，非常好，谢谢您—洗漱—牙齿—脸—乳霜—上床。谁能知道，谁真的知道这面具之下正发生着什么？

车里很冷，但它顺利启动了。对于十二月来说，今晚算是相当温和。

房子的那些小黑眼睛注视着她驾车离开。路的尽头是一个十字路口。她想了想，没想明白，然后向右打了方向盘。那天下午她去看望婆婆时走过这条路。罗莎琳德当时在絮絮叨叨地说着圣诞节，彼得坐在后座，警惕的样子像个好心的哨兵。

巴格肖特、沃金、吉尔福德。这些在白天如此熟悉的地名。现在，当黑色的天空已然沉到身侧，它们的意义也不复存在。真有意思。她对萨里郡的蔑视消失了。在黑暗中，它的轮廓散发出力量，有一种古老的英国式神秘。

有动物嗖地飞过马路，像一道无形的亮光。她及时刹住了车。那是什么？狐狸？鹿？少女时代的她曾和罗尔斯顿－帕特里克斯一家同去打猎。他们的车现在还浮现在她眼前。还有她在古德伍德附近的巴特洛茨遇到的那个男人——安卡特尔先生？——他让她和克拉拉搭车去了伦敦。"火车这玩意太讨厌了。"他一边说，一边欢快地把她们塞进敞着的巨大车身里。那车是何等地寒冷，尽管她们周围堆满了毯子，又是何等刺激。行驶过程中，她对母亲笑着，笑容是纯粹的幸福。嗨，他们当时肯定在以每小时五十英里的速度穿过萨塞克斯郡的乡村！

她车开得很好，但她现在不敢开快车。这说不通，但她想小心一些。她紧紧握住方向盘，身后不时有车闪着大灯，仿佛对她怒目直视。开过吉尔福德，她现在来到了之前走过的、通往她婆婆家的埃普瑟姆路。她的右手边是纽兰兹角。那天下午她看到过这里，当时人们在硬邦邦的绿色山坡上遛狗：那是个所谓的风景区。她开了过去，继续向前到通往寂静池的转弯处。她知道那里实际上有两个池子。她从未见过那两个池子，但听说它们很可怕。她向右拐弯，然后一路向下，到了不那么熟悉的道路上。奥尔伯里，奇尔沃思。四周都是水，一个磨坊池塘，一条钓鱼的小溪。空气潮湿而阴沉。

现在她快到戈德尔明了，即便是在黑暗中，她也能看出它很美。当然，这里不是她的世界。太过精致，又太过普通。你不是一位普通的女性，克里斯蒂太太。她继续开着车，穿过戈德尔明，来到赫特莫尔小村。

她花了很长时间才找到赫特莫尔小屋。乡间小道蜿蜒曲折，枝繁叶茂。她来来回回绕了三趟，然后突然间——她之前怎么会没看到？——她正对着那栋看上去闲适宜人的房子，和斯泰尔斯相比，它更对她的胃口。她坐在车里凝视着它。突然间，一条狗开始吠叫，而且不肯停下。是条大狗，她想。也许屋里的人在猜测它为什么发出如此惊人的响动。但狗其实不需要担心。她并不想从窗户往里看。她不想看到阿奇的车。夜色中，她继续开车前行。她的思绪又开始时断时续地活动。她必须阻止它。在路的尽头，她似乎看到了自己曾经梦见过的河，那条在阿什菲尔德花园里的河。

啊，如果她现在是开车去阿什菲尔德该多好。那些山毛榉树，槌球草坪，还有下午茶时吃的岩皮饼。

她沿着来时的那条经过奥尔伯里磨坊池塘的路往回开，然后爬上小山，来到寂静池旁。

人们说它很深，深如死亡。

缓慢而甜美地，拖入忘却的深渊。

不。还不行。她还想再次看到天空。她向左拐弯，回退到纽兰兹角。她把车停在草地边缘。北山丘逆着她蜿蜒下沉，那大片的无色土地，仿佛通往世界尽头的邀请函。

她下了车。一片纯粹无垠、看不到星光的黑暗。夜晚的寂静有它独特的声响和亮度。

"真正的自己在哪里，那个完整的我，那个真实的我？那个额前有上帝印记的我在哪里？"

阿奇。妈妈。她开始向山下走去。

她不再存在，没有思想，没有感情。她只是一个向着边缘移动的影子。她找到了一条车辙遍布的小路。它通向一个采石场，那圆形的白垩碗在月光下像一张面目不清的、白色的脸。一个空白的圆。她站在那里俯瞰着它，一手抓着灌木丛。

"他们拐到最后一个角落——来到深坑，看到里面躺着一样之前没有的东西：一具女尸以一种奇妙的姿势躺在那里，双臂大张，头朝后仰。"

她很快就会在一个题为《小丑路》的故事中写到这个场景。[1] 故事中的她是个为爱放弃艺术的舞者。最后她和丈夫沿着小路舞蹈，后者是把她引向死亡的神秘人物。

不知多久过去了。然后，她看到那条小路——月光斑驳的车辙小路——的尽头并不在采石场。它继续向远处延伸，下山后朝着奥尔伯里的方向去了。事实上，她并不是处在边缘。

阿奇曾有一次取笑她不喜欢走上坡路。"那巴顿路呢？"他说，而她在他身侧喘着粗气，笑出了声。她现在能够听到自己的呼吸声，在一片寂静中急促而又聒噪。她坚持走着，但小路高低不平，非常难走。她的脚似乎压根不清楚自己要去哪里。她的手被灌木丛刺破了，很痛。她像个孩子一样哭起来，边哭边喘，跌跌撞撞地往上走。这不公平。这是她在给阿奇的信中写到的。不公平，不公平。这不公平，她被迫经历这样的恐惧，被迫在黑暗中爬这座可怕的山。

那些在草地上移动的肯定是影子。枪手在等着她。

她要赶到车那里。脚下的地终于平坦起来，她开始奔跑，拉扯车门，跌入驾驶座，窝在里面。钥匙插在点火开关里。经过两次尝试，她转动了钥匙，把车挪到了远一些的地方。她向着天空抬起左手手腕，发现已经2点10分了。她想知道，自己花了多长时间站在那里盯着采石场？

这当然是种罪过，她一直都清楚。但它已经到了某种地步。

"她在对抗现实。有关自己的现实，以及她所能承受和不能承受的现实。"

许多年后，丝毫未曾忘却这一切的她，会在一部题为《地狱之旅》的作品中写下这段话。

"逃啊，逃啊！自从她离开英国后，这句话一直在她的脑海中反复回荡。逃啊。逃啊……"她急切地想要逃离的是自己，逃离自己和那些毫无意义的悲伤。然而作品中的女人并没有自杀。她欣然接受了另一个身份来替代死亡。

"你体验过一次了。我也想体验一下如此接近死亡的感觉。经历过，却又活了下来——你不觉得自己从此变得不同了吗，夫人？"

她裹着毛皮大衣，感到昏昏欲睡。路对面有一家旅馆，但明天再说吧。她是多么疲惫啊。其中一间房的光亮像婴儿房里的灯一样，透过她闭上的双眼昏暗地闪烁。她披好大衣，没有受伤的手紧握住划破的那只。

> 我相信有更多东西值得了解，
> 值得去爱，
> 值得向往，
> 值得去做。
> 于是你便能前行，
> 你便能漫步林间，
> 伴着黄昏的微凉。
> 当上帝与你同行，
> 你便不再有恐惧。

又过了许多年，风烛残年的她在一片纸上写下这些。

当她醒来时，光已经变了。黑暗散去了些许，她知道已经是早上了。大约五点半。她仍然非常疲惫，但能睡着似乎是个奇迹。她为此感谢上帝。

她的脑海中浮现出一个故事。那个躺在坑里的死去的女人。她是个艺术家，丈夫因为她的艺术天分而爱上了她，尽管他并不理解。后来，平庸至极的他即便有浪漫气质加持，还是爱上了一个年轻漂亮的女孩，因为这对他来说更轻松。

一定要以这种方式结尾吗？好吧，她会开始创作，把结局留给她的丈夫来决定。

她当然可以编故事。这不正是她的工作吗？她做得比任何人都好，她完全可以写自己的故事。

但当车打不着火时，她又开始哭泣，因为除非车能启动，否则她什么都做不了。在她裹着大衣睡去，梦见花园尽头的那片树林时，发动机已经冻僵了。哦，拜托，她对车说。妈妈去世后的那天，它在阿什菲尔德打不着火时发出的也是这顽固的声音。她绝望地脱下大衣，下车去转动曲轴。但她是那么疲惫，她的手臂沉甸甸的好似晃动的石头。一个看着像农场工人的男人骑着自行车经过，她对他亲切地笑了笑，仿佛重回帝国之旅，并接受了他帮忙启动汽车的提议。她的声音听起来有些古怪。"哦，**请务必帮帮忙**！"但她已经太久没和人说过话了，感觉似乎有好多天。每个字眼都凝结着厚重暗沉的空气。

"它完全冻僵了。"他对她说，摇头看着她，期待着一个她当然不会给出的解释。她毫不怀疑他**会**发动汽车，这正是他这样的男人会做的事。于是她只是等着。但她不想见到任何人，所以当他终于发动了引擎——还告诉她该做什么，不该做什么，尽管这已经没有任何分别了——为了甩掉他，她掉头向吉尔福德驶去。她知道，她开走的时候他一定会看着。他尽管善良，但还是很恼人。她是不是应该提出给他些钱？她又开了一段，想甩掉关于他的思绪。路上还是几乎什么都没有。想象一下，如果她现在不得不开回斯泰尔斯。那座黑色的堡垒将打开大门把她关进去。不不不，再也不要了。

她调转车头，再度朝着纽兰兹角开去。当她把车滑行到草地上时，路上空无一物。现在要小心了。注意力集中。这不能有差错。

天空中浮现出粉色条纹。动手吧，就现在。

她松开离合器，慢慢地，慢慢地向下滑，放轻松，到了有车辙的小路上——一阵失控，路上有什么东西吗？没有，问题不大。慢点，慢点，快到了，毕竟只有几百码，其实没什么，但在深更半夜却显得那么遥远。她继续往下，向右转。小心，非常小心。打直。

她之前抓过的灌木丛再度出现，那堆俯瞰采石场的灌木，在山下几码的位置。挂空挡，松刹车。她带着自己的黑色大手提包下了车。她已经取走了化妆盒里所有的钱，还有一两张写字的纸，其他东西她都留下了。她不再感到疲惫，甚至不穿大衣也不觉得冷。她用力一推，汽车顺从地滚进了灌木丛，正如她所计划的那样。

当她走过采石场时，天空逐渐亮了起来，她抬头看着边缘，那里停着那辆没有她的车。它的大灯漫无目的地亮着。你这聪明的姑娘，她说。她沿着小路蜿蜒下山，几乎快奔跑起来。终于能见到房子了。屋里的人们正喝茶看报，但今天她宁愿做自己正在做的事。"水道"，她看到路尽头的牌子上这样写着。

她右转进入奥尔伯里，飞快地走过钓鱼区，路过磨坊池塘，又向着奇尔沃思车站走了一英里左右。她在开车去戈德尔明的路上就注意到了它。7点 30 分前往伦敦的火车刚刚抵达。嗯，这就是运气。她压低帽檐，坐在角落的座位上，又写了一封信。看着萨里郡飞驰而过，她感到有些困倦。

火车 9 点钟到达滑铁卢。她买了一张邮票和一份《每日邮报》。她意识到自己需要一件大衣，因为没有大衣看起来很奇怪。她搭出租车来到陆军和海军商店。在进去之前，她寄出了信，发信地址写的是斯泰尔斯，收件人是她的小叔子坎贝尔·克里斯蒂，地址是位于伍尔维奇的皇家军事学院。坎贝尔是她喜爱和信任的人之一。他是她唯一一个可以写信说心里话的人，只有他在这件事上不偏不倚。于是她向他解释了自己正在做的事，以及她为什么要这样做。她要按计划前往约克郡，尽管不是去贝弗利。她要一个人去做矿泉疗养。她的健康状况并不好，需要休养生息。事实上，她极为痛苦，相信他会明白原因。她对这封信很是满意。比起她留给卡洛和阿奇的信，这封不那么激动，但她当时的心境是不一样的。坎贝尔周一上班时会读到这封信。

在陆军和海军商店的女洗手间里，她洗干净划破的手，整理了仪容。当她把一先令放进服务员的盘子里时，她看上去又恢复了体面，完全不像是个逃亡者。她踩着商店厚厚的地毯，买了一个小箱子、一件女式睡衣、一个热水瓶和一件外套。她还喝了一杯咖啡。

伦敦挤满了赶在圣诞节之前来购物的人群，她穿着新大衣，搭出租车前往哈罗德百货。在一楼的珠宝区，她留下一枚待修的戒指，并留了姓名和地址。尼尔太太，哈罗盖特水疗院。这么说的感觉真好。之后，她坐皮卡迪利线到国王十字车站。在车站的自助餐厅里，她又喝了一杯咖啡，读了报纸。没有人注意到她。一切都在顺利进行。1 点 40 分，她赶上了计划于 6 点 38 分到达哈罗盖特的火车。在这漫长而平静的旅途中，在温暖的头等车厢里，她又睡了过去。

随着火车逐渐靠近哈罗盖特，她记起了索普拱形大厅。那座韦瑟比附近的宅子，屋主是马修斯夫妇，她曾在那里参加过一个家庭聚会。他们去看了三岁马驹竞跑。她喜欢马驹竞跑，那是一项清新的英国体育赛事。那年谁赢了？有人为她在德比勋爵的马身上押了五先令，那匹马获得了第三名。那次做客真的非常愉快。火车旅行很有趣，因为她穿了漂亮的新花呢大衣配裙子，这一身讲究得让站长以为她带了女佣和珠宝盒，尽管她连头等舱都坐不起。阿奇夸过那件大衣和裙子，但那实际上属于遇见他之前的生活。她在索普拱形大厅遇到阿瑟·格里菲斯，这个男人后来告诉她，她去参加厄格布鲁克宅邸的舞会时可以留心他的朋友克里斯蒂。

北方是不同的。她喜欢这里干净通透的天空和暗色的主调。随着出租车载着她穿行大街小巷，哈罗盖特的面貌让她备感安心。严肃庄重的建筑，沐浴在月色中的灰色石墙。她可以安全地留在这里。自己坐在座位上，有人开车的感觉真好。她向窗外望去，看到了歌剧院、皇冠酒店、白鹿酒店、一间间泵房。山丘、尖顶和山毛榉树。她始终在怀念的那种宏伟规模。

出租车恭敬地驶上天鹅路。黑暗中的天鹅路平静而宽阔，两边都是漂亮的房子。芒卡斯特小舍，不列颠小舍。里面住着的人都过着坚不可摧的生活。是的，她可以像影子一样穿行在它们之间。

水疗院分布在路的尽头，又是爬满了常春藤的暗色石墙。窗户很深，里面透出温暖而宽容的光。她感谢了司机，给了他小费。爬上石阶。她微笑着走进去，时间快到 7 点了。

来自开普敦的特雷莎·尼尔太太要了一楼的五号房，每周 5 基尼。

她睡了很久，第二天起得也很晚，感觉就像过节。毕竟是星期天，依旧是个特殊的日子。她可以做任何自己想做的事，她不用再担心自己的灵魂会有危险。在爸爸玩槌球而不是祈祷的时候，她曾经多么担心他的灵魂啊！想起他的善良，她觉得自己当时真傻。

保险起见，她早上没有让女佣见到太多自己的正脸。那是个挺好看的姑娘，那种老式的照看煤火、端来早餐的女佣。早餐很美味。她很享受食物和沐浴。不得不穿同一套衣服很无聊，但在第二天前也没有其他办法。于是她又穿上了周五开车去见婆婆前穿的那套灰绿色衣服。

当晚，这些衣物将成为警方描述的一部分，下发到离奥尔伯里最近的五十个警察局："灰色弹力针织裙、绿色毛衣、小丝绒帽、灰色和深灰色开衫。"夏洛特·费希尔以她一贯的效率提供了这一描述。"没戴结婚戒指，"她说，因为她在雇主的卧室里找到了它，"头发，红色，顶部灰色。"

她那曾像光一样浅的美丽头发。她会在哈罗盖特找一家理发店。三十六岁并不是那么老。

深秋的阳光穿过卧室的窗户，她的脸在玻璃后面闪着微光。惨淡的皮肤，惨淡的眼睛。

"如果人和鬼魂上了同一列火车，那就怪了！"她很快就会写下这句话。这取自一部短篇小说，讲的是一个有着"忧虑的冰冷双眼"的年轻寡妇，无法从发现自己丈夫死在书房地板上的那一刻中解脱。"当然，她并没有真正活下去。她一直留在那里。在书房里。"

但现在还不是动笔的时候。现在只有这个故事属于她自己，而她对结局一无所知。

哈罗盖特让她感到愉快。她喜欢那里的确定性，它来自宽阔的街道、坚实的新月形街区，还有充满阳刚气概的优雅宅邸。它们似乎在对她说：残破的心和失去的身份对我们来说毫无意义。无论你做过什么，无论你是谁，我们都高居其上。我们让生活中的秘密永远待在原位。

她在贝蒂的茶室用午餐，周围都是像她一样的女性。餐食很健康，也很美味。之后，她用了一整个下午来散步。当她穿过西园时，光线暗了，山毛榉树的叶子哗哗作响。更多的深灰色房子。山毛榉林，流浪小屋。一座高大的维多利亚式教堂。也许她应该去？不，她不想。她更喜欢在这些笔直的形状和北方的色彩中行走，头上和脚下都是树叶。落下的夕阳似乎在逐渐膨胀，用它即将消逝的黄色淹没那些灰色，石墙在这短暂而强大的夕照中显出半透明的样子来。

在她漫步绿地时，有人从窗口瞥见了气质出挑的她：帽檐压低，领子竖起。她看上去颇有一丝古怪。是疾病、丧亲，还是失去了什么？

时间过得很慢，但她并不在意。时间又属于她了。

会属于她多久？她一边走在天鹅路上一边想。明天坎贝尔就会读到她的信，然后会发生某些事。她说过要去约郡做矿泉疗养：他将知道哈罗盖特是她的去处，那里都是像她一样的中上阶层女性。他会对阿奇说，你看，她心烦意乱，她需要你，你在干什么？之后便没有问题了。

当然，他们现在应该已经找到了她的车。警察会去敲斯泰尔斯那扇大黑门，惊动亲爱的卡洛，然后再过一会儿，去敲赫特莫尔小屋的门。可怜的阿奇，真的。他一定会极其担心她。也许她在写给他的信中说得太多了，事实上她几乎不知道自己在写什么。她曾想过去死，这一点是肯定的。她很肯定自己对卡洛这么说过。外表沉着平和的卡洛，内心一定急得发狂，但她会在所有人，特别是在罗莎琳德面前保持镇静。但明天卡洛就会知道她并没有死。

只可惜她在某种程度上已经死了。看到采石场那张空白的脸的时候，她就已经死了。踏上天鹅路的是个微笑的鬼魂，这鬼魂透过窗户看着水疗院休息室里的人，那些活生生的、用银壶倒茶的人：温暖的、神奇的、井然有序的。

她路过一对夫妇时点了点头（"不是人——一点也不像人"）。[2] 她与礼貌友善的女经理泰勒太太聊天，告诉她自己三周前刚从南非回来，大件行李寄存在托基的朋友那里。她笑着说，能买几样新东西会是件乐事！说得太对了，尼尔太太。牛津街上的本托尔斯百货很不错。

走进房间。她凝视着窗外的车道，通向小镇的路、树木、石头建筑、夕阳的余晖。

晚餐。她喜欢这间好看的大房间，尽管前一晚她实在太累了，觉得天花板有些让人晕头转向。那里有个大的方形嵌板，让她想起了地牢的屋顶。其实，当时那处看起来像铁栅的地方是深色的彩色玻璃，还是相当漂亮的。她坐在一个安静的角落里。再次穿着同一套衣服，而且也不是晚礼服，这让她有些尴尬。不过，她反正和泰勒太太说过那些话了。她需要的是书，没有书很难熬。但明天她很可能会在这里和阿奇一同用餐，或者根本就不在这里，谁知道呢。

她不再去想这些了。她听着其他客人的闲谈，他们算是让她觉得自在的那类人（像我们这样的人）。她看着菜单，啜着所谓能给人带来天大益处的水。口感比森宁代尔的水更干净，这是肯定的。她注意到有几个人喝红酒，但人数不多。毕竟他们是为了健康来到这里的。也许在斯泰尔斯的时候，红酒会有帮助？她觉得想到斯泰尔斯很奇怪。事实上，她几乎无法相信那个地方真实存在。它藏在她的脑海中，仿佛一个遥远的梦魇。

晚饭后，她和其他客人一起走进冬园宴会厅，在那里喝咖啡，取出在休息室里拿的报纸，做了一个上面的填字游戏。然后她开始和先前点头示意的那对夫妇交谈。坎贝尔先生和太太，从伦敦来。啊，真好。那里的剧院。嗯，是的，每年这个时候都很累，她为了赶火车经过这里，她能理解他们喜欢外出散心！不，她在伦敦住过，但最近她一直在开普敦。哦，是的，风景非常美妙。不，她失去了孩子，这就是为什么……是的，她觉得他们让人放松，也让人兴奋。她向来喜欢谜语。

令人愉快的人们。他们容易相处。房间也舒适，它几乎像是酒店侧面的一个温室，向外看就是花园，窗外是多云的夜空。阿奇现在在做什么？不知为何，他似乎非常遥远，就好像他在战争中牺牲了，她在脑海中看到的是逝者的照片。但明天她就会收到他的消息，也许是后天。他必须找到她，而这并不是那么容易。不过他以前成功过，骑着摩托车上山造访阿什菲尔德。电话里传来妈妈的声音，叫她回家。

她喝着咖啡，微笑着思考自己明天要做的所有乐事。首先是一条新裙子。

12月6日，星期一，她的脸出现在《每日邮报》第九页。"一个美丽的女人。"报上这么称呼她。

她读到她的车是周六早上8点被人发现的。"据悉，有人故意让其从纽兰兹角冲下去，刹车也没拉。"整个周末，他们都在北山丘搜寻她的踪迹。他们疏浚了寂静池，走访了奥尔伯里的各间小屋。报道里有一张"克里斯蒂上校"的小照片。阿奇说她正处于精神崩溃状态："她是个非常紧张的人。"他周六那天回到了森宁代尔。他现在可能在上班。坎贝尔应该也在上班，他会把她来信的事告知阿奇的。

她站起身来，出门走到哈罗盖特的大街上，帽檐压低，领子竖起。牛津街、剑桥路、议会街。她享受看衣服和试穿的过程，尤其是现在她已经瘦了不少。一条粉色乔其纱的裙子会非常适合晚上穿。阿奇肯定会喜欢它的。与之相配的鞋子、内衣和——为什么不呢？——一顶新帽子，因为她对自己正戴着的那顶感到相当厌倦。是的，那**确实**很衬气色，不是吗？不，其实是从南非来的。是的，非常愉快的一次逗留。

她去了W. H. 史密斯书店。真是种解脱。她还去了汉福德和道森药店，买了面霜、吸油纸和薰衣草水。再次拥有这些东西太好了。她买了一本《每日见闻》，那是一本皮尔逊出版公司的书。

冷浴路，多么令人发笑。威斯敏斯特拱廊，到处都是古董，那会很有意思。还有提供治疗的皇家浴场。她的神经炎又犯了，推那辆车肯定对其没有好处，她想起来在帝国之旅的途中，盐水对于神经炎有莫大的帮助。也许她明天会尝试一个疗程，假定那时她还没有收到任何消息。当然，她没有告诉坎贝尔自己到底要去哪里：她当时也不确定，不是吗。所以坎贝尔必须告诉阿奇，他们必须达成共识：哈罗盖特是最可能的地方。然后阿奇必须找到她，他必须推断出她就是尼尔太太。这是个游戏，真的。想想当时他为了找到她在托基的宅邸所做的努力吧。

她要求把所有买的东西都寄给水疗院的尼尔太太。当她回到那里时，也许会有阿奇的消息。

她没有问，他们会告诉她的，然而她走进去的时候他们什么也没说。仿佛这一天突然朝着她打了个哈欠。

哦，尼尔太太？她的心猛地一跳。是阿奇，谢天谢地。

有你的一个包裹，从伦敦寄来的，尼尔太太。是她的戒指。嗯，这服务不错。

她在哈罗盖特消费的所有包裹稍后都会到达。这个念头颇为振奋人心。这里也提供治疗，今天下午有事做了。午餐，然后也许做个按摩。她带了在图书馆借的一本书走进餐厅，这是一部题为《双拇指》的悬疑故事集。她借了六本书。也许，在她这样做的时候，她已经知道他可能需要几天的时间来找到她。

她对自己那天晚上穿去晚餐的打扮很是满意，坎贝尔夫人对她的乔其纱礼服不吝赞美。她做了一则简短的讲话，是有关存放在朋友处的行李的。在晚餐时，她读完了借来的书。

晚饭后，来了个乐队在冬园宴会厅演奏。我们叫他们"快乐水疗院男孩"，一位年长的住客对她说，她笑了。那是一支六人乐队。一位名叫科比特小姐的女士和他们一起唱歌，唱得相当好。人们起身跳舞。坐着的时候，她突然意识到自己可以做任何喜欢的事情。如果她决心去做，她可以和这些人中的一个上床。这些人里有两三个显然是单身。其中一个正看着她，目光似乎带着欣赏。她当然不会这么做。但她端着咖啡坐在那里，思考着自由，透过宴会厅的窗户望向黑色的草地和树木。

7日，星期二，早早醒来后，她下楼去吃早餐。她感觉很好。镜子里的自己看起来已经不一样了。走进餐厅后，她微笑着和一位住客聊天。罗布森太太，一位如此友善的女士。是的，一路从南非过来！

回到楼上她的房间里，她得知《每日邮报》已经表现出对她的担忧。帮她发动汽车的男人公开发言了。他说，他在纽兰兹角发现她时，她正在"一边呻吟，一边双手抱头"。她当时真的在那样做吗？肯定没有。"当我走近汽车时，她跌跌撞撞地靠着我。"不，她没有那样做。她当时并没有特别喜欢那个人，这些夸张的说法并不令她吃惊。尽管毋庸置疑的是她非常感激他。

负责她案子的是肯沃德警官。他有一些推论，并把这些告诉给了报纸。他认为她在纽兰兹角不经意间把车开离了公路，在脱轨时下了车，然后"惊恐地"看着车冲下山，撞进了白垩坑上方的灌木丛。她跌跌撞撞地离开了现场，然后失踪了。虽然他没有这么说，但他相信她已经死了。

阿奇是个"令人怜悯的角色"，她读到他"被这个谜团搅得心烦意乱，只有在小女儿罗莎琳德身畔才能获得安慰"。

也许坎贝尔周一没有去上班？因为她无法解释这一切。她就在这里，看在上帝的分上，在等着他们！

德席尔瓦太太接受了一次关于她的采访。"克里斯蒂太太是有史以来最可爱的女性之一。"哦，天哪。采访没完没了，满是过去一年里的细节：她对于克拉拉去世的悲痛，她对于工作的担忧，她欠佳的健康状况，她与德席尔瓦夫人在伦敦度过的一天，她与阿奇在法国的假期。"他们一直是最全心全意的夫妇，都热爱他们的小女儿。"

女佣走进了房间。她折起报纸，面带微笑地转向她。她说，马上要出去了。女佣注意到她放在梳妆台上的罗莎琳德的照片，她在照片上写了"泰迪"——女儿喜欢被这么称呼。

在楼下，她在《每日快报》的封面上看到了自己的脸。那是一张《每日见闻》拍摄的与罗莎琳德的合影。她向接待处的女士点了点头，走到哈罗盖特的大街上。今天她要多买几件衣服（感谢上帝，婆婆给她关于钱的建议是多么珍贵！）。今晚她会收到阿奇的消息。坎贝尔会读她的信，打电话给斯泰尔斯，一切都会好起来的。

她带着一条漂亮的新披肩回到了水疗院，打算在晚餐时披上。她感到既高兴又兴奋。她读了一下午的书，另一部题为《幽灵列车》的悬疑小说，但发现很难集中注意力。天色逐渐暗淡，她看向窗外。随时都可能会出现一辆车。也可能是出租车——如果他是坐火车来的话。毕竟开车要花很久。

当她下楼时，前台的电话响了，泰勒太太一边接电话一边看着她。新消息，她想，肯定有新消息。她徘徊着，直到泰勒太太放下听筒。

晚上好，尼尔太太，她说，这披肩真漂亮。

她带着《幽灵列车》进去用餐了。

那天晚上，在冬园宴会厅，她做了《泰晤士报》上的填字游戏，平静地阅读了报纸中间关于她的专栏。他们搜索了奥尔伯里的磨坊池塘，她读到。有人在戈德尔明以南几英里的米尔福德车站看到过她。"昨天上午前去克里斯蒂上校位于森宁代尔的住所问询时，说是目前为止还没有得到关于这位失踪女性下落的消息。"

所以她今晚终究不会见到阿奇。不管写给坎贝尔的信出了什么差错，这都不在她的计划中。

她对罗布森太太笑了笑，喝了口咖啡。罗布森太太走到她的桌前。你的价格标签还挂着呢，尼尔太太。这就是你的全部价值吗？我希望不是，她说，我希望这不是全部。她们又聊了一会儿。当罗布森太太问起她的丈夫时，她转移了话题；以相当聪明的方式，她想。

8日，星期三，当她读到有关写给坎贝尔的信的消息时，谜底解开了。哦，哦，看在上帝的分上，她对自己说，一边在床上喝茶，一边紧紧攥着《每日邮报》。她读到，坎贝尔是在星期六下午收到她的信的。这怎么可能？他肯定在周末去了伍尔维奇，而不是等到星期一。所以，从一开始，一切就没有按照她的计划走。

说得更确切些，坎贝尔完全忽视了她希望他做的事情，也就是立刻联系阿奇。他为什么没有这么做？难道他不在乎阿奇要离开她吗？他认为这与他毫无关系吗？也许她应该用不同的方式写这封信。她当时还觉得写得很好呢。

他已经把信扔掉了。"据悉，克里斯蒂太太在信中谈到了健康问题，并说她要前往约克郡一家矿泉疗养院，和朋友同住并休养生息。"嗯，不完全如此。这些报纸不值得信任，他们还如此掷地有声地宣告他们所了解的信息！例如，她12月1日住在弗勒姆俱乐部时，**并没有**安排俱乐部把信寄给坎贝尔。真是一派胡言。她是12月4日寄出的，在信中说的也都是真心话。为什么没有人相信她？为什么没有人——阿奇——过来找她？

她的思绪又断断续续地活动起来了，就和以前一样。那个女佣很快就会进来了。

一位淑女永远不会在公共场合表露感情，无论她在私下里如何让步。

她躲进浴室。她左思右想，冥思苦想，没能得出任何结论。

当她回到房间时，托盘已经被拿走，床也铺好了。她穿上新买的暖和的两件套毛衣，下楼来到休息室。她拿起《泰晤士报》，漫不经心地扫视它。"昨天深夜获悉，克里斯蒂上校一位住在伦敦的兄弟收到了这位失踪女性消失后的来信，她在信中说自己身体抱恙，要前往约克郡的一家矿泉疗养院。"

一个男人走进休息室，向她鞠了一躬。她认出他是那天晚上和科比特小姐一起唱歌的人。一位外国绅士，举止温文尔雅，嗓音是令人愉快的男高音。她低下头去看那页报纸。

"不过，萨里郡警方已经与约克郡某些中心进行过沟通，据了解，克里斯蒂太太不在该郡。"

她站起身来，走到哈罗盖特的大街上。帽檐压低，领子竖起。她走了好几个小时。所以她不在这里，克里斯蒂太太不在这里。在这里，她是一个走过山谷花园的鬼魂，仰望着树后耸立的石头建筑。她喜欢这些山丘，它们让她想起托基。所以鬼魂是有记忆的。她记得森宁代尔是多么平坦，多么死气沉沉。

她步履不停。她是个鬼魂，但她还挺高兴。她走过花园，感觉身体又有了力量。杀死一个强壮的、仍然年轻的女人的身体该是多么愚蠢啊，她在树下漫步，感受着拂面的风。

她想到了《培尔·金特》。"额前有上帝印记的我在哪里？"但她只是遥遥地想着，并不真正在意自己在哪里，或究竟是谁。

她走进皇家浴场，发现人们看她的眼神的确就像见了鬼。服务台后那些女人的眼神让她感到不安。不过这也很傻，于是她笑着说自己想洗个土耳其浴。她毕竟是为了健康来到这里的。她想让事情变好。

晚餐时，她会再次披上那件漂亮的披肩，之后她不会再坐着做报纸上的字谜了。她今天不想再读报纸了。她会和人聊天，享受美好时光。她可能会和科比特小姐一起唱歌，就像她看到那位男客人做过的那样。她热爱唱歌，但已经很久没有唱过了。嗨，她甚至可以跳舞的。她和阿奇很喜欢一起跳舞。

他真让人来气，居然不理解自己通过给坎贝尔的信向他表达的意思。他现在本可以和她一起。一切本会不一样的。

相反，她接受了那天晚上唱歌的男人的邀请，起身和他跳华尔兹。当他问起关于南非的事情时，她转移了话题。姨外婆总是告诉她，绅士们更喜欢谈论自己。他说自己是佩特森先生，俄国革命的难民。他也是为了健康来到哈罗盖特，非常喜欢这里，特别是晚上的乐队。是的，他喜欢唱歌。他曾经想唱歌剧。是这样吗，尼尔太太？好啊，也许我们应该一起做些音乐！

9 日，星期四，又是在床上吃早餐，她现在知道要翻到《每日邮报》的第九页，尽管得避开女佣罗茜在房里的时候。那个善良、漂亮、友好的姑娘。她端着盘子进来时还问了她的名字。

报上有一张她相当怪异的照片——他们称之为“合成图片”——是在卡洛的帮助下拼凑起来的。可怜的卡洛。她一定过得很辛苦。她从来都不喜欢阿奇，而他们两个却被大环境逼到了一起。报道中说，阿奇“疲惫不堪，备感困惑”，并要求在斯泰尔斯派驻警力。

她的婆婆一直在说她最近有多抑郁。佩格讲述了彼得如何被车撞的故事，说她当时拒绝相信它还活着。嗯，那是真的。佩格显然认为她已经死了。或者她也可能只是在夸张和歇斯底里，这没什么新鲜的。

她发现罗茜回来拿托盘时，看着她的眼神有些奇怪。

她对罗茜笑了笑，并告诉她自己今天要饮些水。她应该这样做，不是吗？罗茜说，她认为健康水的味道非常糟糕，就像臭鸡蛋一样，虽然她不该这么说！但罗茜知道有些客人深信水的效用。她确信这会让尼尔太太振作起来。不过尼尔太太看起来已经好多了，罗茜说。她起初看着有点累。

是的，她同意道，她来的时候非常疲惫。

当她在天鹅路上，绕着新月步道散步时，她好奇是否有人在透过窗户看她。那些深邃、正式、体面的窗户。

他们很可能在看。毕竟她用这个故事证明了自己。她又是主角了。她不再置身局外，她的这种状态已经持续太久了。

剧情是人物的功能之一，她现在毋庸置疑地理解了这一点。那天她要做的第一件事就是去哈罗盖特邮局，在《泰晤士报》上登广告。她向前晚聊过天的科比特小姐提到自己要这样做，因为她有点担心某些亲戚不知道她在哪里。这真是个好主意，科比特小姐说。她让尼尔太太想起一位聪明年轻的幼儿园女教师。

她标出了这些词："近期在南非生活的特雷莎·尼尔的朋友和亲属，请联系。来信：R702信箱，泰晤士报，EC4。"她付了十五先令。

故事并没有像她预期的那样发展，但她正试图重新控制它。

当晚的晚餐时分，她穿了一条新裙子，读了新书《方法与手段》。之后，她躲开了佩特森先生，和芬德利一家一同喝了咖啡：芬德利先生、太太和小姐。芬德利太太总是以她不太喜欢的方式斜着眼看，在她面前挥舞着《每日快报》，问她对这位克里斯蒂太太的故事有何看法。问她认为克里斯蒂太太已经死了吗？问她是否和芬德利太太一样怀疑，认为克里斯蒂太太是被丈夫谋杀的？这正是克里斯蒂太太自己可能会写的那种东西！这不是很滑稽吗？芬德利先生大笑起来，显然他认为是的。然后他说：你长得很像那位失踪的女士，尼尔太太。

是吗？

在我看来，克里斯蒂太太是个相当难以捉摸的女人，她说。我真不知道她在哪里，也不知道她是否还活着。她又倒了些咖啡。

10日，星期五，《每日邮报》上刊登了阿奇的声明。他知道她还活着。他知道，她也知道。

"这是事实，"他说，"我妻子曾讨论过随意消失的可能性。一段时间前，她告诉她的姐姐：'如果我愿意，并且小心行事，我可以消失。'"

她这么说过吗？真的吗？但这与现在发生的事情有什么关系呢。她并非意在消失。这一切本该早就结束的。这一切远远超越了本该止息的地方。

"我不相信会是自杀。她从未威胁过要自杀，但如果她真的想过，我确信她会考虑毒药。"

不，这不是真的。她了解毒药，那不是一回事。

"如果她想获得毒药，我确信她能够做到。当她想要得到什么东西时，她是非常聪明的。"

女佣罗茜走进了房间。尼尔太太没有对她微笑。此刻她没法这样做。是的,把托盘拿走,她说。

"奇怪的是我们的小狗彼得,我今天下午把它带到那里,它从发现汽车的地方直接冲下山了。它自己主动这样做的,然后停了下来。"哦,彼得,她的朋友。

"说我妻子和我在星期五早上发生过任何口角或争执,这绝对不是事实。"所以用人们一直在多嘴。嗯,这就是用人会做的事。也许阿奇不知道这一点?

"我强烈反对在这件事上引入任何闲言碎语。这不会帮助我找到我的妻子,而这才是我想做的事。我妻子从未对我的任何一位朋友提出过丝毫异议,她认识他们所有人。"

这也并不确切。

她读到有"五百名警察"正在寻找她。她已经告诉他们自己在哪里,去了哪里,但没有一个人相信她。这一切都太愚蠢了。也许,就像斜眼的芬德利太太昨晚所说的那样,他们真的相信是阿奇谋杀了她。这一切都太疯狂了。

报纸的背面还是那几张照片。今天是阿奇开着他的德拉奇离开了家,罗莎琳德、卡洛都和他一起,彼得坐在后座。还有一张是傻瓜警察肯沃德,正在丘陵上找她。

她走到街上,坐上了去利兹的火车。她今天对自己很反感。她直到傍晚才回来,买了一整天东西,吃了一块平平无奇的威尔士干酪吐司。回到哈罗盖特的感觉非常好。毫无疑问,她在这里确实感到安全。您今天出去玩得开心吗,尼尔太太?她笑了笑,上楼回到房间,脑海中没有任何可说出口的想法。

11日,星期六,已经过去了一个星期。哦,《每日邮报》上的她听起来相当古怪,这主要归功于她的婆婆,告诉全世界她带着罗莎琳德一起去喝茶时的种种行为。"她看起来非常愉快","但几分钟后,她变得非常沮丧",

"我相信，当她坐下来创作小说时，她的大脑拒绝运作"，"在她离开前，她反复嘟囔着，'这些倒霉情节！哦！这些倒霉情节'"。

她真的这么做了吗？不，她不相信自己做过如此荒谬的事情。

"有人暗示，阿奇和阿加莎在星期五早上发生了口角或争执。他们是一对全心全意的夫妇。"

还是在保护他啊。

"我相信她已经死了，在萨里郡丘陵。"

错了，又错了。和往常一样，赫姆斯利太太。

不过有一件事，她还是很感激婆婆的。她记得佩格有时相当善良，甚至别具洞察力，"大家可以相信，她的失踪并非为了自我宣传而特意安排的。"

原来大家是这样想的，是吗？他们若能理解该多好。对逃离的渴望：去其他地方，不再做她自己。然而，她创作了这个主角。故事并没有按她想要的方式发展，但不知为何，她还不想让它就此结束。毕竟她可以随时了结它。她可以下楼，现在就了一切。她还不太想这样做。

她下楼准备出门时，人们正在离开。坎贝尔先生和太太，布里格少校和他的家人。毫无疑问，他们要回家准备过圣诞节。再见，再见！是的，你也是！

她挤进休息室，瞥了一眼《每日快报》的封面。上面写着"克里斯蒂太太'仍然健在'"。她移开手去看《泰晤士报》。她登的广告。是的，它就在那里，"个人"那栏从上往下数的第二条，尼尔太太的朋友和亲属。早上好。声音是从她肩膀后面传来的。是芬德利太太。她笑了笑。早上好，她说。看起来是个温和的好天气，不是吗？克里斯蒂太太的丈夫和女儿怎么样了？她昨天一整天都在外面，但她希望她们今晚能见到对方。克里斯蒂太太十分期待科比特小姐和乐队。

她边走边阅读，用了午餐，做了按摩，为晚上打扮。到了晚上，用过晚餐后，她弹钢琴伴奏，佩特森先生唱歌。然后她自己开嗓，获得了许多礼貌的赞美。乐队成员们都鼓起掌来，他们都在密切关注着她。科比特小姐宣称自己要失业了！

12 日，星期天。她已经对报纸感到厌烦，对整件事感到厌烦。他们在可恶的北山丘上搜寻她，警察、飞机、狗和追热点的人。她只能认为他们是白痴，因为他们不相信她写给坎贝尔的信，试图说这是个幌子，是别人寄的，她已经死了，阿奇谋杀了她。这非常愚蠢，她对此感到厌烦。她想，像姨外婆那样的女人，好些天前就会弄清楚到底发生了什么。

她穿上一些新买的衣服，走上熟悉的街道。天鹅路、新月步道、议会街。她走进圣彼得教堂，为母亲祈祷。然后她穿过西园，在山毛榉树下，在深灰色石头堆砌的边缘内走过。那些深邃、正式、体面的窗户。

她可以通过想象给它们背后的一切赋予生命。

她开始构思文字、线索和想法。它们喷薄欲出，她边走边漫无目的地思考着。

一个深陷爱河的女人，她的未婚夫无可救药地爱上了一个他一无所知的美丽女孩。女人梦想着杀死那个女孩……

"我知道这个故事。她让美人罗莎蒙德选择，是匕首还是**一杯毒药**，是吧？罗莎蒙德选择了毒药……"

埃莉诺什么也没说。她现在脸色煞白。

波洛说：

"但也许，这一次，**没有选择**……"

一个男人有一个年轻漂亮的情妇。她求他离开自己家，尽管他告诉她，他的妻子也爱他。

"我说我理解，但如果她爱他，她会把他的幸福放在第一位。无论如何，如果他想获得自由，她不会想强留住他。"

他说："生活真的不能靠现代文学中那些令人钦佩的箴言来解决。记住，大自然是野蛮的。"

我说："我们现在肯定都是文明人了吧？"埃米亚斯大笑出声。

"……你难道没有意识到，埃尔莎，她将会遭受痛苦——**痛苦**？你知道痛苦是什么意思吗？”

一个女人爱上了一个已婚男子，他妻子白皙而魅惑的外表很像南希·尼尔。这个女孩有情人，背叛了丈夫。另外那个原配，“清新可人，非常英式”，得知了这桩婚外恋情。她威胁要揭发此事。她诱使女孩自杀了。

"自杀需要很大的勇气。"

薇薇恩畏缩地后退，仿佛有人打了她一巴掌。

"你把我问住了。是的，我没有胆量。如果有简单的方法——"

"你面前就有一个简单的方法，"克莱尔说。"你只需要直接冲下那个绿色的斜坡。"[3]

这么多的故事。

那天晚餐后，她坐在冬园宴会厅里，低着头做填字游戏。房间里比她来时空旷一些。安静、平和、柔美的钢琴音乐。灯光低低地照着，昏暗而宽容。

也许她可以永远这样生活下去。没有爱，没有悲伤。

佩特森先生走过来，问他是否可以和她一起喝咖啡。他听说她可能也要离开？这是真的吗？他想，告知他此事的是芬德利太太。

她不知道芬德利太太是从哪里得知这个想法的。她不知道自己什么时候会离开，事实上，她根本就没有任何计划。

也许她之后会愿意赏光打一局台球？他听说她会打。毫无疑问，她的水平对他来说太高了！

乐队当晚没有演出，但在那天早些时候，乐队的两名成员已经去了警察局。他们和水疗院的其他工作人员一样，怀疑这位自称是尼尔太太的友好女士实际上是阿加莎·克里斯蒂。一切都快结束了。

她对佩特森先生笑了笑，说那会很有趣。

13 日，星期一。罗茜在送来早餐时面带羞愧地看着她。

你今天早上还好吗，她问。哦，是的，夫人。这是您的报纸，和往常一样，夫人。

昨天有五千人在找她。

今天她感到有些疲惫。

一个叫马克斯·彭伯顿的人向《每日邮报》贡献了自己的专家理论，说她已经死了。"如果我错了，我会很高兴地向她鞠躬致敬，就像向舞台剧中的伟大女主角鞠躬一样。但我仍然认为，她以如此糟糕的动机来唤起公众如此多的同情是极不道德的。"

异乎寻常地，她非常不愿出门。她坐在房间里看了会儿书。当罗茜回来整理房间时，她为自己还穿着睡衣道歉。她的母亲说过，要让用人轻松一些。

哦，妈妈。你对这一切会怎么想。记者们前往阿什菲尔德试图找到她，他们走到亲爱的前门，在花园里四处打探。她真的不该让这种事发生的。

楼下，报纸上满是星期天的大搜寻。

另一个女人失踪了。尤娜·克罗小姐。她离开了在切尔西的家，此后再也没有人见过她。还是个女孩，小可怜，在父亲死后精神崩溃了。这听起来太惨了。

与此同时，有人说她住在伦敦，伪装成男人，就像克里平的女友埃塞尔·勒尼夫一样。这一切是多么荒谬。

她听到房间的角落里有报纸的沙沙声。一个相当英俊的男人。这么多人要离开，她看到芬德利小姐和科比特小姐告别，想到不会再被芬德利太太斜着眼看，她感到某种解脱。倒不是说她特别介意。事实上，她会想念芬德利一家，想念他们在冬园宴会厅的角桌上那避犹不及的存在。芬德利太太引导丈夫娴熟地跳着华尔兹，他们的女儿略带怨气且不善交际。她很享受和他们一起。

她对新来的客人笑了笑，然后走到街上。帽檐压低，领子放下。

14 日，星期二，泰勒太太的笑容比任何时候都灿烂，她中断了与罗布森太太的谈话，说，早上好！您看起来气色真不错，尼尔太太。哈罗盖特似乎很适合您。

我们今晚还去普罗斯佩克特酒店的舞会吗，罗布森太太问道，我希望能成行。哦，是的，当然。她们在几天前的晚上讨论过这件事。罗布森太太提出来的，她想，为什么不呢。

嗯，好好享受吧，女士们，泰勒太太说。

和善，礼貌，完全正常。然而，在《每日邮报》上，一位前警察这样描述她："一个巨大的困难在于，要寻找的是一位具备某些不同于普通人特质的女性。她有才华，从工作性质可以看出，她是一位大脑灵活性极强的女性。因此，人们会期待她有意识地或下意识地去做一些不寻常的事情。"

嗯，她想，这说得真是相当不错。

"不久后一定会出现一些极为有趣的进展，但在我看来，其性质还难以预测。"

她对着这句话笑了笑。其他的都是更多废话，就这样没完没了。克里斯蒂太太已经这么出名了。多么荒谬啊，她在这里，就在这里，就像她告诉他们的那样。他们要派潜水员去搜查她开车经过的所有水池。所以，显然她不再像音乐喜剧中女扮男装那样住在伦敦了，这算是个好消息。

这个女孩，这个尤娜·克罗，她肯定已经死了。可怜的小东西。她曾经住在埃尔姆帕克路，真奇怪，那就在她的朋友娜恩·科恩家附近。嗨，她们可能曾经在街上擦肩而过。

她出去散步，今天要穿过山谷花园。她路过马杰斯蒂克酒店，一座巨大的红砖建筑，在这里很不寻常。她看着它，看着里面的人们喝着晨间咖啡，抽着烟，为他们的生活所容纳。

这一切是多么可爱。她感到多么安全。

她很喜欢她的午餐。餐厅里很安静，她读了一些从图书馆借出的诗歌。之后她做了个按摩。再之后，她又去打台球。她给佩特森先生签了一张乐谱，歌曲题为《天使守护你》，当时她弹着钢琴为他伴唱的就是这首歌。特雷莎·尼尔，她写道。他无疑是个有魅力的男人。也许对她有点心动？一个令人愉快的想法，但也止步于此。我亲爱的尼尔太太，你真好。我将永远珍藏它。

之后她去洗澡，换衣服准备用晚餐。她穿上了刚来时买的乔其纱连衣裙，天哪，距离现在已经有一个多星期了。在逐渐昏暗的房间里，她又瞥了一眼报纸。一位具备某些不同于普通人特质的女性。

她看向窗外。车道、通向小镇的路、树木、石头建筑、夕阳的余晖。

她看着自己。惨淡的头发、惨淡的眼睛。她笑了。

正如她每晚这个时候所做的那样，她走进吱吱作响的走廊，然后下一段很短的楼梯，拐弯后走向大厅。酒店门外，黑暗的空气中似乎有什么东西在聚集。新来的客人？她去瞥了一眼《泰晤士报》。

阿奇在休息室里，坐在火炉旁。

他们看着对方。又是阿奇和阿加莎了。

她在他对面坐下。

然后发生了一件非同寻常的事情：佩特森先生走到她面前，微鞠一躬，她说，看，你看到了吗，我哥哥来了。然后突然有一些小的骚动，她看到阿奇看上去非常疲惫和悲伤，她知道自己现在、一直、永远都会爱他。她是为了他才这样做的，而他到这里的时候太晚了，太晚了。

他触碰她的胳膊，领她去用晚餐。

是的，这是我妻子，她听到他这么说，对着她前一天在休息室见到的那个英俊男人。那个男人在和她说话。他其实是个警察。真是个讨厌的家伙。警察和她有什么关系？她向警察解释说，她不记得十一天前离家后发生的事情了，真的过了这么久吗？她现在才开始恢复记忆。是的，我妻子什么都不记得了，阿奇说。

他们一起去用晚餐。途中她看到了罗布森太太，哦，她对今晚的事感到非常抱歉，我哥哥突然来了，她会原谅她吗？当然，尼尔太太，为你感到高兴。

他们坐下。阿奇又在身边了，坐在桌子对面。他的脸那么苍白。

但眼下不能就这样吗？菜单、餐食，也许再来一杯佐餐葡萄酒？

泰迪怎么样了，她问。

她对这一切一无所知，他说，所以她很好。

想我了吗？

这时服务生走了过来，他转过头去点菜。

你还好吗，阿加莎？点完菜后，他说。

我不知道，她说，我好吗？

他看着她。

离开的人是她，但她知道躲避她的人是他，当时、现在和永远。

她终于长大了。

> 但十个缓慢的清晨过去，在第十一个清晨
> 父亲把信放在她的手中，
> 合上那只手，她死去了。[4]

她对服务生笑了笑，开始吃饭。

从那时起，她便成了公共财产。

记者们纷纷涌入哈罗盖特水疗院。泰勒夫妇无力抵抗他们。记者们想要的是阿加莎，但她在晚餐后就回了房间。阿奇为自己单独开了一间房，他被留下来应付记者。尽管他什么都不想说，但他听从了西赖丁警察局警长麦克道尔的建议，即那位在阿加莎进去用餐前与她交谈的人，同意向一家报纸提供信息。在给《约克郡邮报》的一份声明中，阿奇首次提出了阿加莎失踪的官方说法，这也是多年来她的家人始终坚持的说法。

"她的身份毫无疑问。她是我的妻子。她完全丧失了记忆和身份。她不知道自己是谁。她不认识我，也不知道自己为什么在哈罗盖特。我希望明天带她去伦敦看医生和专家，我也希望休息和静养能让她恢复健康。警方在这件事上所做的不懈努力，以及为了找到她所进行的调查，值得高度赞扬。"

现在回想起来，认为这将了结所有猜测的想法几近滑稽。但阿奇对自己正在做的事，或所卷入的事丝毫没有头绪。他只能模糊地理解他那"非常聪明的"妻子的动机，正如他对《每日邮报》所说，她比他更聪明。在过去一周左右的时间里，他过着几近地狱般的日子，而当这一切终于结束时，他所感到的欣慰里又掺杂了愤怒、紧张和内疚。和往常一样，他的本能是藏起自己的感情。这是个好主意，但他执行得并不好。他的弦绷得如此之紧，随时会断裂，记者们都知道这一点。他们也知道他隐瞒了些什么。是"尼

尔太太"啊！他们都明白这意味着什么。如果阿奇是在掩护他的妻子，那他同时也是在掩护自己。

在发表了声明后，阿奇给斯泰尔斯的夏洛特·费希尔发了一封电报。他建议她安排人把他的德拉奇从森宁代尔开到国王十字车站，他和阿加莎可以在回家前去那里取车。夏洛特在中午时分接到了萨里郡警方的电话，他们告知了她约克郡传来的消息，那里可能有人看见她了。他们让夏洛特前往哈罗盖特，但她还需要照顾罗莎琳德。于是她转去联系在办公室的阿奇，后者赶上了从国王十字车站出发的 1 点 40 那班火车，和阿加莎当时乘坐的是同一班。

夏洛特同样经历了地狱般的生活。她也受到了怀疑：他们不仅觉得她知道的比说出口的要多，而且猜测她出于某种未知的原因谋杀了自己的雇主。记者们把斯泰尔斯包围得水泄不通，他们潜伏在小黑窗下，拍下她每次出现时的照片。为获得支撑，她让妹妹玛丽来和她同住，二人一起照顾罗莎琳德。

即便是在最极端的压力下，夏洛特对阿加莎仍然忠诚无二。

现在阿加莎给家人朋友打电话，告诉他们"失忆"的官方说法。与此同时，原本打算把阿加莎从哈罗盖特带走的阿奇改变了想法。很明显，他们不能明天搭火车去伦敦，然后再去桑宁代尔：置身事内的人很快能意识到媒体会直接跟踪他们，并在房子外面扎营。于是他联系了玛奇和詹姆斯·沃茨，制定了一套新方案。克里斯蒂夫妇仍然会假装前往斯泰尔斯，他们将在利兹换乘火车去阿布尼。阿加莎可以躲在那里。没有记者能通过那些巨大的铁门。

按照安排，沃茨夫妇在周三清晨到达水疗院，和阿奇在那里碰头。在 12 月 3 日阿加莎逃离斯泰尔斯之前，玛奇对她的想法一无所知，尽管她可能比大多数人更能猜中妹妹的心绪。向来喜欢阿加莎的詹姆斯是个务实能干的人，他负责安排让她离开。

大约在上午 9 点 15 分，阿加莎离开了这间居住了 10 天的酒店。她一定很不情愿把自己从遗忘的深渊中拉回来。由于记者人数众多，逃跑极为困难，因此他们安排了一辆敞篷四门小客车作为诱饵，它停在入口处，吸引了一大群摄影师。与此同时，一辆出租车也来到了边上的货物入口。《每日邮报》猜到了这个诡计，阿加莎迈下台阶，当她走向汽车时，他们给她拍了一张照片：帽檐下她的脸上毫无表情。

在哈罗盖特车站，她再次走货物入口。月台上的人太多了，记者们无法确凿地辨认出阿加莎。她和玛奇设法躲在车厢里——车厢名义上为"帕克先生等"使用——而二人的丈夫则在外面谨慎地监视。与此同时，一些记者正越过铁轨，赶往去国王十字车站的火车。在利兹，整个表演又重复了一遍，人们那时意识到阿加莎是要换乘，而不是去伦敦。许多报纸拍下了她的照片：她面带诡异的笑容，带头走向去往曼彻斯特的火车。火车到达时，一大群记者已经聚在一起迎接他们。阿奇短暂地失去了控制，他推开一个试图与阿加莎交谈的男人，说"这位女士病了"。玛奇家司机驾驶的沃尔斯利汽车在站外等候，在阿加莎进入车内时，记者们又拍了一些照片。她再一次露出了笑容。她似乎还戴着结婚戒指。

一队记者径直追着那辆沃尔斯利汽车到阿布尼庄园，那里大门紧锁。在国王十字车站，因为阿加莎没有出现，等待来自哈罗盖特的火车的人们叹息着推搡彼此。火车司机随后喊道："她不在我们这里！"他们便失望地各回各家，手里攥着报纸，谈论着克里斯蒂太太。

一些未解之谜将永远存在。采石场那空白的脸永远不会揭露它所有的秘密。也许事实及其背后的大部分意图已经为人们所了解，但最终留下的依旧是个故事。一个悬疑故事。这是她最好的悬疑故事，因为它无法被破解。

当然，有许多人试图这样做过，但都失败了，因为阿加莎创造的谜团远不止是个难题。人们会有许多问题：她是否计划了这一切？她真的失忆了吗？这是个宣传噱头吗？她的目的是复仇，是怜悯，还是结束这一切？人们也的确在反复追问这些，希望得到一个简洁明了的答案。但这样的希望并没有什么意义：这是以简释繁。她在旷野里度过的十一天是一个神话，是一首诗。在那个维度里，没有理论和破案方法。

这十一天是一位艺术家、一位作家的作品。作家的生活方式和常人不同。他们的动机总是混杂的，因为对他们而言，一切都是故事。那是他们的解脱，他们的自由。那是他们的生存之道。

但由于这个故事是阿加莎·克里斯蒂的故事，人们总是致力于把它当作侦探故事来处理：追根究底。哦，波洛！那个只需要考察事实——信件、被遗弃的汽车、火车旅行、《泰晤士报》上的广告——就能通过奇迹般的推理让它们自洽的人。

从某种意义上说，它们的确是自洽的。正如前文已经说明的那样，**存在**一个解决方案能够拨开这片森林中纵横的乱枝。但要想达到这个目的，必须坦白地承认黑暗地带、矛盾还有不可知性的存在。几乎连阿加莎自己都不明白她在那十一天里做了些什么：既然如此，除了写成故事，还有什么方法能够重现它们呢？

所有的传记都在讲故事。没有人的生活是可供破译的密码：总有空白和不一致之处，而连接缺失部分的正是故事。全知全能的只有赫尔克里·波洛。真实生活中，可知的没那么多。它拥有神秘的美感。这一点阿加莎非常清楚，尽管她创作了那么多推理作品。她一定知道，自己创造了一个全新的魔方，它有着《罗杰疑案》所有几何学上的复杂性——如何解开它？这样转？还是那样？——但故事中又存在着这样一个转折：它是真实发生的，因此它永无可能被解开。它其实是个完美的故事。它是人性之谜的完美隐喻。还有什么比这个女人更难以捉摸的呢？她像微笑的幽灵一般穿梭在哈罗盖特，阅读报纸上关于自己失踪的报道。

于是，这个故事经久不衰，魅力无穷。那些想淡忘它，想通过"解决"它来破坏其魅力的人，无不一败涂地。

也许最好的评论写于12月16日，人们在哈罗盖特发现阿加莎的两天之后，当时媒体还在为这一事件和他们在其中所扮演的稍显愚蠢的角色沸腾不已。作者是《每日见闻》的一位专栏作家，署名是"街边路人"。

　　许多像我一样既未曾见过阿加莎·克里斯蒂太太，也未曾读过她任何小说的市民朋友，在警察终于确认了她的新地址时，一定感到无比欣慰……但令人有些存疑的是：自一开始，相关事实是否值得让如此多的人沉迷于后续种种虚构，以及由此产生的巨大精力和金钱投入是否合理。

克里斯蒂太太离家后不久，克里斯蒂上校的一个兄弟收到了她的一封来信，信中她说自己身体不好，要去约克郡的矿泉疗养院。这分明就是她所做的。因此，现在只能说，许多人为别人的钱好一通四下奔走。

这是个关于阿加莎·克里斯蒂"失踪案"的绝佳笑话。很明显，一旦把意图和后果分开考虑，**根本没有人失踪**。至少绝非故意失踪。可以明确，她从未有过任何要消失十一天的意图。只是在那些苦苦寻找阿加莎的人眼里，她消失了。对于她已告知自己所在的事实，他们视而不见。诚如"街边路人"无可辩驳的表述，阿加莎做了她自己宣称要做的事，警察和媒体却不相信她，这让他们显得更加愚蠢。

简而言之，这就是阿加莎的故事。这也是夏洛特·费希尔尽力向她女儿讲述的版本。阿加莎开车离开斯泰尔斯时心不在焉，她打算去找阿奇，或者自杀，也可能两者皆有。然后，她进入了一种极为特殊的心理状态：在一定程度上，她能够控制自身，可以计划、思考和行动，但她所控制的那个自我已不复存在。她没有自杀，但在某种意义上，她已经死了。

幽灵阿加莎假创造了自己那得可怜的谜团，包括悬在采石场上方的废弃汽车、箱子、驾照、皮大衣：都是线索。她的出发点是做一件可能感化丈夫的事。她潜逃了，相信让阿奇度过一个痛苦的周末，让他担心她已经死了，便可以唤醒他埋藏的感情，也许会让他重新回到她的身边。她向一个可以为她说情的人求助——与克里斯蒂夫妇同为朋友的，她的小叔子——并告诉他，自己要前往约克郡。她明确表示自己身体不适，情绪也不好。她期望坎贝尔能在12月6日星期一收到她的信，与阿奇取得联系，并让他必须去找她。"尼尔太太"当然是另一条线索，既提示她的所在，又是对阿奇良心的一发电击。

然而，解释最终都会归于困惑。阿加莎的所作所为既讲得通，又讲不通。这就是为什么最广为人知的两种对失踪案的"破解"不仅大错特错，而且毫无意义。阿加莎并没有像多年来的官方说法那样失忆。她也没有像某些评论家坚持冷嘲热讽的那样，故意策划了这一切。真相介于这两种理论之间，在模棱两可的领地，在含混不清的状态中。就像其创造者的意识一样，在她向采石场走去时，她的自我已然滑入了黑暗的天空。

但当然，不只有阿加莎创作了自己的失踪故事。在她的版本之外，还有警察和媒体创作的更为人所熟知的版本。事实上有两个故事，一个私密，一个公开，而二者之间的分歧蕴含着无穷的魅力。阿加莎在山毛榉树下静静地飘荡时，平行时空中忙碌的英国人们正思索着她的命运。

她一直把这个故事看作是私人故事，直到人们在哈罗盖特水疗院发现她的那一刻。考虑到她的名字后来尽人皆知的程度，很难意识到在事件开始时，她是多么不为人所知（12月6日的《每日邮报》提及"一位女小说家"的失踪，她是一位"侦探小说作家"，作品包括《罗杰疑案》）。[5]她是个极为内敛的人，即便在神志清醒的情况下，她也无法预料到自己的行为会成为公众谈资。因此，她相信自己可以在采石场上方弃车而去，而只对一个特定的人造成严重恐慌：她的丈夫。她根本不会想到，这一行为可能会在自己的圈子之外产生反响。她不是那种人。

如果不是警方的态度，或者准确地说，萨里郡警官队副警长肯沃德的态度，这件事也不会产生任何反响——至少不会达到如此程度——他为自己关于此案的理论而着魔，并且沉湎于那些削尖了耳朵的记者的关注。

12月4日星期六上午11点左右，肯沃德首次得知在纽兰兹角发现了一辆汽车，通过留在车内的驾照确定它属于阿加莎。在事后接受《萨里郡广告报》的采访时，肯沃德说："看起来很可能……一位或数位乘客惨遭不幸。"由于阿加莎住在森宁代尔，他们告知了伯克郡警官队，两支队伍于是不得不开展合作。这就制造了一个困境。从一开始，肯沃德副警长就确信阿加莎已经死了，她的尸体就位于汽车附近；而伯克郡的戈达德警官则确信她还活着。

戈达德是个理智的人，他的直觉告诉他，情感上的波动是阿加莎逃跑的主因。撇开其他复杂因素，他的推断几乎和事实大差不差。然而，此案主要由萨里郡负责，所以肯沃德的意愿占了上风。阿加莎的失踪案本可以被得体而机智地处理，却被疯狂地渲染夸大：这件事为全国人民所关注，媒体深度参与，还有纽兰兹角周围地区的多次搜索。肯沃德显然是真心相信阿加莎已经死了，但她的尸体在汽车周围被发现的可能性越小，他就越坚持不懈地想证明自己是正确的。

"我一直跟你说什么来着？一切都必须考虑到。如果事实不符合理论，就放弃理论。"这是波洛在《斯泰尔斯庄园奇案》中所说的话，但肯沃德——正如大多数对本案有想法的人一样，对此没有认识。与对约克郡开膛手 [1] 谋杀案的调查一样，该案在 20 世纪 70 年代末为一份假录音所束缚，导致真凶反复出入警局侦讯室却未被抓捕。肯沃德是如此一心一意地坚持自己的想法，以至于忽略了关于阿加莎下落的那条真正线索。"仅从人性的角度来看，如果克里斯蒂太太因精神崩溃而神志失常，在纽兰兹角的树林或周围徘徊，警方显然有责任努力找到她，"肯沃德对《萨里郡广告报》表示，"在这一方向上失败后，警察还有责任确定这并非不当行为，也不存在犯罪。"

这就是问题的关键所在：肯沃德坚信阿加莎有可能是被她丈夫谋杀的。这便是为什么他没有追查寄给坎贝尔·克里斯蒂的那封信中的线索。他没有看信的字面内容，或是信上的邮戳——"上午 9 点 45 分，伦敦 SW1"——这一线索几乎可以确凿地证明阿加莎在星期六早上还活着，他坚持着自己的理论。他的结论是，这封信要么不是阿加莎本人寄出的，要么是她在返回纽兰兹角之前在伦敦寄出的。因此，警方没有对阿加莎说自己要去"约克郡一家矿泉疗养院"的说法进行充分调查。问题在于这封信当时已经被销毁了，尽管信封还在，因此其内容只能参照坎贝尔的口述。很明显，肯沃德怀疑他试图包庇阿奇，某种程度上这一说法确实成立，因为坎贝尔非常清楚这封信会将他哥哥置于不利处境。警探还怀疑是阿奇自己在谋杀了妻子后寄出了这封信（至于他为什么在不知道内容的情况下这样做，只是肯沃德不

---

[1] 彼得·威廉·撒克利夫（1946—2020）在 20 世纪 70 年代末至少杀害了 13 名女性，其犯罪手法与英国历史上恶名昭彰的"开膛手杰克"十分相似，因此被称为"约克郡开膛手"。

想去追问的问题之一）。

从很早开始，媒体就知道肯沃德心里在想什么。他们感觉到，他迫切地想要铐上那位傲慢的克里斯蒂上校的手。报上还提出了数个其他理论，但正是杀妻的可能性使得这个故事如此沸腾。这让一些评论家认为，阿加莎想让阿奇遭受怀疑甚至被逮捕。这是极不可能的。她也许想让他吃些苦头，但这种念头是模糊的，与警局牢房和辩护律师所处的层面完全不同。此处有必要再一次把意图和后果分开考虑。阿加莎是想让自己的丈夫回到身边，而非通过让他成为谋杀疑犯，从而永久自绝于他。然而他还是被怀疑了。正如报道此案的记者之一、供职于《每日新闻》的里奇·考尔德后来所写："假设说在寂静池中发现了她的尸体，根据我对警方态度的了解，我毫不怀疑克里斯蒂上校会因为间接证据被关押起来。"

就这样，首先因为肯沃德，然后是媒体，阿加莎的私人故事被公之于众。警察和媒体纠缠在这样一起**共同妄想**而出的事件里，导致一场极为私密的危机成为全国话柄。任何认为媒体的唐突和主观是新近才如此的人们，都该看看那些关于阿加莎失踪的报道：早在 1926 年，报纸就在为满足其读者对轰动、灾难和丑闻的渴望而做出完全相同的假设。但这并不能真的怪在媒体头上。肯沃德提供的骨头太过诱惑，让人无法拒绝：这曾经是，现在也是一个让人意犹未尽的故事。

整件事在 12 月 6 日星期一开场时的阵仗很小，和克劳德·莫奈去世的消息放在一起。到了第二天，它成了头条新闻的素材。当时报道的准确度尚可，但后来由于各家媒体竞争激烈，都声称自己拥有独家信息，准确度受到了影响。然而，到了 7 日星期二，某些事实已经确定下来。

人们在纽兰兹角发现了阿加莎的名爵汽车。纽兰兹角是北山丘的一片广阔地带，从吉尔福德附近的 A25 公路一直延伸到奥尔伯里村。车在山下大约三百码的地方被发现，在一个采石场的边缘，引擎盖卡在一处灌木丛中。它靠近一条从纽兰兹角顶部蜿蜒下来的小路，现在被称为旁道。这条小路到后半部分布满了车辙，被称为"水道"，它经过采石场的左侧，然后通往奥尔伯里。车是在 12 月 4 日星期六被一个名叫贝斯特的吉卜赛男孩看到的，上午 8 点左右，他正沿着奥尔伯里的主街走过。

1926 年的纽兰兹角比今天要开阔得多。在主干道和斜坡草地之间没有像现在这样的障碍物，司机们偶尔也会离道冲到坡上。现在山上种了很多树，但那时几乎没有什么可以阻拦汽车下行的东西。尽管如此，阿加莎的车下去了很长一段，而且由于没有刹车的痕迹，她看上去几乎不可能是意外在那里溜车的。

8 点过后，一个从事汽车相关工作、名叫弗雷德里克·多尔的人更为仔细地检查了这辆名爵车。根据大多数报道所述，他发现车的电池没电了，手刹松着。至于车是怎样到达那里的，多家媒体引用了他的说法：在《萨里郡广告报》上，他说就像"有人让这辆车从山上冲下来"，而在《每日见闻》上，他更为坚定地说："在我看来，它一定是在山顶被推了一把。"但考虑到其特殊的位置，车本身受到的损害很小，之后还能开到埃普瑟姆路上的一个车库里。车里有大约两加仑[1]汽油，还有阿加莎的化妆盒，一些衣物，其中包括一件皮大衣，以及一张过期的驾照。

在一些报道中，多尔还提到了一个他周六早上在附近遇到的吉卜赛女孩，她说她在午夜时分听到一辆汽车在纽兰兹角上行驶。多尔走到山上，到达一个由艾尔弗雷德·卢兰德先生经营的小食亭。多尔让后者在他去附近的纽兰兹角酒店给警察打电话时看管这辆车（卢兰德告诉《每日新闻》，他确定手刹是拉紧的，并补充说"很难想象它是如何冲下山的"）。

报纸还报道了目击阿加莎本人的消息。调查早期，一名男子站出来表示自己曾在 4 日星期六上午 6 点 20 分左右，在纽兰兹角附近为一位符合描述的女性发动了汽车。这名男子先是被称为欧内斯特·克罗斯，后又被称为爱德华·麦卡利斯特——这一出入始终悬而未决——对他的报道也不可避免地出现了偏差。《每日快报》描述说，他帮助过的女性头发上有"白霜"，手抱着头，"仿佛很痛苦的样子"。与麦卡利斯特本人交流过的《萨里郡广告报》（其报道总体上非常出色）则写道："该位女性看上去并不心烦意乱，或特别痛苦，但似乎有些怪异，他把这归因于对车的担心。"事实上，似乎

---

[1]　1 加仑约合 4.5 升。

有两个全然不同的人参与其中，因为"克罗斯"描述汽车散热器"相当热"，而且是方形的（阿加莎的名爵车的散热器形状为外圆角），麦卡利斯特则说它凉透了。所有报道都在说，这位女性没有戴帽子或是穿外套，她向着离开纽兰兹角的方向开走了。

到了这一步，媒体报道会让读者相信阿加莎已经自杀了。《每日快报》的头条标题是"山丘上遇到无帽女"，给人的印象是一个衣冠不整的疯子在夜里徘徊，最终走向了死亡。报道强调了弃车离警方正在抽干的寂静池很近，这个池子被（正确地）描述得颇为阴森可怖。并非仅因为阿加莎的职业，从一开始，这个案子就被当成一个黑暗而阴险的谜团。

8日星期三的大新闻是阿加莎寄给坎贝尔·克里斯蒂的信。《每日见闻》以**"她说周末要前往约克郡一处矿泉疗养院"**为头条标题，但不屑一顾地表示："没有证据表明她去了那里"。这个故事怎么可能这么简单就解决了？关于SW1的邮戳问题——这同样对"纽兰兹角的尸体"设想构成了威胁——有人认为那可能不是阿加莎自己寄出的信，或者她在12月1日晚上住在弗勒姆俱乐部时，就以某种方式安排了他人邮寄信件。《萨里郡广告报》写道："这封信是如何以及由谁在伦敦寄出的，是一个尚未阐明的问题。"从未有人提示过这封信应该作字面理解：这只是又一剂迅速让警方和媒体上瘾的毒品罢了。

例如，据报道，阿加莎在过去几周里曾去居住地的药商处买过安眠药，并且与他谈及毒药东莨菪碱，[6]说："有东莨菪碱这样的药可用，我绝不会以暴力手段自杀。"一些报纸还称，阿加莎可能拥有一把左轮手枪。

但是，尽管强烈暗示阿加莎已经死亡，报纸上还是刊登了一些目击者报道，其中大部分发生在纽兰兹角地区。住在奥尔伯里附近的基钦太太"星期六中午在路上遇到一个陌生女子"，她确信这就是克里斯蒂太太；一个牧牛人在4日星期六凌晨4点左右看到她的车驶过附近的希尔村；一位布朗先生在同天上午11点15分左右提出让她搭车（"她看起来根本不在乎发生了什么"）；一位理查兹先生报告说在星期六下午看到她坐在一辆停着的车里，在离吉尔福德几英里的一条小道上，旁边坐着一个男人。

星期一，有人在伦敦东南部的普拉姆斯特德看到阿加莎，她冲进一位丹尼尔斯先生家中，挥舞着一张1英镑纸币要求找零。星期二，一位毕晓普太太看到她在皮卡迪利上了一辆公共汽车，在贝斯沃特下了车，"状态极为糟糕"。

与此同时，8日星期三，《哈罗盖特先驱报》刊登了该镇当周的访客名单。"尼尔太太，开普敦"出现在哈罗盖特水疗院的客人列表里。

当然，警方也注意到了阿加莎给坎贝尔的信。12月9日的《每日快报》上有一小段提到他们在哈罗盖特进行"仔细调查"。"据报道，一位与克里斯蒂太太年龄相仿的不明身份女性昨天去了皇家浴场"：在众多虚报中，这是确实的目击报道之一。《每日快报》和《每日纪事报》的记者们一家家走访了哈罗盖特的酒店，但没有发现以阿加莎的名字登记的女性，因此得出了她不在那里的结论。

然而，9日公布了一条可能引导人们找到她的线索，《威斯敏斯特公报》首次提到了"尼尔德小姐"，称她是除了阿奇外，唯一在上周末身处戈德尔明的宅子里的人。还有报道说警察对克里斯蒂家的工作人员进行了问话。"据我所知，"《威斯敏斯特公报》的特约记者写道，"关于二人在早餐桌上'高声相向'的传闻'毫无真实性可言'。"

换言之，特约记者相信二人之间**曾发生过**高声相向，并对其内容有相当的了解。媒体现在已经捕捉到了风向。他们知道肯沃德对阿奇的看法，也知道他为什么会这样想：这个故事步入了一个令人欲罢不能的新维度。阿奇曾获取了人们相当的同情（正如《每日邮报》7日所说："被这一神秘事件搅得心烦意乱"），现在又成了不被信任的对象。他要求警方护卫在斯泰尔斯，以保护自己和女儿（一名警察每天陪同罗莎琳德去学校）免受媒体喋喋不休的关注，警方也这么做了。但他还是忍不住要和他们对话。"我的健康状况很差，"他对《每日快报》说，"由于持续缺乏新消息，我感到焦虑不安。坦率地说，我坚持不了多久了。"他对《晚报》吐露得更多："我星期五离开家去和朋友们一起过周末。我无意公开自己留宿何方。我已经告诉过警方了。我不希望我的朋友被卷进此事。这是我一个人的事。我像罪犯一样被人穷追不舍，我唯一的愿望就是一个人待着。"

第二天，也就是10日，出现了大量在纽兰兹角寻找阿加莎的报道和照片：《每日邮报》的头条题为"500名警察正搜寻克里斯蒂太太"。《泰晤士报》

的报道相对不那么耸人听闻，说有近250名警察参与了搜寻，包括阿奇·克里斯蒂在内的志愿者们协助进行了搜寻工作。和他一起的还有阿加莎的狗彼得（或"帕斯蒂"，一些报纸这样称呼它）。还出动了两架民用飞机搜索该地区。本周早些时候，奥尔伯里磨坊池塘里的水被抽干了，吉尔福德和希尔猎狐队的比格猎犬们被肯沃德征用，组成了一支非官方搜索队。但什么也没有找到，除了媒体尽职尽责地报道的一条恶作剧消息："问坎德·兰奇。他更了解寂静池，比起……"

但12月10日的大新闻是阿奇·克里斯蒂的发言，已经彻底屈服的他与媒体进行了广泛交流。《每日邮报》详细地引用了他的话。无疑是在又一位特约记者同情外表的鼓励下，他透露了自己的一些想法：不仅关于失踪案，也关于阿加莎本人。他并不缺乏对她本性的了解，他知道她思绪的运作方式有多么不寻常。尽管如此，他对自己行踪的掩盖极大地扭曲了他的说法。

为此，他这样说起阿加莎：

> "曾讨论过随意消失的可能性。一段时间前，她告诉她的姐姐：'如果我愿意，并且小心行事，我可以消失。'我想她们讨论的是报纸上的某件事。这表明她一直在思考设计一次失踪的可能性，也许是为了她的工作。"

几乎肯定，与玛奇的这段对话确有其事。这不像是阿奇会编造的那种谎言，但这也不意味着阿加莎在考虑"设计一次失踪"。这只是她思维方式的一个缩影。话说回来，如果这些事件真的源自对姐姐的一次不经意的小吹嘘，就像一次类似的谈话引向了《斯泰尔斯庄园奇案》的创作一样，那该是多么非同凡响啊。

阿奇继续陈述自己不相信阿加莎自杀的理由：如果她要做这样的事，应该会使用毒药，而且无论如何，"如果某人打算结束自己的生命，是不会大费周章走到几英里外，然后脱下厚外套，走得无影无踪才动手……我觉得她下了山，然后离开了——天知道她去了哪里。我认为她是走下山的，因为她一向讨厌走上坡路"。

这段发言中的部分内容惊人地接近真相，尤其是关于走下山的那段。然而，阿奇说这番话时受到了自我利益的驱动。他想强调阿加莎还活着，因为她自杀的唯一可信理由是他与南希·尼尔的关系。

他提供了阿加莎失踪前三天的细节，包括去伦敦拜访埃德蒙·科克。鉴于二人间的疏远，他对阿加莎写作进展的了解程度颇令人惊讶。很明显，他们仍保持着某种关系，又或许，阿加莎只是在假装和他一如既往地相处。

> "她告诉我，他们一直在谈论她的新小说《蓝色列车之谜》，一部她无法完成的作品……我想她也在担心把自己的另一个系列作品《四魔头》以实体书形式出版。不过，这似乎并没有影响到她，因为周四晚饭后她就和秘书费希尔小姐一起去阿斯科特上舞蹈课还是别的什么了。"

所有的发言都非常有趣，但采访的重点不在此。"我将克里斯蒂上校的注意力引向了在森宁代尔等地广为传播的某些流言蜚语。"阿奇极力否认自己和阿加莎在3日星期五的早晨发生过争吵。

> "她很好——就是说，她和过去几个月的状态一样好。她知道我周末要离开家，她知道我要待的宅邸会有哪些成员，在当时或其他任何时候，她都没有提出过丝毫反对。我强烈反对在这件事上引入任何闲言碎语。这不会帮助我找到我的妻子，而这才是我想做的事。
>
> "我妻子从未对我的任何一位朋友提出过丝毫异议，她认识他们所有人。"

这段话读来多么糟糕，如果阿奇什么也没说，该是多明智啊。然而，他不会是最后一个被媒体诱导来"解释"自己的人。对媒体有着更深的认识的人甚至都会认为，沉默比语言更容易被误解，只有聪明、警惕的夏洛特知道，阿奇做错了。记者们的工作不是为他开脱罪责。他们只忠于故事，而最好的故事就是阿奇的罪责。《每日快报》记者斯坦利·毕晓普对于这是一起杀妻案深信不疑。里奇·考尔德推断，阿奇在半夜离开了詹姆斯夫妇的房子，在纽兰兹角和阿加莎相会并将她杀害。正如 1922 年对伊迪丝·汤普森[7]的审判所表明的那样，英国人民十分愿意以谋杀罪判处通奸者，无论证据多么不可靠。即便并不存在对阿奇不利的证据，他的形象还是被抹黑了。即使他没有谋杀妻子，媒体也认为可能是他把她逼到了自杀的地步。所以他不应该开口的。但也许因为他在更大的罪行上是清白的，而且他如此了解阿加莎，确信她还活着。他的本能便是为自己辩护。

事实上，阿奇根本无法相信自己的处境。他可能从未见过记者，也没有想过会见到，而且他把警察视为盟友而非对手。然而在这里，他处在头条新闻和潜在刑事调查二者的中心。他与南希共度周末的惬意——放松、休憩、高尔夫；玛奇和萨姆同他们的新生儿快乐地玩耍——直至被夏洛特平静的声音打破了。也许他当时就已经知道，他们所有人的生活将永远改变。

至于夏洛特联系阿奇的时间是在周五晚从伦敦回到斯泰尔斯时，还是在周六上午阿加莎的车被发现后，报道并不一致。根据里奇·考尔德那不可靠的回忆，夏洛特是在周五，"不知是在克里斯蒂太太的建议下，还是因为她正处于恐慌之中"打电话警告阿奇，阿加莎失踪了。"当时有一场晚宴正在进行中，"考尔德写道，"有在场人士说这是克里斯蒂上校和尼尔小姐的'订婚'派对。"这则詹姆斯家用人们传出的八卦透过警方被转达给了媒体。这一未经证实的说法可以解释公众对待阿奇的态度。它还为前述一种假设提供了支撑，即阿奇当晚离开詹姆斯夫妇家，开车到附近去见阿加莎并谋杀了她。但一切尚无定论，因为有其他报道说夏洛特是在周六早上给阿奇打的电话，他当天回到斯泰尔斯并见到了警察。

与此同时，南希躲进了她父母在赫特福德郡的宅邸，阿奇祈祷她能在那座要塞中免受打扰。要是能在南希的名字为人所知前找到阿加莎就好了！是上帝大发善心，让他们遇见了谨言慎行的夏洛特，但用人们无法被给予同等信任。夏洛特和妹妹玛丽以她们那有尊严的、爱丁堡的方式在屋里四下走动，把事情安排得井井有条，让一切维持正常。夏洛特把罗莎琳德哄得很好，告诉她母亲离家是为了创作。她同时还要对付玛奇·沃茨，后者坚信一定**有**人知道她妹妹发生了什么。她处理不停歇的来电，还有潜伏在屋外的媒体。他们知道，无论他们如何努力，都不会动摇费希尔小姐分毫。阿奇则是另一回事。在 12 月 10 日《每日邮报》对他的采访中,他对于阿加莎可能做的事情还有更多话要说。

> "我只知道用人们告诉我的事情。然而,我想,她可能陷入了这样一种状态,即无法安静地坐下来阅读或工作。我自己也曾多次陷入这种状态,也漫无目的地出去散过步。我想,这就是我妻子做的事,但她没有走路,而是开着四座汽车离开了……
>
> "用人们没有注意到她有什么特别奇怪的地方,当天去了伦敦的费希尔小姐晚上来电问她是否需要自己时,我妻子还一切如常。她留了一张给费希尔小姐的纸条,要求取消那个周末的约克郡之行 [去贝弗利] 的安排,并补充说她要出去溜达一圈,明天会告诉她去了哪里。
>
> "这就是我所知道的一切,这所有的不确定让人多么提心吊胆,用不着我明说吧。"

这时阿加莎写给夏洛特的信已经在警方手里了。另一封阿加莎留给阿奇的信,他在别人看到前就将其销毁了。几乎可以肯定,信中提到了他与南希·尼尔的关系。尽管 12 月 11 日的《每日邮报》并没有这样说,报上刊登了阿奇本人对信件内容的担保。"内容与我妻子的失踪没有任何关联,"他解释道,"这绝不是一封告别信,也没有丝毫抱怨之意。我确信,我妻子是在想起了一些她想告诉我的事情时写下的这张纸条,远在她冲动地驾车出门之前。"

毫不奇怪,肯沃德对阿加莎留给丈夫的信有某种不同看法。阿奇本人不太可能对肯沃德提及这封信,它或许是被某个女佣在大厅里发现的。

随后,萨里郡和伯克郡的队伍在巴格肖特警察局进行了会晤,"其间讨论了这些新信件的发现",《每日见闻》写道。媒体还琢磨起留给夏洛特的信,大家已经习惯了阿奇向《每日邮报》谈论这封信的方式:这种方式总是让读者觉得事实与他所说的正好相反。"它与我妻子的失踪没有任何关系。它绝对没有对任何人提出指控。"

他显然认为这会对自己有所助益,于是接着说,他和阿加莎"没有为我们的个别朋友或其他事情争吵过。你必须知道,我们已经结婚好些年了,和其他夫妇一样,在某种程度上各自过着自己的生活。"

12月11日的某些报纸会让阿奇读起来相当不适。《每日见闻》告诉读者,"克里斯蒂上校今日受邀拜访肯沃德副警长"以讨论他销毁的那封信。《威斯敏斯特公报》称,巴格肖特会晤后"亟待重要进展",且阿奇在结束与肯沃德的会面后表现出了"焦虑"的迹象。一般的精明读者很可能会认为逮捕在即。然而,《每日快报》的态度却有所不同,他们称警方现在认为阿加莎还活着(当然,伯克郡的警察本就如此)。此时不可避免地,记者们在詹姆斯夫妇的戈德尔明住处纠缠不休。《每日邮报》成功采访到了似乎有些暴躁的萨姆·詹姆斯,他对阿奇的忠诚读来让人难以共情。

> "有人说克里斯蒂上校在这里时,他的妻子来过电,还有人有说他出去见他的妻子,或者说她来这里见他。没有任何此类事情发生。
>
> "我认为克里斯蒂太太回到家里,发现上校和我们一起过周末,然后一气之下开车走了。"

这并非当时的普遍看法。尽管《每日新闻》刊登了三张经篡改的照片,试图展示阿加莎可能如何乔装打扮;尽管有新的传言说她在南海岸的一家旅馆里,也可能在里尔,但肯沃德的理论依然支配着人们。于是,12月12日,大家决定去寻找阿加莎的尸体。"公众今日对克里斯蒂太太进行了大规模搜寻",《周日画报》写道。"警察要求驾车者参加山上的搜寻活动——呼吁猎犬协助。"就像威尔士王妃戴安娜去世后,成千上万的人涌向肯辛顿一样,怀揣着参与此类大事的念头,兴奋的人群自周日一早就开始前往纽兰兹角。犯罪小说家多萝西·L. 塞耶斯也在其中。

按照肯沃德和其警队的建议,人们来时身着耐寒的衣服("有警官说穿漆皮鞋来是没用的"),带着手杖。六条猎犬按时出现了。搜索活动覆盖了大片区域,马匹被用于向散布各地的人群传达指示。尽管的确有些志愿搜寻者比其他人更充满干劲,艾尔弗雷德·卢兰德的小食亭也颇受欢迎。有关新发现的传言甚嚣尘上:其中最有意义的是几个手提包,《每日快报》将其力呈为潜在的重大发现。

至于人群的规模，各家媒体的估计不一。《每日邮报》说有五千人，《每日见闻》说有一万，《每日快报》和《威斯敏斯特公报》说有一万五千。《泰晤士报》更为审慎，认为只有两千人左右，尽管如此，"道路被车辆堵住，发现弃车的整个高地都停满了汽车"。大约来了四百辆车（或"三千辆"，据《每日见闻》所述）。看来，所有人都度过了一段愉快的时光。也许阿奇——他没有参加周日的大搜寻——对《每日快报》的说法也并感到不奇怪："我确信她在一切平定前不会回来。"

各家报纸的后几页都满是纽兰兹角搜寻的照片。此外还报道了二十岁的尤娜·克罗的失踪，她在 11 日星期六早上走出了位于切尔西的家。《每日快报》刊登的标题是"著名外交官女儿失踪"。"在阿加莎·克里斯蒂太太案之外，又多了一个女性失踪的谜团。"

12 月 13 日，媒体达到了疯癫的顶点。阿加莎死了吗？她还活着吗？她是否如周末招待她用午餐的皇家小屋旅馆的经理所说的那样，在欣德黑德？她是否"伪装成男人在伦敦"？这一说方法作为警方的最新推论得到了严肃报道。《每日新闻》透露，阿奇已经"进行了长时间的调查"，检查自己是否有衣服丢失。

《威斯敏斯特公报》引用了阿加莎的婆婆赫姆斯利太太的话，后者认为写了一半的小说《蓝色列车之谜》（原文如此）可能包含了这一现实谜题的答案。《每日见闻》则告诉读者，"降神会已在吉尔福德和邻近城镇的山坡上露天举办，还有焚香的房间里"。一位记者参加了一场由"知名灵媒"举办的降神会，其精神向导梅茜（"一个非洲女孩，部落不详"）告诉他，阿加莎在贝斯沃特被两个男人拦路抢劫。这位记者是个怀疑论者，尽管如此，他还是获得了报道素材，顺便展示了阿加莎正引导人们做出的种种非同寻常的疯狂行为。

14 日，有报道称在离纽兰兹角仅几英里的东克兰登有间小屋有居住的痕迹。总在哗众取宠的《威斯敏斯特公报》将其描述为"某种阴森的糖果屋式的房子，位于萨里郡山区最孤独的地方"。里面有一张明信片、一条面包的残留和一件皮大衣，还有一个"标着毒药、铅和鸦片"的空瓶。据说，警方在小屋的地上洒下了粉末，这样他们就能知道是否有人进去。"今早，粉末上有清晰的女人脚印痕迹。"然而，事情并不像看上去那样：一个差劲的记者撒下了粉末，然后让吉尔福德一家旅馆的酒吧女招待把脚放上去。"鸦片"则是一种治疗腹泻的药物。留在"小屋"里——一间平平无奇，尽管有些偏远的小屋——为数不多的几件物品是其主人的财产。

与此同时，肯沃德再次出动，告知《每日邮报》他计划在纽兰兹角周围进行另一次大规模搜索："会仔细搜查这一地区所有的沟壑、溪流和池塘。"他重申会找到一具尸体，并试图重获记者们（他们现在已经对这一徒劳的理论略感厌倦）对他探索的支持。"报纸上说克里斯蒂太太还活着。如果是这样的话，为什么她没有在不透露地址的前提下给她的银行人员、代理人、律师或任何亲属写信？……她没有写任何类似的信，原因很明显——她已经死了。"

对肯沃德后来的声誉而言，不幸的是，阿加莎恰好写过这样一封信——给坎贝尔·克里斯蒂——而他却选择了忽略它。然而，就在肯沃德在《每日邮报》上发声的同时，谜团也在悄然解开。

12日星期日，哈罗盖特水疗院乐队的两名成员鲍勃·塔平和鲍勃·利明前往当地警察局，报告了他们对这位安静的、总在微笑的尼尔太太的怀疑，她与失踪的克里斯蒂太太的照片是如此相似。次日，西赖丁警察局的警官们来到酒店，在观察了这位女士后，认为找到了阿加莎。他们联系了肯沃德，后者未予理会，继续执行他在纽兰兹角附近地区的搜寻计划。

周二一早，约克郡警方再次与肯沃德联系，向他强调，无论他本人有何疑虑，都应该通知阿加莎的家人。因此，他打电话给斯泰尔斯的夏洛特·费希尔，请她前往哈罗盖特确认那是不是她的雇主。夏洛特旋即联系了阿奇，后者搭上了北上的火车。据《每日快报》报道，在阿加莎被指认前一小时不到，肯沃德仍在表示怀疑。"我不认为哈罗盖特那头有什么东西。"他说。后来他声称阿奇也对这一目击表达过怀疑。

塔平和利明可能不是酒店里——或者说哈里·科布乐队里——唯二认出阿加莎的人。在她逗留期间，一直担任女佣的罗茜·阿舍声称很早就认出了她。很久以后，也许有事后诸葛亮的意思，她说自己不敢报警："我想我是最早知道的人之一，但主动介入并非我的工作。"她从一开始就发现尼尔太太"有点奇怪"，带着一个小箱子，还有那孤僻的、幽灵般的神色。在她为数不多的财产中，有一双式样不寻常的带扣鞋出现在报纸上阿加莎的照片中，还有警方描述的带拉链的手提包。"然后我就明白了。"

水疗院的女经理泰勒太太也有她的疑虑，但只对丈夫提起过。"在没有通知警方一事上，我承担了一定责任，"她告诉《每日邮报》，"酒店之外有人通知了警方，尽管这里的一些用人说过，这个女人和照片上那位似乎非常相像。我让他们什么都不要说。"

一些客人也曾有所怀疑，但这些怀疑从未付诸行动。水疗院的人们不是那种人。哈罗盖特的人们也不是。"我们当然知道是她，但我们什么都没说。"一位镇上居民多年后表示。如果克里斯蒂太太想待在那里，独自一人四处游荡买衣服，那完全是她自己的事。只要她能融入其中，哈罗盖特并不会担心。它是贵族式的、谨慎的、坚不可摧的。对于这次特殊的旅行而言，它是个不相称的终点，但对阿加莎而言又是显而易见的。哈罗盖特就是北方的托基，是"像我们这样的人"去的地方，哪怕他们消失了。

哈罗盖特与那些偏执的警察还有追逐热点的记者的世界是如此格格不入，尽管他们狂热地追寻，却没能找到阿加莎。他们忽略了那些可以带领他们找到她的线索——还是这个女人自己提供的。

于是，当她最终在她说过要去的地方被发现时，媒体是如此难以原谅她，也就不足为奇了。

愚弄了这么多人不是她的错。她没有要求他们搜查北山丘的灌木丛，也没有要求他们抽干池水，更没有要求他们在伦敦的公共汽车上认出她来。她并不想成为过去一周里几乎所有报纸的头条新闻。她成为公共谈资是身不由己，而现在她对此却丝毫无能为力。媒体认为她在领着他们跳舞，这是事实，尽管她并未要求他们跟着。那些无休止地猜测克里斯蒂太太命运的公众也是如此：她以虚假的伪装引发他们的怜悯，让他们以为她是一具不幸的尸体，而实际上她光鲜体面、衣食无忧地住在一家优质酒店（对某些人来说普普通通！），让他们做了原本不会做的事。她让他们看起来很愚蠢。现在她要为此付出代价。

13 日星期一晚，记者们得到消息，他们的猎物可能被找到了。一些人立即赶到哈罗盖特，并用整个星期二试图确认阿加莎可能住在哪家旅馆。《标准晚报》孤注一掷，在其 12 月 14 日下午的版面上称，一位女性正在等待克里斯蒂上校的确认。

阿奇在 6 点 30 分刚过的时候抵达哈罗盖特，并与西赖丁警察局警长麦克道尔一起来到水疗院，在那里他见到了女经理泰勒太太。"尼尔太太"正在楼上为晚餐换装。登记簿上的笔迹是阿加莎的，略带掩饰。

大约 7 点 30 分，阿加莎下楼看到了阿奇，他向麦克道尔确认这确实是他的妻子。酒店外，记者们正等着。很快，他们就会扑向克里斯蒂上校。不再是杀妻凶手的他现在又在参与一项全新的掩盖行动了。

12 月 15 日的报纸上劈头盖脸地都是这一发现。德里和汤姆百货、怀特利百货、伯恩和霍林斯沃思百货的圣诞广告头条引人瞩目："克里斯蒂太太被发现于哈罗盖特。"然后是阿奇前晚口不择言对媒体说的谎："她不知道自己是谁。"

阿加莎在水疗院逗留期间的细节被刊登出来。由于每家报纸都有自己的信息来源，差异不可避免。《每日邮报》捷足先登，采访了酒店经理泰勒先生，其妻子曾怀疑失踪女性就在他们之中，他如此说道：

> "克里斯蒂太太在周六乘坐出租车抵达哈罗盖特水疗院。从一开始，她在水疗院的生活就与我们其他的客人完全相仿。她在公共餐厅就餐，只是偶尔在床上用早餐。
>
> "晚上，我们有时会在休息室唱歌跳舞。在这方面，克里斯蒂太太表现出了十足的热情。她唱了几首歌——是什么歌我不记得了，因为我不懂音乐——而且她经常跳舞，和住在水疗院的年轻人们自由交流……
>
> "我没法告诉你她是如何向他们介绍自己的情况的，尽管我知道他们多次互相说起和他们一起的客人和那位失踪女性很像，但是他们并不真的相信她会是克里斯蒂太太。"

《每日邮报》还称她在哈罗盖特逗留期间买了很多衣服。她在水疗院起初话不多，后来交了一些朋友；她告知另一位客人罗布森太太，自己的孩子去世了，她正处于恢复期。她偶尔打打台球，尽管"一次很少打进超过五到六球"。然而，《威斯敏斯特公报》采访了看过阿加莎打球的"一名酒店员工"：

> "尽管她告诉对手，一位住在酒店的外国绅士，自己不会打球，但我们中的一些看了比赛的人说，她一定是在和他'开玩笑'……"
>
> "她是一个和善美丽的女人，"他说，"看起来情绪不错，经常和工作人员开玩笑。她完全没有在公众面前遮遮掩掩，相反，她相当积极地参与了酒店生活，非常喜欢在休息室里唱歌和演奏……显然没有任何迹象表明她的健康状况不佳。"

《每日快报》采访了酒店的女艺人科比特小姐，后者的言谈充满了后知后觉的智慧："我们都说那是克里斯蒂夫人，但我们几乎什么也不想做。她在我的伴唱下唱了许多歌。她有极高的女高音，唱得非常好。"酒店住客之一，一位名叫佩特森先生的航运商人向《每日快报》描述了他前一天晚上在晚餐前看到"尼尔太太"时，她对他说："哦，真没想到，我哥哥来了。"佩特森先生说水疗院的其他客人都认为她是克里斯蒂太太，尽管他自己"从未幻想过"。他说，她似乎"一直在思考。有一次我对她说：'你来自哪里？你住在伦敦吗？'她回答道：'不，我不住在伦敦。我住在南非。'我不愿再继续追问，因为她似乎不想推进这个话题"。

次日，佩特森先生又发表了一些言论，他告诉《每日新闻》，自己和阿加莎已经成了好朋友。"也许因为我们都对音乐感兴趣。"他描述了她如何给他买了一张《天使永远守护你》的乐谱并在上面签名，他们曾一起表演过这首曲目。他还详述了与阿奇的会面。"当时我觉得很奇怪，竟然会像他那样沮丧低落的伙计。"

事实上，很多事情都从次日起变得很奇怪。15日，媒体尽职尽责地报道了失忆症的说法，描绘了克里斯蒂夫妇重逢的"悲惨"场景，以及阿奇试图让阿加莎认可自己所做的努力。做这件事时，他们是带着相当程度的同情与怜悯的。而现在，愤世嫉俗的情绪又开始涌回记者们的心中。

"没有失忆的证据"，就这个问题"咨询了一流精神专家"的《威斯敏斯特公报》用标题嘲弄道。[8]人不可能在失去记忆的情况下以如此正常的方式行事，亦未看到任何痛苦的迹象。阿加莎认不出报纸上自己的名字也是不可能的。然而，阿奇坚持自己的理论，并告诉记者，尽管阿加莎对于自己如何到达哈罗盖特一无所知，但她的记忆已经开始恢复了。

"今天早上，"他说，"她隐约觉得自己是克里斯蒂太太。"

当阿加莎从哈罗盖特乘火车到利兹，再到曼彻斯特时，记者们为她的举止深感震惊。"她与姐姐愉快地聊天，有一次还笑着拍了拍她的肩膀。"这看起来有些像嘲笑，媒体逐渐开始变得恶毒。他们知道读者们也同样愤愤不平，所以他们的立场是安全的，特别是在提到钱的问题时。寻找阿加莎花了多少钱？《每日见闻》给出的估计是 1 000 英镑到 3 000 英镑，尽管这个数字会急剧上升，最终达到 2.5 万英镑的可笑高度。《每日邮报》就一位读者来信指出的主题开通了专栏——"两个郡的警察在克里斯蒂太太失踪案上表现出了非凡（在我们中的一些人看来）且无凭无据的关注"。"我认为警方没有理由花费数千英镑，任何与这位失踪的小说家相关的人都无法提供这笔钱。"

然后是阿加莎在哈罗盖特用的名字的问题："这个名字与那位年轻女子的名字一致，除克里斯蒂上校之外，她也去过赫特莫尔小屋——詹姆斯夫妇在戈德尔明的家。"《威斯敏斯特公报》如是说。《每日快报》也有所警觉，并写道阿奇"特别要求不要泄露妻子在水疗院使用的这个名字"。该报还告诉读者，阿奇并不打算为搜索费用提供资金。"我没有要求他们找她，"他说，"我一直都知道她还活着，我也是这么告诉他们的。"

这一点当然是无可争辩的。但逻辑与此案的报道方式已然没有什么关联了。成千上万人的脑海中已经形成了关于失踪案的公开故事。然而它是阿加莎自己创作的，它却并不是人们想要的故事。她所作所为的细微之处超出了公众的理解。因此，人们决定，她所创造的不过是一个"圈套"而已。

她躲了所有人整整十一天。现在被关在阿布尼庄园大门之后的她再次躲开了他们。[9]人们的懊丧之情溢于言表。"数百万的好男儿们在战争中丧生，几乎根本没有人在意他们，""知名探险家"米切尔-赫奇斯先生对《每日见闻》说，"然而，一个女人失踪时，整个社会都瘫痪了。"《每日快报》写道，如果能证明她确实失忆了，那么阿加莎会获得源源不断的同情。与此同时，人们会笑话"认为她死在纽兰兹角附近的警方，自发在山上搜寻的人们，在各种相互冲突的时间和地点看到她的好心人……"。

自认有权跟进此案的《萨里郡广告报》总结了彼时的普遍情绪：

> 克里斯蒂太太已经找到了，但围绕她失踪的谜团还远未被解开。事实上，对许多人而言，整个事件随着一系列的解释反而变得"愈加神秘"了。我们都为克里斯蒂太太还活着，而且过得很好，感到高兴——或者说，在她丈夫周二晚到达哈罗盖特水疗院之前，她在所有人眼里都过得很好。但是，坦率地说，公众对此感到困惑不解。

> 记忆丧失始于何时？在她把车丢在纽兰兹角时？如果事实如此，那么一个如此痛苦的人竟然能够找到去伦敦的路，从一个终点站穿过市里到达另一个终点站，在哈罗盖特订房……这就太过怪异了。医学家们也许熟悉这种情况，外行人在一无所知的情况下，只能感到不解。

> 另一个几乎——但不完全——同样让人困惑的谜题是，克里斯蒂太太是如何在这么长的时间里不被发现的。想一想吧！在整整十天里，她是举国上下谈论最多的人……造成这一轰动的核心人物却在一家有许多客人的酒店里过着正常人的生活，与他们交谈，甚至为他们演唱，却没有被认出……我们收回本段第一句中的限定：这个谜题和另一个谜题同样难解，甚至更甚。

12月17日，即失踪案在头条新闻上待的最后一天，阿奇在阿布尼庄园外直面记者，向他们递交了一份病情公报。这份公报由曼彻斯特大学神经学讲师唐纳德·科尔博士和沃茨夫妇的家庭医生亨利·威尔逊签署，内容是："在今日下午对阿加莎·克里斯蒂太太进行仔细检查后，我们形成了以下看法：她无疑确实经历了失忆，且为了她未来的福祉，她应当避免一切焦虑和激动。"

《泰晤士报》报道了阿奇补充的声明：

> "我妻子病得很重，完全丧失了记忆。三年的时间从她的生活中消

失了。她无法回忆起这期间发生的任何事情……她丝毫不记得去过纽兰兹角，也不记得最终到了哈罗盖特。

"她现在知道我是谁，也认识到沃茨太太是她的姐姐。值得注意的是，她不知道自己有一个女儿。有鉴于此，当她看到自己和小女儿罗莎琳德的合影时，她问那孩子是谁。'孩子是怎么样的'以及'她多大了'。"

最后，阿奇恳求公众尊重他们的隐私。"在经历了这一切可怕的担忧后，我们现在唯一想要的就是安宁与平静。有人提出支付我 500 英镑，让我说出我的妻子是如何来到哈罗盖特的。我不知道，她也无法告诉我。"

"我也希望，"他对《每日见闻》说，"这能了结此事。"但是，即便没有其他幺蛾子，阿奇自己无法回避问题的性格也将招致更多的报道。《每日见闻》就阿加莎的失踪是宣传噱头的说法对他进行了询问，"都是为销售她的书安排的"，他激烈地予以了否认："不存在这种事。医生的报告证明了这一点。"

记者们还问及一个更危险的话题，即阿加莎使用"尼尔"这个名字一事；正如阿奇在接受《每日邮报》采访时说的，这是一位"共同朋友"的名字。

"她在《泰晤士报》上以尼尔的名字登广告，邀请她的亲属主动沟通，因为她当时的处境非同寻常：无缘无故身处一家陌生酒店，不知道自己是谁，唯一确信的只有特雷莎·尼尔是她的真名。医生们告诉我，这样的行径符合失忆者的所作所为。"

《每日邮报》紧接着刊登了几段与我们共同的朋友尼尔小姐相关的内容，她的父亲在赫特福德郡的家中接受了简短的采访。"至于为什么克里斯蒂太太要使用我的姓氏，我无法冒失地提出任何理论。不幸之处在于，"他说，"在克里斯蒂太太失踪的那个周末，南希会去参加詹姆斯先生和太太的家庭聚会，而克里斯蒂上校也恰好是那个聚会的一员。"

尼尔先生对《威斯敏斯特公报》多说了一些。"对我的女儿和我们家所有人而言，把她的名字拖入泥潭是最让人不悦的，而且也并不必要。"尼尔太太告诉记者，南希是克里斯蒂夫妇的朋友，"但她从未与上校特别友好"。

她说，女儿"对整件事感到非常痛苦"。

《威斯敏斯特公报》还提到了阿加莎在 4 日星期六留在哈罗德百货公司维修戒指的事件——在目前的语境下，这足以判定——她向商店提供的是哈罗盖特水疗院的地址，戒指也寄到了那里。"因此，毫无疑问，在阿加莎·克里斯蒂太太失踪的周六上午，前往哈罗盖特途中的'尼尔太太'正在西区，和所有正常女性一样在购物。"

无论阿奇如何坚称阿加莎"病得很重"，需要几周时间才能康复，几乎所有人都不相信他的说法。正如笔名"大祭司夫人"的读者在给《每日邮报》的信中所写的那样："我们中的许多人也想知道，她失去记忆的说法与她住在酒店、付账、跳舞、唱歌和打台球的事实有何矛盾之处。"人们也仍然对钱的问题耿耿于怀：阿奇曾说过，搜索所产生的额外费用不超过 25 英镑，而作为一名纳税人，他没有义务去补齐这些费用。"一位萨里郡人士"给当地报纸《萨里郡广告报》写信道：

> 如果克里斯蒂上校想表达对于妻子归来的感激之情，他所能做的最好的事情就是支付与该搜索有关的所有费用。得知我们萨里郡的一个美丽景点不得不遭受不必要的践踏和毁坏已经足以令人难过了。也许当克里斯蒂太太的记忆恢复时，她会尽己所能做出补偿，确保纳税人不会因为她的失踪而利益受损。

阿加莎，其次是阿奇，已然成为公众谴责的焦点。人们认为她是个不择手段的女人，她的丈夫以不恰当的、亦可能是自私的方式为她辩护。英国公众以特有的方式攻击她：带着艳羡、怨怼、下作和自以为是，还有一丝强烈的"她以为她是谁？"的意味。"一个普通的女人"给《每日邮报》去信，说她想知道如果她自己失踪了会发生什么。她会得到和阿加莎一样的特殊待遇吗？当可怜的尤娜·克罗因精神崩溃而自杀，她的尸体在 21 日被发现时，人们的所思所想显而易见：有人真的做了阿加莎假装做了的事。这是个真正值得同情的好人，而非一个自大的渴求关注者。

媒体报道觉察到了这种情绪，并毫不犹豫地将其激化。这种情绪也许同样存在于记者们中。今天，厌女者四处可见，仿佛社会需要他们来存放那些不太高尚的情感。"这个世界对女性的评价并不仁慈。"阿加莎后来写道。[10] 在 20 世纪 20 年代，那些相当于推特暴民的人们如饥似渴地想要羞辱她，只是因为她犯了让自己个人的痛苦进入公共领域的罪行。1927 年 2 月，下议院提出了关于搜索费用的问题。内政大臣威廉·乔因森－希克斯爵士回应道，萨里郡警察局的额外支出总额约为 12 英镑 10 先令，但其他议员并不打算轻易放过这个话题。有人问："谁来补偿那些被这个残酷骗局故意误导的数以千计的人们？"乔因森－希克斯的回答是，人们加入搜索只是出于好奇，这当然是事实，但没有人想听。和民粹主义一如既往的愚蠢行径一样，此事完全没有任何解决办法。

有一种理论认为，阿加莎一直都很清楚自己在做什么，她是主动消失的，带领警方和公众一起跳了一支蓄意的舞，这种理论依旧吸引着许多人。自从这些事件发生以来，不时有人出来讲述他们曾经遇到过某个人，而这个人又认识某个与她同时住在哈罗盖特的人，哦，是的，她**肯定**在搞什么鬼。

怀疑论的观点之所以吸引人，部分原因和 1926 年时的情况相同。这是对"失忆症"理论的反应，这个理论最初由阿奇提出，后来又常年为全家人所坚持，他们拒绝接受对这个问题的任何进一步猜测。阿加莎失忆的可能性是如此之小，几乎所有人都不相信她确实失去了记忆，以至于官方对这种解释的坚持，往往会让人们认为在隐藏什么：某些不利的东西。而这恰恰使理论家们走向了反方向。那些不相信阿加莎在失踪时失去理智的人倾向于认为，她的神志是完全清楚的：正如她笔下的故事一样，她是在暗中策划。但这并不是那种故事。

撇开他在事后对记者发表的言论不谈，阿奇本人是相信阿加莎知道自己在做什么的。在多年后寄给罗莎琳德的一封信里，根据他的朋友玛奇·詹姆斯的说法，他"认为失踪事件是一场宣传作秀"。玛奇和她的丈夫也是这样想，他们二人在鼓励阿奇和南希·尼尔之间的关系方面所扮演的角色并不高尚。依此推测，南希本人也这样想。"宣传作秀"一词暗示着阿加莎的失踪是为了推动自己身为悬疑作家的事业，但阿奇并不是这个意思：相反，他指的是她试图制造反对他的舆论。她试图掀起群情激奋，获取同情，使得他名誉扫地，同时损害他与南希的关系。

也许阿奇这样看问题不可避免。毫无疑问，他对阿加莎怀有歉疚，而愧疚总是让他变得狠心。此外，他也经历了地狱般的生活，而责怪阿加莎是最容易的处理方式。也许，在内心深处，他并不完全相信自己对玛奇·詹姆斯所说的话。可能他把一切简化为"作秀"来解释，是为了掩盖更深层的感情，而这正是他本能地想要隐藏的。

阿加莎去世后不久，里奇·考尔德在《新政治家》上发表了一篇著名报道，阐述了有意为之的理论。[11]他描述了这个故事占据各大报纸的方式——"甚至是沉着的《泰晤士报》"——以及警方对于这是一起谋杀案的暗示："在当时，罪案记者和警察几乎可被称作是同谋。"他把当时各种传闻当作事实写进报道，包括阿奇和南希在阿加莎失踪当晚是在参加非正式的订婚晚宴。

他还写到了阿加莎在哈罗盖特水疗院被发现当晚的举止。"她并不慌张。别人叫她'克里斯蒂太太'，她予以了回应。当被问及她是如何到达那里时，她说自己不知道，她得了失忆症。"由于报纸上没有报道任何此类言论——没有证据表明阿加莎在 12 月 14 日对媒体发表过任何讲话——人们对考尔德的报道产生了怀疑。不过，他的结论是相当正确的。"情感上心烦意乱，的确如此。得了失忆症，并不如是。"

从某种程度上说，更接近事实的是 1979 年的电影《阿加莎》，[12]该片捕捉到了她在哈罗盖特游荡时的一些类似神游症的状态。电影本身的情节十分荒谬（阿加莎炮制了一出借南希·尼尔之手自杀的方法）。而罗莎琳德试图阻止其拍摄也是可以理解的，尽管影片表达了对她母亲的高度同情。[13]然而电影抓住了基本的事实：阿加莎可能一直在"计划"不去控制自己的思想，而在这十一天里她一直在"写"自己的故事。

贾里德·凯德 1996 年出版的《阿加莎·克里斯蒂和失踪的十一天》对待阿加莎更残酷。这本书改编自阿加莎的朋友娜恩·科恩的女儿朱迪丝·加德纳告诉作者的故事。鉴于 1926 年时朱迪丝只有 10 岁，这个故事肯定全部来自娜恩本人，其详细程度可谓惊人。

在这个版本的事件中，因为阿奇与南希的婚外情，阿加莎计划消失前往哈罗盖特以惩罚他，而她得到了娜恩的协助。3 日星期五早上，她开车去伦敦拜访娜恩并讨论了这个计划，然后回到斯泰尔斯用午餐。12 月 3 日晚，她在 9 点 45 分离开斯泰尔斯，直接开车到纽兰兹角，把车推下山坡，然后步行到萨里郡的西克兰登车站，搭上了去伦敦的火车。她在娜恩位于切尔西的家中住了一晚。早上，二人给哈罗盖特的旅馆打电话询问空房情况，但被告知没有一家满客，她们决定让阿加莎在不通报姓名的情况下直接去水疗院。这会使得失忆症的理论更加可信。娜恩给了阿加莎一些钱，和她一起去陆军和海军商店买衣服和箱子，然后和她一起吃午饭，并把她送上了去哈罗盖特的火车。

这一理论起初颇有说服力。其中有些地方是敏锐而准确的：例如，它对于阿加莎写给坎贝尔·克里斯蒂那封信的重视。但有一处瑕疵使得它不可能实现（正如围绕 1926 年的事件所构建出的许多情景一样，它们应划归侦探小说的范畴，而非事实）。

森宁代尔的斯泰尔斯和纽兰兹角之间相距并不远：只有不到二十英里。现在开车的话需要三十到四十分钟。显然，1926 年的汽车速度更慢，灵活性更差，而且阿加莎是在一个黑暗的冬夜里开车。然而，为了论证，我们可以假设她全速开往纽兰兹角，并在 10 点 30 分时到达。[14]

然后，她必须把车开到山顶的平台上，并再次在伸手不见五指的夜色中，用力把车推下坡去。虽然山坡很陡，但并没有到让人眼花的地步，要推动她的名爵也并非易事。尽管如此，我们可以再次假设，这一过程没有出现任何差错，而且不超过五分钟。

再然后，阿加莎必须沿着没有灯光、不熟悉的道路行走，到达大约二又四分之一英里外的西克兰登车站。假设她以每小时四英里的轻快速度前进，甚至假设她偶尔跑一跑，这段路程仍将花费三十多分钟。因此，阿加莎会在 11 点多一点时到达车站。这还是在最早的情况下，假设了她沿着黑暗和曲折的道路快速前进，轻而易举地把车推下山，并在夜里（穿着高跟鞋）轻盈地行走。

这就是朱迪丝·加德纳故事的核心缺陷：根据 1926 年 12 月的《布拉德肖铁路指南》，从克兰登出发的最后一班前往伦敦的火车开出于晚上 10 点

52 分。

故事里也存在其他问题。即便人们接受了这一理论，阿加莎究竟为什么要给自己添这么多麻烦？如果这是计划的一部分，为什么留这么少的时间来完成她要做的一切？为什么不选择在 9 点钟离开？尽管她想把名爵丢在戈德尔明附近，从而牵连到阿奇并引起人们对他行踪的注意这一点有其合理性，但难以想象在该地区还有许多其他诱人的、看起来会发生意外的地方的时候，阿加莎会选择把车推下山这一艰巨任务。为什么不把车留在寂静池边？如果她真的推了车，她无从得知它最后会去哪儿。没有人可以保证它被卡在如此险恶的位置，悬在一个采石场上方。事实上，周边地貌的形状使它几乎不可能做到这样，因为它沿着水道行驶，然后不自然地向右转。还有一个问题是，它是如何在坡上加速下滑了整整三百码，直至撞上采石场上方的灌木丛，而后的毁坏程度却又如此之小，以至于还能被开去车库的？

阿加莎极不可能将这视作处理她的车的最佳方式，此外，还有一个令人惊讶的事实，即在所有目击者中，没有人记得那位符合警方描述的孤身女性乘坐了从克兰登到滑铁卢的最后一班火车，也没有出租车司机记得在 11 点 45 分左右接上过她。

不过，还有一些其他东西，使得所有关于有意为之的言论变得毫无意义。12 月晚间的纽兰兹角是个可怕的地方。独自站在那里，在寂静中，在暗沉的冬日天空下眺望广阔而空旷的山坡，是一件让人寒毛直竖的事情。没有一个女人，尤其是一个想象力丰富的女人，会出于恶意或报复，或任何这样的琐碎动机而做出这样的事。这个地方消灭了这种可能。那些没有在黑暗中去过纽兰兹角的人可能会接受阿加莎下了车，推开它，然后蹦跶着去了火车站的想法。只要去过那里，就会本能地知道这是不可能的。没有人能忍受那个地方，没有人能逃离那神秘的隔绝感所带来的精神折磨。

朱迪丝·加德纳绝非唯一一个说阿加莎的意图是通过冷静的头脑构思出来的人。她的故事当然也十分引人入胜。不过另一个问题是，她的说法欠缺一个条件，即她的母亲娜恩·科恩需要在当时频繁地出现在阿加莎的生活中。娜恩肯定是一位好朋友。朱迪丝与阿加莎和罗莎琳德都很亲近，直到某种奇怪的冲动使她与别人共同创作了一本只会给罗莎琳德带来巨大痛苦的书。但这对母女并不像朱迪丝所说的那样，是阿加莎秘密的储藏室。这一角色最贴切的扮演者是夏洛特·费希尔。

因此，有人认为夏洛特是阿加莎失踪案的帮凶：在《泰晤士报》上刊登的广告是两个女人间某种密信的一部分，而阿加莎留下的信告诉了夏洛特自己打算做的事。然而，由于这封信在整个调查过程中都在警方手中，因此事实不可能如此。《泰晤士报》上刊登的广告也许是一条信息，但目的是什么？它没有达成任何目的，除了让情况继续发酵。哪怕是特意针对夏洛特的，它也不过是一份慰藉罢了。夏洛特被盯得如此之紧，除了给信箱号码回复外，她无法采取任何行动。即便如此，从实质上说，她所知道的也不比坎贝尔·克里斯蒂多：除了阿加莎极为不开心，去了北边的一个水疗小镇。

夏洛特对她的侄女们说过一点 1926 年发生的事，后者认为她会对警方（以及罗莎琳德）进行复杂的欺骗的想法是不可想象的。她根本不是那种女人。这并不意味着她把一切都告诉了警方：例如，如果广告**确实是**某种形式的信息，她知道——并缄口不言——阿加莎打算使用"尼尔"这个名字。唯一可以肯定的是，在事件发生后，她进一步了解了很多情况。她对这些信息同样知而不报，罗莎琳德是唯一的例外。

罗莎琳德如此长久且顽固地坚持"官方"理论这一点是可以理解的，甚至值得赞赏。她的母亲在夜里开车离家丢下她，她的父亲也愿意就这么离开她，但她对二人保持了绝对的忠诚。她想保护他们。所以她坚持了他们从一开始就采取的路线：1926 年期间，阿加莎病了，在 12 月 3 日至 4 日那个充满创伤的夜晚的某个时刻，她失去了记忆。

据说阿加莎在阿布尼再次见到女儿时并没有认出她来。这一点无法令人信服，尽管很容易想象阿加莎假装做类似的事情。就像她笔下的《暗藏杀机》中的角色简·芬恩一样，她可能装作失忆，以此作为保护自己的一种手段。她可能对自己的所作所为感到极为羞耻，而在女儿面前更是如此。1926 年 12 月的事件最直白地展现了她母性本能的缺乏。尽管阿加莎无疑是值得怜悯的，但除了她自己，她没有考虑过任何人。像许多绝望的人一样，她的眼中只有自己的绝望。"失忆症"是一条出路，让她不至于直面这一令人难受的事实。

但官方的理论从未站住过脚，也不可能无限期地宣扬下去。它忽略了太多事实，尤其是失忆症的运作方式。失忆症当然是一种神秘的病痛，但它不会在一个人身上停留几个星期，然后头也不回地离开。

为解释阿加莎在12月3日和4日间的举动，这些说法一定程度上带着某种不甚方便的设计感：有说法称她夜里开了很久的车，心烦意乱得根本不知道自己要去哪里。然而她的车里还有两加仑汽油，因此不可能开得很远。然后，又有说法称她在纽兰兹角冲出了主路，撞进了采石场上方的灌木丛里，也许在停下来时脑震荡了。这一说法同样极不可能，因为她肯定会在下坡时试图踩刹车，但没有任何迹象表明她这样做过。尽管汽车完全有可能冲出路面，但除非有某种意图存在，否则几乎不可能最后来到离山顶三百码的地方。

尽管体力高度不支，但据说阿加莎随后还是赶到了吉尔福德车站——差不多有四英里远——这意味着她要爬上陡峭的山坡才能到主路上。她乘火车到滑铁卢，然后到国王十字车站，再到哈罗盖特。当时的火车站里张贴着许多哈罗盖特的海报：有人认为这给了阿加莎灵感。她刚到达就想到去水疗院，也许是因为当时车站有汽车把客人送到各家旅馆（尽管据说阿加莎实际上是乘坐出租车到达水疗院的）。

根据官方理论，她没有参加酒店的活动：对于阿加莎这种情况的女性来说，跳舞和唱歌是无法为之的。然而却有不少证明她做过这些事情的证据。当然，关于她在酒店的行为的某些报道十分可疑，某些客人的话也无疑是夸大或歪曲的。但事实是，署名"特雷莎·尼尔"的《天使永远守护你》的乐谱确实为亚历山大·佩特森所有。他的女儿在20世纪70年代时提议将其交给阿加莎的出版商[15]（柯林斯出版社代表阿加莎拒绝了，说她身体不好，他们无疑认为这会给她徒增烦恼）。

在《泰晤士报》上刊登的广告也不利于失忆症的说法。刊登它时，阿加莎可能真的相信自己是特雷莎·尼尔，尽管称其难以置信已经算是温和的说法了（事实上，一些阴谋论者认为这个广告是终极幌子，登报者是一个精准模拟着失忆症的女人）。而且，如果阿加莎不是直接想着阿奇，她为什么要把车丢弃在戈德尔明附近？有这么多问题，官方理论根本无法回答。

然而，这一说法的产生远非出于卑鄙的目的；它并不像人们常说的那样，是为了隐瞒，而是为了保护一个脆弱的、遭受了无法估量痛苦的女人，这些痛苦的复杂程度无法为任何理论所涵盖。它也比任何关于"作秀"或"诡计"的说法都更接近事实。它理解阿加莎一直处于内心分崩离析的状态，这在今天可被认作是精神崩溃。母亲的死亡加上丈夫的背叛，其累积起来的后果把她送到了悬崖边缘。只是没有纵身一跃罢了。

事件余波十分阴沉：时间轴拉得忧郁且漫长，几位涉事者的名誉受到了无情的审视。南希·尼尔被父母送去环球旅行（1927年6月从纽约返回），希望她能熬过媒体的关注，并忘掉阿奇。阿奇自己也不得不面对市里的同事们，在那个时候，绅士的世界是不与公开的丑闻打交道的：公司董事不会被指控谋杀，更不会被坐实通奸，他们也没有上头条新闻的、歇斯底里的妻子。12月17日，阿奇离开了留在阿布尼庄园的阿加莎，然后带着罗莎琳德过圣诞节。之后，他回到了斯泰尔斯，开始走卖房的流程。

詹姆斯夫妇则不得不思考他们在允许阿奇和南希在自己家见面这件事中所扮演的角色。被称为"傻女人"[16]的玛奇·詹姆斯也许以为阿奇的婚姻已经名存实亡，但她不应该把她的朋友南希的利益置于这位有难处的妻子的利益之上。意识到阿加莎与阿奇对他们婚姻的看法并不一致一定是个惊人的发现。一点也不傻的萨姆·詹姆斯可能理解阿加莎的苦衷，但他自始至终都站在阿奇一边。这两对夫妇达成了一个默契的结论，即处理整个事件的唯一方法就是把阿加莎当作癔病患者，然后从容度日。第二次世界大战爆发前不久，他们一起在法国南部度假时，萨姆死于中暑。在这之后的一段时间里，阿奇和南希住在玛奇位于戈德尔明的大房子里。这些朋友始终保持着密切的关系。毕竟他们一起经历了许多事情。

在阿加莎被找到后，《威斯敏斯特公报》称："也许主要受害者是肯沃德先生，一位负责任的可靠警官。"这一说法颇有争议。1927年，肯沃德不得不向内政部提交一份报告，解释他这次广遭批评的案件处理。"我认为，"他以一种暗含反抗的口吻写道，"当时的情况完全证明我采取的行动是正确的。"他否认了从其他岗位调离大量警察的说法。只有三十六名正规警察参与了搜查，他说，还有"无数的特别警员"，他们没有工资，以及大量"市民助手"。在国内其他地区的调查是由伯克郡警方负责的。[17] 他们没有动用其他力量，并且与传言相反，他们从未请求过苏格兰场[1] 支援。费用大约为25英镑，"主要用于租用交通工具和特别警员的茶点"，克里斯蒂上校被要求支付这笔钱，但他拒绝了。这个数额是下议院引用数额的两倍，但仍看起来少得几乎不可能，正如本案中涉及的警察人数一样。

关于坚持认为阿加莎已经死亡这一点，肯沃德的主要辩解是"我所了解的某些信息具有令人不安的性质"。许多年后，肯沃德的女儿说这是指阿加莎写的第四封信，她在信中说担心自己被害。[18] 这一主张受到了广泛怀疑。事实上，影响肯沃德的信是写给夏洛特的那封信，语气歇斯底里，有自杀倾向，并对阿奇进行了指责。可以想见，这些内容会在肯沃德的脑海中挥之不去，他说，如果自己不曾充分注意到这封信的内容，必定会遭到诋毁，这一判断也是相当正确的。

但在接受《萨里郡广告报》的长篇采访时，他又发表了进一步言论。他说，他相信这是一起谋杀案，因为"认识她的人，包括她自己的一些亲戚，都直率地提出也许有类似性质的事情发生"。现在看来，这一引人注目的声明也许出自一个试图为自己辩解的人之口，而这个人很清楚，面对媒体，他可以发表比提交给内政部的报告更为荒诞不经的言论。但这确实让人回头思考起阿加莎的姐姐玛奇所扮演的角色。她的沉默不符合个性。但她似乎什么都没有做，直到在阿布尼庄园为阿加莎提供庇护。不过，她肯定对发生的事情有自己的想法吧？无法想象她会告诉肯沃德，自己怀疑阿奇是凶手：尽管她自信得古怪，但她在公共领域和阿加莎一样沉默寡言。然而，她一定意识到了阿加莎的失踪——可能是自杀——是阿奇的所作所为导致的。换言之，这都是他的错。而她会坚定地站在阿加莎这边。因此，这可能导致她对肯沃德说了一些话，帮助他得出了错误的结论。

但最终，肯沃德忽视了那些不符合他想法的线索，尤其是给坎贝尔·克里斯蒂的信，这一点没有借口可找。他犯了削足适履的错误。他曾是一名优秀的警官，但这起特殊的案件让他一蹶不振。五年后，他从警局退休，并

---

[1] 苏格兰场，是英国首都伦敦警察厅的代称。

于 1932 年去世，享年五十六岁。

直到 1928 年 2 月，阿加莎的失踪仍时不时见诸报端，她的行为已然成了两面派的代名词。在一次诽谤诉讼中（巧合的是，起诉人正是 1926 年批评过阿加莎的那位米切尔 – 赫奇斯先生），控方律师提到了"一个愚蠢地戏弄了警察的女人"。

深感伤害和挑衅的阿加莎接受了《每日邮报》的采访，采访称她给出了自己版本的失踪事件，即"官方"理论。她还指示律师在诽谤审判中代表她发表声明。基于此，英国王室法律顾问斯图尔特·贝文先生请求法官允许他出示在阿布尼庄园签发的医疗证明，以维护她的名誉。《泰晤士报》报道了律师和法官间的交流。首席大法官说，没有时间去"听取案件审理过程中偶然提到的人士的相关指称"。贝文先生回答说："当提到一位不在这里、没有代表、无法保护自己的女性时，除非全部的事实已为人所知，否则会造成严重的不公。"对此，法官说："贝文先生，我认为你说了这么多，你的目的可能已经达到了。"[19]

* * *

但阿加莎没能达到她的目的。出于对阿奇的爱而采取的行动，以极不可控的方式，成了扼杀他对她怀有的任何爱意的最有效方法。她曾想让他回到身边，她曾梦想过他能到哈罗盖特来与她重归于好；相反地，她却使得他再也不想正眼看她。故事的结局已经从她的指间被夺走了。

当她在哈罗盖特水疗院的楼梯下看到他时，她的心中一定燃起了希望。然而，那晚她独自躺在床上辗转反侧，面对着自己所铸就的梦境的废墟。第二天早上，她和阿奇一起离开了酒店。她和他一起旅行，两人并肩而行，他为她辩护并保护她免遭媒体的可怕攻击。但这最终毫无意义。他这样做是为了他自己，为了他未来的生活。更重要的是，他不想和她在一起。正如她所想的那样，在哀悼母亲时她把阿奇一个人留在家中，从而助推了自己婚姻的毁灭；而现在，她通过让自己为公众所嘲讽，让阿奇为公众所厌恶，从而给了这段婚姻以致命一击。他们都是内敛的人，是极为内敛的人。她怎么会让这一切发生的？这一切又是如何发生的？

她现在回到了自己身上：哈罗盖特那个飘荡的、微笑着的幽灵已经消失了。她身处现实世界。她待在阿布尼，看着阿奇眼中的蔑视，看着他对媒体发言后不屑一顾的疲惫。然后他离开了。那些日子是最糟糕的。

你是国王，我的爱人，而我

在遥远的北方，每晚躺下等待死亡降临……[20]

"这对她来说是可怕的，不仅是痛苦，还是冲击——冲击如此之大，以至于她在精神上崩溃了。有位女性，生活待她极好。她有非常慈爱的母亲，英俊深情的丈夫，从心理上来说，她无法接受此等程度的烦恼。我认为她从未从中恢复。我想，任何让女性投入如此之多的关系的破裂，都会导致这种普遍的悲痛。因此她热衷于创作一些作品，在这些作品中，尽管正常生活被彻头彻尾打乱，但最后还是会恢复秩序。这是一种在无序中创造秩序的心理需求，可能反映了她自己的生活。我想，也许每部作品都是一种宣泄的方式。它们都是某种小小的宣泄。"

——P. D. 詹姆斯

"人们仍然认为她别有用心。了解她就会知道，她绝不可能做这样的事情。"

——约翰·马洛温，阿加莎的侄子

"她当时处于极度震惊的状态，开着车，她的头脑又是最富创造力的。她说：管它呢。我要消失了。"

——查尔斯·万斯，阿加莎戏剧制作人

"这是不可说的话题。阿加莎对任何人拒绝谈论它。那是真正的禁区。有一次我在巴格达被告知，有人提及了这个话题，她从此再也不和那个人说话。"

——琼·奥茨，阿加莎的朋友

"我认为人都是靠秘密运作的，如果把这个秘密说出口，我们就无法生活——至少无法以我们习惯的方式生活。"

——《阿加莎》的作者凯瑟琳·泰南，《女装日报》采访

"我很愚蠢。我生活在自己的世界里。是的，我很愚蠢。"

——阿加莎，以玛丽·韦斯特马科特为笔名创作的自传体小说《未完成的肖像》

"即便经历了这一切，她仍然爱着他，但这让她的精神——她的天赋——所处的幻想世界支离破碎。这就是导致她崩溃的原因。"

——A. L. 罗斯，阿加莎的朋友，《男女回忆》

"克里斯蒂就是个烂人。"

——查尔斯·万斯

"你的意思是侦探小说必须在结束时解释一切？这是规矩的一部分？""是非现实的一部分。"

"那么，如果我们的故事不遵守那些不真实的文学规则，这也许意味着它实际上更真实地反映了生活？"

——约翰·福尔斯，《乌木塔》

"我知道发生了什么，因为我在现场。"

——罗莎琳德·希克斯，女儿[21]

"尽管我现在很好，心情也不错，但我不拥有尼尔太太那种完美的幸福。"

——阿加莎·克里斯蒂，《每日邮报》采访，1928 年 2 月 16 日

第七章

第二任丈夫

"原来不是仇敌辱骂我，若是仇敌，还可忍耐；也不是恨我的人向我狂大，若是恨我的人，就必躲避他；不料是你，你原与我平等，是我的同伴，是我知己的朋友！"

（摘自《圣经·诗篇》第 55 篇，阿加莎·克里斯蒂抄写并保存。）

"……从那时起，就像一把刀落下，把我的生命切成两半。"

（摘自阿加莎·克里斯蒂，《长夜》）

从这时起，阿加莎的自我成了最深的谜团。她终于长大了，而伴随成长而至的是隐瞒：一个新的自我，像保护色一般披在身上。在过去的三十多年里，她曾生活在自己梦想的世界中，是自己生活和作品里的女主角。一切都很美好，但已经结束了。在最后一次把自己置于舞台中央的尝试里，她一败涂地。青春和美丽已然离去，爱情和满足亦然。取而代之的是其他东西：身为作家的生活。

在黑暗的 1928 年，阿加莎创作了自己第一部以玛丽·韦斯特马科特为笔名的小说《撒旦的情歌》。主人公弗农·戴尔参加了战争，消息称他牺牲了。这是个错误，但弗农的妻子相信了这个消息并再婚。在读到婚礼通知时，弗农认真地试图自杀。他走到路上，被一辆卡车撞倒。伤愈后，他成了一个叫乔治·格林的人，顶着这个身份，他是完全幸福的。

后来，他想要逃避的那个曾经的自我又被带回到他的面前。"这是个相当糟糕的过程——回到过去，想起一些事情。全是让人如此厌恶的事情。全是那些——真的——我不想面对的事情。"他含糊地想，也许作为弗农·戴尔的生活会和他离开前一样。但妻子抛下了他，最终他不再为情感所缚。

"现在没有什么能妨碍他和他的工作了。"弗农意识到自己的使命是成为音乐家——艺术家——而他过去的生活，无论多么真实和精彩，都不过流于物质。"这就是作为一个创造者的意义。"在失去了旧身份，度过了作为乔治·格林的那段幸福的迷途期后，他终于来到了自己本应所处的位置。

同样，《空幻之屋》中的亨莉埃塔·萨弗纳克也是一位艺术家，一位只能隔着一段距离体验生活的女雕塑家。在爱人被谋杀后，她把最深的情感全部投入了一件名为《悲伤》的雪花石膏作品。"我无法爱，无法哀悼，无法投入全部的自我。"她问"完整"这个词是什么意思，想知道自己是否可能拥有这种品质。她思考着《培尔·金特》中的一段话，这段话始终困扰着阿加莎，几乎到了强迫症的程度：

> "我真正的自己在哪里，那个完整的我，那个真实的我，那个额前有上帝印记的我在哪里？"

这便是阿加莎所成为的：一个弗农，一个亨莉埃塔。作为尼尔太太的那段时光从根本上重新铸造了她的个性，在度过 1927 年和 1928 年的黑暗岁月之后，她成了自己本不会成为的那个人。她成了一名作家。她的梦想成了她的工作，而她的工作成了一切。她写得如此之多，如此止不住，以至于没有人会怀疑真正的阿加莎现在确实生活在这里。

这是帮助她从 1926 年的大决裂中幸存下来的方法：要么这样，要么倒下。她以前的生活已经不复存在，于是她成了一个旁观者，一个局外人。这不是她想要的，却是正确的。正如她的朋友 A. L. 罗斯所写的那样，那一年的噩梦留下的伤口"如此之深……以至于在她的作品中四处留痕。这也使她变成了她之后会成为的那位伟大女性"。[1] 如果不是为了忧郁地庆祝这新的开始，她怎么会动笔写《撒旦的情歌》呢？

无须再拘泥于普通女性期望后，她发现自己自由了。她不再有义务成为某种类型的女人：苗条、讨喜、有女人味。她可以免受这些束缚。她可以制造一套伪装，像铠甲一样穿在身上，代替她的自我呈现给世界——而在内心深处，她想成为什么就可以成为什么。这就是创造者的自由。她失去了一切，也找到了一切：因为一切都是素材。

作为"阿加莎·克里斯蒂"，她可以在能力允许的范围内想写多少就写多少，十年的时光中涌现了一部部作品：在1930年到1939年间，她一共创作了十七部长篇小说，每部都拥有她在《罗杰疑案》中首次展示的几何式完美。假装成受害者的凶手、假装成连环杀手的凶手、身为调查警察的凶手、完全无辜的嫌疑人、彻底有罪的嫌疑人：这些宏伟大胆的想法不仅重振了侦探小说，而且将其重新设计成了一座闪亮的、满是新镜子的殿堂。其构造如此坚不可摧，以至于虽然书中的世界任由阿加莎创造，但她从不需要透露自己的任何信息。那样的事再也不会发生了。创作这些作品的是"阿加莎·克里斯蒂"：一位聪明、克制、理智的女性，对人类情感了如指掌，但每次都能将其处理好，把混乱控制住。阿加莎本人则是"玛丽·韦斯特马科特"，一个敏感而隐秘的生物，诞生自飘荡在哈罗盖特的鬼魂。如果没有使用另一个女人的名字所带来的那奇怪的自由，她便不可能存在。

玛丽·韦斯特马科特书写爱情及其奥秘。她写阿奇·克里斯蒂，他是主要的灵感来源。在《撒旦的情歌》中，她思考了一见钟情的概念，其荒谬的本质和奇特的力量。弗农爱着他的妻子内尔，因为他眼中的她总是二人初见时的样子：魔法般的，沐浴着月光。她同时也性情软弱，但这并不妨碍弗农爱她。他无法将自己情感的力量与情感所指向的人分离。

阿加莎和阿奇也是如此。她在第二部玛丽·韦斯特马科特小说《未完成的肖像》中写到了他们的婚姻，得出的结论很简单。无论她的丈夫"德莫特"是否值得她爱，爱都存在。为了留住这段爱，她应当认识到真相。"我爱德莫特——而我没有留住他。我本该看到他喜欢什么，想要什么，并成为那样的存在……我本该知道并保持警惕，而非如此自以为是，沾沾自喜。如果某样东西对你来说比生命中的任何事都重要，你就必须聪明地对待它……我待它的方式并不聪明……"

她没能留住丈夫。逃到哈罗盖特是她的孤注一掷，也确保了他永远不会回头。她作为尼尔太太度过的每一天都是在她婚姻的棺材上多敲了一颗钉子。这就是她现在不得不承受的认知：这些可怕后果是自己的行为导致的。

这就是 1927 年和 1928 年间她持续经受的事情：时刻将自己的痛苦转化为素材，时刻希望丈夫能回到身边就好了。

她当然可以告诉自己，阿奇无论如何都会离开的，而且这也可能是真相。但现在她总会怀疑，如果她做了不一样的事，他也许就会留下来。

在这暗淡的岁月里，阿加莎不得不承受公众的指责和嘲讽。这些本身已经足够糟糕，但更糟糕的是，这种公众关注——人们普遍认为她正是在寻求的关注——是她最不想要的：这破坏了她宝贵的私人世界。这是一种可怕的、令人羞愧的讽刺。她不知道阿奇是怎么想的，不知道他如何责怪阿加莎毁了他的生活，但显然她担心的是最坏的情况。那么，这又是另一个讽刺：这一切的过错正让阿加莎代替他感到内疚。

即便如此，她的内心还是有一小部分隐隐盼望着他回头。她和罗莎琳德还有卡洛搬进了切尔西的一间公寓；阿奇住在斯泰尔斯，同时试图卖掉它，每每想到他在这座房子里，在这个曾属于他们俩的、令人生厌的地方，肯定又让她感到讽刺。"正是生活中所有小小的共享的亲密，让你与丈夫紧密联结，又在分离时将你撕得支离破碎。"她在《未完成的肖像》一书中写道。她清楚，真的清楚，即便他真的回来了，他们也再不可能拥有幸福。她不是那种冷嘲热讽、成熟、现实得愤世嫉俗的女人，能和一个渴望身处别处的男人共同生活。她善良的姐夫詹姆斯·沃茨和小叔子坎贝尔·克里斯蒂都帮助她认识到了这一点。但在 1927 年晚些时候，她又见到了阿奇，进行了一次礼貌而糟糕透顶的会面，其间"我们谈论了一些平常的事情"，她最后一次问他是否能够留下：为了罗莎琳德。"我重申了一次阿奇知道我有多喜欢他，"阿加莎在自传中写道，"并且对他的离开感到多么困惑。"

答案是否定的。他依然爱着南希，而南希尽管去环球旅行，也依然爱着他。他当然亏欠南希——尽管比亏欠他的家人少得多——因为他损害了南希的名誉。作为一个果断、突变且不愿承认错误的男人，他会一直坚持和那个最开始造成了这一切的女人在一起。阿加莎逐渐明白，让他对自己的妻子说"是，我错了。是，我应该和你在一起"是不可能的。更难接受的是，他只是更喜欢南希罢了，而"失踪"不仅造成了许多问题，它根本从一开始就毫无意义。阿加莎再也没有见过阿奇，尽管她保留了他的情书和照片。1928 年 4 月 20 日，她上法庭听取了在格罗夫纳酒店与某未知方通奸的假证据，并在 10 月获准离婚。两周后，阿奇在公开婚礼场所，汉诺威广场的圣乔治教堂与南希举行了婚礼：与和阿加莎一起冲进本地教区教堂相比，这次是如此不同，这是一次如此大胆的声明——这一结合并无羞耻，只有自豪。这像是第一次婚礼，是一次对历史的改写，是另一种方式的残忍。

与此同时，阿加莎再也没有在教堂领过圣餐。离婚在当时非常罕见，在英国每年约有三千起，因而被认为是一种污名（除非像阿奇一样将其压倒）。阿加莎**的确**感到羞耻。她也感到内疚，特别是对女儿，因为自己向离婚的要求"妥协"了。"我甚至不知道自己为什么要让步，"她在《未完成的肖像》中写道，"因为我累了，想要宁静，还是因为我确信这是唯一能做的事情，或者说我始终想向德莫特妥协……我想，有时候，那就是最后一次……这便是为什么，从那时起，每当朱迪看着我，我都会感到内疚……最后，你看，我为德莫特背叛了朱迪。"

阿奇的第二次婚姻一直持续到 1958 年南希死于癌症。阿加莎写信慰问阿奇，后者则回信感谢她给了他和南希三十年的幸福：这种表面上善意的交流下满是涌动的暗流。阿加莎是否真的如此无私，还是说她有一小部分在提醒阿奇，他本可以和她度过的奢华的、聚光灯下的生活？考虑到他对南希的爱给阿加莎带来的痛苦，阿奇的回应是否全然得体？

阿奇和南希的婚姻肯定时刻被记忆所笼罩，二人的儿子也叫阿奇，生于 1930 年。阿加莎不是他们能够逃避的存在。她的声望与日俱增，她的名字不断见诸报端，她的作品随处可见：假设说克里斯蒂夫妇在当地书店的橱窗里看到《ABC 谋杀案》，知道其知名著者愿意为他们付出何等代价，该有多么诡异。家中从不提及阿加莎的名字和 1926 年发生的事（事实上，阿奇的儿子在成年前对此事几乎一无所知）。和阿加莎本人一样，他们都相信隐瞒和沉默的价值。无论阿奇和南希对二人关系的奇怪开端有什么想法或感觉，他们都把它推到了一边，只应对现实。

据说，南希"有趣而充满生命力。我确信他们婚姻幸福，因为她是个如此快乐的女人"。[2] 然而，阿加莎也曾有过巨大的快乐的能力，她对生活的热情最终使阿奇恼火不已。他"不是善于交际的动物",他的儿子说,"尽管我母亲是"。[3] 因此,南希并不完全是阿奇的灵魂伴侣,不比阿加莎更适合。而他钟情于她的方式与他爱上阿加莎的方式同样突兀。当然,不同之处在于阿加莎曾经美丽,而南希依然美丽。而且她是阿奇梦想中的妻子:她身上没有阿加莎在阿奇面前所表现出的那种迟钝感,这种迟钝感乍一看像是自私,尽管这一看法并不公正。

当然,可以轻而易举地这样说:这是一位渴望善解人意的漂亮妻子的男人,她会在他出发去办公室前给他刷帽子。在发现阿加莎拥有聪明的大脑、布伦希尔德[1] 般的体魄和广阔的视野后,他就无力应付了。可以肯定的是,与阿奇分手后的阿加莎熠熠生辉,逐渐成为世界上最知名的女性之一。她再婚时,嫁的是一个有才智的男人,对她非凡的头脑毫无畏惧。因此,关于阿奇只是无力应对她的说法有一定道理。阿加莎肯定也希望这是真的。然而,事情并没有那么简单。

在《未完成的肖像》中,西莉亚哀叹德莫特太喜欢待在家里,而她却渴望旅行:

> "……他们会走下去,一直走下去——也许在多尔顿希思或类似的
> 地方……她再也见不到这些地方了——遥远的地方——印度、中国、日
> 本——俾路支斯坦的荒野——波斯,那里的地名就像音乐:伊斯法罕、
> 德黑兰、设拉子……"

自 20 世纪 20 年代末开始,阿加莎会前往这样迷人的地方旅行。虽然在现实中她和阿奇一同环游了世界,但她的小说表明,如果她继续和他在一起,生活就会步步紧逼。她是否发现,他也和南希一起旅行,去了连阿加莎都没有亲眼见过的国度?在他们共同生活的最后几年里,阿奇更喜欢森宁代尔和高尔夫球场,但在 1937 年,他和南希还有儿子一起去了缅甸、锡兰

---

[1] 布伦希尔德是一位出自北欧神话的女战士,同时也是一位女武神,其故事曾被编入瓦格纳歌剧《尼伯龙根的指环》。

（斯里兰卡旧称）和印度；十年后，他们在巴西和阿根廷短居。都是那么遥远的地方。在他们出入境卡的照片上，能看到逐渐谢顶、表情严肃、仍有魅力的阿奇，还有南希黝黑而美丽的脸，带着阿加莎所尊重但从未拥有过的那种女性力量。她看起来令人生畏，而非温驯。但经历过1926年余波的她也必然如此。

阿加莎的女婿安东尼·希克斯眼中的南希有所不同："罗莎琳德不想见南希，所以我不常见到她。她相当沉闷。"对安东尼这样的人来说，南希无疑是沉闷的，他是个活泼的知识分子，有着杀伤力极强的风趣（也非常喜欢阿加莎）。同时据安东尼所说，在第二任妻子的影响下，阿奇"变得更加沉闷了"。[4]

然而，他并没有沉沦于郊区的幸福。他在市里发展得很好，担任数个管理职位，其中包括兰克公司。尽管在1958年写给罗莎琳德的信中，他承认"有两次降至零点，这可能还会发生"，但他在1962年去世时留下了逾9万英镑的净资产。考虑到通货膨胀，他留下的遗产实际多过阿加莎。二战前，他在伦敦极为高档的爱文义路有一处住所，后来又在戈德尔明买了一栋房子（据描述，这座房子"没有品位"，[5]但谁知道呢？）。在经受了警方的调查、丑闻以及与罗莎琳德几乎彻底分离后，他和阿加莎一样，成了成功人士。

然而若干年后，又和阿加莎一样，他精神崩溃了一次。他接受了电击治疗，恢复得很好。他一直都容易紧张不安，还有那个被怀疑是天生不足的家族弱点，也导致坎贝尔后来在1963年自杀。同样，人们不禁要问，1926年的事件，那11天还有永无止境的余波，是不是给他们带来此等痛苦的缘由。

向来直言不讳的A. L. 罗斯基本认为阿奇离开阿加莎的做法是错误的，而且他本人也一定被这种认识所折磨。"可怜的克里斯蒂先生——从他的角度来看，他会成为多么精彩的故事！他犯了多么大的错误！"[6]阿加莎的一位朋友告诉罗斯，阿奇"后来有理由对自己的行为感到后悔"，换言之，他知道自己本应坚持和第一任妻子在一起。同样地，谁知道呢？他毫无疑问爱上了南希。人们普遍认为二人婚姻幸福，尽管他们的儿子某些情感上的沉默——对秘而不宣之事的某种绅士式暗示——让人好奇第二任克里斯蒂太太和她性情复杂的丈夫的生活到底是怎样的。这是阿加莎会反复询问的那种问题：如果阿奇留了下来，他最终是否会更快乐；如果她和"熟悉的朋友"一起生活直到离世，她自己是否会更幸福；用一生去填补他的缺席是不是必要的。

"罗迪对玛丽·杰拉德了解多少？什么都不知道，一无所知！……还是那个老故事，大自然老掉牙的笑话！……难道罗迪自己**真的**不想摆脱它吗？"

阿加莎在《H 庄园的午餐》中这样写道。事实上，在玛丽·杰拉德死后，罗迪从她的魔咒中走了出来，迷惘得如同刚从一场大梦中苏醒。

至于埃莉诺·卡莱尔，这个深爱着罗迪的姑娘，阿加莎如是说："她会原谅他和玛丽·杰拉德的那些事的。反正那对他来说，只是某种疯狂的迷恋罢了。"

但带着其创造者的智慧的赫尔克里·波洛说："那比这伤得更深……有时过去和未来之间存在一条深深的鸿沟。当一个人曾在笼罩着死亡阴影的山谷中行走，并离开了那里，来到阳光下时——那个时候，我亲爱的，就是新生活的开始……过去的事情已经过去……"

1927 年时的阿加莎还不明白这一点，或者只是知道理论罢了。她的生活从表面上看就像监狱的操场一样灰暗沉闷，她的脑海夜以继日地遭受折磨。她住在伦敦并讨厌那里，但也比阿什菲尔德轻松，在那里她会想起爱情。玛奇曾建议她在德文郡安静度日，但正如她在自传中所写的那样，"某些让你想起**快乐**的日子或**快乐**的事情的东西——那才是要让你分崩离析的"。

总的来说，她自己宁愿死掉（但那些自杀失败的人"没有再次尝试"。她在《零点》中这样写道）。她无法忍受自己的恶名，无法忍受每次她出门或说出名字时，都在等待对方的反应：认同、好奇、蔑视。她是个极为敏感的生物，而她撕心裂肺的痛苦为全国上下所嘲笑。她为自己没有做过的事备受谴责。1929 年，她在《星期日纪事报》上写到广为人知的"克罗伊登谋杀案"，案中一家里的三口人被毒杀：凶手显然来自家庭内部，但此案至今悬而未决。它一直让阿加莎着迷，尤其因为"在这个案件中，无辜者为他们从未犯下的罪行而遭受最可怕的痛苦。他们生活在关注的阴霾中，熟人和朋友都好奇地打量他们，不断有人来要签名照，还有好奇的闲杂人等。

任何体面且快乐的私人生活对他们来说都是不可能的"。这篇文章中的想法后来被写进了《奉命谋杀》，她最优秀的侦探小说之一。

她当然知道罗莎琳德备感困惑不安。当阿加莎的母亲因丈夫去世而大受打击时，她被告知要"为她的孩子而活"，但这不是阿加莎的活法。"我生命中的亮点是罗莎琳德。"她在自传中写道。这并不完全真实。她太像个孩子，她仍然太想念母亲，她纠结于自己对女儿的复杂情感。"她从未说过什么，但我认为她暗地里把失去父亲的责任归咎于我，"她在《未完成的肖像》中写道，"我辜负了她。"阿加莎为女儿感到愧疚，却发现很难与之共情，尤其是看到罗莎琳德仍那么坚定地渴望见到阿奇之后。

这不是一桩现代离婚，所以阿奇没有"权限"。他不会出现在阿加莎的门前，带女儿去度周末。罗莎琳德不会见到南希，甚至直到阿奇的葬礼，她才见到自己同父异母的弟弟，而阿奇则从未见过罗莎琳德的儿子。[7] 罗莎琳德父母的生活变得完全分离，这在今天看来十分怪异，但如果阿奇时刻出现在阿加莎的生活中，很难想象她会如何应对。对阿奇而言，这也是相当不可能的。

成年后的罗莎琳德对自己与阿奇的会面十分谨慎，甚至连他在圣诞节给她寄来几箱威士忌的事都守口如瓶。"我当然经常见到父亲，我们彼此都很喜欢对方。"她在去世前不久的一封信中写道。她足够成熟，能够接受他的所作所为。她也足够忠诚，能够说出自己的感情。"我讨厌把他想象成一个冷酷无情的人。"她说。[8]

孩提时代的罗莎琳德非常想念他。她被连根拔起，从森宁代乐那座大房子里，那个体面的家庭里，搬到了一间全是女人的伦敦公寓，而她的母亲萎靡得像一只垂死的鸟。尽管还不到九岁，但她很高兴能去位于贝克斯希尔的喀里多尼亚寄宿学校读书，在那里她的父母都能来看她（当阿加莎不在时——而她会愈加经常不在——卡洛或玛奇会代替她去）。罗莎琳德寄给家中母亲的信总是冷静、风趣，偶尔语中带刺："非常感谢你的来信；尽管它很短。罗丝·梅·利弗前几天吐了一走廊。她今天要出去了。她的母亲到教堂来带她走。她看起来还不错。"[9] 还有："我给你写信写得有些烦了，所以我现在要给爸爸写一封短信。"[10] 另外，在阿加莎第二次结婚后："运动会时不要迟到好吗!!! 不要穿那条黑白裙子来,穿条普通的。今年你要带谁来参加运动会。我宁愿你只带卡洛。"[11]

这与阿加莎与克拉拉的关系完全大相径庭,那么多"亲爱的妈妈"和"鸽子小南瓜"。对她的母亲来说,罗莎琳德从来都不那么容易对付。这个奇妙的、聪明的、棱角分明的孩子似乎把阿加莎的母性冲动掐灭在萌芽状态,而与阿奇的决裂又确保了它将难以开花结果。母女间总是存在着某种张力,一种强硬的、玩笑式的友好关系,把简单的亲情排除在外。

"我不知道她是否爱我,"阿加莎在《未完成的肖像》中写道,"我这样的人对她那样的人没有好处……我爱她,就像我爱德莫特一样,但我不理解她。"事实上,双方都爱着彼此,也需要彼此,但由于某些原因,双方都无法表现出来。1928年2月,在阿加莎前往加那利群岛度假时,她试图再次写作,但女儿不愿让她一个人待着,这让她几乎抓狂。如果站在那里的是小狗彼得,阿加莎是会被融化的。她后来待外孙也是如此。待女儿则不同:障碍与鸿沟始终存在。

阿加莎感到自己让罗莎琳德失望了,但更隐晦的是,她觉得罗莎琳德推动了她婚姻的衰亡。她认为孩子的到来隔开了男人和女人,她在《未完成的肖像》和《母亲的女儿》中都毫无愧疚地写到了这一点。所以罗莎琳德知道母亲的感受,而且,据她一位晚年的朋友所说,"觉得自己在某种程度上对离婚负有责任"。双方都有负罪感,也都对这种负罪感怀有怨怼。还有一个不可忽视的事实是,阿加莎在1926年失踪时,已经准备好要抛弃罗莎琳德。尽管阿加莎的作品告知了罗莎琳德一些没有说出口的真相,但并不令人惊讶的是,母女俩都在"失忆"理论中寻求庇护。

"我一直认为她作为你的母亲是多么幸运,我毫不怀疑你也有同样的看法。"阿加莎去世后,一位世交在给罗莎琳德的信中写道。她的回应无懈可击,她的感情却并不那么容易表达。

1928年度假时,阿加莎在写的作品是《蓝色列车之谜》。此前一年,她将之前刊登在《每日见闻》上的一些波洛短篇拼凑成书出版,题为《四魔头》。在自传中,阿加莎强调了完成这两部作品的困难,尽管她没有提起在失踪时，她其实已经完成了二者的各一半。《蓝色列车之谜》也无须太多原创性思考，因为它和《四魔头》一样，衍生自一个短篇小说（《普利茅斯快车谋杀案》）。

困难在于，她从来没在不想写作时被迫写作过。写作从来都是一件乐事。它是艰苦的工作，但也是她选择的工作。而现在她不得不写作。

她并不像自传所暗示的那样穷困潦倒：她的母亲给她留下了约 1.3 万英镑，而且尽管她把所有资金都投入了斯泰尔斯，但房子也挂牌出售了。她在切尔西有一套公寓，在德文郡有一处住所，有个孩子在寄宿学校读书，还有一个私人秘书，这听起来并不拮据。但是，当阿加莎写到她在经济方面的恐惧时，她真正描述的是她的心理状态："我没有分文入账。"她对未来感到彻头彻尾的惊慌失措。像大多数被终生保护的女性一样，先是由家人，再由丈夫；在突然发现自己孤身一人时，阿加莎感到恐惧。现在谁来照顾她？即便写作《蓝色列车之谜》似乎是世界上最可怕的工作——也确实如此——她也必须去做。就这么简单。

在自传中，她直截了当地描述了这一转变：她曾是一个业余爱好者，现在是职业作家，但实际发生的事情要微妙且深远得多。她参与工作的方式有了根本的不同。即便在她自称抵触的《蓝色列车之谜》[12] 中，这一点也表露无遗：她写作这本书不仅因为她必须为钱写，还是因为她必须写：为了她自己。

这本书中有些部分达到了克里斯蒂的普通水平，有些的确相当差劲。但她在书中创造了一个名为凯瑟琳·格雷的人物，这个冷静、善于观察、极为成熟的女性是对她支离破碎的精神的慰藉。凯瑟琳独身一人在世上，尽管她有钱，而且正值"收获季节"：这一处境对她的创造者来说是可怖的，但凯瑟琳的处理方式则是安静而幽默地接受，这一点一定是阿加莎所渴望的。把它想象成现实让她备感安慰。

"别以为你会结婚，亲爱的，因为你不会，"在凯瑟琳动身前往里维埃拉前，一位年长的女性朋友说，"你不是那种吸引男人的女人。而且你的年纪也在增长。你现在多大了？"

"三十三岁。"凯瑟琳告诉她。

"唔，"瓦伊娜小姐迟疑地说，"这还不算很糟。当然，你已经失去最初的新鲜感了。"

"恐怕是这样。"被逗乐的凯瑟琳说。

在蓝色列车上，凯瑟琳与同行者露丝·凯特林共进晚餐，后者即将结束一段糟糕的婚姻。（"你可能还对那个家伙有想法。省省吧，"她的父亲对她说，敦促她离婚是唯一可能的解决方法，"我也许能有办法让爱吹口哨的德里克回到你身边，但最终结局都会是一样的。"）露丝打算在尼斯见一个情人，她问凯瑟琳自己是否应该去。"在我看来，你要做的是一件非常愚蠢的事情，"这是毋庸置疑的回答，"我想你自己也意识到了这一点。"

这本书的大部分内容都是阿加莎的自言自语，打消自己对离婚的疑虑，在笔下正直的女主人公身上寻求安慰。如果把凯瑟琳放在阿加莎的位置上，她可能还是会对阿奇念念不忘。但她本能的自我意识会来拯救她，她不会渴求那些不可能发生的事情。她会面对现实。

赫尔克里·波洛也很欣赏凯瑟琳·格雷。阿加莎让二人建立友谊，为她笔下的侦探赋予了全新的品质。在那之前，他仅仅是小胡子、夸大其词和个人魅力的集合罢了。在蓝色列车上，波洛既睿智又聪明，他的眼睛不仅能穿透事实，也能看透情感。他以独有的方式对凯瑟琳怀着一种柔情。而这一点，对他疲惫而悲伤的创作者来说，也是某种奇怪的安慰。"'那么，小姐，情况如何？'她看着他闪亮的眼神，证实了自己的第一印象，即赫尔克里·波洛先生身上有一种极吸引人的品质。"

后来波洛和他一个联络人的女儿谈话。他们站在一座桥边，女孩对他说，那是自杀者最喜欢的地方。"据说如此。人是愚蠢的，不是吗，小姐？吃饭、喝水和呼吸新鲜空气都是非常愉快的事，小姐。仅仅因为没有钱，或是心痛就抛下这一切再愚蠢不过了。爱情啊，它导致了许多致命的后果，不是吗？"

这正是阿加莎渴盼的态度，用文字赋予爱情生命再度成了一种慰藉。

但最大的慰藉也许是蓝色列车本身。它也许是谋杀现场，但在阿加莎的脑海中，它象征秩序和解脱。她一直都热爱旅行。和阿奇一起，这似乎是不可能的。他曾想环游世界，但并不太享受过程，到最后甚至不愿（和她）去科西嘉岛。尽管阿加莎渴盼婚姻能够持续，但她也感觉到了婚姻对她的束缚。她渴望自由和爱情，而她正逐渐意识到，这两者很少同时存在。

现在，她已经以爱情为代价换来了自由，她还拥有了另外一样东西：写作。她会创作自己的作品，包括特别且秘密的《撒旦的情歌》，里面满是那些让她着迷和困惑的事。她会远航。卡洛和玛奇会去学校探望罗莎琳德，而她，阿加莎，会前往西印度群岛。她订了票，憧憬着在阳光下度过 1928 年的冬天——这让她兴奋不已。命运随之推了她一把。在她动身前的一两天，她去参加伦敦的一个晚宴，坐在一个刚从巴格达回来的男人旁边。哦，她说那是她一直想去的地方。他似乎并不惊讶，而且提供了许多信息。他告诉她，你可以坐火车去：东方快车。啊，这听起来多么美妙！你可以去看看乌尔的考古发掘，当时《伦敦新闻画报》整天都在报道：其负责人伦纳德·伍利声称发现了《圣经》中的大洪水遗址，令人惊叹。哦，是的，男人说，你的确应该找时间去一趟伊拉克。

次日，阿加莎去库克旅行社换了票。她将乘坐东方快车去斯坦布尔，然后去叙利亚的大马士革，最后去巴格达。卡洛表示担忧：东方，一个女人，无人做伴？但两年多来，阿加莎第一次感到自己又活过来了。她将独自前往新的世界。她将敢于尝试。她已经决定了路线。

* * *

"我有一个格外钟爱的理论（当然，不怎么现实，这也是所谓理论的让人愉快之处），即每个人每年都应该在沙漠中度过一个月……吃的喝的管够，没有，绝对没有任何事要做，最终，你将收获一次认识自己的好机会。"

劳拉·惠兹特堡在《母亲的女儿》中如是说道。她说，没有什么比认识自己更重要的了（"人应当认识自己，信仰上帝"）。然而，正如阿加莎现在认识到的那样，这是一件极难实现的事情。这意味着什么？1927 年初，在姐姐的建议下，她去看了哈利街的一位精神科医生。她是否相信这样做会有帮助？她去看医生主要是为了维持自己失去了记忆并需要恢复记忆的假象：换言之，她是在为寻找关于自我的真相而说谎。根据阿加莎1928年接受《每日邮报》采访时的说法，她被告知"为了我的心理健康，我的回忆中不应有任何脱节部分。这就是为什么我现在可以同时想起自己作为克里斯蒂太太和尼尔太太的生活"。这当然是某种无稽之谈。阿加莎很可能欺骗了她的医生，以她的聪明才智足够做到这一点，像《暗藏杀机》中的简·芬恩一样佯装混乱。但同时，被迫讲述、被迫回忆的过程确实十分痛苦。

> 弗农听着，试图理解医生对他说的话。他看着桌子对面的医生。一个瘦高的男人，眼神似乎能直接穿透你的内心，并在那里读出你自己都不知道的东西。
>
> 他让你看到所有那些你不愿看到的事物。让你把东西从深处挖出来。他说："既然现在你想起来了，再告诉我一次，你具体是怎样看待你妻子结婚的消息的。"
>
> 弗农大叫出声："我们一定要一遍又一遍地循环这件事吗？那一切都太可怕了。我不想再去想它了。"

阿加莎对精神病学感兴趣，她几乎对任何事都感兴趣，但她是通过自力更生的办法认知自我的。尽管她的作品涉及20世纪各种思潮，但从最深层的角度来说，她是成长于维多利亚时代后期的产物。到了1928年，她也知道自己必须主动出击了。

东行的途中，她并不是孤身一人在沙漠里，她笔下的另一个角色，《幸福假面》中的琼·斯丘达莫尔也将经历这种命运，但这是她第一次只有自己能够依靠。孩提时期，孤独是她的秘密乐趣，她受到的周密保护进一步加强了这种乐趣。成人后，她为成年生活的需要而牺牲了孤独。现在她不知道自己对其感觉如何。这对她的想象力是必要的，但过去两年间的孤独感过于沉重了。"我现在应该弄清楚自己是什么样的人，"她在自传中这样描述巴格达之行，"我是否像自己担心的那样完全依赖他人。我可以纵情游览不同地方——任何我想游览的地方。我可以随时改变主意，就像在选择巴格达而非西印度群岛时那样。除了自己，我无须考虑任何人。我想看看我是否喜欢这样。"这是一种勇气的体现。如果她想继续前进，这也是必由之路。

她进入了一个完全不同的世界：各种意义上的。她努力丢下那个在伦敦被围追堵截、心神不宁的自我，而这些努力也得到了回馈。她把目光投向周围崭新的一切，例如奇里乞亚门，它构建了穿越托罗斯山脉进入土耳其的通道，将旅行者从地中海带入安纳托利亚。亚历山大大帝和塔尔苏斯的保罗曾经过这里，现在轮到阿加莎在日落时分从东方快车上下来，面对这一"无法形容"的美景。"我非常高兴自己来到了这里——充满了感激和喜悦。"在通往东方的入口，她开始找回自己近期一直存疑的基督教上帝，还有其他一些东西。后来她描述奇里乞亚门"就像站在世界边缘，俯瞰应许之地……一片人永远无法到达的土地"。这是她最珍贵、最私密的梦想：关于超自然，关于存在于现实之外的世界。

她最不需要的就是与她同住一个**卧铺车厢**的英国女人，后者马上就对阿加莎的行程指手画脚。"你不可能在巴格达住旅馆的。我来告诉你该怎么做：你必须来找我们！"当时巴格达距离那场将永远改变伊拉克的革命还有三十年之久。这个城市里有英国旅行者需要的赛马、网球、俱乐部，毫无疑问，还有烤面包上的马麦酱。战前，阿加莎所属阶层的人来到这种地方毫不稀奇。但阿加莎拥有的是冒险精神，而非殖民主义精神。她去东方是为了躲避同胞，而非为了与人们社交。旅程结束后，她发现自己身处所谓的"太太之地"："我为自己感到羞愧，因为我被那种牢笼般的感觉所折磨。"[13]在巴格达与她一直以来所了解的那类人同坐，不仅毫无意义，而且是痛苦的倒退。那是她在 1926 年之前所属的世界，但吃得更差，而且阿奇也不在身边。她要离开这个单薄、贫瘠、礼貌的社会，前往乌尔——这座位于底格里斯河和幼发拉底河的交汇处的城市，曾属于文明的起源苏美尔。尽管她还是像一位好太太一样，带了一封介绍信去考古发掘点。

正如小说《褐衣男子》中所体现的，阿加莎对古物的兴趣已经发展了数年。在帝国之旅中，她曾参观过人类学博物馆。她在给母亲的信中说，看早期人类头骨"是我所度过的最好的午后时光！"20 世纪 20 年代，考古学开始时髦起来，于是她的兴趣得以延续。1922 年，伦纳德·伍利开始了在乌尔的工作，并为此获得了与在埃及发掘了图坦卡蒙墓的卡那封勋爵和霍华德·卡特相媲美的公众知名度。伍利是个好记者，也是个聪明的推销员，他引人神往的工作本身已是最好的广告。"连续的历史始于乌尔第三王朝。"这些重要的发掘现场源于公元前 3000 年后期（乌尔帝国在公元前 2000 年左右灭亡）。苏美尔（或美索不达米亚南部）出产了第一部公认的"文学"作品《吉尔伽美什史诗》，还有最早的宗教概念：伍利正在发掘的金字形神塔，或塔庙。苏美尔人认为这些建筑物是他们的神的家园。阿加莎对《旧约》的了解使她对美索不达米亚的神话历史有一定掌握。这片土地属于《圣经》中人类的祖先，属于被亚述人扫荡的十个以色列部落，属于巴比伦帝国和它的最后一位国王尼布甲尼撒。但公元前 6 世纪在位的尼布甲尼撒在目前的语境下十分荒唐：伍利发掘出的房屋可以追溯到他的时代，在其之下，还能追溯到亚伯拉罕的时代。阿加莎被完全迷住了。吸引她的是历史本身的概念，"当时"可以是"现在"，只要人为地建立其间的联系。同样地，从各方面来看，这都是一个远离阿奇的世界。

曾经在埃及时，少女时期的阿加莎把注意力更多地放在男人而非金字塔上。但现在，男人已经出局，她投身于思想活动之中。和许多自学者一样，她想要继续学习，这是一个经过深思熟虑的选择：不半途而废，不浅尝辄止。"她了解的东西之多，经验之丰富，让我深感震惊。"A. L. 罗斯写道。[14]

在乌尔，她是一位贵客。伍利通常视访客们为可怕的麻烦，但他的妻子凯瑟琳是《罗杰疑案》的粉丝，于是这事就这么定了。凯瑟琳想做的事都能做到。在日后，阿加莎会意识到这位美丽女性的怪异性格和极强的控制欲，但在初次到访时，凯瑟琳向她展现了十足的魅力。这对阿加莎来说是件好事：她不再是 1926 年那个烦人的歇斯底里者，而是一位作家，一位名人，一个值得尊重的人。说到底，《罗杰疑案》还是相当特别的。尽管这部作品的影响在当时被后来发生的事件所掩盖，但凯瑟琳还是认为其创造者是一个了不起的人。虽然她明显更喜欢与男士相处，她还是很喜欢阿加莎，并邀请她回到发掘现场。这件事也令阿加莎感到欣慰。曾经，这个世界与阿奇对阿加莎的看法差点杀死她，那种看法与她对自己的理解是如此不同。现在在乌尔，人们用一种新的方式看待她。这种陌生的方式仍像是某种伪装，但她悄悄地想要接受它。她的心或许仍空荡荡的，但至少她的生活是**有趣**的，如果和阿奇一起，她的生活永远不可能这样有趣：他不会因为看到奇里乞亚门，或是黑色水牛在通往巴格达的路上饮水，或是沙漠的"淡粉色、杏色和蓝色"而感到深入骨髓的兴奋。他肯定会为吃了奇怪的食物——油腻的肉、嚼不动的西红柿蛋饼、巨大的花椰菜——而抱病。他会站在乌尔的挖掘现场，一边看着"一把匕首闪着金光从沙子里慢慢浮现"，一边想着自己在森宁代尔错过的高尔夫。

换句话说，试图重塑自己生活的阿加莎是这样告诉自己的，她仍是一个受伤的生物：破碎过，更冷酷，并且总在怀疑（"如果**德莫特**可能不忠，那么任何人都可能不忠。世界本身变得不确定了。我再也无法相信任何人和事了……"），然而，尽管如此脆弱，她仍潜藏着某种力量。她家里的男人们——弗雷德里克、蒙蒂——都是可爱而软弱的；女人们则能看清生活的本质并承受其重量。阿加莎并非天生就是那种人，但她观察过这些女性，艺术家的禀性也让她能够化用一些她们的性格。

"事情总会发生在我们所有人身上……这就是生活。你只需要承受。有些人可以，有些人不行。"阿加莎在《破镜谋杀案》中如是写道。她曾经也是无法"承受"的人之一，但她之后把自己改造成了能够"承受"的一分子。这一转变的根源是她的写作。那是她的庇护，她的保障，她的出口，是她真实的生活。

她的写作也愈加成功。1928年，阿加莎与柯林斯出版社签订了新合同，后者为她接下来的6本书预付了750英镑，而与多德米德出版社签订的美国合同则为她带来了2 500美元。《暗藏杀机》成为她第一部改编成电影（德语）的作品，还有一个题为《神秘的奎因先生》的故事。1928年，改编自《罗杰疑案》的话剧《不在场证明》上映（很快也被拍成电影），其主演查尔斯·劳顿成了首批被不恰当地安排扮演波洛的优秀演员之一。[15] 阿加莎十分享受《不在场证明》的新鲜感，常带着小狗彼得一起参加排练，但她最终因剧本对原作的改动被惹恼。她想自己写一部话剧，并以惊人的天赋完成了这项工作。引领后来许多作品的处女剧作《黑咖啡》于1930年上演。正如A. L. 罗斯后来所写的那样，这部作品是对失踪的讽刺："所有人都认为这是宣传噱头，但这是真实的——比她最好的工作成果还要好得多。那之后的每一本书都是畅销书，一切都为她所掌握。"《四魔头》是她出版过最糟糕的作品之一，但在1926年的事件之后卖得很好，20世纪20年代的其他作品亦如是：《蓝色列车之谜》、《七面钟之谜》和《犯罪团伙》，后两部分别是悬疑小说和短篇小说集。不难看出，阿加莎真正的创作注意力在《撒旦的情歌》上，尽管《七面钟之谜》也带着不动声色的诙谐，透露出某种微微泛酸的心境。其设定背景与《烟囱别墅之谜》相同，但如果把前者和后者那本极为欢快的作品相比较，哪怕是间接的，也可以看出阿加莎在两者之间走了多远。乡村宅邸烟囱别墅被卡特汉姆勋爵租给了富商奥斯瓦德·库特爵士，以下则是卡特汉姆勋爵女儿的想法："她眼前浮现出噩梦般的景象，英国有无数个库特，还有无数座对应烟囱别墅的房子，据了解，每一座，都安装了全新的管道系统……卡特汉姆勋爵能够且确实享受过的一百种生活中的精致美好，对奥斯瓦德爵士来说都是天书奇谈。"

但卡特汉姆勋爵具有他所属阶层的所有实用主义精神，他始终是阿加莎笔下最精妙的小人物之一。"库特让我当上了某个董事。对我来说，这生意特别好——没事要做，除了每年进城一两次……然后围坐在一张桌子旁，那里有极好的崭新吸墨纸。然后库特或某个聪明家伙就会发表一次动不动就冒出数字的演讲，但幸运的是不需要听。我可以告诉你，那之后你会吃到一顿绝佳的午餐。"

《七面钟之谜》和《烟囱别墅之谜》一样，经常十分诙谐（一个年轻人将他新征服的舞女钦佩地描述为"八个搭成人梯的姑娘之一"），尽管阿加莎通常不动声色的幽默在《犯罪团伙》中变成了名副其实的肉麻洪流。回归的汤米和塔彭丝引得其他侦探小说家争相戏仿，这在1929年可能有一定新意。但是，正如阿加莎的许多早期短篇小说一样，这些作品并不具备她的精髓。

然而，《寓所谜案》浓缩了所有精华，笔触充满了自信。随着马普尔小姐[16]来到舞台中央（她曾出现在1927年的一系列六篇短篇小说中，后在《死亡草》中登场），阿加莎找到了表达完整世界观的方法。尽管她对那个世界非常了解，但与人们所认为的不同，那并不全然是她自己的世界观，那也不全然是她自己的世界。但那个世界是由是她创造的。在现实生活中，她会对自己所处的平凡英国村庄感到恼火不已，但在想象中，她在那里生活得十分快乐：在等级制度、熟悉的角色，还有琐碎又坚实的道德中。马普尔小姐居住的圣玛丽米德便是其原型，那里同时也构成了《寓所谜案》的故事背景。还有《魔手》中的林姆斯托克、《谋杀启事》中的奇平克莱格霍恩、《逆我者亡》中的阿什威奇伍德，以及《灰马酒店》中的玛契迪平：所有这些地点对作者而言，都和海伯里的世界于简·奥斯汀而言一样具体且真实。"作者眼里的真实"可能意味着阿加莎笔下的英国对其他人而言完全不真实。常有此类批评出现，但这实际上并没有意义。艺术不反映现实，它创造现实：从这个意义上说，圣玛丽米德的世界是真实的。它必定是，否则人们就不会如此相信它的存在。有人说，阿加莎笔下的英国的诀窍在于恰当的地域感的缺失，以至于任何地方的读者都能在自己的脑海中用熟悉的环境重新书写它。这并不完全正确。《寓所谜案》中描述的圣玛丽米德充满了有说服力的细节，直接让人回想起战时的英国社会，而且其创作者对其如此熟悉，似乎它直接从她身上走到了书页上：村里教堂的中心位置，贵族探访穷人的**显贵者义务**，偷猎者和网球聚会，还有当地低效的电话交换台。这些都是"真实的"，即便他们所处的世界是构建出的产物。阿加莎并非阐述性的作家，但她在勾勒环境方面有惊人的天赋，她也有营造气氛的天赋，手段有时直接得让人难以注意（例如在《无人生还》中，她机智地选择将连环杀人案安排在一栋灯光明亮、气氛全无的现代住宅中）。

"她有能力在不进行具体描述的前提下勾勒出一个世界。"P. D. 詹姆斯如是说。[17]她的写作方式让读者的目光像蜜蜂一样，停留在书页上那一连闪亮夺目的短语上。不知为何，她就是知道怎样达成这一点。

她笔下的村庄尤具生命力，但少有人赞赏它们与时俱进的特点。写于1949 年的《谋杀启事》是对战后英国农村的附带记录：村里的难民用人、食物交换、社会迷失感（"十五年前人们**知道**每个人都是谁。大房子里的班特里一家，还有哈特内尔一家、普赖斯·里德利一家和韦瑟比一家……"）。十三年后，《破镜谋杀案》以对 20 世纪 60 年代住宅区的回忆开篇（"它就像一个用孩子的积木砖块砌成的整齐的模型。在马普尔小姐看来，它几乎是不真实的"）。然而，村庄的本质得以保留："新的世界和旧的世界是一样的。房子不一样了，街道现在叫胡同，衣服不一样了，声音也不一样了，但人还和以前一样。"

这就是马普尔小姐让人安心的智慧：看透那些令人恐惧和不熟悉的事物，找到其间的理智、纽带，还有真相。马普尔小姐知道"到处都有很多——嗯，古怪的东西"。但她总体上会认同阿加莎在1955年说的一句话："你知道吗，在人们不理解罪犯的行为时，他们总是转而将其解释为疯了。"马普尔小姐和其创作者感兴趣的是行为与常态的关系，即便是谋杀行为。阿加莎为克罗伊登案所着迷，因为她在其中看到了一个复杂的家庭难题，一个被推到极端的可识别模式。尽管她在1929年的文章中提到，这些谋杀案的发生源于"奇怪的杀戮欲"，但这样破案根本不会让她感兴趣。对她而言，动机就是一切。

在《魔手》中，马普尔小姐意识到犯罪动机并不像其他人所认为的那样，是出于某种奇怪的、非个人的原因。事实上，一切都太人性化了。这也许是阿加莎最满意的作品，极尽轻松也偶带深刻。它广为聪明朋友们所赞赏，如碑铭研究家悉尼·史密斯，他称其为最好的马普尔作品。[18] 这部作品的背景描写非常出色，位于一座生活气息浓郁的克里斯蒂风格的村庄：热情友好的艾米·格里菲斯不受欢迎地蹦跶到各家门前（"你好啊，懒鬼们！"），一边组织女童子军，一边为当地律师心动不已；小审美家派伊先生"在讲述自己从维罗纳带回意大利床架时激动人心的情况时，音调升高到了假声"；牧师的妻子丹·凯索普太太瘦小的灰狗脸和古怪的洞察力被刻画得如同白描一样生动。也许因为故事叙述者是一个局外人，一位老成的伦敦男士，所以环境得以被清晰地描述。阿加莎非常擅长使用男性声音：这是她令人惊叹的天赋之一。"一个姑娘只要闭上嘴，就能如此长久地困扰你的灵魂深处，这太奇怪了。"叙述者毫不客气地说。当村里发生谋杀案时，他同样直言不讳："在那一瞬间，我讨厌林姆斯托克和它狭窄的边界，还有低声叽喳不停的妇女。"

阿加莎也能看到这一点：村庄的危险，发泄途径的缺乏，居民可能自相残杀。在《逆我者亡》中，这股阴险的暗流被明确地描写出来。这部作品的叙述者也是一位男性局外人。他起初有所怀疑，但最终还是屈从于这个闪烁着潜在邪恶的村庄的魔力。"天空暗淡险恶，一阵阵风飘忽不定地吹过。他仿佛从普通的日常生活中走进了那个古怪的半魔法世界，这种意识自从他来到威奇伍德后就始终笼罩着他。"村里有魔鬼——向撒旦献祭，像女巫的姑娘——但是，正如阿加莎的侦探小说始终致力表达的，真正的邪恶都是人性化的。连环杀手是一个被生活挫败的人，而在村里，他除了沉溺于此之外无事可做。阶级在这部作品中也起到了令人信服的作用，这并非因为阿加莎是不可救药的势利小人，而是因为在封闭的社区中，阶级**确实**且仍然是突出的问题之一。

《逆我者亡》不是马普尔小姐系列作品（尽管其中有某种意义上的替代者），但它诞生于她的世界。马普尔小姐本身就是以《罗杰疑案》中医生的姐姐卡罗琳·谢泼德为原型塑造的。谢泼德小姐有发掘信息的天赋，通常是从用人那里得来，而且好奇心极强：在有两段独立的八卦供她追根究底时，她明显摇摆不定，"就像轮盘上的球可能会在两个数字之间腼腆地徘徊一样"。但她的推理能力反复无常。马普尔小姐要散漫得多，因为她天生更聪慧。不过，在《寓所谜案》中，她显然是卡罗琳式的。"我必须承认，她迅速现身现场和她急切的好奇心让我略感厌恶。"身为故事叙述者的牧师说。后来的马普尔小姐绝不会以如此不淑女的方式行动。她也不会被牧师的妻子格里塞尔达描述为"那位可怕的马普尔小姐"，尽管后来对她"毛茸茸"的强调是带有欺骗性的。正如《书籍和书人》在阿加莎去世后刊登的一篇文章中所写的那样，"简·马普尔是个坚韧的老女人。她要是'和蔼的织毛衣的老太太'的话，那德法尔热夫人也是了。"马普尔小姐早就在《寓所谜案》中展示出坚定的毅力。在那些为"茶和丑闻"聚集在牧师家的年长女士中，她是唯一一个意识到当地美男子注意力所在的人（"不是**莱蒂斯**，应该**完全**是另一个人……"）。她还揭示了自己的信条：她看待世界的方式使她成了天生的侦探。格里塞尔达说，马普尔小姐应该能够解决此案。

> "就像那次韦瑟比小姐的腌虾消失时你的所作所为。只是因为它让你想起了某一袋煤的不同之处。"

"你在笑我，亲爱的，"马普尔小姐说，"但毕竟那是一种非常正确的接近真相的方法。那确实是人们口中的直觉，那种大家总是为之大惊小怪的直觉。"

当然，这种特点直接来自阿加莎的外婆辈。和马普尔小姐一样，玛格丽特·米勒和玛丽·安·伯默尔都能洞悉情况的真相，尤其是玛格丽特，因为她们之前见过类似的模式，并知道太阳底下没有什么新鲜事。她们在对人性保持着基督教信仰的同时，也对其阴暗面有着现实的认识。要为最坏的情况做打算，因为最坏的往往是真实的，但要有信念，有信心，有同情心。这便是这类女性的处事方式：正直、明智、维多利亚式的，可以让阿加莎感到无限安慰。

她还不到四十岁。然而，她为创造出一位年长得多的女性感到欣慰，后者与生活维持着宁静的关系，不像她自己的那样令人不安。马普尔小姐几乎没有情感经历，尽管她拥有卓然的知识和理解力。她与生活保持着距离，并甘之如饴。智慧带来了满足。阿加莎在作品中富有智慧，但在生活中却不尽然。短篇小说集《死亡草》中的一段对话展示了马普尔小姐和其创造者间的差异。说话的是一位名为乔伊斯·雷蒙皮埃尔的画家：[19]

> "我是个艺术家……我能看到你看不到的东西。然后，作为一名艺术家，我也在各种类型和条件的人中间打转。我了解的生活是亲爱的马普尔小姐所不能了解的。"
>
> "我不清楚这一点，亲爱的，"马普尔小姐说，"村里有时会发生非常令人痛苦不安的事情。"

这便是阿加莎喜欢做的事：把生活提炼成一个可控的微观世界，比如圣玛丽米德。在这里，一切问题的答案都可以被推导出来。她知道这在某种程度上是无稽之谈。经历过自己的神秘故事后，她比任何人都清楚，不存在真正的解决方案；现实总是不规整的半成品样子。与此同时，她所创造的世界既让她着迷，又让她舒心。

全知全能是小说中的侦探能够送给读者最大的礼物：有了解一切、照亮每片黑暗的大脑，这种想法能给人以无限的安慰。但对作家而言，这一品质同样也是一种礼物。阿加莎在她笔下的侦探身上，在他们的全知全能和疏离中找到了支撑，而这些特点在波洛和马普尔身上有不同体现。人们常说阿加莎不喜欢波洛，尽管没有真正的证据支持这一说法。晚年，就像他是自己的亲生骨肉一样，她力图从歪曲中保护他。但她与马普尔小姐的渊源更深。"简·马普尔小姐并不真实存在，也从未存在过，"她写道，"她完全是大脑的产物。"[20] 但这不完全正确。1926 年后，阿加莎不喜欢任何说她是取材于生活的暗示。然而，正是马普尔小姐的真实（她与阿加莎童年时代那些女性的相似）给其创造者提供了最大的帮助。阿加莎喜欢波洛，但她**需要**马普尔小姐。她渴望听到那个安静的、淑女般的声音。就像侦探小说本身一样，那是抵御这个疯狂而扰人的世界的堡垒：一个发自坟墓、发自陆军和海军商店、发自阿什菲尔德的声音。

　　马普尔小姐是如此让人安心，以至于在《死亡草》中的一个故事中，阿加莎有信心将她安置在一个"水疗中心"里。这个对哈罗盖特的委婉引用出现在事件发生后不久，其中一位男性角色还掀开记忆的伤疤，宣称水疗中心是"野蛮透顶的！非得早起喝让人恶心的水。一堆老女人坐在那里。无礼地喋喋不休"。

　　马普尔小姐坦然承认了这一事实（好像**她**会不知道，在休息室里，克里斯蒂太太就坐在她的对面似的！还有她在那里的确切原因！）。然后她开始了充满特色的辩护：

　　　　"说到丑闻，如你所说——好吧，它是费了很多力。人们对它非常不满——尤其是年轻人……但我要说的是，这些年轻人中没有人停下来思考过。他们真的不仔细审视事实。整个问题的关键当然就在这里：你所说的闲谈有多少是真的？我认为，如果像我说的那样，他们真的审视了事实的话，会发现十有八九是真的！这就是为什么人们会为之感到如此恼火。"

　　　　"受启发的猜想。"亨利爵士说。

"不，不是那样，根本不是那样！这其实是一个实践和经验的问题……我侄子口中的'花架子女人'手上有大把时间，而她们的主要兴趣通常在人身上。因此，你看，她们会成为人们所说的**专家**。现在的年轻人，他们自由自在地谈论那些我年轻时没人会说的事情，但另一方面，他们的思想又非常纯洁。他们相信所有的人和事……"

阿加莎自己曾相信过，信任过。她浑然不觉。她需要身边有位马普尔小姐，隐晦地暗示她，如果一个男人**那么**频繁地想打高尔夫，人们当然会**好奇**……现在已经为时太晚。而且，尽管阿加莎自己永远也想不到，她要再次坠入爱河了。

1930 年 2 月，在发掘季结束时，与伍利夫妇建立了深厚友谊的她回到了乌尔。前一年 5 月，夫妇二人曾在她位于伦敦的新房子里短住，这座马厩改建的房子坐落在老布朗普顿路附近的克雷斯韦尔广场 22 号，她在 1928 年将其买下（《星报》描述它"像一棵绿得耀眼的春天的树，从一片灰色的屋顶中脱颖而出"）。在阿加莎重新设计之前，房子还有马厩：改建后，楼下是一个大房间，楼上有一间小厨房、餐厅、卧室和画着海豚的美丽绿色浴室。不久后，她会再买一栋位于肯辛顿卡姆登街 47—48 号的房子，然后在 20 世纪 30 年代再买三栋。正如她后来所说，在税收让她保不住自己所挣的大部分钱之前，战前的几年确实是她的"暴发户时期"。

1929 年，阿加莎的哥哥蒙蒂去世，她在接种了针对罗莎琳德的麻疹疫苗（她认为那是强力疫苗）之后身体很不好。然而，在阿什菲尔德度过了年末后，她觉得已经为下一步冒险做好了准备。旅行是她的天性：尽管她很爱自己的家，但如今的她如果在英国待得太久，总会变得坐立不安。

这次在乌尔，她遇到了一位上个发掘季因阑尾炎离队的队员：马克斯·马洛温。"如果他前一年就在场，对刚经历过阿奇的她来说就太早了。"[21]他的传记作者如是说。马克斯遇到阿加莎时才二十五岁，与她的侄子杰克·沃茨同龄，是后者在牛津大学新学院的同窗。马克斯比阿加莎年轻太多，所以他们的交流保持着合宜的距离，尽管她注意到了他与伍利夫妇相处时的得体，觉得他很聪明。当凯瑟琳以她那典型的专制方式，命令他在从乌尔到巴格达的途中带阿加莎参观当地风景时，她对他有了更深的了解。阿加莎有些尴尬，认为这个可怜的年轻人是被强迫的。然而马克斯十分镇定，二人发现彼此很处得来。

凯瑟琳·伍利现在已经展示出了性格中的怪异之处。她的经历很不寻常：她有一半来自父亲的德国血统，于1910年前往萨默维尔读历史（尽管没有拿学位），并于"一战"期间在战俘营工作时遇到了她的第一任丈夫。在1919年结婚后不到六个月，丈夫基林上校开枪自杀。凯瑟琳这一位聪明且天赋异禀的艺术家（"几乎是一位艺术家。"阿加莎在自传中圆滑地写道）向考古学倾斜了，这在当时还是个充满绅士的业余俱乐部。她以助理志愿者的身份来到乌尔，但在挖掘工作中，女性是罕见的生物。一段时间后，人们对伦纳德·伍利施加压力，要求他将这一情况规范化。他和凯瑟琳于1927年结婚。

虽说比阿加莎大两岁，但凯瑟琳看起来要年轻得多，而且仍然非常漂亮。然而，她似乎缺乏所有正常的性感觉。她第一任丈夫的自杀可能与此有关。据说伍利与妻子的交合程度仅限于晚上看她洗澡（他这样的行为使得凯瑟琳实际上是个男人的离奇谣言不攻自破）。

然而，哪怕凯瑟琳没有和男人上床的欲望，她仍然希望他们为她所控制。包括马克斯在内，她会命令在乌尔参加发掘的年轻男子给她梳头："实际上，他们真的为此感到非常尴尬，难以忍受，但又无法拒绝，"[22] 阿加莎的朋友琼·奥茨博士说，"那真的非常、非常奇葩。"凯瑟琳还会要求他们步行十英里左右到**露天市场**买两千克她最喜欢的阿拉伯糖果。不过这也有好处，因为这些糖果可以让她安静一两天。"她会把所有的都吃了，然后就会生病。"

尽管这些并非"**红颜祸水**"之举，但凯瑟琳无疑就是这样的人。阿加莎是如此为之着迷，以至于她把她的"朋友"作为受害者写进了《古墓之谜》里。"我们都认为这是个绝好的方法，来报复某个你无法用任何其他方式报复的人。"琼·奥茨说。对阿加莎而言，路易丝·莱德纳的形象是不同寻常的：她一定有真实的原型。这使得这部作品略显失衡，尤其是其最终的破案方法是阿加莎笔下最弱的之一。她感兴趣的不是侦探谜题，而是这个奇特的、"**热衷勾搭**"的女人身上的谜团，她的乐趣在于煽动激情，而非体验它。

"我相信，"波洛说，"莱德纳太太是一个本质上崇拜**自己**的女人，比起任何其他东西，她更喜欢权力感。无论在哪里，她**必须**得是宇宙的中心……"

另一个人物这样评价她："她并不真正关心什么。这就是为什么我这么讨厌她。她不感性。她不想要外遇……她是某位女伊阿古 [1]。她**必须**有戏。但她自己并不想参与。她总在外面扯着木偶线，看着，享受着。"

这就是凯瑟琳·伍利，但阿加莎的作家本能使她进一步发展了这个人物。她想象着，如果凯瑟琳棋逢对手，无助地坠入爱河后会发生什么。她还想象着一种性格特征，宿命论到几近**自我**毁灭：在侦探小说的结局之下，有一个奇怪而微妙的暗示，即路易丝·莱德纳将自己置于了一个招致死亡的境地。和其他两三部以《空幻之屋》为代表的克里斯蒂小说一样，这部作品情节简单，人物复杂，是一部加入了几起谋杀案的玛丽·韦斯特马科特小说。

作品中的叙述声音来自护士艾米·莱瑟兰，极为平淡乏味，衬托了莱德纳太太令人疲乏的魅力。在被告知莱德纳太太的第一任丈夫在战争中丧生时，她为阿奇·克里斯蒂敲了一小段轻快的丧钟："我认为这非常可悲且浪漫，你说呢，护士？"对此，她答道："这是一种把鹅称为天鹅的方式。"换言之，如果这个人活了下来，或者说如果阿奇留了下来，就会有足够的时间看到，所有那些不朽的魅力都消逝于平庸的中年。

因此，莱瑟兰护士代表了阿加莎的一个侧面：平淡而理智的一面。从这个人物对东方的反应中也可以看出——"坦率地说，让我印象深刻的是到处都**乱七八糟**的"——以及对考古学的看法："你相信吗，除了**泥巴**，什么都看不到！大约两英尺 [2] 高的脏泥墙，这就是全部了。凯里先生带我四处看，跟我说东说西……我所想的只有，'但他怎么**知道**'。"当然，这并非阿加莎的真实想法。她对挖掘工作非常着迷，对"所谓的浴室"和非欧洲的卫生状

---

[1] 伊阿古是莎士比亚戏剧《奥赛罗》中的重要人物，他是一位为私欲不择手段的阴谋家，一手制造了奥赛罗悲剧。

[2] 1 英尺约合 0.3 米。

况怀有公开的兴趣。她全无狭隘之处，但她理解狭隘的思想并乐于接受其朴实无华的良好意识，这是她天赋的一部分。伦纳德·伍利说自己是在发掘大洪水现场，面对这样的盲目保证，她也会有怀疑的时候（但他怎么*知道*？他不知道：他弄错了）。她喜欢的，是考古学里那些被伍利这样的知识分子所鄙视的时刻：当过去与现在相遇，当被埋葬的日常生活碎片被抬向天空。

《古墓之谜》中还有对于阿加莎是如何看待年轻的马克斯·马洛温的暗示。他在某种程度上被描写为大卫·埃莫特，一个安静的、拒绝被莱德纳夫人欺负的美国人，赢得了后者不情愿的尊重。"我可以说，**就性格和能力而言**，在所有队员中，埃莫特先生在我看来是最适合圆满完成一个聪明的、时机成熟的犯罪行为的。"波洛说，语中暗含赞美。事实上，较之在小说中的对应角色，马克斯更容易受到凯瑟琳的影响。大卫·埃莫特的形象有些理想化，尤其在外表上，尽管阿加莎与艾米·莱瑟兰一样认为"他身上似乎有一些非常坚定和让人安心的特质"。

她十分享受与他在伊拉克观光的时光。二人建立起了一种友好的亲密关系，尤其是因为她口中"艰苦的生活方式"：当他们在卡尔巴拉的派出所过夜时（睡在不同的牢房里），马克斯需要护送阿加莎去厕所；在前往乌克海迪尔的沉闷道路上，他们唱着歌，然后脱到只剩内衣去沙漠湖里洗澡。阿加莎不是那种有贵妇禁忌的人，而且她一直都喜欢游泳。和大多数男人一起时，脱掉衣服会产生某种性张力，但在这种情况下显然不会，因为马克斯并不特别有吸引力，而且年龄差距又那么大。总之阿加莎并不会再往那方面想了，或者说，她以为自己不会那么想了。

在这次穿越炎热、异国、梦幻般风景的奇怪旅程中，她生活的乐趣又回来了。整个过程很**有趣**，这种感觉阿加莎已经很久没有经历过（阿奇无疑很潇洒，但从来都不有趣）。这种感觉就像一段插曲，令人惊讶，充满偶然，而且她认为这种感觉不可复制。

然而，还有机会更进一步。阿加莎与伍利夫妇在希腊旅行时（凯瑟琳对于她的朋友与她的**门徒**间的亲密关系感到颇为恼火），一捆电报到达了雅典，说罗莎琳德得了肺炎，病得很重。阿加莎因为内疚而惊慌失措，抖得不能自己，摔倒在地并扭伤了脚踝。这时马克斯宣称她需要一位同伴同行，他将和她一起返回英国。聪明的马克斯。

在为期四天的火车旅行中（那时没有航班），二人真正了解了对方。马克斯已经知道了一部分，因为尽人皆知，尽管他不在意整个阿奇—哈罗盖特事件。世上的其他人可不会这样，他们对阿加莎的评价使她变得戒备而脆弱，当时一位见过她的女士在日记中写道："克里斯蒂太太实际上是**阿加莎**啊！相当和善，非常强硬。"但马克斯悟到了她内心孩子般的脆弱。事实上，他非常理解她。他开始争取她的信任。

马克斯本人异常自信，尽管缺乏表面的优势：他个子矮小，外表平平，而且他希望与之交往的人会认为他的出身不够得体（正如他在回忆录中所写的，伍利夫妇都是势利眼）。[23] 但这类人总会更加努力以获得他人欢心，马克斯在这方面有极高的天赋。他能够搞定任何人。"我预见到，你将永远能够驾驭我！！！"阿加莎在 1930 年写给他的信中说。他不厌其烦地去了解各种情形，然后补足所需。他第一次见到阿加莎时，就察觉到了她的伤痕累累，并以低调的方式安抚了她。他让自己成了不可或缺的存在，尽管他从未自降身段。他的侄子约翰说他"多数时候是个幸运的人"。[24] 但正如那些陈词滥调，他的幸运源于自身的努力。那些天生就更有吸引力的人往往认为运气会降临到自己身上，而他不同，他致力于与正确的人一同做正确的事，从而爬得更高，走得更远。

成年后的马克斯是非常典型的英国人，他是布德尔俱乐部的会员，也收藏 18 世纪银器，但他的血统完全是欧洲大陆的。他机灵的举止不属于典型的英国人，他本能的品味也不是：例如他喜爱普罗科菲耶夫和拉赫曼尼诺夫。他还具备 A. L. 罗斯所说的"奥地利魅力"。马克斯的祖父有"斯拉夫血统"，曾作为难民生活在维也纳，直到 1879 年才入籍；这时他已经娶了一个捷克姑娘，并成了磨坊主，但当磨坊烧毁时，整个家庭几乎一贫如洗。1897 年，他的儿子弗雷德里克，也就是马克斯的父亲选择止损并来到了伦敦；他曾在奥地利军队服役，这段经历的唯一收获是 1913 年发放的放行证明，但那时他已经完全效忠英国了。

1902 年，他娶了一个名叫玛格丽特·迪维维耶的法国女孩，她是一起来伦敦的同伴。她的出身很有异国色彩：她的母亲玛尔特曾是一名歌剧演员，在马斯内的《埃罗底亚德》首演中扮演莎乐美。马洛温夫妇并不相配。玛格丽特是一位感情丰富的女性，虔信宗教并热爱她的三个儿子：长子马克斯，塞西尔和菲利普。弗雷德里克的头上有一道决斗的伤疤。尽管他成了一名商人，但他心里仍是那个严守纪律的外国士兵。

马克斯与母亲的关系极为密切，就像阿加莎与她的母亲一样（之后她会艳羡他与玛格丽特的关系，"我离开时非常嫉妒，你有母亲可见"[25]。再后来她和阿奇一样为此感到恼火）。但他并不像阿加莎那样享受过童年。他在伦敦长大，生活中缺乏他口中的"家庭和谐"。他的父母经常争吵。"我感激父亲和母亲，"他写道，"让我的性情更倾向于宁静的伴侣关系。"[26] 就像阿加莎父母的幸福婚姻使得她认为自己的婚姻也理当如此，马克斯也通过实例了解到婚姻需要礼节和努力。

他就读于蓝星学院，在那里他与伊夫林·沃和汤姆·德赖伯格（"极为卓越的一代"，沃后来写道）同期，然后在牛津大学新学院学习古希腊罗马历史、文学和哲学。"从蓝星到牛津，我在那里度过了 1921 年至 1925 年的四年时光，是从炼狱到天堂的一大步。"马克斯属于"故园"一代，他能力范围内的举止也一直如此。他在文学学士学位第一次考试中名列第四，期末则名列第三；他举办所谓的"德比冠军派对"，连续三年赌对马；他还遇到了塞巴斯蒂安·弗莱特，一个与他建立了深厚而强大友谊的天主教贵族。

埃斯米·霍华德，彭里斯的霍华德勋爵的长子，他不是马克斯的爱人，但他是马克斯遇到阿加莎之前最接近这种关系的人。"我觉得，"他在 1930 年写给阿加莎的信中说，"我对你的爱是与埃斯米的友谊的完美延续，我曾以为自己永远好不起来了。"和许多聪明而缺乏经验的年轻男子一样，他发现与另一个男人初次坠入爱河更容易，也更意气相投。当然，埃斯米的形象远比普通女大学生更浪漫。他聪明，可爱，身患绝症——二十五岁时，他死于霍奇金淋巴瘤。马克斯在菲诺港最后一次探望了他，"在孀居贵妇卡那封夫人的别墅里"，正如他在回忆录中所写的那样，隐隐体现出他为自己认识这类人深感骄傲。然而他的悲痛是真实的。巧合的是，他和阿加莎的灵魂几乎同时度过了暗无天日的黑夜。埃斯米在阿加莎从森宁代尔消失的五天前去世。马克斯和阿加莎一样被迫投身工作，并在埃斯米临终前承诺信仰他的宗教。严格来说，马克斯应该随他的法国母亲成为天主教徒，但他从未领过圣餐，而且在蓝星就读时拒绝受坚信礼。现在，爱情战胜了理性。在看到埃斯米——"真正的圣人"——从其宗教信仰中获得的力量后，马克斯确信自己也应该寻求对上帝的信仰。讽刺的是，一直都去教堂的阿加莎在离婚后不再领圣餐；更讽刺的是，当马克斯得知天主教会不承认他和阿加莎的婚姻后，他背弃了对埃斯米的承诺。

事实上，他本性上从来也不是虔诚的天主教徒。"我总觉得上帝是好的，给了我神圣的保护。"他在战时给阿加莎的信中说，这也是他宗教感情的极限了。他喜欢宴会上的谈话，而非沉思，是艺术、历史、人体方面的"爱美者"[27]，而非精神领域。他也颇具野心。和查尔斯·赖德一样，他必须利用机遇和关系才能向上爬。1925 年夏天，他随口表达出对考古学的兴趣，牛津大学新学院院长和阿什莫尔博物馆管理员便介绍他与伦纳德·伍利会面，他决心把这次会面用到极致。那天和伍利一起在大英博物馆的是凯瑟琳·基林。马克斯敏锐地意识到，他必须同时给他们俩留下深刻印象。他的天赋没有失手，秋天时他便开始在乌尔工作了。

四年后，他有意识地与孤独、讨喜、富裕的克里斯蒂太太交了朋友。他没有急于求成。他只是让自己成为阿加莎需要的伴侣。他告诉她，她长了一张"高贵"的脸：这是一种迷人的、试探性的赞美，那种聪明的年轻男子对年长女性的赞美。在巴黎匆匆分开后，马克斯与他的母亲相聚，阿加莎则回到了罗莎琳德身边，她发现自己没法忘记他，如他所愿。1930 年春天，马克斯在大英博物馆与伍利一起工作。他写信给在阿什菲尔德的阿加莎，邀请她访问伦敦（借口是在乌尔挖出来的物品正在博物馆展出，她可能想看看）。她的回信热情洋溢而又慌乱无措，仿佛她是二人中更年轻的那个。

> 我的罗莎琳德比他们告诉我的情况要糟糕得多。看到她，我的心都碎了。皮包骨头，可怜巴巴的。哦！马克斯，一切都很糟糕，就像回到了最糟糕的永无宁日的梦里！……你不能选一个周末来这里吗，马克斯？我没法开派对，也不能请普通人——但你是这样一个天使。[28]

这封信的结尾是邀请他来克雷斯韦尔广场用早餐，阿加莎要到伦敦参加一系列会议。在自传中，她平静地写到与马克斯的重逢，说再次见到他感到很害羞，但她很高兴二人没有"失联"。然而，她信中的语气却有所不同。"我像思乡一样思念你。"[29]她写道，还透露了她没有告诉其他人的秘密，例如玛丽·韦斯特马科特这个假名（"不要告诉任何人，好吗？甚至连你的母亲也不要告诉。《撒旦的情歌》收获的评价非常好，这对我来说相当了不起，不是吗？"）。[30]她对这个年轻人有感觉，尽管她不清楚其性质。如果不是马克斯如此巧妙地引导这些感觉，可能也就止步于此了。在伦敦会面后不久，他到访了阿什菲尔德，并且径直走进了她的卧室，向她求婚，就像近十六年前阿奇所做的那样。"我从未想过，马克斯和我将会或可能会产生这种关系。我们是*朋友*。"然而没过多久，她就接受了第二次婚姻的想法。

她并不缺乏男性的关注。也许她的丈夫追求青春和无瑕疵的美貌，但其他男人就不那么挑剔了。事实上，当时的整个性文化在某些方面比今天更活跃。较之外表的完美，人们更直接地在意是否单身。作为一位离异女性，阿加莎被认为是"流通的"。一位男性熟人的言论被写进了《未完成的肖像》："你要么找一个情人，要么找几个。你将不得不决定选哪个。"在书中，西莉亚认为"几个情人是最好的。和几个情人在一起，你几乎是安全的！"。换言之，一队男人不可能对她造成像阿奇那样的伤害。那种事决不能再发生了。

然而，没有证据表明三十多岁的阿加莎向任何一次追求妥协过。可以肯定的是，她一生中只和两个男人上过床。《未完成的肖像》中说过，在"德莫特"之后，她"试图学会独处"，书中不至于为这样的事情撒谎，如果有情事需要坦白，在这个场合再合适不过了。在自传中，阿加莎非常坦率地写道，她对这些追求很满意（她对男性总怀着一种简单的欣赏，只要没有真正的情感依恋，她与他们的相处总是很轻松）。她讲了一个故事，说她在第一次乘坐东方快车时遇到了一位荷兰工程师。某天晚上，他们一起用过晚餐后，他看着她说："我现在想知道……不了。我想我不问会更明智。"对此，她回答说："我觉得你非常明智，也非常善良。"但这个问题已经抛出来了。这和《地狱之旅》中的酒店场景很相似："一个帅气的法国年轻人走出酒吧，穿过露台，向希拉里投去迅速而谨慎的一瞥，这一瞥几乎不带掩饰，它的意思是：'我想知道，这里有什么事可做吗？'"阿加莎把这一切都看在眼里，她身上没有任何故作正经的气质。在某些方面，她非常世故，丝毫不会感到震惊，这也完全不同于她之后树立的庄重形象。"你知道吗，你是那种应该被强奸的女人，"这句话是对《幸福假面》中一本正经的琼·斯丘达莫尔说的，"我挺想亲自强奸你的——看看你事后的样子会不会有哪怕一点点改变。"阿加莎（或者说玛丽·韦斯特马科特）可以写下这些事且不感到尴尬，更重要的是，不让她的读者感到尴尬。[31] 这放在现在来看都是有问题的，但与她写的任何其他文字相比，它都在阿加莎·克里斯蒂"温馨"的形象下塞了一颗火箭。

然而，当涉及马克斯·马洛温时，她就像个孩子一样毫无防备。根据阿加莎在自传中的描述，他和她谈了数小时话后，离开她在阿什菲尔德的卧室时说道："我想你会嫁给我，你懂的。"他已经主动出击并做好了准备，而且对结果充满信心。"我当然是明智的，"他在不久后给她的信中写道，"明智是我的主要防御手段，也是如你所说，我把你从平凡的日常中拯救出来的原因。"[32]

像个容易激动的年轻姑娘，阿加莎开始给马克斯写信。她似乎立刻就被与他共度一生的想法俘获了：据她的自传所述，这个想法让她大吃一惊。

"亲爱的，我对你而言的意义，真的如你所说吗？我刚刚收到你的信。哦！亲爱的。如果对你而言那么重要，我非常乐意。我也有同感——和你在一起是一种自由。"[33]

拥有高超的待人接物技巧的马克斯为阿加莎提供了她在第二次婚姻中的所需：与她的第一次婚姻越不同越好。她不想要无力抵抗的浪漫（这对马克斯而言是幸运的，因为他在这方面根本不是阿奇的对手）。她想感到安心、放松、自由。"当我们互相陪伴时，整个世界似乎都很美妙……一种丰富的自由……**没有束缚、困住或被'牵累'的感觉——我从未想到过，竟然还存在这样的感觉。**"[34] 考虑到她所遭受的可怕背叛，她仍愿意写下这些词句的举动是极为感人的。然而，从某种意义上说，她是**为**马克斯而写，作为某种感谢。他几乎不可能在如此短暂的时间里激发出如此强烈的感情。最终引向婚姻的那些情书其实是来自双方的表演。马克斯会给阿加莎写"显然，你命中注定应该成为我的向日葵"这类话。它们并非全然不真诚，但也不是情书的通常语气（比如阿奇写的那些，它们都源自一种特属于男性的压力）。

当然，阿加莎和马克斯并不是通常意义上的恋人。这段求爱的过程中没有任何元素是正常的。最有趣的反讽是，占主导地位的伴侣本该是阿加莎，她有钱，有经验，马克斯则一文不名，而且几乎可以肯定他是个处男。然而，处于主导地位的却是他。他承担起了家长的角色。他自己有围着他转的母亲，不需要另一个母职人物。但这正是阿加莎所需要的，马克斯也很清楚。与其说他在情感上替代了阿奇，不如说他替代的是阿加莎最想念的人——克拉拉。和克拉拉一起时，她完全是她自己，没有任何约束她天性的要求，她的幻想得以插翅翱翔，因为她知道母亲就在那里，在阿什菲尔德，在现实世界的中心。和马克斯一起时，她重温了这种感觉的一部分：那种岁月静好的感觉。他让她能够再次表现得像个孩子。这非常适合他，因为他是天生的老师，并乐于告诉阿加莎，她应当学习希腊语，读吉本的作品，上绘画课以给挖掘工作提供帮助。他给她的信中提及罗莎琳德，说："她比你更成熟，是吧，天使？"而且，他非常清楚她最想听到什么："阿加莎，我并不只是透过盲人那发光的双眼来爱你，我看到的是你本来的样子。"

"我相信你爱的是我真实的自己，"她答道，然后语气里加上了一丝冷静，"单纯的爱是件相当愚蠢的事情——为大自然所认可，但会给个体带来许多不快。但你是我的朋友，马克斯……"[35]

在某种奇怪的层面上，二人的年龄差使得阿加莎能够更好地应对这段关系（尽管结婚证书上这一差值被最小化为六年：阿加莎"37岁"，马克斯"31岁"）。她高声哀叹："你那该死的愚蠢的岁数！！"但这其实大大降低了马克斯的威胁性。他身上没有任何特点与她和阿奇的婚姻相仿，例如阿奇绝不会写信说："如果你觉得需要思考，我的天使，请记住，牵手同行的人生只有在我们主动选择的前提下才会成为光辉的笑话。"然而，她的确急于让自己免于成为笑话的主人公。她已经有过被迫为世人哂笑的经历了。她的姐姐坚决反对这桩婚事，并毫不迟疑地告诉了阿加莎（马克斯从未真正原谅过这一点）。婚礼前两周，玛奇送来一沓手帕作为贺礼："并不是说这些手帕是用来擦眼泪的，请悉知。"她希望马克斯能够照顾好她的妹妹；如果不能的话，"他的某个老木乃伊会复活并处理此事，我知道木乃伊会完全理解的"。玛奇的儿子杰克·沃茨非常喜欢阿加莎，但他在牛津大学时从未喜欢过马克斯。直截了当地说，他和玛奇都怀疑马克斯的动机，认为他是奔着钱来的。阿加莎自己肯定也有过这样的想法，特别是在她读到他关于二人蜜月的信时，他计划这次蜜月，而她负责付钱。他们要穿越当时的南斯拉夫前往威尼斯（"考虑到短居时可能会很暖和，我正在定制一件白色夹克"），然后去希腊（"我希望能有时间学小风笛"）。与此同时，马克斯还给阿加莎去信谈及婚礼的登记费，"因为我应该支付所有这些费用"。

仪式定于 9 月在位于爱丁堡的圣科伦巴教堂举行。马克斯的宗教问题很容易就得到了解决，但这对阿加莎来说并不那么轻松："你**确定**自己没问题，是吧？我是说宗教方面。你良心上没有疑虑或内疚吧？"1930 年夏天，她仍在犹豫不决。"有时会感到莫名的恐慌……我觉得'我不会——我不会——我不会嫁给任何人。再也不会了'……但那是马克斯啊。是和马克斯一起，一直和他在一起——他会在难过的时候陪伴我。"[36] 甚至在推进婚礼计划时，这一思维模式还在重复。8 月底，她和罗莎琳德、卡洛还有玛丽·费希尔（她们将担任见证人）一同前往斯凯岛度假，然后去了爱丁堡。在斯凯岛时，她写道："用平庸但安全的幸福换取巨大但可能招致灾难的幸福，这是种疯狂的行为。你看，亲爱的马克斯，我是如此讨厌不幸……哦！亲爱的，你要非常非常肯定，我们永远都能做朋友，你知道的，即便我们不结婚。"[37]

这段话里又有一丝表演的味道，尽管文字背后的感情是真实的。但写作这段文字就是为了得到马克斯擅长的那种回应："为了成为世界上最幸福的天使，你要继续再勇敢两个星期。"事实上，马克斯从未真正怀疑过阿加莎不会完成婚礼。有一次，在她似乎确实想取消时，他打出了男人的王牌：中断联系。"你是一头猪，马克斯，你离开三天了，一个字都没有……你知道的，你不可能真的在乎。哦！马克斯。"[38] 这旋即解决了问题。

在 9 月之前，更让马克斯担心的可能是伍利夫妇的反应。他仍然需要他们的赞助，哪怕只是再一个季度。而且他渴望获得凯瑟琳的善意，无论他在阿加莎面前如何贬损她。我们无从得知他在乌尔的那些年里对凯瑟琳怀有什么感觉。但《古墓之谜》中的路易丝·莱德纳被描绘为一位极具诱惑力的女性，而像马克斯这样缺乏经验的年轻人很可能会受其影响。在和马克斯一起去了第一次观光旅行之后，阿加莎就有了这方面的模糊印象：她回到巴格达，渴望洗个热水澡；马克斯为凯瑟琳放好了水，然后请她来洗。许多年后的 1943 年，阿加莎还会在 2 月 14 日写信给他说："你有没有想起来给 K.伍利送情人节礼物？！！"她是在开玩笑，但马克斯的行为真的那么好笑吗？

1930 年 5 月，他坚持认为自己和阿加莎应该各自给凯瑟琳写信，告诉她二人订婚的可怕消息。她的回信相当亲切："我是如此地喜爱你们，得知你们两位将会如此幸福，真是太好了。"但报复会在之后到来。凯瑟琳还说应该迫使马克斯在婚前等待，因为这么快就得到他想要的一切对他来说不好。这是一句犀利但极为粗鲁的评论，但吊着男人并不是阿加莎的风格。正如她在给马克斯的信中所说："这没有用——对待男性，我永远不会有 K 那样圣人般的态度。我要么认为他们是猪，要么觉得他们是完美的宝贝。"[39]

当然，在像雷吉·卢西这样的男人们为她倾倒的年华里，她也曾拥有过"K 那样"的吸引力。现在她疲惫、孤独，而且充满感激。她隐隐地知道，撇开一切，与马克斯的结合是适合她的。她没有理会沃茨夫妇，尽管他们的疑虑与克拉拉对阿奇怀有的疑虑同样合理。而十一岁的罗莎琳德的感受似乎从未进入过她的考虑范围。

阿加莎想要的是另一位丈夫，但得是不能伤害她的丈夫。这会恢复她饱受摧残的自信——看啊，阿奇，我还是能找到男人的！比你年轻十五岁！这不会责成她以任何方式改变自己，就像她觉得会改变阿奇那样。不过，她还是担心自己消逝的容颜和体重的变化，尽管她试图将其付诸笑谈。"也许我正是（小猪猪！）你最喜欢的身材！快说我是！"马克斯之后还数度为此取笑她。但现在他写道："我知道你非常美丽。"而她爱他的谎言。

最重要的是，婚姻将带来陪伴。为此，她愿意承担那么多风险。她向往孤独，但并非无限的孤独。20 世纪 20 年代末那些暗淡悲伤的岁月几乎要了她的命：独自入眠；注视镜子里自己日渐衰老的脸和身体；试图用友情和聚会建立新生；追忆往昔；紧紧抱住彼得，仿佛只有它的爱才让她不至于深陷虚无。现在这个总是面带微笑的小个子男人来拯救她了。"保佑你，我的爱人，"他在 9 月 6 日，即婚礼的 5 天前写信给她，"我希望你会像我一样幸福，我也相信你会的，亲爱的。"这传达出的善意于她而言如同沙漠中的甘霖。与和阿奇在一起时相比，她将是一位更好的妻子，因为她不爱马克斯。马克斯也不爱她。他们结合的原因不是出于爱情，而她认为这很可能会带来更大的幸福。

二人婚后一年，她在创作《人性记录》时写下了类似的话。这些话出自波洛之口，逻辑则来自阿加莎。

> "假使他娶了一个热情洋溢地爱着他的女孩，会有这样大的好处吗？我常常观察到，对男人来说，有一位爱他的妻子是极大的不幸。她会出于嫉妒而大闹，她会让他看起来很可笑，她会坚持要拥有他所有的时间和注意力。啊！非也，那样的生活未必会称心如意。"

因此，在某种程度上，她成了一个现实主义者。她妥协了。在快乐的蜜月之后（"有这么多可爱的东西"），她接受了伍利夫妇对马克斯的召唤，也接受他立即将注意力转向了他们。他们的表现一如既往地令人反感。正如马克斯所说，"魔鬼们将竭尽全力不让我们好过"。阿加莎认识到伦纳德只是软弱，她为之责怪凯瑟琳。她还写道："我觉得 K 眼红的不是幸福，她眼红的只是**钱**！"

伍利在婚礼前从马克斯那里榨取了最后一盎司的工作（"让他在结婚前晚几乎整夜不睡地画陶器。"琼·奥茨如是说[40]），然后在 10 月 15 日把他召回了巴格达。这本来没什么问题，但阿加莎在蜜月的最后几天在雅典病倒了。是某种食物中毒，显然是由于"纵享青虾和海鳌虾"引起的，而且非常严重。阿加莎被送进了医院，而马克斯则匆匆赶回去工作。"医生刚刚来过，"她从希腊给他写信，那里的治疗花了她一大笔钱，"从他的冷漠态度来看，他无疑认为你是个野蛮且没有人性的男人……我可怜的马克斯，你对你的天使是那么善良和温柔。"[41]

我们无从得知她的真实想法是怎样。当然，伍利夫妇（凯瑟琳）让马克斯如此畏首畏尾地顺从（他们自己一周后才出现在巴格达），他们固然应为此受到谴责，但马克斯难道不该表明自己现在要忠于阿加莎了吗？阿加莎坚持让他回巴格达。尽管如此，她肯定希望他能坚持和自己待在一起。"别忘了告诉我你到底怎么样了，你是否真的摆脱了所有的毒素，"他用标志性的精准口吻写道，"我想我远没有以前那样害怕见到伍利夫妇了，我觉得自己更加超然和独立，因为现在我有我的天使需要考虑。"[42]

对于这个问题，她明智地保持了五年的沉默，直到在《云中命案》中谈道："一个英国人的妻子病了。他本人必须在某个日期前到达伊拉克某地。**好吧**，你相信吗，他离开了自己的妻子，就那么去了。"听到这个故事的英国姑娘回答说："我想，人必须把工作摆在第一位。"但把事件藏了这么久之后才提及的行为表明，它确实让人无法释怀。

尽管马克斯尽职尽责地结束蜜月回到现场，但这仍将是他在乌尔的最后一个季度。他和伍利夫妇的关系已经无可挽救。"凯瑟琳不仅禁止阿加莎来乌尔，还根本不准她来伊拉克，"琼·奥茨说，"因为马克斯提议让她在巴格达住旅馆，他可以偶尔在周末去探望她。"这一提议被全盘否定，伍利本人在婚礼前与阿加莎一起用餐时也曾暗示过类似的说法。这种控制狂和懦夫般的行为可以说是疯狂的，但这并无大碍。阿加莎将通过在《古墓之谜》中杀死凯瑟琳来实现报复。马克斯有能力在其他地方找到工作。他在伦纳德·伍利那里获得了经验，他还获得了一个妻子，通过婚姻，他成了有钱人。对他来说，未来一片光明。对于阿加莎来说，她在旅途的终点伦敦给他写信道：

> 这是几年来我头一回在抵达英国时没有感到痛苦。
>
> 亲爱的，你从我的肩上卸下了那么多——那么多我甚至不知道它们存在的东西——我能感觉到全身的伤口都在愈合。它们还在那里——不会再有什么能重新揭开这些伤口了。"[43]

这也许是在提醒马克斯，她仍然是脆弱的。回到阿什菲尔德后，罗莎琳德冷静地接受了母亲的新身份，表示"我认为有两对父母是件不错的事情"，阿加莎写道：

> 我不能忍受你在未来的任何时候不如现在这样好……我认为处于你这个年龄段的男人往往是最好的。他们视野更好，生活理想更宏大。然后，很多时候，生活限制了它们，他们变得傲慢自大、自我中心、小心眼、任性且吹毛求疵——你绝对不能这样，你必须永远是马克斯。[44]

不过，她还是幸福的。"每个人都说我看起来很好，年轻了十岁，你很适合我。"同样适合她的可能是，她结婚了，但在马克斯不在的时候拥有了自己的生活。她是自由的，但又是安全的，就像过去一样。在 1930 年 11 月的一封信中，她几乎抑制不住内心的欢腾，仿佛过去的四年从来没有发生过：

> 我刚刚经历了最激动人心和应受谴责的一天——我参加了特卖会！……哦！我玩得很开心……一个奇彭代尔设计的可爱双层衣柜标价 8 英镑 10 便士，我只是没赶上。也许这是件好事，因为我真不知道应该把它放在哪里！生活是多么有趣啊。我确实认为考古学是世界上最迷人的东西……
>
> 我仍在尽力做一个称职的妻子。我已经画了一个超级罐子［她当时听马克斯的建议在上美术课］……12 月 8 日《黑咖啡》要上演了，所以我下周得进城排练。我现在真的非常忙……六位著名侦探小说家受邀再次做电台节目 [45]，我们将在 12 月 5 日相聚，规划一下此事。多萝西·塞耶斯是第一个，安排在 1 月 10 日，我的在 17 日，还有 31 日一次。这一切都相当有趣。
>
> 我正在做的另一件事是绣孔雀。我是 19 岁时开始绣的，前几天才找到它……我觉得自己好像又回到了 19 岁！

12 月，她从女子陆军和海军俱乐部来信，那时她的两所房子都租出去了：

> 只想告诉你，你是我一个人的宝贝，马克斯，我特别爱你，也许

我会像孩子一样用亲吻盖满整页纸！！非常甜蜜的吻……我真的**特别**高兴，亲爱的。所有事都因此而趣味盎然，让我感到生活是如此美妙。

马克斯好心地回信道："天使，现在闭上眼睛，假装你在我怀中，而我正在回吻你。"他们不像阿加莎和阿奇那样相爱，但也不乏两性交流。在肉体的美丽薄纱不复存在后，这种交流也许更坦率了。

《黑咖啡》的首演令人愉悦。玛奇来了，就像阿加莎 1924 年去了《索赔者》的首演一样——小仇得报——而且评论也不错。"比起查尔斯·劳顿，我更喜欢弗朗西斯·沙利文扮演的波洛。他让他变得更可爱了。"她在给马克斯的信中写道。借这次成功的东风，戏剧版《烟囱别墅之谜》也计划上演，尽管未能实现："但无论如何，总是**激动**人心的。"[46] 甚至还有可能接到好莱坞的工作："我们也许会好好地小捞一笔，用这笔钱把土丘夷为平地！"这在马克斯听来一定像音乐般悦耳。"亲爱的马克斯——你为什么离我这么远？或者说为什么我离你这么远？但罗莎琳德很高兴有我作陪。"[47]

在圣诞节前夜，她更为冷静地写道："今天是我之前结婚的纪念日。对我来说，这从来都是悲伤的一天——但今年不是了。上帝保佑你，亲爱的，为你所做的、所回馈我的一切。"

1931 年春，阿加莎最后一次前往乌尔。"我已经给凯瑟琳写了信，希望一切都好。"有些奇怪的是，阿加莎把《死亡草》献给了伍利夫妇，但她往往喜欢表现出高姿态。此时，马克斯已经找好了新工作，在尼尼微（公元前 8 世纪亚述帝国的首都）和坎贝尔·汤普森博士一起工作。人称"CT"的汤普森博士并非天赋异禀的考古学家，尽管他们夫妻二人比伍利夫妇更容易打交道。但他也认为在允许阿加莎参观挖掘现场之前，自己有责任对她进行"审查"。当她为摩苏尔设施简陋的发掘室买了一张写字台时，他也对她进行了劝诫。他爱好经济实惠，不明白为什么阿加莎不能在包装箱上写作。只有上帝知道这关他什么事，尽管阿加莎没有这样说。面对丈夫那些奇怪的同事时——他们对自身智力上的优越有种乏味的、小心眼的、相当孩子气的信念——她的好脾气是很了不起的。也许她只是思绪游离其外，安全地待在自己的创作世界里罢了。不管怎样，她不想给马克斯制造麻烦。她努力与CT还有他的妻子芭芭拉相处，而她从未对阿奇的高尔夫球费过任何心思。她已经吸取了这个特别的教训。秋天时，马克斯前往尼尼微挖掘，阿加莎独自去了罗德岛，直到10月底与丈夫会合前，她都在那里写作《人性记录》，这部作品（献给坎贝尔·汤普森夫妇）最终是在她的那张写字台上完成的。

她给马克斯的信变得愈加浓情蜜意。蜜月前，二人从未谈论过即将到来的卧房趣事，即便确实对其有所期待。"别忘了你的热水瓶。"马克斯写道。在自己毫无经验的前提下，他还写道："我可以保证你一生都有硬物（stiffs）。"他指的是考古挖掘中出土的尸体。但一年后，阿加莎写道："马克斯，有时我想在酒店的海滩上一丝不挂地晒太阳，在光天化日之下，然后我想脸朝下沐浴阳光，让你从我的背上一路吻下去。我们能这样做吗？有什么地方吗？我相信在希腊可以，只是那时我们还不像现在这样，是吧？"[48]

这些信件揭露了 A. L. 罗斯理论中的不实之处，即阿加莎和阿奇婚姻的结束，部分是由于她缺乏性欲。[49]"滑入，轻柔地 / 直到胸、脖颈和手臂 / 被亲吻和摇晃……"她在一首名为《夜游》的诗中如是写道。游泳对她来说一直都是种舒适的感官体验。1931 年时，她的第二任丈夫于她而言也是如此。"我上床睡觉时太困了，甚至没有精力去想声色之事！"她在 12 月的信中写道，当时她回到英国，度过了一个忙乱的圣诞。

与此同时，她走进了罗德岛一座大教堂，"向（我想是！）施洗者圣约翰祷告。如果想求个儿子，也许他不是特别好的人选。"她想要一个新的家庭，或者说她认为自己想。她自己家的"不安分的彭基，不知疲倦的罗莎琳德"让她疲惫不堪，气急败坏。但她已经过了四十岁，而且其间唯一的一次怀孕在 1932 年以流产告终。也许这也是好事，因为在罗莎琳德的孩子出生后，马克斯写信给阿加莎，说自己多么为没有孩子而欣慰，这样妻子的注意力都会集中在他身上。

但她不曾拥有他的一切注意力。离开他后，独自在罗德岛时，她开始有这样的念头。

亲爱的，你是真实存在的吗？还是只是我做的一个梦……在我像小狗一样快乐地从海里出来时，我希望你能在这里向着我大笑……假设我再也见不到你？人一旦爱上谁，就会害怕，不是吗？这就是为什么狗会叼着骨头四处咆哮。它们确信骨头会被其他狗抢走。在摩苏尔还有其他狗吗，亲爱的？如果有的话，也许你最好也别告诉我！ [50]

事实上，马克斯当时更关心自己的事业。阿加莎口中的"伤口"又裂开了一点点。在这段婚姻中朝这个方向想还为时过早，但阿加莎意识到马克斯喜欢女人——和埃斯米的关系在很大程度上已经成了过去——而且她增强了他已然高涨的自信心。此外，大多数女性，即便是现在的女性，也会把如此大的年龄差距看作是关系中的决定性因素，一个永不可能忘记的因素。

在这个阶段，我们难以估计阿加莎到底有多么担心。她不想失去马克斯，这是最主要的。然而，她的心似乎没有从根本上受到影响。她仍然是那个开朗、忙碌、成功的"阿加莎·克里斯蒂"，在剧院所向披靡，小说广受好评。1931 年至 1934 年期间，她出版了《斯塔福特疑案》《悬崖山庄奇案》《人性记录》《东方快车谋杀案》《悬崖上的谋杀》，还有《金色的机遇》和《惊险的浪漫》两部短篇集。后者讲述了一个富有创造性和洞察力的有趣故事。帕克·派恩是一位幸福专家：他开了一家公司，为心怀不满的人提供幸福。多么新颖的概念！尽管不是侦探，但他具有令阿加莎无法抗拒的那种全知全能的品质，而且他既聪明又善良。例如，一位中年主妇前来拜访，她的丈夫与年轻漂亮的秘书私通。这一场景的展现方式司空见惯，以至于不会让人感到心烦意乱，这本身就是一种安慰人的想法。解决办法也很简单：妻子必须把自己收拾得漂漂亮亮，开展一场属于自己的无害邂逅。这一方法非常有效，成功地让丈夫恢复了正常生活，阿加莎一定想过，自己当时是否应该对阿奇采取同样的做法。

因为阿奇又一次出现在她的心里。否则她为什么会创作《未完成的肖像》，把自己深埋在记忆里，那些她曾告诉马克斯，自己渴望忘记的东西，她似乎想重新找回它们的气息，它们的精髓。1933 年的她已经够忙的了，仅在这一年，她就创作了《东方快车谋杀案》《悬崖上的谋杀》，以及《金色的机遇》中的部分短篇（其余重印自杂志）和《惊险的浪漫》。她那在结婚头两年已然放松了的写作欲，现在又迫切地重燃起来。她想做的是再次成为玛丽·韦斯特马科特。她想成为揭开"伤口"的人，撕裂自己，看自己当时拒绝看到的一切，强度不减地重温那些痛不欲生的幸福和令人窒息的绝望。她是个作家。只有作家才会这样做。

于是它们又再度出现：孩提时代的田园牧歌，心爱的母亲和丈夫，她一瞬间崩塌的世界。她是怎么忍心写下这些的？她做到了，因为那就是玛丽·韦斯特马科特会做的事。

她做了马克斯所希望的一切，帮助他实现了自己的挖掘目标。在尼尼微工作了一个季度后，他现在负责位于伊拉克的阿尔帕契亚。由于政治局势的原因，他只在 1933 年在这里挖掘了一年。阿加莎画了不少画，在"我们的小土丘"被证明藏着某些华丽的陶器时，她形容自己"幸福得要爆炸了"。她乐此不疲，尽管她眼尖的女婿这样描述她对考古生活的态度："马克斯喜欢，所以阿加莎喜欢。"[51] 与此同时，她还在计划创作《未完成的肖像》，这首对过往的爱的赞歌。在那个世界里，马克斯就像苍蝇一样毫无意义。

在书的结尾，她这样描述那个在自己离婚后想娶她的男人：

> 他告诉我，我需要的是温柔……他也曾感到不幸。他明白那是什么感受。
>
> 我们一同享受许多事情……我们似乎能够互相分享。而且他不介意我做我自己。我的意思是，我可以说自己乐在其中，热情满满，而他不会觉得我傻……他——说来奇怪，但他真的是——像我的**母亲**一样……

她有一部分想嫁给那个名叫"迈克尔"的男人，但在书中她没有这样做。她对于被伤害太过恐惧。她再次试图自杀并获救。然后她走向了外面的世界，面对未知的未来。"三十九岁的她回到了那个世界——去成长，"小说的叙述者写道，"而她把自己的故事和恐惧留给了我……"这也许就是阿加莎在临近《未完成的肖像》尾声时的感受。她把自己的故事留在了书页上：至少她希望如此。

我厌倦了缠绕在脚边的过去，

我厌倦了那不让生活变得甜蜜的过去。

我想用刀割掉它，然后说，

让我做自己——重生的自己——就今天。

但我害怕过去——害怕它爬回我的脚边，

看着我的脸说："你笑着，你吃着。

"但我还在这里，和你一起……

"你不愿记起——但我不会让你忘记……"

什么是或不是勇气？谁能决定？

如果我割掉过去，我该是勇敢，还是卑鄙？

第八章

战争

"让人们夜不能寐的不是危机，而是克里斯蒂！"

（《逆我者亡》的报纸广告，1939年）

"我已经不太年轻了，亲爱的，三年是很大的鸿沟。"

（摘自阿加莎1944年12月寄给马克斯·马洛温的信）

战争前后的几年里，即1937年至1949年间，是阿加莎写作生涯中最高产的时期。她的一小部分作品带有感性成分，为作者的经历所笼罩，这将它们归于一个有着微妙不同的类别：《尼罗河上的惨案》《H庄园的午餐》、《五只小猪》和《空幻之屋》；还有一些作品在表面上的机灵下有着不同寻常的深度：《波洛圣诞探案记》《逆我者亡》《无人生还》《阳光下的罪恶》《桑苏西来客》《藏书室女尸之谜》《魔手》《零点》《顺水推舟》《怪屋》。这一时期，阿加莎还写出了自己最好的短篇小说集《幽巷谋杀案》和《赫尔克里·波洛的丰功伟绩》。最后，她创作了两部精彩卓绝的玛丽·韦斯特马科特小说：《幸福假面》和《玫瑰与紫杉》，后者可能是她所有作品中最好的一部。

有句话反复强调也不为过：阿加莎是一位作家。用波洛的话说，不这样说就是在否认证据。（还有谁写了这么多？布莱顿？沃德豪斯？他们二人都像阿加莎一样，创造出了拥有坚实的艺术现实的世界。）同时不可否认的是，她在整个战争期间都面临着出书的压力。她的经济状况发生了变化，并且有段时间她实际上只够勉强糊口。然而这并不能充分解释她中年时期那永无止境的创造力：这些在经济胁迫下创作而出的作品体现了非凡的才能，她还在仅有几天可供支配时间——战争期间的宝贵假期——的情况下完成了《幸福假面》。她必须为钱写作，但她也必须写作。就这么简单。

"你认为我是成功的吗？多么有趣啊。"亨丽埃塔·萨弗纳克在《空幻之屋》中如是说。

> "但你是啊，亲爱的。你是个艺术家。你肯定为自己感到骄傲，你不可能不骄傲。"
>
> "我知道，"亨丽埃塔说，"很多人都这样对我说过。他们不理解，他们不理解首要的一点，雕塑不是一件你打算着手开始做，然后获得成功的事。它是一件追着你喋喋不休的事……以至于你迟早都得与它谈判和解。然后，在一段时间内，你能获得些宁静，直到整件事卷土重来。"

阿加莎写作的方式（显然较为轻松）以及她所创作的作品的种类（大多是轻量级）使得书评人视她的非凡产出为理所当然。但她的成就**绝非**寻常，尽管她自己并没有选择从这个角度去看，但这**的确**是她生命中最重要的事情。"人们从不知道，生活中的她是如此谦虚，"她的友人 A. L. 罗斯写道，"（但）她身为作家的形象与之迥异，几乎像是有两个人格一样。"[1]

两个人格，的确如此，因为阿加莎也想过自己的平常生活。这是她的养分。她享受生活本身，而且这对她的写作至关重要。从某种程度上说，它像是她的毒品，因为她不像许多作家那样嗜好其他东西。正如罗斯所述："表面上看，她拥有完整而正常的社会生活，家庭、两次婚姻、朋友、待客、娱乐、家务（她非常擅长）、购物（她非常喜欢）……所有这些都为阿加莎的想象生活提供了养分。"

> "［亨丽埃塔］多年前就学会了把自己的思绪关进密闭隔间的技巧。她能够打一局桥牌，进行一次深入的谈话，写一封结构清晰的信，而不需要在这些事项上投入多于她一小部分大脑的容量。"[2]

20 世纪 30 年代，阿加莎的生活模式被分裂为战争、分离、焦虑和死亡。痛苦的强度虽然不如她在 1926 年所感知到的，但如果她不是在内心某处做到了与现实绝缘，她那坚定的生活乐趣可能会大受动摇。一个简单的答案是，她的婚姻带来了安全感。情况其实比这要稍复杂一些。她的婚姻使她能够重新审视**真正**感到安全时的那个自我：换言之，那是一个孩子，如今她的想象力在成人的领地漫游，处理成人世界的神秘问题。

她的过往中有些她不想失去的真实的东西，但在 20 世纪 30 年代，它们都退出了舞台。彼得在《沉默的证人》中获得了永生（"勇敢的小狗，加油！"），并在次年即 1938 年去世。"我的小伙伴和痛苦时的忠诚伴侣，"阿加莎在 1930 年给马克斯的信中写道，"你从未经历过**真正**糟糕的日子，那些你在这个世界上一无所有，能够抱住的只有一条狗的日子。"彼得曾是她的"孩子"，在后来的一封信中，她回忆起他"满怀妒忌地在我们之间挤来挤去"。马克斯喜欢狗，但阿加莎宠爱狗：为它们的善良和忠诚，这些是她最看重的品质。

马克斯也喜欢阿什菲尔德，或者说他早些时候曾这样说过。"你不必担心我是否会觉得阿什菲尔德像家，因为和你在一起的任何住所都是家，而且我希望你没有丢掉你所喜爱的那些过往回忆。"[3]然而，阿加莎对马克斯比对阿奇敏感许多，她知道他在这座宅子里并不自在。

她在 20 世纪 30 年代末卖掉阿什菲尔德还有其他原因。"曾经出了托基都是乡村，"她在自传中写道，"山上有三座别墅，然后路渐渐隐没在田园里。我曾在春天去看羊羔时走过的那些郁郁葱葱的田野已经让位给了一片小房子。认识的人们都不再住在我们那条路上了。仿佛阿什菲尔德已然变成了自己的仿品。"也许对阿加莎而言，看到这些变化发生在她的家园实在太过痛苦：它在她的记忆中是如此鲜活。但是当马克斯说，"你开始操心阿什菲尔德了，你知道的"，这是一条加密的信息，她听出来了。她卖了房子。马克斯得偿所愿，一如既往。当时她觉得这样做是对的，但当房子最终在 20 世纪 60 年代被拆毁时，她无助地哭了出来。"有时我有一种强烈的无家可归之感，"她在 1944 年给马克斯的信中写道，"我发现自己'想要回家'，而我似乎没有家了，我确实渴望阿什菲尔德。我知道你不喜欢它，但它是我童年的家，那很重要。"[4]

十年前，她买了一所非常不同的房子。她称之为马克斯的房子。位于沃灵福德的温特布鲁克宅邸（那里方便前往牛津，且在《沉默的证人》中被描写为贝辛市场）是一座优雅温馨的建筑，有极好的长长的花园，一直延伸到泰晤士河边。房子的外墙是安妮女王式的，靠近主干道，但为厚厚的冬青树掩盖；房子的后方是乔治亚式；员工公寓和马厩则是十七世纪风格，还有一间有墙的家庭菜园。主卧室俯瞰着草坪上无垠的雪松树，还有深邃平静的阴影。马克斯在书房里也能看到这一景致，这个房间有两倍长，充斥着烟味，随意地堆放着考古学期刊和一卷卷希罗多德："古时最好的八卦。"用马克斯的话说。

A. L. 罗斯经常去温特布鲁克用午餐："内饰是惬意、温暖、宜人的上层中产阶级风格。"他在日记中写道，"拥有一切舒适设施，那些用阿加莎的成功买来的漂亮瓷器和上好家具……那栋阳光明媚的房子，背后的客厅俯瞰着平坦的草甸，一直到河边"。[5]

那是英格兰中产阶级的精髓，就像沃灵福德本身，从表面上看来对那些骨子里最英国的编年史家而言是完美的家。但阿加莎——而非"阿加莎·克里斯蒂"——即将拥有她梦想中的房子。

格林韦宅邸，那个坐落在闪闪发光的达特河上的神奇的白盒子；拥有狂野而浪漫的花园的格林韦。扎根于德文郡历史的格林韦，又如同幽灵般苍白，看起来好像随时可能消失在空气中。"我坐在俯瞰河边房子的座位上，"阿加莎在 1942 年给马克斯的信中写道，"它看起来非常洁白可爱，像往常一样遥远而超然，我为它的美丽感到一阵悸动……'太珍贵了，不可能属于我们。'但拥有它会是多么激动人心的事情啊！今晚我坐在那里想，它是世界上最可爱的地方，它几乎让我喘不过气。"[6]

她在阿什菲尔德梦想的房子——花园尽头的河流，熟悉的门板后那些巨大而未知的房间——现在成了现实。1938 年，阿加莎以 6 000 英镑的价格买下了格林韦：一笔看似不可思议的金额，在今天约合 40 万英镑，但不是所有人都想买下这样的房产和它所占据的 33 英亩土地。在建筑师吉尔福德·贝尔（她的朋友艾琳的侄子，帝国之旅期间她曾与艾琳在澳大利亚同住）的帮助下，阿加莎重现了她新房产那完美的乔治亚比例。1815年曾加建过翼楼，但吉尔福德拆掉了它们，让房子变得对称而精致。主要的房间与中央大厅相连：书房、餐厅和起居室，起居室通向一间画室，画室有长长的白色窗户，连接着一片小小的秘密草坪。一楼有五个主要房间，其中包括一间漂亮的大主卧和一间巨大的、配有阿加莎所喜欢的那种木质装饰的卫生间。楼上还有更多的卧室和罗莎琳德的卧室兼起居室。后面是错综复杂的用人宿舍，楼下有一间食品储藏室和巨大的、屋顶挑高的厨房。一切都宏伟而优雅。到处都是秘密、魔法和谜题。高大的树木在窗外沙沙作响；来自河边的光线涌入房间，闪烁着液态的光泽；包围着房子的大自然也成了它的一部分。格林韦有一种让人着迷的气质。然而它却充满安逸，是一个让人轻松的处所，即使它实在太美了，美到无法成为阿什菲尔德那样的家。

原始的格林韦宅邸大约建于1530年，毁于约两百年后，原因可能是火灾。阿加莎曾记录过她所拥有的这栋房子的历史（她母亲也有类似的习惯，喜欢在纸片上潦草记事）："因在跨越达特河的'谷物之路'[grain way，与Greenway（格林韦）音近]上而得名。曾为吉尔伯特家族所有。汉弗莱·吉尔伯特爵士，纽芬兰的发现者，约于1537年出生在此。他母亲的第二任丈夫是罗利人……18世纪80年代重建……"这是一座知名的房子，就像埃克塞特附近那辉煌的厄格布鲁克宅邸一样，阿加莎曾在那里与阿奇·克里斯蒂相遇。这是她在德文郡的过去，她灵魂的居所。少女时代的她从达特河上看到了它，当时是克拉拉指给她看的，现在它为她所有了。阿加莎有足够的自知之明，不会想当然地认为自己住在想象出来的房子里。她在花园里走来走去，那里长满了她和马克斯培育的稀有植物，她觉得自己确实是住在梦里。

她会在之后的作品中写到这个美得不真实的地方，描绘想拥有它的冲动：《长夜》里有——"光房子是不够的，你看。它必须得有环境。那同样重要"；《万圣节前夜的谋杀》里也有——"只要你想，有什么不可以的？""一个供众神散步的花园"。但在这两部小说中，创造美的愿望通往了邪恶。仅有美是不够的：它还需要谦逊、温暖和人性。"但可惜的是，希腊海域的小岛上不会有开花的花园……取而代之的是米兰达——健康、年轻、美丽。"

早些时候，她在《五只小猪》和《弄假成真》中用文字描述了格林韦，而在这两本书中，它都是谋杀案的发生地。一个受害者死在俯瞰达特河的炮台上，另一个死在颇为阴险的船屋里。[7] 房子被描绘得非常美好，尽管没有提及任何阿加莎本人与它的关系。"那是一所亲切的房子，比例优美。"这是她在《弄假成真》中对"纳斯宅邸"的简单描述。"弗里亚特太太穿过左边的一扇门，进入一间装修精致的小起居室，然后再走进后面的大客厅"：这正是格林韦的布局。

纳斯宅邸是弗里亚特家的老宅，尽管其前女主人现在住在小屋里，但她与纳斯之间存在一种阿加莎无法与格林韦建立的关联。波洛对这座"壮丽高贵的豪宅"做了评论，弗里亚特太太"实事求是地"点点头。"是的，它由我丈夫的曾祖父在 1790 年建造。之前这里是一座伊丽莎白时代的房子。它年久失修，在 1700 年左右被烧毁。我们家族从 1598 年起就住在这里。"

阿加莎内心有一部分羡慕弗里亚特太太这种漫不经心的高贵感。"纳斯宅邸的弗里亚特太太，父辈都是勇敢的男性……"她自己更像笔下聪明的小侦探，站在那里半信半疑地望着。"这是个美丽的地方，"波洛说，"美丽的房子，美丽的庭院。它散发着某种伟大的宁静，伟大的安详。"

阿加莎为通过一己之力买下这栋神奇的房子暗感深深的自豪。然而，她仍然对那些无须置业、工作和努力的人着迷。那些无须改变、无须怀疑、除了做自己之外无须有其他念想的人。弗里亚特太太像庭院里的树木一样属于纳斯宅邸，但她无论是住在小屋里，还是住在大房子里，都是同一个人。这就是《玫瑰与紫杉》的核心思想。

> ……尽管如此，这是个肮脏的房间。房间中央坐着的是伊莎贝拉，她的脚蜷在身下，正在绣一块丝绸……我感到她和这个房间毫无任何关联。她在这里，在房间中央，就像她在沙漠中，或在船的甲板上一样。这不是她的家。这只是一个她碰巧在此刻出现的地方。

孩提时的阿加莎一直渴望成为"夫人"，而现在从某种意义上来说，她已经是了。她之后会通过丈夫的爵位成为"马洛温夫人"，然后通过自身成就成为"阿加莎女爵士"。[8] 现在她是格林韦宅邸的女主人。但她对贵族身份的看法是不同的：它并非后天获得、达成或习得的。这便是"被囚禁在废墟城堡里的公主"伊莎贝拉对约翰·加布里埃尔，这个爱上她的充满活力和才华的男人施加的魔咒。

> "我不想做一个普通的小男孩。我回家对父亲说：'爸爸，我长大后想成为一名勋爵。我想成为约翰·加布里埃尔勋爵。'
> "'那是你永远做不到的，'他答道，'你必须生来就是那种勋爵。如果你足够富有，他们可以让你成为贵族，但那不是一回事。'那确实不是一回事。有些东西，有些东西我永远无法拥有。哦，我指的不是头衔。"

《玫瑰与紫杉》很复杂：它涉及阶级问题，但更多的是涉及人类天性中的神秘。中年的阿加莎仍然爱着那些不可言说、虚无缥缈的东西。随着年龄渐长，她变得更加粗糙，更加高贵，更加贪婪，更加满足，也更加自信了。但她的梦想从未有过改变。

与此同时，马克斯的生活正在按计划进行。在阿尔帕契亚，他首次独立负责挖掘工作，由英国考古学院[9]正式提供赞助。1935 年，在那里工作了一季之后，他和阿加莎一同前往叙利亚的查加尔·巴扎尔。两年后，他们也开始挖掘约二十英里外的布拉克遗址。"他独自工作，他的才能得以充分发挥，"后来有人这样评价他，"成功接着成功。"[10] 至少可以这样说：在整个冬季全面掌控自己的队伍，然后回到格林韦，或温特布鲁克，或阿加莎在肯辛顿谢菲尔德排屋 58 号购置的新房（她称这是她唯一有专门用于写作的房间的房子）。是的，生活对年轻的马克斯·马洛温来说再好不过了。

有人说他并非成就卓越的开凿者，但他有其他天赋。和伍利一起进行挖掘工作时，他有意识地闭上嘴学习，而现在他有信心自己负责了。"这个角色他扮演得很好。"战后与他一起工作的琼·奥茨说。她了解马克斯，而且更喜欢他的妻子。正如人们所预料的那样，他是一个极好的工人管理者：

他手下主要是阿拉伯人，还有库尔德人、土耳其人和亚美尼亚人。那是廉价劳动力的时代，可以同时雇用多达两百人。"他对待工人非常有技巧。教训他们。某一季开始时发生了一次罢工，他们想要更多的钱。马克斯真的爬上了一个大的木制包装箱，慷慨激昂地劝服他们——他们都站在那里，最后点了点头，然后都回去工作了！我的意思是，他真的享受这一切。"[11]

阿加莎也享受着生活。"她喜欢待在查加尔·巴扎尔，"琼·奥茨说。"她喜欢那里的花。如果你去看她在挖掘现场拍摄的影像，[12]里面都是野花，她对它们情有独钟。"她确实拍过在风中摇曳的柔软茂盛的金盏花田。还有，在布拉克遗址，她拍过一只小狗边摇尾巴，边看着卡车辛苦地卸货。"是的，狗和孩子，还有他们在查加尔·巴扎尔居住的可爱的房子。但不是挖掘本身。她的兴趣是在那里，做忠实的妻子，享受乡村生活，这些她都做到了。"在战争期间写给马克斯的信中，阿加莎回忆起查加尔·巴扎尔："那里空旷的、欢乐的乡村带来的新鲜而未被触及的感觉。那一切是多么引人喜爱……"[13]

那里也经常极为不舒适，但阿加莎精神顽强，身体健康，而且她一直看不起抱怨的女性。在她关于战前叙利亚生活的回忆录《告诉我，你怎样去生活》中，她写到可怕的高温，突如其来的、一滴滴打下来像硬币一样沉重的雨，在"看起来摇摇晃晃，有点毛病"的帐篷里度过的夜晚，"泡在油里"的饭菜和常被打断的睡眠：

老鼠蹿过你的脸，老鼠扯你的头发——老鼠！老鼠！**老鼠**！……我打开了手电筒。太可怕了！墙上爬满了奇怪的、苍白的、像蟑螂的生物！一只老鼠正坐在我的床脚梳理自己的胡子！到处都爬满了可怕的生物！

马克斯喃喃着安慰的话语。睡吧，他说。一旦睡着了，这些东西都不再会让你挂记了。

无穷无尽的困难——在沙漠中行走、寻找住处、与男仆和厨师沟通——听起来完全是令人压抑的事情，但至少在书中，阿加莎展现了无穷无尽的好脾气。她还强调了考古学的乐趣，那仍然让她着迷的魔力。1935 年，她如此记述当时的生活：

> 这些秋日是我印象中最为完美的。在这里，如今只有部落居民带着他们的棕色帐篷行动的地方，曾是世界上相当繁忙的地区之一。这里，大约五千年前，也是繁忙地区。这里是文明的开端，而在这里，我捡到的这个手工制作的、有棕色颜料绘制的点和交叉图案的黏土罐碎片，是今早我用来喝茶的、从伍尔沃思买的杯子的前身……

然而，她在 1934 年创作的《云中命案》中提出了不同的观点，这部作品可能写于贝鲁特，当时她在前往叙利亚的途中。她允许笔下的一个人物对她丈夫的职业持怀疑态度：

> 在我看来，考古学家是某种可怜的鱼。总是钻在地里，吹嘘几千年前发生的事情……好吧，他们就是这样，也许是骗子，尽管他们自己似乎也信了，但人畜无害。前几天，我这里来了个老家伙，他有个甲虫型护符被人偷了，他的情况非常不好，一个老好人，却像怀里的婴儿一样无助……

当然，《古墓之谜》中的莱瑟兰护士也会重申这一点，不过《云中命案》里的这段话能读出一丝真正的蔑视。换言之，尽管阿加莎待马克斯的同事们十分随和，但她实际上注意着他们每一个行为怪癖。在《告诉我，你怎样去生活》中，她描述了一位名为罗宾·麦卡特尼（"麦克"）的年轻建筑师；她说，他沉默寡言的优越感总会让她陷入"紧张的白痴"状态。她试图开启礼貌的对话，但对方每次都能把天聊死：

> "我想你会喜欢探索这个小镇的，"我说，"打探新的地方总是很有趣。"
>
> 麦克眉头微扬，冷冷地说："是吗？"

书中阿加莎的形象是不善社交的闲谈爱好者，然而形象糟糕的是麦克。同样，阿加莎后来在挖掘工作中为团队成员写的"颂歌"也是如此。他们非常欢快且聪明，但正如精明的观察者琼·奥茨所说，"与他们相处最终常常落得不快"。

但《告诉我，你怎样去生活》读来仿佛至少是为了取悦一个人写作的：她的丈夫。这部作品文风略带狂躁，与她的小说区别极大，尽管它在某种程度上也同样具备艺术性。就像她的信一样，它带着一种表演的气息：真有趣啊，马克斯！哦！我多么享受！可以肯定的是，她不会像和阿奇那样失去与他的联系。第二次婚姻中的权力几乎完全属于她，但弱点也是如此。这使得她想要取悦马克斯，表明她是多么喜欢与他共同生活。

她确实对东方怀有真正的热爱，对马克斯的一些同事也确有好感。但她同样喜欢这样一个事实，即只要她愿意，她随时可以拉开精神上的距离。也许这个世界最大的吸引力在于，当她在英国的生活压力过大时，她每年只需要弃船潜逃即可：在这个世界里，没有人关心谁杀了罗杰·艾克罗伊德，或是阿加莎为什么要去哈罗盖特。"马洛温太太正在叙利亚 / 伊拉克"成了埃德蒙·科克不断重复的论调，用于回应让阿加莎上英国广播电台发言的请求，或答复狂热的粉丝来信，或允许业余剧作家改编她的作品，或同意马普尔小姐出现在美国电视节目中。[14] 这成了另一层保护。在挖掘现场，她不是"阿加莎·克里斯蒂"，她甚至不是阿加莎：她是"马洛温太太"，是负责人的妻子，是那位总是面带微笑，让生活保持甜蜜的幕后人物。然而她的作品给人的印象，即她把每天所有清醒的时间都投到了美索不达米亚的陶器中是错误的。事实上，她的大部分写作都完成于叙利亚。她有她的小打字机，还有她幸福的独处时光。在欧洲的战争临近时，在狗嗥叫着，而工人们喊着"嗨呀，嗨呀！"时，她正坐在沙漠中那张明亮的书桌前，创造《逆我者亡》里的世界："英格兰！6 月某天的英格兰，天色灰暗，刮着尖锐刺骨的风……"

而后，1939 年 9 月来到了。宣战时，阿加莎正在格林韦，她意识到自己愉快的生活势必将被搁置。她没有第一次战争时那种绝望的焦虑，当时阿奇是服役士兵，尽管现在她已经明白他经历了什么。但一定会有动荡、匮乏、孤独，而且值得注意的是，会有最高质量的创造涌现而出。这一时期的阿加莎几乎是在强迫性地工作，这是她生活的中心。对她来说，这一时期在某种意义上和1926年前后的几年同样重要。

她在战前创作的最后一部作品是《H庄园的午餐》，那个关于爱与失去的阴沉故事。埃莉诺不能没有罗迪，但罗迪已经爱上了玛丽。"诚实地告诉我，"埃莉诺说，"你认为爱情是一件幸福的事吗？"她临终的姨妈答道：

> "激情澎湃地在意另一个人，带来的悲伤总是多于快乐。但同样地，埃莉诺，人总要经历这些。任何没有真正爱过的人都没有真正活过……"
>
> 女孩点了点头。
>
> 她说：
>
> "是的，你明白，你已经知道那是什么滋味了……"

埃莉诺是个隐藏自己感情的冷漠生物，《尼罗河上的惨案》中的杰奎琳·德贝尔福特则怀着激昂的满腔热血，但她们本质上是姐妹：都无可救药地爱上了不能完全回报她们感情的男人。杰姬爱着西蒙·多伊尔，后者被富有而迷人的琳内特·里奇卫迷得"眼花缭乱"。杰姬表现得不成体统，在大家面前出尽洋相。琳内特向波洛抱怨，波洛说："太太，有些时候自尊和体面——它们是可以被抛弃的！还有其他更强烈的情感。"

波洛对杰姬和埃莉诺都怀有强烈的同情。他是站在她们一边的。当西蒙用近乎阿奇·克里斯蒂口吻问道："为什么杰姬不能像个男人一样接受？"，波洛说："嗯，你看，多伊尔先生，首先她不是一个男人。"在《H庄园的午餐》中，埃莉诺说她一直喜欢红玫瑰，而罗迪喜欢白玫瑰，波洛说，这便是他们二人的区别。"这为埃莉诺·卡莱尔提供了解释——她热情、骄傲，拼命爱着一个没有能力爱她的男人。"波洛不赞成谋杀。他一直都这么说。然而他体谅这些女性：如果绝望蒙蔽了她们的道德，他不会宽恕，但他能够理解。

还有《逆我者亡》中的布丽吉特·康威，被一个她爱到"痛"的男人遗弃；以及《无人生还》中的维拉·克莱索恩，为了一个男人的爱而杀人（"那你最后还是淹死了那个孩子……里面可能会有个男人。是这样吗？"）。正如《H庄园的午餐》中的医生中所说，爱情是魔鬼。他爱着埃莉诺，后者因谋杀玛丽·杰拉德而受审。"她可能谋杀了，是的！**哪怕她谋杀了我也不在乎，**"他对波洛说，"我不想她被绞死，跟你说！假使她是被逼得走投无路呢？爱情是一件令人绝望而扭曲的事。"

这些都是阿加莎在战前创作的，其中夹杂着某些更为直接的娱乐作品，如《牙医谋杀案》。[15]1942年，这些作品中最好的一部问世了，一部杰作——《五只小猪》。讲述的是卡罗琳·克雷尔的故事，她的画家丈夫埃米亚斯找了自己的年轻模特埃尔莎做情妇。这个故事并不与阿加莎的第一次婚姻相关[16]，但在她的侦探小说中，这次创作也许是她最接近讲述它的一次。这部作品带有某种亲密感，某种"感同身受"的质感。以她那种表面上没有风格、实则无法模仿的方式——敏捷明快的连续短语使用，引导着读者的视线和感知——展现了一种极为真实的、混乱的家庭的感觉：争吵的夫妇、被忽视的女儿，以及完全忠诚于卡罗琳的家庭教师。

"我是一个非常原始的女人，"卡罗琳说，"我想拿把短柄斧去砍那个姑娘。"与此同时，那个名叫埃尔莎的姑娘告诉埃米亚斯·克雷尔，他的妻子应该放他自由。"如果她爱他，她会把他的幸福放在第一位。无论如何，如果他想获得自由，她不会想强留住他。"对此，他答道："你难道没有意识到，埃尔莎，她将会遭受痛苦——**痛苦**？你知道痛苦是什么意思吗？"

《五只小猪》是一部充满智慧的作品。其中的人物表面上随意，其实每个词都自有深意。他们的动机形成了一种复杂的相互依存关系，这种关系一旦被解开，就会带来极大的满足。这部作品的中心是艺术与现实生活间的关系，这一直让阿加莎着迷。埃米亚斯看待世界的方式与他的妻子和情妇不同：和《撒旦的情歌》中的弗农·戴尔一样，他是通过自己艺术的棱镜来观看世界的。

"对女人而言，爱情总排在第一位……男人，尤其是艺术家——是不同的。"波洛如是说。但阿加莎是女人，**也**是艺术家。她理解艺术的感性，理解埃米亚斯·克雷尔爱上的不是埃尔莎本人，而是他作品的主体。与此同时，阿加莎也理解埃尔莎，理解她对这个男人本身的深切感情。她也理解卡罗琳。在这部作品中，就像在《撒旦的情歌》里一样，她把艺术与日常生活的宣言放在一起，并赋予了二者同等的重量。对于一部完全在另一个层面上运作的作品而言，做到这一点极为难得，它就像罐子配的盖子一样工整地适配这一文类的模板。《五只小猪》的确有理由被称作她最好的侦探小说。

但阿加莎是一个极其复杂的女人。即便她在塑造这些美丽精致的作品，这些圆满的几何谜题，这些完美的人性提炼；即便她正在把失去的爱情记忆再度写得鲜活；即便她在让过去的阴影飘过她的想象；即便她把《五只小猪》献给了另一个男人——在同一时间，她仍然像热情的小姑娘一样给马克斯·马洛温写信，告诉他自己是多么渴望再次见到他。哦！马克斯……

* * *

马克斯的职业生涯不幸地受到了战争的干扰，他抓住机会，通过为国家服务来洗刷自己的真实血统。在早期，他父亲在奥地利的军旅生涯阻碍了他寻找与战争相关工作的尝试，同样阻碍他的还有年龄（三十五岁）；起初他在格林韦附近的布里克瑟姆加入了地方志愿军（"我的一个战友"，他在给罗莎琳德的信中写道，"是布里斯托尔大学的希腊语教授……我们在古希腊战争中的经验首屈一指"）。[17] 直到 1940 年他才找到工作，帮助建立一个英国—土耳其救济委员会。1941 年，在当局的不断施压下 [18]，他和他的朋友，埃及学家斯蒂芬·格兰维尔一起加入了空军部，即后来的同盟和对外联络处的前身。最终，在 1942 年初，他得到了一份能发挥自身所长的工作。他以少校身份前往开罗，在那里建立了一个联络处的分支机构，1943 年转到的黎波里塔尼亚从事行政工作。作为一名阿拉伯语言学家，他发挥了很大作用。按他的说法，他在战争结束时"位列第三"，"在这里的民事方面"，并获得了中校军衔。[19] "行政工作可能对人不太好，你会说我越来越浮夸，"他在 1944 年底给罗莎琳德写信道，"但我尽量避免。"

事实上，他很享受这项工作。"我知道自己在做男人的工作，发挥力量而非虚度时光，"1943 年 10 月，他在给阿加莎的信中用了阿奇的惯用语，"这引起了我生活的渐变，原本它总是倾向于选择轻松的道路。"尽管这么说，他还是过得很舒适的。起初他与同在埃及的弟弟塞西尔合住。"我经常想象你坐在这里，"他给阿加莎写道，"特别留一张扶手椅给你。你独自一人时，是否和我一样吃很多，还是你正在日渐消瘦？"之后，在的黎波里塔尼亚，他住在"海边的房子里，是一栋漂亮的意大利别墅"，与当时的英国相比，这听起来肯定像天堂（"谁喜欢大海？我。哦！生活多么不公。"阿加莎写道）。"我的房间，"马克斯写道，"温暖惬意，里面不知何故已经堆满了书。"他颇为甜蜜地补充道："这是你为我做的事——让我感受到如何让房间变得温馨舒适。"[20]

与此同时，格林韦在1942年被海军部征用，阿加莎则冒着被轰炸的危险在伦敦居住。这并不是说德文郡是什么绿洲：1940年9月，她在给埃德蒙·科克的信中说："上周我们结结实实地经历了入侵恐慌，屋子里挤满了从头武装到脚、几乎没法移动的士兵！"她也曾短暂应付过一些被疏散的孩子，其中两个孩子在达特河上航行时遭到了战斗机攻击。看起来阿加莎还不如去伦敦和马克斯会合。然而，克雷斯韦尔广场和卡姆登街都租出去了，谢菲尔德排屋在1940年10月被炸毁。尽管阿加莎坐拥大量房产，但她还是开始四处流动，先是住在半月街，然后住在公园广场的服务公寓，再然后住在汉普斯特德草坪路[21]上的包豪斯大楼（其窗户在1940年的一场爆炸中被震碎）。"这样想多么奇怪啊，"阿加莎写道，"当我经过一座形似邮轮的有趣老楼时，我总是会抬起头看它，然后对自己说：'我当时在那里很快乐！'毫无美感可言……但亲爱的，我确实在那里和你度过了许多快乐时光。"[22]

在战争的大部分期间，她都住在草坪路公寓。对亲切小气的"阿加莎·克里斯蒂"而言，这种将人安排在近乎相同的公寓中的现代生活理念似乎与她不太相容。但阿加莎本人其实更加勇于创新。她相当喜欢她所处的时尚街区。她很少参与安索帕餐饮俱乐部的活动，这个俱乐部在战争期间是某种类似社交中心的存在，也被用作防空洞，尽管她偶尔会去那里与人交流。她喜欢待在汉普斯特德荒地附近，在那里遛她从卡洛·费希尔那里半抢来的锡利哈姆犬詹姆斯。[23]她也喜欢住在带家具的公寓里的便利，还发现现代主义风格的"伊索康长椅"舒适得出奇。租客们都由管理层照顾（"请您调查一下这些未归还的内裤的问题，"他们代阿加莎给当地洗衣店写信，

"如果它们丢失了，请给马洛温太太寄去必要的优惠券"）。数年后，她回忆起自己"主要记得当时找到了一个好地方的快乐，那里的树木像《亲爱的布鲁特斯》中的树林一样，似乎真的移到了窗边。这一点，还有花园里的餐点，以及一棵开得特别漂亮的白色樱花树，都是我永远不会忘记的东西。"[24]

难怪她仿佛不曾拥有过格林韦：在为海军部清空房屋之前，她只在那里住了还不到两年。"亲爱的，一想到还要继续翻箱倒柜、打包装箱等，我的心就沉甸甸的。不过我希望罗斯[1]能来帮我。如有必要，我会提着她的后颈把她抓过来！"[25]（"想到你所做的这么多搬家工作，我就觉得很累，"马克斯写道，"而小鬼头罗莎琳德主要想的是怎么能打开酒柜的锁！"）[26]这是一项浩大的工作。"这两个花园小工真是及时雨。实际上他们从没见过花园，而是住在地窖里，把餐具和银器等装车——花园的状况太糟糕了，我已经开始动手清理。"她在1942年10月写道。然后，两周之后："再见，美好的格林韦。我已经用完了最后的彩色胶片，这样即便发生了什么，我们也有所纪念。"事实上，房子被一支美国舰队的军官们打理得极好，他们在书房天花板的檐口处画了蓝白相间的长条，以纪念他们的战时功绩。

伦敦也有其好处：朋友和剧院。阿加莎有很多熟人，她保持着相当活跃的社交生活（有个别迹象再次表明她如同传闻中一样羞涩）：多萝西·诺思阁下；西比尔，伯内特夫人；[27]企鹅出版社的艾伦·莱恩和妻子莱蒂丝；马克斯的同事悉尼·史密斯和妻子玛丽；马克斯的朋友斯蒂芬·格兰维尔。她去观赏芭蕾舞，看当代剧作，如罗伯特·赫尔普曼的《哈姆雷特》，沉浸在对莎士比亚的狂热喜爱中。1942年，她在老维克剧院看了《奥赛罗》，这引发了她与马克斯长长的通信，后者宣称自己打算读完所有剧本（他半途而废了）。阿加莎对待莎士比亚的态度很有意思。这在那个时代很典型，对她而言也很典型：她用心理学研究的方式看他笔下的人物。"你认为他们为什么会这样？"这是出自《魔手》的一个与贡纳莉和里根相关的问题。"我想我知道答案。是因为他们那讨厌的老父亲总是坚持要听那么多马屁……"阿加莎是在戏剧中寻找线索，而非把人物看作是无与伦比的词句和韵律的堆

---

[1] 罗莎琳德的昵称。

积。伊阿古尤其让她着迷。对阿加莎来说，他是一个固定的实体，几乎存在于现实。她很少考虑戏剧的压力如何放大了他最初的意图，但她对这个人物的分析极为精彩。"伊阿古受苦了，可怜的魔鬼。"约翰·加布里埃尔在《玫瑰与紫杉》中如是说，他完全理解"憎恨如同星星般触不可及的人类"是什么感受（这个人对他来说是伊莎贝拉，对伊阿古来说是奥赛罗）。伊阿古在《帷幕》中也出场了，他被描述为完美的杀人犯，因为他向别人灌输了杀人的渴望。波洛——以阿加莎的口吻——这样说：

> "我一直相信在奥赛罗的头脑中已经存在这样一种信念（可能是正确的），即苔丝狄蒙娜对他的爱是一个年轻女孩对知名勇士怀有的某种热情而失衡的英雄崇拜，而非一个女人对奥赛罗这个男人本身平衡的爱。他可能已经意识到卡西奥才是她真正的伴侣，而且随着时间推移，她会认识到这个事实。"

这是忠实于莎士比亚精神的了不起的产出。在波洛的诗歌中，人物能够同时成为和感受不止一种东西。在 1942 年 8 月去过老维克剧院后，她写的文字则更接近于弗洛伊德学派的文学批评：

> 伊阿古和埃米莉亚实际上是一对常见的欺诈师，或骗子。这一点在全剧开场得到了证实（我现在是赫尔克里·波洛！），当伊阿古带着他正在把玩的礼物鱼进来时，罗德利哥说："你，拿了我的钱包的伊阿古……"根据这一理论，伊阿古对摩尔人的强烈憎恨从何而来？我认为单纯的性嫉妒是问题的关键所在……他一次又一次因埃米莉亚承受痛苦。看到奥赛罗遭受他所遭受的痛苦的喜悦，最后是为性发狂的人的建议"掐死她"。这是他想做，但一直没有勇气做的事……

阿加莎后来对奥菲利娅进行了讨论[28]，向马克斯提出了一句高明的**妙语**，即塑造了这些女性角色的莎士比亚"自身具备足够的女性气质，能够通过她们的眼睛看男人"。然后她问出了那个不可能的问题："她**为什么**会发疯？"[29]

显然，阿加莎不会满足于"这是剧本的安排"之类的解答。不久后，她相信自己找到了答案。在《亨利四世》第二部分的演出结束后，她与罗伯特·格雷夫斯共进晚餐，其间见到了他的一位医生朋友。"我说我觉得奥菲利娅是最难理解的。他说：'哦！不，你可以在精神病院的任何一间精神分裂症病房里找到奥菲利娅。'"[30]

此时的阿加莎几乎爱上了莎士比亚："我无法思考其他东西。"（相比之下，她觉得希腊戏剧令人失望："这些戏剧令我震惊的是思想——或**概念**的缺乏。"这种观点不会得到马克斯的认同）。莎士比亚的十四行诗在《魔手》和《幸福假面》中被引用（"我离开你的时候正好是春天……"），而《顺水推舟》的标题则来自《裘力斯·恺撒》。后来，她在《借镜杀人》中用"埃德加"一名暗示了与《李尔王》的关联，并将《麦克白》用作《灰马酒店》情节的基础[31]，其中还包含了一篇关于如何上演该剧的灵感论述。至于《煦阳岭的疑云》，则显然是直接引用。

在一封给马克斯的信中，她想象着莎士比亚本人的样子。"我不相信他有多少你所认为的'个性'，"她写道，这也是阿加莎本人的真实写照，"我眼中的他是个安静的小个子男人，有些虚荣，做梦都想演主角，但有某种残疾——他结巴吗？"她想象他和本·琼森还有其他人一起在酒馆里喝酒，不怎么说话，然后离开："在酒馆里，他们注意不到他已经走了。但他会在月光下走回家，脑海中满是一个个单词在唱歌跳舞，它们会排成可爱的序列，他会**看到**它们在舞台上被说出口……你为什么不在这里，和我谈论这些？"[32]

马克斯为阿加莎的理解之深所震撼——也许有些惊讶——她的文风带着某种想要获得老师认可的感觉。1943 年 2 月，他建议她"写一部关于莎士比亚其人的简短作品。你本身就有作家和创造性艺术家敏锐的想象力，而探寻他生活和工作中许多问题的答案，即便主要不是，也部分算是侦探的工作！所以让老波洛去做这件事，并着手进行吧。如果你在学术方面需要任何帮助，我会尽己所能让你不偏离正道。"

阿加莎可能从马克斯的话里读出了一种优越感，但她没有表现出来。她也没有接受马克斯的提议："不，我不能写一部关于莎士比亚的作品，我所有的言论都是普普太太的说辞，只说给你听的！"（她和马克斯私下里称呼彼此为"普普太太和普普先生"，像大多数此类昵称一样，其起源无从考证。）当马克斯的母亲告诉她，她应该把才能用于写作更严肃的作品，如"传记"时，她十分恼火，这一反应也很合理。然而，马克斯对她作品的评论——有时是干涉，还经常带有高人一等的语气——似乎并未让她感到困扰。他并不嫉妒她的成功，在这一点上他可能已经算是难得：大多数男人（阿奇？）会觉得很难充当像阿加莎这样名声在外的女性的伴侣。"嗯，马克斯非常自负。"琼·奥茨说。但他的自信也给了他竞争力。他乐于坚持自己的观点，肯定自己工作的价值，坚称自己占据智识上的优势。例如，这是他在1931年对《寓所谜案》的评论：

> 天使，我认为你非常聪明。我想我对这个故事唯一的反对意见是它太聪明了……我认为你的写作方式完全适合于侦探故事，因为人们会忘记印刷的书页，直接进入现实生活，而且是那种微风拂面、就像能闻到天使气息的生活，人们会觉得叙述和对话都是口头的，而非书面的——在我看来，就应该这样处理，我现在明白为什么你不用分号了。做得好！

后来，他向阿加莎指出了《五只小猪》中的一个语法错误，尽管他认为这部作品"与你的一些特别杰作同属一个级别"。如果你没有把"像"（"like"）这个词用作连词就好了！"错误：他不像（like）我了解他。正确：他不如（as）我了解他。这是个非常常见的错误……但你看，我仔细读了，而且很喜欢"（事实上，正如她告诉他的那样，他已经读过手稿）。[33] 在他的下一封信中，他赞扬了多萝西·L.塞耶斯的《杀人广告》，他正在读这部作品，欣赏其"高级趣味的文风"。阿加莎进行了反击，告诉马克斯自己正在他位于温特布鲁克的书房里打字："离经叛道！低级趣味的东西在普普先生那高级趣味的圣殿里！"但总体而言，她完全不理睬他那些令人难以忍受的言论。事实上，在涉及她的工作时，她丝毫不在意马克斯，她的作品中也几乎没有出现过他的影子。只有在写作《告诉我，你怎样去生活》时，她才征求了他的意见：这毕竟是他的地盘。马克斯在1944年底读了这份手稿。

我承认，起初我认为出版这样一本书可能会有些尴尬，也许里面会有很多关于我们的内容，但我认为这并不重要，最主要的是，我相信它能给很多人提供娱乐和消遣。另外，如果眼下它能在战时出版，也许比在我积极进行挖掘工作时更好。

然后马克斯告诉阿加莎，她已经

成了一个非常好的作家，我是指阐述性的作家，要不是你一贯擅长的那种生动形象的对话风格……当然，书中有一些错误，或者说是拼写错误，关于此事，我明天必须专门给你写一封信。MOHOMMED反复被错误拼写，自始至终都应该是 MOHAMMED……

在给马克斯的信中，阿加莎写到自己是多么享受写这本书，以至于写作几乎变作一场痛苦的经历："我已经把那些日子重新过了一遍——现在就像在一个冰冷而孤独的世界里醒来——在你出现之前，我都在做什么？"[34] 丈夫不在身边的三年多时间里，被抛弃的旧时恐惧浮现出来，二人的共同过去则被神圣化。他们的信件里满是交换的记忆。"我正在高强度写作，进展顺利。但当我累了，背痛的时候，我想找个垫子……放在你的腿上，把头枕在上面，就像很久以前我会在克雷斯韦尔广场做的那样。你还记得吗？"[35]

在回信中，马克斯写道："我喜欢想你穿着我在离开英国前送你的那件羊毛耶格睡袍的样子。你经常穿它吗？我的小毛熊！你还记得 3 月某一天，是吧，那天我们在前往阿尔帕契亚挖掘的路上，你在巴格达的出租车上穿的毛熊外套吗？"[36] 他不止一次提醒阿加莎，她在草坪路时有一晚抱恙，"我做饭，而你在床上发号施令！那多么有趣。"他还偶尔会打通抒情的筋骨，也许是年轻时的遗留特质，当时他偶尔写一些费力的诗。[37]

我想起了一些奇奇怪怪的事……规划格林韦的花园，坐在椴树下看着沃灵福德的绿色草坪，我书房里的书，谈论考古学。这些只是闪过脑海的一小部分事情，就像特别属于你的黄色金盏花，在阳光下闪闪发亮……我所珍视的是你的想象力，它持续激励着我，是学术方面的必需；你的爱和感情，没有它们，生活就味同嚼蜡；你的热情、新鲜感与活力，你分享我的兴趣和爱好的能力……[38]

阿加莎读到这些会雀跃不已：马克斯欣赏她身上所有阿奇避之不及的特点。"我很高兴你能给我写这些，亲爱的。"然而，无论马克斯如何安抚她，她都对这一旷日持久的生理分离感到不安。也许她想起了自己在阿什菲尔德的那几个星期里，在整理母亲遗物时发生的事情。"哦！亲爱的，我讨厌11月的这些日子，"她在1942年写道，"我想和你在一起，我有时觉得非常害怕，担心我们会渐行渐远（她画了两条分开的线）……而非在同一个美好的平行轨道……请多想我，经常来信，因为在没有阳光的日子里我需要加油打气。"

马克斯有如此高涨的自信就不足为奇了。他可以写信给阿加莎说"你当然可以用我们的联合账户做任何你想做的事"，并蒙混过关。他可以指望阿加莎去看望他的母亲，并通过"联合账户"补贴她，尽管当时阿加莎和玛格丽特都对彼此感到倦怠。"我去的时候疲惫不堪，你妈妈对英国的批评让我火冒三丈，我爆发了——我敢说这一切都会过去的……别对我生气——这些年我真的**一直**表现得很好。""希望你会试着和解此事。"他答道。当阿加莎问他，自己是否应该接受对温特布鲁克4 000英镑的报价时，他可以很严肃地作答，仿佛这个决定该由他来做。他可以指导阿加莎写得更清楚些（她的笔迹有时确实像"象形文字"）；给她的信编号（"懒普普！"他在她忘记的时候写道）；考虑让某位女演员在她的一部戏中扮演一个角色，因为他碰巧认识这个女孩的未婚夫（对于此事，阿加莎只是假装顺着他的话说）；在她把作品搬上舞台时，教她记住"别让剧中的侦探部分对街上的路人来说太难以理解"。他可以做到这些事，因为他有能力让阿加莎快乐或不快乐。

有时他还乐此不疲。"如果不嫁给我，你会不会成为一个非常愚蠢的普普太太，你是不是很高兴自己这样做了，你还记得A. P.（玛奇）[39]是怎样劝阻我们的吗？那是多么愚蠢啊。"他在1945年2月写道。

然而，毋庸置疑的是二人间真正的亲近。"在许多方面，我们是如此不同，"1943年3月，马克斯写道，"但我们的心是彼此的对照。"出于不同的原因，双方都希望这段婚姻能够成功。因此，他们共同的私人世界是精心构建，而非演化出来的产物，但这也使它变得牢不可破。

1944年3月，阿加莎将其诉诸文字，以表达对马克斯的思念。

> 有时我对你的需要比其他时候更甚。这感觉就像腰里一圈又一圈地在痛——你有过这样的感觉吗？还是说这只是某种普普反应罢了？我最近做了各种关于你的梦，有些真的非常色情和粗鲁！！我们都已经结婚这么多年了，这太不寻常了！我自己都不会信！梦挺好的，除了醒来的时候很郁闷，我也想念和你那些美好而粗劣的对话！

马克斯则回信道：

> 是的，亲爱的普普，我确实非常想念你，但你说的螺旋式动作绝对是普普独有的——那对我来说是一种空虚感，总感觉不满足，有点像饥饿——我想啃咬和拥抱普普太太。在某个美好的日子里，这一切终将成真……到时还会有很多摇尾巴，不断地摇。我很高兴你会怀念那些美好而粗劣的对话！我给你保留了很多——粗鲁的普普先生！

这就是阿加莎所认为的"做自己"。"你确实爱你那滑稽的普普，爱她真正的样子。"她写道。她可以告诉马克斯"每次你下海时，都要想你的海豚普普"，写到她吃得太撑"几乎炸裂"，知道他不会吓得哆嗦。同样，她也向他描绘了重逢的喜悦：

> 当我们再次相聚时，我们将会过得多么快乐！我们该吃什么啊！！又会有你破洞的袜子了！！东西四处乱丢，椅子上摆满了书，还有许多笑声——我们会一直聊啊聊啊聊。你会挖鼻孔，而我会对你大声嚷嚷——当我……你会非常严厉地对我说"普普"[40]

这个形象与嫁给阿奇·克里斯蒂的那个苗条的、仙女般的姑娘相差甚远：在这两端之间，曾存在过神秘的外貌诱惑，阿加莎仍会在作品中描绘着它，但同时她也在刻意毁掉自己的"外貌"。她确实已经变粗糙了。她不仅躲在"阿加莎·克里斯蒂"这一公众形象的背后，她还躲进了肉体的笼罩。在阿加莎之前，已有女性将增加体重看作是某种象征性行为，作为某种对痛苦的隐喻式防御。体重本身也让她感到难过，尽管她把这当笑话来说。她在《告诉我，你怎样去生活》中描述了为叙利亚的高温买衣服的尴尬经历（"哦，不，太太，我们不进**特大号**"）。在那本书中，马克斯还要求她坐在他们装得过满的行李箱上（"如果你不能让它们合上，**没有人**可以！"）。但她开始对容颜的逝去感到不甘。她热爱美食，喜欢和马克斯一起享受美食。马克斯在二人相遇时很瘦（"那是在我把他养肥之前。"她告诉琼·奥茨），但现在他说自己是"一个可怕的老饕"。

从某种程度上说，这又是孩子般的行为：兴高采烈地撕毁成人的协议。这与她在阿什菲尔德感受到的那种绝对的放松别无二致，当时她可以躺在山毛榉树下，知道克拉拉就在附近。"我们在一起的这些年是我童年之后最幸福的时光。"但没有任何一个男人能够取代克拉拉的位置。有时马克斯的来信会越来越少。1943 年 10 月，他去休假，整整一个月没有写信。"你是个坏家伙……我能**看到**你的脸，说：'顽皮的普普先生！'如果你在这里，我应该会笑的。你并没有真正悔悟，你只是知道自己能过关。"1944 年 7 月，当马克斯再次停止通信时，她情不自禁地写了一封又一封。"还是没有你的信，你真该死，或者其他人该死！"三天后："没有你的消息就像在地狱——你在**做**什么？"四天后："求你了，亲爱的，别一句话都不说就留我独自一人，我知道你有时会偷懒，但只要只言片语就够了……"

"亲爱的，我对自己这段时间没有给你写信感到非常内疚。"他最终来信道。尽管阿加莎无从确认，但她显然相信他在和其他女人鬼混。她以前就怀疑过，那是早在 1932 年，当时她独自在罗德岛。她很快就做出了这一假设，这表明二人间可能存在某种协议，即只要在不影响婚姻的前提下，马克斯是可以不忠的。"玩得开心，亲爱的，做**任何**你想做和需要做的事——只要你把我放在心上，我们之间仍然有深厚的友谊和感情，只要我们非常亲近就够了……"1943 年 10 月，她这样写道。

但高贵的玛莎琳公主是很难扮演的。1944 年，阿加莎试图和马克斯在东方会合。"你到底什么时候能放那两个月的假？"她问了好几次，"我仍然觉得我或许可以在埃及从事写作相关的工作……"这个计划确实有了初步的雏形。"中东的前景不错。"她在 8 月写道。尽管马克斯并没有对这一计划特别给予鼓励。"我想我应该先回家，因为你知道，我的时间到明年 4 月初就结束了。"他答道。然后，在 9 月他说道："你不想冒着被长期困在那里的风险，当普普先生回到英国时，而你在埃及吧！"

一年多以前，阿加莎曾写过："我做了一个可怕的梦，梦见我到国外某地去看你……他们告诉我，你不再关心或想念我，已经离开了，我在惊恐中醒来，不得不一遍遍地告诉自己——这不是真的，这不是真的，我有他的信。"[41]

然而，她的绝望在某种程度上有些奇怪，因为在阿加莎写下这些话的时候，她与另一个男人的友谊正变得亲密而深厚。

斯蒂芬·格兰维尔比她小 10 岁，从 1925 年起就是马克斯的朋友。作为一名彻头彻尾的知识分子，他的埃及学家生涯始于大英博物馆，接着是伦敦大学，随后又回到授予他学位的牛津大学。战争期间，他在空军部任职，在白厅工作，住在靠近草坪路公寓的海格特。战后，他在剑桥大学评上教授。1954 年，他被一致推选为国王学院的教务长，成为首位担任这一职务的牛津人，这证实了他的能力和受欢迎程度。他是一个富有内涵的人，但也拥有某种轻松的天赋。和阿加莎一样，他追求生活的乐趣。

他戴眼镜，不英俊，但魅力无穷，是个**有女人缘的男人**。有人说，"斯蒂芬爱他遇到的每个女人。"他当然无法抗拒阿加莎，他发现后者聪明、幽默、优秀，最重要的是**富有同情心**。在这段关系中，她是成年人，而他是感到困扰和不快乐的那一方，总在寻求安慰。"当然，他其实并不如你**成熟**。"阿加莎给马克斯写信说。但斯蒂芬的脆弱也许让她遥想起自己早先被阿奇·克里斯蒂追求时的经历，当时阿奇喜欢她宽慰的声音和甜美的感觉。斯蒂芬唤起的阿加莎与和马克斯在一起时那个穿着耶格睡袍的贪嘴小姑娘完全不同。斯蒂芬看到了比中年发福和几道皱纹更重要的东西，在他眼中，阿加莎再次成了一位有吸引力的女性。

　　二人友谊发展的起因是他们都很孤独。斯蒂芬的妻子埃塞尔和两个爱女都在加拿大，所以他开始和阿加莎频繁见面。1941年，她把《五只小猪》献给了他。在国外的马克斯对阿加莎与他的老同事们建立的新友谊给予了祝福。"斯蒂芬和史密斯夫妇——悉尼（Sidney，不是Sydney！）如此客气，真是太好了。"他在1942年8月的来信中表示。事实上，他们一点也不客气。但马克斯在想象妻子在学者圈内的交际时，总是表现出居高临下的姿态（在阿加莎告诉他自己在关于自由意志的谈话中发觉悉尼·史密斯出错时，"聪明的普普！"他写道，"你很好地抓到了他的尾巴……"）。

　　1942年11月，阿加莎去听了斯蒂芬的演讲——"之前没有意识到他的**声音**多么迷人。"她在给马克斯的信中写道。然后她邀请斯蒂芬来格林韦，她当时正在清空房子。"斯蒂芬似乎对格林韦很是着迷。"马克斯写道，他和斯蒂芬二人定期通信，尽管阿加莎偶尔不得不催促马克斯："你必须保持联系的人之一就是斯蒂芬，马克斯，他真的非常喜欢你，如果你不联系他，我想他会很伤心。他是个敏感的人，对某些事很在意。而且他对我一直非常好，总是告诉我他什么时候收到了你的来信，还有关于你的消息。"[42]

　　1943年，阿加莎和斯蒂芬之间的友谊愈加深厚。当时他用她所描述的"蛇一样的舌头"来说服她写一部以古埃及为背景的谋杀悬疑小说。"这个想法相当有吸引力，但我能做到吗？"马克斯回答说，这听起来是个"特别有趣的实验，而且正如你所说，如果罗莎琳德看不出有什么问题，那它一定会非常好！我相信斯蒂芬肯定会为此着迷。"[43]然而，如果说马克斯对此感到完全满意，那也有些不合常理。他不会认为阿加莎会背叛他：他对自己——对她——太有把握了。但格兰维尔是**他的**朋友，她占据了他的位置，而格兰维尔打算与之合作的阿加莎是**他的**妻子。此外，她之前几乎从未接受过涉及自己工作的建议。她曾在《罗杰疑案》中用过詹姆斯·沃茨关于"叙述者—凶手"的想法，但现在的情形完全不同了。她对古埃及几乎一无所知，所以这部作品必是一场联合行动。

　　在《死亡终局》完成后，马克斯给阿加莎和斯蒂芬都写了信，以一种暗示更普遍的不安的方式表达了对这部作品的担忧。"我不清楚，"格兰维尔回信道，"你是担心这本书会损害她作为侦探小说作家的声誉，还是认为考古学不该通过在小说中装扮而自降身段。"后面的语气有所缓和——"这是一件非常困难的事，而她做到了。顺便说一句，这个谋杀故事真是精彩得要命"——但敌对的意味已经短暂地爆发。

这本书绝对算不上阿加莎最好的作品之一，因为破案方法太容易被猜到了。在这个层面上，故事设定限制了她的发挥。她的素材是一位埃及地主的一系列信件，它们于 20 世纪 20 年代在卢克索被发现，人们称之为"赫卡纳克特书信"。可想而知，她非常严格地以这些信件为基础进行写作。但她把埃及塑造得很好。她从过去中寻找现在的能力没有让她失望。这其实是她处理日常的天赋。例如，她这样描写识字能力在埃及的普及："作家和抄写员会鄙视耕田、收割大麦和养牛的人，但田地和牛都是同样真实的……在所有的记录和所有的莎草纸卷被毁，抄写员被驱散之后，耕作和收割的人还将继续，而埃及也将继续生生不息。"

这本书最有趣的部分也许是阿加莎对埃及家庭的描写："一屋子女人——永远不会安静，永远不会太平——总是在说话、感叹、讲事情，而不是做事情！"通过这个紧密生活的共同体——妻子、祖母、小妾——她探索了关于女性特质的想法，其力量、琐碎和神秘。"男人到底是什么？他们是孕育孩子所必需的，就这样。但种族的力量在于女性。"其中一位眼里只有自己的孩子的妻子说。当然，这并非阿加莎的处事方式。她的想法是通过雷妮森这个人物传达的，雷妮森是个机智而可亲的人物，一个寻求打破家庭约束的年轻寡妇。雷妮森喜欢坐着思考，什么也不做，"以男人们的喃喃自语声为背景，感到某种昏昏欲睡的满足"。

阿加莎在《死亡终局》的开头前写了一封感谢信给斯蒂芬·格兰维尔。她给他寄去这封信费心写就的几个"版本"，问他喜欢哪一个。"我非常感动，"他回信道，"并且摸着良心说有些尴尬……因为你和我一样清楚，'乐趣'是我们之间平分的。"他在信的结尾表示："我非常自豪，自己的一个建议竟然促成了你的一本书（如果我有纹章，我想选这句话作为我的座右铭：'阿加莎著自斯蒂芬'——尽管这一说法在生理上不大行得通）。"

整个 1943 年，二人经常见面。阿加莎并未向马克斯隐瞒这一点。例如，她在 3 月写道，她在草坪路请斯蒂芬吃饭，庆祝《五只小猪》的出版，把红酒放在"你的照片旁，以给它带来好运和声望……斯蒂芬当然向照片里的你敬了酒"。另一次晚餐后，斯蒂芬给阿加莎写来洋洋洒洒的感谢信。"查尔斯·索利有一首诗，是关于荷马时代的惬意描述。'然后是他们混乱的宏伟！'这句话一直轻轻地——就像某种稀有的鸟在春天鸣唱出的音符！——在我的脑海中徘徊，自打我星期五晚上离开你之后。何等美好的一餐！何等热情的招待！"他说自己向朋友们介绍了她提供的美味佳肴，"但我发现自己羞于表达与你谈话所带来的微妙快乐，那让我们的夜晚变得圆满。"[44]这是一封可爱的信，饱含作者的个性。7 月，在带着妻女拜访温特布鲁克之后，又来了一封这样的信。他们回到了伦敦，阿加莎把他们都请到了家里。"你的款待是完美的"，他写道，称赞她的"个人魅力、深情厚谊、包容大度、广泛兴趣……所有这些都增色了物质上的乐趣、舒适、自在、安逸，还有屋内屋外供于观赏触碰的可爱事物。这是一场盛宴……"。[45]

11 月，斯蒂芬陪同阿加莎和罗莎琳德去西区观看《无人生还》[1]的首演。他从雅典娜神庙俱乐部给她来信：

> 亲爱的阿加莎，昨晚真的极具纪念意义……从头到尾都很**有趣**，和这么多完全亲善的人一同聚会是件令人愉快的事……但其中最棒的还是阿加莎的各种体验：紧张的阿加莎（因为她必须在演出结束前保持紧张）——不仅仅是害羞，即便在亲密的朋友中间；胜利时分的阿加莎，神采飞扬，但仍然要求只见她的朋友，而且意外地谦逊；最后——也许是最珍贵的——静静兴奋着的阿加莎，但仪态端庄，心满意足，在眼前的成功和达成更高成就间保持着平衡……[46]

如果这封信不完全算是情书，也非常接近了。信中再次投射出了一个与马克斯所想象出的普普太太截然不同的女性形象：这个阿加莎更庄重、更

---

[1] 该剧当时的名字为 *Ten Little Niggers*，即"十个小黑人"，之后更名为《无人生还》，此处采用后者。

成熟，也的确更自然。无论是得知斯蒂芬向他的一个朋友承认自己爱上了阿加莎，或是阿加莎把他的信和自己丈夫的信放在一起，都不足以让人感到惊讶。在他写给马克斯的信中，斯蒂芬半认真地提及了自己对阿加莎的感情。就她自身而言，在她向马克斯描述他们的会面（所有会面？）时，在她表达对斯蒂芬的公开喜爱时，总会时不时充满爱意地提及马克斯："刚从《无人生还》的首演归来，我当然感觉很糟糕——那是一种痛苦——但斯蒂芬又来了，他非常善良可亲，他和罗莎琳德帮助我渡过了难关。我真希望你当时在场。"[47]

1944年，斯蒂芬为阿加莎的戏剧《尼罗河上的惨案》[1]中的阿拉伯语对白提供了帮助。她告诉马克斯，他"真的很想亲自到邓迪来插上一手"。他未能成行，因为他在照顾生病的父亲。"G太太显然'害怕护理'（省事！）——想不到像她那样相貌平平的人会那么懒。"阿加莎带着一反常态的刻薄写道。然后她又重复了一贯的说法，"哦！马克斯，我多想和你好好开怀大笑。我经常利用斯蒂芬——但那并不完全是一回事。马克斯不在。呜呼。"[48]

那年晚些时候，斯蒂芬搬进了草坪路街区的一间公寓。阿加莎曾预言，他家人的回归会"让他的作风变得拘谨些！！"。事实上，它催生了一场危机。他决定离开妻子。尽管他已有进行中的婚外情事，但他就这么来到阿加莎的家门口，这意味着他欢迎更多的此类行为，抑或只是和她的一段关系。斯蒂芬经常和她谈起自己的不快乐与困惑。当她不在伦敦时，他给她写来充满爱意和激情的信。与此同时，她写信给马克斯，批评斯蒂芬认定的情妇，而这严格来说与她毫无关系："玛格丽特的生活方式、朋友和背景都和斯蒂芬不同。"[49]

这一切该如何解释？如何解释阿加莎在给马克斯的信中表达的混乱："我一直想起那个可恶的埃塞尔……我认为她是极不称职的妻子，但他从小就认识她，肯定已经意识到了她精神上的不足。十八年后，发现自己的丈夫无法容忍与自己待在同一屋檐下是很难的。"关于孩子们，她写道：

---

[1] 该剧上演时的名字为 *Hidden Horizon*，即《隐匿地平线》，此处采用《尼罗河上的惨案》的译名。

对他们来说似乎很悲哀，是的，也是**错误**的——他们的家就这样被拆散了。斯蒂芬是个非常可爱的人，在许多方面都极为敏感脆弱，但又有一丝奇怪的残忍……哦，亲爱的，生活是残酷的，而分离又是**最残酷的事**……看到别人的生活破裂，我感到害怕。别是我们，别是我们……[50]

她当然是在想阿奇·克里斯蒂：她几乎就是在描述自己第一次婚姻的结局。这便是为什么她不断向马克斯寻求保证。她知道他可能有外遇，就像斯蒂芬那样。但那并没有什么关系，不那么重要，只要生活不被破坏。和斯蒂芬一起的话，生活就会被破坏。在这个意义上，他尤其让她想起了阿奇，而她所表达的不安——尽管与当时的情形并不相称——正来自这个既震惊她，又吸引着她的事实。

总而言之，马克斯·马洛温是一个远不如斯蒂芬·格兰维尔理想的对象。在比较二人给阿加莎写信的语气，从中推断他们看待她的方式时，很难理解她怎么会更喜欢马克斯。她在信中反复说自己确实这样。她和斯蒂芬共度时光，并在给马克斯的信中说自己希望这些时光是和他一起度过的。甚至可以说她做得稍有些过头了。她是迫切地希望这是真的？还是出于愧疚？不是因为和斯蒂芬有染，而是因为她受到了诱惑，她为和斯蒂芬在一起的夜晚感到愉快，也喜欢他坦诚的男性欣赏。尽管她不会破坏婚姻现状，她还是能感觉到类似的冲动，这足以令人恐惧。无论阿加莎多么鄙视"安全第一"的座右铭，这都是她在第二次婚姻中一直遵守的原则。

事实上，她不可能应付像斯蒂芬这样的男人，他的本性注定会伤害她。因此，她几乎不可能与他有过爱情纠葛。她对自己从 1926 年的废墟中挣扎着爬出来重建的生活，以及帮助她做到这一点的马克斯，都赋予了太多的价值。

总之，到 1944 年底，与斯蒂芬的关系已不再热烈如初，而这总是要发生的。他的情妇在草坪路待的时间更长，阿加莎也在期待着马克斯的归来（他正在空军部找差事而纠缠斯蒂芬）。斯蒂芬再一次成了马洛温夫妇的朋友，阿加莎和马克斯都很喜欢他。斯蒂芬后来于 1956 年 4 月英年早逝。在《泰晤士报》上的讣告刊出后，他的同事们接连投了数日稿，他们为"他慷慨而有魅力的温暖个性"而喜爱他。[51] 有人说他是累坏的：他一直是那种做太多的性格——工作、社交、善举——但这正是阿加莎最欣赏他的地方。他去世后，她写信给他的女儿露西娅，说斯蒂芬比她认识的任何人都更加掌握"生活的艺术"。

在写于 1944 年夏天的《空幻之屋》中，有一个名为约翰·克里斯托的人物：一个深具活力和个人魅力的男人，在事业上兢兢业业，有一个沉闷的妻子、两个孩子和复杂的爱情生活。他同时与三个女人纠缠，尽管让他相处起来最轻松，也最了解他的，是女雕塑家亨丽埃塔·萨弗纳克。

《空幻之屋》充满了不寻常的感情深度，其中心人物尤为真实鲜活。他们的爱情激烈、动人，其不尽人意之处也完全让人信服。这个故事的塑造也丝毫不带主观判断。亨丽埃塔只对自己的艺术负责，对于破坏情人的家庭不感兴趣——这一点有时让他恼火——甚至也是他妻子真诚的朋友，尽管她对约翰的情感毋庸置疑。

亨丽埃塔这个人物可能是所有侦探小说中最有趣的。她被赋予了作者的同情，而且在可能的范围内，这个故事是透过她的眼睛来展现的。她不是阿加莎，但她是一个可能存在的阿加莎，前提是她保持了情感独立和美丽外表。"亨丽埃塔是一个极为可爱和令人满意的人。"《空幻之屋》中如是写道，这也正是斯蒂芬对阿加莎的看法。

她的侦探小说极少取材自生活，在这部作品中她也没有这样做。然而它若有若无地展现了那段关系，如果一切都几乎有所不同的话，那段关系便可能成真。

* * *

阿加莎写的关于斯蒂芬婚姻的信，其中有很多与阿奇相关，也与罗莎琳德相关。她写到了对斯蒂芬的孩子们的伤害，强调他所做的事是**错误**的。这反映了她对女儿的愧疚——她一直觉得自己不该同意离婚——然而，她似乎没有意识到自己的矛盾行为，仍然把罗莎琳德完全放在第二位。

早在 1922 年，阿加莎与阿奇一同登上帝国之旅时，她们的关系模式就已经确定了。她的母亲和外婆曾说过,"不要让男人自己待太长时间"。1926年夏天,她忽视了她们的建议,直到现在她仍觉得这是一个灾难性的错误。因此,在与马克斯结婚后,她从未怀疑过自己应该做什么。罗莎琳德被送往喀里多尼亚,然后又被送到了贝嫩登(她不喜欢这里,而阿加莎却很喜欢,并基于它创造了《鸽群中的猫》中的芳草地学校)。阿加莎获得了与丈夫一同旅行的自由。

"你在哪里?"罗莎琳德在1931年的信中写道。紧接着:"我很高兴你已经安全抵达尼尼微。你打算做什么……你会不会去别处,请写信告诉我。"[52] 与此同时,阿加莎以一贯的方式来信道:"我想你已经回到了亲切的老贝嫩登。我们昨晚遭遇了枪击——至少没那么刺激——几个流氓强盗试图抢劫隔壁。"[53] 这不是什么让人放心的内容。阿加莎肯定也知道这一点(想象一下克拉拉给**她**寄来这样一封信),但她不知为何总忍不住这样做。忠诚的卡洛填补了二人间的沟壑,定期给罗莎琳德寄去所谓的"邦佐"明信片[54],并检查她是否了解阿加莎的行迹。"太太今天给你写了信,所以我想你已经听说了新房子的事!"卡洛在1934年这样谈及温特布鲁克——显然,买这栋房子时,除了马克斯之外,谁也没被纳入阿加莎的考量——"你下周末就会见到我了,这对你来说不是一种享受吗?"

到了1936年,在恳求逃离两所瑞士的私立寄宿学校后,罗莎琳德前往巴黎与一户姓洛兰的法国家庭同住。她用干巴巴的语气给阿加莎写信道:

> 如果我遇到的是一些好人,我想可能会没事,如果没有遇到的话我不知道该怎么办。我想我会看到很多好剧目。否则我没法不觉得自己在巴黎是一笔可怕的浪费。替我向马克斯问好,告诉他,他们仍然认为他是我父亲。他们问我他长什么样,指的是马克斯,我说他个子很高,长得像我。他们很快就会糊涂了。[55]

这便是罗莎琳德身上让阿加莎感到难以应对的地方。与继父母的关系往往会很麻烦,而罗莎琳德非常清楚自己为什么会被人四处打发,她并不想让这种关系变得简单。与此同时,阿加莎拒绝看见在她女儿的**唐突**之下涌动的暗流：即便不能成为母亲注意力的中心，也要尽可能地避免成为其边缘。

"赶快花光你的钱，然后回家来吧，"她从巴黎来信道，"你不知道这些人有什么脑子，有多么愚蠢的想法。"[56]（洛兰太太快把她逼疯了："可怜的女人，她过得几乎和我一样糟糕，区别是她能赚到些钱，"罗莎琳德在给卡洛的信中写道，"她直到前天才知道我姓克里斯蒂，她说起爸爸总是用过去时，好像他已经死了。"）[57] 然后她写信给母亲，问她是否"在回家的途中来巴黎待几天？我希望如此，因为我想了很多你可以来这里做的事"。[58] 但阿加莎没有来巴黎，相反，她安排女儿去慕尼黑的另一户人家。5月时，罗莎琳德写信给马克斯，她佯装恼火的语气几乎掩盖不住真实的愤怒：

> 在我忘记之前，告诉妈妈她真的是一头猪！！我刚刚收到卡洛的信，她在信中说，妈妈把阿什菲尔德租出去了，直到3月。她怎么能这样呢！这让我难受极了。这将是我第一次不在那里过生日。我相信这也都是你的错，你的考古学会议还有其他事情。我只是讨厌你们所有人，但也许我会克服的。
>
> 还要告诉妈妈，我今天去参加了男爵夫人家举办的一个很棒的茶会。男爵夫人非常好，告诉每个人妈妈是多么了不起："她散发着智慧的光芒。"（我不这么认为！）……不要把整个6月的时间都花在四处旅游上。只要记住你有个快热死了的继女正关在这个镇上。

她还在给阿加莎的信中写道："你介不介意告诉我你什么时候回家。你似乎只告诉卡洛而不跟我说。"

第二年，即1937年，到了罗莎琳德初入社交界的时节。作为离异女性，阿加莎无法向众人介绍她（她的朋友多萝西·诺思代替她完成了这项工作），但在春天，她把女儿带到了布拉克遗址，罗莎琳德在那里画了一些关于挖掘工作的画。她和阿加莎都认为这个"时节"有些荒唐[59]，但她们并不想忽略它。"现在说你不想去阿斯科特是没有用的，"阿加莎从谢菲尔德排屋来信道，"一切都在紧锣密鼓地进行中——太太真的很积极！你的舞会定在5

月 10 日……我猜你会过上欢快而忙碌的生活，到了 7 月，你只会祈求被允许坐在家里绣花！！无论你是否享受，我都认为这将是一次有趣的体验，你没准会发现它的乐趣！！"事实上，阿加莎已经为罗莎琳德费了相当的心思，但她还是不禁用起挪揄打趣的语气，让感情深藏于心。她给女儿买了两条裙子，并写道："如果你不喜欢，我就把它们**送给卡洛**！"[60]

罗莎琳德美得惊人。这肯定让阿加莎既痛苦又自豪，尤其是因为她的长相来自阿奇：纤长的身形，轮廓鲜明的小脸。她的肖像照刊登在《尚流》杂志的前几页，杂志称她"非常迷人"。她像模特一样摆好姿势让摄影师雷纳尔拍摄，但这些精美的影像也显示出了罗莎琳德冷静黑眸里的脆弱。和她的母亲一样，她敏感，有强大的依恋，深爱她的家和她的动物们。但与阿加莎不同的是，她没有创造性的出口。她不能或不愿表达自己的感情。这些感情必须由他人来猜测，而在这方面，马克斯比阿加莎做得更好。从一开始，他就对继女付出了真心的努力，尽管她常常语中带刺，还经常用"高大"的父亲来嘲笑他。在她还是个孩子时，马克斯很乐意教她学习，并向她介绍了哲学的基本知识。

她性情聪颖，洞察力强，尽管她似乎并未考虑过任何特定职业。在社交季结束后，她陷入了迷茫。她与多萝西·诺思的女儿苏珊成了好朋友，她们合计着她也许能做模特（这个想法立即被阿加莎否决了，她认为这属于下等阶层，尽管这与 1942 年苏珊前去与"伯恩区一个医生"姘居的丑闻相比简直是小巫见大巫。阿加莎对多萝西怀有无限的同情，在某些方面她非常传统），两个姑娘花了大把时间在阿加莎伦敦的家中闲逛。"你还记得在谢菲尔德排屋，罗斯和苏珊在客厅时的情景吗？！那**乱的**呀！"她在 1944 年给马克斯的信中如是写道。

与罗莎琳德几乎完全一致的人物形象被写进了玛丽·韦斯特马科特小说《母亲的女儿》。美丽的莎拉——"一个个头高、肤色深的姑娘"，和父亲长得很像——对她母亲平静的公寓产生了"狂风暴雨般的影响"，她一手拿烟，一手端酒，大步流星地走来走去。莎拉对母亲安的态度也很让人似曾相识："莎拉，还有所有其他同龄姑娘坚持做的一件事，就是用一种随意而冷漠的态度对待自己的父母。'不要**大惊小怪**，母亲。'她们急切地说。"

莎拉是她母亲生活中的一股破坏性力量，横贯在安和她想嫁的男人之间。安无法原谅这一点，她鼓励莎拉嫁给一个不可能让她幸福的男人，有一段时间她真的憎恨自己的女儿。莎拉的确是"喜怒无常的存在"，但阿加莎还表明，她很害怕在安的感情中被取代。"我不想一个人待着。我想和你在一起。别把我送走，妈妈。"在以玛丽·韦斯特马科特为笔名写作时，阿加莎总能看到自己在现实生活中倾向于忽视的东西，尤其是她女儿性格中的内在价值。"她有骨气。"智慧的劳拉·惠兹特堡老夫人说。在写作这部作品的时候，罗莎琳德已经被要求证明了这一点。

战争爆发时她在格林韦，漫无目的地四处寻找工作。1940年春天，她头一回感觉到有什么事要发生——阿加莎注意到楼上的电话机旁有大量烟头，用那台电话可以进行一些私下的聊天。尽管如此，当罗莎琳德以她一贯的满不在乎的方式宣布，自己几天后要嫁给皇家韦尔奇燧发枪团的休伯特·普里查德时，她还是感到分外震惊。罗莎琳德遇见休伯特时，他三十三岁，比她大十二岁，当时和她表哥杰克·沃茨同属一个军团。他曾到访过阿布尼，也曾在玛奇的陪同下来过格林韦。他自己有一间名为普里拉其的漂亮大宅，位于格拉摩根（尽管当时他母亲坚持住在那里）。从各方面来看，他都是一个称心的男人。有人说，罗莎琳德之所以突然嫁给他，是因为她不知道还有什么可做，而且从心底对待在家里感到厌烦；也有人说，她爱上了他，并期待着幸福生活。也许这两种猜测都有其道理。无论如何，他们很快在1940年6月11日举行了一场安静的婚礼，阿加莎在切斯特的格罗夫纳酒店给埃德蒙·科克写信说："他人很好，我对此感到非常高兴。"

罗莎琳德再次变得有些漫无目的。"（她）现在过着流浪犹太人的生活，"阿加莎在1942年11月写给马克斯的信中说，"在去和休伯特会合的途中刚刚经过伦敦。"1943年1月，罗莎琳德找了一份行政工作。"这周我相当努力地做着盘点工作，一页又一页东西，罐头食品，厨房里的所有东西，"她给马克斯写信道，"还是觉得没什么可做的。我无法想象人们整天在办公室里能找到些什么事做。"她用简单语句表达想法的天赋和她母亲有些相似。她们都能在特定情形中判断出真相，区别在于罗莎琳德——最极致的实用主义者——总会接受现实，从不躲避。

5 月，阿加莎告诉马克斯："她不情不愿地透露了自己将在 9 月生产的消息！！我非常高兴……这守口如瓶的小恶魔，但我很高兴自己之前不知道。"阿加莎实际上对女儿的怀孕深感焦虑，透过这件事，她表现出一些隐藏在愧疚之下的爱。她的信中透露出罗莎琳德早先曾有过一次流产（当然阿加莎自己也曾失去过一个孩子）。母女二人在温特布鲁克一同待了一阵，然后前往阿布尼待产。"孩子安全出生时，我该会多么感激。我有时感到（所有母亲似乎都一样）如此惊慌失措……这很傻，我知道，但她两只手上的生命线都是断的，我有时还会想起这事。为了她的幸福，我希望此事顺利。我知道她有了孩子以后会很幸福。"[61]

马修在 9 月 21 日呱呱坠地，"他在我看来太像休伯特了，只差一个单片眼镜！"。阿加莎放了剧版《无人生还》首演的鸽子——"戏剧不重要"——在彩排之后直接去了阿布尼。"H 打电话来，焦急地问：'她喜欢吗？''告诉他这是个怪物，'罗斯说，'太大了。''她又开始生气了吗？'休伯特问，'那我就觉得她没事了！！'哦，亲爱的马克斯，我太高兴了。感谢你的帮助和爱。"她如是写道，尽管他并未真正做什么。在侃侃而谈这么久女儿和外孙之后，阿加莎显然觉得她的注意力应该回到马克斯身上。她在信的结尾写道："你是我的全世界。"[62]一句在当时的情境下颇显违和的话。

与此同时，马克斯也在给罗莎琳德写信，语气与和阿加莎通信时的"普普先生"截然不同。他对待罗莎琳德的态度幽默且放松，甚至相当亲密。他仍然是个相对年轻的男人，只比休伯特·普里查德大三岁。现在罗莎琳德已经成年，而他与继女和妻子的年龄差几乎等同，这一点无法继续被忽视。1940 年，他 36 岁；阿加莎将近 50 岁；罗莎琳德正值精力旺盛的 21 岁。

罗莎琳德给马克斯写信时的口吻像个冒失大胆的妹妹，充斥着对马克斯的"自大"还有他脑袋大小的幽默调侃。"我也许会让你做教父，但还不确定。"她在马修出生前写道。（她后来的确让马克斯做了教父，他寄来一张 5 英镑的纸币，说："你可以告诉我，是否能一次性在马修身上花掉 5 英镑。"）反过来，马克斯也并不特别像一位慈父。事实上，如果以现代的情感视角阅读他的信，甚至会让人感到有些不太得体。

1941 年，他写道："从我极少给你写信和为你做事这方面来看，我比你想象的更像你的朋友……问题是，你看，对于那些我真正喜欢的人，我发现很难，真的很难写信，因为我想给予他们的是自己无法表达的东西。但我们就是这么混乱，不得不按人类的方式行事。"[63]1942 年，他再次承认自己的松懈："你说你因为我没有来信而感到受伤。"然后赔罪道：

> 愿我活久一些，摇晃你，与你争论，批评你，和你一起吃饭，和你斗嘴，和你一同大笑，与你交流思想，并因你而发现生活中更多的精彩……你是我生活中重视的，并认为美好的人和事物（因为你是一件事物）之一。我不知道这是否会让你感到尴尬。我确实非常喜欢让你难堪，但我想我从未真正成功过。我的特权。恶魔般的自负。在我写的那封信中，我一一回答了你关于我的自负的长长清单。我具体说了什么，我不记得了。

在信的结尾，他的语气听起来更像家长："保持你的哲学和形而上学的看法对待生活。别害怕自己。继续热爱鲜花和绿地。"[64]

1943 年，罗莎琳德没有在 5 月给他写"生日信"。

> 也许我不配收，因为我已经很久没有给你写信了……你有没有因为我不给你写信而生气，还是说你不介意？这听起来像是我们的陈年争论之一。事实上，我仍然为你发狂，而且我出乎意料地经常想起你，几乎每天都会！……
>
> 你好吗？你现在有什么感觉和想法——我知道你骗人的答案。"什么都没。"我想过去好好地摇你一通。你的脸真的还和以前一样小得令人难以置信吗，你真的看起来更年长一些吗？……我总在想你。[65]

阿加莎也许会对这些信感到惊讶，谁知道她会如何看待它们呢。正如她在给马克斯的信中所写那样，她对于格林韦生活的回忆是"你和罗莎琳德在吵架……"。至于罗莎琳德本人，她似乎已经把马克斯看得很淡，就像她对待大多数事情一样。她现在全神贯注于丈夫和孩子。关于孩子，马克斯写道：

"我很高兴得知你将有一个小屁孩，它胚子不错，有你和休伯特做父母。我可以想象，你生下它之后，会捏着它的后颈把它放下，像猫把孩子放进生锈的钉子盒里一样，心满意足……"而对于马修的到来，他写道：

> 这场战争期间，我从家里收到的最好的消息。虽然一个倒霉的小屁孩出生在这个世界上，被其父母在其出生前所犯的罪所拖累，为他们的美德所束缚，确实很难说有什么理由欢呼雀跃。我想，以你的坏脾气和哲学的态度，你已经想到这一点了……我对这一切感到特别高兴，至于为什么，只有上帝知道。但就是这样。[66]

在马克斯对她的女儿自以为是地喋喋不休时，阿加莎在埋头工作，把自己搞得筋疲力尽。对她而言，没有正式的雇工是很奇怪的，在草坪路公寓时，她很喜欢做饭，但在战时从头开始收拾一个家是另一码事。"我需要一两个卡洛——一个勤杂工，这就是我所需要的！"夏洛特当时正在做战时工作，和妹妹一起住在阿加莎提供的房子里。"不，我只是需要马克斯……是的，我想要马克斯。而我得不到他。"[67]她准备把卡姆登街收拾出来迎接新手妈妈和宝宝。家具从温特布鲁克的壁球馆运到了伦敦，"没有人来打扫或帮忙……我的手被苏打和肥皂弄得像肉豆蔻碎粒，我的膝盖很痛，我的背也很痛。我好*累*啊，亲爱的……当然，他们匆匆忙忙地把这些东西从谢菲尔德排屋搬走了——结果*所有东西*都是散的。"[68]阿加莎和夏洛特一起住在附近的拉德布罗克排屋，每天早上"像日工"一样来给罗莎琳德打下手。当有人推荐马修的保姆去看阿加莎·克里斯蒂创作的《无人生还》时，前者的回答是"我知道——她是我们家厨师"。

1943年11月，阿加莎得了流感，差点没挨过在普里拉其度过的圣诞节。"我不得不说，亲爱的，我很高兴没有做母亲——我不认为自己能应付得了！！人必须年轻和强壮……自从我得了流感，我一直感到非常疲惫和沮丧。我会康复的，是吧？"

事实上，1944年将会是非常困难的一年。阿加莎现在的工作强度近乎受虐。自 1940 年以来，她每周都有好几天时间在伦敦大学学院医院工作，她在那里从事她的老本行——配药，还被人们形容为"力量之塔"。[69] 她为海军部清空了格林韦，处理了谢菲尔德排屋的轰炸，为罗莎琳德整理了卡姆登街，从半月街到公园广场再到草坪路。她经历了 1940 年的闪电战和 1944 年的飞弹袭击（"想到你经历了伦敦的空袭，而我没有和你一起，我有时会有些担心，因为一个人挨轰炸是很孤单的！"[70] 马克斯写道）。这当然是战争期间会发生的事，但除此之外，这一时期她创作的作品数量之多令人咋舌，其中包括一些她最好的作品。或许是近在咫尺的死亡在驱使她，又或许她只是到达了自己的高峰期罢了。

1940 年，她开始写被普遍低估的战时惊悚小说《桑苏西来客》，这部作品中的汤米和塔彭丝是截至当时最能为人所忍受的。美国那边曾承诺她会有很好的连载销量，但最后却用一个令人难以置信的借口搪塞她："编辑们担心这样一个激烈的反纳粹故事会让他们很大一部分读者感到不适。""我**气疯了**。"她告诉埃德蒙·科克，尽管这部作品在 1941 年就已经开始售卖了。1940 年，她还创作了《阳光下的罪恶》和额外两部作品，以此为不可预见的事件提供保险，比如她的"突然逝世"。《沉睡谋杀案》和《帷幕》是马普尔小姐和波洛的最后案件，分别被交给了马克斯和罗莎琳德。1941 年，她写下了《魔手》、《藏书室女尸之谜》、《零点》（她曾以为这本书也可能会被保留待用，她想起 1926 年后，自己是多么渴望能有一本已完成的书可以扔给出版商）和《五只小猪》。1944 年出版了《幸福假面》和《死亡终局》，其间还写了《告诉我，你怎样去生活》的大部分内容。书少了，但活动多了：1942 年，她将《无人生还》改编成戏剧，该作品有着新的"皆大欢喜"结局，并于 1943 年开始排练，《尼罗河上的惨案》的一个版本也是如此。尽管她的朋友弗朗西斯·沙利文（"拉里"）渴望再次扮演波洛，但她还是把波洛从剧本中删除了，转而给了沙利文一个"扮演彭尼法瑟教士的好角色[71]——某种程度上像崭露头角的坎特伯雷大主教和威廉·贝弗里奇爵士的融合体"，正如她对马克斯所说。"你听起来很像戏剧普普。"他写信给她说。

这些剧带来的是大量的四处奔走。1943 年 1 月，阿加莎随《无人生还》一同去往邓迪，然后卷入了一系列恼人的事件，不确定该剧何时乃至是否会在伦敦上演。在一次彩排——"他们修改了整个结局，使之变得相当愚蠢"——后，这部剧最终于 9 月在温布尔登上演。11 月，演出地搬到了圣詹姆斯剧院（伍利夫妇前来观看）。3 个月后，剧院被炸毁，该剧转移到了剑桥剧院，然后进行了巡回演出，再去到纽约。

在这一切的间隙，阿加莎还来回奔波探望罗莎琳德。关于女儿，她写道："她从不坐下来，而且如果别人坐下来，她就会被激怒。'喂，妈妈，你在四处游荡什么，还在**唱歌**？！有很多事情要做，我们必须**继续**！"[72] 为马修洗礼的牧师竟对疲惫不堪的阿加莎说："你是——**外婆**——不可能！"这是个奇迹——也有可能是出于礼貌。阿加莎非常疼爱外孙。"罗斯会成为嫉妒心非常强的母亲！"她写道，"她不喜欢孩子**看着任何其他人**！！"马克斯写信问罗莎琳德如何对待孩子："她对孩子是否像对她的狗一样好。"随后又带着有些讶异的同情说："但天哪，听起来都像是艰苦的工作，打理房子和带孩子！别太勉强自己了，亲爱的普普太太，至少在你需要照顾的时候，普普先生会出现，比如给你做煎蛋，再端到床上。"[73] 有人说马克斯会喜欢孩子[74]，并总感到生命里少了他们，但他自己的话似乎与此矛盾。1942 年 9 月，他在给阿加莎的信中说，自己想起了格林韦，想起"我们亲手种下的年轻的小树。那都是我们的孩子，你的和我的……"[75]

一个星期前，马克斯来了一封更乏味的信。"你的财务状况如何，"他问，"你从不谈及这些。我希望这不是因为你不想让我担心，如果你有什么麻烦，我想和你共同分担。不管怎样，现在不用担心钱的问题了。如果你需要，可以在我的银行里随意取用。"为了使马克斯免受惊吓或感到尴尬，阿加莎轻描淡写地回应道："担心，亲爱的？只要你过得好，过得开心，我就没有什么可担心的。我的债务总是越来越多，但这并不重要，我也不在乎！"

然而，这并不全是真的。事实是，在整个战争期间，阿加莎一直都在努力解决另一个问题，一个她几乎从不提起的问题，普普先生对此也无能为力。这一切都始于 1938 年美国的税务部门着手调查她的收入，这些收入在 20 世纪 30 年代是极可观的，讽刺的是，这是阿加莎购入格林韦，成为暴发户的那一年。例如，在 1935—1936 税收年度，她从美国杂志获得了逾 1.7 万英镑。连载市场给她提供了大量收益（因此当《桑苏西来客》卖不出去时，她很惊慌），并为罗莎琳德的信托奠定了基础。除此以外，还有预付款、翻译权费用、电影和戏剧的购买权。这些权益还能进一步复杂化，如将已经出版的故事重印成新的故事集，以及接踵而至的各种合同。

直到 1938 年，阿加莎在美国都被列为"非居民外国作家"，因此她的版权销售税只在英国缴纳。然而，当美国上诉法院审理后来以"萨巴蒂尼案"闻名的案子时，情况发生了变化。拉斐尔·萨巴蒂尼是英国公民，一位住在伦敦的成功作家，但从美国的销售中获得了大量收入。法院判决他有责任为其美国版权的销售在美国纳税。如果同样的判决适用于阿加莎的话——这似乎不可避免——将使她付出数千美元的补缴税款，尽管当时还未确定将如何追溯。

她的美国代理人哈罗德·奥伯雇用了税务律师霍华德·E. 莱因海默来处理这些调查，并为美国税务局准备报表。这绝非易事。许多相关记录都丢失了，而且阿加莎在伦敦的代理人休斯·梅西和她的出版商柯林斯都遭受了炸弹破坏，这对事态发展毫无助益，尽管从某种意义上说，缺乏物证对案件是有帮助的。莱因海默被期望进行如下辩护，即阿加莎和她的顾问已经采取了所有可能的步骤来满足**当时**所了解的税务机关的要求。这一辩护听来合理，但在政府官员嗅到某种气息时，他们较真了起来。"这里的税务人员正在非常积极地查找英国作家的纳税情况，他们现在要求看阿加莎·克里斯蒂从头到脚的账目，"奥伯在 1940 年 6 月写给埃德蒙·科克的信中说，"我打算尽可能拖延下去……"

奥伯自始至终保持了冷静。科克一直保持着绅士风度，但他发现自己很难掩饰对税务机关贪婪行径的惊惶和反感。他其实很喜欢阿加莎，尊重她，也知道她是如何努力工作的。她拥有的一切都是她自己挣来的。在事情解决前，阿加莎无法从美国的连载销售中得到任何收入，得知这一点后，科克通过给奥伯写信（"一封颇为温情的信"，他后来承认）来缓解自己的情绪。

问题是，由于必须支付战争费用，克里斯蒂太太在 1941 年期间仅在英国所得税和附加税方面就必须支付相当于她在截至去年 4 月 6 日的 12 个月中的总收入的五分之四的金额，而你知道，她的收入中超过五分之四是来自你的……显而易见的回答是她是一位富有的女性，在借款收入方面应当没有困难，但战争情形改变了这一切……无论如何，克里斯蒂太太的资产除了她的版权外都在房地产里，而这在现在的市场上是一种拖累。

我完全同意你的观点，即对于美国政府来说，如果试图从英国人那里收回税款，现在是最不幸的时机，我认为的确应当以各种理由提出最强烈的呼吁……我相信克里斯蒂太太不会以不正当的方式逃避任何应缴的税款，但这种绝望的事态只能以绝望的补救措施应对。我真的对此事感到非常难过。一个人竟然会受到此等程度的惩罚，这有悖于我们所有关于正义的看法……[76]

根据科克在 1940 年 8 月寄给阿加莎的信，假使裁决将她的责任追溯到 1930 年，这一"数额"可能高达 78 500 美元。[77]"我真的认为这不可能发生，"他写道，并强调无论如何她还有 42 000 美元的连载费用没有到账。然而所涉及的金额必定对她造成了严重的冲击。当然，比起自己代理的作家来说，这些钱对科克的震动要更严重。他问奥伯，阿加莎怎么可能付得起这些钱和她在英国需要缴纳的税？"这简直像一场噩梦，你必须向收税员出示不少于四分之三的应保留给美国税务局的钱。"[78] 自然，英国当局也已经开始忙碌起来，为被扣留在美国的钱制造麻烦。科克在给奥伯的信中冷冷地写道："我相当理解你，我们都很难相信阿加莎将不得不为她没有收到的钱交所得税……"[79]

阿加莎像魔鬼一样工作，所以她仍有收入进账，尽管她不确定其中有多少真正属于她。她从柯林斯出版社得到的预付款是每本书 1 150 英镑（1945 年增加到 2 000 英镑），从多德米德出版社得到的预付款是 4 000 美元（该出版社试图降低这个数目，科克坚决不同意）。在英国，连载一般费用大约是 300 英镑，比如《魔手》。剧目也能赚钱：《无人生还》是可靠的来源之一，巡演时平均每周可带来 200 英镑的收入。"但是，唉！我会从中得到多少呢？"她在给马克斯的信中说。

在她这样不明朗的情况下，阿加莎感到同时拥有温特布鲁克和格林韦

（以及两座伦敦的房子）是荒谬的。1942 年 8 月，她告诉马克斯："我们之后必须得决定要留下哪套房子，我不相信我们能同时保留二者。"马克斯的建议是，如果能让她"彻底脱身"，她应该卖掉一套。第二年，她描写了免于管理当时在海军部手中的格林韦所带来的"巨大解脱"——"不用交税，不用修理，不用打理花园！"但一想到真的要卖掉它，她就非常难过。然而，战争期间也不可能有买家出现，因此眼前这些问题还是没法解决。

事情一直拖着，看不到头。到了 1944 年，科克一直收到对阿加莎 1930 年以来的收入的征税要求，还加上巨额利息，尽管他称自己对于是否真的拖欠了这些钱抱有"诚实的怀疑"。"马洛温太太此时特别在意利息，"他在给哈罗德·奥伯的信中说，"因为她不得不为银行贷款支付巨额利息，而她在钱被扣押期间就是靠这些贷款生活。我相信你一定和我们一样希望此事最终得到解决。"但在 1944 年 11 月，奥伯通知科克，此事"已被列入储备日程"，可能还要拖到战争结束。那时，阿加莎有 18.8 万多美元被扣留，其中大部分被政府扣押，她一分钱也得不到。"我意识到"，奥伯写道，"对马洛温太太和你而言，整件事可能都显得莫名其妙，我希望它能在近年内得到解决。"

正如她一直以来所做的那样，阿加莎继续工作着。1944 年初，她随《尼罗河上的惨案》回到了邓迪。她把这段插曲看作是休息也并不奇怪。尽管她经常认为演员傻里傻气，但她很喜欢与拉里·沙利文和他的妻子达娜厄相处。"哦！我的剧目上映时，你从来没有和我一起，这让我很生气，"她给马克斯写信道，"我可能永远不会再有戏剧上演了。"但关于将《死亡约会》和《零点》戏剧化的想法已在酝酿之中。她在 3 月前完成了第一部，然后创作了两部作品：《闪光的氰化物》和她最好的作品之一——《空幻之屋》。

9 月，她告诉科克："我已经完成了《空幻之屋》，必须着手写《零点》了。"但正如她所说，那是"一段残酷的时期"。8 月 25 日，她从罗莎琳德那里得知休伯特在法国失踪的消息。"可怜的孩子，"她写信给马克斯，"我多么希望他是被抓走关起来了……我马上就过去……我多么想你在这里……面对罗斯我必须表现得非常淡然和自信。这是帮助她的唯一方法。"一个星期后，她再次写信：

这对罗斯来说太可怕了，她很好，面不改色，一切照旧——餐食、狗、马修——我们表现得好像什么都没发生过……但我无法忍受她不快乐。如果他没有死就好了。他们是天作之合，在休伯特所爱的房子里是如此幸福。哦！亲爱的，我厌烦战争和苦难。

阿加莎是如此厌烦，以至于第二周她已经在与马克斯辩论自己是否可以去埃及。"我非常渴望能够见到你。"她在9月6日写道。同样地，她也如此渴望一逃了之。"我累得不行了，亲爱的马克斯，我可以睡啊睡啊睡……只要我真的能离开这里去到埃及，那该多好啊！如果你来了，我们可以睡很多觉!!我希望罗莎琳德能够在这里获得一些长期的帮助。"[80]

她当然不会在这个时候离开罗莎琳德吧？一如既往地，她在对马克斯吐露自己向其他人隐瞒的事情，"做自己"。尽管如此，逃跑的想法还是危险得诱人。阿加莎几乎已经走到了尽头。她耐力非凡，但她已经五十四岁了，骨子里透着疲惫。回到格林韦，"把它整理得重新适合居住，是一项让人相当害怕的任务，我无法在没有任何帮助的情况下独自完成"。把《零点》戏剧化让"我的良心很沉重，因为我答应在10月底前交稿——有时我觉得再也写不出什么东西了"。"我在这里游手好闲，我脚痛，背也痛。"她对前往其他地方的渴望也许不足为奇。1926年时，这曾是她的本能，尽管现在的情况非比往昔，但冲动依然如故。

当然，她留在了普里拉其，10月传来了休伯特的死讯。罗莎琳德"不让这影响她，按计划带马修出去和一些人喝茶，好好吃饭，平静地安排讣告等等。这种坚忍不拔的气质真是了不起。"阿加莎深感无奈与不解，也很佩服，但她说："我有时觉得太过压抑肯定不好。"[81]事实上，罗莎琳德受到了重创。她表面上一如既往——她从来都是干练而直率的，这些特质最后也没有改变，但她的人生观从根本上变得悲观了。这是她与母亲的另一个区别，后者一直都在坚定地寻找生活中的乐趣。

然而有一阵子，事情变得更加宛如噩梦：命运恶毒且顽皮，大量错综复杂的困难与阿加莎的痛苦纠缠在一起。她的一个叔叔去世了，她和玛奇负责处理相关事宜。她回到普里拉其参加休伯特的教堂礼拜，却得知礼拜被推迟了。伦敦大学学院医院打来电话，要求她去紧急值班。配药员很少，而这是她的职责，她在 10 月底离开了罗莎琳德，回到了医院，每天工作 7 小时。与此同时，《零点》的剧本也必须完成。"每个人都说我看起来病恹恹的，疲惫不堪，我担心你会觉得我看起来毫无姿色，而且老了很多。"[82]

她深感抑郁，尽管持续的时间不长。她在伦敦的知己斯蒂芬·格兰维尔正沉浸在风流韵事中，无法给她提供什么帮助。"我之前从来没有过这样的感觉，"她对马克斯说，"给我写一些带来信心和勇气的话语吧，这样，如果另一场厄运来临，我就可以读到它们了。"[83]"打起精神来，小可爱。"他在回信中写道。对阿加莎来说，这似乎就是一种安慰。

在这一年临近尾声时，她发觉自己梦想着一个崭新的未来，完全不同于她当下冷酷晦暗的生活。"亲爱的，我不认为我们的幸福是一件自私的事情。"她在 1945 年 1 月写道。格林韦在 2 月回到了她的手中（"一片混乱"）。《死亡约会》[84]于 3 月在皮卡迪利剧院开幕："评论不是很好……即便它不成功，我也不在乎——马克斯要回家了，这才是最重要的事，其他的根本无所谓！"

1945 年 4 月 9 日，马克斯终于来信说："我的时间到了，万岁！"马克斯形容阿加莎"期待地摇着尾巴等主人回家"，她给他发了一份电话号码清单，因为她正带着《尼罗河上的惨案》漫游英国。[85]"如果给你打电话，说普普先生来电，你不觉得这很刺激吗？"他其实只是在 5 月的一个晚上来到了草坪路。对阿加莎而言，战争结束了。

不过她在书中记下了它。《顺水推舟》和《玫瑰与紫杉》都讲到了其余波。奇怪的是，这些作品都让人感到有些坐立不安。尽管阿加莎对重聚和恢复满怀兴奋的期待，她的战后作品里都弥漫着某种缺失感。

"林恩突然想，'但这就是铺天盖地的问题所在。自打回家后，我一直都能注意到它。这是战争留下的后遗症。恶意。恶感。它无处不在。'"阿加莎在《顺水推舟》中如是写道。

林恩·玛奇蒙特结束了海外工作，回到家中。她曾渴望战争的结束，而现在她发现自己的内心充满混乱和困惑。"当我在东方时，我渴望回家。"她对赫尔克里·波洛说。波洛答道："对，对，你只想去自己不在的地方！"

正是这种心理状态使林恩对大卫·亨特的追求敞开了大门，他是阿加莎笔下性感的怪人之一，正在以自己的方式应对战后的世界。

关于大卫，书中是这么说的："在战争时期，这样的人是英雄。但在和平时期——好吧，在和平时期，这样的人通常会进监狱。他们喜欢刺激，不会正经做人，对社会不屑一顾，最后他们对人的生命也熟视无睹。"通过这个人物（以及后来《命案目睹记》中的布赖恩·伊斯特利），阿加莎理解了她的第一任丈夫从法国的恐怖中归来时，他完整无恙的外表下深藏的迷茫。她明白，他差一点就会和休伯特·普里查德走向相同的结局，后者"英勇但无谓的"死亡仍然困扰着她。这类男人勇敢而不可预测，加上大卫为人又不那么直接，他们让阿加莎备感着迷。这便是为什么她让林恩·玛奇蒙特对自己抛下的未婚夫——农民罗利·克洛德感到如此厌倦。罗利觉得自己不够男人，因为他没有去打仗。后来他也表现出了自己野蛮的一面。他真正的暴力行为重新唤起了林恩对他的兴趣。"我从来没有，真的，特别**在乎**安不安全。"她说。以现代标准来审视，林恩、罗利和戴维间的三角关系是非常政治不正确的，但它确实触到了人们的神经。

《顺水推舟》是一部黑暗的作品，它是对"温馨的"阿加莎·克里斯蒂的又一次挑战。其氛围属于灰暗、混乱、被炸弹摧毁的英国。它传达了一种感觉：迄今为止，正常人都在遵循丛林法则生活。当一个人物说："最近报纸上有许多可怕的事情。所有这些退伍的士兵——他们攻击姑娘。"对此的回应则是："我想是姑娘们自找的。"（阿加莎公认的温馨风格使得她能够这样写而免遭谴责。）仿佛行为规则已经永远改变了。犯罪行为已然司空见惯。社会的根基已经被刨走丢弃，任何事情，包括谋杀，都可能被接受，只要它能导向个人进步。身份是流动的：克里斯蒂的这个老套路现在有了真正的共鸣，比如让达兰特小姐假装成巴顿小姐——"一个老女人和其他老女人如此相似，整件事都取决于此"。[86]

"你能爱上一个你不信任的人吗？"林恩问道。波洛回答说："很不幸，能的。"

战争所激起的这些不安和扰人的情绪充斥于《玫瑰与紫杉》中。这本书写于 1946 年，背景设定在艾德礼赢得战后大选。尽管柯林斯批评这本书在描写选举活动方面存在错误[87]，但在广义上，其观点富有洞察力和预见性。工党的胜利显然象征着英国一个时代的结束。尽管阿加莎用了这个比喻，她也对阶级和政治提出了一些更为微妙的观点。她始终坚持自己的观点，而它们从来都不流于陈词滥调。小说中保守党的大本营、康沃尔选区的圣卢被约翰·加布里埃尔拿下，他是一个属于积极进取的新世界的"软家伙"。他是个推销员，"绝对的老油子，如果你懂我意思的话"：这是个类似托尼·布莱尔的形象，但是是一个有自知之明的布莱尔。"哦，我没有信仰。"他对故事的叙述者、残疾的年轻人休·诺里斯说，"对我来说，纯粹只是权宜之计罢了。"他本应归属工党，但他知道自己与生俱来的天赋在保守党中会更加耀眼。

约翰·加布里埃尔对政治的看法读来几乎让人震惊，其愤世嫉俗的程度非同一般（也很可能非常真实）。他承认，他是为了他自己：

> 你可以感谢你的守护神了，因为这就是我**确实**想要的！贪婪和追名逐利的人不会伤害世界，世上有位置给他们。而且他们是管理你们的正确人选。老天啊，救救那些有思想的人掌权的国家吧！有思想的人会把普通人给磨死的……但一个自私自利的家伙不会造成多大伤害，他只想让自己的小角落舒适些，一旦他得到了，他就会相当好说话，愿意让普通人过快乐满足的日子。事实上，他更希望他们快乐和满足，这样可以少些麻烦。我很清楚大多数人想要什么——不多。只要觉得自己很重要，有机会比别人过得更好一些，不至于被人逼得太紧就够了。你记住我的话，诺里斯，这就是工党上台后会犯的大错。他们会开始四处倒逼别人，而这样做都是出于好意。

当然，阿加莎本人是保守党的选民，但她所说的事情远比对艾德礼的单纯怀疑来得深刻。[88]她讨论了政治家和选民间的关系及其与人类虚荣心的联系。"嗨，别弄错了，诺里斯，如果我想的话，我可能真能成为总理。你只需要研究研究人们想听什么话，然后对他们说这些话就行，能做的事可真是多得让人吃惊！"

但约翰·加布里埃尔，这个聪明的人物，让人着迷又惹人拒斥，也是脆弱的。对于他所选择的生活而言，他聪明过头了。他能轻松地愚弄大多数人，但在圣卢城堡却碰了壁，也就是伊莎贝拉和她的祖母及祖母的两个姐妹居住的世界里。（"他当然是为了哗众取宠。"在约翰·加布里埃尔发现拯救溺水的孩子可能有益于他的竞选活动时，圣卢夫人只觉得可笑。）

"我知道他们不作数，"他说，"我知道他们的好日子已经过去了。他们生活在全国各地，住在摇摇欲坠的房子里，收入已经缩水到几乎没有……但他们拥有一些我无法掌握的东西——一些该死的优越感。我和他们一样好，在很多方面我都更好，但当我和他们在一起时，*我感受*不到。"

他利用了伊莎贝拉，在她爱上他之后趁机把她拖下水。她被他所代表的东西蛊惑：活力、野心、性。尽管他是个"普通的小男人"，正如保守派协会所描述的那样，他扫除了伊莎贝拉的另一位追求者——她的表兄鲁珀特，一位"非常完美且绅士的骑士"，也是城堡的继承人。对伊莎贝拉而言，鲁珀特代表着逝去的血统。带着动物般的确定，她转而走向约翰·加布里埃尔：通过这样的描写，阿加莎展示了阶级结构的变化，同时更深入地探讨了贵族追求延续的本能。但约翰·加布里埃尔并未从他的战利品中得到快乐。"我毕生想要的和介意的所有东西似乎都具象在她身上。"他摧毁了她，尽管伊莎贝拉甚至能够抵御死亡。"你坚持认为伊莎贝拉的生命被缩短了，扭曲了，斩断了，"他告诉休·诺里斯，"但我强烈怀疑，它本身就是完整的……"

伊莎贝拉是本作的核心：这朵比"紫杉"的生命更短暂、但也更充实的"玫瑰"（标题取自 T. S. 艾略特的诗歌《小吉丁》）。一天下午，她和休坐着晒太阳。他抱怨自己在那场使他残废的交通事故之后的命运，他已经计划好了自己的死亡。现在他和伊莎贝拉静静地坐着，看到：

> 露台上跑来一只棕色的松鼠。它坐起来，看着我们。它叽叽喳喳说了一通，然后飞快地蹿到一棵树上。
>
> 我突然觉得万花筒般的宇宙似乎发生了变化，进入了一个不同的模式。我现在看到的是一个有知觉的世界，在这里，存在就是一切，

思想和揣测则毫无意义。这里有清晨和傍晚，白天和黑夜，食物和饮料，寒冷和炎热——这里有动作，有目的，有还不知道自己是意识的意识。这就是松鼠的世界，一个不断向上的、绿草如茵的世界，一个树木活着并呼吸着的世界。在这个世界里，伊莎贝拉有属于她的位置。而奇怪的是，我这个残缺不全的人，也能找到自己的位置……

这段话像是在描述一幅早期的意大利画作，一幅皮萨内洛的作品，在画中，不同种类的动物们居住在同一个梦中世界。它也像格林韦的神秘花园，在1945年底，它再度成了阿加莎的家。

"这种感觉并不长久，"休说，"但有那么一两刻，我感受到了一个能容得下我的世界。"

第九章

英国式谋杀

"对赫尔克里·波洛而言，只有一件事比研究人类更吸引人，那就是追求真理。"

（摘自《空幻之屋》，阿加莎·克里斯蒂）

"我只能说，亲爱的弗朗西斯·温德姆，如果我死后去了天堂，或另一边，而恰好那时的检察官也在，我将求他向我透露这个秘密。"

（摘自阿加莎 1968 年写给《星期日泰晤士报》编辑的信，谈及克罗伊登谋杀案）

大约在 20 世纪中期，阿加莎成了"阿加莎·克里斯蒂"这一现象级的人物。1945 年，她是一位成功作家，作品一次印刷约 25 000 册英国精装本并能销售一空。到 1950 年，她的书在全球范围内估计已售出 5 000 万册，并且从那时起，她作品的销量一直持续增长。

但矛盾的是，伴随阿加莎的人气高涨，她的写作能力却在下降，尽管这也许并不令人惊讶。1950 年后，她仅创作了少数精妙杰出的作品——《地狱之旅》《奉命谋杀》《灰马酒店》《长夜》《天涯过客》——她最好的作品都产出于之前的二十年，尤其在战争前后那段持续创作的时期，那是她职业生涯的巅峰。1950 年，她出版了《谋杀启事》，为后来的大部分作品设定了标准：技法娴熟，可读性强，充满智慧，但它们是名为"阿加莎·克里斯蒂"这一现象的产物，而非作家阿加莎的作品。

另一个矛盾在于，她的一举成名并非真正来自作品。对原作的改编发挥了更大的作用，特别是戏剧和电影版的《无人生还》。早在 1939 年，这部作品在概念上的大胆就已经广为读者认可，但其战时的戏剧版以及 1945 年由勒内·克莱尔执导的二十世纪福克斯电影吸引了一批全新的观众。这是阿加莎的第一部大型电影作品，规模远大于 1937 年英国电影《陌生人之爱》。阿加莎后来称其是"糟糕的"，尽管它比该书的后两部改编电影要好得多[1]，票房成绩也不错。该书的改编戏剧也在百老汇上演，引起了戏剧家李·舒伯特的注意，他对《零点》和《空幻之屋》的戏剧改编产生了兴趣。舒伯特后来被证明是一场噩梦，但这不是重点。关键是，阿加莎进入了一个全然不同的世界，一个成功呈指数级增长，似乎不可阻挡的世界。赫尔克里·波洛已经成为美国电台的特色形象（尽管阿加莎鄙视这些每周一次的广播，并拒绝了电视台和她的前任波洛——弗朗西斯·沙利文的再三请求，他在这个问题上极为坚持）。《尼罗河上的惨案》一剧在经历了最初的困难后蓬勃发展，也得以在纽约上演。1949 年，阿加莎的《寓所谜案》在伦敦开演，紧接着是 1951 年的《空幻之屋》，据埃德蒙·科克所说，后者上演时"财富剧院几乎被挤爆了"。

她的声名就这样一路攀升，终于在题为《控方证人》的故事被搬上西区舞台时达到了顶峰，该作出版于 1925 年，原题为《叛徒之手》。1953 年初在伊拉克时，阿加莎为该剧写了一个新的结尾，她知道这个结局会产生轰动。谨慎的埃德蒙·科克对于新加入的转折怀有疑虑，但她是正确的，《控方证人》大获成功。该剧由阿加莎戏剧事业的缔造者彼得·桑德斯制作，他曾在一年前以最低限度的宣传成本推出了《捕鼠器》。"该剧是我们近年来取得的最大成功，"科克在 12 月给哈罗德·奥伯的信中写道，"它在一年中最糟糕的时候在西区最糟糕的剧院（德鲁里巷的冬园）上演，却如此爆满。"1954 年初，阿加莎在萨沃伊酒店举办了一场派对，庆祝该剧成功：客人中有她的前小叔子坎贝尔·克里斯蒂，他现在与妻子多萝西合作，在西区做编剧。人们不禁会想，阿奇是如何看待这一切的？

在百老汇，《控方证人》引起了同样的轰动，并获得了纽约剧评人协会颁发的最佳外国剧目奖。"我们收到了许多关于将该剧改编成电影的咨询。"奥伯写道。"我们能做到的最好——带着血汗和眼泪。"正如科克在给奥伯的信中所写到的，经过周密的且不乏痛苦的谈判，版权以 11.6 万英镑的价格出售，这个数额在当时足以登上头条。³电影版由比利·怀尔德⁴制作，查尔斯·劳顿、蒂龙·鲍尔、玛琳·黛德丽主演。这部电影时髦、尖刻，又无限风趣。在自己作品的改编电影中，它是阿加莎唯一真正喜欢的，而且它也极其卖座。

不过，此时还存在另一个矛盾：阿加莎越成功，她的经济状况就越糟糕。1948年，她曾给埃德蒙·科克写信道："我将继续享受生活，并彻底破产!!"如果这是在开玩笑的话，却道破了事实。这样的事情怎么可能发生？现在，美国税务部门有可能将1941年以来扣押的部分钱款返还给阿加莎，但这些钱一到她手里，就会被英国政府征税到几乎分文不剩。尽管阿加莎正是为了填补她被剥夺的英国收入才需要美国这笔钱的。"英国税务部门的确开始变得非常难对付，马洛温太太似乎很难避免破产，"科克在1948年9月写给哈罗德·奥伯的信中说，"在外行看来，她应当为在外国产生的、无法转给她的收入纳税，这简直难以置信。"

为避免破产而进行的疯狂斗争还将持续数年。这一状况的逻辑是，英国当局宁愿摧毁阿加莎强大的职业道德，或责成她搬到避税天堂，也不愿在她的债务问题上讲道理。1949年3月，阿加莎从巴格达写信给科克："什么鬼——这就是我现在对所得税的感受。"后来她会屈服于情势的压力，但当时她拒绝这样做（也许是拒绝相信这可能是真的）。科克定期给她寄来连载权、戏剧收入等项目的支票，她表现出了一种光荣的反叛精神，继续以她所说的"从前的财阀生活"的豪奢方式生活着，仿佛税务人员的阴影并不存在。她不再打算卖掉格林韦——尽管出于税收目的，它是作为"商品果蔬种植业"经营的——而且，除了温特布鲁克和克雷斯韦尔广场，阿加莎还在切尔西的天鹅大楼购置了一套新公寓⁵，并在里面装点上她口中的"适合生活的画"。她爱她的各处宅邸，她爱她的花园，她爱旅行，她爱美食，她爱沐浴，她爱精挑细选的陪伴，她爱自由、空间和富足，并且继续沉醉在这些愉悦中。它们围绕着作为她生活核心的工作，正开花结果。

她确实写得比以前少了，这引起了科克的恐慌，他以为她不喜欢为斯塔福德·克里普斯个人的富裕而工作，他在1948年给她的会计师之一，诺曼·狄克逊的信中写道："我们确实非常担心，对税收状况的焦虑给马洛温太太带来了如此糟糕的影响。"科克所在的休斯·梅西公司已经习惯于仰赖"目前我们最赚钱的客户",以及她交付那些迷人稿件的神奇能力。但整个1948年,她只字未落。战争结束后,她有过一阵创造力的爆发,如劫后余生一般产出了她最好的三部作品:《玫瑰与紫杉》《顺水推舟》和《怪屋》。随之而来的是一段沉寂。她的下一部长篇小说是《谋杀启事》,写于1949年初,风格与之前截然不同。此后的《清洁女工之死》《借镜杀人》《葬礼之后》和《黑麦奇案》等作品也都质量过硬。阿加莎·克里斯蒂仿佛进入了自动操舵模式。她还参与了大量戏剧活动,其中最引人注目的是将广播剧《三只瞎老鼠》搬上舞台,该剧为纪念1947年玛丽王后八十岁寿辰而作,后更名为《捕鼠器》[6],于1952年在大使剧院开演。

阿加莎热爱自己在20世纪中期所取得的戏剧方面的成就。"我享受写剧本,"她后来在对朋友兼制片人彼得·桑德斯爵士的致敬中写道,二人初次相遇在彼得制作《空幻之屋》的期间,"它不是书那样能够养活自己的终生事业——却充满乐趣,因为技术上很有意思。"尽管她的作品广受欢迎,但阿加莎笔下的大多数剧本并不会给人留下深刻印象。只以古埃及为背景、写于1937年,但她在世时未上演的《亚克纳顿》和1958年上演的失败作品《裁决》有真正的深度。小说的戏剧化展现了阿加莎对于这一媒介的理解——她一直都很清楚在写作中什么才是"有用的"——但它们榨干了原作中所有的微妙之处。玛丽·韦斯特马科特小说《母亲的女儿》起初也是作为戏剧设计的。尽管这部作品未能够摆脱其固有的"舞台性",它还是远比戏剧版更为丰富多彩。

但在整个20世纪50年代,戏剧是阿加莎的主要注意力所在。在此期间,她开始创作柯林斯口中的"圣诞节的克里斯蒂"(1961年时,威廉·柯林斯说这一口号"能让书多卖两万六千册")作品。如果说深刻而富于同情心的《怪屋》标志着一个时代的结束,那么并没有什么人注意到这一点。尤其是公众,他们如果得知一位据称周薪2 000英镑的女性正在破产边缘徘徊,大概会大跌眼镜。同样,他们也对阿加莎·克里斯蒂爱不释手。

他们想在报纸上读到她的想法,在广播中听到她的声音,研究她的照片,收集她的签名,了解她的观点,用粉丝信、辱骂信、乞求信和崇拜信烦扰她。一个年轻姑娘从巴基斯坦来信："给一位崇拜的人写信，让我感到自己如此有面子。"另一位粉丝写道："您是人类历史上第二好的作家，仅次于莎士比亚，很遗憾地说，我几乎没有读过后者的作品，尽管我应该去读。"一位来自斯托克波特的女性来信称："今早我又受到了惊吓，我拿到了我的电费账单，超过 6 英镑，但至于从哪里得到钱来支付它，我并不清楚。请您做个天使，帮帮我。"一位男性的来信压迫感甚至："两天前我试图抢劫威尔士布雷肯的银行……我给不下 40 个富人写过信，甚至包括世界首富，他们中没有一个愿意见我，我觉得自己一定有问题。只有你能拯救我。"另一位来自阿伯里斯特威斯的男性来信抗议奥利弗太太在《底牌》中的一句玩笑话（"我从不相信威尔士人"）："你对威尔士人民的隐晦攻击已经并将持续对你和你的作品造成极大损害。"另一个男人写信告诉她："让那个讨厌的比利时人一边去，现在的他非常烦人。"一位来自香港的年轻男子（"我和赫尔克里·波洛一样高"）来信说："克里斯蒂小姐，**我钦佩你，尊重你，爱你，胜过这世上的一切！**"有人问她对美国的看法（"你在英国遇到过反美主义吗？""没有"），对"重大女性问题"的看法（"告诉他们——没有什么比这更让我讨厌的了！"），对波洛和马普尔小姐早期生活的看法。有人问她哪里可以买到正山小种茶叶（"福特纳姆百货"，科克回信道）。选编引文的编辑要求使用据称出自她口中的一句话："考古学家是女人能拥有的最好的丈夫，因为她越老，他就对她越感兴趣。"（科克："阿加莎实际上并未说过这句话，没有什么比把这句话归于她更让她生气的了。"）《时尚》杂志问她是否愿意告诉他们她最想收到什么圣诞礼物（"**不。**"她在请求信上潦草写道）。英国广播公司想播出一套"名人在家"节目，到格林韦去拍她；文学协会想让她发表演讲；庆典的组织者想请她去剪彩。作家们想让她阅读自己的手稿。"收到的都是些什么傻信啊。"她在给埃德蒙·科克的信中说。

> "人们想采访她，想知道她对与她无关的话题有什么看法，诸如学生骚乱、社会主义、女孩的穿着、性生活是否该被许可等。"
> "是的，是的，"波洛说，"我觉得糟透了。"[7]

她几乎避开了一切。偶尔她也会屈服于某一要求或恳求，例如在一家由前荷兰战俘成立的公司想上演《无人生还》时。战争期间，他们曾有这本书复印版，并将其改编成戏剧，在布痕瓦尔德集中营上演过。这显然是一个特别之请。更常见的回应是"除非你强烈建议，否则帮我脱身"，这是阿加莎在1951年受邀为《画报》做专题时写给科克的。"《星期日快报》威胁要给你来电，请你参与一个新的宣传专题，"同年，科克在信中写道，"其中一个问题是'你最不喜欢自身职业的哪部分'——我想这就是宣传吧。"她勉强同意1953年的一次拍摄，并立即感到后悔："看吧，埃德蒙，我一定要容忍这事吗？我得说，这只适合精神病院……从现在起，**不考虑**拍摄。我不明白自己为什么要被不断羞辱和折磨。"（"我们似乎每周都要应付大约三位摄影师！"科克在次年给她的信中写道。）1953年末，《全景》节目的邀约被拒："恐怕克里斯蒂太太认为自己绝对不愿出现在电视上，无论在什么情况下。正如我已经告知你的那样，她极为害羞，讨厌任何形式的宣传。"这让她在美国的经纪公司哈罗德·奥伯公司感到困扰。"阿加莎·克里斯蒂**有可能会**同意接受采访吗？"他们在1965年问道。

于是，这里又出现了一个矛盾。阿加莎越出名，她就愈加退缩到自己的私人世界里：她的花园、在挖掘时住的拥有沙漠风景的屋子、她的亲密圈子、她的写作。公众看到的只是建构出的"阿加莎·克里斯蒂"的形象。在世人眼中，她成了一个实体，而不是一个人。

她偶尔允许拍摄，比如安格斯·麦克贝恩拍摄的六十岁生日照。她穿着毛领大衣，神采奕奕地出现在自己戏剧的首映礼上。在《控方证人》首演之夜后，她出现在德鲁里巷，别人对她说"这是你写得最好的一部，亲爱的"。她偶尔接受采访，但惜字如金。她鼓励公众认同此类形象："犯罪女王""掌控死亡的公爵夫人"，看起来是一位爱打桥牌，在社区中举足轻重的女性，却"在谋杀案中赚得比卢克雷齐娅·博尔贾还多"[8]。阿加莎·克里斯蒂能创造多么大的效能啊！即便她揭示过自己内心的真情实感——在战争前后的几年里她经常这样做——但没有人真正注意。全世界都为她表面的人物形象所倾倒。

通过创造出阿里阿德涅·奥利弗这个呈现"阿加莎·克里斯蒂"形象

的虚构人物，阿加莎使得情况进一步复杂化了。在《惊险的浪漫》中首次登场的奥利弗太太是一位高大的灰发女性，创作谋杀小说，吃苹果，并为想象中的侦探——芬兰人斯文·赫耶森——所困扰，她受不了他（"他当然很白痴，但人们喜欢他"）。这构成了一个绝妙的笑话，奥利弗太太也是个绝妙的形象，但她不是阿加莎，尽管偶尔她也会以阿加莎的口吻说话：

> 一张文案桌，她的打字机，黑咖啡，到处都有苹果……多么幸福啊，多么光荣而孤独的幸福啊！对于一个作家而言，走出她的秘密要塞是何等错误。作者是害羞的、不善交际的生物，通过编造同伴和对话来弥补自己社交能力的缺陷。
> "……事实是我不善于与人交往。"
> "我喜欢人，你不喜欢吗？"罗宾快乐地说。
> "不喜欢。"奥利弗太太坚定地回复。
> "但你肯定喜欢啊。看，你的作品里有那么多人。"
> "那不一样……"[9]

但阿加莎出名的"害羞"与阿里阿德涅·奥利弗的不同。如同她晚年生活的大多数事情一样，它可以追溯到1926年的事件。身为年轻已婚女性的她几乎从未表现出任何害羞的迹象。事实上，如果她在帝国之旅的表现可作为参考的话，情况恰恰相反。当时她心甘情愿地进行社交。在澳大利亚，她毫无顾虑地住在贝尔家，尽管她事先并不认识他们。她还参加过《每日见闻》杂志的拍摄（包括与年幼的罗莎琳德的一些照片），也并未表现出对宣传自己作品的反感。事实上，她很喜欢这样。诚然，这一时期她的名声并不大。我们还是不难想象，如果她一直是阿奇的妻子，她在日后的生活中并不会如此不合群。在她愿意的前提下，她能够做一个善于社交的人，比如和马克斯圈子里的知识分子们在一起时，这些有趣的人反过来也发现她很有趣。她所回避的是公众层面：伴随一位成功作家，一个名人的纷扰。她丝毫不愿忍受。这种对宣传的憎恨几乎完全源于她背负恶名的时期，当时记者们写下了错误的故事，而且如果不是他们的创作欲，这些故事压根就不会存在。更微妙的是，她不仅厌恶宣传，她还希望将厌恶公开化。通过这样，她可以消灭任何残余的念头，比如说她是为了推进事业而"消失"的。

当然，如果阿加莎一直和阿奇保持婚姻关系（不过这一假设是难以想象的），她可能根本就不会成为"阿加莎·克里斯蒂"。几乎可以肯定，她在相貌上就会相去甚远。她那庞大而舒适的身体是对伤口的防御，它无法被穿透，而在战后，又愈加臃肿。五十出头后，她失去了最后一丝对斯蒂芬·格兰维尔这样的男人的吸引力。她的体重上升到近十五英石 [1]，腿胀得很粗，对照片则变得异常敏感。在格林韦拍摄的照片里能看到一位放松的、相当标致的女性，笑容甜美，目光敏锐，常有一条罗莎琳德的曼彻斯特狵犬 [10] 像黑褐色的小鹿一样趴在她身上。这些画面很是迷人，但又非常隐秘。大千世界并不那么宽容，阿加莎太清楚了。

因此，她的羞怯，这一向入侵者挥舞的有效武器，也是她外表改变带来的后果，这本身就是来自 1926 年的遗产。这也是她只愿意被熟悉她的人看到的另一个原因。20 世纪 50 年代，斯蒂芬·格兰维尔女儿的一位朋友在国王学院的教务长小屋用午餐时遇到了阿加莎："我记得自己为她的样子感到惊讶，她的身体很胖，有些不协调，口红涂得乱七八糟。"这是事实，阿加莎自己也知道。但看到它被照片证实让她很难过，正如她向埃德蒙·科克坦白的那样。"人并不真正（感谢上帝！）知道自己看起来有多糟糕，"她在 1957 年 4 月写道，"哦，好吧，这对人好吗？不。"这与她在 1926 年后的感受一致：人们眼中的她和她眼中的自己之间出现了可怕的分歧。在创作《借镜杀人》中的吉娜·赫德那样光芒四射的女孩时，她感受到了这种辛酸。关于自己的美貌，吉娜是这么说的："它保持不了很久，你知道。"在阿加莎的心底，她仍然与她曾是的那个吉娜保持着联系：坐在格林韦的花园里，在她已然成为的强大而沉着的女人里，她感受到了年轻而阳光的米勒小姐的存在。在外面的世界里，这种幻觉不可能存在。扰人的现实太多了。因此，暴露且限制"阿加莎"的名望对她来说也是必要的，因为（在税务人员允许的前提下）这为她提供了保持私密和自由的手段。

---

[1]　约 95 千克。

然而，她对于自己成名的原因——写作——同样守口如瓶。"这究竟是怎么做到的？"她的朋友和合作者，企鹅出版社的艾伦·莱恩[11]在1955年播出的关于阿加莎的广播节目《特写》中说。这的确是关键问题。"当时我们重印了10部阿加莎·克里斯蒂的作品，每部10万册。光是这十个故事，我们就卖出了大约250万本。我知道，仅从她的作品数来看，她是一位了不起的工作者，但我从未意识到她在进行任何工作。"[12]

　　甚至家人对她的写作也一无所知。"她只会在晚餐时宣布，她有东西要读给我们听，"她的女婿安东尼说，"而我们都会怨声载道。"[13]与大多数作家不同，阿加莎并不想把自己创作上的痛苦加诸周围的人。她只会隐身于一个房间，然后继续写——她很少在格林韦这样做，她的作品主要创作于温特布鲁克和东方。

　　能够实现这等分离是惊人的，而且阿加莎从未有意将自己所做的事情神秘化。但不知何故，这使它变得更加神秘了。尽管她再也没有像战争前后几年那样倾心写作，但她仍然被某种创作冲动所攫取。她所谓的懒惰（一年一本书）在大多数作家眼里已算非常勤奋，尤其是在六十岁之后。写作是她生活的中心，她一直试图否认这一事实。在《告诉我，你怎样去生活》中，她把自己描绘成一位尽职尽责的考古学家之妻，而在自传中，她是一个完全正常的人，带着愉悦的兴致**过着**自己的生活，额外写点书——特别烦人！——以支付她的享受。亲爱的阿加莎，一位中了头彩的、才华横溢的业余爱好者，从未将自己看作是一位**真正的**作家，她只是幸运而勤奋的手艺人罢了！与在马克斯挖掘时做饭、兜风、用旁氏冷霜清洗象牙相比，书又算得了什么？

　　但这并不诚实，这只是被建构的"阿加莎·克里斯蒂"形象的另一面，一位善良的、碰巧有欺骗才能的普通女士（她也确实欺骗了）。"我想不出自己为什么要写这么多，"她在1969年接受《观察家报》采访时说，"尤其是我会在每一部作品完成时说，'这是我写的最后一部了'。"她还在1955年的《特写》节目（这可能属于比较稳妥的一类宣传，因为它是由艾伦·莱恩和理查德·阿滕伯勒这样可靠的人促成的）中宣称："我确实发现，人们会对朋友的工作方式感到好奇。'你的方法是什么？'他们想知道。嗯，但事实令人失望，我没有什么方法……如果你像我一样过着非常忙碌的生活，要挤出几个星期不受干扰的时间是极为困难的。"

她这种对于写作的深重戒备，某种程度上也是 1926 年的副作用。她希望将自己尽可能全面地隐藏起来。她以"阿加莎·克里斯蒂"的身份写作，这是一种强有力的保护；她以"玛丽·韦斯特马科特"的身份写作，这也是一种保护。直到 1949 年《星期日泰晤士报》的《阿提库斯》专栏披露二者其实是同一个人。这并非国家机密。阿加莎必定知道这件事迟早会曝光的，但她并不希望如此：玛丽·韦斯特马科特收获的评论往往比阿加莎·克里斯蒂的好得多，但她并不希望这些评论归属于她。直到最后，她仍然坚持把玛丽·韦斯特马科特小说分开销售，仿佛它们出自不同作者之手。它们从不顶着阿加莎·克里斯蒂的名义，那会戳中痛处。

在创作这些作品时，她感受到了绝对的自由。她可以去自己想去的任何地方，了解每一个曾让她着迷的想法，甚至深深潜入自己的过往。她不为剧情需要所限。未交代清楚的情节像风筝线一样在风中飘荡——这并不重要。重要的是深入大胆地投身到创造性的未知中去。虽然她在 20 世纪 50 年代写了两部不那么好（但同样有趣）的玛丽·韦斯特马科特小说——《母亲的女儿》和《爱的重量》[14]，但有一种感觉，即在身份被揭露后，有一扇门被关上了：那扇通往她秘密想象花园的门。"真的都完了。"她在给科克的信中写道。她最好的作品几乎都完成于 1930 年至 1950 年之间，那些年里，她一直借用另一个名字，躲在另一个神秘的自我背后。

"我认为人们应当感兴趣的是**作品**，而不是作者！" 1964 年，阿加莎在给埃德蒙·科克的女儿帕特的信中写道。当在采访中谈及自己的写作时，她总是泛泛而谈。"我想这和制作酱汁差不多。有时你刚好放对了所有的原料。"[15] 她什么也没有透露。的确，她为什么要那么做呢？关于她的工作和工作方法，唯一真正的线索来自她本人的写作笔记。现存的近七十本笔记本表明，在轻松和业余的姿态下，她为塑造情节付出了极大的努力。

阿加莎没有专门购买自己使用的笔记本，而是把想法涂写在任何触手可及之处，这一举动再常见不过了。她用女儿的学校练习本（"罗莎琳德·克里斯蒂，斯科茨伍德，德弗尼什路，森宁代尔1925"）和一本题为"阿加莎·米勒的本子"，日期为1907年，来自她在巴黎的精修学校。她在购物清单、桥牌记分册或日记条目（"外出就餐——8点在莫顿餐厅"）中草草记下想法。对《加勒比海之谜》的思考被"彼得·琼斯商店——水壶、餐具、两个平底锅"打断。在为《帷幕》勾勒情节之前，她为彼得写下这几行字："你不再与我们同在，日子会变得更死板，我心爱的小狗和最亲爱的朋友。""搞到汽油券。"她这样提醒自己，然后开始写《闪光的氰化物》的章节细目。[16] 在关于毒药的详细笔记中，她写下几对名字，划去匹配的字母，看还剩下什么，以及检查二人是否合拍。一个伤痕累累、经验丰富的女人就这样玩着年轻姑娘的游戏。"阿奇博尔德·克里斯蒂"与"阿加莎·玛丽·克拉丽莎·克里斯蒂"动人地配成了一对，"阿奇博尔德"则与"阿加莎"一对。她还将"雷金纳德·卢西"——那个半路退缩的追求者——与"阿加莎·克里斯蒂"配对（"马克斯·马洛温"没有出现）。在她的收山之作《命运之门》的笔记中，当时她那杰出的头脑已经开始衰退，她写道："接下来列一个人物清单。"似乎在提醒自己阿加莎·克里斯蒂会怎么做。在她的想法之间，有一段摘自《圣经·诗篇》第84篇的文字，还有一张关于《每日快报》上打广告的"佩斯利图案的连衣裙，臀部尺寸46"的纸条：阿加莎的精髓所在。

对于自己的笔记本，阿加莎没有仪式感，也没什么"作家感"。她总能在任何地方写作，在艾迪生大厦的厨房桌上，伴着睡在小床里的罗莎琳德；在酒店房间里；在挖掘时的住所的桌上，也可以在任何种类的练习本上写作。她从不需要大多数作家用来让自己轻松的道具，比如某支特殊的笔，某台特别的打字机。尽管阿加莎在工作和生活之间做了外部的分隔，但她的内心却不断在二者间流动。

想法对她而言唾手可得，她总能在四面八方发现它们。但在寻找情节这件事上，她却出人意料地迂回。读者可能会想象，她的作品中心是一个核心的反转或诡计，在某个偶然的瞬间"出现在她的脑海中"，整个结构随之围绕它建立。事实上，这个过程更多的是偶然和经验主义的。诡计是悄悄来临的，结构也并非自然形成的。在阿加莎少女时期创作的小说《荒漠上的雪》

中，能看出她可以毫不费力地编织对话以及理解人的动机，但对于如何构建故事则毫无概念。这是她后天习得的，但人们普遍认为她是以数学的方式来写作的，就像计算某个方程式一样，这其实并不准确。成品可能给人这种印象，但过程不会。她更多是以鸟儿筑巢的方式搭就她的结构的：用上这个，舍下那个，目之所及便能意识到需要什么，通过某种方式最终得到一个流畅且滴水不漏的整体。

"外国女孩（前南斯拉夫人）照顾老太太，后者与侄女和侄婿或侄子和侄媳生活在一起，她把钱留给了女孩（索尼娅）——愤怒——怀疑——找到了证明不是索尼娅的证据。"阿加莎就是这样匆匆记下《万圣节前夜的谋杀》的起源，并在最后补充道："想法**不错**。需要打磨。"

阿加莎收集各种各样的可能。和她的笔记本放在一起的还有一系列引人入胜的剪报：关于毒药的笔记——毛果芸香碱在"尸检时没有痕迹"，铊"类似于慢性砷中毒"；《英国医学杂志》上的一封信，关于一个病人被刺伤后存活了数小时 [17]；一封来自她的律师，托基的胡珀和沃伦的信，他们对 1926 年的合法性法案提出意见 [18]；1935 年玛奇的一封来信，把自己获得的关于胰岛素的信息告知她——"顺便说一下，我非常高兴你是为了工作才了解它，而非出于个人需要。"还有阿加莎的医生朋友麦克劳德夫妇的来信，她是在伊拉克认识他们的。"彼得对于用依维派进行谋杀的正确性有些怀疑，"他的妻子佩姬在答复有关《人性记录》的询问时写道，"他说，可能死后它不会被消除，因而可能会被发现。它是作为安眠药使用的……"

在 20 世纪 30 年代末的一本笔记本上，阿加莎写下了"想法字母表"的标题。这是她对自己的一个挑战，让人莫名有些触动：想出二十六种可能。有些想法很扎实，有些则不，但都足以证明她可以发现各种事物的潜力。例如，"C"的内容是"初入社交界的少女——茶会等——母亲们快速接连被杀"，一个颇让人们期待成书的想法，它也揭示了阿加莎在罗莎琳德第一个社交季期间的思绪。"D. 从医生的车上偷来的危险药物"，这个设想在近二十年后的《山核桃大街谋杀案》中发挥了一小部分作用。"E. 波洛应邀前往乡下——发现一栋房子，里面有一具男尸，还有各种奇妙的细节"则在《空幻之屋》中得以视觉呈现。"F. 无腿男"和"I. 服用砒霜——看起来像鱼子酱"都是阿加莎反复提及的想法，尽管她从未成功让它们说得通。"J.一个杀人犯——处决后的证据证明他是无辜的"则是《五只小猪》的核心前提。有趣的是，她的一些想法令人毛骨悚然——刺穿眼球；钢制百叶窗充当断头台；一只被割喉的猫——这些想法都被弃之脑后了。

这些想法多种多样。有些与阿加莎的毒药知识有关："让一切东西变黄的毒药——用在裙子上。V.产生误导，因为另一个女孩有黄裙子。"（这也是一个反复出现但终被放弃的想法。）有些与地点有关："加勒比海——M小姐——病后……博古斯少校——像只青蛙。他眯着眼。"这后来成了《加勒比海之谜》。其余则与动机有关。"有关风疹的想法"构成了《破镜谋杀案》的核心，"死亡掮客"后来被创作成了《灰马酒店》。

有些作品来得比较容易。《人性记录》的笔记与成品几乎完全一致。《阳光下的罪恶》也是如此（"场景。岛上的旅馆——比格伯里"[19]），阿加莎将其勾勒得十分完美，与各种复杂的情节组合进行斗争，最终回到最开始的想法。这是她常做的事，她那精力充沛的头脑并不容易满足。什么才是最好的？这个？还是那个？有些作品在最终成形前让她付出了痛苦的代价，其中包括大胆的概念性作品《ABC谋杀案》，它的中心思想似乎极为简单，却是在经历了大量困惑与思考后才成文的。《借镜杀人》的形式在创作过程中反复变更了数次，其中两个版本延伸成为《黑麦奇案》和《谋杀启事》。《第三个女郎》不是一部特别复杂的作品，但阿加莎在构建情节时做了好几页笔记，甚至绘制了家谱。在她的许多想法中，有一个关于伪造遗嘱的反转。这个想法在《第三个女郎》中被丢弃了，却在《万圣节前夜的谋杀》中被重复利用。

阿加莎极少浪费她的想法，即便在年逾七十之时。1966年的一本笔记本上有一个关于"氰化物谋杀案"的点子，这个想法未得到进一步发展，但《复仇女神》中用到了它"国家信托旅游"的背景。这是阿加莎理智的一面，与那个乘坐头等舱旅行、一边坐拥烧钱的格林韦，一边欠着数千税款的鲁莽人士完全不同。这一面是她继承的，或者说是学到的，源头在于以她的姨外婆玛格丽特·米勒为代表的女性们，并被写进了她笔下的人物露西·爱斯伯罗——这位牛津大学毕业生成了一名管家，用剩土豆做西班牙煎蛋卷。

阿加莎不愿挥霍无度地使用她的点子。有一次，有一位名为塞西尔·戴-刘易斯的人（他偶尔写侦探小说）认为阿加莎手中有"十七个情节"，他风趣地问她是否愿意卖给他几个。"当然不！"她以同样的态度回答，"我打算自己写。"

她不需别人给她提供想法，尽管有两次她接受过，因为她能从万事万物中获得想法。例如，《顺水推舟》是另一部经过多次修改的作品，其开头至少在成书前十二年就已经被记下，当时只有"伊诺克·雅顿"[20]这个名字。1937年2月的一本笔记本中记有："A.'没有刺的玫瑰'"和"D.'我怕被绞死'"。后来分别成为《H庄园的午餐》和《零点》。"H.'火车上的老太太'？"可能是《逆我者亡》的起源。由此可见，一页纸就包含了三部作品的萌芽。她的笔记中也有许多对话片段，它们构成了她创作中的结缔组织，比如关于《帷幕》的笔记：

> H（黑斯廷斯）。在斯泰尔斯——听说了P（波洛）。在埃及——他的关节炎……
>
> "我来了，因为有罪行将要发生。"
>
> "你要阻止它。"
>
> "不——我做不到……它肯定会发生，因为下定决心的这个人并不会大发慈悲。听……"
>
> H目瞪口呆。

这就是阿加莎**独特**文风的基本要素，凭借对重点的把握和行文的速度，她甚至不屑于使用所谓的"结缔组织"：多数作家要花两倍的篇幅才能把她一部作品中的内容呈现出来。

真正令人惊讶的是，在经过一番计划之前，连她自己也不清楚哪个角色会成为杀人犯。例如，在考虑将罪责指向何处之前，她已经想好了《怪屋》的大部分情节，她的老朋友"无腿男"也出场了。

> 是不是劳伦斯做的——一个瘸子——真的没有腿——因此身高总是

不同。最好给《黑麦奇案》——国外回来的兄弟。

还是说是克莱门丝——

多卡丝？不行。克莱门丝——可以。她的动机。狂热——有点疯。

伊迪丝——可以——有可能……

艾玛——可以——有意思……[21]

类似的还有《山核桃大街谋杀案》："希科里路——谁被杀？以及为什么？"而当她想好了受害者后："为什么 C. 必须死？她知道什么？"她关于《弄假成真》的笔记甚至更直白："谁想杀谁。"在《清洁女工之死》中，阿加莎已经定下中心思想，但同样没有罪魁祸首：

试验。莫琳的丈夫干的。他的妻子——EK 的女儿……年轻女子——EK 的女儿——是否诱使罗宾·厄普沃德杀死麦金蒂太太——说她勒索她……莫德是莉莉·甘波尔或克雷格的孩子——莫德怎么样？

在《牙医谋杀案》的标题下，她只是简单写道："谁？为什么？什么时候？怎么做的？在哪里？哪一个？"

阿加莎也不总是确定该在作品中让哪位侦探登场，她经常用波洛代替马普尔小姐，这反驳了关于她后期逐渐厌恶波洛的普遍看法。毫无疑问，波洛用起来更容易，因为作为一个真正的侦探，他可以随叫随到，尽管《鸽群中的猫》的初始设定是马普尔小姐有个亲戚在故事发生的女子学校，也完全合情合理。《尼罗河上的惨案》最初是以马普尔为主角的，但这本书几乎完全不同于其早期形态，最终构成了《死亡约会》。[22]没有侦探的《灰马酒店》最初亦是作为马普尔的故事构思的。

阿加莎偶尔会改变书名，《空幻之屋》曾有其他备选，"悲惨周末"和"回程之旅"。她笔下的数位角色在创作过程中也获得了新名字。《奉命谋杀》中的杰奎·阿盖尔原名"艾伯特"；《藏书室女尸之谜》中的鲁比原名"奎妮"；《无人生还》中的瓦格雷夫法官原名"斯韦特纳姆法官"；《沉默的证人》中的阿伦德尔小姐原名"韦斯特马科特小姐"。在最初的《尼罗河上的惨案》

和《死亡约会》的情节中，甚至还有一位名叫"普普太太"的"廉价小说家"，后来成了莎乐美·奥特本这个人物。

"在我找到感觉合适的名字之前，我没法开始写作。"她在给埃德蒙·科克的信中说。她对寻找正确人名和书名的直觉是她的小天赋之一。尼克·巴克利、埃莉诺·卡莱尔、卡罗琳·克雷尔、露西·安格卡特尔、贝丝·塞奇威克、富兰克林·克拉克、阿利斯泰尔·布伦特、博伊德·卡灵顿、斯塔福德·奈伊爵士、雷切特、布洛尔：这些名字都起得非常好，有韵味但不张扬。她很少使用熟人的名字，尽管她确实使用德文郡的一些地名，"勒斯科姆""克里斯托""阿普尔多尔"，但尼尔探长是个有趣的例外 [23]，《黑麦奇案》和《第三个女郎》的案件都是由他调查的。这一点鲜少为人所注意，尽管法国的一位尼科莱蒂斯先生指责阿加莎在《山核桃大街谋杀案》中塑造的嗜酒且好斗的尼科莱蒂斯太太的形象是对他母亲的诽谤。（"尼科莱蒂斯这个名字是我造的！！假定你创造了一个角色，它竟然如此真实地出现在生活中，这太可怕了。简直不可思议！"）

在她笔下，即便是表面上看起来平庸的标题也有某种帮助确立她头等犯罪作家地位的力量：《东方快车谋杀案》《人性记录》《尼罗河上的惨案》。但《零点》这个书名很有水平，《沉默的证人》《阳光下的罪恶》《谋杀启事》《葬礼之后》《奉命谋杀》《灰马酒店》《第三个女郎》《复仇女神》亦如是（她常为美国市场改变书名，并无一例外地越改越糟）。当然，她的许多书名都是引语，来自莎士比亚、丁尼生、布莱克和《圣经·启示录》。还有一些书名来自童谣，她将这个聪明的方法用到了极致。这迎合了读者对于把谋杀案置于矛盾环境中的期望：牧师住宅、乡村别墅、豪华火车。这种设计让人感到熟悉和安心，而且它也拥有险恶的一面，如恐怖片中的邪童一般。

这只是机智，一种简洁的机智。这是阿加莎的能力，也是她与同时代的多萝西·L.塞耶斯的不同之处，后者的机智是复杂而浮夸的。塞耶斯永远不会创造这样一个凶手，为犯下一桩谋杀案而假装成连环杀手，或者在桥上进行特殊拍卖以转移对罪行的注意力。阿加莎的妙计几乎令人眼花缭乱，它们直击人心，也正中她艺术的核心。塞耶斯有自己的妙计：血友病患者，其病情误导了死亡时间；服下砒霜的凶手与其受害者共进晚餐。但它们被呈现给读者的方式完全不同，其构思是显而易见的。简洁使得阿加莎与众不同。正如她的笔记本所展现的那样，这一效果来之不易，也符合她的期望。成品必须是坚不可摧的，如同阳光下的宝石一样，其几何构造必须能够经受多维度的翻转，其结构被拆解后必须能够令人满意。并且，一切都必须深藏不露。

因为简洁，她遭到了误解。她的作品中没有任何明显的作者存在的痕迹，并且抗拒读者和体裁所带来的各种干扰，她在情节中所实现的艺术领域与现实世界间存在深不可测的鸿沟：这些都赋予了她的作品那种澄澈而神秘的特质。然而，从另一个角度看，这些特质会成为缺陷，缺乏深度和实质。但这些都是她有意为之的。她深知如何书写未完成的、无法解决的、破败不堪的生活。玛丽·韦斯特马科特在20世纪小说的历史中光荣地扮演过一个小角色，但阿加莎·克里斯蒂没有选择以这种方式写作。

在"经典"侦探小说作家中如塞耶斯、玛格丽·阿林厄姆、奈欧·马什等人中，阿加莎·克里斯蒂是唯一一个不意图侵入自己作品的。例如，较之侦探小说，奈欧·马什可能对戏剧更感兴趣，并且毫不犹豫地在她的许多小说中展现了这一点。多萝西·L.塞耶斯的作品中满溢着她引以为豪的知识：《丧钟九下》中的鸣钟术，《杀人广告》中的广告业，《俗丽之夜》中的学术生活。由于读者各异的品位，这样做既可能引人入迷，也可能让人厌烦，但对于一位以写类型作品为乐的女性来说，当她有能力（或将有能力）[24] 做一些艺术上的挑战时，她显然会懂得这些知识。阿加莎同样博学多才，但她从不觉得要在自己的侦探小说中进行暗示。她一直遵守着体裁的要求，从未表现出高人一等的姿态。

她也没有创造一位超出体裁功能的侦探。赫尔克里·波洛有一种神秘的艺术现实感，但他也是，并且只是一个侦探：全知全能的大脑、天降救星、非个人化真理的象征。他具有见多识广的魅力，坚定的道德心，细腻的感受力，但他不可避免地与生活脱节（在《赫尔克里·波洛的丰功伟绩》中，有人曾听到他在读了荷马的《奥德赛》的第一句话后，对此表达了遗憾："这里是不是有什么他没有的东西？某种精神上的富足？悲伤涌上他的心头"）。

因此，他的银幕形象其实是误读，因为这些银幕形象填补了太多的留白：波洛是一幅素描，一张提埃坡罗的作品，而非伦勃朗的。作为观察者，马普尔小姐也同样生活在世界之外，尽管她确实扮演了某种可识别的社会角色，波洛则没有。

经典谋杀悬疑小说中的其他侦探与其说是与世界脱节，不如说是与他们所处的体裁脱节。对于这一职业而言，他们的背景都令人颇感意外。不像波洛，他是天生的侦探。玛格丽·阿林厄姆的坎皮恩和奈欧·马什的阿莱恩都是绅士，在阶级上高于他们所登场的作品题材。而且，就阿莱恩而言，他的特别之处还在于莎士比亚百科全书式的知识和强大的性吸引力（没人见过像他这样的警察）。彼得·温姆西勋爵也是一位绅士，但除此之外还有许多其他特点：贝利奥尔学院的学者、战争英雄、时尚达人以及完美情人。正如最理想的梦中男性所做的那样，他们会爱上智慧的、有独立思想的女性，其中最具代表性的是温姆西对哈丽雅特·文的感情。这位相貌平平、性格鲜明的侦探小说作家当然有其创造者的影子，尽管同时也带着某种耐人寻味的——可能是潜意识中的——阿加莎的意味。在《剧毒》中，哈丽雅特被指控谋杀了她的情人，她成功被判定无罪，但声誉深受影响。审判时，有人说"这个可恶女人的销量飞速增长"，另一个人物认为"整件事是出了差错的炒作"。以死罪受审与失踪十一天全然不是一回事，但身处这两个情境的女性在针对她们的核心指控方面都是无辜的，她们的过错在更小的地方。在《失衡的时间》中则有一些 1926 年后的阿加莎的影子，它描述了哈丽雅特无罪释放后的生活：在这部作品中，她被描绘成"伤痕累累、满怀怨怼"，每次她说出自己名字，都要先做好被人认出的准备。同时，她也从未如此成功："哈丽雅特·文的惊悚小说正在大火。"

不顾丑闻爱上哈丽雅特的温姆西是多萝西·L.塞耶斯的理想男人（她对他的迷恋常引得其余侦探俱乐部成员大笑），而女性犯罪作家确实倾向于为笔下的侦探赋予她所欣赏的男性品质。她还把他作为自己文学野心的象征，这远远超出了这一体裁的限制。温姆西太过深刻和敏感，不适合待在侦探小说的世界里；P. D. 詹姆斯的亚当·达格利什也是如此，他是一个有着悲剧过往和诗歌天赋的严谨浪漫的人物；露丝·伦德尔笔下思想开明、热爱英国文学的自由主义者韦克斯福德同样如此。他们都优秀得不适合做侦探，优秀得不适合这个题材，而波洛不是。他心满意足地游走在自己的世界里。

波洛的创造者亦如是。这并非因为阿加莎缺乏野心，这只是她的本能罢了。她做得总比她透露的更多，但她不想让人们注意到这一点。出于私人和艺术方面的原因，她喜欢把自己归入体裁中。在她创造复杂的人物时，她不让他们掩盖那闪闪发亮的简洁感，如《空幻之屋》中的亨莉埃塔·萨弗纳克或《五只小猪》中的克雷尔夫妇。在她处理复杂的主题时，她拒绝在故事结构之外对其进行探索，《东方快车谋杀案》中正义的本质就是其中一例。

写（和读）这些书的往往是女性。但阿加莎，就其笔下的优雅环境、家居细节和不愿描述身体暴力等特点而言，可能是所有经典侦探小说作家中最不女性化的一位。通常有一种感觉，即女性犯罪作家运用这一体裁是因为它既奇异又安全。它使她们能够在恰当的限制内，深入思考死亡、性和黑暗；它使她们能够在某种坐标、某种模式中审视各种关系，而非在普通小说开辟的无垠空间里；它允许她们创造理想化的人物，她们可以用自己选择的任何特征为其侦探着色；它允许她们尽可能多地、巧妙地超越体裁，因为她们知道它最终会提供文学上的安全网，这让她们备感安慰。无论将一部侦探小说创造得多么深刻，它都不会具备正经小说的那种力量：它将永远被所属世界的规则所缚。这便是这一体裁的乐趣和限制所在，对作家和读者来说都是如此。

较之反叛，阿加莎更多的是与侦探小说体裁合作。她接受并拥抱其非个人化的结构。她不想像多萝西·L.塞耶斯那样，让自己显得脆弱，甚至可笑，后者过分地展现了自己所受的萨默维尔教育和未满足的激情。如果阿加莎想吐露心声，她会选用另一个名字，或将自己置身于一个高度受控的环境中：坚不可摧的"阿加莎·克里斯蒂"的世界。

1966年，弗朗西斯·温德姆在《星期日泰晤士报》上发文道："阿加莎·克里斯蒂是犯罪小说'温馨'派的缩影。"所有经典侦探小说在一定程度上都是"温馨"的，但毫无疑问，她成了这一体裁的象征。她在写《藏书室女尸之谜》，这部标题近乎讽刺的作品时也承认了这一点。当然，她本身也是一个谜。尽管这并非她的本意，但 1926 年的失踪事件固化了她在公众心目中的形象：一个微笑外表下隐藏着难以估量的深度的女人。

这是她形象的真正要点所在。她的形象与她的作品成了同义词。"阿加莎·克里斯蒂"成了英国经典推理小说的鲜活定义：可敬外表下隐藏着混乱。"虽然克里斯蒂太太外表和穿着都像一位快乐的乡下主妇，仿佛没有经历过比破坏花展的雷雨更糟糕的事，但实际上她一直在暗中策划谋杀。"1950 年，《每日快报》如是报道。这便是她想展现的形象，因为这能够让她彻底匿影藏形。但这个形象还被赋予了更大的意义，它成了英国式谋杀这一概念的具体表现。

> 雷蒙德·韦斯特点上烟，手一挥。"谋杀如此粗劣，"他说，"我对这事没兴趣。"
>
> 我压根没被这句话骗到。人们说"恋爱的人惹人爱"——把这个说法用在谋杀上，你就会收获一条更加无懈可击的真理。

阿加莎·克里斯蒂在 1930 年出版的《寓所谜案》中如是写道，那时距乔治·奥威尔划定的"谋杀黄金时代"已经过去了 5 年："我们的伊丽莎白时期。"他在文章《英国式谋杀的衰落》中幽默而冷淡地称呼这个时代。[25] 对他而言，英国式谋杀在 1850 年至 1925 年期间最引人入胜，这个时间跨度包括康斯坦丝·肯特、查尔斯·布拉沃、马德琳·史密斯、弗雷德里克·塞登、霍利·哈维·克里平、乔治·约瑟夫·史密斯、赫伯特·阿姆斯特朗和汤普森–拜沃特斯等人的案子。

奥威尔用陶醉的艺术眼光看待这些谋杀案，将它们视为英国中产阶级的反常代表。他在其中看到了最为精简的悖论，它们将极致的混乱行为用作维持现状的手段：例如，为获得金钱以维持谋杀前的生活水平而实施谋杀。这属于图财谋杀，是常在克里斯蒂作品中出现的动机。不过，和奥威尔一样，阿加莎也对于罪恶的激情引领人们陷入无解之境、而最容易逃脱的手段是谋杀这一概念很感兴趣。人们的动机是希望保住面上的形象，让一切维持原状，正如奥威尔所述，"不愿因为离婚等丑闻而丧失自己的社会地位"。

克里平是奥威尔式杀人犯的模板。他与一个被描述为凶恶老妇的女人结婚，婚后极不幸福的他渴望与文静的年轻秘书兼情人埃塞尔·勒尼夫一同生活。但 1909 年的时候，在伴侣坚决反对的情况下获准离婚几乎是不可能的。克里平采取了另一种逃离方式。在把妻子埋在地窖下之后，他告诉二人共同的朋友们，她去美国旅行了，当然，他会给她"捎去问候"。然后他便开始期待与勒尼夫小姐的幸福生活。这一谋杀事件也导致阿奇·克里斯蒂在 1926 年被怀疑，从《未完成的肖像》可以看出，阿加莎曾短暂地担心过他可能会这么做。

汤普森－拜沃特斯谋杀案发生的背景与之类似。伊迪丝·汤普森的丈夫在 1922 年被她的年轻情人捅死，她没有参与实际犯罪。但她肯定有过错，因为她想在进行婚外情的同时保持体面的生活方式。这一无法维持的状况最终导致了拜沃特斯的激情犯罪。除非她的丈夫愿意离婚，但他和科拉·克里平一样，断然决绝，否则汤普森太太不可能离开他而不失去自己的声誉和工作。并且，她还会失去在当时上流的伊尔福德郊区的舒适爱德华式别墅，尽管她的收入高于丈夫。她进退维谷，因为离婚实在太难处理，它要求她放弃太多东西。而且，正如所谓的人性，她也不准备放弃情人。对于那些想——简单地讲就是——"什么都要"的人来说，往往只有谋杀这一条路可选。

"你看，他想娶这个姑娘。她十分体面，他也是。他还非常爱自己的孩子，不想放弃他们。他想要一切，他的家，他的孩子，他的体面和埃尔西。他要为此付出的代价就是谋杀。"马普尔小姐在《魔手》中如是说，这段话足以被奉为英国式谋杀的圣典。

英国式谋杀的核心就是日常：克里平站在他位于希尔德罗普新月街的家门外，向邻居们挥手，礼貌地谈论着尸体就在他们身边几英尺的妻子。"重大犯罪的大部分趣味和一部分恐怖并非源自其中的不正常之处，而是其中的正常之处。"菲尔森·扬在其关于克里平的论文中写道。[26] 这正是让阿加莎着迷的地方：奥威尔描述的那种，横贯在如常的生活和其中心的可怕而隐形的破裂之间的张力。乔治·约瑟夫·史密斯娶了新的妻子，他站在祭坛上开心地笑着，一部分思绪集中于何时把她的脚从浴缸底部拖上来，让头沉下去；赫伯特·阿姆斯特朗大步流星地走在瓦伊的街道上，当地的律师向他问好，而他的口袋里放着一小包砒霜。这种通过把死亡变成故事，以拉开与其距离的做法被称作"温馨"。人们用礼服和钟形帽来装扮它，将注意力集中在日常上，以突出一天中不平凡、不熟悉的那一刻，突出那个小小的、黑暗的、不可捉摸的谜团。这在某种程度上有些幼稚，它是给成年人看的格林童话。真正的死亡，真正的谋杀，这种并不属于英国式谋杀：它肮脏、污秽、充满痛苦。但另一种则不可抗拒，因为它是一个故事，一个在各方面都如此完美地遵循行为准则的故事，使得人与人间的相互作用如此清晰可见。

在英国式谋杀中，动机始终是核心所在。它是金钱，或是激情，或是恐惧——它是变得极端的日常。这就是让阿加莎感兴趣的地方。如果没有鲜明的动机、人性的动机、日常的动机，则谋杀对她而言毫无意义。

因此，她终生痴迷于克罗伊登谋杀案——达夫一家人在厨房里进进出出，谈论着日常事务，其中一人藏着杀人意图——以及后来悬而未决的布拉沃案，她为此给弗朗西斯·温德姆写了一封信，这封信于 1968 年刊登在《星期日泰晤士报》上。"我个人认为杀死查尔斯·布拉沃的是格利医生。"主要嫌疑人还有另外两人，妻子弗洛伦丝和同伴考克斯太太。这三人都有机会，于是阿加莎考虑了更为有趣的人性问题："我一直觉得他（格利）是唯一有压倒性动机的人，也是唯一合理的那类：极其能干、成功，而且总不被怀疑。"阿加莎否决了弗洛伦丝·布拉沃，她"坐拥所有的钱"，因此没有动机："她总是居于支配地位。"考克斯太太"乍一看明显是嫌疑人，但深入了解后就不是了——她是一个胆小谨慎的人物"。这便是阿加莎从世俗智慧的角度看待谋杀的方式。她将自己对人性的了解运用到布拉沃谋杀案的相关事实中，然后对其所揭示的内容进行阐释。这些阐释未必是真相，因为现实生活并不完全如此。但其带来的意义仍让人满意：一个破案方法。

"布拉沃点子——将涉及寡妇与医生的婚外情"是阿加莎笔记本上潦草记下的想法之一，但她并未进一步展开。然而在构思《奉命谋杀》时，阿加莎同时考虑到了克罗伊登案和布拉沃案。《奉命谋杀》讲述的是一家人因为一个被认为已经解决的谋杀案被重新审理而陷入混乱的故事，他们被迫思考，他们之中谁可能杀害了妻子和四个孩子的养母蕾切尔·阿盖尔。

你知道的，这让我想起了布拉沃案……现在再也没有人能够了解真相了。于是，被家人抛弃的弗洛伦丝·布拉沃孤独地死于酗酒；被排挤的考克斯太太带着三个小男孩活到老，在此期间，她认识的大多数人都认为她是个女杀人犯；格利医生的职业和社会关系都被毁了——有人有罪——且逃脱了惩罚。但其他人是无辜的，他们什么都没能逃脱。

阿加莎还影射了克里平案：《赫尔克里·波洛的丰功伟绩》中的一篇短篇里有这样一句话："我一直想知道埃塞尔·勒尼夫是否和他一起。"[27] 显然是阿加莎自己在想这个问题，她最可靠的猜测可以从《清洁女工之死》中推断出来。麦金蒂太太之所以遇害，是因为她从一份剪报上认出了村里的某人，那上面是一个涉及四个女杀人犯去处的故事。报上的案件之一显然是以克里平和勒尼夫事件为基础的。"克雷格"杀死了妻子，因此被处以绞刑，并在整个审判过程中保护情妇"伊娃·凯恩"，但故事中点明了她曾鼓励过谋杀的想法。

《怪屋》中提及了汤普森－拜沃特斯谋杀案：事实上，女演员玛格达·利奥尼迪斯希望在一部新剧中扮演伊迪丝·汤普森的角色。这个故事成了贯穿全书的精巧主旨。当有人找到一批由受害人的年轻妻子布兰达写的情书时，任何熟悉汤普森－拜沃特斯案的人都会认出其中的暗指：几乎只凭她写给弗雷德里克·拜沃特斯的信件为证据，伊迪丝·汤普森就被判定为参与谋杀。

我想着布兰达脸上那绝望的恐惧。它看上去似乎很熟悉，而突然间我意识到了原因。那是我来到怪屋的第一天，在玛格达·利奥尼迪斯的脸上看到的同样表情，当时她正在谈论那部有关伊迪丝·汤普森的剧。

"然后，"她说，"**纯粹的恐怖，你觉得呢？**"

同样，多萝西·L.塞耶斯的一部侦探小说《涉案文件》正如其标题所暗示的，也让人联想到汤普森－拜沃特斯案。这部作品中的一个人物发表了这样一小段引人注目的言论：

> "郊区是所剩无几的，男人和女人们会为他们的信仰而死和残害他人的地方……郊区那些被保佑的人——他们确实相信些什么。他们相信'体面'。为保持形象，他们会撒谎、死去、谋杀。看看克里平。看看拜沃特斯。看看那个把他死去的妻子藏在浴缸里，因为害怕被人怀疑有丑闻而自顾在盖子上吃饭的男人。我的上帝啊！"

这种关于英国式谋杀的想法并不完全是浮于表面的。这种对有序世界的迷恋不仅是温馨的，在这个世界中，有人犯下无序的行为并希望不被注意。说到底，这是对人类的迷恋。人类不只是他们的情绪而已，他们是内在自我和外在自我的相互作用，这一点正源自英国式谋杀的本质。这也是阿加莎·克里斯蒂所努力提炼的。

她确实有创造谜团的"本事"。她有一个能抓住潜在情节的大脑。她有一种概念上的大胆，使得她能够想象出一种与众不同的破案方法。在她的方法之下，罪犯并不只是简单的一组可能嫌疑人之一，而这样的例子存在于几乎所有其他犯罪小说中。在她笔下，破案方法不仅仅是在一群无辜者中选出有罪的一方。有罪的可能是每个人，也可能谁都不是，或是个孩子，或是表面上的受害者：惊喜不在于"谁做的"，而在于破案方法这一想法本身中的种种可能。

由于她的才能——尽管来之不易——以及她清晰非凡的阐述，阿加莎·克里斯蒂曾被认为是工匠而非作家。她自己曾在自传中使用过这一描述。当她在 1956 年被授予大英帝国高级勋位时（"至少应该是女爵士！"埃德蒙·科克写道），她回答说："我觉得这是对水平不高之人的一种肯定！"但这只是她采用的虚伪人格的另一例证，不同于她在与作品代理商的大部分通信中所表现出的对于自己作品的自豪感。"我不只是表演给你们所有人看的，"她在 1966 年写道，"我是**作家**。"[28]

但在人们眼中，她正是在表演。"阿加莎·克里斯蒂写出了生动的代数，"弗朗西斯·温德姆在 1966 年一篇基调值得钦佩、富有有洞见的文章中写道，"她根据自己制定的工艺规则，与作品保持着距离，她也很少破坏这一规则。这位畅销书作者抽象、神秘、合乎逻辑且坚决无比。"其他评论家用不那么恭敬的语气表达了同样的意思。"谁在乎是何人杀了罗杰·艾克罗伊德？"这一有名的发问来自埃德蒙·威尔逊，1944 年，他写了一篇文章详细剖析整个类型，并且——摘自伯纳德·莱文在 1977 年的《时代》专栏文章——"发现这些书中没有一本值得聪明的成年人阅读。它们也确实不值，因为它们不过相当于那些用弯曲钢丝做的智力游戏，其中两块纠缠在一起的金属看来密不可分，直到你这样扭动它们……然后它们就会毫无困难地分开"。莱文写道，阿加莎·克里斯蒂是他们中的佼佼者，但这一赞美实则毫无意义。他会同意阿加莎所谓的朋友罗伯特·格雷夫斯（他其实更喜欢和马克斯·马洛温共处）的观点，后者当面称赞她的作品，背地里却说"她的英语水平像女学生，她的情节很大程度上是矫揉造作的，她的细节也有问题。"[29]

从这些批评中能读出一丝伴随着妒忌的厌女情绪，包括雷蒙德·钱德勒在 1958 年写给法国文学评论家罗伯特·康皮尼的信："我几乎不可能相信，说克里斯蒂太太不要花招就能难倒读者。难道不应该这样说：她是通过在某一时刻破坏小说中某个角色或人物的形象，使得这个形象和最终呈现的完全相反，来出奇制胜的？"阿加莎·克里斯蒂让钱德勒感到不快，她的《无人生还》作为"完美的犯罪故事"卖给他，但他发现其中充满了不可能。他在 1940 年给一个朋友的信中写道：

> 我很高兴自己读了这本书，因为它最终永远解决了我心中的一个疑问，这个疑问至少伴随着数个挥之不去的怀疑，即是否有可能写出一部极其诚实的经典类悬疑小说？不可能。为了获取复杂性，你要伪造线索、时间，拿捏巧合，把最多只有百分之五十的可能假设成确定无疑的。为了得到出人意料的凶手，你得伪造人物，这对我的打击最大，因为我对人物有种感觉……

这一针对阿加莎·克里斯蒂的观点得到了广泛接受，其他犯罪小说家就这一点紧咬不放。据朱利安·西蒙斯所述，她写的是"谜语而不是作品"。H. R. F. 基廷这样评价她："她从未在写作中追求过机智，只是在情节上有新意。"人们甚至在表达敬佩之情时也语带保留。1992 年，第四频道的电视节目《我控诉》做得更甚，认为阿加莎·克里斯蒂算是谋杀了这一体裁。她"是个杀手，而她的受害者是英国犯罪小说"，作家迈克尔·迪布丁如是说。

> 她的目的是愚弄读者，为达到这个目的，她牺牲了一切。克里斯蒂小说中的情节本质上都是相同的——一堆杂七杂八的人聚集在一个偏僻的地方，在这里发生了命案。人物都属于笼统的类型。从未出现过任何复杂的工于心计的人物。他们没有任何情感深度。她的作品纯粹得不自然，她忽视了社会所面临的问题。

他接着指控起阿加莎作品的势利眼和排外感，这一点常为人所批评。在同一节目中，露丝·伦德尔说："在我读她的作品时，我不觉得我面前的是一部名副其实的小说。对于死亡，我确实认为应当存在震惊、恐怖和痛苦的元素，但痛苦和激情并不存在于阿加莎·克里斯蒂的小说中。"

阿加莎有一双冷眼，这是肯定的。她在笔记本上记下的"风疹的点子"有确凿的真实来源，它来自二战期间与她一起工作的药剂师，他的女儿是风疹的受害者，后来被登记为盲人。阿加莎对这个孩子极好，还把罗莎琳德养的一只曼彻斯特㹴犬作为礼物送给了她。与此同时，她的一部分心思也在为后来《破镜谋杀案》的创作而活络。在这部作品中，一个孩子生下来就先天脑损伤，因为其母亲——一位美国电影明星——感染了风疹。她的美国经纪公司对这本书感到担忧，认为这一主题有潜在的冒犯倾向，并很快发现它与女演员吉恩·蒂尔尼的经历存在令人烦恼的相似之处。这是个可怕的巧合。阿加莎已经在其他地方找到了这个想法。[30]"女性杂志不会接受的。"埃德蒙·科克在提及连载市场时写道，尽管如此，这并不会阻止阿加莎创作这部作品。"她在这方面是个强硬的老太太，"P. D. 詹姆斯说[31]，"她也许是唯一会让孩子成为凶手的作家，也相当乐意让孩子被害。我们中的大多数都会对此避而远之。但她不会。在阿加莎·克里斯蒂的作品中，任何人都可能被谋杀，而且也确实如此。"

P. D. 詹姆斯的观点和她同时代的大部分犯罪小说家不同，尽管她确实认为阿加莎·克里斯蒂的情节经常是荒谬的。"从难以置信的角度来看，我格外喜欢《藏书室女尸之谜》。在这部作品中，我们被期望相信这个他们想摆脱的金发舞女（他们也可以相当容易地杀害老人，用枕头蒙住他的脸）——相反，我们见到的是这个非凡的情节，他们绑架了一个看起来一点都不像她的女导游……首先时间顺序不可能。任何一个女人都知道，要把深色的头发染成金色，你必须先把头发漂白，这需要几个小时，而且是个对技巧要求相当高的工作。病理学家只要看看她身上的其他毛发，就会知道这不是个天生的金发女郎！然而，当然没有病理学家在场……但这不重要，因为我们是在克里斯蒂的领地。我们不是在和现实打交道。我们面对的是另一种形式的现实。"

这自然引出了问题的所在，而且是一个更为微妙的问题。"克里斯蒂领地"常被人们用最平庸的话语去理解，不是作为艺术建构，而是作为舞台布景。阿加莎·克里斯蒂永远停留在乡村牧师住宅的茶话会上，将叉子插进糕饼，与此同时，银行经理的妻子因为吃了加了士的宁的三明治而窒息。真实世界在她身周转动，但她仍然定格在 1932 年：那时，仆人们都带着鼻音，淑女们从不在公共场合表露自己的感情，周末必须邀请不受欢迎的犹太人。

《我控诉》的批评并非没有依据。在玛丽·韦斯特马科特的书中自由驰骋的想法被裁剪以符合侦探小说的要求；在《玫瑰与紫杉》以开放、探索的心态审视阶级问题时，阿加莎·克里斯蒂正不假思索地编排如今被批评"势利眼"的内容。例如，在《藏书室女尸之谜》中，一位年轻的酒店舞女在被遇害前几周被一个有钱老人看上了，这让老人的家人惊恐不已，因为在他们眼里，她是个奔着钱去的"普通的小东西"。藏书室里的尸体穿着一条白色的旧裙子，马普尔小姐据此推断，这个姑娘并非准备去约会，否则她的衣服应该是新的。"一个有教养的女孩"，她解释道，"总是非常注重在合适的场合穿合适的衣服。我的意思是，无论天有多热，一个有教养的女孩绝不会穿着丝质的花连衣裙出现在越野赛马场。（当然）鲁比不是——嗯，直截了当地说——鲁比**不是**一位淑女。她属于那种无论何种场合，都要穿上自己最好的衣服的阶层。"

现实生活中的阿加莎可能在某种程度上是势利眼，甚至连喜欢她的人也承认这一点。但她并非势利得令人反感，她也会同情那些像《长夜》中的工人阶级迈克一样从另一面看待生活的人。但她是在社会等级制度下长大的，更倾向于维持制度（"没有**用人**的生活是如此艰难！"她在 20 世纪 50 年代写道）。虽然她非常喜欢夏洛特·费希尔和埃德蒙·科克，但在某种意义上，她仍然视他们为普通的职工。

更为严重的指责是她常被批评的仇外心理，乃至种族主义。这一点主要来自《无人生还》的原标题。这有些荒唐，因为在 1938 年，其原书名《十个小黑人》只是一首童谣的名字罢了。但到了 20 世纪 60 年代，这一书名已经带有明显的攻击性，替代书名《十个小印第安人》也是如此，尽管其攻击性稍弱。1966 年，该作品改编的戏剧在伯明翰上演时，剧院外有人举着写有"对有色人种的蔑指"的牌子。[32] 更足以为她定罪的是，阿加莎的作品中的确包含一些对黑人极其糟糕的描绘。"我不是个死黑鬼。"《人性记录》中一个喝醉的年轻人说；而在《云中命案》中，一对年轻夫妇同意他们二人"不喜欢吵闹、嘈杂的餐厅和黑人"。《山核桃大街谋杀案》中也有一位"阿基博姆博"先生，他原始的说话方式在今天看来肯定是不可接受的。但这部作品写于 1955 年，不带任何战前习语那种极端且轻率的冒犯感，多萝西·L.塞耶斯的作品也有与之共通的地方，而且在很大程度上是对其所处时代的反映（如果这些书没有被置于隐喻的火堆上，那么这就是唯一的理解方式）。事实上，《山核桃大街谋杀案》中的宿舍设定可被看作是典型的多元文化，一个白人学生被打上了唯一"可能有点种族主义"的居民的烙印。

在阿加莎还是个孩子的时候，她的父亲弗雷德里克·米勒写了一部短篇小说，题为《詹金斯举行晚宴》。在其对纽约俱乐部生活的描述中，有对一个游戏的说明——联合俱乐部的年轻贵族就外面的街上走过的黑人数量打赌，这个游戏名为"黑鬼来，黑鬼去"。

换言之，尽管现在看来这应该受到谴责，但阿加莎毕竟出生在一个持有这样的观念和这样的言论的世界里。"这真的是太傻了！"她给埃德蒙·科克回信说，后者在 1962 年该剧复演前曾写道："这个标题让我们遇到了一些小困扰。"但一首题为《种族杂谈》的晚期诗歌证明了她那随意的偏见并没有真正或持久的实质性内容。在这首诗中，她对白人"一尘不染的骄傲"提出了异议。与此同时，她对近东地区的热爱，对其人民的尊重，可能是反击这些批评最好的辩护。

给她带来最大麻烦的是她针对犹太人的言论。战后，柯林斯和她的美国出版商多德米德都收到了投诉。1947 年，反诽谤联盟向多德米德正式发函反对。埃德蒙·科克没有告诉阿加莎问题的严重程度，尽管在 1953 年他在给美国同行哈罗德·奥伯的信中说："是的，请无论如何授权多德在今后的作品中提及令人不快的人物时省去'犹太人'一词。"从阿加莎的角度出发，玛丽·韦斯特马科特小说《撒旦的情歌》展现了一个令人同情的犹太人物赛巴斯钦·莱文，他"总是持有那类成熟得令人称奇的观点，那是闪米特人的遗产"。然而两年后，在《人性记录》中，她让一个人物谈及"科文特加登包厢里那位美丽（请原谅，深色皮肤）的蕾切尔"，她"长长的犹太鼻子因情感而颤抖"。

现实生活中的阿加莎并不特别反犹，她不会像其他同阶层的人一样，享受如冯·里宾特洛甫的大使级款待。1933 年，她在巴格达这个意想不到的地方遇到了一个纳粹分子。这位表面上非常文明得体的文物主任在弹钢琴时突然对一句关于犹太人的话做出了反应："他们应当被铲除。除此之外，没有别的办法。"她对此感到非常震惊，尽管令人惊讶的是，这并没有阻止她作品中出现低级的反犹主义。《空幻之屋》里有个口齿不清的"染了头发、声音像秧鸡的白教堂区犹太女人"。也许这是最有力的证明，即这样的一语带过毫无其他意义。

当然，写这些内容的不止阿加莎（再一次，塞耶斯在《失衡的时间》中提到："安托万先生……令人惊讶的是，他既不是犹太人，也不是南美拉丁佬，更不是中欧杂种狗"）。但如果用当代的主观标准来衡量，她肯定过不了关。我们总觉得现在的标准更低，但其实标准只是不一样而已。根据现代的观点，一个人是其意见的总和，阿加莎可能对犹太人、黑人或用人发表过粗鲁的言论，但她从未想到人们会因此对她的个人性格下结论，就像她不会认为他们会在意她在《谋杀启事》中对一对女同性恋轻松且"自由"的描绘一样。对她而言，生活并不那么简单。她厌恶现在所谓的——简短来说——政治正确，即那些给愚蠢的人带来思想错觉的信仰体系（"你不觉得你太过追求标签了吗？"在另一个人物高谈阔论法西斯主义时，《地狱之旅》中的希拉里·克雷文说道）。阿加莎知道，人性到最后总是会抵制意识形态以及错误的解决方案。晚年的她试图投票反对英国加入欧洲共同体，认为整件事是注定要失败且不必要的，马克斯说服她改变了主意。她在《种族杂谈》中写道："有些人认为，且不止一个人认为／咖啡肤色的孩子会令人满意"。但她无法忍受去展望这样的未来，在那里，神圣的人类混杂体在"进步"的名义下被规整理顺。"哦，咖啡色的世界／你将多么**无聊**。"

阿加莎是她成长背景的产物，也是她所属时代的产物：她深度参与了20世纪中期的那些岁月。"阿加莎·克里斯蒂"可能成了定格时间的化石，但阿加莎本人并没有。她的作品也同样如此，然而这一事实并没有为人所充分认识。她书写的是自己所生活的世界：《长夜》中的阶级流动；《牙医谋杀案》、《地狱之旅》和《怪钟疑案》中的政治狂热；《顺水推舟》、《命案目睹记》和《谋杀启事》中的战争影响；《借镜杀人》中的社会工程；《伯特伦旅馆》中的虚拟时空；《山核桃大街谋杀案》中的学生文化；《灰马酒店》中的咖啡馆文化；《第三个女郎》中的毒品文化；对死刑、遗传、正义的本质、罪行和刑事责任的态度变化。她没有大张旗鼓地让人注意到她在写这些东西。这不是她的风格，她也并不特别同意许多当代思想，尽管她对其持有兴趣。从根本上说，她仍然属于维多利亚时代后期，相信上帝和人类的精神，而非"思想"。

例如，在《死亡约会》中，她较为深入地提到了时兴的潜意识概念。一位热心的年轻医生将其看作亟待解决的问题，这是"现代"观点，但她年长的同行懂得更多。

> "无意识中埋藏着如此奇怪的东西。对权力的欲望，对残忍的欲望，想要撕扯的野蛮渴望——都是我们过去的种族记忆所留下的遗产……它们都在那里，金小姐，所有的残忍、野蛮和欲望……我们把它们关

在门外，拒绝给予它们意识，但有时，它们太过强大。"

然后他继续说，主题逐渐发展到涵盖战前那些危险的政治废话：

> "我们今天四处都能看到它，在政治信条里，在国家行为里。来自
> 人道主义的反应，来自怜悯，来自兄弟般的善意。这些信条有时听来
> 不错——明理的政权，慈善的政府，却是通过**武力**强加的，建立在残
> 酷和恐惧的基础上。他们正在打开大门，这些暴力的使徒，他们正在
> 放出古老的野蛮，古老的、**为自身利益而行残忍之事**的喜悦！哦，这
> 很难，人是一种拥有极其微妙的平衡的生物。他有一个主要的需求——
> 生存。进步过快和落后一样致命。他必须生存！他也许必须保留一些
> 古老的野性，但他绝不能——不，他绝对不能——将其神化！"

写于1938年的这些文字确实相当有先见之明。但由于它出自"阿加
莎·克里斯蒂"，没有人会从这个角度去注意它。它纳入了整部作品和整个
构建之中。然而，这是人们能够短暂地从她的人设背后瞥见阿加莎本人的
时刻之一。这样的例子还有许多，其中大部分同样隐藏在众目睽睽之下。例
如《牙医谋杀案》中的这段话：

> "如果我被毁灭，名誉扫地，这个国家，**我的**国家也会遭到打击。
> 因为我为英国做过一些事，波洛先生。我坚守它，保持它的偿付能力。
> 它摆脱了独裁者——法西斯主义……我确实喜欢权力，我喜欢统治，
> 但我不想施行暴政……我们是**自由的**。我在意这一切，这是我一生的
> 工作。"

这些就是阿加莎的信念，在她流动的想象力和她所处的动荡世纪中不
曾改变的信念。它们是"阿加莎·克里斯蒂"的稳定中心：如果没有它们，
这一建构早已崩溃了，就像伯特伦旅馆那伪爱德华时代的外表一样。

但核心在于她对人性的迷恋。这是个天大的笑话：阿加莎·克里斯蒂对谋杀不感兴趣。她对"英国式谋杀"的兴趣是另一回事，那与人类之间的相互作用有关，而非暴力行为。人们批评她不展示谋杀的影响、血腥和悲伤，但她自然不会展示这些东西，因为它们不是她的主题。同样，有人说，她所描述的谋杀案在现实中不可能发生。现实生活中，没有人会通过把手推石磨丢出窗外，砸中被害人的头部来杀人；他们不会让自己的妻子伪装成一具尸体，来为自己提供不在场证明；他们也不会在船甲板上跑来跑去地计划谋杀，然后向自己的腿开枪，以显得丧失行动能力：这些事情不可能发生。但阿加莎也从不认为它们会发生。为什么会有人以为，她意在把这些阴谋包装成可信的事件给人看呢？它们是"生动的代数"，是亟待解决的谜题。

雷蒙德·钱德勒对《无人生还》[33]的批评非常准确："它是有史以来最完整、最无耻的对读者的欺骗。我不会深入讨论这些犯罪的机制，它们其中的大部分都以纯粹的巧合为前提的，还有些实际上毫不可能。"这些都是事实。但从某种程度上说，这些也都不甚紧要。阿加莎·克里斯蒂的谜题与谋杀的事实本身无关：某起谋杀也许在物理上几乎不可能，但这并不影响谜题本身。它是用来解决的，而不是用来与现实相比较的。并且，要解决的不是谋杀行为，而是人与人之间的相互作用。这应该是读者追根究底之处，它藏于嫌疑人、角色和每个人的内部。

当然，这与现在主流观点恰恰相反，人们认为阿加莎·克里斯蒂笔下的精彩谜题缺乏对情感或性格的任何洞察。她的作品之所以有人读，是因为读者想解谜。当谜题解开后，他们不会再读这本书；或者，如果他们重读，那是因为他们颇感内疚地着迷于一个消失的时代形象，在那个时代，仆人有鼻音，淑女们从不在公共场合外露感情……

然而这怎么可能是真的呢？这些作品是如何得以幸存，当聪明的侦探作家如约翰·迪克森·卡尔（"密室"谜案的创造者）、玛格丽·阿林厄姆（文风喜人且有新意："他看起来有些自豪地困惑，就像一条出乎意料地找到了一只渡渡鸟的西班牙猎犬"），甚至塞耶斯（非常出色，风格独特）都早已不再广为流通？在半个世界都知道犯人是叙述者，是所有人，是警察的时候，这真的还是因为谜题的质量吗？难道不是出于其他原因，一些存在于谜题中的东西，大部分时候不为人所见，却始终能感觉得到的东西？

难道不是阿加莎的想象力的质量，在她的其他作品中如此强大，支撑着这一严整的几何结构，并赋予其持久的生命力？"自始至终，是的，比起表面上能看到的，我们都能感觉到那里存在着更多的东西。"P. D. 詹姆斯如是说，她的作品《真相》与《东方快车谋杀案》的主题相似。这两部作品都围绕着正义与合法性的难题展开：书中需要解决的是一个无法解决的问题。如果杀害孩子的凶手逃脱了起诉，孩子的亲属是否有权伸张正义？在《真相》中，这个想法被扩展为一整部小说——现实、详细、非常精妙——其中"谜题"的解法只扮演了一个次要且被故意搁置的角色；在《东方快车》中，谜题和其解法就是小说本身，其主题神秘的共鸣几乎没有被勾勒出来，但存在于结构、情节和作品的骨子里。当然"它们都在其中"：在阿加莎的这部作品里，还有什么其他的破案方法能说得通，或能给人以必要的满足感？

当她以最佳状态发挥时——她并不总是如此——破案带来的满足感是强烈而深刻的，因为它既解决了谜题，又解开了人与人之间的相互作用。在《五只小猪》这样的作品中，情节对人物的影响如此之大，以至于谜题的运作就是人性的运作本身，而破案方法则完全取决于人性所揭示的真相。这是一个何等宏伟的前提：一位画家应该被杀，因为他的模特爱上了他，而他假装爱上她，因为他想完成自己的画作！一个了不起的、令人满意的想法。并不真实，却道破真谛。

然后是《零点》的情节构思：丈夫冲动地报复妻子，她为了另一个男人而离开了他。他犯下谋杀罪，不为别的，只为让前妻为此被绞死。一个强大、暴力、病态的想法，但阿加莎并没有这样描述，她只是让这个想法成为情节。《零点》（电影导演克洛德·夏布洛尔[34]在其中看到了可能性）是露丝·伦德尔会想象出来的那种作品，她肯定会更深入地探究动机的变态性。凶手内维尔·斯特兰奇这一人物也会被写得全然不同。露丝·伦德尔会把他的内心活动展露无遗，阿加莎·克里斯蒂不会这样做。而且，因为她只是展现了一个像内维尔这样的人，而非分析他，所以人们说她无法创造出饱满立体的人物形象。在内维尔·斯特兰奇身上，她确实在"伪造人物"，正如雷蒙德·钱德勒所说的那样。内维尔是一位网球运动员绅士，一个富有的、面带微笑的业余选手。他正是那种克里斯蒂的反对者会指责她纯粹以势利的理由偏爱的那类人。事实上，她是在以冷静的眼光准确地审视绅士的人格。内维尔用他"输得起"的行为来掩盖自己实际上无法忍受输掉的事实，在一层又一层教养的掩饰之下，他急于与前妻算账，而且他的公众形象为他助力。因此，"伪造人物"的不是阿加莎·克里斯蒂，而是内维尔自己——如果这个短语有任何意义的话。

人物真的只能通过"内心活动"来展现吗？当然不是。这显然是个不超出中学生水平的荒谬想法，是由那些在其他方面不认同阿加莎·克里斯蒂的批评家抛出的。"她的人物描写有时表面看上去简单化了，但这并不意味着那不是真正的人物描写。" P. D. 詹姆斯表示。批评者说她的人物充满了刻板印象。"但是，许多人**确实**都比较典型。"贝维斯·希利尔在 1999 年的一篇聚焦克里斯蒂的文章中写道。而且，就像对待内维尔·斯特兰奇一样，这些作品至少在维护刻板印象的同时也在颠覆它们：事实上，阿加莎·克里斯蒂经常利用刻板印象来误导我们，因为她知道我们相信，或者至少我们相信**她**会相信它们。在《阳光下的罪恶》中，贯穿始终的一句话是：妖妇艾莲娜是由于她对男人的不可抗力而被杀害的。实际上，正如赫尔克里·波洛所意识到的，事实恰恰相反。"我对她的看法非常不同。并不是她对男人有致命的吸引力，而是男人对她有致命的吸引力。她是那种男人容易关爱的女人，他们也同样容易对她感到厌倦……"艾莲娜的死是因为她需要男性对她美貌的肯定，这让她变得脆弱：奉承与谄媚使得她在各个层面上都变得无能为力。

这种对陈词滥调的颠倒是**非常**聪明的，但其意义远不止于此。阿加莎对"红颜祸水"也进行了颠覆：像艾莲娜这样的女人与其说是捕食者，不如说是猎物。这一颠覆成就了整部作品。它解决了谜题，因为它破解了角色，**这**就是为什么人们会为这种颠覆感到满意。

这种颠覆还具有低调的倾向，因为作者并不特别希望引起他人注意。这也是阿加莎·克里斯蒂那极富欺骗性的"简单"所造就的。在露丝·伦德尔笔下，人物的神秘需要经过病态的审视，而在阿加莎·克里斯蒂那里，它们是既定的，她假定我们知道这个世界运作的方式。尽管被称作"温馨的"，她仍是个精于世故的人。例如在她那里，通奸被认为是理所当然的。亨莉埃塔·萨弗纳克没有因为她与约翰·克里斯托的恋情而受到任何谴责。在《斯泰尔斯庄园奇案》中，人们接受婚姻中的双方在其他地方取悦自己。在《闪光的氰化物》中，年轻美丽的罗斯玛丽·巴顿会对她年长乏味的丈夫不忠并不令人意外（"他已经教会自己接受——各种事！"）。会通奸的人也并不一定会杀人。阿加莎可能允许自身经历在她的书中投下阴影，但她总能从这些经历中抽离出来：她笔下的文字里注入了它们，但她没有被其影响。

人类的不可靠构成了生活的真实一面，如果阿加莎·克里斯蒂能够接受这一点，那么她的侦探们也可以。在《五只小猪》中，波洛说："我，我过着非常道德的生活。这与拥有道德的想法基本不是一回事。"在《沉睡谋杀案》中，马普尔小姐被指责为"出色的愤世嫉俗者"，对此她回答说："哦，天哪，里德先生，我真心希望不是**这样**。人总是对人性抱有**希望**。"

然而，这两部作品都毫不含糊地对谋杀进行了谴责。波洛只在《东方快车谋杀案》中认为杀人是情有可原的，也只在《帷幕》中，他表现出了矛盾的态度。其他时候，他总是说："我不赞成谋杀。"马普尔小姐的态度更强硬。"真的，想到他被绞死，我觉得挺高兴的。"她在《藏书室女尸之谜》的结尾说。

《牙医谋杀案》中银行家阿利斯泰尔·布伦特的论点劝动了波洛，前者辩称自己是为祖国犯的谋杀罪，应该以同等理由被宽恕："如果我去了，嗯，你知道可能会发生什么。国家需要我，波洛先生。而一个该死的两面三刀、敲诈勒索的希腊流氓就要这样毁掉我毕生的工作。"波洛同意了。他相信稳进保守和符合理性的政治，并害怕那些盲目追寻理想的人（这部作品写于1939 年）。然而，在他表示布伦特无论如何都需要承担责任时，他的口吻属于他的创造者：

> "你是一个天生诚实和公正的人。你走偏了一步——从表面上看，这没有影响到你……但在你内心深处，对权力的热爱发展到了压倒一切的高度。所以你牺牲了四条人命，并认为它们没有价值。"
>
> "难道你没有意识到，波洛，举国上下的安全和幸福都仰赖我吗？"
>
> "我不关心国家，先生。我关心的是个人的生命，他们有权不被剥

夺生命。"

阿利斯泰尔·布伦特被捕让波洛感到不安。在《尼罗河上的惨案》中,他对杰奎琳·德贝尔福特则怀有真正的同情。

> "别太在意,波洛先生!我是说对我。你确实在意的,不是吗?"
> "是的,小姐。"
> "但你不会想到放过我吧?"
> 赫尔克里·波洛轻声说:"不会。"
> 她安静地点了点头,表示同意。
> "不,多愁善感是没有用的。我可能会再次动手……我不再是个安全的人了。我自己能感觉到……"她沉思着继续说,"这实在是太容易了——杀人。你开始觉得这无所谓……"

杰奎琳本性并不是杀人犯;她爱的男人想要实施谋杀,而她知道他不够聪明,无法独自成事。"所以我也必须参与其中,看着他点儿",她说。

"波洛毫不怀疑,她的动机正如她所说的。她自己并不觊觎琳内特·多伊尔的钱,但她爱西蒙·多伊尔,爱他爱得超越了理智,超越了公正,超越了怜悯。"

然而,在拒绝让道德上的模棱两可占据上风这方面,波洛仍然很"世俗"。他不会像《巴士司机的蜜月》中的彼得·温姆西那样,为一个杀人犯无法拯救的灵魂哭泣。马普尔小姐也是如此,她理解人性的弱点,但坚决地予以反对。他们都代表了其创造者的声音,后者同样用功利主义的态度看待谋杀:杀人犯必须被消灭,因为他或她影响了多数人的生活。阿加莎在死刑问题上毫不退让,在这方面,她的强硬超过了敏感。"我确实认为公开绞刑非常野蛮,"她从巴格达来信道,她在那里看到了正在搭建的绞刑架,"但我想在这些地方它们有其作用。"[35] 如果这一威慑起了作用,那才是最重要的。同样地,马普尔小姐说:

"对于那些杀人者，我可以暂不做判断，但我认为他们对社会来说是邪恶的。除了仇恨，他们什么都没贡献，并且夺走了他们所能得到的一切。我愿意相信他们是天生那样的，相信他们生来就有残缺，也许人们应该为此同情他们。但即便如此，我仍认为他们不足以被宽恕，因为你不能饶恕他们，就像你不能饶恕中世纪时一个从瘟疫肆虐的村庄跌跌撞撞走出来的人，与附近村庄那些无辜的健康孩子混在一起。**无辜者必须被保护……**"

　　这是会激怒阿加莎·克里斯蒂的批评者的那种言论：他们把她对死刑的支持树立成她过时态度的标志，并认为她拒绝在破案方法中承认道德上的矛盾性这一点过于模式化，甚至有些粗鲁。这样一来，他们忽略了一个事实，即矛盾性的确会有所表现，只是被限制住了。他们也未能充分考虑到读者，后者体验到了恢复原状和解决问题所带来的深刻的潜意识满足。如果说每创作一部作品对阿加莎而言都是一种小小的宣泄，那么对她的受众来说，阅读它们同样如此。

　　"人们对这种体裁有一种心理上的需求，"P. D.詹姆斯说，"我认为侦探故事，特别由于其结构，提供了某种心理支持。它把秩序引入无序。它尤其有说服力，因为阿加莎·克里斯蒂经历了巨大的社会动荡时期，当时人们可能认为社会问题已经超出了人类的解决能力。同时人们又感觉它们最终是可以被破解的，不是通过超自然手段，而是通过勇气和智慧。我认为它们也是对我们生活在一个可控世界中这一信念的肯定。我想，所有这些都极大程度上影响了她，当我们阅读她的作品时，也极大程度上影响了我们。"[36]

　　因此，谋杀是通往终局的一种途径。就其本身而言，它对她没有什么吸引力。她对恐惧心理（如《无人生还》）和怀疑（特别是在《怪屋》和《奉命谋杀》等家庭故事中）感兴趣。但是，在她描述谋杀的心理时，她实际上是在书写人性。那不是对日常的超越，而是将日常推向了极端。在克里斯蒂作品中，极少有享受谋杀本身的杀人犯：三个，也许四个。他们中的绝大多数都像塞登和史密斯一样，为利益而杀人。少数人为情杀人，通常（如克里平）意在维持钱财和表面的生活。尽管在三个谋杀案例中，谋杀是出于压倒性的冲动。其他常见的动机还包括为自我保护而杀人（如《罗杰疑案》《底牌》《清洁女工之死》），以及为复仇而杀人（《波洛圣诞探案记》《零点》《破镜谋杀案》）。还有一种更神秘的动机，但对格林韦的主人而言也许很自然，是为保护或创造一处美景而实施谋杀（《悬崖山庄奇案》《万圣节前夜的谋杀》《长夜》），尽管这些最后也被归结为直接的利益谋杀。在《东方快车谋杀案》和《无人生还》中，有以正义的名义实施的谋杀。甚至还有为了获得买下茶馆的资金而实施的谋杀，这也许可以说是阿加莎最不具说服力的动机了。尽管如此，这也是个理由，一个能被理解的理由。而理由才是最重要的。

"人性，我想，这也许是我对这个案子感兴趣的真正答案。"波洛在《顺水推舟》中一如既往地为他的创造者发声。埃德蒙·科克也是如此，他在1961 年代表阿加莎回复一封粉丝来信时写道："她认为，如果一桩谋杀案滋生自人物形象以及之前发生过的事情，那么只有一种可能的破案方法。"在阿加莎能力的巅峰时期，她作品中的两个独立部分——谜题和人物——实现了完美融合。当然，她并不是每次都能做到，人物并不总是跟随那些干净利落的转折落到实处。而在《怪钟疑案》这样功力较差的作品中，人物间的相互作用与谜题模式几乎毫无关系，不过这种情况极为罕见。

"在我知道凶手是什么样子的时候，我就能找出他是谁了，"波洛在《ABC 谋杀案》中说，"我看到的不是你想看到的**脸或外形**的轮廓，而是**思想**的轮廓……犯罪是极具启示性的。你可以尝试改变自己的手法，自己的品味，自己的习惯，自己的心态，而你的灵魂会通过你的行为展现出来。"这便是阿加莎选择书写谋杀的方式：作为性格的范式。在《尼罗河上的惨案》中，有人问波洛："波洛先生，你也对人感兴趣吗？还是你只对潜在的罪犯感兴趣？"对此，他答道："夫人——没有多少人不是这样的。"

在现实生活中，几乎可以肯定情况并非如此。大多数人都会在不伸手去够砒霜的情况下经历嫉妒、激情、羡慕和仇恨。然而，波洛这句话用在阿加莎·克里斯蒂的世界里是正确的。她论述的是谋杀的原因，而非行为本身，所以几乎每个人都是潜在的杀手（这的确是《帷幕》的整个大前提）。

"亲爱的，这些事非常普遍——确实非常普遍。"马普尔小姐在《死亡草》中说。这句话的实际意思是，这些**动机**非常普遍。就像波洛，他觉得人很有意思，但又很"单调"。马普尔小姐看到了人性的运转模式，以及表面上看起来截然不同的人之间的相似之处。"我总能发现这世上的一样东西很像另一样。"她说。正是这种对人的直觉，以及穿透复杂的表面、看到内在的简单性的能力，使得马普尔小姐成为一位天生的侦探。这是一种与其创造者非常相似的天赋，后者能够劈开笔下人物的内心，找到解释一切的细节和真相。

"我不认为知道结局会影响阿加莎·克里斯蒂作品的阅读体验，"P. G. 沃德豪斯在 1969 年给她的信中写道，"因为人物是如此有趣。"

这些人物不仅存在于她最好的作品中，如《空幻之屋》中的安格卡特尔家、《五只小猪》中的克雷尔家、《怪屋》中的利奥尼迪斯家和《奉命谋杀》中的阿盖尔家（"一如既往地神奇"，沃德豪斯在重读后写道）这样构思精巧的家庭。他们被刻画得极具深度，即使是反感阿加莎的那帮人也会承认这一点。但她笔下的其他一些人物又是多么令人难忘啊，那些"浅薄"的人物，他们奔涌的生命力洋溢在字里行间，某个突然冒出的轻松短语就能让他们跃然纸上。《鸽群中的猫》中的女校长布尔斯特罗德小姐，"冷淡而无动于衷地坐在那里，她毕生的工作落在她的身遭，成了废墟"。《山核桃大街谋杀案》中的瓦莱丽·霍布豪斯，带着"紧张而有些憔悴的优雅"，疲惫地躺在她别致的卧室兼起居室的沙发上。《谋杀启事》中的欣奇克利夫小姐，在警官准备询问她性情温柔的女性朋友时向他眨眼："命案发生时你在哪里，这就是他想知道的，穆加特罗伊德。"《魔手》中的梅根·亨特，一个笨拙的不合群者，故事的叙述者暗暗倾心于她，并把她送到伦敦进行改造："当领班匆匆向我们走来时，我感受到了那种白痴般的自豪，那是一个人和非凡之物在一起时的感觉。"《无人生还》中的菲利普·隆巴德，有着猫科动物般的优雅和有缺陷的良心，冷静地与弑童者维拉·克莱索恩调情："所以你最后还是杀了那个孩子？"《加勒比海之谜》中的贾森·拉斐尔，极其富有又极其粗鲁，面对死亡时坚定不移。"恺撒万岁，将死之人向您致敬。"在马普尔小姐登上前往英国的飞机前，他对她说。

这些人物可能并不深刻，但他们就在**那里**：生动得如同一泼色彩。她的写作风格也是如此，屡遭批评，但又屡试不爽，其流畅清晰的表达，自然的节奏，机敏而生动的习语，对读者需求和愿望的神秘直觉。此类例子几乎可以在她的任何一部作品中找到：

"有一种类型的女性，"他说，"你没法强迫她们，你没法吓唬她们，没法说服她们，更没法戏弄她们。"

是的，波洛想，你没法强迫或说服或戏弄弗里亚特太太。

韦斯特霍姆夫人走进房间，如横渡大西洋的邮轮驶入码头那般自信。安贝尔·皮尔斯小姐，一艘摇摆不定的小船，跟在邮轮之后……

"妻子们的嫉妒心众所周知。但我要告诉你一件事，根据我的经验，嫉妒，无论看起来多么牵强和放肆，几乎都是基于**现实**的……不管具体证据有多少，从**根本**上看，她们总是对的。"

颇为突然地，另一段记忆袭击了他。那是一段来自多年前的记忆，他的姨妈米尔德丽德在说，"你知道的，亲爱的，她看起来相当**愚蠢**！"只是短暂的一瞬，她自己那张理智而舒心的脸上挂着愚蠢木讷的表情……

这不是一个试图装得像英国人的时刻。不，必须是个外国人——老实说是个外国人——并为此求得宽宏大量的原谅。"当然，这些外国人还是不太懂规矩，他们**会**在早餐时握手，不过确实还是个不错的家伙……"

"嗯，他不可能是个真正的园丁，对吧？"马普尔小姐说，"园丁们在圣灵降临节后的周一不工作，每个人都知道这一点。"

"我们当时年轻气盛，把遇到的女孩从头到脚看个遍，欣赏她们的曲线和腿，还有她们给你的那种眼神，然后你心里想：'她们会还是不会？我是否应该浪费自己的时间？'"

"……他是艾尔维拉的孩子，我没法逼自己开口。啊，你是个正义的女人，简·马普尔，正义必胜。"

"你可以去找上帝，西里尔……"
这就是谋杀——就这么简单！
但事后你又会翻来覆去地想起……

……她爱西蒙·多伊尔，爱他爱得超越了理智，超越了公正，超越了怜悯。[37]

    阿加莎有何等天赋，能够产出如此机智且富有创造性的快言快语，而且她又是把这种天赋隐藏得多么好！她是如此完美地适合于侦探小说的体裁，人们甚至只看到了她笔下的构造，她本人则隐入其中，几乎不可窥见。然而，当我们从不同的视角审视她的作品时，其澄明的结构里涵括了大量的内容。

    总有人看出了隐藏的东西：知名的崇拜者，不仅限于 P. G. 沃德豪斯、艾德礼和斯蒂芬·格兰维尔，还有 T. S. 艾略特，他的《四个四重奏》衍生出了《玫瑰与紫杉》这一标题。并且，他在戏剧《家人重聚》中将其中解开谜团的角色取名为"阿加莎"。[38]还有牛津大学万灵学院院长约翰·斯帕罗，阿加莎通过从 1962 年起担任该学院研究员的马克斯认识了他。《长夜》出版后，斯帕罗给阿加莎来信，说他已经读了两遍："我格外喜欢一些之前错过的，那些经过精密计算的模糊地带。"他对叙述者迈克这个人物印象深刻："他的无阶级感（或者我可以这么说，他那位于两个阶级之间的感觉）和他的精神分裂症（或者说，他实际上的双重人格绝对令人信服，特别是在他对艾丽的矛盾感情中表现出来的）。"后来他赞扬了《煦阳岭的疑云》："从头到尾都是纯粹的享受。"对话"没有一个词，没有一处屈折变化有误"，而"老人院的悲惨世界没有比这更真实、更生动的描绘了……还有乡村生活——都在其中！"。[39]

1955 年，阿加莎的老朋友兼好心的导师伊登·菲尔波茨写信赞扬她的"杰出作品"："（我）钦佩地看着你如何保持着自己在虚构和创造人物方面的伟大天赋，因为你的人物仍像以前一样充满了生命力。这对于小说家而言是一种罕见的品质……"与阿加莎在战争期间成为朋友的碑铭研究家悉尼·史密斯也表达了富有洞见的赞美。她把《魔手》献给了悉尼和他的妻子玛丽，他从大英博物馆写信给阿加莎：

> 总有一天（可能远在我们的时代之后，但我希望更早），某些评论家会醒悟到，你正在实践并已经完善了一种讲故事的艺术，那种乔治·摩尔等人曾设想过的理论。并且，你那非常简练、仅保留了协调的细节的背景设定代表了一种社会研究，比传记派小说家的长期努力还要真实。你的技巧带来了新的效果，请接受我真诚的赞美。[40]

战后认识阿加莎的莎士比亚学者罗伯特·斯佩特在 1970 年写信告诉她，她风靡法国知识界。[41] 天主教哲学家雅克·马里坦称她为该体裁的"荣光"，并表示："她的智慧和幽默对我来说一直是一种珍贵的慰藉。"斯佩特还写道："基督教存在主义者加布里埃尔·马塞尔，在哲学上与马里坦对立，却同样欣赏你！"接着转述了一条略带恶意的赞美。马塞尔曾这样说阿加莎："她几乎是一位伟大的作家。"[42]

但更直接的赞美来自对阿加莎的了解不亚于任何人的 A. L. 罗斯，他在一篇文章中把她描述为"一位比人们意识到的更好的小说家"，拥有一流的大脑和"对人类的异常直觉"。他写道："我们不能仅仅因为她是第一批侦探小说作家之一，就像她的出版商那样低估她的文学野心和成就。"

一如既往地，罗斯说得很对。这一体裁是为阿加莎量身定制的，她是它的主宰者。但那些干净、清晰的谜团里还有更多的内容，那么多东西被提炼成了虚无缥缈之物。如果没有这些隐藏的内涵，她的作品根本不可能如此长盛不衰。

"这个女人本身确实是个谜，" P. D. 詹姆斯说，"所以这可能影响到了她的作品。"

一部分隐藏的内涵来自 1926 年，那个盘踞在一切之上的谜团。然而，阿加莎确实偶尔会怪怪地、含蓄地提及它，几乎像是在挑战自己，就像个战战兢兢的孩子，走到被禁止的话题面前。"我有一位来自威尔士的护士，有一天她带我去了哈罗盖特，回家后就把我给忘了，非常不稳定。"奥利弗太太在《底牌》中说。五年后，在《牙医谋杀案》中：

> "她就这样消失真是太不可思议了。我很肯定，波洛先生，这一定是失忆导致的。"
>
> 波洛说，这很有可能。他知道此类案件。
>
> "是的，我记得一个表亲的朋友，她经历了很多护理和忧虑，所以才会这样，我想他们称之为'失忆症'。"
>
> 波洛说，他相信就是那个专业术语。

在《地狱之旅》中，中心人物希拉里·克雷文更加接近阿加莎生活的秘密核心。她准备自杀，因为她已经无法再忍受更多不幸了。"她承受了长期的疾病，承受了奈杰尔的叛逃和其所处的残酷环境。"但她没有自杀，而是用了一个在事故中幸存下来的女人的身份。"车祸前的最后二十四小时对我来说仍然是相当模糊的。"她说，并得到了如下回答：

> "啊，是的。那是脑震荡的结果。我有一个姐姐就曾经发生过这种情况。战争期间她在伦敦。来了一颗炸弹，她失去了意识。但她旋即站了起来，在伦敦四处逛，在尤斯顿车站坐上了火车，然后，**你知道**，她醒来的时候人在利物浦，不记得任何关于炸弹的事情，不记得穿过伦敦，不记得火车，也不记得怎么去的那里！她最后记得的是在伦敦的衣柜里挂她的裙子。这些事情非常令人好奇，不是吗？"

这听来像是阿加莎在为自己开脱，传播关于她失踪的官方说法。但当希拉里说自己脑震荡时，她显然是在撒谎，她根本就没有遭遇过"车祸"，所以《地狱之旅》既诚实又虚伪。希拉里被告知："你是值得羡慕的。你经历过了，我也想体验一下如此接近死亡的感觉。有过这种经历，却又活了下来——你不觉得自己从那时起有变化吗，夫人？"这句话再次提及从未发生过的车祸。但希拉里确实接近过死亡，在她准备自杀时。因此，这句评论既真实又不真实，它再一次构成了对阿加莎本人的复杂引用。

在《伯特伦旅馆》中，一位年长的教士失踪了（碰巧是真的失踪了），"当然，"一位高级警员随口说了这样一句话，"这些失踪事件很多都是自发的。"这是阿加莎在一种不同的，几乎带有挑衅的方式向禁忌话题进军。在随后出版的《第三个女郎》一书中，她再次提到了这个话题，甚至反思了其对罗莎琳德的影响这一令人不安的问题。波洛正在与一个女儿失踪的男人谈话，并为他分析女儿失踪的可能原因：

> "你女儿不喜欢她的继母……这是一个非常自然的反应。你必须记住，女儿可能已经秘密地将你理想化了很多很多年。在婚姻破裂的情况下，这是很有可能的，因为孩子在感情上受到了严重的打击……你离开了。她希望你能回来。毫无疑问，她的母亲不鼓励她谈论你，因此她也许更想你了……因为女儿不能向自己的母亲谈起你，所以她的反应就孩子而言非常自然——为离开的家长的缺席而责备留下的那位。她对自己说某些类似'父亲很喜欢我，他不喜欢的是母亲'[这是罗莎琳德说过的话，阿加莎对此难以忘怀]，并由此产生了一种理想化形象，一种你和她之间的秘密联系。所发生的事情不是她父亲的错。她不会相信的！"

后来，波洛被问道："你认为她可能已经失去了记忆吗？有人听说过这样的事情。"

因为体裁的限制，阿加莎有相当大的自由以这种方式写作：随心揭示她想表达的任何东西，并知道人们看不见她。例如，她提到了人应该始终抵制自杀的原因，无论这种冲动多么强烈：

"我给你讲个例子。一个人来到某个地方，我们这么说吧，是要自杀。但他偶然发现那里有另一个人，所以他没能达到目的，离开了，继续活下去。第二个人拯救了第一个人的生命，并不是因为他对后者而言必不可少，也不是因为他在后者的生活中极为重要，而只是因为他在某个时刻出现在了某个地方这一物理事实罢了。你今天选择放弃生命，也许……有人会走向死亡或灾难，只是因为你没有出现在某个特定的地点或场所。

"你说你的生命属于自己。但你是否敢忽视这样的可能，即你正在奉命参与一场某位神圣制作人统筹的大戏？……你作为自己可能对世界上的任何人都不重要，但你作为一个人，在某个特定的地方可能会有难以想象的重要性。"

这段话写于 1929 年，出自《海上来的男人》，次年作为《神秘的奎因先生》中的故事之一出版。说话人是萨特思韦特先生，一位阿加莎作品中反复出现的人物，他较之参与者更多地是个观察者，拥有艺术家的灵魂和对人性的直觉。"也许，"有人告诉他，"由于你所付出的代价，你看到了其他人所看不到的东西。"所以萨特思韦特先生说出的是阿加莎对自杀的看法，从站在采石场边缘那一刻起，已经过去了两年多，她得出了这个漫长而艰难的结论。"无论你是否想要，你都得继续生活下去"，"上帝可能需要你"。她在《零点》中又写下了类似的话，当时恰好发生了萨特思韦特先生想象中的例子：一个自杀未遂的男人救下了一个女人，使她免于自杀。然后，在《地狱之旅》中：

"你不认为这是——错误的？"

希拉里激愤地说："为什么是错的呢？这是我的生活。"

"哦，是的，是的，"杰索普急忙重复，"我自己不会站在道德制高点，但有些人，你知道的，他们认为这是错误的。"

杰索普随后提议，与其自杀，希拉里不如冒用另一个女人的角色：扮演间谍，一个本身可能会导致死亡的角色，但至少有做些好事的可能。于是希拉里选择了活下去。她就像《未完成的肖像》结尾处的西莉亚一样继续前行，后者同样因自杀失败而免于死亡。

对阿加莎而言，这相当于一种哲学。她从未直接提及自己平静的宗教信仰，马普尔小姐亦如是。马普尔小姐和她的创作者一样，经常阅读一本"小小的祷告书"，但她曾经犯过绝望之罪，她决心相信生命的祝福（"当上帝与你同行 / 你便不会害怕……"）。

这便是为什么她的作品拥有内在的道德感，因为它们站在活着的人一边。他们待生活——而非自己——极为认真。他们居住在一个没有潜藏着道德相对性的世界里。他们是和谐与秩序、清醒与乐观的典范。"有人问我最近在南美被囚禁期间读了什么书，"一位名叫杰弗里·杰克逊的男子在1971年给阿加莎来信，"俘获我的人实际上给了我您的侦探小说的西班牙文版，我读得非常开心。特别有帮助的是，马普尔小姐和波洛先生提醒我，确实有另一个世界，在那里，绝对的价值仍然适用。"

这与现代的感性几乎背道而驰，前者除了自身的政治化观点外，对一切都抱有疑虑和矛盾。然而阿加莎·克里斯蒂仍然存活了下来，以至于看上去她仿佛仍然在实现某个目标。

她所支持的一切都被贬低。她的作品和以前一样成功，仍然被改编到银幕和舞台上，但人们很少理解她真正在说什么：她的故事只是被用作工具罢了。例如，2003年《五只小猪》的戏剧化改编[43]抓住了人类的戏剧性，将其力量全部转向了错误的方向，创造出毫无意义的同性恋张力，破坏了书中微妙的情感平衡，还增加了一个半色情的处决场景。在电视影片中，惊恐的卡罗琳·克雷尔因谋杀丈夫而处以绞刑，这是错误的。在书中，她死在监狱里，而且甘心如此。她认为自己是在替妹妹承担罪责，因为年轻时的她严重伤害了妹妹：因此她是在为一桩较轻的罪行赎罪。这就是阿加莎的谨慎，她不卖弄不公。虽然在她的情节笔记本中，她有一个"谋杀犯被错误地处决"的想法，之后发展成了《五只小猪》，但她根据自己的道德观修改了这个想法。

然而，现代世界认为必须在阿加莎·克里斯蒂的作品中强加绞刑和凑对：死亡的现实和禁忌的激情，这些她在书中不曾提及的东西。她是故意为之的，并非因为她对这些事情一无所知，她反而懂得很多。但今天的人们坚信这些空白应该被填补。这就是为什么 21 世纪的马普尔小姐的化身[44]被赋予了一个背景故事——与一个在第一次世界大战中丧生的已婚男人的、注定破裂的爱恋——以便充实她的形象，给予她人性和"真实"。当然，书中说得很清楚，马普尔小姐身上从未发生过任何事。一切都发生在她周遭，这就是重点：她的智慧来自观察而非经验。

但对现代社会而言，天生的智慧是一个很难接受的概念。因此，在最近改编的《寓所谜案》中，当马普尔小姐意识到犯罪的动机是受挫的激情时，她有这种认识不是因为她有智慧，而是因为她熟悉这种情况。她感同身受，她也经历过。

在 20 世纪 80 年代，当琼·希克森在英国广播公司电视台[45]扮演马普尔小姐时，她仍然带着明确、超然的同情，能够做出决断，同时仍非常人性化。但过去几十年已经改变了很多，包括我们与阿加莎·克里斯蒂的关系。这些变化最终使她与现代世界产生了明确的矛盾。不是因为她是势利小人，或种族主义者，或有排外倾向，也不是因为她的人物生活在秩序井然的乡村别墅里，有女佣服侍下午茶，而是因为她书写的是恒久、确定和基本的希望，这些品质已不再属于我们。

然而，我们似乎仍然需要她。

最难以理解的是，她的创造者也是如此。1956 年，阿加莎写下了她的最后一部玛丽·韦斯特马科特小说《爱的重量》，一本散漫、几乎没有结构的书（从她的笔记来看，这部作品是两个想法松散地结合在一起），她把曾经问过自己的每一个问题都倾注其中。故事的中心是劳拉，她小时候非常嫉妒妹妹雪莉，希望她死。但当有机会在一场房屋火灾中抛弃雪莉时，劳拉却莫名其妙救了她的命，此后她就对妹妹的幸福念念不忘。雪莉嫁给了不务正业的亨利，后者成了一个让人难以忍受的残疾人。为了使妹妹摆脱痛苦的生活，劳拉让亨利（不知不觉地）服下了致命的第二剂药丸。

这不是属于阿加莎·克里斯蒂的谋杀案：其后果是出乎意料和不可预见的。对于劳拉的所作所为，没有简单的规则以作约束，也没有简单的手段可以让她赎罪。

《爱的重量》中的次要故事是前布道者卢埃林·诺克斯的故事，他失去的不是信仰，而是宗教使命的单纯性。他问道：

> "什么是行善？在火刑柱上烧死人以拯救他们的灵魂？也许吧。活活烧死女巫，因为她们是邪恶的化身？这个理由非常好。提高不幸之人的生活水平？我们现在认为这很重要。与残酷和不公正的行为做斗争？
>
> "做什么是好的？做什么是正确的？做什么是错的？我们是人，我们必须尽最大努力回答这些问题。"

在为上帝做了十五年的"信使"后，卢埃林·诺克斯现在正寻求一种生活在这个世界上的方式。他问自己，要怎么做？

> 这一切最终也许都回到了康德的三个问题上：
>
> 我认识什么？
>
> 我可以期望什么？
>
> 我应该做什么？

以上是对"是谁？为什么？什么时候？怎么做？什么地方？哪个？"一连串问题的奇特回响——这些是阿加莎·克里斯蒂在她的情节笔记本中提出的问题，而她总是知道答案。

第十章

晚年生活

如果他有一天回来了，

你要告诉他什么？

你说我该怎么办？

告诉他，我们在等他，

直到他死去。

（写在纸条上的诗句，阿加莎·克里斯蒂保存）

"只有艺术家才真正知道别人是什么样——而且他们不知道自己为什么知道！"

（摘自《捕鼠器》，阿加莎·克里斯蒂）

在《爱的重量》中，雪莉在其残疾丈夫亨利去世后再婚。她的第二任丈夫聪明善良；而亨利迷人、英俊而不忠，后者求爱的方式是在雪莉参加网球派对时不请自来地出现在她家。"我结过两次婚"，雪莉告诉卢埃林·诺克斯，后者问她：

"你爱你的丈夫吗？"

他用的是单数，而她坦率地回答道：

"我曾爱他胜过世上的一切。"

人们常说阿加莎从中年起就不碰酒，官方的说法是她讨厌酒的味道，但更真实的说法是她不喜欢酒给她带来的感觉。"它的一切目的，她说，就是为了让她悲伤，哭哭啼啼的。这就是她不喝酒的原因。"[1] 喝酒时，情感不再坚定。它们会转移到危险的新位置，有时，那里有清醒时看不到的清晰和美丽。雪莉爱喝白兰地，正是在酒吧里，她对诺克斯说起自己的第一任丈夫："我曾爱他胜过世上的一切。"

阿加莎不喝酒，但她在她的玛丽·韦斯特马科特小说中达到了一种类似的状态。小说带着一种情感上的松弛，一种诗意的扫荡，一种不完全受控的鲁莽。它们处于一种高度成人化的混乱状态里，阿加莎在任何地方都避免这种混乱，除了她最私密的自我。雪莉告诉诺克斯：

> "这很难解释。我并不感到非常幸福，但一切都很好，以某种奇怪的方式下，这一切都很好，这是我所选择的，是我想要的……当然，我把他理想化了，人就是这样。但我现在记得，有一天清晨早早醒来，大约是 5 点，就在黎明前。那是寒冷、真切的时段，你不觉得吗？我当时就知道，看到了，我的意思是，未来会变成什么样，我知道我不会非常幸福……而且我爱他，其他人都不行，我宁愿做他的妻子，与此同时不快乐，也不愿意因为没有他而洋洋自得，舒适度日……
>
> "当然，我没有对自己说得那么清楚。我现在描述的只是当时的一种感觉。但它是真实的。我又开始认为他很好，编造关于他的各种高尚的、丝毫不真实的东西。但我有过自己的*时刻*，在那个时刻，你确实看到了面前的一切，你可以选择回头或继续前进……"
>
> 他非常温和地说道："你后悔了？"
>
> "没有，没有！"她情绪激动，"我从来没有后悔过。每一分钟都是值得的！我只为一件事感到遗憾——他去世了。"

阿加莎对阿奇仍有强烈的感情，这一点在罗莎琳德写的一封信中说得很清楚。"几年前我计划去看他和他的家人，但我母亲的状态很糟糕，尽管她对他没有敌意，但她似乎无法接受我们之间更亲密的关系。"信中指的是1958 年后不久，也就是南希·克里斯蒂去世的那年，同时也是《爱的重量》出版两年后。那时，1926 年的事件已经过去很久，阿加莎自己也沉浸在与马克斯的生活中。

1954 年，当她再次填写自白录时，"深感幸福"是她对自己心境的描述。她上一次填写是 13 岁时在阿什菲尔德（在回答同一问题时，马克斯称自己"相当满足"）。但《爱的重量》给这句简单的陈述增添了疑虑，它追问"幸福"的真正含义。雪莉选择了不幸，因为她知道自己更喜欢这样的生活。她的姐姐劳拉试图通过杀死亨利来使她幸福，实际上这也摧毁了雪莉。根据卢埃林·诺克斯的说法，幸福是"生命的食粮之一，它鼓励成长，它是伟大的老师，但它并非生命的目的，而且它最终并不令人满意"。

阿加莎生活的很大一部分是在幸福的日常世界中度过的：家庭、例行事务、旅行、享乐、第二次婚姻带来的陪伴与自由。她知道自己得到了人生的第二次机会，而她总是努力为自己的好运高兴。对她而言，这几乎是种责任。不这样做将是一种罪过，是只能犯一次的罪过，这也违反她最深层的信念：活着是一件快乐的事。

但在她的私人想象中，她允许自己在黑暗中徘徊。她忆起往昔。她梦见别的生活。她是否曾坐在格林韦的花园里——那个无比美丽的地方，有花期短暂的山茶花，达特河像镜子一样透过树丛闪闪发光——并想象阿奇陪在她身旁？

"当你回顾和他一起的生活时，你脑海中首先浮现的是什么，什么是你会永远记得的时刻？是你们第一次同床共枕，还是别的什么？"[2]

南希去世后，她给阿奇写信表示同情，当时她是什么感受？在当时悲惨的背景下，这是一件有些奇怪的事。

"他的帽子，在我们度蜜月时……我戴上它，然后他戴上我的——一顶女人戴的那种蠢玩意。我们互相看着对方，然后大笑。所有旅行者都会交换帽子，他说，然后说：'好家伙，我确实爱你……'"她的声音哽住了，"我永远不会忘记。"[3]

阿加莎是否想知道，在阿奇收到她那封亲切而宽厚的信时，他是怎么想的？他有没有后悔的地方？他在回信中感谢阿加莎的大度，让他和南希一起度过了这么多年的幸福时光——又是幸福——但他还能说什么呢？南希死后，他还给罗莎琳德去信说："这确实让我更清楚地认识到，死亡往往是不期而至的。"因此他去买了一份礼物，他的女儿会凭此记住他。他的信很有英国特色，也很沉痛。字里行间散发着爱和内疚。它暗示了罗莎琳德长久以来的奇怪生活环境：她与阿奇受限的关系，他甚至觉得必须销毁她的信件，因为她是阿加莎·克里斯蒂，那位世界知名的"谋杀故事"作家的女儿。

> 按照惯例，我应该给你留下老爹的一个小小的纪念物。但我又想，你可能更愿意现在就得到那个纪念物。
>
> 于是我又回去找红宝石戒指。如果你看到我匆匆忙忙地去检查那些在售的东西，你会笑出声的。小巧、奇怪的形状，有些像粉红色的玻璃碎片。如果你是印度大君，或者在谋杀故事中，你也许会得到那些东西。上周我放弃了，挑了一个早先中意的小物件，由于它对我来说都很小，我还加了一个带钻石的。
>
> ……正在撕其他的信，以防别人看到你给我的那些文字，我读了所有我保存的信件，来自学校、国外的精修学校、战争工作等等。有些写得很好，想法新颖，有些则感情充沛！
>
> 因此，带着对未来的美好祝愿，你将收到来自老爹的两个小纪念物和许多许多的爱。[4]

4 年后，即 1962 年 12 月，罗莎琳德参加了阿奇的葬礼，并第一次见到了她同父异母的兄弟，南希的儿子。为了阿奇，还有二人间脆弱而顽强的幸福记忆，阿加莎那天是否感到悲痛？她是否想知道，他有没有曾经为自己选择离开的生活而感到过悲伤？1971 年，阿加莎在回答一系列问题时清醒地写道：

> 我不能说自己曾反思过在生活中是否有什么遗憾。可能有成百上

千的事让我遗憾，但人毕竟无法回头，所以不值得去想它们。曾经有一出极好的剧……其中有个人痛悔没能赶上一趟火车。他被允许回去赶火车，并再活一次，而这反而使他最终陷入可怕的悲痛。"每个人的命运都被挂在自己的脖子上。"我们不要忘记业（Karma）的定义……

所以从中年开始，她的生活就是和马克斯·马洛温一起，她知道这样更好。她有安全感，也有自由。她横贯了国家、大陆、思想、文明和她所属的世纪。成年后，她的精力和好奇心使她几乎每一年都活得很充实。虽然没有像阿奇和南希那样去过巴西和阿根廷，但她看过印度、巴基斯坦、斯里兰卡、土耳其、美国，还去过西印度群岛。她看到历史在伊拉克重获新生，她在拜罗伊特听过瓦格纳，在上阿默高看耶稣受难剧，在皮卡迪利大街145号一个极佳的观景点观看了伊丽莎白二世女王的加冕仪式。她与尊重她的有识之士交往，她可以与他们讨论她所选的任何话题，锻炼强大的思维能力。她陶醉于舒适的温特布鲁克和辉煌的格林韦，以及在心爱的德文郡度过的夏天，那里有荒野、海岸、山丘和属于英国的野性。这是美好的一生，是壮丽的一生，也是难以复制的一生。而和阿奇在一起，她就不会度过这样的一生。

阿加莎很传统，她一直想要婚姻，同时她也希望拥有自己的生活。在和阿奇一起的那些年里，她实际上面临着为许多聪明女性所熟知的困境，她们几乎总是相信爱情和独立可以调和，却常常发现它们并不能。就阿加莎而言，在她的第二次婚姻中，二者得以调和的原因有二：其一，她成功得如此离奇，以至于她可以自主地规划生活；其二，她的丈夫有足够的才识不去介意这一点。马克斯·马洛温有自己的事业，虽不至于家财万贯，但拥有不可动摇的威信和尊严。他并不为娶了一位现象级人物而烦恼：万岁，他一般这样想，尤其是因为这反而给他提供了巨大的帮助。他了解阿加莎心底的脆弱，这弥补了她的财富和名声所造成的任何不平衡。真正维持了这桩婚姻中的平衡的是双方的意愿，二人以不同的方式都希望婚姻能够成功。而且矛盾的是，当双方都不爱对方时，这更有可能成真。因为爱，正如阿加莎一遍又一遍地写过的，是"魔鬼"。

"我认为他们是非常好的朋友，"马克斯的侄子约翰说，他在20世纪50

年代和60年代的夏天都住在格林韦，"他们真心喜欢对方，享受彼此的陪伴。他们没有一直亲吻和拥抱，但总在亲热地交谈。我不记得他们有过争吵，我认为阿加莎不喜欢争吵。我确实记得我叔叔与罗莎琳德有过一些巨大的争执，但之后从某种程度上来说，两人的年龄更为相近……"

阿加莎的朋友琼·奥茨也观察着这段婚姻，她在战后与马克斯一起在尼姆鲁德进行挖掘。"这真是一桩奇怪的婚姻。很怪，但非常成功。"[5]

尼姆鲁德位于伊拉克北部的摩苏尔附近，从1949年到1959年，马克斯和阿加莎每年春天都会去那里，这是马克斯毕生工作的核心。他一直指导挖掘工作，直到1958年伊拉克革命，当时哈希姆国王费萨尔二世被暗杀，共和国成立。此后，挖掘工作由琼的丈夫大卫·奥茨领导，然后是杰弗里·奥查德，直到1963年挖掘工作停止。

1966年，马克斯献给阿加莎的《尼姆鲁德及其遗迹》[6]由柯林斯出版社分两卷出版。谈判由休斯·梅西免费处理。"很高兴你会帮助马克斯。"阿加莎写信给埃德蒙·科克。马克斯本人告诉科克，"阿加莎和我一样渴望看到这本书出版，她从未错过尼姆鲁德的任何一季"，而且这本书会"享有盛名，因为过去十年里，在古代西亚没有过更丰富或更壮观的发现，而这将是关于这一主题的权威著作"。[7]（科克以其绅士的方式回答说，处理这个项目是"一种荣幸"。在纽约的哈罗德·奥伯公司的语气则有些不同，他说："柯林斯正在出版一本书，题为'尼姆鲁德'和其他什么，我不清楚其余内容，我猜是关于考古学的……多德米德同意从柯林斯购买500册。"）[8]

尼姆鲁德是个美丽的地方，绿意荡漾，底格里斯河是其上一条蓝色的带子。它曾是亚述的伟大城市之一，至少从公元前13世纪起就有人居住。在亚述纳西拔二世（公元前883年—公元前859年，略晚于所罗门王）的统治时期，它成为亚述帝国的首都，这个所向披靡的大国将从伊朗西部延伸至地中海。在《圣经》中，它被称为"迦拉"，根据阿加莎的说法，它是"某种亚述的奥尔德肖特，军事首都"。[9]尼姆鲁德在公元前614年—公元前612年被摧毁，当时巴比伦人控制了美索不达米亚，亨利·莱亚德爵士在19世纪中期对其进行过挖掘，尽管他把它误认为尼尼微。自1879年以来，没有考古学家真正接近过它。因此，大量潜在工作正等待着马克斯·马洛温，他在

20世纪30年代与坎贝尔·汤普森一起工作时接触到了尼姆鲁德，并在1949年申请允许重新开始在那里进行挖掘。

此时，马克斯是英国考古学院驻伊拉克的主任，同时也是伦敦大学考古研究所的西亚考古学教授，该研究所成立于1934年，从1937年开始设在摄政公园的比特大楼。战争结束时，马克斯一直担心自己未来的工作，以及自己将如何重拾职业生涯，尽管他一定感到很宽慰，因为他知道阿加莎一直在支持他。"我希望战后我们能有更多的考古工作，"1943年，他从的黎波里塔尼亚给她写信道，"那是唯一有意义的追求。"[10]阿加莎对于马克斯想听到的话一如既往地敏感，她经常向他保证，他会继续自己的工作。"你对未来的看法是正确的，"他在1944年回信道，"聪明的普普太太知道普普先生真的只想挖掘。"[11]

1947年，马克斯和阿加莎十年来第一次一同去了东方。"很明显，在伊拉克丰富的泥巴馅饼中，有成百上千的令人垂涎之物正等着被挖出来。"他给家里的罗莎琳德写信说。他也在写布拉克遗址的挖掘报告，1937年时他在那里工作了一季，而报告的接收方，悉尼·史密斯也在研究所进行辅导，并开始尝试为马克斯找学术职位。像往常一样，事情都顺了马克斯的意。摄政公园非常适合他，这份工作包括一定量的讲课——据说他在这方面非常出色——和研究生教学，但它允许每年留出五个月时间外出进行实地工作。同事包括巴勒斯坦专家凯瑟琳·凯尼恩、"英国考古学史诗时代的最后一位大人物"莫蒂默·惠勒[12]，以及刚从西亚考古学课程毕业的蕾切尔·马克斯韦尔－希斯洛普，她在马克斯不在时替他代课。一天结束后，他可以回到阿加莎在切尔西新买的那套舒适惬意的公寓。他在1947年5月写信给罗莎琳德：

> 我现在在这里，人们叫我普普教授。当我进入大楼时，数以百计的人，大部分是女性，拜倒在地……我认为我很幸运，能够搭上这份工作。我将努力成为一位好教授，这样一来，我想你的意思是我必须在伦敦、沃灵福德、普里拉其和格林韦，讲课并写书……自从我来到这里后，我的脑袋绝对缩水了，帽子在我头上打转，我意识到，如果

我想满足人们的期望，我的大脑还需进行更大的扩展。

　　尽管表现得谦虚，马克斯还是寻求领导一个被忽视的大规模遗址的挖掘工作，他有这个自信。他拜访了伊拉克文物主任，并在自己的回忆录中写道："任何我可能有过的谨慎的想法都消失了，我动摇了，并开始询问我们能否回到尼姆鲁德。"

　　伊拉克当局给予了许可，但当然这需要钱。这时的考古学已经今非昔比。战前，它有点像一个俱乐部（大部分是，但不完全是绅士们的俱乐部）；现在它更专业，其从业人员得到了更好的培训，其对待东方的态度没有那么帝国主义了，而且其资金总体上来自公共机构而非赞助人。马克斯并不特别赞成这些发展，"我的结论是，在最好的情况下，考古学是一种私人追求，不应与大众分享"。他写信给阿加莎，他很幸运，因为她同意了。她为英国考古学院提供了许多帮助。"她所提供的没有进入账目，"蕾切尔·马克斯韦尔 - 希斯洛普说，"有一个基金，但没人知道她具体投入了多少。"[13] 可以肯定的是，1953 年，她的作品《黑麦奇案》被作为礼物送给了学院。埃德蒙·科克在给哈罗德·奥伯的信中说："纽约大都会博物馆已经停止了对伊拉克英国考古学院的支持，这意味着阿加莎丈夫的毕生事业因缺乏资金而受到威胁。因此，我们设计了一个方案，阿加莎——由于她的税务状况不能直接用于支持学院——把《黑麦奇案》赠予学院，我从他们那里（以7 500 英镑）买下了它。"[14] 版税也用于支持英国考古学院，并且部分花在了关于尼姆鲁德的书上。这对科克来说是一笔难度很高的交易。"在所有这些关于法律技术问题的争论中，"他在给阿加莎的信中一如既往地谨慎表达自己，没有直接说他认为马克斯·马洛温是个幸运儿，"可能没有人告诉过你，你的慷慨在普通人看来是多么了不起。"[15]

　　尼姆鲁德的工作始于 1949 年 3 月。马克斯和阿加莎首先前往巴格达，这之后成了他们的惯例。他们于 1 月抵达，在那里（在 1948 年不习惯的长期休假后）她再次投入工作中，这也成了惯例。伊拉克是她写作的地方。在尼姆鲁德的清晨，她会在挖掘时的住所工作，最后她花了 50 英镑在旁边建了自己的房间。方正的泥砖房，有一把椅子和一张桌子，两幅年轻伊拉克艺术家的画作，还有感到冷时穿的软袖毛皮外套。这就是"拜特阿加莎"，或"阿加莎之屋"。在这里，她创作了20世纪50年代的大部分作品，并开始以愉快简略的形式写她的自传。

在这个小房间外，不断有喊叫声、狗吠声和驴叫声传来："伦敦交通的轰鸣与它相比都不算什么。"[16] 挖掘工作的重点是城塞土丘。虽然很多土地最终都被覆盖了——寺庙、公元前8世纪的总督宫殿、私人住宅群、一座堡垒。工作从被称为西北宫的地方开始，该宫由亚述纳西拔二世建立，部分由莱亚德挖掘。其中有一块石碑，上面满是楔形文字铭文，详细记载了国王的头衔、工作和军事胜利，并描述了为庆祝这些成就而组织的盛大宴会，这是一个了不起的发现。在伊拉克石油公司借出的设备的帮助下，深达25米的水井被清理和挖掘，产出了意想不到的宝藏，例如一对装饰着狮身人面像的象牙马眼罩。1952年，《伦敦新闻画报》在其封面上刊登了一张"2 600年前的蒙娜丽莎"像，这是一张用象牙雕刻的女性面孔，有狭长性感的眼睛和嘴唇。另一个象牙女性有凸起的眼睛和像裂缝一样的嘴："丑妹妹。"

象牙在很大程度上属于阿加莎的工作范围（照片和打出目录也是）。她对这些事情有一种女性的正确决策力，而马克斯团队中的大多数人都没有。例如她建议将"蒙娜丽莎"在湿毛巾下放几个星期，从而使象牙逐渐适应干燥的环境。她还做了很多清洁工作，她在自传中写道：

> 我有自己喜欢的工具，就像任何专业人士一样：一根橙木棒，可能还有一根极细的编织针……还有一罐化妆用的冷霜，我发现它比其他东西更有用，可以轻轻地把污垢从缝隙中弄出来，而不伤害脆弱的象牙。事实上，我的面霜已经用掉太多，我可怜的老脸几个星期后就什么都没得用了！

1953年，她几乎单枪匹马地重建了三十多块象牙和木质写字板，它们来自一口井中找到的小碎片。这是"她对考古学最大的贡献"，琼·奥茨写道，她第一次见到阿加莎是在一年前，当时她还是剑桥大学研究生，住在位于巴格达的英国考古学院的房子里，"马克斯和阿加莎在的时候，那里基本上是他们的家"。[17]

这所房子就在底格里斯河边，有铺好的院子和阳台，阿加莎会在阳台上用早餐，这是个迷人的地方。相比之下，尼姆鲁德才是真正因陋就简，到了六十多岁，阿加莎仍敢直面那里的种种不便：挖掘屋漏水的屋顶；夜晚的帐篷与倾盆大雨（"真的不比热水瓶爆裂更糟"[18]）；靠两头驴从底格里斯河运水；周四晚上的沐浴（"用维多利亚时代的坐式浴盆，它仍然存在于伊拉克某处"[19]），里面可能有一只青蛙或一条鱼。不过，天气很难应对：尼姆鲁德那柔软的、绿油油的平静可能会突然在暴风雨中溃不成军。她在1957年4月写信给罗莎琳德：

> 我坐在这里写这段时，正值我所见过的最猛烈的冰雹，它们在层层叠叠地跌落。场景与英吉利海峡的蒸汽船类似，到处都是水桶！正在接屋顶上的水滴。马克斯的办公室会成为一个相当好的室内游泳池！近十天都没有什么好天气，又是如此闷热，你真的觉得自己快死了，汗水滴在冲洗的照片上，滴在象牙上。然后是两天可怕的雷暴，轨道也被冲走了……
>
> 至于发掘成果——只有**大量精美的象牙雕刻品**，成堆地丢在这栋建筑的房间里……琼和我筋疲力尽，我们为此工作了一整天，时间紧得吓人，而且它们是如此接近地表，处于极其容易腐烂的状态。我的背，我的背！（总有什么有问题——脚、牙、背、瞎等等！）

她喜欢这一切吗？在某种程度上是的，但这段经历也有别的目的。"她在挖掘过程中很放松，"琼·奥茨说，"她喜欢花，喜欢风景，而且她从来没有说过'我应付不了这么多'。这一直给我留下了深刻印象。她非常友好和慷慨，但绝大多数时候在幕后。"

"她像是某种母亲的形象，但不是以任何干涉的方式。如果那里没有她的存在，将是一种完全不同的生活。马克斯会变得更难相处。"马克斯在各方面都如鱼得水，成功使他的专制精神得到了体现。他在挖掘现场可能会有对抗心理——"马克斯非常易怒，他曾经突然爆发"——但阿加莎的存在起到了抚慰作用。"她所做的一切就是用非常轻的声音说'好了,马克斯',他就会停顿片刻,然后放下他之前为之发脾气的事。"

阿加莎·克里斯蒂的在场当然有吸引力,她为挖掘工作带来了关注和声望,而这非常适合马克斯。"马克斯热爱娱乐。他们会邀请各种各样的考古学家、大使、政府部长,这非常有意思。但我记得阿加莎在那些场合会退到某个角落,只是坐着。我不认为她在排斥我们,她只是不参与谈话。马克斯负责所有这些……那就是马克斯所向往的生活。我想,她觉得这很难应对。"[20]

那么,这就是阿加莎"害羞"的证据。在她后来的生活中,有很多关于她这一性格特点的故事,包括最著名的(也许是杜撰的)那个:1958年,她主动避开了一场在萨沃伊酒店举行的庆祝《捕鼠器》成功的派对。然而,事实证据是相互矛盾的。例如,当时在伊拉克使馆的生活很热闹——根据琼·奥茨的说法,这是马克斯在1958年革命后念念不忘的——而阿加莎也参与其中。"我们今晚要交际,在法国部长家喝鸡尾酒,并与英国文化委员会的一个人共进晚餐。"[21]她在巴格达写给罗莎琳德的信中说。还有:"我们昨晚在大使馆吃饭,见到了新任大使——非常有活力,很风趣。他们在节礼日带着全家人,从七十九岁到十一岁不等,去看了《蜘蛛网》(她1954年的戏剧)[22],所有人都很喜欢……"[23]也许她做这些是为了马克斯。毕竟阿加莎·克里斯蒂是他的名片。又或者说,她的害羞是一种工具,也是一种折磨。有时害羞是很有用的。特别是当人们受到阿加莎所不得不忍受的那种关注时。例如,当她在开罗住了几晚(参加了"大使馆的两次超大型晚宴"),屋主告诉她有三个女孩要来。"因为,你看,她们想见见马洛温太太!当我们说阿加莎·克里斯蒂和我们同住时,她们都不相信!"她在给罗莎琳德的信中描述了当时的情景:"下午茶之后,她们默默地陆续进来,或多或少立正站成一排,眼睛盯着我,**太尴尬了……**"[24]

然而,在遥远的东方,阿加莎仍然有一种与她的声望建起了屏障的感觉。"我想她可能很高兴能够远离英国的压力,"琼·奥茨说,"我们都不喜欢带访客参观,我记得有一次有人看到一辆车过来,阿加莎一如既往走进她自己的小房间,把门锁上。当时是两个来自芬兰的年轻人。他们是来见阿加莎·克里斯蒂的,而且他们不接受拒绝。他们知道她在这里,而且要见她。他们走进房子，发现还有一个房间，他们真的去砰砰敲门了。而阿加莎就在另一边。所以，如果这种事发生在你身上，你可以想象在一个不常发生这种事的地方待着是多么美好。"

这的确是问题所在。在整个 20 世纪 50 年代，阿加莎在祖国的压力日益增长，以至于东方几乎成为一种精神上的诱惑。"每天爬到阳台上晒太阳，看着底格里斯河，真好！"她在给罗莎琳德的信中说，"休息，坐在阳光下，想一些花哨的谋杀案，让家里的火继续烧，然后吃一堆粗糙的肉！"尽管有那些大使般的困境，这仍然是一种更简单的生活。它具有阿加莎在早期小说《褐衣男子》所描绘的原始品质，在该小说的结尾，她的"吉卜赛女孩"主人公生活在美丽的南非大地上，毫不关心冷淡的、过度文明的西方。阿加莎内心是有这种渴望的：清新的空气、强劲的天气、欢快的阿拉伯式宿命论。（"莎拉欣赏他走路时轻松的摇摆，他那漫不经心的高傲仪态。只有他服装中的欧洲部分显得俗气和不得宜。"）25

她在 1928 年第一次访问巴格达时就对这种生活有所共鸣，当时她的旧生活已经死去，巴格达帮助她重塑了自我。现在，巴格达代表了另一种解脱，它带来了清晰的思路。在英国威胁要将她压垮时，她可以收拾行李东行。声名导致的疯狂已经发展到相当的地步，他们甚至会跟她到底格里斯河畔。她每年都想将一些事抛诸脑后，幸运的是，这时她在国内已经有了一个团队，打理她的事务以换取她提供的经济保护。作为**交换**，她可以自由地去工作，为他们挣钱。

埃德蒙·科克现在将自己的大部分时间用于管理阿加莎的生活。他维持着她所谓的"科克服务"：除了管理阿加莎的事业，他还处理她的租户，安排她的旅行和货币交易，预订酒店，购买许多伦敦演出的戏票（优先选择第二排座位），为她在全国越野障碍赛马下注（如果她 6 月不在，也要为德比马赛下注），支付她的账单，并尝试处理她的税务问题——一项几乎让人应接不暇的任务。"我全靠你了，埃德蒙。"这是她常说的话。打理阿加莎的事务不可避免地意味着也要打理马克斯的，不仅包括他在尼姆鲁德的工作，还有他的一些个人事务。例如，当马克斯在巴黎有业务时，科克为他预订了蒙塔朗贝尔酒店。"我并不特别推荐它。"马克斯在大费周章后被告知。

罗莎琳德也在为母亲服务。1949 年,她嫁给了安东尼·希克斯,后者曾取得律师资格,但现在实际上是为阿加莎工作。这一安排适合他们二人。安东尼认为阿加莎是"一位出色的岳母",而且据说他很崇拜马克斯(在后来的生活中,当他和罗莎琳德拥有格林韦的主卧时,安东尼坚持要睡在马克斯那张在豪华双人床边的狭窄老床上)。他凭借幽默风趣、易于相处、聪明非凡但又十分低调的特质,在这个家中成了让人舒心的存在。他在某种程度上是个遁世者,把相当多的智力集中在学习藏文上,这是他喜欢的生活方式。

这并不是一组出于爱的结合。罗莎琳德以她一贯的语气写信通知阿加莎,自己将在肯辛顿登记处举行仪式:

> 我想没人会多喜欢这个仪式,但你必须到场,还有马克斯,然后我们就得回来照看狗了。你千万别看起来太精致……但我希望你会高兴。我想我们在这里[普里拉其]会过得相当愉快。他有一些钱(比我多!),他将给我 1 万英镑,但他没钱同时住在两个地方……我想你会发现马修也很高兴。他总在催促他长住,我真的觉得他不会嫉妒。[26]

在经历了第一次婚姻的可怕悲伤后,罗莎琳德决定为更实际的原因结婚。在这一点上,她也许意识到自己的行为与母亲非常相似。找到一个让人轻松的伴侣是种解脱(罗莎琳德本人并不是轻松的人),分担她在 1944 年休伯特·普理查德去世后所承担的重负:照顾马修、普里拉其,还有日益需要照料的母亲。阿加莎的注意力总是集中在马克斯身上,她认为这是保持丈夫快乐所必须做的。马克斯则允许罗莎琳德和安东尼让阿加莎保持快乐。他们都有足够的理智,能明白这样做让他们获益匪浅,而且在这种安排之外确实没有其他选择,尽管罗莎琳德全盘接受,她清楚地知道发生了什么。"安东尼把自己贡献给了我的母亲,"她在晚年一封激烈的信中写道,"帮她处理所有的事务,接管花园的管理,因为马克斯懒得去做。"

在整个 20 世纪 50 年代,与格林韦有关的问题越来越多地落在罗莎琳德和安东尼身上。阿加莎仍然关注的只有财务方面。

当阿加莎在伊拉克时，房子和花园的管理就交给了希克斯夫妇，这实际上意味着要努力寻找可以信任的体面员工。这一点说起来容易，做起来难。阿加莎不喜欢格林韦的首席园丁弗兰克·拉文（"希特勒—拉文"），虽然后者精通自己的工作，常在布里克瑟姆花展上席卷所有奖项。然而，其他工作人员则来来去去。毫无疑问，这也是 1956 年阿加莎在尼姆鲁德创作《命案目睹记》时，幻想出她理想的女管家露西·爱斯伯罗的部分原因。她在家信中不断提到用人的问题，五十年后，她仍然记得战前阿什菲尔德那些早已逝去的工作人员：厨师简在她的厨房里平静地主持工作，女佣们灵活快速地在房里四下奔忙。"对于梅茜，我真的感到非常遗憾，"1948 年，阿加莎在罗莎琳德失去在普里拉其的管家时写道，"我真心希望她能或多或少地和你生活一辈子，这个世界多么让人疲惫。"

温特布鲁克也需要人打理。"我必须说，我很高兴有史密斯夫妇在那里，"她在 1953 年 2 月写道，"她很胖，很让人舒适，**特别喜欢有人来**。我想她丈夫在谈话的间隙会做一些园艺工作。"但在同一封信中，她写道："我**确实**希望能把格林韦安顿好。"大约在 1954 年，她收获了一对姓高勒的值得信赖的夫妇，他们分别担任厨师和管家，但这是在经历了一段时间的动荡后，这一动荡是阿加莎自己间接造成的。1952 年，她雇用了一位麦克弗森太太，在她不时监督房子和花园，并管理过去三年在格林韦工作的布里斯利夫妇。麦克弗森太太与布里斯利相处得很糟糕，布里斯利不喜欢被人指手画脚，于是对花园放任自流。罗莎琳德不得不向布里斯利和他（令人钦佩的）妻子发出通告，然后她还得应付麦克弗森太太。"我已经去过格林韦，帮助罗莎琳德处理那里出现的讨厌情况，"埃德蒙·科克在四月来信道，"麦克弗森太太根本不是你想要的人。她对自己的管理权的想法是，她应该只扮演庄园的女主人……"一个月后，麦克弗森太太试图在位于格林韦院子里的费里小屋自杀。警察赶到时，发现她是个彻头彻尾的女骗子，对自己在赛马上的损失感到绝望，同时还积累了总额超过 850 英镑的账单。"警察想知道麦克弗森太太拥有小屋里的什么，"科克在给罗莎琳德的信中写道，"鉴于这些账单，我们认为她除了个人服装外，完全没有其他财产……"[27]

在这些账单中，有一笔大额酒水订单，"这显然是麦克弗森太太的个人债务"。其他的一切都由阿加莎支付。大量写有"马洛温太太很遗憾……"的信件和支票一起被寄给了德文郡的供应商。

在这场骚乱之后，罗莎琳德和安东尼开始正式负责格林韦，它必须建立在商业基础上，以抵消税收。事实上，正是可怕的税收恶魔使得阿加莎雇用了麦克弗森太太。"我已经告诉她我们必须赚钱，"阿加莎在问题刚开始时曾写信给罗莎琳德，"我怎么能用每英镑征收 19 先令的收入来支付三个人（花园助理）的工资，而且还没有所得税减免？"[28] 埃德蒙·科克告诉阿加莎："税务检查员坚持问一些令人尴尬的问题，显然是想证明花园不过是爱好罢了。"[29] 最终，这一特殊问题得到了解决，安东尼负责格林韦花园的信托，因此得以减免税收。1959 年，为了避税，阿加莎实际上将格林韦卖给了罗莎琳德，尽管在希克斯夫妇住在普里拉其时，她仍继续将其作为自己的家。但与更主要的事情相比，格林韦的问题只算是小插曲：阿加莎在美国和英国都被追缴欠税，这一追缴始于 1938 年，并持续到了她的晚年，其间的追缴力度基本不曾减弱。

这是一件异常糟糕的事情。她在这一巨大的阴影之下生活和工作了这么多年，所表现出的人格力量是极其了不起的。可以肯定的是，埃德蒙·科克应该更及时，或更积极地处理这个问题。在做这项特殊工作方面，他是错误人选。但他的客户所取得的巨大成功超越了他的能力范围，阿加莎作品的销售额增长到了惊人的水平，即便当他正努力应付战前毫无根据的税收要求时。

直到 1948 年，一笔清偿款才被送到美国税务部门：1930 年至 1941 年间的 16 万多美元的款项。这笔钱连同十年的法律和会计费用都一并支付了，但这远非事情的终点。英国政府对阿加莎在美国被冻结了十年，现在归还给她的剩余收入提出了要求。她非常需要这笔钱，但税务机关一直到 1954 年底都在与她争夺这笔钱。

整个 20 世纪 50 年代，同样的问题一次又一次地出现，根本没有摆脱的可能。当时的附加税高得离奇，1954 年 3 月，阿加莎从尼姆鲁德写信给科克："希文（几乎令人难以置信，"Heaven"是她的会计师的名字）寄给我的一份所得税申报表让我震惊不已！我真的一年赚了 3 万英镑吗？都到哪里去了呢?!"

"这实在太令人震惊了"，他回信道，"想到一个人能赚 3 万英镑，却只剩这么一点。这不利于鼓励作者继续写出版商热捧的书（她正在创作《地狱之旅》）。如果要问它们都去哪里了，那简单来说便是巴特勒先生……本年度的税款为 25 100 英镑，前两年为每年 25 800 英镑。"这一年，他们处理完了旷日持久的美国税务纠纷的英国方面的问题。这意味着，尽管作为巨大的宽慰，在美国缴纳的税款最终被视为"可扣除费用"，在但国内仍有大量税款尚未缴纳。1954 年 9 月，科克通知阿加莎，她欠英国当局大约 7 万英镑。理智来看，考虑到她本性并不节俭，他按这个数额在所谓的阿加莎"头号存款账户"中偷偷存了一笔钱。"这让我不再那么担心了，"她在信中说，她本以为该账户大约只有 27 英镑，"你是故意向我隐瞒头号账户的财富的吗？我不会饶过你的。这可能非常明智！我说不定已经拿它买了赛马，开赛马场。"[30]

一切看上去都相当乐观，尽管涉及的金额很大，但阿加莎还是很愿意支付这笔钱，因为她相信这可以把国内税务局给打发掉。当然，事实并非如此。1954 年底，她从天鹅大楼写信给罗莎琳德，说自己刚收到科克的消息："我很担心，阿加莎，非常担心！我非常担心你。我非常担心你明年会赚 10 万英镑！"在当时的政治环境下，这的确是严峻的担忧。"我认为应该尽快做些什么，实际上我已经这样说了很多年了。"阿加莎在信的结尾表示。

这一计划——科克已经考虑了一段时间，事实上考虑得太久了——就是把阿加莎·克里斯蒂变成一家有限公司，雇用阿加莎创作小说，而她将从公司获得工资。她的收入将与她原本的税后收入差不多，但上缴政府的钱要少得多，因为公司本身只按标准税率缴纳利得税。1955 年，克里斯蒂清偿信托成立。托管人在一家名为阿加莎·克里斯蒂有限公司的公司中购买了一百股股份。该公司由阿加莎控制，她用 100 英镑购买了这些股份。1957 年，克里斯蒂版权信托成立，负责管理阿加莎几乎所有作品的版权（她只保留了二十本书和故事的版权）。这避免了她去世后的一个潜在问题：到那时，如果就像萧伯纳的情况一样，税务机关选择将《控方证人》这样最高价值财产的收入乘以她创作的故事数量，她的版权可能会被估值为约 2 000 万英镑。

说到底，阿加莎必须尽可能多地以让自己舒适的方式让出她的财产，而非将其交给税务局。她已经把《捕鼠器》和《借镜杀人》交给了马修，把《黑麦奇案》交给了英国考古学院，把短篇小说《避难所》的连载权给了威斯敏斯特教堂基金会，但这些都是出于单纯的善意，而非为了避税。现在，她把《控方证人》的电影销售给了罗莎琳德，把《山核桃大街谋杀案》给了马克斯的两个侄子约翰和彼得·马洛温，为他们的学费建立了一个信托基金。她把一些钱给了伯默尔家族的成员（她母亲的亲戚），还有教子和夏洛特·费希尔。她向一个照顾老人的慈善机构，哈里森养老院提供了捐赠，后来又成立了阿加莎·克里斯蒂儿童信托。她还将一个题为《格林肖的蠢物》[31]的故事给了埃克塞特教区，用来为她做礼拜的格林韦附近的彻斯顿·费勒斯教堂购买彩色玻璃窗。阿加莎生来就是一位极为慷慨的女性，但现在她不得不这么做。

　　她一开始对这个计划抱有怀疑："我想这是道德的吧？现在真的很难懂。"[32]尽管她认为自己的税单很荒谬，是政府离谱浪费的证明，但她从未考虑过成为跨境避税者，或以任何不光明磊落的方式应付税务局。她本能地对自己不得不躲避和转移资金的方式感到不安。为什么非要这样做？在六十多岁的时候，她仍然非常努力地工作。在没有任何过错的情况下，她不得不玩这种荒唐的追赶游戏，并努力避免成为自己那排山倒海的人气下的受害者。她努力保持勇敢。"这么多钱滚滚而来，与此同时，工作比我年入400英镑，每天推着婴儿车去公园时要辛苦得多！"[33]她在给科克的信中写道。

　　当然，科克的行动是以他所理解的阿加莎的最大利益为基础的，他在努力寻求最佳的方案。在这一点上，他得到了安东尼的帮助。安东尼充分发挥了良好的法律头脑，与科克和罗莎琳德共同成为托管人。从某种意义上说，问题就出在这里。这个计划实际上剥夺了阿加莎的权力，把她变成了自己口中的"受雇的工资奴隶"，而并不是为了阿加莎自身的利益。"这实际上关系到罗莎琳德和安东尼。"她在1956年写信给科克。而且，一个令人讨厌的事实是，为了让这些安排正常运作，阿加莎被告知她必须再活五年。"这听起来多么令人不悦，"科克写道，"税务的诡计让每个人都看起来冷酷无情，但请相信我，我们并不是我们亲爱的阿加莎所担心的那样。"[34]她敏感地感受到了他的尴尬——"亲爱的埃德蒙，本美女会尽力再活五年"——但她不喜欢整件事，她想与之脱开干系。

> 我把所有的复杂情况都留给你，还有安东尼，我怀疑他甚至可能会享受它们。罗莎琳德可以当作制动杆，为完美的悲观主义所润滑。
>
> 不要为这些事太过懊恼。我一直觉得在税收方面我是不占便宜的。[35]

阿加莎随后写信给罗莎琳德和安东尼，信中说："做这件事是为了你们的利益，而非我的，因为我认为我的生计（和奢侈的生活！）基本没什么变化。因此，除非你们真的想要，并认为这是件好事，否则就放弃它吧。（但是）如果你们二人都认为，那些可能的担心和大惊小怪是值得的，就去做吧。我个人并不打算为之操心，甚至也不怎么感兴趣。我认为你该自己决定。"[36]

这些话被转述给了科克，作为阿加莎冷漠的证据。"除非我们的计划得到你无条件的批准，否则我绝对不准备继续推进，"他给她去信，"整件事确实涉及对安东尼和我的极大信任……"[37]他仍然相信公司的存在是必要的，但他急切地希望阿加莎对此感到高兴，而且知道她内心深处并不这么想。尽管如此，她还是服从了这一计划。

> 被说成是冷漠（是安东尼说的，不是你！）刺痛了我，我发了一封愤怒的电报，否认这一指控。是欣然同意，不是漠不关心……现在别有顾虑了，埃德蒙，我知道你是在为我的经济福利（与和平！）尽心尽力，我对你和安东尼充满信心，而且，我一直在敦促你尝试这类事情，不是吗？所以不要让焦虑重重地压在你的眉头上。[38]

有趣的是，阿加莎说她一直在"敦促"类似的计划。如果是其他人，可能会试图指责科克的迟钝。但这不是她的方式，此外，她并不真正相信这个计划会保护她。她想得很对。1957年，税务局又开始对阿加莎版权的税务状况提出异议，这些版权在托管人手中产生了大约12万英镑。这实际上是在对该计划的整个想法提出异议，说她在1955年"作为作家已经死了"，成了一个仅仅拥有税务代码的公司雇员。税务局最初接受了这种身份改变，然后，正如科克所说，"改变了想法，就像只有王室才会做的那样"。与1938年预示着阿加莎在美国的纳税义务噩梦的萨巴蒂尼案一样，这一新问题正在等待裁决：就像关于已故作家彼得·切尼的版权决定。这个问题要到1964年底才会解决。

在这期间，科克决定敦促进一步行动。他一如既往地本着诚意行事，但这一次，他的判断中多了恐慌的因素。自从《控方证人》上演后，电影公司对阿加莎的作品产生了巨大兴趣。当米高梅公司找上门来时，他们的报价在科克看来就像一种直接的缴税方式，如果情况需要的话。在不同的前提下，这笔交易肯定会受到更严格的审查。据马修说，阿加莎的书"被简单地交给了第一个出价的人"。[39]1960年初，米高梅为四十部作品的电影和电视版权支付了75 000美元，并期待获得可观的利润，这笔利润将与阿加莎·克里斯蒂有限公司五五分成。阿加莎再次产生了怀疑，事实再次证明她是正确的。"我希望不会有人因为米高梅的协议而'心碎'，但这是注定要发生的事，就是会发生！人在现金方面的损失可能换来无忧。但你不要为此伤心，亲爱的埃德蒙……"[40]

米高梅选择了玛格丽特·鲁斯福德扮演马普尔小姐，她的形象完全不合适——身材高大，步态笨拙，曾被描述为"脸像荷包蛋"——却有必不可少的轻柔声音和淑女般的英式魅力。正如科克在写给罗莎琳德的信中所述，她"远比那些别人提出的老成的美国少妇更像马普尔。米高梅公司对拉瑟福德有未来的选择权，我们希望这意味着马普尔小姐能够长期地、有报酬地活动"。第一部改编电影《命案目睹记》于1961年上映，它收获了很好的票房。但阿加莎在举家前往托基的富豪酒店后，她也有理由给科克写信："坦率地说，它相当糟糕！在伦敦的那晚我也这么想，但我不能在玛格丽特·鲁斯福德面前这么说，尤其是她本人那么出色。我想，如果在真正的电影院里和人一起看，可能会显得好些。但是没有，绝对没有。"[41]

阿加莎的确欣赏和喜欢玛格丽特·鲁斯福德，并把《破镜谋杀案》献给了她。"我可以向你保证，这是我一生中最自豪的时刻之一，"鲁斯福德写道，语气中充满了感人的真诚，"我很高兴你真的对我的表演如此满意，因为除了你自己，没有人真正知道'马普尔小姐'是什么样子，我只是诚心地把自己交到她手里，让她做剩下的事情，她让我非常快乐！"这封信带着某种辛酸感，因为即使在女演员表示希望继续扮演这个角色的时候，阿加莎也在尽最大的努力让电影停拍。如果她认为《命案目睹记》"相当糟糕"，那么这与她对《奔马酒店谋杀案》和《最卑鄙的谋杀》的感受相比简直不值一提，前者是对《葬礼之后》极其自由的改编，毫无理由地将故事设定在一所马术学校，而后者对其原作《清洁女工之死》的改编甚至更为自由。[42] 在她明确表达了对所采取的过分自由的改编的看法后，作为回应，米高梅制作了《谋杀召唤》，这部作品把马普尔小姐放在一艘皇家海军的船上，并且不衍生自任何克里斯蒂故事。

在这之后，米高梅将注意力转移到了波洛身上，并威胁要将他变成一个由泽罗·莫斯特尔扮演的大胡子老色鬼。接下来拍摄的是《字母谋杀案》[43]，实际由托尼·兰德尔扮演波洛，玛格丽特·鲁斯福德客串马普尔小姐，但此后双方都受够了。一开始，阿加莎与米高梅代表劳伦斯·巴赫曼建立了友好的关系。他曾到格林韦拜访过她，而且非常受欢迎，因为他和他的妻子喜欢狗（阿加莎这时已经有了属于自己的曼彻斯特㹴犬，名叫"蜜糖"，是罗莎琳德在 1955 年养的，送给母亲是因为它和罗莎琳德的西施犬打架）。巴赫曼向阿加莎保证，这些电影虽然不可避免地会与她原本的故事有些偏差，但不会让她感到痛苦或尴尬。对于实质性的改变，她有所准备。"不要以为我为《命案目睹记》感到不快，我没有！"她给科克去信道，"它和我一直以来想象中的样子大差不差。"[44] 但她拒绝参加《奔马酒店谋杀案》的首映式，马术学校的设定使她语带嘲讽地写信给巴赫曼："别让玛格丽特·鲁斯福德参与太多户外运动，这会杀了她的。"[45]《最卑鄙的谋杀》这一标题让她感到不满，就像喜欢把马普尔小姐放在为波洛创作的作品中一样。但真正让她苦恼的是《谋杀召唤》。"我把这个胡言乱语的大杂烩还给你！"1964年3月，在读完剧本后，她在给帕特·科克（埃德蒙的女儿）的信中说，"究竟为什么米高梅不能自己写剧本，让玛格丽特·鲁斯福德扮演一位叫'桑普森小姐'的老太太，讲很多廉价的笑话，然后放过我和我的作品？"这一点无可辩驳。米高梅曾经重视过她的作品，那么他们为何要尽其所能地破坏那些赋予它们价值的东西？

令我震惊的是，我发现米高梅可能有权写这些以我的人物为主要角色的，属于他们的剧本。**这一点**，我和罗莎琳德似乎都不知道……

我想对于一个作者而言，没有什么比看到自己的人物被完全扭曲更痛苦的了。毕竟，我有身为作家的名望……我真心为自己和米高梅合作这件事感到恶心和羞愧。这是我的错。人为钱做事，这样是不对的，因为他放弃了自己的文学操守。一旦进了陷阱，就无法脱身。这就是现在经常发生的令人作呕的事情之一……我坚持到了七十岁，但最后还是倒下了。

如果他们能自己写出无限多的剧本，我们就真的完了。但我还是希望那不是真的。

她写信给拉里（劳伦斯的昵称），后者为"《谋杀召唤》相关的困扰"向她致歉，并试图让她对《ABC 谋杀案》放下心来。"请放心，我们对赫尔克里·波洛的基本概念是这样的，即它不会削弱您对您所创造的这位世界知名人物的自豪感……我们不会让他成为一个放荡的、'追逐女孩'的、肮脏或寒酸的人物。"[46]（"画饼充饥无益。"她在回信开头写道。如果这让巴赫曼感到困惑，那么信的其余部分清晰得令人佩服："至于你是否真的有权像你所做的那样行事，我仍然对此存疑。"）科克尽了最大的努力，以抑制米高梅方面未来任何的越轨行为，但这是一场注定失败的战斗，他也知道这一点："没有一家电影公司会交出绝对的控制权。"他在 1964 年 5 月写信给安东尼。但阿加莎同样顽固。电影从差劲变得越来越糟，事实上，它们已经具有侮辱性了，而且也看不到米高梅会用任何形式的尊重来对待这些作品的希望。情势陷入了僵局。1965 年 7 月，科克传来消息："米高梅没有安排任何新的电影作品，因为他们发现，如果我们不愿给予他们更灵活的改编安排，他们继续下去是不现实的。"在给罗莎琳德的信中，他写道："摆脱米高梅是一种解脱……"这家公司还雇用阿加莎改编她最喜欢的小说之一《荒凉山庄》，为此她或者说阿加莎·克里斯蒂有限公司，在 1962 年收到了 1 万英镑的报酬。她认为这项工作很吸引人，却频繁受到干扰。"她说自己从未像这次这样因为担心工作而头痛过。"[47] A. L. 罗斯写道，这部电影最终也没有拍成。

米高梅的改编电影让阿加莎极为不快，这也提出了一个问题：她会如何看待自己作品的一些 21 世纪改编。例如 2017 年的在伦敦市政厅上演的《控方证人》，这部作品为其令人作呕的性爱场面、怪诞的处决场景和全新的结局都感到志得意满。她当然会厌恶它，尽管这部作品确实对她表达了敬重之意。米高梅从未这样做过，这桩生意也没有产出承诺的财富。而自 1957 年以来一直等待判决的切尼案也对她不利。1964 年 11 月，科克来信道："不消说我有多遗憾，因为昨晚我不得不告诉你，我们在起诉特别委员的案件中败诉了。"她现在要承担 10 万至 12.5 万英镑的金额，这是从 1955 年开始的欠税。"当阿加莎开始考虑所涉及的金额时，她可能真的会深受震动。"科克在给安东尼的信中写道，他对此也非常不安，并为自己未能保护她而深深地沮丧。

科克试图安慰她："在我看来，我们为意外情况保留的版权的价值大大超出了这些金额。"但它们必须在收入不产生每英镑 18 先令的税的前提下出售。破产的老幽灵抬起了头，"你将光荣地偿付。"他试探性地写道。然后他把这个令人难以置信的想法放在了一边。"我比以往任何时候都更有信心，会找到一个解决方案，它不会需要我们使出最后一击，也不会迫使你的生活方式发生任何改变。如果你决定无论如何都要少花一点，那就是另外一回事了！"[48]

这是个令人绝望的混乱局面。尽管这不是任何人的错——除了贪婪的税务局——但对阿加莎而言，这是个残酷的处境。他们对这一决定提出了上诉，上诉失败。更多的钱被花掉了，更多的钱被索要着。在年轻的时候，阿加莎有足够的韧性来承受这种情况，承受它在她生活中反复出现。但到了七十多岁，她发现这很难，尽管她表现出了令人印象深刻的勇气。她在 1966 年 3 月写信给科克：

> 现在，不可提及的财年又来了，你能不能把我的账目寄给我，这样我就能跟上我的功课，知道自己所处的情况和原因。我不知道我是

怎样花的，也不知道花的是什么。我认为这令人担忧。所以你能不能做一下，因为你有数字，而我没有。目前我没法说1966年是愉快的一年……谢谢你所附的账目。我不禁对梅德利心存芥蒂！〔她的法律顾问之一〕。谈话，谈话，谈话，反对，毫无任何意义！

1966年10月，一场会议在萨默塞特府举行，会上她的债务被评估为接近20万英镑，但同意她可以以15万英镑的价格将她保留的版权卖给阿加莎·克里斯蒂有限公司，而不产生税收。当时阿加莎在美国，她从普林斯顿回信：

很高兴收到你的来信，尽管我必须说我离分享你那莫名其妙的喜悦还很远！……如果税务人员能让我把自己的版权卖给阿加莎·克里斯蒂公司，他们就能处于极为有利的地位，收取几乎所有的普通所得税，而且无疑会这样做！为什么不呢？他们有权获得这些钱。不，我还不会欢呼雀跃。我们非常享受自己的生活……

最终找到了某种解决办法：1968年，阿加莎·克里斯蒂有限公司[49]的51%被出售。买家是布克·麦康奈尔公司（1969年设立布克奖的公司），该公司的一个子公司曾买下伊恩·弗莱明和詹姆斯·邦德系列作品的类似控股权。支付给阿加莎·克里斯蒂有限公司的金额没有披露，但据说比与弗莱明的10万英镑交易"多得多"。到1972年，布克还获得了克里斯蒂版权信托所拥有的版权利益。[50]公司随后将阿加莎欠税务局的钱借给了她，这笔贷款由她保留的版权作为抵押。就这样，在她八十多岁时，她个人欠着布克·麦康奈尔的债务，但没有了对税务局的义务：压在她身上的重担终于解脱了，如此沉重且持续到了最后，足足有三十多年。有件事被称为她的遗嘱之谜，她只留下了10.6万英镑，其实这根本就不是什么谜团，其他部分都被别人拿走了。

自始至终，罗莎琳德的态度都很复杂，就像她和母亲之间的关系一样。

首先，她对母亲的写作的看法远不是那么简单。和阿加莎一样，她厌恶宣传，因为她也生活在 1926 年的余波中；也因为她天性如此现实，对虚伪的东西充满怀疑，而还有什么比"阿加莎·克里斯蒂"这几个字更能引起公众关心？尤其是她的戏剧，吸引了大量关注。玛丽·韦斯特马科特小说的自传性如此明显，这就是为什么罗莎琳德在晚年不厌其烦地强调它们不是自传。据她的儿子说，她相当希望玛丽·韦斯特马科特小说"从未出版过"，她也讨厌首演的概念。"她并不为自己的母亲和其所作所为感到骄傲。"[51]

如果罗莎琳德对阿加莎的事业怀有深到无法承认的怨恨，这并不奇怪。毫无疑问，它使阿加莎成了缺席的母亲。在罗莎琳德看来，这可能是导致她和阿奇婚姻破裂的原因（"她让他独自一人待着的时间太长了……"）。在《未完成的肖像》和《母亲的女儿》中，她对罗莎琳德本人的描写（后者中略少一些）清晰得令人震惊：读着这些作品，我们无法否认阿加莎首先是作家，其次才是母亲。

对于马修，阿加莎则截然不同。她从一开始就非常喜欢他，因为他有阳光的乐观主义天性。这份天性受休伯特去世的影响，也带了一些沉重。她对"这个可爱的男孩"溢于言表的喜爱，和她与罗莎琳德间冷静逗趣的关系形成了鲜明对比（"妈妈不会因为给我写信而得指痉挛的，"她在给马修的信中写道，"把这事告诉她"）。

潜意识里，对马修的这种着重喜爱可能是指向罗莎琳德的。阿加莎不会是第一个以这种方式利用心爱的孙辈的人：那些不冷不热的母亲常会成为全心全意的祖母，似乎是为了向她们的孩子证明，她们有母性。毫无疑问，阿加莎发现她和马修比她和罗莎琳德更加意气相投。

这个上伊顿公学的开朗男孩，后来成长为牛津大学里英俊的年轻人，他是一位令人喜爱的伙伴：她用她的劳斯莱斯送他去上学；看他在伦敦大板球场打板球；带他去斯特拉特福（"我要带马修去，"她给罗莎琳德写信说，"我是告知你这件事，不是问你，因为你会大惊小怪然后拒绝"）；在拜罗伊特沉溺于他们二人对瓦格纳的共同爱好。在许多方面，他与阿加莎的相似程度远远超过了他的母亲（尽管在外表上他更像罗莎琳德和阿奇）。罗莎琳德并不散发着生活的乐趣。她不禁略带讥讽地和外孙相处："我可怜的小傻瓜。"她在 1944 年给阿加莎的信中这么称呼他。她没有明显的母性。"阿加莎担心比起马修,罗莎琳德会更爱她的狗。"约翰·马洛温说——考虑到阿加莎曾称自己的狗彼得为"我的孩子",这多少有些讽刺意味——但事实上,和许多对动物展现出明显热情的人一样,罗莎琳德对人类有着强烈的情感,但她很难将之表现出来。孩提时代,她渴望自己的父亲,却不得不把这一点硬压下去。她曾试图用那些或逗趣,或悲伤的信来引起母亲的注意,却输给了马克斯。她和马克斯相处,马克斯很喜欢她,但也许不是以她想要的方式。现在,成年后,她继续在家庭中扮演着奇怪的角色:一个仍然年轻且富有吸引力的女人,生活在一桩无论多么讨喜,也只是权宜之计的婚姻中,有一位不能提及名字的父亲,还有一位她必须永远充当其侍女的母亲。在这一切中,罗莎琳德自己的生活在哪里?

与此同时,罗莎琳德是一个绝对的现实主义者,这是她和母亲的另一处区别。她非常清楚,阿加莎的写作为他们所有人带来了美好的生活。如果她和安东尼需要应对格林韦的问题,他们也拥有格林韦;如果他们为如何处理钱而烦恼,他们也拥有钱。因此,作为侍女存在是她唯一的可能。

但是,在涉及阿加莎·克里斯蒂有限公司时,罗莎琳德的怨怼闪烁着危险的信号,这家公司是为她本人(以及她的丈夫和孩子)的利益而成立的。该信托的运作方式是让阿加莎成为其雇员,并获得年薪。在给罗莎琳德的信中,埃德蒙·科克以开玩笑的方式提到"我们的用人",似乎以此强调阿加莎实际上仍然是她自己的女主人。然而,罗莎琳德没有此类顾虑。"我很高兴阿加莎·克里斯蒂有限公司正在挣一些收入,并真诚地希望这些钱不会全部付给我们的'工资奴隶'!"[52] 这句话读来也像个笑话,但它不是。"我希望你们不要把 14 000 英镑太多用于付给我母亲工资!"[53] 她写信给科克,后者告诉她,公司在运营的第一年就挣到了这笔钱。到 1958 年,公司已经积累了 45 000 英镑,科克建议将阿加莎的工资从 5 000 英镑提高到 7 500 英镑。"我认为,当然,这确实是个非常糟糕的主意,但如果你认为 5 000 英镑的工资加上每年 3 000 英镑的开支在所得税方面无法接受,那么显然必须考虑此事……"[54]

的确,从某种意义上说,支付年薪是为了满足避税计划的条件而走的一种形式。阿加莎仍有出售版权的钱，尽管这和她拥有的其他东西一样，存在被税务局夺走的可能。但罗莎琳德的态度依旧很不一样，而埃德蒙·科克对此感到不太舒服。当阿加莎因《荒凉山庄》的剧本草稿而获得1万英镑的酬劳时，他谨慎地写道："如果能再付给她比如5 000英镑，以表示（公司的）感谢，那就太好了。"[55]而她的回复如下："我不确定我母亲是否应得额外的钱，我想安东尼在电话里已经告诉你了，需要进一步考虑。当然我很高兴你收到1万英镑了！"[56]

的确，罗莎琳德同意阿加莎可以获得一辆新车，柯林斯之前给了她一辆巨大的亨伯车，它除了带来麻烦，什么好处都没有。过了一段时间，科克才胜出了这场额外的5 000英镑之争。

不过，他可能已经猜到了罗莎琳德表面上无法辩解的行为的背后原因。她并不是想获得更多阿加莎为自己赚的钱，而是她不想让这些钱花在马克斯身上。自从1930年阿加莎支付了二人的蜜月旅行费用后，马克斯就一直过着奢侈的生活：去罗马和巴黎旅行，在布里斯托尔酒店过夜，享用丰盛的法式晚餐（"一瓶拉图酒庄1924年的酒，美极了，"马克斯在1953年给罗莎琳德的信中写道，"配有烤里脊牛排、鸡蛋奶油酱汁和全套法国奶酪。酒的价格是1 600法郎……"）。现在他蹦跶着前往阿加莎资助的挖掘事业，留下罗莎琳德和丈夫充当准工作人员。一些没有罗莎琳德那样的矜持和自控力的人可能会说些什么。但是，考虑到她也生活在阿加莎的资助之下，她能说什么呢？即便这样，她利用这个机会坚定地对母亲的财产行使权力，这一点并不令人惊讶。

不过，她仍然在拼命地捍卫阿加莎。1957年2月，她就《每日邮报》上的一篇文章写信给科克："我看到一篇文章提及她的失踪，感到极其不安，它这样说（关于一位失踪女性）'我不确定她是不是在我们面前扮演阿加莎·克里斯蒂'。我不知道你是否可以对此进行投诉，这让我非常生气，我也知道这不会让我母亲开心……我真的对此有很强烈的反应。"1926年的事件对罗莎琳德而言一直是非常敏感的。当然，其中的原因是多方面的。她需要原谅她父母的许多行为，而且她也不得不维护"官方"理论的半虚构性。同时，当这一话题出现时，她的本能反应是站出来为母亲辩护。她无法忍受阿加莎被诽谤或嘲笑，从某种意义上，她理解母亲当时所承受的痛苦，而被人们贬低这一点确实让她非常痛苦。琼·奥茨口中的"不可说的话题"是一个通过测试，用来获准越过罗莎琳德的个人门槛。任何认为阿加莎的行为是欺骗或寻求关注的人都会被关在门外。朱迪丝·加德纳曾是罗莎琳德的童年朋友，她的母亲娜恩·科恩是阿加莎的朋友，当娜恩在1959年去世时，阿加莎写信给朱迪丝："如果你需要来自更年长的人的帮助或其他东西，我一直都在，你必须把我当作某种意义上的母亲。"然而，1996年朱迪丝与贾里德·凯德合作出版了那本声称破解了失踪案的书，明确称其为作秀。罗莎琳德把朱迪丝的行为看作是对她家的个人仇恨，并对此深感痛苦和厌恶。奇怪的是，阿加莎本人在1960年得知记者里奇·考尔德正准备写一本包含他对阿加莎在哈罗盖特被发现的"回忆"的书时，她向埃德蒙·科克表达的反应是乐观的。"你可能会担心这事传到我耳朵里，"她写道，"但毕竟这只是每隔几年就会出现的事，况且已经这么久了，又有什么关系呢？"当然，这可能有一部分是出色的表演。无论如何，罗莎琳德都会设法不让阿加莎知道这些故事。

罗莎琳德也捍卫母亲的工作。她对针对阿加莎作品的攻击做出了敏锐的反应，此类攻击在阿加莎去世后有很多，尽管这些作品是如此成功，她可以纵容它们自圆其说。但她感到阿加莎·克里斯蒂被很大程度上误解了，比如第四频道的《我控诉》节目让她极为不悦。[57]直到2004年去世时，罗莎琳德都认为有义务为母亲的作品撑腰。当她不再是阿加莎·克里斯蒂有限公司的掌权者，并对以其名义所做的一些事感到愤怒时，她会对那些她认为荒谬的、不恰当的或不够忠实的改编作品提出抗议。英国广播公司出品的，由琼·希克森主演的马普尔小姐的系列电视剧大获成功，赢得了她的赞誉；独立电视台的《大侦探波洛》系列总体上得到了她的接受，但她无法理解其偶尔的不忠实。罗莎琳德认为，改编作品越贴近原作越好，而且整体而言她是对的。但她的看法是出于忠诚，还有坚定不移的信念，因为她知道这是阿加莎本人所希望的。

她都记得，例如米高梅的改编作品给她母亲带来的真正的痛苦。阿加莎曾试图不把这些放在心上，但她实际上非常介意。1964年3月，罗莎琳德在给科克的信中写道：

> 对于与米高梅的交易，我个人感到极为气馁和羞愧。拉里知道他在这部电影的法律和道德层面都犯了错误……你可能会说，就像你在过去几天里不断说的那样，钱都是好的，但我确实有所感受，而且看到你并不共情我的感受，我真的非常沮丧。在整件事中，我们确实让我母亲深感失望。

次年，她又来信道："我非常担心我母亲的税款……最担心的是我母亲。她看起来不是很好，我知道这让她十分烦恼。"[58]

罗莎琳德仿佛对阿加莎感到内疚：不只是因为她母亲不得不为他们所有人努力工作，还因为她自己对这项工作的不满，尽管她知道自己必须对其心存感激。为了让阿加莎能够写作，罗莎琳德不得不帮助打理阿加莎其余的生活。事情就该是如此，它在罗莎琳德心中激起了复杂的情感，而作为她那样的人，她从未将其说出口，或是承认其存在。但她对阿加莎表现出的保护欲部分源自她的内疚感：事实上，这是一种抹去内疚的方式，并向自己证明它们是多么错误。

随着阿加莎日渐老去，罗莎琳德变得更加凶猛。母亲去世后，她像母狮一样为阿加莎辩护，对身为女性的阿加莎和身为作家的阿加莎的坚定支持从未有一刻动摇。"即便我是她的女儿，我也认为她是一位杰出的人物！"[59]她写道。和母亲一样，罗莎琳德也来自一个不在公众面前自怨自艾的时代；和母亲不同的是，她有一种不同寻常的能力，能够接受生活丢给她的任何事情，将其当作一种单纯的事实。她是阿加莎·克里斯蒂的女儿，这给她带来了好的一面，也有不好的一面。事实便是如此。

有人说她"受创"或"刁钻"，这些说法她本人都不会承认，而且这几乎无法与年老时的她——一位幽默、智慧、直言不讳的女性——联系起来。诚然，她与父亲没有保持稳定联系的童年在今天看来是不幸的，当母亲去旅行时，她连续几个月被留在家里，随后又被年龄可以做她丈夫的继父比下去。在休伯特去世后，她的成年时光并不真正属于她自己。但她也确实从母亲的成功中得到了许多好处。事情就是这样，与其讨论这些问题，不如喝一大杯杜松子酒（与阿加莎不同，罗莎琳德并非滴酒不沾，据说格林韦的生活就是围绕着饮酒展开的），然后继续生活。

对阿加莎而言，当涉及罗莎琳德时，她仍然发现自己的感情难以表达。20世纪50年代，她从东方寄来的信仍然用的是惯常的语气。"读来可能会让你咬牙切齿，但我的生活非常愉快。"她从巴格达来信道。在访问突尼斯之后："幸运的是你没有出生在迦太基时代。他们牺牲了所有的头胎孩子！有成千上万的洞，里面都是漂白的小骨头！"与此同时，她希望听到孩子的回复。"带来你的信，把邮递员给吓坏了"，"在这里三个多星期了，没有你的只言片语，来自受够你的人"。

1955年，阿加莎在挖掘过程中病倒了，马克斯对罗莎琳德说是"内部着凉"并开了三个半小时的车到基尔库克的医院，实际上那是一种让人极其不适的感染。在那里她写道："你是个多么糟糕的通信者啊！我深受冒犯。鉴于我现在只是公司的用人，你必须时刻让我保持心情良好，并通过大量的善意来诱导我做一些工作！……随信寄去很多爱，你这个可怕的姑娘。"[60]

阿加莎知道她亏欠罗莎琳德多少。自1926年以来，她的行为影响了女儿的生活，并且总是不以罗莎琳德选择的方式。阿加莎仍然认为她的离婚是一件非常错误的事情，而且在某种程度上她应该为此负责。她知道罗莎琳德见了阿奇，并对女儿的谨慎做法表示感谢。她也意识到自己的第二次婚姻使得罗莎琳德沦为次要角色：在她和马克斯几乎随心所欲地生活的时候，她的女儿却坚忍地烧着家里的炉灶。

与此同时，阿加莎也意识到是她的钱支付了一切，这使她变得专制，她怎么可能不意识到？尽管她外表看来很谦虚，但有时高高在上。在她声名显赫的那些年里，她往往带着某种轻松的暴躁来处理她的事务："偶尔去格林韦看看情况如何。（但不要费心去"制造麻烦"……！）最重要的是没有人写信来打扰我！"她把格林韦丢给罗莎琳德和安东尼处理（"告诉安东尼，弯腰摘生菜是治疗疼痛和僵硬的最好方法。"她从尼姆鲁德来信道），她一方面认为这是正确和恰当的，另一方面又有不同的感受。在一次访问普里拉其时，爆发了一场关于格林韦的争论，阿加莎正如她自己所描述的那样，在为格林韦辩护时"大发雷霆"。事后，她写信给罗莎琳德道歉。

> 事实上，我对格林韦有种负罪感。你、安东尼和马修有普里拉其，那里有可爱的家和花园，马克斯有他的温特布鲁克，那里有书还有河。而真正紧握不放格林韦的只有我，因为我是如此爱它……自从花园被打理得非常好后，我感觉好了一些，这要感谢安东尼，但当然我想我纯粹是自私罢了。

> 毫无疑问，我并不是一块朗姆巴巴蛋糕，我是个该死的老娘子。[61]

就像她笔下的《悬崖山庄奇案》中的人物尼克·巴克利一样——这部作品的核心是对一座房子的爱——阿加莎对格林韦怀有一种深刻而私密的激情。它承担了她对阿什菲尔德的部分感情，尽管它永远无法完全取代那个家：阿什菲尔德将永远是她最自在、最快乐的地方。但格林韦给她的想象力增添了一抹敏锐和精致。夏天时，这里常常挤满了人，访客簿上的名字包括：马洛温家族的成员、艾伦和莱蒂丝·莱恩、比利·柯林斯、彼得·桑德斯、斯蒂芬·格兰维尔和他的女儿露西娅、夏洛特·费希尔、娜恩·科恩、埃德蒙·科克、斯特拉·柯万（20 世纪 50 年代时阿加莎的秘书和朋友）、A. L. 罗斯。那里热闹非凡：网球、槌球、时钟式高尔夫、达特河上的船、阳光下玩耍的孩子们、到处乱窜的狗。然而在这里，孤独也可以成为某种神奇的东西。有围墙的花园、弯弯绕绕的小路、花期短暂的山茶花、阳光透过百叶窗留下的阴影、前门外一直延伸到达特河的草坪，水和树叶的光泽与波动。这些景色带着一种整体的宁静，却被自身的美所干扰，这种极致的美甚至不允许安憩，它需要诗意的回应。这就是阿加莎梦里的幻景，她在其间穿行：一位胖乎乎的、满脸皱纹的女士，眼神精明，身后跟着一条黑褐色的狗。可以说这是一位乡村贵妇，但在她的脑海中却充满神秘的想法。

因此，她非常感谢罗莎琳德，以及亲爱的安东尼，在房子方面提供的帮助，实际上也是方方面面的帮助。"哦！亲爱的罗莎琳德，真是让人松了一口气。"1953 年 4 月，她听说希克斯夫妇会在她在尼姆鲁德期间负责她的事务后来信道，"我现在可以把精力放在《葬礼之后》的重要进展上了。"在二人关系的漠然表面之下，阿加莎认识到了罗莎琳德的价值，并且随着年龄的增长，阿加莎发现表达变得更容易了："我真的觉得必须让你收到一封正式的信，以感谢你为我们打造的可爱圣诞……我也知道，必须做很多工作、计划和思考，才能使一切看起来如此得当，如此自然。我很感激……"

在尼姆鲁德，阿加莎开始怀念在英国的生活："呼啸着沙尘暴的日子……一直坐在那里气喘吁吁，**渴望**回家、格林韦的番红花、雪花莲、山茶花，沃灵福德的河流，在普里拉其的你和马修，点缀着一两朵花的**绿茵之地**。我不知道我为什么会想到这个愚蠢的国家来……"1957 年，她在信中描述了自己在试图打出马克斯的目录时，龙卷风疯狂敲击着门，玻璃板砸进挖掘时的住处，然后在一张部分由防水布遮挡的床上睡觉。

> 这些，还有访客、沙蝇、奇特的甲虫和当下的蚊子，都相当程度上遏制了我的热情。读到你的水仙花，让我对普里拉其、你还有安东尼充满了渴望，可能还包括一两首日本诗！
>
> 好了，不会太久了。

但阿加莎去尼姆鲁德是为了和马克斯在一起，也为了逃避英国的压迫。罗莎琳德知道阿加莎对丈夫的忠诚有多深，而这一了解使她想保护母亲。

人们常说罗莎琳德非常喜欢马克斯。然而，她对他的性格那一贯简短的证言充其量可谓模棱两可："他不打我，也不打我母亲，至少我不记得。"[62]他的侄子约翰·马洛温说："可以说，对于马克斯叔叔带她母亲去挖掘，她被送进学校，由阿加莎的秘书照顾，她可能会感到不满。"孩提时代，她曾接受过马克斯的教导；长成年轻女性后，她会收到他略显古怪的来信，并以类似或更为疏远的语气回复；但当她成为妻子和母亲时，二人的关系不可避免地变了。然后，从 20 世纪 50 年代开始又发生了变化。

没有人确切地知道马克斯·马洛温是否与芭芭拉·帕克有过长期的韵事，后者组织了尼姆鲁德的挖掘工作，在阿加莎去世后不到两年，他就与她结婚了。如果确实发生了此类私通，也必然是在保密的情况下进行的，但相关的谣言和八卦四起，其中一些传到了罗莎琳德的耳朵里。

芭芭拉·帕克比阿加莎小十八岁，因此符合"传统"意义上马克斯应有的伴侣年龄，尽管芭芭拉本身并没有任何传统之处。在朱迪丝·加德纳看来，她是个有些可怜的老姑娘，对马克斯有着"顺从的天性和狗一样的奉献精神"，但这并非人们对她的普遍印象。"芭芭拉相当让人印象深刻，"在 20 世纪 60 年代曾是一位年轻的考古学家的朱利安·里德博士表示，"她有一种回荡的低语，一句'他是他们中的一员'会响彻整个房间。"[63]

"我很喜欢芭芭拉，"琼·奥茨说，她在尼姆鲁德的挖掘中与芭芭拉同住一个帐篷，"她是一个不寻常的人，相当有个性。你几乎可以把她列入长居近东的杰出英国妇女名单，这个名单可以追溯到赫斯特·斯坦诺普夫人那种人，她就是那类人。她非常了不起，稍微有点奇怪，但要过这样的生活，你必须那样。"[64]

芭芭拉进入考古学世界的方式表明，在战前的几年里，考古学是多么小众，对那些有热情的人又是多么开放。她曾在考陶尔德学院学习中文，在那里的告示牌上，她看到了西亚考古学课程的通知。在这之前，她曾在沃思做过人体模特，并去过皇家戏剧艺术学院，这是属于无所事事的、富有魅力的年轻女子的追求。现在她决定报名参加这个课程。那里唯一的同学是蕾切尔·马克斯韦尔－希斯洛普，她说："这个课程只存在于纸上。从来没人要上！"[65] 但在斯蒂芬·格兰维尔的鼓励下（"保佑他"）这两位女性去大英博物馆见了悉尼·史密斯，她们将与他一起研究楔形文字。"他讶异不已。事实上，他甚至感觉很神奇。"史密斯在博物馆下班后的时间里对她们进行辅导，让他的学生去找那些只用德语出版的资料，二人都不会读，不过后来又有一位幸运地会双语的女学生加入。蕾切尔·马克斯韦尔－希斯洛普是个高学历研究生，有适应学术研究的头脑；芭芭拉不是这样的人，但她完成了两年的课程。虽然根据亨丽埃塔·麦考尔为马克斯·马洛温写的传记，她从未"被她的同事非常认真地对待过"，但她显然拥有良好且好学的大脑。"那时的考古学是如此活跃，"蕾切尔·马克斯韦尔－希斯洛普表示，她对这一主题的迷恋是在听了伦纳德·伍利的讲座后迸发的，"他放出幻灯片，说：'这就是大洪水！'真令人兴奋。你永远不知道会挖出什么。而且这个领域的人非常少。我们都互相认识，每个人都是以各种稀奇古怪的方式入行的。"

当马克斯被委派至考古研究所时，蕾切尔·马克斯韦尔－希斯洛普成了他的助理讲师，而战前曾在巴勒斯坦工作过的芭芭拉于 1949 年被"抛到了巴格达"，在那里管理英国考古学院的房子。那时马克斯已经认识她一段时间了，战时写给阿加莎的一封信让她请当时在伦敦的消防部门工作的芭芭拉"把我的希罗多德"寄到的黎波里塔尼亚去。刚到伊拉克时，芭芭拉会的阿拉伯语非常少，但她学得很快，而且与阿拉伯人相处得很好。她在伊拉克的社会关系对马克斯·马洛温而言非常宝贵。"在巴格达，如果不认识对的人，你就哪里也去不了，如果遇到了困难，芭芭拉会知道应该找谁来吃饭。"[66] 因此，马克斯不仅受益于阿加莎的财富和地位，还从芭芭拉的内幕知识中获得好处。

芭芭拉身材瘦削，骨架轻盈，有一张棱角分明的脸和大而有神的眼睛。《山核桃大街谋杀案》中瓦莱丽·霍布豪斯的外形就来自她："瓦莱丽相当像芭芭拉！"阿加莎在她的一本笔记本中写道。瓦莱丽潇洒而聪明，有一种"憔悴的优雅"，尽管琼·奥茨所说："芭芭拉其实并不优雅，她有点怪，会穿库尔德式长裤。"她也很笨拙，约翰·马洛温记得，在格林韦时"你会试着让她远离盘子和杯子"。但一张在尼姆鲁德现场拍摄的照片显示，芭芭拉和阿加莎的轮廓有着明显的不同：一位有着前模特略显无力的、像苍鹭一样的姿态，另一位则像老牛一样庞大。芭芭拉显然对那些阿拉伯精英有相当大的诱惑力，很容易就能与他们交往。有一次在 20 世纪 50 年代，她上了巴格达的法院，被指控无视一项新的法律，该法律规定污水不能再倾倒在底格里斯河中（尽管像英国考古学院住宅这样的房子，其排水管延伸到了河里，没有其他简单的选择）。"然后她被传唤了，"琼·奥茨说，"她没有律师，所以决定自己为这个案子辩护。用阿拉伯语，那时她的阿拉伯语已经很好了。她在法庭上为自己辩护，被认定为无罪，法官还带她出去吃午餐。"1951 年，阿加莎在给罗莎琳德的信中提到："我们的芭芭拉，现在和阿卜杜拉酋长关系很好，她从他那里收到了十二只火鸡，一套有杂色缎尾的沙发枕和一个棱镜……"

琼·奥茨第一次见到芭芭拉是在 1952 年，当时她们都住在英国考古学院的房子里，等待着马克斯和阿加莎的到来。"前一年，马克斯告诉芭芭拉去建一所挖掘时的住处，她就上去建了一座房子（准确地说，她扩建了已有的房子）。令人印象深刻。那里非常偏远，她就一个人，必须雇用劳动力。马克斯只是告诉她去做这些事。而任何困难的事情，她都做得很好。简单的事倒总是让她被炒鱿鱼。"[67]这就是芭芭拉可笑的地方：马克斯每天都会炒她鱿鱼。曾参与挖掘工作的古典学者罗伯特·汉密尔顿写道，她"脾气很好，时不时被马克斯语带挖苦的幽默所嘲笑"。她也是他暴躁脾气的靶子。尽管她是一位有能力的碑铭研究家，但她并非天生专注的工作者——"她那段时间的笔记本看起来疲惫不堪。"亨丽埃塔·麦考尔如是写道[68]。而马克斯不管出于什么原因经常向她发火。1955年，阿加莎在给罗莎琳德的信中说挖掘中出土了"许多壮观的石碑"，因此芭芭拉"非常忙碌，充满忧郁，'我知道，如果你除了我之外没有其他碑铭研究家，就会发生这种事'，她实际上在马克斯的不断刺激下做得非常好"。

芭芭拉有能力完成破译楔形文字的艰苦学术工作，但她真正的才能在于她了解和渗透伊拉克社会的能力。即便在1958年的革命之后，芭芭拉所建立的关系依旧稳固。"英国考古学院在这方面是欠她的，"雷切尔·马克斯韦尔-希斯洛普说，"这是一项艰难的工作，而最困难的地方在于女性身份。"这一点也令人印象深刻。20世纪20年代的阿加莎也许能够做到这一切，但她不会想这样做，她也永远不会处于这种情境下。芭芭拉的勇气更有一种波西米亚的不羁味道。

马克斯一定很欣赏芭芭拉，尽管从外表看来，他似乎把她的存在视作理所当然。在指定职责之上，她做了很多额外工作，也许她是为了马克斯才这样做的。她承担的任务之一是给工人发工资：据说有一次她忘了去银行，她就给第一个人发了工资，然后问他能不能借钱给她拿给第二个人，然后又借了一次，就这样一直到最后。"她非常聪明。"琼·奥茨说。她也会做账，尽管数字从来没有对过，她会把自己仅有的钱放进去，使得总数符合要求。"而马克斯会过来说，我需要一些钱去基尔库克，从这家石油公司拿点钱，大约200英镑就够了……"[69]

1952年的冬天，芭芭拉带着琼从巴格达前往摩苏尔，目的是为挖掘时期的住所的露台买果树。"然后就开始下大雨,真的是倾盆大雨,而一旦开始下这样的雨,道路就无法通行了。但她不得不做这件事,因为阿加莎想要树。"最后,芭芭拉说服了两名警察带她去尼姆鲁德,离摩苏尔大约三十千米。"然后我们到了尼姆鲁德,芭芭拉找了警察来为树挖洞。"

阿加莎和芭芭拉是朋友,尽管不算特别亲密。她们似乎相当喜欢对方,在阿加莎的一本书中,一张纸条写道"一个芭芭拉类型的人!好伙伴"。在男人们安顿下来的几天后,两个女人每年都一起从巴格达前往尼姆鲁德,"我们像淑女一样上去",她在给罗莎琳德的信中写道。然而,正如果树的故事所展示的,阿加莎总是处于指挥地位。回到英国后,芭芭拉过着相当孤单的生活,住在侄子在肯辛顿的公寓里。格林韦的访客簿显示,每年 8 月至 9 月,她几乎都会在这里待上两三个星期。如果她是为马克斯而去,那么她也是应阿加莎的邀请前往,受阿加莎的款待,就像南希·尼尔到访斯泰尔斯的那次一样。

但问题在于,芭芭拉是为马克斯去的吗?琼·奥茨对此给出了坚定的回答:"我根本就不相信婚外情这个故事。我住在巴格达的房子里,那是一栋所有卧室都通向内院的房子。我在尼姆鲁德与她同住一个帐篷,我真的很了解她。这个故事实际上来自一个住在巴格达的房子里的人。那是个恶作剧故事。"

琼·奥茨在 1956 年结婚,嫁给了挖掘工作之后的指挥者,在那之后她当然不会与芭芭拉同住一个帐篷。尽管如此,她还是坚定地认为不存在婚外情,同样这么想的还有约翰·马洛温,他在这个问题上头脑清晰而冷静:"我记得朱迪丝和格雷厄姆(朱迪丝·加德纳的丈夫),我认为他们只是完全搞错了。我不认为芭芭拉和马克斯叔叔之间有过什么。他们是好朋友,有共同的兴趣,所以在阿加莎去世后结婚是一件合乎逻辑的事。而且芭芭拉在最后帮马克斯叔叔照料阿加莎,她提供了真正的帮助。芭芭拉一直都是个非常忠诚的人。在她的工作方面,我认为马克斯叔叔总是试图竭尽全力。我想他可能在她找到了什么工作上有一些影响,但我认为最多也就这样了。"[70]

其他认识芭芭拉和马克斯的人也是这样认为的:他们是朋友,没有别的。他们在 1977 年 11 月结婚,为了减轻对方的孤独感。通过一张拍摄于 20

世纪 60 年代的二人合照，人们会有一种强烈的亲近感：他们坐在一间位置不详（可能在东方）的起居室沙发上，马克斯穿着拖鞋舒适地阅读，芭芭拉紧挨着他，对着镜头微笑，她身边的垫子上放着一瓶哥顿金酒。他们看起来并非洋溢着喜悦，但对彼此都很熟悉。这可能是友谊，尽管看起来还要更深厚一些。确实有人说二人的熟悉是源于长期的婚外情，而在大约二十五年之后，它最终以婚姻的形式固定下来。一位朋友没有明确肯定外遇的存在，但他近乎表达了自己的确信，对于那些否认外遇的人，他说："人们所说的可能是他们眼中的真相，这可能涉及一定程度的视而不见。"

朱迪丝和格雷厄姆·加德纳并不愿睁一只眼闭一只眼。事实上，他们称马克斯与考古研究所的女学生之间还有其他情事，马克斯在 1947 年被任命为该所的讲师。这一点绝对没有证据。据朱利安·里德说，马克斯本来也几乎没有任何学生。他只记得一个值得注意的有才华的伊拉克年轻人，在马克斯的帮助下发表了博士论文，所以关于他身边有一群年轻姑娘的说法完全是误导。然而，根据加德纳夫妇的说法，朱迪丝的母亲娜恩·科恩发现马克斯在随意私通，并"向阿加莎透露了这个消息……在一个朋友的女儿不知如何追求对考古学的兴趣之后，娜恩曾向马克斯征求意见。马克斯主动帮助她，在自己班上给了女孩一个位置，尽管他没有和她建立关系，但他和其他女学生的友谊传到了女孩的母亲那里，她又告诉了娜恩"。[71]

如果想让这种故事完全令人信服，则娜恩必须在阿加莎生活中几乎无处不在，但这并不是事实。娜恩的名字是格林韦访客簿上的第一个条目（"祝格林韦、阿加莎和马克斯好运，爱你们的南斯基"），但当时在那里的还有多萝西·诺思，而在阿加莎的书信中，娜恩的出现次数并不比她更多。马克斯在战争期间提到了她，说欠她一封信。阿加莎提到她是一位有趣的晚餐客人，把艾伦·莱恩逗乐到后半夜。当她在 1959 年去世时，阿加莎写信给朱迪丝说"我会非常想念她"。然而在多数方面，她们的生活都独立于彼此。更重要的是，阿加莎根本就不是那种会建立倾诉关系的人。她是个骄傲的、自给自足的生物，完全无法想象她会在切尔西喝茶期间，与其他女性低声谈论自己丈夫的不忠。

据说马克斯"很能鉴赏漂亮姑娘"。虽然绝没有不当之举，但他曾欣赏过漂亮的继女。在巴格达时，他显然对一位大使的迷人妻子产生了极大兴趣。但很难说这些事情意味着什么，当然，琼·奥茨锐利的目光没有看到任何不妥之处。

然而，阿加莎本人从一开始就对这些可能性保持着警惕。她的工作就是人性，是对其可预测模式的追溯。对于阿奇，因为她的情感使然，她一直是盲目的。对于马克斯，她看得更清楚，尽管我们没法知道她看到或猜测了什么。但她非常清楚，如果她把自己这种婚姻写进作品里，她的读者会如何推断。事实上，她已经在《斯泰尔斯庄园奇案》中这么做了，那时候她才二十多岁，还没有被现实生活中丈夫与富有的年长人妻私通的可能性所影响。

《斯泰尔斯庄园奇案》中的阿尔弗雷德·英格尔索普并没有像马克斯在战争期间那样出门在外，他在婚姻圈子里找了一位情人，马克斯可能也是这样对待芭芭拉的。那样的话，对阿加莎而言就更难处理了。一段她能看到的关系，一个她无法否认的现实，从中可探查她对于失去另一个丈夫的潜在恐惧。这将是极大的羞辱，在她为他做了这么多之后！

然而，她意识到了另一个事实，那就是人们总是不知感激的。她知道，马洛温婚姻中的这种特殊的不平衡可能会使马克斯走向其他女人。阿加莎正在变老，而他只是中年，但问题不仅出于年龄的差距，也不是说她现在缺乏一切生理诱惑力，毕竟马克斯也不太具有这类特质；一切是因为更微妙的东西：钱是阿加莎的，房子是阿加莎的，赞助是阿加莎的，所有人都心知肚明。在一般情况下，这并不让人陌生——一个男人去寻找明确属于自己的东西是很常见的。换言之，一个情妇。

但芭芭拉是马克斯的情妇吗？根据定义，这不是一件他人能了解的事情。来自加德纳夫妇的证据很有说服力，但无法证实。格雷厄姆·加德纳对马克斯颇为了解：1962 年，他和朱迪丝住在巴格达的英国考古学院的房子里（当时马洛温夫妇不在），并拍摄了一些尼姆鲁德的珍品。根据他的叙述，他在去巴格达之前去了天鹅大厦，接受马克斯关于他要拍摄的照片的指示。在公寓里，他发现自己是个不速之客，而且马克斯和芭芭拉正在"偷偷摸摸地"进行"恋人式的幽会"。这句话的确切含义并不清楚。芭芭拉住在不远处的肯辛顿，除非格雷厄姆·加德纳捉奸捉了个**现行**——如果是这样，他肯定会提出——否则她完全有可能是以朋友和同事的身份来拜访马克斯的。

也没有任何证据证明加德纳夫妇关于马克斯"养着芭芭拉"（推测是用阿加莎的钱）的说法：正如亨丽埃塔·麦考尔写的那样，她是"马克斯的奴隶"，是他的秘书，通常是不可缺少的助手，所以如果他在经济上帮助她作为回报，这也符合事情的本质。加德纳夫妇还表示，这段婚外情是在温特布鲁克进行的。这一点同样很难证明。加德纳夫妇之外曾有人说，在芭芭拉到访格林韦时，她和马克斯会长时间关在图书馆里，芭芭拉的帆布鞋放在门外，以示他们不应受到打扰。这个小细节比其他任何东西都更有说服力，因为它似乎很难是编的。有一点可以肯定的是，罗莎琳德相信这段婚外情存在。难怪她不希望母亲得到数千英镑，用于进一步塞满马克斯的口袋。也难怪她会有如此尖锐的保护欲，毕竟从某种意义上说，这对阿加莎而言是另一种羞辱——如果她怀疑自己的女儿为什么要这样做的话。

根据加德纳夫妇的说法，当这段情事持续了大约二十年，一直到20世纪70年代，马克斯变得"迫不及待地希望阿加莎死去，这样他就可以和芭芭拉结婚"。[72] 那并不是实情。实际上，他把目光投向了其他地方，尤其是光彩照人的卡莫伊斯男爵夫人，后者住在温特布鲁克附近宏伟的斯托纳庄园，靠近泰晤士河畔亨利，是一座宏伟的天主教建筑。[73] 珍妮·卡莫伊斯·斯托纳出生于1913年，是一位爱尔兰子爵之女和一位西班牙大公的私生女。她是一位真正的绝世美人，能够让男人目眩神迷，但她也有致命的缺陷。她咒骂起来像装卸工（"你可以滚蛋了"），在战争期间毫无顾忌地支持纳粹（"好哇，希特勒万岁！"），并以近乎蔑视的态度对待自己善良的丈夫。马洛温一家是她富有而知名的邻居，她与他们建立了友谊。1976年3月，她的丈夫在阿加莎去世两个月后离世，当时，她在马克斯这位本地鳏夫身上看到了合适的替代者。她的算计是，阿加莎会给他留下数以百万计的财产。当然，情况要复杂得多。但似乎在很短的一段时间内，马克斯确实认为自己有可能在未来成为这位艳俗的、带着异域风情的男人克星的丈夫。然后，不管出于什么原因，马克斯退出了斯托纳的舞台，也许他的朋友建议他这样做看起来并不全然合适，也许是珍妮了解到马克斯并不像她所相信的那样富足。

马克斯有一位不如卡莫伊斯夫人棘手的伙伴,一位二十岁左右的年轻女孩 D.,他在阿加莎去世后不久与 D. 结为好友。她问他是否可以在温特布鲁克的院子里放牧她的小马。阿加莎当时病得很重,但在阿加莎去世后,马克斯联系了这个女孩,二人很快就亲近起来。他用他的奔驰[74]载她去布多思用午餐——"那是我,只是穿着邋遢的衣服"[75]——并会突然带她去福特纳姆梅森百货商场吃冰激凌。他把车停在外面,"几乎就在皮卡迪利"。[76]马克斯的车总是很张扬,他还经常在路中间开车。20 世纪 50 年代,他有一辆银色的劳斯莱斯,据约翰·马洛温所说,这是"一台怪物般的机器",他会以约七十英里每小时的速度开着它在德文郡斯拉普顿沙滩的弯道上行驶。最后,D. 开着宾利带马克斯去格林韦——"沿途停下来享用雪利酒和沙丁鱼三明治"——马克斯忍住了想"看看它能不能跑到一百三十英里每小时"的冲动。可以想象,当自己的继父开始与这位新伙伴定期出现,当 D.(也许她并不知道)在阿加莎买于 1928 年那间克雷斯韦尔广场附近改自马厩的小屋里免租金住了六个月时,刚刚失去亲人的罗莎琳德是怎么想的。"你为什么不来我的房子住?"[77]他说过。他还建议她可以一起去伊朗:"像个女主人一样,带他到处走走,诸如此类。"对马克斯来说,这显然是在做白日梦。那时,他在东方游荡的日子早已过去了。

这段关系没有任何不妥之处,它是最后的狂欢,不掺杂性的要素。但这并不是人们所期望的行为。D. "觉得阿加莎在最后阶段有些难对付,她的去世对马克斯而言算是某种安慰。我认为阿加莎生命中的最后两三年对他来说很艰难"。因此,他的行为就像一条年迈却仍然活泼的狗,终于松开了狗链。他很享受自己以前的教师角色——"他像我的导师"——特别是与这位非常年轻、直接、无畏的女孩一起,她对他崇高的地位不以为然,对他的成就一无所知。"我只是坐在那里说:'好吧,那你做什么工作?'"这毫无疑问逗乐了他。阿加莎会多么清楚自己丈夫在做什么。这正是马普尔小姐会拿来当作男性蠢事的例子,即"绅士们"如何喜欢被仰视和扮演科菲多亚国王。马克斯花了那么多年时间挤入上流社会,搞学术方面的政治活动,做了那么多年的阿加莎·克里斯蒂先生。因此,与这个聪明而不张扬的年轻生物一起溜进宾利车,让她享受一段快乐的时光,是多么令人耳目一新啊。

当然，她在记忆中对他有着极大的好感。"每个人的生活中都应该有一个马克斯，那就像一场野餐。"[78]

D. 当然认识芭芭拉，她"总是在附近"（蕾切尔·马克斯韦尔－希斯洛普记得芭芭拉说，"我周末什么事都不能做"[79]，因为她要在温特布鲁克照顾马克斯）。"芭芭拉很好，她是个特别的人，她把罗莎琳德逼疯了，因为她不肯吃这个，不肯吃那个……她有一件漂亮的旧毛皮大衣，有些破旧，但她在夏天会穿，因为她觉得冷，我想这也曾让罗莎琳德很生气。"

D. 说："罗莎琳德曾经喜欢谈论阿加莎。但她有很强的占有欲，对自己记忆的占有欲非常、非常强。"[80]

D. 显然察觉到了罗莎琳德对芭芭拉的反感，马克斯是带着某种程度的恐惧告诉继女自己计划再婚的。"永远不会有人取代我亲爱的阿加莎的位置，"他在 1977 年 3 月的信中写道，"但我想她会赞同，因为她曾经告诉我，万一她出了什么事，让我结婚……我现在很孤独，和挚友芭芭拉在一起会改变这一切。"

"很明显，他应该和芭芭拉结婚，"D. 说，"因为她在那里待那么长时间……他说：'我很想问你。'感谢上帝他没有！不，从来没有过什么……我是说，我曾经常被取笑。"

芭芭拉在马克斯生活的舞台边待了这么久，而且看到即使现在他也可能受到其他地方的诱惑，对她而言，最终嫁给他会是一种解脱吗？大部分时间都在温特布鲁克的 D. 表示否定："她并不感到困扰。我听到她说：'这太傻了，太傻了，我知道他会照顾我的。'但马克斯想娶她以示感谢。"马克斯和芭芭拉在温特布鲁克宅邸共同生活了不到一年时间。他们的伴侣是小狗宾果，它是阿加莎的第二条曼彻斯特㹴犬，在阿加莎晚年时被一位细心的朋友视作"她的盟友"。

1978 年 8 月，马克斯去世后，芭芭拉得到了 4 万英镑，她最终用这笔钱在沃灵福德买了一套房子，在那里她独自生活，直到 1993 年去世。温特布鲁克被卖掉了。这让罗莎琳德非常痛苦，因为房子里到处都是属于阿加莎的东西，她经常需要求证那些东西是不是她母亲的，而且里面甚至还有阿奇的东西。阿加莎在母亲去世时至少不必为她的家庭财物而战，但罗莎琳德却要这样做。"必须非常清楚，根据我母亲的遗嘱条款，她把所有的个人物品都留给了我，"她在1981年写信给马克斯的弟弟塞西尔·马洛温，"其次，根据马克斯的遗嘱，在芭芭拉离开房子后，我可以挑选某些与我母亲有关的特别装饰品。我一直都知道并同意温特布鲁克是马克斯的房子……"

D. 记得罗莎琳德在马克斯葬礼后的午餐会上，"在温特布鲁克四下走动，说：'那是我的，那是我的……'"换言之，她仍然没有得到自己应得的东西。但真正让罗莎琳德不安的是对母亲的顾虑，她庞大的劳动成果散落各地，这与她的愿望背道而驰，而这都是因为马克斯。

然而，阿加莎本人的态度却截然不同。无论她对第二任丈夫有什么怀疑——如他是为了钱才娶她的；如他的不忠；如若她先于他去世，他很快就会再婚——她仍然大胆地与他站在一边。1971年，她给罗莎琳德写了一封关于她的戏剧的长信，当时罗莎琳德正在敦促她不要重新制作《小提琴手五人组》，那是一部反响很差的晚期作品。信的结尾说："我知道你把我的最大利益放在心上，就像 A. P.（玛奇）恳求我不要嫁给马克斯一样……甚至拒绝来参加婚礼——我很感谢自己没有听她的话！那样的话，我会错过四十年的幸福。如果人不承担一些生活的风险，那还不如死了算了！"[81]

马克斯成就了她的幸福，这就是阿加莎的立场。这可能意味着马克斯与芭芭拉·帕克并没有长期的婚外情，马洛温婚姻直到最后都是相互奉献的。这是马克斯在他的回忆录中的描述。也可能是马克斯有外遇，而阿加莎对此一无所知，也许她主动选择了这样。

或许也有一层更复杂、更成熟、更容易接受的意味。这方面的证据就在阿加莎的作品中，它们往往是通往她神秘性格的关键所在。

她的戏剧《裁决》于1958年上演，但结果并不成功。它在首晚就遭到了嘘声，只演出了四个星期。这不是一部"阿加莎·克里斯蒂"戏剧：没有谜题，没有结局，这是一部人性剧。中年教授卡尔与残疾人恩雅是一对夫妇。卡尔的一个年轻学生海伦激情澎湃地爱上了他，以至于她谋杀了他的妻子，并将其解释为一种仁慈的安乐死行为。另一个女人丽莎则被指控犯罪，身为教授妻子伙伴的她和教授相爱，尽管二人压制着激情，也没有付诸行动。"每月、每年，她都会变得更虚弱一些，"丽莎如是说恩雅，"她可能会像这样继续很多很多年。"

答复是"这对他来说很艰难"。

"正如你所说，"丽莎说，"这对他来说很艰难。"

对于学生海伦，丽莎说，"她当然爱上了卡尔"，但丽莎不认为他会回应，事实上他也没有。"你懂得太少了，"当海伦公然向他示爱时，他对她说，"你说话像个孩子，我爱我的妻子。"女孩无法理解这一点，她说他可能曾经爱过恩雅，但现在她已经老了，她作为与性相关的存在，其生命已经结束，她不再是同一个人了。

> 卡尔：她是，我们没有改变。那里仍然是同一个恩雅。生活会影响我们，欠佳的健康、失望、流亡，所有这些都在真正的自我之上形成了一层外壳，但真正的自我还在那里。
>
> 海伦：我认为你在胡说八道。如果这是一桩真正的婚姻——但它不是。在这种情况下，它不可能是。
>
> 卡尔：这是一桩真正的婚姻。

剧终时，卡尔向恩雅的医生坦白，自己爱上了丽莎。

> 卡尔：我爱她。你知道我爱她吗？
>
> 医生：是的，我当然知道。你已经爱了她很久了。
>
> 卡尔：……这并不意味着我不爱恩雅，我确实爱恩雅，我将永远爱她。我不想让她死。
>
> 医生：我知道，我知道。我从来没有怀疑过这一点。
>
> 卡尔：也许这很奇怪，但一个人可以同时爱两个女人。
>
> 医生：一点也不奇怪。这种事经常发生。你知道恩雅曾经对我说过什么吗？"我走后，卡尔必须娶丽莎。"

《泰晤士报》对于《裁决》的看法大致是：尽管该剧没有人们熟悉的

"阿加莎·克里斯蒂"式的惊喜，但它确实带来了另一种惊喜，即"人们应该像她让他们表现的那样表现"。总体而言，这些评论都是刁钻刻薄、屈尊俯就的。然而，这出戏随着时间推移越来越好，比《蜘蛛网》乃至《控方证人》等成功戏剧都更卓越。诚然，卡尔和海伦的行为并不"现实"。相反，他们是在根据自己的信念行事：卡尔试图保护海伦免受谋杀罪指控，因为根据他的哲学信念，她没有能力实现她所做的事（"生活还没有教会她理解和同情"）。但庇护海伦反而导致了丽莎被指控谋杀。因此，好人卡尔也是危险的。他依据想法而非现实来生活，在某种程度上，正是他头脑中这种盲目的奉献使得他对女性有吸引力。阿加莎看到了他的愚蠢，也看到了他的美德。如果这不是关于马克斯·马洛温的真相，那几乎也是阿加莎所感知的真相。

这也是她婚姻的真相吗？马克斯是否同时爱着两个女人？他是否对芭芭拉有感情？而这些感情就像《裁决》中的那样，在他妻子的有生之年并未有过实质行为？我们不可能知道，阿加莎在多大程度上把这种情况写进了她的剧本。最有可能的答案是不完全是。在某种程度上，她可能是在欺骗自己，写下她想相信的东西。然而她在剧中面临着很多问题，她也没有让自己的生活一帆风顺。没有理由认为她对自己的婚姻进行了美化。在所有矛盾心绪中，她看到了婚姻的现实。而且，与剧中的恩雅不同，她与之和平共处。

戏剧不是报告文学，创造力转化和塑造了现实。《裁决》不是一部自传，但它是玛丽·韦斯特马科特小说的姊妹作品：后者如此无休止地在阿加莎对阿奇的爱的问题上徘徊，前者则勾勒出了一种不同的爱，不完美、不整齐、神秘而稳固，这就是阿加莎与马克斯的爱。

战争期间，阿加莎曾向马克斯描述过一个梦，梦中她再度被抛弃了："我在惊恐中醒来，不得不一遍遍地告诉自己，这不是真的，这不是真的，我有他的信。"有一封特别的信被保存在格林韦的一张小桌子的秘密抽屉里。这封信是写给阿加莎的，让她在结婚六周年的时候收到，这让她很高兴。

> 我有些时候会想，但并不经常，有两个人像我们一样共同找到真爱，那是深藏不露、难以捉摸的东西，风吹不走它。

你是我最亲爱的朋友，也是我亲爱的爱人，对我而言，随着岁月的流逝，你依然美丽而珍贵。你有全世界所有人里最可爱的面孔。这是一封来自爱人的信，亲爱的，我不再继续画蛇添足了，除了再说一句，我认为没有任何人能够了解，我们对彼此有多么重要。[82]

第十一章

上帝的标记

我不会再返回来时的路，

回到宁静的乡村，那里的小丘

傍晚时分是紫色，而突岩

阴郁而宁静……

（摘自《达特穆尔高地》，阿加莎·克里斯蒂）

"谢谢你成为阿加莎·克里斯蒂。"

（来自美国马里兰州的粉丝信）

《裁决》的反响让阿加莎感到心烦意乱，其失败将成为她笔下的剧本的通常命运。她统治西区乃至百老汇的辉煌时期即将结束，只有《捕鼠器》还在乘风破浪。

1959 年，《不速之客》表现很好（"《裁决》得到了补偿"，阿加莎在给埃德蒙·科克的信中说），上演了十八个月。但是，人们认为改编自《五只小猪》，并于 1960 年 3 月在公爵夫人剧院开演的《命案回首》一剧，存在严重不足。"她的对话是如此严格的功利主义，几乎没有哪怕是装出来的生活色彩。"《泰晤士报》写道。在给罗莎琳德的信中，埃德蒙·科克警告道："我们有史以来收到的最恶毒的媒体报道，甚至把《裁决》算在内……阿加莎最好在戏剧方面休息一段时间，继续创作新的小说，毕竟小说是她成功的基石。"[1] 在回信中，罗莎琳德写道，《命案回首》的评论"似乎让每个人都很惊讶。我母亲对此真的很不高兴"。《愤怒的回顾》上演后，戏剧界发生了变化。阿加莎改编戏剧中的无力感，从前被她名字的耀眼光芒所掩盖，现在则暴露无遗。

不过，她并没有结束戏剧创作。自 1924 年以来，她一直意欲接受这项挑战，当时她在《索赔者》的短暂演出中扮演了玛奇的配角。她对排练、演员和首演之夜的世界很感兴趣，同样，她在那里并不害羞，尽管她总声称厌恶彼得·桑德斯用以维持《捕鼠器》活力的巧妙宣传，她还是顺从了这一切（"'萨沃伊的地狱'见！"[2]她给埃德蒙·科克写信道）。仿佛在她内心的某处，那个梦想着歌唱伊索尔德的少女仍然渴望得到表达，而将她的创作在舞台上展现出来就是一种实现。否则，当评论几乎表现一致的敌对时，她为什么渴望自己的戏剧上演？

她认为公众仍然喜欢她的作品，只有批评家认为她是个软弱、易于攻击的目标。"无论我在剧本里写什么，都会得到讨厌的剧评，"她在 1971 年写给罗莎琳德的长信中说，"主要是因为《捕鼠器》，年轻记者们对它很反感。"这话是有道理的，尽管没有阿加莎所希望的那般。1962 年，当《无人生还》的演出在二十四天后被停演时，《标准晚报》写道："公众并不在意《无人生还》。"当然，《裁决》在首晚就遭到了嘘声（尽管令人难以置信的是，这部分是因为幕布落得太早，切断了最后两句重要的对话）。毫无疑问，书籍和戏剧的接受度之间的分歧越来越大。阿加莎去世后，这些作品经常被重制，成为剧团的热门支柱，并时不时在西区上演（"你不得不承认：克里斯蒂太太总能逍遥法外。"[3]1987 年《无人生还》重演后，迈克尔·比林顿写道）。今天，它们仍然经常出现：在巡回演出中，仿佛直接移植自 20 世纪 50 年代；也在聪明的年轻导演的手下重现，例如 2017 年的《控方证人》。21 世纪重温"精心制作的戏剧"的风尚已经延伸到了阿加莎·克里斯蒂。但是，除了《捕鼠器》可能比任何看过它的人都要长寿之外，她作品的经久不衰是否具备任何有意义的前提？

至于改编剧本，答案无疑是否定的。它们质量不高，这顺便证明了阿加莎并非单纯的情节制造者。在书中，情节**确实**很丰富，有潜台词，也有共振，但当书被改编成剧目时，它就陷入了困境，像一具摇摇晃晃的骨架，失去了赋予它艺术生命的核心。在阿加莎进行戏剧改编的作品中，有两部最为优秀：《空幻之屋》和《五只小猪》。这样的结果让人怀疑，她自己是否了解这些作品的优点。

原创剧本要好得多。《裁决》和《亚克纳顿》[4]体现了阿加莎创作的反面：它们具备玛丽·韦斯特马科特小说的纯真品质，尽管其拒绝取悦观众的做法在舞台上不甚理想。相反，《蜘蛛网》是部令人愉悦的娱乐性作品，几乎算是一部荒唐喜剧。《控方证人》散发着自信和舞台艺术的才华，对其原作的改编之大使其**事实**上成为一部新的作品。至于《捕鼠器》，很容易把这部老作品随意地视作纳尔逊纪念柱和科文特加登市场之间的旅游路线上的一站。然而其中心主题——没人要的孩子会发生什么——几乎严肃得不能再严肃了，而且（鉴于她母亲的经历）也更接近阿加莎的内心。人们不禁要问，如果把这出戏制作成准悲剧而非圈钱之作，效果会如何？

戏剧伴随阿加莎成长，就像今天电视伴随人们成长一样，她热爱戏剧。她在《沉睡谋杀案》中承认了戏剧的情感力量，在《借镜杀人》中承认了戏剧的幻觉力量。她创造的演员都是富有洞察的人物素描，如《怪屋》中自我陶醉的玛格达，《三幕悲剧》中魅力四射的查尔斯·卡特莱特。毫无疑问，她了解这个媒介。

然而，她戏剧天赋的真正归宿实际上不是她的戏剧，而是她的小说。它们有一种天生的戏剧性。这很可能就是它们如此具有活力的原因。它们由一系列短小场景构成，尽管缺乏描述，却高度形象。一段段对话——阿加莎对此极为擅长——是如此全无关联的联系材料，以至于它们读来很像剧本。这些书的结构甚至都像戏剧：在等同于第四幕的地方达到复杂的顶点，然后铆足劲头走向解决，而且几乎无一例外地以一段长长的独白为标志。

阿加莎也总能通过行动展示人物。一个极好的例子来自《底牌》：为了证明一个年轻女人是小偷，波洛买了十九双丝袜，让她挑出她认为最好的色调。当他不在房间时，她偷了两双。这就是以场景形式出现的人物，非常具体而实在，节约到了极致。人们能**看到**它：仿佛它已经在荧幕或舞台上。这就是为什么对阿加莎作品的改编，经常是在不加干预地直接照搬时效果最好（很少有作家能做到这一点）。她凭本能创作，而且本能地掌握戏剧的原则。

所以她不喜欢有人劝她放弃戏剧。她在曾经常胜的地方失败了，但她明白这与潮流的变化无常有关，而她对此感到不屑。她知道科克希望她集中精力写书，他对戏剧不可预测的命运发表了不甚含蓄的评论，他在1960年4月写道："难怪戏剧会毁掉那么多作者，尤其是那些完全依赖戏剧的作者"。但她的经济状况可能使她对此类建议略感轻视，当版税被直接送到税务部门时，写畅销书的意义何在？无论如何，次年阿加莎创作了三部新的短剧，机智但不足道，题为《三分律》。这些剧目于11月在阿伯丁开演，当时阿加莎正在"波斯"旅行（她总这样称呼它）。科克报告说，《三分律》收到的评价"总的来说既友好又肯定"，尽管这些剧目越靠近伦敦，受欢迎的程度就越低。在布莱克浦，其首演日只获得了38英镑的票房收入。罗莎琳德在牛津看了这些剧，马修写信给科克说："我听到了关于《三分律》的可怕传言：妈妈似乎认为一切都很'糟糕'，但她总是这样。"5

彼得·桑德斯没能弄到西区的剧院，正如科克所说，"这给我们解决了一个问题"。但到1962年底，桑德斯成功搞定了公爵夫人剧院，那里如今是阿加莎戏剧的大本营。《三分律》在那里开演，评价很差。"我从未见过如此可耻的混乱局面。"科克在1963年元旦写道。《星期日电讯报》撰文称："惊悚作品是戏剧最低级的形式。它作为难题越好，作为戏剧就越差。但糟糕的惊悚片甚至不遵守自身的逻辑，只是个乏味的恶作剧罢了。公爵夫人剧院的真正受害者是观众。"（这篇特别的评论）**真的**让我抓狂！"阿加莎写道，"'与现在的海滩生活相当脱节。'我怀疑是否有人比我更了解海滩上的真实生活，我所有的8月都在南德文郡度过！牺牲自己，为了侄子和其他孩子的快乐。我是**权威**。批评家是多么刻薄无知的一群人啊！"6

至少在报纸上，这一观点已成为主流：阿加莎过气了。1962年，《无人生还》[1]灾难性地重新上演，这部标题可疑的戏剧的失败进一步加强了她作为一个消失时代的象征的印象。当代历史倾向于相信，在约翰·普罗富莫向议院撒谎，以及披头士乐队获得英帝国勋章时，这个时代就已经被扫进了历史的尘埃。好像事情就那么简单，阿加莎·克里斯蒂在德鲁里巷的统治可能已经停止，但正如埃德蒙·科克所说，戏剧并不是她成功的基础，无论它如

---

[1] 当时的标题为《十个小黑人》。

何助推她到达明星地位。真正重要的是书籍。也许人们购买"圣诞节的克里斯蒂"的部分*原因*是它象征着一个消失的时代，但无论如何大家还是会买，而阿加莎的销售量只是越来越高而已。20世纪60年代，她稳步走向一个崭新的、几乎比肩皇室的地位，并在1970年她八十岁生日时达到了顶峰。从那时起，她的地位再也不可动摇。她是世界上最畅销的作家，作品销量仅次于《圣经》和莎士比亚的作品，而且现在仍然是这样。

然而在1961年，休斯·梅西和哈罗德·奥伯的办公室都向其员工发出了一份现在可能已经被销毁了的克里斯蒂手稿清单。"曲线继续上升。"埃德蒙·科克在1955年如此描述她的销量。6年后，人们认为这条曲线已经达到了顶峰。甚至那些为她工作的人也无法相信这一现象的力量。

她的手稿也未必会得到那些仰赖其生活的人的无限喜悦和尊重。经常会有些琐碎的小攻击。哈罗德·奥伯在给科克的信中表示，《黑麦奇案》中童谣的使用似乎很牵强，而且她对"读者不太公平"。对于《地狱之旅》，"我想她不会考虑另写一个结局，所以我们会尽力把它（作为连载）按原样销售"。对于《帷幕》，他直截了当地写道："我不喜欢这个故事。"1959年奥伯去世后，科克与多萝西·奥尔丁联络，她是一位活泼的通信者，会寄来八卦的小批评。[7]"我不知道该就这个故事说些什么，"关于《破镜谋杀案》，她如是写道，"只是从巴德科克太太被谋杀的那一刻起，我就读得胆战心惊，生怕阿加莎会把风疹对怀孕的影响作为主要线索。""别向阿加莎转述我的话，但这不是她写过的最好的故事，是吧？"这是她对《雪地上的女尸》的评论。而当科克要求她尝试销售一个不寻常的短篇小说《裁缝的娃娃》时，她这样描述某位杂志编辑："如果他觉得自己不能买，我知道的，这将使他心碎。我的猜测是，他的心会碎。""有没有人像我一样想知道，马普尔小姐是如何知道艾尔维拉·布莱克是贝丝·塞奇威克的女儿的？"她在读完《伯特伦旅馆》后叽叽喳喳地问道，"我好奇她是不是太聪明了，以至于她推断出了这一点，还是别的什么。"还有对《天涯过客》的更强烈的意见："坦白地说，我对这部作品感到非常失望。在我看来，这似乎是一个糟糕的间谍故事的模仿，而且连它模仿的故事都奇弱无比……"[8]

美国方面的关键问题在于阿加莎的作品是否适合连载市场。在她年轻时，如果需要的话，她会进行改写，以便卖给像《星期六晚报》这样的杂志，但晚年时的她拒绝这样做。这便是奥伯对《地狱之旅》格外在意的原因，结果确实被《星期六晚报》描述为"完全荒谬"（事实的确如此，尽管这部作品本身被低估了），还有对《破镜谋杀案》主题的普遍担忧。在阿加莎的名声和人气如此之高时，美国杂志市场竟然如此挑剔，这颇有些不寻常。战前，他们几乎是在抢购她的所有作品。现在，她被视为与时代脱节了。1968年，《星期六晚报》拒绝了《煦阳岭的疑云》，表示："恐怕不适合我们。情节当然很巧妙，但人物都老迈得离谱。"这种直截了当的拒绝并不少见。《好管家》杂志拒绝了《帷幕》："我希望能给你一个漂亮的报价……但恐怕我甚至无法给你一个小额或是合理的价格……我必须承认我认为它很乏味。每个人都那么老，所有的角色似乎都合在一起，成了某位老顽固……"

现代世界正在响亮、清晰、平庸地表达自己，尽管如此，现代世界仍在阅读阿加莎·克里斯蒂。鉴于此，阿加莎对她认为是文学代理人和出版商的随意对待发起了奋力反击。她一直对拙劣的封面、愚蠢的简介和类似东西持批评态度。现在，她确实可以大为光火了。在读了《破镜谋杀案》美国版的简介后，她写信给科克："我的出版商出版我的书三十多年了，应当知道如何拼写马普尔小姐的村庄圣玛丽米德，是 Mead 而不是 Meade。"然后，在 1966 年的新年前夜，她爆发了，就像她在 1971 年写给罗莎琳德的关于她戏剧的信那样。她在信中祝科克新年快乐——"如果对我们中的任何一个人来说，这样的事情是可能的话"——然后开始了一连串烦恼的抱怨："**首先**，对于我的出版商和其他自作主张的人做的那些愚蠢和**极其**令人讨厌的事情，我必须更严格地控制。"她对多德米德公司出版的一辑短篇小说《幸运数字十三》格外恼火，该书被营销为"面向年轻读者的神秘故事"。

我的作品是为成年人写的，而且一直都是。

我相信你丝毫没有意识到我有多么介意被欺骗——我厌恶《幸运数字十三》的出版——就在《第三个女郎》应该独领风骚的时候……难道我**丝毫**不能控制自己写的东西如何被印刷吗？如果我可以禁止的话，我在这里说明，现在我不想让《赫尔克里·波洛的丰功伟绩》中的任何一本再单独出现。它们是设计好的一系列……你和哈罗德·奥伯都得考虑我和我的感受……为自己感到羞耻是一种痛苦，真的，为了我没有要求或想要的东西。你必须牢牢盯住柯林斯，我不相信他们……多德米德也一样。当他们下次又有那种好主意时，在征求我的意见并得到我的同意之前，绝不许推进。我个人非常喜欢多萝西·奥尔丁，但公司必须代表我控制好多德米德，否则我怎么知道他们在做什么？……

那么现在，还有什么别的抱怨吗，阿加莎？！

1960年，阿加莎从"锡兰芒特拉维尼亚酒店"给科克来信，当时她刚开始在斯里兰卡、印度和巴基斯坦旅行。她说自己一直在畅游。"我感到几乎像少女般无忧无虑！！"

但在1962年12月，她一直都很强健，只是偶尔抱恙的身体出现了初步衰落的迹象。她恢复得不错，但受到了前所未有的打击。报纸报道说，她在巴格达逗留期间得了流感，"无限期"暂居那里。事实上，她的"流感"还包括支气管炎和胃炎。她在临近年底时离开，"仍然相当脆弱"。她的秘书斯特拉·柯万写信给埃德蒙·科克说："我将亲自带着阿加莎的貂皮大衣去机场，把她包起来。"[9]

阿加莎还患有银屑病，这是一种影响她双手的神经性疾病。而且她说，希望"万能的主给我一双新的脚"，这是她希望继续像以前一样生活的表现。1970年，在她为庆祝八十岁生日而接受一系列小型采访时，多数记者都评论说她看起来多么健康而有活力。

马克斯的健康状况就不那么好了。不像阿加莎，他毕生都抽烟喝酒，而且从20世纪60年代初开始遭受了几次轻微中风。"他突然看起来比自己的年龄老了一倍，而且相当虚弱。"1961年8月，科克在给多萝西·奥尔丁的信中写道。然而，像阿加莎一样，马克斯有足够的勇气和活力，直到最后他还坚持着仿佛生命还在前方那样生活。在他去世前晚，他躺在格林韦的床上，告诉年轻的朋友D.，第二天他将教她打桥牌。

但到1967年，冒险的日子几乎已经告一段落。春天，马洛温夫妇去了伊朗，这是阿加莎最后一次到访东方，这片在近四十年前给了她宝贵的希望的土地，当时她勇敢地前往巴格达，寻找新的世界。前一年，她和马克斯去了美国。除了与阿奇（顺便一提，阿奇在 20 世纪 30 年代曾多次前往纽约）进行环球旅行时的短暂到访外，她就再也没有去过那里。现在阿加莎想去看看她父亲祖先的国家。她"坐着车穿过米勒家族祖居的马萨诸塞州伊斯特汉普顿镇"，奥伯办公室的一位年轻女士带她去了她祖父纳撒尼尔·米勒位于布鲁克林的格林伍德公墓的墓地。哈罗德·奥伯公司和多德米德公司的所有代表都被阿加莎"迷住了"，就像她在 1956 年访问美国时一样，尽管背地里他们把她当作一个可爱的、稍微有些无聊的怪老人。"亲爱的多萝西，请注意！"科克来信道，语气在一定程度上被多萝西·奥尔丁的活泼不敬所感染，"阿加莎昨天告诉我，她去美国的真正目的是挑选一些大号短裤……她想起了你在泳装方面的能力，我非常担心，亲爱的，你是做此项工作的人选。"到了现在，这种异想天开的要求有许多，简直是阿加莎版本的后台清单。她是个明星，如果她心血来潮地要求，比如某种她记得在 1956 年吃过的"金叶枫糖"，那么哈罗德·奥伯公司就必须设法为她找到。"给阿加莎做的这些杂事是魔鬼，占用了那么多时间和精力，"科克写道，尽管就像芭芭拉和果树那次一样，这些要求必须被满足。在阿加莎和马克斯抵达美国之前，哈罗德·奥伯公司和休斯·梅西之间就这两个月的逗留安排进行了大量的沟通。"亲爱的，很抱歉打扰你，"科克在给多萝西·奥尔丁的信中说，"但你的答复可能会让我更容易应对那些重复的问题，我确信当马洛温夫妇从瑞士回来时，我就得面临它们。"[10]

现在，欧洲是阿加莎的目的地：巴黎、比利时、拜罗伊特、上阿默高、梅林根。"我在梅林根时，不要把任何东西转发给我，除非是紧急到不得不处理的事！"她在 1966 年 7 月写给科克的信中说，"对我来说，没有信是生活中最大的快乐！"这次瑞士假期安排有一辆豪华汽车，尽管马克斯要求的是"更简朴"的款式。这不太寻常，包括他们搭乘经济舱去美国旅行，正如约翰·马洛温所说，"我的叔叔婶婶总是说他们没有钱"。[11] 看上去阿加莎财务状况的现实似乎终于得到了理解，尽管其中仍存在特别的矛盾之处。马洛温夫妇下榻巴黎丽兹酒店，但马克斯抱怨价格太高。他们大部分时间住在温特布鲁克，但"几乎没有在房子上花什么钱"，[12] 在它被售出时，人们发现天花板的状况极其糟糕。格林韦的情况要好一些，因为它由罗莎琳德和安东尼打理。马修在 1967 年结婚后接手了普里拉其。并且为了能随时在场，希克斯夫妇搬进了格林韦花园下方的费里小屋。

逐渐走向八十岁生日的阿加莎需要更多的照顾。然而，她在 20 世纪 60 年代出版的作品可以说比前十年的书更强烈、更富有创造性。那时她的作品是口述，而不是打出来的，这最终使阿加莎的风格带上某种难以抹去的多话感。1969 年的《万圣节前夜的谋杀》也许是第一部展现这一特点的作品。然而，在她七十到八十岁间的大部分时间里，她的写作仍然水平不减。《灰马酒店》很可能是她笔下最有创意的作品，包括多层复杂的内容，其间贯穿了麦克白式的、对邪恶本质的沉思，这是一项令人震惊的成就。《破镜谋杀案》是一部富有同情心的挽歌，而《加勒比海之谜》是一部宜人且愤世嫉俗的成人作品。阿加莎也在向新的领域迈进，迎头赶上她被认为与之格格不入的新世界。《伯特伦旅馆》、《第三个女郎》和《长夜》对现代性有着出色且自信的把握，可见阿加莎在直视着陌生的面孔。

《第三个女郎》的背景是时髦的伦敦，一个充满了"垮掉的一代"青年、随意的性行为和毒品的城市，那里的姑娘像"没有吸引力的奥菲利娅"，男孩像美丽的凡·戴克作品。"你的编辑对你'掌握'年轻人的方式感到惊讶。"1966 年 8 月，科克钦佩地告诉她。书中的大部分内容由阿加莎用阿里阿德涅·奥利弗有力而清晰的声音写就——她是对着录音机坚定地说出来的——而在《第三个女郎》中，这对她很有利。奥利弗太太公开表示对伦敦的时尚感兴趣，她的思维过程是阿加莎本人的简化版，使得社会背景都生动起来。例如，她跟踪一个年轻人（她叫他"孔雀"）到切尔西一个破烂的画家工作室。这个场景完全令人信服，奥利弗太太在那里发现的三个人也是如此，他们用典型的年轻人的态度对待她：友好、缺乏尊重和略带威胁的混合体。奥利弗太太像阿加莎一样滴酒不沾，当有人请她喝时，她拒绝了。"这位女士不喝酒，"孔雀说，"谁能想到呢？"

但《长夜》中的威胁更深重，这也许是阿加莎·克里斯蒂最令人吃惊的作品。在七十六岁那年，阿加莎迈出了异常大胆的一步。她选择从一个年轻的工人阶级男性的角度来创作这部作品——迈克·罗杰斯，他拥有大量的天然优势，被他自己几乎都不理解的梦想所束缚。他渴望一种不同的、宏伟的生活：一座美得不可言喻的房子，一位女神一样的姑娘。他为实现梦想而杀人，杀人本身转而成了他的梦想。在他掐死自己的姑娘时，他说："我现在不属于她。我是我自己。我正在进入另一种王国，不是我所梦想的那个。"

阿加莎谈到这本书时，仿佛它与她笔下的其他作品没有多大区别："人们（在她告诉他们自己在写什么的时候）摇着头，就像在说'这样一位乡下女士为什么要创造这种角色？她会搞得一团糟的'。好吧，我不认为我搞砸了，而且这并不非常困难。我听我的清洁女工说话，听她和她的亲戚说话。我一直喜欢商店、公共汽车和咖啡馆。而且我耳朵一直竖着。这就是秘密所在。"[13]

她打一开始就有敏锐的耳朵，当时她拾起在埃及听到的细节和节奏，把这些写进她少女时期的小说《荒漠上的雪》中。但《长夜》给人留下的深刻印象不在于迈克极少出错的叙述声音，而是他思想的呈现。阿加莎本能地理解20世纪末的信条，它们与她自己的信条如此相悖：对权利的感觉使人们相信，他们想要的任何东西都应该能够得到。迈克·罗杰斯不仅是精神病患者，也是自己所属的道德贫乏时代的产物，而阿加莎的教养中渗透了责任和无私的想法，把他认得一清二楚。她理解他的魅力、他随性的冲动、他的漂泊性、他的利己主义。他相信他能创造自己的命运，相信满足欲望就等同于实现愿望。他的灵魂应该所处的空间是这部作品的核心：欲望和悲哀混作一团，弥漫在《长夜》的字里行间。

阿加莎已经开始不信任年轻人了。这并不是年老的副产品——无论美国的杂志对她有什么看法——而是对于她在这个世界上所见所闻的务实评价。她知道青年崇拜会带来危险，因为根据定义，它否定智慧和经验：它让迈克·罗杰斯成了他这样的人，因为它认为力量和男子气概会比理智和美德更快地帮他得到想要的东西。她晚期的小说中充满了对轻松、自私、不受良知束缚的青春的警告。在《伯特伦旅馆》中，艾尔维拉·布莱克是"路西法的孩子之一"；《第三个女郎》中冷酷的英俊生物犯下了谋杀、袭击和伪造罪；《复仇女神》中的特权阶层、年轻的迈克尔·拉斐尔被判袭击罪，还有可能的强奸罪（尽管"你必须记住，现在的女孩比过去对强奸更有所准备"）。[14]

在《万圣节前夜的谋杀》中，有两个孩子被杀，但都没有人感到特别惋惜：一个是骗子，另一个是敲诈者。这部作品在很大程度上是对青春本质，以及那些认为青年必然等于无辜的这种轻信的反思。"在当下，儿童犯罪并不罕见，都是些相当年幼的孩子。七岁的孩子，九岁的孩子，等等……"《万圣节前夜的谋杀》中确实有一个漂亮又善良的孩子：十二岁的米兰达（这个名字明显暗指莎士比亚作品）。然而在很大程度上，作品给人所传达的感觉是，青春的纯真并非与生俱来；在一个过于看重年轻人，而且太愿意为他们的错误开脱的世界里，它很容易被腐蚀。一个警察说："有些时候，我听到'取保候审，等待精神病医生报告'这些话就会感到厌倦。一个小伙子闯入某个地方，砸碎几面镜子，摸了几瓶威士忌，偷了银器，打了一个老妇人的头。"

但是，阿加莎对青年崇拜的恐惧在《天涯过客》中得到了最清晰的表达。阿加莎的代理人和出版商很不喜欢这部作品，但它在她八十岁那年大卖，仅精装本至少售出七万册。诚然，这本书得到了许多周年纪念活动的支持，但它也触动了人们的神经。凭借她"准确无误的直觉"（正如波洛对奥利弗太太的评价），阿加莎现在倾向于关注全球性的恐怖、邪恶的增长、单纯暴力行为的增加等课题。人性一直是她的主题。她毕生都在那些做出不寻常行为的人的内心深处寻找可识别的、熟悉的东西。现在她察觉到，那些使人们彼此相熟的东西正在被侵蚀和取代，甚至不再**需要**了。

她在《他们来到巴格达》中暗示了这一点，这部作品中的恶棍是战后雅利安理想的信徒："长着邪恶面孔的天使，他们想创造一个新世界，不在乎为此伤害谁。"《地狱之旅》主题类似，尽管这次的斗争对象是狂热的共产主义者。到了1970年，敌人已经不同了，不那么容易辨认，而年轻人成了媒介："年轻人比老年人更容易受到影响，"她在回答关于《天涯过客》的一系列问题时表示，"邪恶也能比善良更好地表现出宏伟和重要。谦逊是，而且应该是基督教中的首要美德。我认为，如今对暴力和残酷的崇拜，以及那些认为没有暴力就无法达到目的的人，是一股极其邪恶的影响，而它在许多国家和地区都很成功。目前在阿尔斯特发生的事件就是这一影响的主要体现……"

"我对政治本身从未有过丝毫兴趣，我的兴趣是被世界各地新闻中记载的年轻人的反叛和无政府状态所引起的。"

《天涯过客》的主人公，或者说反主人公，是非正统的外交部人员斯塔福德·奈伊爵士，他那些麻烦的怪癖阻碍了他的事业发展，却使他有能力独立思考并抵制意识形态的诱惑。"我希望我爱人类，我希望我爱它愚蠢的样子。"他对自己说。不分青红皂白的爱和恨同样危险。矛盾的是，把人类看成是可爱的并不符合"人性"。斯塔福德爵士的道德观是易变、灵活、有些厌世的。它使得他能够加入站在人性一边的战斗，而这场战斗阿加莎并不确定是否能取胜。有人指出，这在某种意义上是对赫胥黎的《美丽新世界》的邪恶回声，现在只有通过使用药物才能驯服人们的攻击性。阿加莎口中的"本沃"是某种麻醉品或百忧解：它能使人平静到诱发"人造善良"的程度。它应该被广泛使用吗？《天涯过客》的态度模棱两可。

> "对人性有好处的东西是棘手之物。可怜的老贝弗里奇，没有需求，没有恐惧，什么都没有……它没能在地球上创造出天堂，我想你的本沃或随便什么称呼——听起来像一种专利食品——也不会把天堂带来地球。仁爱就像其他东西一样有其危险性。它将做的就是消除大量苦难、痛楚、无序、暴力和为毒品所奴役。是的，它将阻止很多坏事发生，而且它可能会拯救一些重要的东西。它可能——只是可能——改变人们，改变那些年轻的人。"

这便是阿加莎对未来的看法：有预见性，也有勇气。《天涯过客》的结尾相当乐观（尽管有些荒谬），因为在内心深处，阿加莎相信人类的救赎。她毕竟有信仰。尽管如此，她还是接受了旧秩序的消逝和无序的进入，在她的小说《伯特伦旅馆》中，她也以一种更细微、更个人化的方式表达了接受。

在这部作品中，她重温了自己的过去。在她与现代世界的激烈交锋中，随着她将记忆录入录音机，这成了她越来越爱做的事。《伯特伦旅馆》是弗莱明的理想化版本（不是康诺特，如多萝西·奥尔丁机灵地猜测的那样），是一部完美的爱德华时代的作品。为了回忆自己的青春，马普尔小姐到访了这家酒店，发现它完全没有变化。休息室里仍然烧着火，仍有人一丝不苟地奉上茶水，搭配香饼和黄油松饼；脸色红润的女佣送来早餐，鸡蛋煮得恰到好处；酒保博学地谈论着纽伯里的赛马；顾客由美好的家庭、孀居贵妇和神职人员组成；"电视室"则被隐藏起来，人们看不到。

> 这似乎好得不像真的。她很清楚，以她一贯清醒的常识，她想要的仅仅是把自己对过去的记忆用原来的颜色翻新一下。她生命中的大部分时光不得不用来回忆过去的快乐……她仍然坐在那里回忆着。以某种奇怪的方式，这让她重新活了过来——简·马普尔，那个穿着粉白衣服，热情活泼的年轻姑娘……

马普尔小姐的记忆正是阿加莎的记忆：陆军和海军商店，坐着四轮马车去看午后场演出，剧院里的咖啡奶油。马普尔小姐穿越了她曾经熟悉的伦敦，发现它几乎完全变了模样。伯特伦旅馆能完好无损地保存下来似乎是个奇迹，而且正如她所意识到的那样，它确实"好得不真实"。伯特伦旅馆只是一层假象，是对过去的虚拟现实再造，里面都是像她这样的人物，为空无一物的舞台布景增添了逼真感：红木可移动家具是用象征性的纸板和浆糊制成的。"五点钟"，一个法国人在伯特伦旅馆的门厅里赞赏地说道，一个路过的警察自言自语："那个家伙不知道'五点钟'已经像渡渡鸟一样死透了！"

对于她所熟悉的世界的消失，阿加莎还能用什么更加完美的形象？那些认为阿加莎·克里斯蒂是陈腐生物的人是多么错误，错得多么彻底。悬浮在永远是1932年的英国，在烧着火的休息室里舒适地享用茶点，这些正是阿加莎自己正在描绘的假象。

她知道世界已经改变了，尽管她的批评者和粉丝认为她并没有随之改变。然而，像马普尔小姐一样，她可以直面现代世界想要回避的事实。《伯特伦旅馆》中的年轻女孩艾尔维拉·布莱克拥有各种优势，但她却毫无顾忌地杀人和撒谎。在阿加莎和马普尔小姐的眼中，她不可救药：这是一个可悲的事实，但到底是事实。然而，当这部作品被送到《好管家》作为连载出售时，该杂志给哈罗德·奥伯公司写信说，如果在他们那里出版，"他们必须表明，这个女儿至少会有一些精神上的帮助和指导……必须有一些暗示，即她可以被挽救"。这就是阿加莎和现代情感的分道扬镳之处：不是因为她比起可口可乐更喜欢伯爵茶，而是因为她愿意看到人性的真相。她一直都知道人所能企及的悲惨程度。她知道表面上正派的男人和女人会毫无界限地自私行事，对安全、财富或幸福的渴望可以超越一切，除了最强烈的道德感。她知道杀人犯有时值得同情，但必须考虑这种同情的效果。她比谁都更清楚，通奸可能会造成不可估量的痛苦，而且犯下这一罪行的既有恶人也有好人。她知道虽然孩子们可能看起来天真可爱，但他们有能力作恶，而成年人也有能力对他们作恶。这就是她所写的东西，不加评论，也不需要评论。这就是她的主题。晚年时，她看到了现代世界的天真，那是一种对完美性的政治化信仰，以及其与对意识形态、无政府状态和暴力的热爱之间的联系。

与此同时，她愈加退回到自己的秘密想象中，描绘以往的记忆。

在《煦阳岭的疑云》中，塔彭丝·贝雷斯福德回忆了自己在第一次世界大战中担任志愿救护队队员的生活。"那里有所有的士兵，"塔彭丝对自己说，"外科病房。我负责 A 排和 B 排。"在确认了女凶手的身份后，她的前夫说出了那段熟悉的《培尔·金特》的引文：

> **她是谁？她自己吗？那个真实的她，那个真正的她？**
> **她是谁——那个额前有上帝印记的她？**

在《天涯过客》中，斯塔福德爵士的姑婆玛蒂尔达回忆起她遥远的青春："你看，早上姑娘们会做一些有用的事情，养花或清洗银质相框……下午，我们被允许坐下来读一本故事书，《曾达的囚徒》通常是我们最先读到的书之一……"1903 年，阿加莎在阿什菲尔德的自白录中这样写道：她最喜欢的男性小说人物是"鲁道夫·拉森迪尔"，《曾达的囚徒》的主人公。

在《大象的证词》中，轮到奥利弗太太回忆阿加莎的过去："然后她进入了自己脑海中的想象，隐约记得小时候去上舞蹈课，在方块舞里站第一个。前进，后退，伸手，转身，转两圈，回旋，等等……"在这部作品中，阿加莎创造了一个名叫泽莉的人物，她是个守着秘密的家庭教师。

> "雷文斯克罗夫特夫人生病了，一直在医院里。泽莉回来后就陪伴她，照顾她。我不知道，但我相信，我想，我几乎可以肯定，当悲剧发生时她在那里。所以你看，她肯定知道到底发生了什么。"

这个人物有夏洛特·费希尔的影子，那位坚定的年轻女性一直相伴左右，保持沉默，直到她去世的那一天，就在阿加莎去世两个月后，在她退隐后居住的位于伊斯特本的小房子里。夏洛特离世前向侄女们坦白：自从她的前雇主去世后，她的心一直感到不安。[15] 卡洛曾爱过阿加莎，这不涉及性——有人这样提及，也许是因为马克斯明显察觉到了她的威胁——而是类似于《五只小猪》中的家庭教师威廉姆斯小姐的奉献精神，她对被背叛的妻子卡罗琳·克雷尔的钦佩之情是如此之深，以至于她做好了为她隐瞒的准备。

在阿加莎的最后一部杰作《复仇女神》中，有一些不同的、更加晦涩的回忆。这部作品深具个人色彩。它充满了激情，而马普尔小姐强烈地感受到了她与之毫无距离的这种激情。这本书讲的是迈克尔·拉斐尔的故事，他是马普尔小姐在《加勒比海之谜》中遇到的拉斐尔先生的儿子。拉斐尔先生死后通过他的律师布罗德里伯和舒斯特传话给马普尔小姐，让她调查一起犯罪。迈克尔·拉斐尔因谋杀与他订婚的年轻女孩维里蒂·亨特而入狱。

马普尔小姐见到了准备为这对夫妇举行婚礼的神父，他对她说：

> "在一对夫妇真正爱着对方的时候，我是知道的。我指的不仅仅是性吸引。现在有太多关于性的话题了，人们过分关注它。我不是说关于性的任何事情都是错的，那是无稽之谈。但性不能取代爱，它与爱并行，但它本身并不能成就什么。爱意味着婚礼上说的那些话。无论顺境还是逆境，无论富有还是贫穷，无论疾病还是健康。这就是你要承担的，如果你爱着，并希望结婚。那两个人彼此相爱，互相扶持和爱护，直到死亡将人们分开。"

在书的结尾，马普尔小姐解决了这个案子后，她又回头思考神父的话。

> "我想，他并不相信这将是一场幸福的婚姻，但在他看来，这是他所谓的必要的婚姻。因为如果你爱得足够深，你必要付出代价，即便代价是失望和一定程度的不快乐。"

《复仇女神》是一部迷人的作品，尽管彼时阿加莎的口述中会有明显的冗余和重复。它其实不算是一个侦探故事，更多的是对爱的现实的冷静思考："一个最可怕的词"。阿加莎在一本情节笔记本中计划了这部作品，在这一页的顶部，她写道："复仇女神——1971 年 1 月——D. B. E.（英帝国高级女勋爵士）"。正如埃德蒙·科克在 1956 年预测的那样，她在新年的荣誉名单上获封女爵士。在缓慢且不可阻挡的低落之前，她的生命达到了最后一个辉煌的高峰。

1971 年，阿加莎已年迈。她最后一次尝试戏剧，写了一个名为《小提琴手五人组》的水平不高的小剧本，被彼得·桑德斯拒绝了。早在 1962 年，在《三分律》的溃败之后，桑德斯拒绝了阿加莎为玛格丽特·洛克伍德写的一个粗略剧本，而埃德蒙·科克在给罗莎琳德的信中礼貌地抑制住雀跃心情："目前在伦敦，我看不出还有任何克里斯蒂戏剧上演的前景。"但《小提琴手五人组》于 1971 年在布里斯托尔开演，当时阿加莎正在巴黎度假。正如预期的那样，评论普遍不佳。带着痛苦的保护心理，罗莎琳德告诉母亲，这部戏不应该选在伦敦上演。阿加莎在从温特布鲁克寄来的长信中，答复间流露出一种近乎愤怒的焦虑，以及一种近乎可悲的愿望，她在提醒罗莎琳德——以及她自己——她的成就。

> 我没有特别促进此事，我不明白你为什么如此反对它在巡回演出中取得商业上的成功，如果它确实如此的话。我想你或马修或哈里森养老院以及其他在公司中受益的人都不会拒绝收益分成……我知道我会得到不好的评价，我也已经得到了几个惊喜的好评，还在许多剧院

收获了五次谢幕。《捕鼠器》最初在巡回演出时，只有一条评论可以用作广告，所有的批评家都有些不看好。《裁决》在伦敦并不成功，但我非常高兴它上演了。我也不得不忍受几部戏剧和电影，我讨厌自己的名字与它们产生联系……

阿加莎接着长篇大论地写道，她是多么不喜欢自己作品的早期戏剧改编。

正因为我如此厌恶它们，所以我才决定自己改编《空幻之屋》。我是在普里拉其做这项工作的，你当时竭尽全力劝我不要这样做！如果你成功地让我坚持只写小说，可能就不会有《捕鼠器》，不会有《控方证人》，不会有《蜘蛛网》。我可以停止我的作品的任何改编，但我应该就不能成为剧作家了，那样会错过很多乐趣！……

所有戏剧相关的东西都是纯粹的赌博。如果没有伦敦的演出，我会为你感到相当高兴的！

那年 6 月，阿加莎被送进了牛津的纳菲尔德医院，她在温特布鲁克摔断了髋骨。"情况危急了一两天，"埃德蒙·科克给她的美国代理公司去信，"但我很高兴地告诉你，她已经奇迹般地康复了。"[16] 回家后，她给女儿写了一封语气不同的信。她的字迹杂乱无章地堆在一张小卡片上，看起来非常苍老和虚弱。

亲爱的罗莎琳德，从医院逃出来回到家里，真是太好了。你把那个房间布置得非常好，而且很凉快，比楼上的卧室凉快多了。在医院的最后几个晚上极其闷热，几乎无法入睡——粘在一个没有涂够粉的便盆上，皮肤几乎都被撕下来了。到处都是你插的花，特别可爱，我真高兴。你一直都这么好。

我路走得很好，医生和护士们都这么说。马克斯无私地在夜里照顾我。在无数的便盆接二连三把人吵醒之后，用上便桶绝对是一种奢侈。贝尔森太太［温特布鲁克的管家］非常善良地帮我穿衣服和调整我的腿。亲爱的罗莎琳德，你能过来做这些，真是太好了……

宾果开始原谅我离开他了。

宾果取代了1969年去世的蜜糖。它高度神经过敏，"你知道的，阿加莎，你的狗疯疯癫癫的"。A. L. 罗斯会在到访温特布鲁克时对她说。电话的声音让它发狂——"阿加莎曾有个幻想，即宾果相信电话里住着魔鬼"[17]——而且它会咬所有来家里的人，偶尔也咬马克斯，虽然马克斯还是很喜欢它。但宾果很听阿加莎的话。就像四十年前的彼得那样，它是忠诚的必要之源。"每天清晨，它都会钻进阿加莎的羽绒被，带来它的爱意。"罗斯这样描述这条小狗。

在阿加莎和斯诺登勋爵之间的一次对话录音中可以听到它狂躁的吠叫声，后者在1974年到访温特布鲁克，进行了一次拍摄。阿加莎本人听起来很有礼貌，和蔼可亲，却明显疏远。斯诺登不得不努力获取她的回答，这与《东方快车谋杀案》中波洛对德拉戈米罗夫公主的费劲采访遥相呼应。录音里也能听到马克斯的声音，他偶尔会插一嘴。其间，阿加莎被问及她作品的电影拍摄情况，她对这个问题并不热心。她非常不喜欢《长夜》[18]改编的电影，反对半色情的暴力："它有一处非常令人不快的场景，写在最后，那极其没有必要。我指的是另一个女人被勒死的那段，那一段被拍成了非常可怕的场景，我当然不喜欢那里。"马克斯说，他认为这部电影的摄影很好。"哦，"阿加莎说，"我不这么认为。"

斯诺登还问起即将上映的《东方快车谋杀案》，以及令人眼花缭乱的明星阵容——艾伯特·芬尼、约翰·吉尔古德、劳伦·巴考尔等——是否会让她感到烦恼。"是的，我想它会，如果是这样的话。"事实上，当她看过这部电影时，她并没有提出反对意见。在经历了米高梅之后，她开始激烈地反对电影。例如她多次拒绝好莱坞提出拍摄《天涯过客》的请求。她这一次之所以同意，部分源于这是蒙巴顿勋爵直接向她提出的个人请求，她曾在1969年就《罗杰疑案》与他通信，他的女婿布雷伯恩勋爵想制作这部电影。"如你所知，"蒙巴顿勋爵在1972年底来信道，"我们一家人都是'阿加莎·克里斯蒂'的粉丝……我们都不认为目前为止拍摄的电影对'阿加莎·克里斯蒂'精神做到了真正的公平对待。"

"我必须坦率地告诉你,对于我的故事改编的电影,我的立场很艰难,"阿加莎在回信中写道,"它们看起来如此让人痛苦,剧本如此糟糕,选角如此差劲……在我看来,坚决拒绝任何电影请求反倒容易得多,尽管如此,我还是很想见见你的女婿。"毫无疑问,布拉伯恩勋爵虽然是制片人,但也是一位勋爵,这一点让她感到放心。这部电影是1974年的票房热门,总体而言也获得了批评家的好评,尽管多萝西·奥尔丁不喜欢它("但我知道该闭上嘴"),《时代》杂志的锐评中有一句评论暗含讽刺,但并非全然不准确:"总体想法是,如果是肖恩·康纳利或英格丽·褒曼本人,而非他们扮演的角色被怀疑有罪,一切将更加有趣。"事实上,《东方快车谋杀案》比这要好得多,它极富情调,点缀着动人之处,姑且算得上是一部经典影片。它引领了一种全新的小说改编风格——高知名度的明星载体。其后继者没有超越它,但在选角方面仍然全力以赴,这有助于强化这样一个印象,即阿加莎·克里斯蒂的名字和那些代表她作品的演员一样星光闪烁。

1971年,阿加莎从髋关节手术中恢复过来,年底时又能走路了。她去杜莎夫人蜡像馆为她的蜡像进行测量,慢悠悠地为圣诞节买了一些东西。"往年我大多把这当作一件趣事,"她在给埃德蒙·科克的信中说,"但现在我累了,想回家了。"这是一种不曾有的感觉。"我太累了,"她向格林韦的管家坦白道,"而他们在等我写的每一个字。"字句仍在不断涌现:1972年,她创作了《大象的证词》,并对《小提琴手五人组》进行了修改,更名为《小提琴手三人组》。阿加莎去吉尔福德看了该剧,尽管还是没能在伦敦找到剧院上映它。

到1973年,她愈加退缩到自己私人的、秘密的、富有想象力的世界里。她在零散的纸片上写下自己的想法:

> 我已经八十三岁了。我想在八十三岁的时候,感觉自己还是六岁、十岁、二十五岁吗?不,我不想。这意味着抛下一个拥有平静心灵和有趣回忆的时代,回到一种更糟的活动中去,或使之成为复数——各种活动中去,同时缺少必要的机制……

我不希望我自己回到那里……我有不同的喜好和乐趣，那是属于1973年的，我有从音乐中获得的快乐，在风景里感受到的巨大喜悦，红红黄黄的叶子和树木带来的秋天之美，还有当吞噬光明的黑暗到来时，进入睡眠的快乐——

清晨到来时的兴奋，新的一天，那一天会带来什么？新的东西？还是什么都没有——我们不知道。但那一天是属于**我的**，它向我走来。我活着，在这里等待着——

它就像过去一样确定且真实，过去与我同在，一切飘来飘去，永远与我同在。我只需打开每个人心里的秘密保险箱，我的金丝雀在我小床附近的笼子里，我的约克夏㹴犬……

这种对过去的感知慢慢变得强烈起来，像平静的水盈满了她的心。在收山之作《命运之门》中，她让汤米和塔彭丝·贝雷斯福德搬进了新家，里面装满了她的旧物。《命运之门》中唯一属于1973年的东西是一条曼彻斯特㹴犬"汉尼拔"，它像凶猛的小影子一样跟着塔彭丝。

"我五岁时就开始读书了。"在书的开头，塔彭丝坐在她那舒适而杂乱的新书房里说。

"在我小的时候，每个人都可以。我不知道人甚至是需要学习的……如果有人在我四岁的时候就教我如何拼写就好了。当然，我父亲确实教过我做加减法和乘法……

"他一定是个聪明的人！"汤米说。

"我不认为他特别聪明，但他真的非常非常好。"

书房里有阿加莎孩提时代的书：莫尔斯沃思夫人、《布谷鸟钟》和《四面来风的农场》。"她没法像记《布谷鸟钟》和《织锦挂毯的房间》那样把《四面来风的农场》记得那么清楚。"塔彭斯把它们扫视了一遍，陶醉其中："哦，这是《护身符》，这是《萨玛尔德》……《曾达的囚徒》。一个人首次对浪漫小说的接触……"最后，她坐在椅子上，像个年轻女孩一样蜷缩着身子，沉浸在史蒂文森的《黑箭》中。

汤米和塔彭丝家外面的花园是阿什菲尔德的花园。那里有名叫"K. K."的温室，木马玛蒂尔德，上色的马车"真爱"，还有南美杉树。塔彭丝在花园里骑着真爱，想起在玩一个叫"河里的马"的游戏。"你把你的滚圈拿出来。她的滚圈代表着马匹。白色的马，有鬃毛和顺滑的尾巴……"

"这很糟糕，不是吗？"多萝西·奥尔丁在给埃德蒙·科克的信中说，"比前两部差多了。即便有时间，我也不会尝试连载，除非有人强烈要求。我的小可怜，我希望有人能以某种方式告诉她，这本书不该出版，为她自己好。"[19]

20世纪60年代以来，阿加莎的作品都需要一定程度的润色，部分原因是录音机使她变得更加啰唆，但任何编辑工作都无法使《命运之门》成为一部紧凑的侦探小说。马克斯试图帮忙，罗莎琳德则根本不希望这本书出版。书中偶有一些熟悉的闪光点，例如她描述汉尼拔"有一种特殊的本领，可以随心所欲改变体型，（这样）他就不会显得有些肩很宽，像是一条过于圆润的狗，他可以在任何时候把自己变得像一根细细的黑线"。但这本书整体情节难以捉摸，实际上几乎不存在情节，而且现在阿加莎的声音弯弯绕绕，像一个无比老迈的妇人在遥不可及的生活道路上慢慢爬行。"现在四五岁的，或六岁的孩子，到了十岁或十一岁时似乎还不会阅读。我想不出为什么这对我们而言是那么容易，我们都会阅读。我和隔壁的马丁，还有住在这条街上的珍妮弗，还有西里尔和威妮弗雷德。我们所有人……"

在一本笔记本上，她写道："1973年10月，可能性和想法。一个烹饪的故事。关于蛋白酥？""据说房子里有鬼。鬼是一条狗？一只猫？二者都是——"

她还有一个关于刻在山坡上的，古老的白马图案的想法：

> 白马，一样的想法。艾丽斯和朋友海伦……前去考察英国的各种白马。艾丽斯伸长脖子仰起头，使她的视野能够涵括山顶。白马的轮廓清晰可见。我喜欢它，她对站在身边的朋友海伦说——我记得我第一次看到它时……山坡上所有的白马都将被清除——这是邪恶的耻辱。

他们会把它们全部擦除，然后在每个地方安排野餐地点。我们美丽的英国白马……

然后，她的思想最后一次以那种古老的、确定的、探索的方式飞翔。

杰里米与朋友讨论谋杀。如果一个人杀了人，对他的性格会有什么影响？……没有动机，不为任何理由，只是一个有趣的实验。犯罪的对象是自己。一个人将不得不犯下蓄意杀人罪。持续观察自己，自己的感觉，做笔记。我是否感到恐惧？悔恨？快感？

这可能会是一部了不起的作品。然而，对阿加莎周围的人来说，《命运之门》明显将是她最后一部作品。因此，1974年没有出版新书，而是出版了一本故事集《蒙面女人》。毕竟每年都得有阿加莎·克里斯蒂的作品。1975年，原本打算在去世后出版的《帷幕》[20]终于获准出版，引得著名的《纽约时报》发表了这位比利时侦探的讣告。

有人说《帷幕》有些奇怪，因为它是在出版前多年写成的，因此没有真实的时间感，所有对具体时期的提及都被抹去了：它有"一种历史的失重感"，正如约翰·萨瑟兰在文章《波洛的双重死亡》中所写的。[21]事实的确是如此。尽管它写于阿加莎的辉煌时期，《帷幕》仍旧充满了其创作时的感觉：一种只有在阿加莎去世后，它才能为公众所见的信念。它有一种流离失所之感，流动着忧郁的气息。

波洛奄奄一息，缩成一团，头上的假发像乌鸦的翅膀一样黑。黑斯廷斯为他日渐衰弱的朋友，为他死去的妻子，为他不理解的女儿感到悲伤。这本书的背景是斯泰尔斯，一个悲伤而阴郁的地方。"我不喜欢这所房子，它有一些邪门的感觉。这里会有事发生。"阿加莎是在1940年写下这段话的，当时在她的思绪里，12月夜晚中开车离开斯泰尔斯的记忆尚未远去——也许一直未曾远去。

但是，《帷幕》可怕的悲哀首先在于它缺乏解决方案。凶手是一个永远不会被指控、永远不会被抓住的人。他已经完善了诱使他人实施谋杀的技术——他已经完善了邪恶。黑斯廷斯的女儿朱迪丝和她所爱的已婚男人富兰克林医生谈论了许多关于应该如何结束无价值的生命的话题。"我不像你们那样把生命看得如此神圣,"富兰克林说,"不适宜的生命,无用的生命,它们应当让出地方。到处都有这么多乱七八糟的东西。"这是贯穿《帷幕》的主题之一。书中几乎每个人物都认为另一个人是可有可无的,并觉得世界没有他们会更好。

然而,被要求将这一理论付诸实际的人是波洛。他毕生都在为正义服务。现在,为了阻止谋杀的发生,他必须实施谋杀。没有别的办法。他知道这一点,但在一封给朋友留下的信中,他写道:

> ……黑斯廷斯,我不知道自己所做的事是否正当……我不相信人应该把法律掌握在自己手中……
>
> 但另一方面,我就是法律!……
>
> 通过夺去诺顿的生命,我拯救了其他生命——无辜的生命。但我仍然不知道……也许我不知道是对的。我一直都如此确定,太过确定了……
>
> 但现在我非常谦虚,像个小孩子一样说:"我不知道……"

在与马克斯·马洛温结婚的初期,阿加莎曾写道:"我认为,如果在我们生命的最后一刻,我们能感到自己从未对任何人造成过伤害,那将非常好——你不觉得吗?"[22] 孩提时代的她在美德中找到了宽慰和安全感:她相信善良自有力量,尽管现在的世界告诉她,情况正好相反。"记住,你在这个世界上始终有一项真正的工作要做,因为你是那些重要的、善良的人之一。"[23] 马克斯在战争期间给她的信中说。他高度评价她的慷慨大度,不仅是因为她给予他的,而是因为其本身:无论如何,他都对自己的妻子怀有深刻的敬意。

在她的追悼会上,她的出版商威廉·柯林斯爵士说:"阿加莎知道真正的宗教意味着什么。这个世界因为她的存在而变得更加美好。"她的朋友悉尼和玛丽·史密斯的儿子写道,她"总是试图悄悄地行善"。[24] 斯蒂芬·格兰维尔的女儿说："我不知道她有任何不善良的地方。"[25]还有琼·奥茨："她是一个非常非常好的人。"[26]

当然，事情并不是那么简单。尽管她有足够的聪明知道美德应该是怎样的，但对于简单而直接的美德而言，她过于聪明了。她有一种责任感，它帮助她在1926年之后重获新生，但这是对生命本身的责任，而非对其他人的：她没有像她的母亲那样，觉得自己必须为了孩子而康复。阿加莎的美德在于她的活力。正因此，她对这个世纪的描绘充满了热情和好奇：她的生命拒绝自我浪费，而这是一件高尚的事情。作为艺术家，她也站在美德的一边：她的侦探小说探讨正义，她的玛丽·韦斯特马科特作品则在她的人物中寻找人性，没有任何人被轻视。但作为艺术家，她终究是孤独的，在这样的前提下，美德的概念则是次要的。

1973年，她在格林韦度过了最后的圣诞。神奇的格林韦，在那里，宾果像上了发条的玩具一样在寒冷的白房子里跑来跑去，那里的花园在冬天有一种不同的美：光秃秃的、互相缠绕的树木划过卧室的窗，达特河是一条沙沙作响的灰色丝带。阿加莎常常想起德文郡，她偶尔会收到一些老太太的来信，她们曾是她儿时在托基的朋友。"我非常清楚地记得你，还有你亲爱的母亲。"伊登·菲尔波茨的女儿写道。"我记得和奥默罗德家的小姐们一起举行的那些奇特有趣的烛光茶会……托基变化很大。"[27]"我时长想起你和我们在老托基的那些快乐时光，"另一位朋友写道，"我们以前在梅利斯宅邸玩的那些猜谜游戏！我现在八十七岁了，我们这一代人只剩我了。"[28]

现在，阿加莎是唯一剩下的那个。六十岁时，精力充沛的她推出了《谋杀启事》，其中一位老妇人谈到她死去的朋友时，她曾这样写道："你看，她是与过去的唯一联系。唯一一个记得的人。现在她走了，我很孤独。"在娜恩·科恩于1959年去世后，她也写过："她是我最后的朋友之一，一个我可以与之谈笑过去，以及我们还是女孩时的乐趣的人。"[29]但十五年后，阿加莎已经深深地潜入了过去，她不再孤独。

她出席了《东方快车谋杀案》的首映式，坐着轮椅来到现场，但站起来迎接女王[30]，这是她最后的外出之一。1974年10月，她心脏病发作，但不久后，她在《捕鼠器》的年度晚会上做了最后一次公开亮相。彼得·桑德斯写信给罗莎琳德说：

> 我听说，你对于我让你母亲来有些不高兴……我问阿加莎或马克斯，她是否愿意在邀请函上作为女主人之一出现。这不仅仅是为了宣传，因为无论如何都会有的，但我觉得她作为"邀请人"之一会看起来更棒……我从埃德蒙那里得到她的消息，她有一天病得很重，有一天又在埃克塞特赛马会上颁发捕鼠器奖杯。这是怎样的一位女士啊！[31]

但事实上阿加莎病得很重。罗莎琳德非常想让她避免参加《捕鼠器》派对等活动。12月，她跌进了温特布鲁克的法式窗户，头部严重受伤。她现在很瘦，由于服用治疗心脏的药物，她的身体像她笔下的小个子侦探一样缩水了，她的头现在对她的身体而言有些太大。在巨大的眼镜后面，她的眼睛蒙上了一层荫翳，向着其他世界搜寻。"这是你我之间的秘密，她非常虚弱。"埃德蒙·科克在1975年7月写信给多萝西·奥尔丁。

她现在住在温特布鲁克。她的最后一个圣诞节过得暗淡阴郁（"贝尔森太太于12月23日星期二离开，由芭芭拉代替，她将于27日星期六离开，"马克斯给罗莎琳德去信，"星期六27日，我们希望你能过来，并和我们一起待到星期三31日"）。宾果像一头小黑狮一样坐在她身边，马克斯在他那可以看到泰晤士河的书房里写自己的回忆录，芭芭拉也住了下来。阿加莎并不总是快乐的。有一天，仿佛是在绝望的愤怒中，她拿起一把剪刀，剪掉了自己的头发。一位来用午餐的朋友记得，她谈到了当时的自由党领袖杰里米·索普，但她说的内容毫无意义。在另一个场合，她突然提出："我想知道卢肯勋爵出了什么事？"她那美丽的大脑正在分崩离析，或者说，它只是在以不同的形状重塑自己，在日趋黑暗的世界中灿烂而明媚着。

> ……那一天是属于*我的*，它向我走来。我活着，在这里等待着……
> 我有可能会成为一名雕塑家，我也有可能会成为一名钢琴家，我也有可能通过训练成为一名歌剧歌手。也许我可以谱写音乐。这么多事情都有可能发生。当然，其中大多数都不会，人逐渐会知道……

在光线缓慢消失时，阿加莎平静地坚持着她的信仰。"我要去找我的造物主了。"1976 年 1 月 12 日下午，她在温特布鲁克去世前不久，人们听到她这样说。医生来的时候，宾果困惑地叫着，只有他不知道死亡的紧迫。

四天后，阿加莎被埋葬于乔尔西的圣玛丽教堂，那里距温特布鲁克几英里远，周围是平静无声的田野。根据她的要求，安葬仪式以《圣经·诗篇》第廿三篇开始，其中包括一段《仙后》的朗读："劳累后的睡眠，暴风后的港口，战乱后的和平，生命后的死亡，这是最大的快乐。"[1] 这句话也被刻在了她的墓碑上。阿加莎长眠在英国静谧的心脏地带，远离偏远之乡德文郡，但那里的深绿色山坡、冬季的薄雾和银色的水域仍然是她的精华所在。

在她去世前几年，有人问她对一个棘手的文学问题的看法。卡夫卡曾要求他的作品在死后全部被烧掉，但马克斯·布罗德没有按照要求销毁它们，这样做对吗？"一个作家的文学产出绝对是他个人的财产，也确实是他自我的一部分，直到他要求将其出版和出售，而把它展示给世界的那一刻，"她答道，"我同意，如果某些作品深具创造性，销毁它们是极其令人不快的。销毁私人通信、笔记、日记或信件等，我应该会毫不惋惜地去做。"[32]

然而，她保留了一切：她离开了，但她的生活被留在了身后。不仅仅是作品、声名、不灭的伦敦戏剧——还有去世后亟待出版的自传，它以一种既真实又虚伪的方式讲述了她的故事。她的生活被留在她的房子里，填满了每一个橱柜、每一个阁楼和每一个秘密抽屉。焦虑涂写的笔记本，散发着久远香味的毛皮大衣，柔软的洗礼花边，沉重的绸缎长袍，镶嵌珠宝的包。装有阿奇·克里斯蒂的情书的手提箱，以及他给她的结婚戒指。她母亲的来信，信中有克拉拉在蜜月时保存下来的雪绒花枝。那本精心抄写的"给阿加莎的收据"。她父亲买下阿什菲尔德的椅子和瓷器时支付的一沓沓精致账单，其中一些家具还摆放在格林韦的房间里。小狗彼得的照片。蒙蒂坐在马车"真爱"里，牵着一只山羊的照片。她的姨外婆玛格丽特坐着四轮马车的照片。可以想见，她希望这一切都不会被打扰。但庞大而神秘的生活就在这里，从这里走出了一个难以捉摸的影子，像幽灵一样无忧无虑。

---

[1] 引自《"水仙号"的黑水手》，[英] 康拉德著，袁家骅译，上海译文出版社，2011 年。

她从门外回望，她笑了。就在这一瞬间，舒斯特先生……隐隐约约想起，在某次乡下的花园聚会上，一位年轻漂亮的姑娘与牧师握手。过了一会儿，他意识到那是他自己年轻时的回忆。但在那一刻，马普尔小姐让他想起了那个特别的姑娘，年轻，快乐，享受着人生。[33]

阿加莎·克里斯蒂的作品

若某部作品更名后在美国出版，则该书名在括号中给出。

1920 年《斯泰尔斯庄园奇案》

1922 年《暗藏杀机》

1923 年《高尔夫球场命案》

1924 年《褐衣男子》

1924 年《首相绑架案》（短篇小说集）

1924 年《梦幻之路》（诗集）

1925 年《烟囱别墅之谜》

1926 年《罗杰疑案》

1927 年《四魔头》

1928 年《蓝色列车之谜》

1929 年《七面钟之谜》

1929 年《犯罪团伙》（短篇小说集）

1929 年《弱者的愤怒》

1930 年《神秘的奎因先生》（短篇小说集）

1930 年《寓所谜案》

1930 年《黑咖啡》（剧作）

1930 年《烟囱别墅之谜》（改编剧作）

1930 年《撒旦的情歌》（以玛丽·韦斯特马科特为笔名出版）

1931 年《斯塔福特疑案》（《黑兹尔姆尔谋杀案》）

1932 年《悬崖山庄奇案》

1932 年《死亡草》（短篇小说集）（《星期二俱乐部谋杀案》）

1933 年《人性记录》（《十三人的晚宴》）

1933 年《森宁代尔之谜》

1934 年《东方快车谋杀案》（《加莱车厢谋杀案》）

1934 年《金色的机遇》（短篇小说集）

1934 年《悬崖上的谋杀》（《回旋镖的线索》）

1934 年《惊险的浪漫》（短篇小说集）（《侦探帕克·派恩先生》）

1934 年《未完成的肖像》（以玛丽·韦斯特马科特为笔名出版）

1935 年《三幕悲剧》（《三幕谋杀》）

1935 年《云中命案》（《云端谋杀》）

1936 年《ABC 谋杀案》

1936 年《死亡之犬》（短篇小说集）

1936 年《古墓之谜》

1936 年《底牌》

1936 年《陌生人之爱》（剧作）

1937 年《幽巷谋杀案》（《死人之镜》）

1937 年《沉默的证人》（《波洛失去一位客户》/《利特格林宅邸谋杀案》）

1937 年《尼罗河上的惨案》

1937 年《亚克纳顿》（剧作，1973 年出版）

1938 年《死亡约会》

1938 年《波洛圣诞探案记》（《圣诞奇案》/《血腥假期》）

1939 年《逆我者亡》（《杀人容易》）

1939 年《无人生还》

1939 年《钻石之谜》（短篇小说集）

1940 年《H 庄园的午餐》

1940 年《牙医谋杀案》（《爱国谋杀案》）

1941 年《阳光下的罪恶》

1941 年《桑苏西来客》

1942 年《藏书室女尸之谜》

1942 年《五只小猪》（《谋杀回路》）

1943 年《魔手》

1943 年《无人生还》（改编剧作，原题《十个小黑人》）

1944 年《零点》

1944 年《死亡终局》

1944 年《幸福假面》（以玛丽·韦斯特马科特为笔名出版）

1945 年《闪光的氰化物》（《记忆中的死亡》）

1945 年《死亡约会》（改编剧作）

1945 年《尼罗河上的惨案》（改编剧作，原题《隐匿地平线》）

1946 年《空幻之屋》（《深夜谋杀》）

1946 年《告诉我，你怎样去生活》（阿加莎·克里斯蒂·马洛温的回忆录）

1947 年《赫尔克里·波洛的丰功伟绩》（短篇小说集）

1948 年《顺水推舟》（《涨潮》）

1948 年《玫瑰与紫杉》（以玛丽·韦斯特马科特为笔名出版）

1948 年《控方证人》

1949 年《怪屋》

1950 年《谋杀启事》

1950 年《三只瞎老鼠》

1951 年《他们来到巴格达》

1951 年《空幻之屋》（改编剧作）

1952 年《清洁女工之死》

1952 年《借镜杀人》（《镜子谋杀案》）

1952 年《捕鼠器》（剧作）

1952 年《母亲的女儿》（以玛丽·韦斯特马科特为笔名出版）

1953 年《葬礼之后》（《致命葬礼》）

1953 年《黑麦奇案》

1953 年《控方证人》（剧作）

1954 年《地狱之旅》（《走向死亡》）

1954 年《蜘蛛网》（剧作）

1955 年《山核桃大街谋杀案》(《国际学舍谋杀案》)

1956 年《弄假成真》

1956 年《爱的重量》(以玛丽·韦斯特马科特为笔名出版)

1957 年《命案目睹记》(《杀人一瞬间》)

1958 年《奉命谋杀》

1958 年《裁决》(剧作)

1958 年《不速之客》(剧作)

1959 年《鸽群中的猫》

1959 年《命案回首》(改编自《五只小猪》的剧作)

1960 年《雪地上的女尸》(短篇小说集)

1961 年《灰马酒店》

1962 年《破镜谋杀案》(《破镜》)

1962 年《三分律》(戏剧集)

1963 年《怪钟疑案》

1964 年《加勒比海之谜》

1965 年《伯特伦旅馆》

1965 年《伯利恒之星》(短篇小说集和诗歌)

1966 年《第三个女郎》

1967 年《长夜》

1968 年《煦阳岭的疑云》

1969 年《万圣节前夜的谋杀》

1970 年《天涯过客》

1971 年《复仇女神》

1971 年《小提琴手五人组》(剧作，1972 年更名为《小提琴手三人组》)

1972 年《大象的证词》

1973 年《命运之门》

1973 年《诗集》

1974 年《蒙面女人》(《赫尔克里·波洛的早期案件》)

1975 年《帷幕》

1976 年《沉睡谋杀案》

1977 年《阿加莎·克里斯蒂自传》

1979 年《马普尔小姐最后的案件》

1992 年《神秘的第三者》（故事集）

1997 年《灯火阑珊》（故事集）

还有其他不同版本、收录同样短篇的合集，如面向美国市场的版本。

本书中使用的所有引文都来自以下版本：

《阿加莎·克里斯蒂作品集》

阿加莎·克里斯蒂有限公司 / 三号行星出版网络有限公司，2003 年

诗集

柯林斯出版社，1973 年

玛丽·韦斯特马科特小说

圣马丁牛头人出版社（美国），2001 年

注释

写作期间，这本书的大部分原始资料都存放在位于德文郡的格林韦宅邸。这些资料并不构成"档案"：事实上，我在房里发现的物品的大部分魅力在于其杂乱无章的性质，任何抽屉或手提箱里都可能存在宝藏。我所使用的许多文字、剪报等都只是一些纸片罢了：它们意义明确，但无法予以完整注释。

另外，保存在家里的许多信件都没有日期。阿加莎几乎从不在信上写年份，有时甚至根本不写日期（尽管这通常可以从内容上推算出来：提及一件事或她正在创作的一部作品，有时推断自她下注的马的名字）。因此，同样地，并非所有信件都有注释。

缩略语："AC"代表阿加莎·克里斯蒂；"MM"代表马克斯·马洛温；"CM"代表克拉拉·米勒

本书中提到的金额的当代价值可以就以下事实进行判断：

阿加莎出生的 1890 年，1 英镑 =126.23 英镑 [1]（据英格兰银行 2018 年通货膨胀计算器）

1901 年，即她父亲去世当年，1 英镑 =120.74 英镑

---

[1] 根据国家外汇管理局 2023 年 3 月 28 日汇率数据，100 英镑约为 845.44 人民币。

1914 年，第一次世界大战爆发，1 英镑 =113.35 英镑

1926 年，失踪当年，1 英镑 =60.04 英镑

1930 年，她第二次结婚当年，1 英镑 =64.21 英镑

1938 年，她买下格林韦宅邸，1 英镑 =66.12 英镑

1945 年，第二次世界大战结束，1 英镑 =42.40 英镑

1952 年，《捕鼠器》开演当年，1 英镑 =28.26 英镑

1955 年，阿加莎·克里斯蒂有限公司成立，1 英镑 =25.77 英镑

1964 年，阿加莎的征税估值超过 10 万英镑当年，1 英镑 =19.91 英镑

1970 年，阿加莎八十岁生日庆典当年，1 英镑 =15.20 英镑

1976 年，她去世当年，1 英镑 =7.07 英镑

托基的别墅

1 摘自《破镜谋杀案》。
2 摘自《梦幻之路》一诗。
3 MM 致 AC 的信，1930 年 8 月 6 日。
4 摘自《阿加莎·克里斯蒂自传》。
5 1989 年，阿加莎为《命运之门》录制的六十卷"皮带"，即磁带，在
   苏富比拍卖会上以 7 480 英镑为一位法国收藏家所购。这违背了她女儿
   罗莎琳德的意愿，她说："如果一定要公开，我宁愿在她年轻时公开。"
   这些磁带是由阿加莎的打字员乔利太太录制的，她去世后，磁带落入

匿名卖家手中。

6　　阿德莱德·罗斯致 AC 的信，1966 年 3 月 15 日。

7　　AC 致布鲁斯·韦的信，他曾联系她说"我相信我们是三代表亲！"，1968 年 6 月 15 日。

8　　AC 致 MM 的信，1944 年 7 月 23 日。

9　　《周日电讯报》采访，1964 年 5 月 10 日。

10　　来自题为《约旦夫人的幽灵》的故事，以笔名"卡利斯·米勒"写作。

11　　AC 致伊妮德·邓肯的信（后者当时正在编纂贝尔德的作品目录），1967 年 2 月 21 日。

12　　弗雷德·洛克致 AC 的信，1943 年 11 月 26 日。

13　　晚年时，阿加莎给莱昂内尔·杰弗里斯写了一封赞美信，后者是将内斯比特《铁路边的孩子们》改编为 1970 版电影的导演。在她的侦探小说《ABC 谋杀案》中，她把对内斯比特的喜爱赋予了那位"有铁路意识"的杀手。

14　　摘自《加勒比海之谜》。

15　　摘自《罪恶的牧师之家》一文。

16　　1901 年的人口普查显示，当时全家包括：弗雷德里克、克拉拉、玛格丽特和阿加莎·米勒、简·罗（"厨师"）、玛丽·塞耶（当时被聘为阿加莎的法语旅伴）、伊丽莎白·威廉斯（"客厅女佣"）和路易丝·巴克斯特（"女佣"）。顺带一提，"珍妮特·罗"这个名字被用于《怪屋》中的保姆。

17　　摘自《阿加莎·克里斯蒂自传》，并在《命运之门》中被再次提及。

18　　摘自 1968 年寄给时任《星期日泰晤士报》杂志的编辑，弗朗西斯·温德姆的信。阿加莎引用了自己祖母的话，然后说道："我敢打赌肯定有什么问题！我敢打赌，人们内心深处都明明白白"。

19　　摘自《撒旦的情歌》。

20　　摘自《阿加莎·克里斯蒂自传》。

21　　斯科特实际上是蒙蒂的狗。他当时在哈罗公学就读。斯科特的像是画家贝尔德在 1893 年为米勒家创作的第一幅作品。它在十五岁时被撞死，由蒙蒂埋在"狗狗墓地"。

22　弗雷德里克·米勒致 CM 的信，1901 年 5 月 9 日。

23　弗雷德里克·米勒致 CM 的信，1901 年 10 月 24 日。

24　摘自《阿加莎·克里斯蒂自传》。

25　出自与笔者的谈话，2003 年。

26　摘自《未完成的肖像》。

27　摘自《阿加莎·克里斯蒂自传》。

年轻的米勒小姐

1　阿加莎的哥哥蒙蒂是以这位世交的名字命名的。

2　来自《闪光的氰化物》。

3　AC 致 CM 的信，1922 年 5 月 9 日。

4　摘自《阿加莎·克里斯蒂自传》。

5　MM 致 AC 的信，1942 年 6 月 15 日。

6　AC 致 MM 的信，1930 年 11 月 5 日。

7　摘自《阿加莎·克里斯蒂自传》。

8　摘自以玛丽·韦斯特马科特为笔名出版的《爱的重量》，场景为年轻女孩劳拉单独留在家中，和用人一起。

9　《丽人之屋》首次发表于 1926 年（当时题为《梦之屋》），刊登于《君主》杂志。

10　出自与笔者的谈话，2004 年。

11　摘自《阿加莎·克里斯蒂自传》。

12　摘自《逆我者亡》。

13　摘自《顺水推舟》。

14　阿德莱德·罗斯致 AC 的信，1966 年 3 月 15 日。

15　1848 年竣工，被描述为"英格兰西部最好的新月形房屋街区"。

16　摘自《星期日泰晤士报》对弗朗西斯·温德姆的采访，1966 年 2 月 27 日。

17　摘自《阿加莎·克里斯蒂自传》。

18　罗莎琳德·希克斯，出自与笔者的谈话，2004 年。

19 阿加莎始终记得这个说法：约翰·加布里埃尔，《玫瑰与紫杉》的核心男性角色，因其普普通通的腿而被人怜悯。

20 摘自《阿加莎·克里斯蒂自传》。

21 《翅膀的呼唤》首版于 1933 年，为《死亡之犬》收录。

22 珍妮特·摩根的传记（《阿加莎·克里斯蒂》，柯林斯出版社，1984 年）饶有趣味地谈及阿加莎提到她音乐生涯结束的方式。在她自传的后续草稿中，她愈加淡化自己所珍视的真心希望："第一稿中的'微弱可能'……在第二稿中变成了'幻觉'，在最后一稿中则变成了'梦想'。"

23 剧作家霍华德·布伦顿 2006 年在《独立报》上就瓦格纳的《特里斯坦与伊索尔德》撰文，其中描述了"音乐是如何在巨大的旋涡中一圈又一圈旋转，旋涡是如此强劲，你几乎能看到声音"。

24 摘自《来自意大利的假面舞会》，首版于 1924 年，为《梦幻之路》收录。

25 这座由沃尔特爵士和巴特洛特夫人所有的房子的名字被用于《沉默的证人》的背景设定，并在原标题《利特格林宅邸谋杀案》中有所体现（美国版保留）。

26 摘自《未完成的肖像》。

27 摘自《H 庄园的午餐》。

28 摘自《阿加莎·克里斯蒂自传》。

29 摘自《观察家报》对玛塞勒·伯恩斯坦的采访，1969 年 12 月 14 日。

30 摘自 1969 年 12 月 2 日致路易斯·蒙巴顿勋爵的信。阿加莎一直在寻找蒙巴顿寄来的一封旧信，其中提到他对《罗杰疑案》的原始想法的建议。在寻找过程中，她发现了八张从前的邀舞卡："遗憾地发现我现在已经记不起上面的任何名字了。"她告诉他，自己还找到了玛格丽特·米勒的海豹皮大衣，里面有两张 5 英镑的纸币和"六本标有'明年圣诞节给仆人'的插针垫（你现在知道我是从哪里获得与马普尔小姐生活相关的资料的了）……"。事实上，《沉默的证人》中提到了这些插针垫，该作品对玛格丽特式老太太的描写极其出色。

31 摘自 1964 年《星期日电讯报》采访。

32 摘自《罗德岛三角》。

33　摘自《阿加莎·克里斯蒂自传》。

34　摘自《加勒比海之谜》。

35　摘自《阿加莎·克里斯蒂自传》。

丈夫

1　摘自《母亲的女儿》。

2　摘自《命案目睹记》。

3　摘自《沉默的证人》。

4　梅·辛克莱（1863—1946）是阿加莎最喜欢的作家之一，她主要关注神
　　秘学，也是爱德华时代的重要知识分子之一，在文学界与亨利·詹姆
　　斯、福特·马多克斯·福特、T. S. 艾略特和丽贝卡·韦斯特一同活动。
　　她创作"社会问题"小说，开创了"意识流"叙事的概念。具有讽刺
　　意味的是，考虑到阿加莎本人的态度，她是一位为妇女选举权和平等
　　教育机会大声疾呼的运动者，后为女权运动所推崇。

5　发表于《死亡草》。

6　摘自《尼罗河上的惨案》。

7　摘自《H 庄园的午餐》。

8　1901 年的人口普查显示，埃伦·克里斯蒂，三十七岁，和七岁的坎贝
　　尔住在位于布里斯托尔的上贝尔格雷夫路 43 号的某处。

9　马普尔小姐的母亲也叫克拉拉。

10　摘自《死亡草》。

11　致弗朗西斯·温德姆，刊于《星期日泰晤士报》。

12　摘自《阿加莎·克里斯蒂自传》。

13　阿加莎在她的自传中写道，《羽蛇》、《儿子与情人》和《白孔雀》——
　　"那时我最喜欢的作品"——对她的故事《丽人之屋》造成了影响。

14　致弗朗西斯·温德姆，刊于《星期日泰晤士报》。

15　珀尔·克雷吉（1867—1906）以男性笔名（约翰·奥利弗·霍布斯）写
　　作——正如阿加莎起初尝试的那样。她的早期作品为社会小说，但在婚
　　姻破裂后，她转投天主教会，文风变得更严肃。

16 伊登·菲尔波茨致 AC 的信，1909 年 2 月 6 日。

17 摘自《长夜》。

18 摘自丁尼生《国王的叙事诗》。

19 同上。

20 摘自《爱的重量》，其中有阿奇未经通知前来阿什菲尔德事件的一个版本。

21 摘自《谋杀启事》。

22 AC 致 MM 的信，1930 年 5 月 21 日。

23 摘自《玫瑰与紫杉》。

24 阿奇·克里斯蒂致 AC 的信，1917 年 4 月 4 日。

25 摘自《未完成的肖像》。

26 同上。

27 同上。

28 致吉利恩·弗兰克斯，摘自 1970 年 9 月，阿加莎八十岁生日时接受的几次报纸采访之一。

29 摘自帝国战争博物馆的采访，入藏号 493，记录于 1974 年 10 月 16 日。

30 同上。

31 同上。

32 阿奇·克里斯蒂致 AC 的信，1916 年 11 月 26 日。

33 摘自《七面钟之谜》。

34 摘自《烟囱别墅之谜》。

35 摘自约翰·特林《白热——新战争》（西奇威克和杰克逊出版社，1982年）。

36 照顾马普尔小姐并在多部作品中出现的海多克医生，是阿加莎笔下最讨人喜欢的形象之一。他幽默、富有同情心、心胸宽广，对"新奇"想法持怀疑态度，这是她最喜欢的那种人。《H 庄园的午餐》中的洛德医生也是一位很有魅力的人物，《第三个女郎》中精力充沛的斯蒂林弗利特医生也是如此，《空幻之屋》中的克里斯托医生则被描述为"伟大的人"。但《斯泰尔斯庄园奇案》中的包斯坦医生阴险而讨厌；《悬崖上的谋杀》中的尼科尔森医生是个吸毒者；《逆我者亡》中的托马斯医生和《沉默的证人》中的唐纳森医生冷酷无情。此外，阿加莎笔下的医生中有四位（如果算上《无人生还》中的阿姆斯特朗医生，则是五位）都是凶手。

37 警察兼杀人犯的想法出现在多萝西·L.塞耶斯的《巴士司机的蜜月》中，该书比阿加莎使用这一设定破案的小说早一年出版，但用法非常不同。这也许是巧合，也可能是阿加莎瞥见了这种可能，并以她大胆的、变革性的方式对其进行攻击。

38 摘自《顺水推舟》。

39 与斯诺登勋爵的访谈。阿加莎去世后，在英国广播公司要求获得其声音档案的副本时，这次采访成了争议所在。罗莎琳德·希克斯（阿加莎的女儿）拒绝了这一要求，理由是访谈是由斯诺登勋爵"非法"录制的，他本应只拍摄照片："如你所知，这是未经授权的，我母亲毕生都拒绝以这种方式接受采访"。录音带确实被压了下来，尽管一个删减版的访谈出现在《澳大利亚妇女周刊》上。"我不认为一个老太太——当时她已年过八旬，甚至不知道自己在接受访谈——的午餐后言论会对未来几代人有多么大的好处……"罗莎琳德原则上是对的，尽管全长的磁带中展现的阿加莎事实上很有同情心——尽管稍稍有些专制。

40 事实上，伊登·菲尔波茨在 1955 年 10 月 4 日致 AC 的信中写道："我总把波洛看作在夏洛克·福尔摩斯之上，因为他是个活生生的人，他本人就和他的冒险一样有趣。人们会对他产生某种个人看法——接近喜爱之情……"

41 伊莱尔·贝洛克的妹妹，最知名的著作是《房客》，由希区柯克执导。

42 摘自 1969 年《观察家》采访。

43 摘自《空幻之屋》。

44 摘自《长夜》。

孩子

1 至于具体有多少家出版社拒绝了《斯泰尔斯庄园奇案》，阿加莎本人并未提供过确切数字：有时她说是五家，有时六家。约翰·莱恩的侄子艾伦后来创办了企鹅出版社，1935 年，阿加莎成为第一批向他提供作品的作家之一。二人成为好友。1955 年，艾伦·莱恩在软性节目《特写》中表示，《斯泰尔斯庄园奇案》"对我们来说是一个新的起点——因为博德利·海德出版社广为人知的是鼓励 90 年代诗人，被称为'一窝唱歌的鸟'……因此，一位新人女侦探小说家的出现确实出乎意料"。

2　她唯一一次在文本中提及圣约翰伍德是在《藏书室女尸之谜》中，书中的当地乡绅班特里上校被怀疑与被丢在他家的女死者有染。村里有爱八卦的人看到他上了一辆伦敦出租车，将其作为他越轨行为的证据提出："我清楚地听到他告诉司机去——你觉得是哪里？"，"圣约翰伍德的一个地址！……我认为，这就坐实了此事"。

3　摘自《阿加莎·克里斯蒂自传》。

4　摘自《未完成的肖像》。

5　同上。

6　阿加莎在自传中写道，1919 年"根据我祖父的遗嘱，之前我每年收入100 英镑，现在我仍然会收到这笔钱"，尽管六年前这笔钱被用来"支持母亲"。书中没有解释这一明显的矛盾，其事实内容并不完全可靠。在阿奇下战场之后，夫妻俩需要一个属于自己的家时，阿加莎似乎重新获得了对这 100 英镑的控制权。玛奇——或她的丈夫詹姆斯——继续给克拉拉钱，后者在玛格丽特·米勒去世后，每年还能收到额外的 300英镑左右。

7　摘自《阿加莎·克里斯蒂自传》。

8　同上。

9　阿加莎在自传中描述了"我们知道罗莎琳德会出生的那晚"，尽管她显然不可能预知这种事。

10　摘自 1970 年发表于《旁观者》的一篇文章，为纪念企鹅出版社的艾伦·莱恩撰写。

11　同上。

12　摘自《阿加莎·克里斯蒂自传》。

13 在书中,这个还在母亲肚子里时就活力四射的婴儿被称为朱迪,"因为它和庞奇并列"。这也是娜恩·波洛克的女儿通常为人所知的别名。

14 摘自《母亲的女儿》。

15 摘自《死亡草》。

16 摘自《长夜》。

17 摘自《进程》一诗。

18 摘自《阿加莎·克里斯蒂自传》。

19 乔治·约瑟夫·史密斯,被称为"浴缸中的新娘杀手",在1912年至1914年期间为获取人寿保险杀害了三位妻子,于1915年被处以绞刑。

20 这些故事从1923年3月起出现在《每日见闻》上,后来合集成书出版。《首相绑架案》收录了十一个故事,于1924年在英国出版,另有收录十四个故事的扩展版于1925年在美国出版。《蒙面女人》于1974年出版,除其他故事外,它还包括为《每日见闻》写的前十二个故事。虽然可能令人难以置信,但其中的《达文海姆先生失踪案》是波洛有史以来第一次在电视上露面的载体,于1962年在美国播出,但并不成功。很久之后,所有短篇小说都由独立电视台《大侦探波洛》制作播出,该剧的主演是大卫·苏切特:1989至1993年期间,除《赫尔克里·波洛的丰功伟绩》中的十二个故事外,所有故事被制作成了电视剧,前者在2013年被改编为一整出精彩的戏剧(同样由苏切特主演)。

21 与1851年的世界博览会非常相似,这是一次展示来自英国及其当时自治领的产品的机会。

22 摘自《进程》。

23 摘自《爱的流逝》一诗。

24 摘自《褐衣男子》。

25 AC致CM的信,1922年5月3日。

26 AC致CM的信,1922年5月9日。

27 兰德叛乱,由于有人试图用更便宜的黑人劳工取代金矿中的白人工人而引发。

28 弗朗西斯·贝茨是《褐衣男子》中尤斯塔斯·佩德勒爵士的秘书盖

伊·佩吉特的原型。阿加莎赋予了佩吉特某种阴沉险恶的气息，似乎是在创造一种刻板印象，然后她又不出所料颠覆了这种印象：佩吉特的黑暗秘密原来是他的妻子和四个孩子。

29　AC 致 CM 的信，1922 年 2 月 21 日。

30　AC 致 CM 的信，1922 年 5 月 3 日。

31　AC 致 CM 的信，1922 年 2 月 6 日。

32　AC 致 CM 的信，1922 年 4 月 3 日。

33　AC 致 CM 的信，1922 年 2 月 21 日。

34　AC 致 CM 的信，1922 年 10 月 19 日。

35　由与他同名的儿子在与笔者的谈话中描述，2006 年。

36　AC 致 CM 的信，1922 年 5 月 1 日。

37　吉尔福德是一位热情洋溢的通信者。在他给罗莎琳德的一封信中，他写道："我都忘了，再次充满震惊地想起你喜欢板球。"阿加莎去世后，罗莎琳德在回复他的吊唁信时写道："你一直是她最喜欢的人之一。"

38　摘自《进程》。

39　同上。

秘密敌手

1　出自黛安娜·冈恩（阿奇的朋友萨姆和玛奇·詹姆斯的女儿）与笔者的谈话，2006 年。

2　这一信息是阿奇的儿子在 2006 年的一次谈话中提供给笔者的。

3　摘自《爱的流逝》一诗。

4　阿加莎在 1908—1909 年期间创作了长篇《幻象》，试图把它作为她合同的第五部也是最后一部作品塞给博德利·海德出版社。他们当然拒绝了它。阿加莎给他们去信："我真的不明白你为什么认为这无法作为主要协议中规定的作品提交。发表它是否明智是另一回事……"她这样做并不是相信博德利·海德出版社会接受《幻象》，而是为了迫使他们将她的短篇小说集《首相绑架案》算作五本书中的一本。"在尚未扯清《幻象》的问题之前，我当然不愿意签署与短篇小说有关的协议，因为你们在主要协议中规定，它们不能算作主要协议条款中的一部。"

5 英国广播公司曾找过阿加莎上第三节目进行演讲，解释她为什么对其"严重过敏"（这一说法由《观察家》在 1948 年的简介中提出）。"这一提议再有意义不过了！"她如此回复。她否认自己是反英国广播公司的："但我对其提供的报酬非常过敏！"

6 短篇，刊于《金色的机遇》。

7 摘自她的女婿安东尼·希克斯与笔者的谈话，2004 年。

8 摘自 1974 年与斯诺登勋爵的访谈。

9 1924 年 3 月，《每日见闻》收到了一封从帕克巷的布鲁克宅邸寄出的信，蒙巴顿勋爵在信中表示赞美，并提出在书信式侦探小说中，"书中主要信件的作者"应该是罪犯的想法。这从本质上讲与《褐衣男子》很类似，在蒙巴顿勋爵提供的扩展方案中，它进一步发挥了作用（其中包括波洛被怀疑为凶手的情景）。阿加莎回答说"这个想法非常巧妙"，她打算使用它。1969 年，二人再次交换信件，阿加莎礼貌地写道，尽管用语不太准确："谢谢你给我提供了一个一流的想法——没有人这么做过。"

10 摘自《黑麦奇案》。

11 摘自《未完成的肖像》。

12 一位读者给《泰晤士报》去信投诉，《新闻纪事报》莫名其妙地将这本书描述为"毫无品位"；侦探俱乐部委员会提出动议，认为应该开除阿加莎，因为她违反了"规则"——挽救她的只有多萝西·L. 塞耶斯的投票，但很难相信她会感到多么在意。虽然阿加莎成了侦查俱乐部的名誉主席，但她在写作方面独来独往。一手摸着头骨埃里克，一边发誓遵守侦探小说的规则（俱乐部入会仪式的一部分）不是她的风格。

13 AC 致 CM 的信，寄出自位于意大利的"利亚罗河畔的卡雷扎"，无日期。

14 后来刊于《金色的机遇》，并在 1937 年被拍成电影《陌生人之爱》。该片由安·哈丁和巴兹尔·拉思伯恩主演。后来成为英国广播公司历史上最好的马普尔小姐的琼·希克森出演了一个小角色，她还出现在 1961 年改编自《命案目睹记》的电影中，该片的马普尔小姐由玛格丽特·鲁斯福德出演。

15　摘自《爱的重量》。

16　出自与笔者的谈话，2006 年。

17　CM 致 AC 的信，寄出自阿什菲尔德，无日期。

18　摘自《未完成的肖像》。

19　CM 致 AC 的信，寄出自阿布尼，无日期。

20　AC 致 MM 的信，1930 年 11 月 5 日。

21　摘自《进程》。

22　摘自《阿加莎·克里斯蒂自传》。

23　出自与笔者的谈话，2003 年。

24　南希·尼尔从未担任过贝尔彻少校的秘书，尽管她确实认识他。瓦妮莎·雷德格雷夫主演的电影《阿加莎》对阿加莎失踪的处理充满情感，但缺乏依据。在该片中，南希被描绘成阿奇的秘书，这一错误有时仍被当作事实。实际上，南希在市里的帝国大陆天然气协会工作。

25　摘自《阿加莎·克里斯蒂自传》。

26　出自与笔者的谈话。

27　出自与笔者的谈话。

28　这一版本的事件在贾里德·凯德的《阿加莎·克里斯蒂和失踪的十一天》（彼得·欧文出版社，1996 年）中有所描述。

29　摘自《未完成的肖像》。

30　出自黛安娜·冈恩与笔者的谈话。

31　阿奇·克里斯蒂致 AC 的信，无日期。

32　摘自《玫瑰与紫杉》。

33　出自安东尼·希克斯与笔者的谈话，2004 年。

34　摘自《进程》。

35　摘自贾里德·凯德的《阿加莎·克里斯蒂和失踪的十一天》。

36　阿奇·克里斯蒂致 AC 的信，寄出自位于内瑟埃文的皇家陆军航空队，无日期。

采石场

1 1930 年 5 月，阿加莎就她的短篇小说集《神秘的奎因先生》的出版写信给马克斯·马洛温："《奎因先生》中的两个故事我认为很好——《小丑路》和《海上来的男人》……"

2 摘自关于年轻寡妇的短篇小说片段。

3 分别引自《H 庄园的午餐》、《五只小猪》和短篇《绝路》。

4 摘自丁尼生《国王的叙事诗》。

5 这是该书连载版本的标题。

6 克里平医生用来谋杀妻子的毒药。

7 比伊迪丝·汤普森年轻得多的情人弗雷德里克·拜沃特斯在一次激情犯罪中谋杀了她的丈夫。二人都被处以绞刑，因为据说是伊迪丝煽动了这场谋杀。事实上，几乎可以肯定她对此一无所知，但因为婚外情而被谴责为不道德。

8 自始至终，这份报纸都与现代八卦小报类似：耸人听闻，充满怀疑，可读性强。然而很久之后，罗莎琳德收到了曾为《威斯敏斯特公报》报道这个故事的特雷弗·艾伦的来信，后者正在写自传，要求她提供"对失踪事件的真实解释"。她用"官方"版本回复了艾伦，后者采用了此版本并告诉罗莎琳德"我将此视为完整和最终的解释"。

9 1960 年，阿加莎收到了詹姆斯·沃茨的一位老友来信，信中写道，早在 1926 年，他就"收到了他写来的一封关于你的长信，诅咒那些围攻这个地方的、禽兽般的新闻记者"。

10 1929 年 8 月 11 日在《星期日纪事报》上发表的一篇文章，主题是克罗伊登谋杀案，该案中同一家庭的三名成员被毒死。

11 《新政治家》，1976 年 1 月 30 日。

12 改编自凯瑟琳·泰南的《阿加莎》（韦登菲尔德和尼科尔森出版社，1979 年）。

13 罗莎琳德在 1978 年提起诉讼（同时以阿加莎遗产的名义提起诉讼），但一位联邦法官拒绝阻止电影发行。1977 年，罗莎琳德还写信给《泰晤士报》："我想借此机会表示，这部电影的制作完全没有与我父母的任何家人协商，完全违背了我们的意愿，很可能会给我们带来巨大困扰。"对她父母的塑造"极其令人反感，道德上也让人鄙视"。在提到影片的制片人大卫·普特南（现在是勋爵）时，她写道："如果普特南先生一定要这样做的话，就随他的童话去吧，但请不要牵扯我的家人"。普特南亲自回复了罗莎琳德："当然，我们无意让这部电影给任何人带来不快。"

但阿加莎一家的朋友们对这一可能感到震惊，并团结起来支持罗莎琳德（尽管是无用的）。已故的阿滕伯勒勋爵也给罗莎琳德去信，答复她咨询建议的请求："我担心，从我所了解的情况来看，人们对此没有什么办法。"

对于凯瑟琳·泰南的《阿加莎》，一位美国评论家写道："克里斯蒂会恨死这本书的。"尽管如此，从泰南太太接受的一次采访中能够看出她对作品的主题有一定了解，尽管她的语言并不完全符合阿加莎的说法："作为一个女人，她刚刚经历了一段可怕的成长。她的处理方式也许不符合她成长的维多利亚时代的标准，而她似乎总是为此感到烦恼……"

最后说明一下：阿加莎的角色由演技精湛的瓦妮莎·雷德格雷夫出演，她将她的 4 万英镑片酬都捐给了工人革命党。她当时的搭档蒂莫西·多尔顿（同样很出色）扮演阿奇，尽管当被问及他是否同样打算捐出片酬时，他回答说："我是疯了吗？"

14　《威斯敏斯特公报》报道说，阿加莎可以在 55 分钟内开车到达伦敦：从森宁代尔到市中心大约是 25 英里。

15　佩特森先生的女儿也在 1977 年 11 月写信给罗莎琳德，解释了阿加莎和佩特森先生在哈罗盖特相遇时的情况："您亲爱的母亲提出为他用钢琴伴奏……您母亲喜欢弹奏一首特别的歌曲，名为《天使守护你》，我父亲非常会唱这首歌。这张特殊的乐谱是由您母亲挑选并签名的——"特雷莎·尼尔"（原文将 Teresa 误拼为 Tressa）。

16　她的女儿在与笔者的谈话中谈及，2006 年。

17 伯克郡报告了 6 英镑左右的额外费用，阿奇大概认为这一数额是合理的：他支付了这些费用。

18 这一说法出自格温·罗宾斯的《阿加莎·克里斯蒂之谜》（双日出版社，1978 年）。

19 《泰晤士报》，1928 年 2 月 16 日。

20 摘自阿加莎诗作《我爱人的长眠之地》。

21 所有个人引文都出自与笔者的谈话。

第二任丈夫

1 摘自《男人和女人的回忆》（艾尔·梅休因出版社，1980 年）。

2 出自黛安娜·冈恩与笔者的谈话，2006 年。

3 出自与笔者的谈话，2006 年。

4 出自与笔者的谈话，2004 年。

5 出自黛安娜·冈恩与笔者的谈话，2006 年。

6 摘自《男人和女人的回忆》。

7 "见他是我的主意"，马修·普里查德说，但阿奇在会面前不久去世。

8 出自与笔者的谈话，2004 年。

9 罗莎琳德致 AC 的信，寄出自喀里多尼亚寄宿学校，无日期。

10 罗莎琳德致 AC 的信，1931 年 6 月 7 日。

11 罗莎琳德致 AC 的信，1931 年 6 月 14 日。

12 "我一直讨厌《蓝色列车之谜》"，她在自传中写道。

13 摘自《阿加莎·克里斯蒂自传》。

14 出自《男人和女人的回忆》。

15 虽然电影大获成功，但很难想象会有人打算让高大威猛的艾伯特·芬尼在《东方快车谋杀案》中扮演波洛。在罗莎琳德看来，"他看起来吃撑了"。备受尊敬的演员大卫·苏切特在扮演波洛主导的每个故事和小说时都取得了巨大成功，并最终把独有的莎士比亚式庄严感引入了这个角色——这让人印象深刻，但不完全符合赫尔克里·波洛。与此同时，约翰·马尔科维奇在 2018 年扮演的波洛是一个被英国排外主义者拒斥、备受折磨的失败牧师，他扮演的这一角色与阿加莎·克里斯蒂的设想几乎毫无相似之处。令人惊讶的是，彼得·尤斯蒂诺夫在《尼罗河上的惨案》中的演出也许最为接近波洛的精神（他后来的克里斯蒂电影远没有这么好）。尤斯蒂诺夫在外表上并不合适——他基本没有尝试去使自己变得相似，比如粘在小胡子上的小棒——但他为这个角色注入了自己敏锐且善良的智慧。他不是在演戏，他就是波洛。他与米娅·法罗饰演的杰奎琳·德贝尔福特的戏份非常感人。

16　阿加莎后来向一位读者解释说，"马普尔"这个名字是在她与玛奇住在阿布尼时想到的，"我们一起去参加马普尔庄园的拍卖会"。她写道，那所房子"是一座美丽的老庄园，主人是给查理一世判刑的布拉德肖法官的后代。我买了两把詹姆斯一世时期的橡木椅，现在还保留着……"。

17　出自与笔者的谈话，2005 年。

18　在 1943 年 6 月 18 日致 AC 的信中，她的朋友罗伯特·格雷夫斯也声称自己很欣赏这部作品。但他对阿加莎的情节进行了指责，同时指出她用了他的名字命名笔下的警察。他那封非常有趣的信与约翰·萨瑟兰的文学推理作品颇为相似（萨瑟兰实际上写过一篇关于《帷幕》的文章）。"埃尔西也被暗示有罪，"他写道，"我认为格雷夫斯探长没有也把她铐起来让全家人失望了，她把鱼竿放回柜子时没有报告里面安格妮斯的尸体。不，阿加莎，男孩们不会把鱼竿放在婴儿室里……"

19　乔伊斯与马普尔小姐的小说家侄子雷蒙德·韦斯特结婚，此后成了"琼"。阿加莎的作品中常有此类草率的编辑工作。

20　出自 1970 年致数藤康雄的信，后者当时正在写一本关于马普尔小姐的书。"如果你了解从童年开始的'马普尔小姐的职业生涯'，那你比我了解得更多！"阿加莎写道。

21　亨丽埃塔·麦考尔，《马克斯·马洛温的生活》（大英博物馆出版社，2001 年）的作者，出自与笔者的谈话，2006 年。

22　出自与笔者的谈话，2006 年。

23　《马洛温回忆录》（柯林斯出版社，1977 年），献给"挚爱的罗莎琳德"。

24　出自约翰·马洛温与笔者的谈话，2005 年。

25　AC 致 MM 的信，无日期。

26　出自《马洛温回忆录》。

27　出自朱利安·里德博士与笔者的谈话，2006 年。

28　AC 致 MM 的信，寄出自阿什菲尔德，无日期。

29　AC 致 MM 的信，寄出自阿什菲尔德，1930 年 5 月。

30　同上。

31　与多萝西·L. 塞耶斯相比，后者在《巴士司机的蜜月》中描述彼得·温
　　姆西勋爵和哈丽雅特·文的新婚之夜的场景（"在我结束前，我想做
　　国王和皇帝"）曾被露丝·伦德尔描述为文学作品中最尴尬的片段。

32　MM 致 AC 的信，1930 年 5 月 14 日。

33　AC 致 MM 的信，寄出自阿什菲尔德，无日期。

34　同上。

35　AC 致 MM 的信，1930 年 5 月 21 日。

36　AC 致 MM 的信，寄出自阿什菲尔德，无日期。

37　AC 致 MM 的信，寄出自位于斯凯岛的布罗德福德酒店，无日期。

38　AC 致 MM 的信，寄出自阿什菲尔德，无日期。

39　同上。

40　出自与笔者的谈话，2006 年。

41　AC 致 MM 的信，标明"星期三上午 10 点"。

42　MM 致 AC 的信，1930 年 10 月 29 日。

43　AC 致 MM 的信，无日期。

44　同上。

45　这指的是一部多人合作的英国广播公司广播剧，这是阿加莎第二次应多
　　萝西·塞耶斯（二人间的友谊有一种礼貌的距离感，没有比她们更不相
　　像的两个女人了，但二人互相尊重）的要求而进行的此类工作。第一
　　部剧在 1930 年夏天分六部分播出。第二部《独家新闻》于 1931 年播出，
　　对所有相关人员来说都成了一场噩梦，尤其是英国广播公司本身。阿加
　　莎必须编写并亲自播出其中两期，这对于 50 基尼的酬劳而言是相当大
　　的工作量。因此，她对待整个项目的态度略显轻率，问自己能否在普

利茅斯而非伦敦录制剧集，然后和罗莎琳德一起溜去瑞士度假。"不知是否能请您向马洛温太太解释一下，"制作人 J. R. 阿克利给夏洛特·费希尔去信，"她的缺席给我们带来的极大困难。"后来他在谈到阿加莎时说，她"好看得出奇，并且非常讨厌"，这一评论不会对她产生任何影响。对她来说，主要的快乐来自知道马克斯在听她的广播。"我卓越的天使……希望你能给故事加一条秘密信息！"

46 《烟囱别墅之谜》一剧实际是在 2006 年进行英国首演的。

47 AC 致 MM 的信，1930 年 10 月 23 日。

48 AC 致 MM 的信，1931 年 10 月 13 日。

49 阿加莎在参加完罗斯一次关于伊丽莎白时代的生动讲座后曾对他说："我希望这不会再发动马克斯了。"并非异性恋关系专家的罗斯对这句话非常重视。"我想知道，这一因素是否与那位潇洒、也许难以满足的军官的失败感情有关？"他写道。事实上，阿加莎在整场婚姻中始终认为阿奇极富吸引力，性欲的减退是在另一方。

50 AC 致 MM 的信，1931 年 10 月 23 日。

51 出自安东尼·希克斯与笔者的谈话。

52 摘自《选择》一诗。

战争

1 摘自《男人和女人的回忆》。

2 摘自《空幻之屋》。

3 MM 致 AC 的信，1930 年 11 月 8 日。

4 AC 致 MM 的信，1944 年 12 月 24 日。

5 《A. L. 罗斯的日记》，由理查德·奥拉德编辑（企鹅出版社，2003 年）。

6 AC 致 MM 的信，1942 年 10 月 27 日。

7 船屋地板下有一个黑暗而寂静的冷水池。

8 1968 年 6 月，马克斯因对考古学的贡献被授予骑士称号；阿加莎在 1971 年的新年荣誉名单中被授予女爵士称号。画家奥斯卡·考考斯卡为阿加莎的八十岁寿辰了一幅极好的肖像（和埃米亚斯·克雷尔的作品一样粗犷而有活力）的，他写信祝贺并提醒她说："我希望您不会被迫跪下……请不要因为穿太单薄的晚会礼服而感冒了！"

9　为纪念格特鲁德·贝尔，英国考古学院于 1932 年成立，目的是促进和支持"与伊拉克及周边国家考古相关的研究"。一位考古学家同事说，阿加莎为学院里的一个基金提供了大量捐款。"我不确定她到底投入了多少……"

10　摘自西顿·劳埃德在马克斯追悼会上的讲话，1978 年 11 月 29 日在皮卡迪利的圣詹姆斯教堂举行。

11　出自与笔者的谈话，2006 年。

12　在大英博物馆 2001 年举办的"阿加莎·克里斯蒂与考古学"展览中展出。

13　AC 致 MM 的信，1944 年"圣灵降临节"。

14　"她必须被改造成美国人，最好有我们所说的'科德角'背景"，奥伯在给科克的信中谈到这一被提议的系列。不出所料，阿加莎不同意，尽管后来女演员海伦·海斯确实创造出了一位完全可以接受的、此种类型的马普尔小姐。

15　就此，埃德蒙·科克在给阿加莎的信中表示："恐怕我不像其他一些作品那样喜欢这部。"她随口的回复道："我同意你的看法——这不是我最好的作品之一。"

16　在这部作品中，波洛被要求调查十六年前发生的一起谋杀案，从出版年份来看是 1926 年。巧合还是故意的，谁知道呢？

17　MM 致罗莎琳德的信，1940 年 7 月 3 日。

18　马克斯的论点之一是他的妻子写了一本反纳粹的书，即《桑苏西来客》。

19　1943 年底，马克斯晋升为上校，和阿奇·克里斯蒂同一军衔。也许马克斯隐隐意识到了这一点，写道："你从来没有想过普普先生有一天会成为上校的，对吗？"

20　MM 致 AC 的信，1943 年 4 月 26 日。

21　这座知名建筑曾被《地平线》杂志评为最丑陋建筑二等奖，也曾是尼古拉斯·蒙特塞拉特和亨利·穆尔的家。后来的安索帕俱乐部的成员还包括芭芭拉·赫普沃斯。它在 1968 年以 7 000 英镑的价格卖给了《新政治家》。

22 AC 致 MM 的信，1942 年 10 月 27 日。

23 "詹姆斯怎么样了？"马克斯在 1945 年来信道，"他是否已经屈服于费希尔一家，他们怎么样了，还没结婚？如果没有的话，为什么不结？"马克斯不是特别喜欢卡洛和玛丽，也许他把她们与阿加莎之前的生活联系在一起。对于他的问题的答案是，根据她侄女的说法，"夏（Char）在战争期间确实有过什么人"，尽管不知道出于什么原因，这并没有走向婚姻。玛丽·费希尔的未婚夫遇难了。

24 在一封未注明日期的信中，原主人的儿子杰里米·普里查德正在收集居民的回忆。该家族的表亲之一是贝丽尔，后来嫁给了马洛温夫妇的朋友罗伯特·格雷夫斯，也许这就是当初阿加莎被引到草坪路的原因。

25 AC 致 MM 的信，1942 年 8 月 31 日。

26 MM 致 AC 的信，1942 年 12 月 10 日。

27 被马克斯认为是《魔手》中牧师的妻子邓恩·卡尔斯罗普太太的原型。

28 这个人物出现在《死亡约会》中，精神不稳定的吉内芙拉·博因顿和奥菲利娅之间形成了对照。

29 AC 致 MM 的信，1942 年 8 月 23 日。

30 AC 致 MM 的信，1942 年 11 月 29 日。

31 对该剧的思考也出现在更早期的作品《悬崖上的谋杀》中："'你知道，我一直认为，'弗兰基突然离题万里，'麦克白夫人煽动麦克白进行了这些谋杀，仅仅是因为她对生活感到极度厌烦——附带也对麦克白感到厌烦。'"

32 AC 致 MM 的信，1942 年 10 月 27 日。

33 MM 致 AC 的信，1943 年 6 月 27 日。

34 AC 致 MM 的信，1944 年 7 月 4 日。

35 AC 致 MM 的信，1943 年 4 月 14 日。

36 MM 致 AC 的信，1943 年 1 月 12 日。

37 "……亚述工匠的野蛮之手刻画着 / 垂死的折磨，记录着 / 回荡在岁月中的痛苦呐喊"，这是马克斯在二十三岁时写的一首十四行诗的最后几句。

38　MM 致 AC 的信，1943 年 12 月 22 日。

39　A. P. 是后来阿加莎和马克斯给罗莎琳德取的绰号——"彭基阿姨"（Auntie Punkie）。

40　AC 致 MM 的信，1944 年 1 月 7 日。

41　AC 致 MM 的信，1943 年 8 月 26 日。

42　AC 致 MM 的信，1943 年 3 月 27 日。

43　MM 致 AC 的信，1943 年 8 月 13 日。

44　斯蒂芬·格兰维尔致 AC 的信，1943 年 4 月 9 日。

45　斯蒂芬·格兰维尔致 AC 的信，1943 年 7 月 11 日。

46　斯蒂芬·格兰维尔致 AC 的信，1943 年 11 月 18 日。

47　AC 致 MM 的信，1943 年 11 月 17 日。

48　AC 致 MM 的信，1944 年 1 月 9 日。

49　AC 致 MM 的信，1944 年 8 月 2 日。

50　AC 致 MM 的信，1944 年 5 月 19 日。

51　格林·丹尼尔博士的话。他也认识马克斯和阿加莎。在他的自传中，他回忆起自己问马克斯如何看待他在蓝星学院的同期汤姆·德赖伯格："在我看来还不错，但我当时不知道他的特别癖好。"

52　罗莎琳德致 AC 的信，1931 年 2 月 7 日。

53　AC 致罗莎琳德的信，寄出自叙利亚的大英博物馆基金会，无日期。

54　这些卡片的正面是卡通小狗"邦佐"，它是《桑苏西来客》中的一条线索。

55　罗莎琳德致 AC 的信，1936 年 1 月 27 日。

56　罗莎琳德致 AC 的信，1936 年 4 月 24 日。

57　罗莎琳德致夏洛特·费希尔的信，无日期。

58　罗莎琳德致 AC 的信，1936 年 5 月 16 日。

59　阿加莎写信给罗莎琳德，说她曾对另一位母亲说："'我想我们将参加兰伯特·西姆内尔太太在克拉里奇的午餐会。'她说：'当然！'所以我们都是骗子！"

60　AC 致罗莎琳德的信，1937 年 1 月 30 日。

61　AC 致 MM 的信，1943 年 8 月 8 日。

62　AC 致 MM 的信，1943 年 9 月 20 日。

63　MM 致罗莎琳德的信，1941 年 12 月 7 日。

64　MM 致罗莎琳德的信，无日期。

65　MM 致罗莎琳德的信，1943 年 6 月 17 日。

66　MM 致罗莎琳德的信，1943 年 10 月 15 日。

67　AC 致 MM 的信，1943 年 9 月 30 日。

68　AC 致 MM 的信，1943 年 10 月 12 日。

69　哈罗德·戴维斯博士是伦敦大学学院医院的首席药剂师，后来发表了一篇关于阿加莎在那里的时光的文章。根据其记述，没几个人知道她是谁。"她是一位出色、开朗、勤奋的同事。"

70　MM 致 AC 的信，1944 年 3 月 5 日。

71　这个名字在《伯特伦旅馆》中再次出现。

72　AC 致 MM 的信，1944 年 5 月 25 日。

73　MM 致 AC 的信，1944 年 1 月 16 日。

74　例如约翰·马洛温与笔者的谈话。

75　MM 致 AC 的信，1942 年 9 月 27 日。

76　埃德蒙·科克致哈罗德·奥伯的信，1940 年 12 月 19 日。

77　官方汇率为 1 英镑兑换 4 美元 3 美分。

78　科克致奥伯的信，1941 年 1 月 3 日。

79　同上。

80　AC 致 MM 的信，1944 年 9 月 11 日。

81　AC 致 MM 的信，1944 年 10 月 13 日。

82　AC 致 MM 的信，1944 年 11 月 2 日。

83　AC 致 MM 的信，1944 年 12 月 16 日。

84　阿加莎在这次改编中做了一件很不寻常的事：她修改了破案手法。这在戏剧性方面是有意义的，但原本的结局更好，远没有那么"明显地"令人满意。为了在舞台上留下两个人而非一大堆尸体，戏剧版《无人生还》的结局也被改变了，但实际破案手法仍然是相同的。

85　人们发现，这部剧很难在伦敦的剧院演出。尽管相当卖座，对《死亡约会》的评论还是"让人们对克里斯蒂的戏剧抱有偏见"，科克有些不得体地告诉了阿加莎。劳工部也对剧中出现女佣表示反对。

86　摘自《死亡草》。

87　阿加莎对威廉·柯林斯的态度极其恼火，她要求科克把《玫瑰与紫杉》送去其他地方。海涅曼出版社说"比利是个疯子"，并抢来了这部作品以出版。

88　艾德礼本人对阿加莎的评价也很高："五十部作品！它们中的许多都让人魂牵梦萦，让我的闲暇生活充满了乐趣。"

英国式谋杀

1　1965 年制作了一部电影，由雪莉·伊顿、丹尼斯·普赖斯和流行歌手法比安主演；1974 年版本由奥利弗·里德主演，饰演法官的是理查德·阿滕伯勒，他是阿加莎的朋友，曾与妻子希拉·西姆一同出演首版《捕鼠器》。在一次更古怪的选角中，扮演第一个受害者的是查尔斯·阿兹纳武尔。

2　坎贝尔·克里斯蒂还为电影《雅西》和《卡林顿案件》写了剧本，后者改编自他与妻子共同创作的剧本。1963 年 6 月，《泰晤士报》的讣告称，他"被发现死在位于萨塞克斯郡西拜弗利特的家中充满煤气的厨房里"。讣告还说，"社会生活中的克里斯蒂能够震慑四方，而他用机智做到了这一切"。

3　她期望的数额是 5 000 英镑左右。"我非常期待向罗莎琳德透露这个消息"，当交易的消息传来时，科克给阿加莎去信。

4　"如果能再次制作一部克里斯蒂作品，我会欣喜若狂，"怀尔德后来给阿加莎写信说，"用一大笔钱，800 万美元来制作一个无所不包的谜团，终结所有的谜听着怎么样？您有什么好主意吗？"

5　她在 1947 年搬出了草坪路，在克雷斯韦尔广场短居后将其出租（20 世纪 50 年代初，一位名叫"波特纳先生"的房客造成了许多麻烦）。卡姆登街已经被出售，并且，由于轰炸，谢菲尔德排屋也不复存在了。

6　这一精彩标题取自《哈姆雷特》中的"戏中戏"，是阿加莎的女婿安东尼·希克斯的主意。

7　摘自《万圣节前夜的谋杀》。

8　《星期日快报》，1935 年 11 月 20 日。

9　摘自《清洁女工之死》。

10　这些精致的小型犬由罗莎琳德养育，最终成为阿加莎最喜欢的品种。她的两条小狗蜜糖和宾果的墓就在温特布鲁克的花园里。在《谋杀启事》中，她让一个角色提到它们："如此优雅的小东西们。我真心喜欢有腿的狗……"

11　阿加莎与她的第一个出版商约翰·莱恩的侄子艾伦·莱恩成了密友，他和妻子莱蒂丝经常与马洛温夫妇共度周末。莱恩夫妇还参观了马克斯在战后挖掘的尼姆鲁德遗址。为感谢阿加莎早期对企鹅出版社的支持，艾伦为挖掘工作捐了一笔款项。

12　《特写》在 1955 年 2 月 13 日的软性节目中播出。

13　出自与笔者的谈话，2004 年。

14　"坦率地说，我们不认为玛丽·韦斯特马科特满足标准。"美国出版商莱因哈特在拒绝《母亲的女儿》时写道。对于《爱的重量》，莱因哈特表示："当阿加莎·克里斯蒂变成玛丽·韦斯特马科特时，她在人物塑造方面一点也不成功。"尽管这么说，莱因哈特还是抢着买下了早期的韦斯特马科特作品。

15　1970 年致吉利恩·弗兰克斯。

16　或原题《闪光的氰化物》。该书名在战后不久被认为不合时宜，但在美国版中得以保留。

17　这些内容分别用于《圣彼得的拇指印》（《死亡草》中的一个短篇）、《灰马酒店》和《奉命谋杀》。

18　阿加莎之所以希望如此，是因为她收到了几封关于《H 庄园的午餐》情节的读者来信，说在法律上，非婚生子女不会自动成为无遗嘱死亡的唯一父母的继承人。事实上，根据 1926 年的法案，这的确是法律。另一封关于《H 庄园的午餐》的信来自一位提出反对意见的读者，他认为当霍普金斯护士用茶水给玛丽·杰拉德下毒时，她无从得知埃莉诺会不会也喝下它。这一观点提得非常好。2003 年独立电视台对该作品的改编非常出色，其中为埃莉诺加了一句话，说她从不喝茶。

19　海上的比格伯里与南德文郡的巴勒岛隔水相望，那里仍有一家精致的艺术装饰风格的酒店（建于 1932 年），阿加莎曾在那里住过，并将其作为《阳光下的罪恶》和《无人生还》的背景设定。

20　阿加莎还将她挚爱的丁尼生化用在《空幻之屋》和《破镜谋杀案》的标题中。在《黑麦奇案》里，这家人的孩子名为兰斯洛特、珀西瓦尔和伊莱恩。

21　多卡丝成了布兰达；艾玛成了约瑟芬。

22　1933 年，阿加莎与马克斯和罗莎琳德一同在尼罗河游船上，当时她见到了一个与《死亡约会》中的博因顿家很相似的家庭。

23　1999 年，贝维斯·希利尔在《旁观者》发表了对查尔斯·奥斯本的《阿加莎·克里斯蒂的生平与罪行》的书评，其中提到这一点。

24　塞耶斯写了一部宗教剧《生而为王》，并在 1957 年去世时几乎完成了她对《神曲》的伟大翻译。

25　1946 年首次在《论坛报》发表。

26　出自《知名审判 1》（企鹅出版社，1941 年）。

27　出自《勒拿的九头蛇》。

28　AC 致埃德蒙·科克的信，1966 年 12 月 31 日。

29　根据一篇题为《阿加莎夫人的毒药典》的文章，作者是两位医生，约翰和彼得·格威尔特，总体上对她对于毒理学的理解进行了赞扬。

30　"以这样的方式阐述蒂尔尼小姐的问题和悲伤，显然是不必要的残忍。"一位美国妇女在 1964 年写道。科克回信表示阿加莎不知道此事。

31　出自与笔者的谈话，2005 年。

32　但艾伦·科伦在《笨拙》杂志上撰文表示自己看到了内在的荒谬性。"下周，"他写道，"马耳他的非异教徒"。

33　出自致乔治·哈蒙·科克的信，1940 年 6 月 27 日。朱利安·西蒙斯同样谈及了克里斯蒂作品中经常出现的"令人遗憾的未了结问题",其中最糟糕的例子之一出现在《无人生还》中。在发现瓦格雷夫法官的"尸体"后,读者被假设会相信留在岛上的四个人——维拉·克莱索恩、阿姆斯特朗医生、隆巴德和布洛尔——中的任何一个都可能有罪。事实上,当时的情况显然免除了薇拉的罪责:如果谋杀发生时她正在卧室里尖叫,她就不可能杀害法官。

34 夏布洛尔会把《零点》拍得很精彩:他的《屠夫》是一部精彩的作品,其中心人物是一个连环杀手,《冷酷祭典》改编则自露丝·伦德尔的《以石为判》。

35 AC 致罗莎琳德的信,无日期。

36 出自与笔者的谈话。

37 分别引自《弄假成真》《死亡约会》《赫尔克里·波洛的丰功伟绩》《逆我者亡》《五只小猪》《死亡草》《长夜》《黑麦奇案》《无人生还》《尼罗河上的惨案》。

38 这一点由珍妮特·摩根在她的传记中提出。

39 约翰·斯帕罗致 AC 的信,1969 年 1 月 12 日。

40 悉尼·史密斯致 AC 的信,1943 年 6 月 3 日。

41 当代法国知识分子米歇尔·维勒贝克也是一名粉丝:他的《月台》一书中有一段关于《空幻之屋》的赞美。他写道,阿加莎·克里斯蒂理解"绝望的罪恶"。

42 罗伯特·斯佩特致 AC 的信,1970 年 9 月 21 日。

43 2003 年在独立电视台《大侦探波洛》系列中播出。

44 杰拉尔丁·麦克尤恩在 2005 年首次播出的独立电视台《马普尔小姐探案》系列剧中扮演此角色。

45 这一出色的系列剧在 1984 年至 1992 年间由英国广播公司播出。

晚年生活

1 出自约翰·马洛温与笔者的谈话,2006 年。

2 摘自《爱的重量》。

3　同上。

4　阿奇·克里斯蒂致罗莎琳德的信，1958 年 10 月 24 日。

5　出自与笔者的谈话。

6　阿加莎在二人婚姻早期将一部作品献给了马克斯——《东方快车谋杀案》，其部分灵感来自 1931 年从尼尼微到伦敦的一次灾难连连的旅行。她在斯坦布尔登上了东方快车，这趟车无休止地晚点。一位美国女士（后演变成书中的哈巴特太太）感叹道："在美国，他们会马上开一些汽车来——哎呀，他们会带飞机来的……"

7　MM 致埃德蒙·科克的信，1960 年 4 月 24 日。

8　哈罗德·奥伯公司的伊万·冯·奥给科克的信，1965 年 4 月 9 日。

9　出自《今晚进城》，在英国广播公司家庭服务节目中播出的简短采访，1951 年 5 月 12 日。

10　MM 致 AC 的信，1943 年 4 月 11 日。

11　MM 致 AC 的信，1944 年 5 月 21 日。

12　如他的朋友格林·丹尼尔所描述。在他的自传中，丹尼尔还描述了艾伦·莱恩提供的一份工作，即企鹅出版社的"考古学顾问"。据丹尼尔说，这个岗位曾属于马克斯·马洛温，但他被解雇了，因为他"只打算出版关于近东考古学的书……我和马克斯的关系已经好几年有些紧张了"。

13　出自与笔者的谈话，2006 年。

14　科克致奥伯的信，1953 年 2 月 6 日。

15　科克致 AC 的信，1953 年 8 月 5 日。

16　阿加莎在《今晚进城》的讲话。

17　出自"阿加莎·克里斯蒂、尼姆鲁德和巴格达"，来自《阿加莎·克里斯蒂和考古学》一书。这是一本由夏洛特·特朗普勒编辑的文集，由大英博物馆出版社出版，以配合其 2001 年的展览。

18　AC 致罗莎琳德的信，1957 年。

19　出自琼·奥茨与笔者的谈话。

20　同上。

21 AC 致罗莎琳德的信，寄出自齐亚酒店，日期不完整。

22 这部剧是为玛格丽特·洛克伍德写的，她的经纪人通过彼得·桑德斯接触到了阿加莎。阿加莎友好地为洛克伍德十四岁的女儿朱莉娅安排了一个角色。

23 AC 致罗莎琳德的信，寄出自英国考古学院，日期不完整。

24 AC 致罗莎琳德的信，寄出自英国考古学院，日期不完整。

25 摘自《死亡约会》。

26 罗莎琳德致 AC 的信，寄出自普里拉其，日期不完整。

27 科克致罗莎琳德的信，1952 年 5 月 6 日。

28 AC 给罗莎琳德的信，1952 年 4 月 3 日。

29 科克致 AC 的信，1952 年 5 月 22 日。

30 阿加莎和马克斯一样喜欢赛马。到了晚年，她对电视的厌恶因为可以通过其观看赛马而有所缓和。她写给同样是赛马迷的安东尼·希克斯的信中满是关于押注失败的内容——"是的，对马匹打击很大"——尽管她偶尔也会成功（埃德蒙·科克在一封信中祝贺她支持"我的爱人"赢得 1948 年德比马赛，他为她下了赌注）。她还被说服在埃克塞特赛马会上颁发"捕鼠器奖杯"。20 世纪中期，赛马是英国人日常生活中非常重要的一部分，她在作品中偶尔也会用稀松平常的语气提及赛马。在《ABC谋杀案》中，第四起谋杀案定于在 9 月的某个星期三发生，地点是唐克斯特。负责此事的警察不谙世故，认为凡事有备无患，凶手会被抓住。"活人，"有人告诉他，"你难道不知道下周三在唐卡斯特举行的是圣莱杰赛马吗？"在《命案目睹记》中，一个出租车司机打破了（嫌疑人的）不在场证明，他"确定是这一天，因为一匹叫"爬行者"的马赢得了两点半的比赛，他戴了个很整齐的马嚼子"。"感谢赛马！感谢上帝！"负责的警察如是说。

31 这个故事后来发展成为《弄假成真》，但由于某种原因，其原始版本销量不佳。"埃克塞特主教的律师对《格林肖的蠢物》的看法很糟糕，"科克在 1956 年给哈罗德·奥伯公司去信，"他们说，他们很难相信马洛温太太会向教会呈上一个卖不出去的故事！"讽刺的是，当这个故事被扩展成为《弄假成真》时，它被心甘情愿地买下了，然后又遭到了删减。

32 AC 致科克的信，1956 年 2 月 19 日。

33 AC 致科克的信，无日期。

34 科克致 AC 的信，1956 年 2 月 10 日

35 AC 致科克的信，1956 年 2 月 19 日。

36 AC 致希克斯夫妇的信，1956 年 2 月 20 日。

37 科克致 AC 的信，1956 年 3 月 10 日。

38 AC 致科克的信，1956 年 3 月 17 日。

39 出自与笔者的谈话，2005 年。

40 AC 致科克的信，1960 年 1 月 20 日。

41 AC 致科克的信，1961 年 9 月 17 日。

42 本片由弗朗西斯卡·安妮斯（饰演"希拉·厄普沃德"）主演，她后来在电视改编版《悬崖上的谋杀》中饰演弗朗西斯·德温特，这是克里斯蒂电影中最早利用 80 年代上层社会怀旧热潮的作品之一。她还在《犯罪团伙》系列中饰演塔彭丝·贝雷斯福德。

43 这部电影的演员阵容确实很怪异，包括扮演"阿曼达·比阿特丽斯·克罗斯"的安妮塔·埃克伯格，扮演黑斯廷斯的罗伯特·莫利，以及扮演小角色的奥斯汀·特雷弗，他曾在 1934 年版《人性记录》电影中扮演波洛。

44 AC 致科克的信，1961 年 9 月 17 日。

45 AC 致劳伦斯·巴赫曼的信，1963 年 7 月 24 日。

46 巴赫曼致 AC 的信，1964 年 4 月 7 日。关于波洛新形象的典型报道之一刊于 1964 年 3 月 5 日的《每日邮报》，其中引用了泽罗·莫斯特尔的话："我不懂口音，但我肯定会赋予他看姑娘的眼神。他解决案件，但通常在结束前会到处横着八具尸体，所以他显然不是那么聪明。"

47 在《男人和女人的回忆》中。

48 科克致 AC 的信，1965 年 4 月 9 日。

49 阿加莎·克里斯蒂有限公司现在由阿加莎的曾孙詹姆斯·普里查德担任主席并管理。截至 2019 年，该公司 64% 的股份由 RLJ 娱乐公司持有。

50 1977 年 4 月，据报道，布克·麦康奈尔公司作家部的税后利润增加了三分之一以上，达到 48.7 万英镑。正如《泰晤士报》所写，"其中大部分归功于阿加莎夫人"。

51 出自马修·普里查德与笔者的谈话，2006 年。

52 罗莎琳德致科克的信，1956 年 6 月 2 日。

53 罗莎琳德致科克的信，1957 年 1 月 14 日。

54 罗莎琳德致科克的信，1958 年 12 月 5 日。

55 科克致罗莎琳德的信，1962 年 4 月 27 日。

56 罗莎琳德致科克的信，1962 年 6 月 14 日。

57 她的烦恼在几篇报纸文章中都表达得很清楚。在致犯罪作家玛格丽特·约克的信中也是如此，后者曾向罗莎琳德表示同情并为阿加莎辩护。"自然，这个节目对她的家人来说是极不愉快和伤人的。做这种聚焦于已经去世之人的节目的确不公平，他们不能为自己辩护……我感到失望的是，媒体没有给予她更多支持。"

58 罗莎琳德致科克的信，1965 年 3 月 29 日。

59 罗莎琳德致玛格丽特·约克的信，1992 年。

60 AC 致罗莎琳德的信，1955 年 4 月 5 日。

61 AC 致罗莎琳德的信，从天鹅大厦寄出，无日期。

62 出自与笔者的谈话，2003 年。

63 出自与笔者的谈话，2006 年。

64 出自与笔者的谈话，2006 年。

65 出自与笔者的谈话，2006 年。

66 出自琼·奥茨与笔者的谈话。

67 同上。

68 摘自《马克斯·马洛温的生活》。

69 出自琼·奥茨与笔者的谈话。

70 出自与笔者的谈话。

71 摘自《阿加莎·克里斯蒂和失踪的十一天》。

72 同上。

73　其照片登上了伊夫林·沃的《埃德蒙·坎皮恩》原版封面。16 世纪，坎皮恩曾在斯托纳设立了他的非法印刷厂。

74　阿加莎去世后，这辆车被阿加莎·克里斯蒂有限公司以象征性的费用卖给了马克斯。

75　出自 D. 与笔者的谈话，2006 年。

76　同上。

77　同上。

78　同上。

79　出自蕾切尔·马克斯韦尔－希斯洛普与笔者的谈话。

80　出自 D. 与笔者的谈话。

81　AC 致罗莎琳德的信，寄出自温特布鲁克，日期不完整。

82　MM 致 AC 的信，1936 年 9 月 9 日。

上帝的标记

1　科克致罗莎琳德的信，1960 年 3 月 24 日。

2　AC 致科克的信，1958 年 4 月 9 日。

3　出自《卫报》，1987 年 10 月 9 日。

4　写于 1937 年，虽然在阿加莎生前没有制作，但该剧被送到了制作人约翰·吉尔古德处。"我认为像亚克纳顿这样内省的人物往往会在大制作中被吞噬，"他写道，"我还认为幽默感不够，特别是在第一幕之后。"当该剧于 1980 年在伦敦一家边缘剧院上演时，它被大幅删减，《卫报》表示："这是一次大胆的尝试，非常值得一看"。

　　1973 年，根据阿加莎的意愿，并且在大英博物馆的图坦卡蒙展览的背景下，该剧得以出版。埃德蒙·科克在前一年读过它，并写信给哈罗德·奥伯公司："我们对它印象非常深刻，每个读过它的人都是如此。"哈罗德·奥伯公司的多萝西·奥尔丁"认为阿加莎的剧作非常有趣"。马克斯·马洛温在其回忆录中称它是"阿加莎最美丽和最深刻的戏剧"。

5　马修·普里查德致科克的信，1961 年 11 月 15 日。

6 AC 致科克的信，1963 年 1 月 2 日。

7 多萝西·奥尔丁在报纸上看到阿加莎要将《荒凉山庄》改编成电影时的反应是："怎么了？阿加莎这些天很无聊吗？"

8 多萝西·奥尔丁致科克的信，1970 年 6 月 30 日。

9 斯特拉·科万致科克的信，1962 年 12 月 19 日。

10 科克致多萝西·奥尔丁，1966 年 8 月 18 日。

11 出自与笔者的谈话。

12 出自约翰·马洛温与笔者的谈话。

13 出自她 1970 年与吉利恩·弗兰克斯的访谈。

14 摘自《复仇女神》。

15 尽管他在战时的信件中对她稍稍进行小调侃——他还在给罗莎琳德的信中称她为"烈士"——马克斯还是参加了夏洛特的葬礼。

16 科克致哈罗德·奥伯公司，1971 年 6 月 21 日。

17 A. L. 罗斯，在《男人和女人的回忆》中。

18 这部电影于 1970 年上映，由海威尔·贝内特、海利·米尔斯和——在阿加莎反对的那场戏中出场的女孩——布里特·埃克兰主演。

19 多萝西·奥尔丁致科克的信，1973 年 7 月 27 日。

20 阿加莎在战争期间作为其"保险政策"写的另一部作品《沉睡谋杀案》在她去世后于 1976 年出版。

21 出自《丽贝卡在哪里被枪杀？》（凤凰出版社，1998 年）一书，其中还包含了波洛"传记"作者安·哈特对这篇文章的回应。她写道，《帷幕》"有一种衰老的气息"。事实并非如此，尽管她建议安东尼·希克斯也许能帮忙删除手稿中任何 1940 年的参考资料这一点非常耐人寻味。

22 AC 致 MM 的信，寄出自阿什菲尔德，无日期。

23 MM 致 AC 的信，1943 年 2 月 24 日。

24 出自致笔者的信，2006 年。

25 出自与笔者的谈话，2006 年。

26 出自与笔者的谈话，2006 年。

27 阿德莱德·罗斯致 AC 的信，1966 年 3 月 1 日。

28　克拉拉·鲍林致 AC 的信，1970 年 9 月 14 日。

29　AC 致朱迪丝·加德纳的信，1959 年 12 月 4 日。

30　阿加莎去世后，女王给马克斯·马洛温发来一封电报。"请您放心，"他回复道，"我们两位臣民对您充满感激和爱戴。"

31　彼得·桑德斯致罗莎琳德的信，1974 年 11 月 7 日。

32　AC 致多萝西·克莱伯恩的信，1970 年 10 月 21 日。

33　摘自《复仇女神》。

致谢

如果没有阿加莎的外孙马修·普理查德无限慷慨的支持，这本书绝无可能成文。他给予了一切可能的帮助，对此我的感激之情无以言表。在阿加莎的女儿罗莎琳德·希克斯去世前，我也曾在数个场合见到过她。我与她和她先生安东尼在格林韦宅邸交流过，我将永远记得这些令人愉快的会面。

在之后到访格林韦时，我遇见了休·道森和希拉·亚历山大，她们非常亲切，提供了极大帮助。

我非常感激珍妮特·摩根愿意与我交谈。阅读她所著的传记对我而言是一种享受，坦率地说，那是极好的原始资料。我也很喜欢我们之间发人深省的谈话。马克斯·马洛温的传记作者亨丽埃塔·麦考尔同样非常迷人且慷慨。

我还要感谢阿奇博尔德·克里斯蒂夫妇、约翰·马洛温、琼·奥茨博士、克里斯托弗·特纳牧师夫妇、詹姆斯男爵夫人、哈里·史密斯教授、蕾切尔·马克斯韦尔-希斯洛普、朱利安·里德博士、黛安娜·冈恩、朱莉娅·卡莫伊斯·斯托纳、安妮·赛克斯、黛安娜·豪兰、桑德斯夫人、布赖恩·斯通、查尔斯·万斯、玛格丽特·穆尔、约翰·尼特；还有温特布鲁克宅邸的主人们，他们花时间带我参观了他们的家和花园；特莎·米尔恩和她在苏富比的书籍和手稿部门的同事，他们在我阅读阿加莎的大部分信件时非常友好地接待了我。埃克塞特大学的杰茜卡·加德纳博士，她总是那么友善和乐于助人；牛津大学图书馆，他们费心找到了相关的布拉德肖铁路指南；普林斯顿大学的梅格·里奇；卡弗舍姆的英国广播公司书面档案中心的埃尔斯·博南；剑桥大学圣约翰学院的乔纳森·哈里森；东英吉利大学的布里奇特·吉利斯；基尤的公共记录办公室；报纸图书馆；伦敦图书馆；萨里郡历史中心；萨里郡警察局；托基图书馆；以及作家玛格丽特·约克，她是本书的好朋友。

最后，我想感谢头条出版社的瓦尔·赫德森和乔·罗伯茨－米勒；戴维·戈德温；乔治娜·卡佩尔；玛丽·埃文斯和菲奥娜·克罗斯比，非常感激她们对本书再版提供的帮助；乔治娜·波尔希尔；一如既往地，还有我的母亲和我已故的父亲，他非常喜欢阿加莎·克里斯蒂，一定会喜欢这本书的。